SCHÄFFER
POESCHEL

Karlheinz Küting, Jim Hagemann Snabe,
Andrea Rösinger, Johannes Wirth (Hrsg./Autoren)

Geschäftsprozessbasiertes Rechnungswesen

Unternehmenstransparenz für den Mittelstand
mit SAP Business ByDesign[®]

2. erweiterte Auflage

Mitautoren
David Ellmann
Siu Lam
Dietmar Nowotny
Thomas Tesche

Unter Mitarbeit von
Ania Fraczyk
Mana Mojadadr
Marc Strauß

2011
Schäffer-Poeschel Verlag Stuttgart

Bibliografische Information der Deutschen Nationalbibliothek
Die Deutsche Nationalbibliothek verzeichnet diese Publikation
in der Deutschen Nationalbibliografie; detaillierte bibliografische Daten
sind im Internet über http://dnb.d-nb.de abrufbar.

Gedruckt auf säure- und chlorfreiem, alterungsbeständigem Papier.

ISBN 978-3-7910-3090-6

© 2011 Schäffer-Poeschel Verlag für Wirtschaft · Steuern · Recht GmbH
www.schaeffer-poeschel.de
info@schaeffer-poeschel.de
Einbandgestaltung: Willy Löffelhardt/Melanie Frasch
Druck und Bindung: CPI – Ebner & Spiegel, Ulm

Printed in Germany
April 2011

Schäffer-Poeschel Verlag Stuttgart
Ein Tochterunternehmen der Verlagsgruppe Handelsblatt

Vorwort zur 2. Auflage

Ermutigt durch die sehr positive Resonanz auf die erste Auflage, die die integrierte Einbindung des Rechnungswesens in die Geschäftsprozesse vorstellt, haben wir das vorliegende Werk weitreichend überarbeitet und ergänzt. Gleichzeitig möchten wir uns recht herzlich für Ihr Interesse und Ihre Diskussionsbereitschaft bedanken. Es ist offenkundig, dass auch im mittelständischen Unternehmensumfeld eine Unternehmensführung ohne eine effiziente Softwareunterstützung kaum noch vorstellbar ist. Zu groß sind die Anforderungen, die aus dem rechtlichen und aus dem unternehmerischen Umfeld resultieren. „Business Transformation with IT" haben wir uns auch in der Neuauflage auf die Fahne geschrieben und verzahnen in diesem Buch das aktuelle betriebswirtschaftliche Wissen, welches durch das Centrum für Bilanzierung und Prüfung (CBP) bereitgestellt wird, mit der langjährigen Erfahrung der SAP AG beim Design von innovativen betriebswirtschaftlichen Softwarelösungen.

Insbesondere die zahlenmäßige Sicht auf das Unternehmen, die sich im betrieblichen Rechnungswesen niederschlägt, ist von zentraler Bedeutung für eine „Business Transformation with IT", denn die Unternehmensprozesse müssen dergestalt dokumentiert und abgebildet werden, dass sie den mit BilMoG gestiegenen Anforderungen entsprechen und ferner den steuerlichen Belangen genügen. Gerade der letztgenannte Punkt führt zu einer zwischenzeitlich unbestrittenen Notwendigkeit der parallelen Rechnungslegung im Verhältnis Handels- und Steuerbilanz. Mit dem BilMoG ist die Ära der Einheitsbilanz endgültig vorbei und die Unternehmen müssen diesen Paradigmenwechsel in der Buchhaltung berücksichtigen. Mit der Diskussion um die sog. E-Bilanz wird diese Notwendigkeit noch verstärkt. Neben die deutlich divergierende Bilanzierung und Bewertung von Sachverhalten in den beiden Rechenwerken tritt eine bis dato unbekannte Detaillierung der Datenmeldung an die Finanzverwaltung; ohne eine adäquate Softwareunterstützung sind diese Berichtserfordernisse kaum noch zu bewerkstelligen. Auf der Basis von SAP® Business ByDesign™ offerieren wir Ihnen einen Lösungsvorschlag, wie Sie die heutigen Anforderungen möglichst effizient umsetzen können und zeigen Ihnen, in welchem Umfang Sie die Softwareplattform bei Ihren Arbeiten unterstützt.

Das betriebliche Rechnungswesen ist jedoch nicht nur Werkzeug zur Dokumentation der Vermögens-, Finanz- und Ertragssituation für Zwecke der externen Rechnungslegung, sondern dient insbesondere auch der Unternehmenssteuerung als Entscheidungswerkzeug und als Frühwarnsystem. Gerade in Zeiten der Krise ist es für den Fortbestand eines Unternehmens von zentraler Bedeutung, zeitnah Informationen hinsichtlich der Profitabilität z.B. einzelner Aufträge oder Produktbereiche, Kosteninformationen für die Ermittlung von Preisuntergrenzen und auch Informationen zu einem tagesgenauen Liquiditätsstatus zur Verfügung zu haben.

Mit der Neuauflage verstärken wir diesen Controllingfokus und geben Ihnen Anregungen, wie Sie Ihre Unternehmenssteuerung weiter ausbauen bzw. optimieren können. In diesem Kontext gehen wir auf die Unternehmensplanung ein. Planungsrechnungen sind nicht nur für die Selbstinformation ein wichtiges Instrument, sie sind ferner elementares Instrument der Sicherstellung der Unternehmensfinanzierung. Kaum eine Fremdfinanzierung wird heute noch zu bewerkstelligen sein, ohne dass eine detaillierte Planungsrechnung vorgelegt werden kann. SAP Business ByDesign unterstützt den Planungsprozess mit Planungsrechnungen, die zur Abweichungsanalyse herangezogen werden können.

Unternehmenssteuerung und Rechnungslegung in einem Konzernumfeld sind nicht nur Fragestellungen großer Unternehmensverbindungen, sondern betreffen immer mehr auch den Mittelstand. Diesem Bedarf tragen wir in der aktuellen Auflage besonders Rechnung, indem wir den Themenkreis der handelsrechtlichen Konzernrechnungslegung und Grundzüge der Konzernsteuerung in das vorliegende Buch aufgenommen haben. SAP Business ByDesign unterstützt die konsolidierte Rechnungslegung durch eine effiziente Konsolidierungsvorbereitung. Die Möglichkeit der Verwendung einer parallelen Rechnungslegung, die Abbildung einer Multicompany-Struktur, aber insbesondere auch die Konzeption des Rechnungswesens als Einkreissystem führen dazu, dass die Konsolidierungsvorgänge sowohl aus Sicht der legalen Konsolidierung als auch der Management-Konsolidierung mit optimalen Daten beliefert werden. Durch den zentralen Buchungsbeleg ist zudem sichergestellt, dass alle relevanten Details in einem Beleg gespeichert werden und abgestimmt für die Konsolidierung zur Verfügung stehen.

An dieser Stelle bedanken wir uns für das wertvolle Feedback aller Beteiligten der SAP Business ByDesign Entwicklung und des Solution Managements, die mitgeholfen haben, das Buch in dieser Form zu vollenden. Zu Dank verpflichtet sind wir außerdem den Mitarbeiterinnen und Mitarbeitern des Schäffer-Poeschel Verlags, hier insbesondere Frau Ruth Kuonath und Frau Sabine Trunsch.

Wir würden uns freuen, wenn das neu vorgelegte Werk ein guter Leitfaden für die immer anspruchsvolleren Anforderungen werden könnte und Ihnen in der Unternehmenspraxis eine wertvolle Hilfe leisten kann. Für kritische Anregungen und Verbesserungsvorschläge sind wir dankbar und werden diese in der nächsten Auflage gerne berücksichtigen. Für Ihr Feedback steht Ihnen die E-Mail-Adresse ByD.RW@sap.com zur Verfügung.

Walldorf und Saarbrücken, im Februar 2011

Prof. Dr. Karlheinz Küting   Jim Hagemann Snabe

Dr. Andrea Rösinger   Dr. Johannes Wirth

Vorwort zur 1. Auflage

Am Anfang eines jeden Buchs steht eine Idee. Im Zuge der langjährigen Zusammenarbeit zwischen der SAP AG, Walldorf, und dem Centrum für Bilanzierung und Prüfung (CBP), Saarbrücken, entwickelte sich der Gedanke, ein Handbuch für den Mittelstand zu schreiben.

Verstärkt durch die Finanzkrise weht der Wind der Globalisierung noch rauer in die Unternehmen hinein: Unvorhersehbare Ereignisse, ein immer schneller werdender Wandel, die fortschreitende Internationalisierung der Rechnungslegung sowie erschwerte Kapitalaufnahmebedingungen setzen das Rechnungswesen jetzt auch in kleinen und mittleren Unternehmen unter Zugzwang. Die Unternehmen sind herausgefordert, die Funktion des Rechnungswesens neu zu definieren und i.d.S. erhöhten Informationsanforderungen zu genügen. Das dafür erforderliche Umdenken wurde für mittelständische Unternehmen mit dem Bilanzrechtsmodernisierungsgesetz (BilMoG) institutionalisiert. Um hier zu unterstützen, sodass die Unternehmen den Fokus auf ihre Kunden und Märkte verstärken und den strategischen Erfolgsfaktor des Informationsflusses einer prozessablauforientierten Organisation erkennen, ist ein integriertes geschäftsprozessbasiertes Rechnungswesen unabdingbar. Ein integriertes Rechnungswesen, welches weitgehend aus den Geschäftsprozessen abgeleitete Buchungen automatisiert, schafft gleichzeitig die Voraussetzung für eine einheitliche Datenbasis und damit einem Berichtswesen aus einem Guss – nach innen und nach außen.

Das Handbuch will dem Leser näher bringen, wie SAP Business ByDesign ganzheitlich Geschäftsprozesse über einzelne Unternehmensbereiche im Rechnungswesen abbildet und dadurch den Informationsbedarf in prozessablauforientierten Organisationen bedient. Neben der Darstellung der allgemeinen Vorzüge und Innovationen, die die Lösung SAP Business ByDesign mittelständischen Unternehmen bietet, wird auch den betriebswirtschaftlichen Grundlagen Raum gegeben. Dementsprechend bildet den Schwerpunkt des Buchs eine Fallstudie, in der anhand eines Beispielunternehmens schrittweise die integrierte Abbildung aller relevanten Geschäftsprozesse aufgezeigt wird. Die das Rechnungswesen betreffenden betriebswirtschaftlichen Grundlagen eröffnen die Unterkapitel zu den einzelnen Geschäftsprozessen wie Beschaffung, Lagerfertigung, Auftragsabwicklung, Projektmanagement und Abschlussprozess.

Hierbei werden die Neuerungen durch das BilMoG, die größte deutsche Bilanzrechtsreform der vergangenen 20 Jahre, berücksichtigt. Insbesondere werden die Konsequenzen der weggefallenen umgekehrten Maßgeblichkeit und der Aufweichung der einfachen Maßgeblichkeit auf das Verhältnis zwischen Handels- und Steuerbilanz beleuchtet. Es werden die zukünftigen Unterschiede in Handels- und Steuerbilanz dargelegt und ein Konzept aufgezeigt, wie mittelständische Unternehmen mithilfe einer systemunterstützten parallelen Bilanzierung ohne zusätzlichen Aufwand eine getrennte Handels- und Steuerbilanz erstellen. Die seit dem BilMoG notwendige bilanzorientierte Ermittlung latenter Steuern kann auf diesem Wege ebenfalls effizient erledigt werden.

Die Befreiung der Handelsbilanz von steuerlichen Einflüssen ermöglicht es mittelständischen Unternehmen, ihre Unternehmenssteuerung auf Kennzahlen der Handelsbilanz aufzubauen. Das vorliegende Buch stellt die Möglichkeiten dar, die sich durch SAP Business ByDesign im Bereich der Unternehmenssteuerung auf Basis eines intern und extern harmonisierten Rechnungswesens ergeben. Innovative Managementhilfen wie der Kennzahlenmonitor und automatische Liquiditätsvorschauen werden neben vielen anderen Berichts- und Auswertungsmöglichkeiten im System gezeigt und erläutert.

Eine Idee zu haben ist das eine, aus der Vielzahl der angestrebten Inhalte ein strukturiertes Gesamtwerk zu schaffen, ist etwas ganz anderes. Und so gilt unser Dank allen denen, die dabei mitgeholfen haben. Wir danken für den nimmermüden Einsatz aller Beteiligten der SAP Business ByDesign Entwicklung und des Solution Managements, die in unzähligen Feedback-Runden mitgeholfen haben, das Buch in dieser Form zu vollenden. Spezieller Dank gilt den Kollegen/innen Klaus Dagenbach, Uwe Mayer, Monika Morey und Michael Sylvester, die uns unermüdlich Feedback gegeben haben und uns in vielen Detailfragen hilfreich zur Seite standen.

Zu Dank verpflichtet sind wir außerdem den Mitarbeiterinnen und Mitarbeitern des Schäffer-Poeschel Verlags, hier insbesondere Frau Ruth Kuonath, Frau Sabine Trunsch und Frau Antje Wachsmann.

Wir würden uns freuen, wenn das neu vorgelegte Werk in der Unternehmenspraxis eine positive Annahme fände. Für kritische Anregungen und Verbesserungsvorschläge sind wir dankbar und werden diese in der nächsten Auflage gerne berücksichtigen. Für Ihr Feedback steht Ihnen die E-Mail-Adresse ByD.RW@sap.com zur Verfügung.

Walldorf und Saarbrücken, im Februar 2010

Prof. Dr. Karlheinz Küting   Jim Hagemann Snabe

Dr. Andrea Rösinger   Dr. Johannes Wirth

Autorenverzeichnis

Dipl.-Kfm. David Ellmann, Centrum für Bilanzierung und Prüfung (CBP), Saarbrücken

Prof. Dr. Karlheinz Küting, Direktor des Centrums für Bilanzierung und Prüfung (CBP), Saarbrücken

Dipl.-Kfm. Siu Lam, Centrum für Bilanzierung und Prüfung (CBP), Saarbrücken

Dr. Dietmar Nowotny, Entwicklung Rechnungswesen Business ByDesign SAP AG, Walldorf

Dr. Andrea Rösinger, Entwicklung Rechnungswesen Business ByDesign SAP AG, Walldorf

Jim Hagemann Snabe, Vorstandssprecher der SAP AG, Walldorf

Dipl.-Kfm. Thomas Tesche, Centrum für Bilanzierung und Prüfung (CBP), Saarbrücken

Dr. Johannes Wirth, Centrum für Bilanzierung und Prüfung (CBP), Saarbrücken

Konzeption des Buchs

Ausgehend von der Einführung in die Struktur des Rechnungswesens von SAP Business ByDesign mit seinen wichtigsten Merkmalen und Innovationen in Kapitel A werden Ihnen in Kapitel B die Vorteile eines harmonisierten Rechnungswesens im Mittelstand vor dem Hintergrund des Einflusses des BilMoG dargestellt. Kapitel C beinhaltet die umfangreichen Unterschiede in Handels- und Steuerbilanz, die mit dem Wegfall der umgekehrten Maßgeblichkeit auf die Bilanzierenden zukommen. In diesem Kapitel wird außerdem sowohl die Konzeption der Ermittlung von latenten Steuern, die aufgrund von unterschiedlichen Wertansätzen in Handels- und Steuerbilanz auftreten, als auch daraus resultierend die Notwendigkeit zweier getrennter Rechenwerke skizziert.

Die in den ersten drei Kapiteln gewonnenen Erkenntnisse werden anschließend in einer Fallstudie mithilfe von SAP Business ByDesign umgesetzt. Die Zahlen des Fallbeispiels werden immer in den blau formatierten Tabellen und Abbildungen vorgestellt und als Grundlage zur Modellierung des Beispielsachverhalts in SAP Business ByDesign herangezogen. Kapitel D stellt die Abbildung des Beispielunternehmens *Nordstar GmbH* – das sowohl handelt, produziert als auch Dienstleistungen anbietet – in SAP Business ByDesign dar. In diesem und den nachfolgenden Kapiteln E und F ist das Einzelunternehmen Gegenstand der Betrachtung. Kapitel E enthält Ausführungen zum Unternehmensplanungsprozess; es werden zentrale Planungsinstrumente wie die Bilanz-, Ergebnis- und Kostenstellenplanung des Beispielunternehmens abgeleitet. In Kapitel F werden die wichtigsten Geschäftsprozesse und deren Auswirkungen auf das Rechnungswesen anhand des Fallbeispiels in SAP Business ByDesign erläutert. Die betriebswirtschaftlichen Grundlagen werden hierbei immer am Anfang eines Geschäftsprozesskapitels vorangestellt. Die Grundlagen sind in Aspekte des internen und des externen Rechnungswesens unterteilt. Der Theorieteil dient als Grundlage, das Fallbeispiel nachvollziehen zu können.

Die Umsetzung des Fallbeispiels in SAP Business ByDesign wird ausgehend von einer ausführlichen Darstellung aller Geschäftsvorfälle je Geschäftsprozess anhand ausgesuchter Beispiele abgebildet. Die Auswirkungen der Geschäftsvorfälle auf das externe Rechnungswesen werden über Soll- und Haben-Buchungen illustriert und erläutert. Zudem werden ausgewählte Analyse- und Steuerungsmöglichkeiten für den betreffenden Geschäftsprozess aus Sicht des internen Rechnungswesens thematisiert, die in SAP Business ByDesign mithilfe von Berichten durchgeführt werden können. Die aus SAP Business ByDesign entnommenen Berichte sind an der grauen Formatierung zu erkennen. Am Ende eines jeden Geschäftsprozesses werden die Auswirkungen aller Geschäftsvorfälle auf die Bilanz und GuV in einer Deltabetrachtung zusammengefasst. Es wird darauf hingewiesen, dass diese Deltabetrachtung keine originäre Funktionalität in SAP Business By-

Design ist, sondern aus didaktischen Gründen zur Veranschaulichung der Auswirkungen des jeweiligen Geschäftsprozesses vorgenommen wird. Auf diese Weise können Sie die Entwicklung der Bilanz und GuV schrittweise nachvollziehen. Die Darstellung in SAP Business ByDesign wird durch zahlreiche Screenshots visuell unterstützt. Hierbei ist zu beachten, dass die beschriebenen Geschäftsvorfälle grundsätzlich im Kontext der Arbeitsumgebung eines Systembenutzers gezeigt werden. Damit werden die Geschäftsvorfälle in ihren standardisierten betrieblichen Arbeitsbereichen, den sog. Work Centern, gezeigt.

Die Ausführungen zum Einzelunternehmen der *Nordstar GmbH* werden abschließend in Kapitel G um Aspekte der Konzernierung ergänzt. Anhand der Erweiterung des Beispielsachverhalts um den Erwerb eines Tochterunternehmens in Indien, der *Novellia Ltd.*, werden die mit einem Unternehmenswachstum verbundenen Anforderungen der Konzernrechnungslegung zunächst theoretisch erläutert und anschließend die systemseitige Unterstützung zur Bewältigung der Anforderungen vorgestellt. Neben dem Themenkreis der (legalen) Konsolidierung beinhaltet dieses Kapitel auch aus interner Steuerungssicht relevante Aspekte der sog. Management-Konsolidierung.

Inhaltsverzeichnis

Vorwort zur 2. Auflage.. V
Vorwort zur 1. Auflage.. VII
Autorenverzeichnis... IX
Konzeption des Buchs XI
Inhaltsverzeichnis XIII
Abbildungsverzeichnis XXVII
Abkürzungsverzeichnis XXXVII

A.   Konzepte eines geschäftsprozessbasierten
         Rechnungswesens... 1

1.   Einleitung.. 2
2.   SAP Business ByDesign – eine On-Demand-Lösung........................... 3
3.   Betriebswirtschaftliche Konfiguration 5
4.   Stammdaten 7
4.1   Die Unternehmensorganisation 7
4.2   Geschäftspartner 10
4.3   Produkte.. 11
5.   Betriebswirtschaftliche Grundstruktur eines
         geschäftsprozessbasierten Rechnungswesens 13
5.1   Geschäftsprozesse und Geschäftsvorfälle................................ 13
5.2   Struktur des Cash Flow Managements 16
5.3   Struktur des externen und internen Rechnungswesens 18
6.   Der Mitarbeiter im Mittelpunkt 21
6.1   Work Center und Berechtigung... 22
6.2   Work Flow und Aufgaben 25
6.3   Anpassbarkeit und Erweiterbarkeit des Systems 27
6.4   Veränderung der Rolle eines Mitarbeiters 28

B.   Möglichkeit zur Harmonisierung des Rechnungswesens
         in der Umgebung eines Einkreissystems 31

1.   Einführung.. 32
2.   Traditionelle Zweiteilung des Rechnungswesens deutscher
         Unternehmen.. 33
2.1   Ziele des externen Rechnungswesens.................................... 33
2.2   Ziele des internen Rechnungswesens 34
3.   Internationalisierung der Rechnungslegung und BilMoG
         als Ausgangspunkt der Harmonisierung 35

4.	Analyse der Vor- und Nachteile von Harmonisierungsbestrebungen im Rechnungswesen	37
4.1	Vorbemerkungen	37
4.2	Nachteile und Kritik	38
4.2.1	Abhängigkeit der internen Steuerung von der externen Normensetzung	38
4.2.2	Beeinflussung der internen Steuerung durch bilanzpolitische Maßnahmen	39
4.2.3	Nichteinbeziehung kalkulatorischer Kosten	39
4.2.4	Fehlende Abschottung des internen Rechnungswesens nach außen	40
4.2.5	Durch steuerliche Vorschriften verfälschte Datenbasis	40
4.3	Vorteile	41
4.3.1	Verständlichkeit und interne Kommunizierbarkeit	41
4.3.2	Vereinfachung und Kosteneffizienz	42
4.3.3	Verringerung von Manipulationsspielräumen	42
4.4	Zwischenfazit	43
5.	Umsetzung des Einkreissystems in SAP Business ByDesign	44
6.	Zusammenfassung und Fazit	46
C.	Bilanzierung und Bewertung nach unterschiedlichen Rechnungslegungsnormen	49
1.	Chancen einer parallelen Bilanzierung durch den Wegfall der umgekehrten Maßgeblichkeit nach BilMoG	50
2.	Chance einer parallelen Bilanzierung aufgrund der Notwendigkeit zur elektronischen Übermittlung von Bilanz und GuV	52
3.	Parallele Bilanzierung aufgrund internationaler Rechnungslegungsnormen	53
4.	Latente Steuern	55
4.1	Konzeption der latenten Steuerabgrenzung	55
4.2	Aktive latente Steuern	56
4.3	Passive latente Steuern	57
4.4	Ansatz und Bewertung latenter Steuern	58
5.	Mögliche Divergenzen zwischen Handels- und Steuerbilanz	60
5.1	Unterschiede bei den Ansatzvorschriften	60
5.1.1	Aktiva	60
5.1.1.1	Selbst erstellte immaterielle Vermögensgegenstände des Anlagevermögens	60
5.1.1.2	Disagio	61
5.1.1.3	Rechnungsabgrenzungsposten für als Aufwand berücksichtigte Zölle und Verbrauchsteuern sowie Umsatzsteuer auf Anzahlungen	61

5.1.1.4	Aktivierung anschaffungsnaher Aufwendungen bei Gebäuden	62
5.1.1.5	Phasengleiche Aktivierung von Dividendenforderungen	62
5.1.1.6	Saldierung von Altersversorgungsverpflichtungen mit dem Planvermögen	63
5.1.1.7	Zusammenfassender Überblick	64
5.1.2	Passiva	65
5.1.2.1	Rückstellungen	65
5.1.2.2	Rücklagen	67
5.1.2.3	Zusammenfassender Überblick	68
5.2	Unterschiede bei den Bewertungsvorschriften	69
5.2.1	Herstellungskosten	69
5.2.2	Rückstellungsbewertung	71
5.2.2.1	Bewertung von sonstigen Rückstellungen	71
5.2.2.2	Bewertung von Pensionsrückstellungen	72
5.2.3	Planmäßige Abschreibungen	72
5.2.4	Außerplanmäßige Abschreibungen	73
5.2.5	Währungsumrechnung	74
5.2.6	Zusammenfassender Überblick	74
6.	Umsetzung der parallelen Rechnungslegung in SAP Business ByDesign	80
D.	Modellierung eines Beispielunternehmens	83
1.	Einführung in das Fallbeispiel	84
2.	Betriebswirtschaftliche Konfiguration	86
2.1	Ableiten des Lösungsumfangs	86
2.2	Kontenfindung	86
3.	Unternehmensorganisation	88
3.1	Einrichten der Unternehmensorganisation	88
3.2	Verkaufsorganisation und Vertriebswege	91
3.3	Bedeutung des Funktionsbereichs einer Kostenstelle für das Rechnungswesen	92
4.	Stammdaten	93
4.1	Material und Service	93
4.2	Geschäftspartner	94
4.2.1	Lieferanten und Kunden	95
4.2.2	Banken und Finanzbehörden	96
4.2.3	Dienstleister und Mitarbeiter	96
4.3	Ressourcen	97
4.4	Kontrakte und Preislisten	98

E.   Planung und Budgetierung als Teil der
        Unternehmenssteuerung 101

1.   Betriebswirtschaftliche Grundlagen 102
1.1   Unternehmensplanung.. 102
1.1.1   Grundstruktur des Planungsprozesses 102
1.1.2   Ebenen der Planung.. 104
1.1.3   Planung und Unternehmensorganisation 105
1.1.4   Finanzkennzahlen als zentrale Plangrößen................................ 106
1.2   Budgetierung als monetärer Bestandteil des (Unternehmens-)
        Planungsprozesses 108
1.2.1   Ziele und Aufgaben der Budgetierung 108
1.2.2   Struktur eines Budgetierungssystems.. 110
1.2.3   Finanzplan 111
1.2.4   Ergebnis- und Bilanzplanung 112
2.   Beschreibung des Beispielsachverhalts 113
2.1   Absatzplanung.. 113
2.2   Personal-, Investitions-, Beschaffungs- und
        Produktionsplanung.. 115
2.3   Verwaltungs-, Vertriebskosten- und Forschungs- und
        Entwicklungsbudget 119
2.4   Ergebnis-, Finanz- und Bilanzplanung 119
3.   Unternehmensplanung in SAP Business ByDesign.................... 126
3.1   Absatzplanung.. 126
3.2   Kostenstellen-, Ergebnis- und Bilanzplanung 129

F.   Darstellung der Geschäftsprozesse und Ableitung der
        rechnungswesenrelevanten Daten... 133

1.   Beschaffungsprozess 134
1.1   Betriebswirtschaftliche Grundlagen 134
1.1.1   Vorbemerkung.. 134
1.1.2   Bestellung als schwebendes Geschäft 134
1.1.3   Anschaffungszeitpunkt bei Warenlieferung bzw.
          Leistungserbringung... 135
1.1.4   Anschaffungskosten 137
1.1.4.1   Inhalt der Anschaffungskosten 137
1.1.4.2   Verfahren zur Ermittlung der Anschaffungskosten 138
1.1.4.3   Bestandteile der Anschaffungskosten...................................... 139
1.1.4.3.1 Anschaffungspreis 139
1.1.4.3.2 Anschaffungsnebenkosten... 140
1.1.4.3.3 Nachträgliche Anschaffungskosten 141
1.1.4.3.4 Anschaffungskostenminderungen 141
1.1.4.4   Sonderproblematik Anschaffungskosten in Fremdwährung............ 142

1.1.5 Bilanzielle Konsequenzen der Teilprozesse
Lieferantenrechnung und Zahlungsausgang 143
1.1.6 Besonderheiten beim Zugang von Anlagengütern........................... 144
1.1.6.1 Kostenstellenzuordnung von Anlagengütern.................................... 144
1.1.6.2 Bestimmung der Nutzungsdauer... 145
1.1.6.3 Abschreibungsmethode 145
1.1.6.4 Behandlung von geringwertigen Wirtschaftsgütern
in Handels- und Steuerbilanz.. 146
1.1.7 Beschaffungscontrolling 147
1.1.7.1 Aufgaben und Zielsetzungen 147
1.1.7.2 Material -bzw. Produktanalyse 147
1.1.7.3 Lieferantenanalyse.. 149
1.1.7.4 Abweichungsanalyse 150
1.1.8 Liquiditätsaspekte des Beschaffungsprozesses................................ 150
1.2 Darstellung der beschaffungsrelevanten Geschäftsvorfälle
des Fallbeispiels.. 151
1.3 Abbildung der Beschaffungsprozesse in SAP Business
ByDesign... 154
1.3.1 Beschaffungsprozess der Handelsware... 154
1.3.1.1 Beschaffung der Handelsware 155
1.3.1.1.1 Bestellung als Ausgangspunkt des Beschaffungsvorgangs............... 155
1.3.1.1.2 Wareneingang der bestellten Handelsware....................................... 157
1.3.1.1.3 Erfassung der Lieferantenrechnung 161
1.3.1.2 Bezahlung der angeschafften Handelsware 163
1.3.1.2.1 Verwaltung der Lieferantenverbindlichkeiten 163
1.3.1.2.2 Bezahlung durch Banküberweisung 165
1.3.1.2.3 Anlegen eines Kontoauszugs.. 168
1.3.1.3 WE/RE-Verrechnungslauf.. 170
1.3.1.3.1 Funktion des WE/RE-Laufs.. 170
1.3.1.3.2 Buchungslogik des WE/RE-Laufs 171
1.3.1.4 Analyse des Beschaffungsprozesses 173
1.3.1.4.1 Ermittlung der Beschaffungsausgaben für Produkte und
Abweichungsanalyse 173
1.3.1.4.2 Lagerbestandsentwicklung 175
1.3.1.4.3 Liquiditätsaspekte des Beschaffungsprozesses................................ 177
1.3.2 Anlagenbeschaffung 178
1.3.2.1 Beschreibung des Anlagenzugangs und dessen Kontenfindung....... 178
1.3.2.2 Stammdaten der Anlage... 182
1.3.3 Zusammenfassende Darstellung in Bilanz und Gewinn- und
Verlustrechnung 185
2. Lagerfertigung 188
2.1 Betriebswirtschaftliche Grundlagen 188
2.1.1 Vorbemerkungen 188
2.1.2 Kostenrechnung als Datenquelle für das externe
Rechnungswesen 188

2.1.2.1   Kostenartenrechnung 190
2.1.2.2   Kostenstellenrechnung 190
2.1.2.3   Kostenträgerrechnung 192
2.1.3   Herstellungskosten 194
2.1.3.1   Grundlagen 194
2.1.3.2   Zweck der Herstellungskosten 196
2.1.3.3   Komponenten der Herstellungskosten 196
2.1.3.3.1   Unterscheidung zwischen Einzel- und Gemeinkosten 196
2.1.3.3.2   Einzelkosten 197
2.1.3.3.3   Gemeinkosten 199
2.1.3.3.4   Übersicht zur Wertober- und -untergrenze 203
2.1.3.4   Zulässigkeit einer Plankostenrechnung 204
2.1.4   Produktionscontrolling 204
2.1.4.1   Überblick 204
2.1.4.2   Kostenorientiertes Produktionscontrolling 205
2.1.4.3   Zeitorientiertes Produktionscontrolling 207
2.1.4.4   Qualitätsorientiertes Produktionscontrolling 210
2.2   Darstellung der Geschäftsvorfälle der Lagerfertigung
            im Fallbeispiel 211
2.2.1   Vorstellung des Produktionsablaufs 211
2.2.2   Datengrundlage zur Ermittlung der Herstellungskosten 212
2.3   Abbildung der Lagerfertigung in SAP Business ByDesign 215
2.3.1   Vorbemerkungen 215
2.3.2   Aktivierung von Herstellungskosten 217
2.3.2.1   Die Funktion des Kontos *Ware in Arbeit* 217
2.3.2.2   Materialentnahme für die Produktion 218
2.3.2.3   Einsatz von Ressourcen in der Lagerfertigung 220
2.3.2.3.1   Ermittlung des Kostensatzes von Ressourcen 220
2.3.2.3.2   Rückmeldung der Ressource auf den Fertigungsauftrag 223
2.3.2.4   Wareneingang des Output-Materials im Lager 224
2.3.2.5   Verwendung von Zuschlägen 226
2.3.2.5.1   Verrechnung von Gemeinkosten über Zuschläge 226
2.3.2.5.2   Berücksichtigung von Umlagen 228
2.3.2.6   Herstellungskosten des produzierten Schuhs 230
2.3.3   Abrechnungslauf des Kontos *Ware in Arbeit* 230
2.3.4   Analyse des Lagerfertigungsprozesses 232
2.4   Zusammenfassende Darstellung in Bilanz und Gewinn- und
            Verlustrechnung 234
3.   Auftragsabwicklung 237
3.1   Betriebswirtschaftliche Grundlagen 237
3.1.1   Vorbemerkung 237
3.1.2   Externe Rechnungslegung 238
3.1.2.1   Kundenauftrag als schwebendes Geschäft 238
3.1.2.2   Gewinnrealisierung bei Warenlieferung bzw. Gefahrübergang 238
3.1.2.3   Kundenrechnung und Zahlungseingang 239

3.1.3   Vertriebscontrolling.. 240
3.1.3.1   Überblick 240
3.1.3.2   Vertriebserfolgsrechnungen.. 242
3.1.3.2.1 Kostenträgerzeitrechnung.. 242
3.1.3.2.2 Deckungsbeitragsrechnung.. 244
3.1.3.3   Vertriebskennzahlensysteme 246
3.1.4   Liquiditätsaspekte des Auftragsabwicklungsprozesses.................... 247
3.2   Darstellung der absatzrelevanten Geschäftsvorfälle
          des Fallbeispiels... 248
3.3   Abbildung der Auftragsabwicklung in SAP Business ByDesign 250
3.3.1   Verkauf von Produkten und deren Bezahlung 250
3.3.1.1   Darstellung des Auftragsabwicklungsprozesses 250
3.3.1.1.1 Geschäftsanbahnungsphase 251
3.3.1.1.2 Eingang eines Kundenauftrags 252
3.3.1.1.3 Erfassung der ausgehenden Lieferung... 254
3.3.1.1.4 Kundenrechnung.. 256
3.3.1.2   Zahlungseingang... 258
3.3.1.2.1 Verwaltung von Forderungen 258
3.3.1.2.2 Kontoauszug und Zahlungsausgleich 259
3.3.2   Erlösabgrenzung und Erlösrealisierung 263
3.3.2.1   Funktion der Erlösabgrenzung.. 263
3.3.2.2   Buchungslogik des Erlösabgrenzungslaufs................................... 265
3.3.3   Analyse des Auftragsabwicklungsprozesses.................................. 267
3.3.3.1   Auftragseingangsvolumen und Durchlaufzeit
          von Kundenaufträgen 267
3.3.3.2   Kurzfristige Ergebnisrechnung... 268
3.3.3.3   Liquiditätsaspekte des Auftragsabwicklungsprozesses................... 271
3.4   Zusammenfassende Darstellung in Bilanz und Gewinn- und
          Verlustrechnung 272
4.   Projektmanagement 276
4.1   Betriebswirtschaftliche Grundlagen 276
4.1.1   Vorbemerkungen 276
4.1.2   Kundenprojekt 277
4.1.2.1   Projektplanung und Kundenauftrag 277
4.1.2.2   Projektdurchführung... 280
4.1.2.3   Projektfakturierung und Zahlungseingang..................................... 282
4.1.3   Forschungs- und Entwicklungsprojekt 283
4.1.3.1   Handelsrechtliches Aktivierungswahlrecht 283
4.1.3.2   Aktivierungsfähigkeit als Voraussetzung zur Bilanzierung.............. 284
4.1.3.3   Ansatz und Bewertung von selbst geschaffenen immateriellen
          Vermögensgegenständen des Anlagevermögens............................ 285
4.1.3.4   Forschungs- und Entwicklungsprojekt als Grundlage
          für Controlling und Bilanzierung.. 286
4.2   Darstellung der relevanten Geschäftsvorfälle des Fallbeispiels
          zur Abbildung von Projekten... 286

4.2.1   Kundenprojekt: Designberatung.. 286
4.2.2   Internes Forschungs- und Entwicklungsprojekt 287
4.3   Abbildung von Projekten in SAP Business ByDesign 288
4.3.1   Kundenprojekte 289
4.3.1.1   Kundenauftrag und Projektkalkulation zur Überprüfung
            der Auftragsannahme 289
4.3.1.2   Projektdurchführung.. 292
4.3.1.2.1   Ermittlung von Kostensätzen und Leistungsverrechnung
            auf das Projekt.. 292
4.3.1.2.2   Zeit- und Ausgabenerfassung von internen Mitarbeitern 293
4.3.1.2.3   Beschaffung und Einbindung von externen Arbeitsressourcen 296
4.3.1.3   Projektfakturierung und Zahlungseingang 300
4.3.1.4   Reporting zu Kostenabweichungen und Projektergebnis 302
4.3.2   Abbildung des internen Forschungs- und Entwicklungsprojekts
            in SAP Business ByDesign 303
4.3.2.1   Vorbemerkungen... 303
4.3.2.2   Projektdurchführung.. 304
4.3.2.3   Aktivierung von angefallenen Aufwendungen............................... 306
4.3.2.4   Dokumentation des Forschungs- und Entwicklungsprojekts........... 307
4.4   Zusammenfassende Darstellung in Bilanz und Gewinn- und
            Verlustrechnung 309
5.   Abschlussprozess.. 312
5.1   Betriebswirtschaftliche Grundlagen 312
5.1.1   Vorbemerkungen 312
5.1.2   Vorbereitende Abschlussarbeiten 312
5.1.2.1   Erfassung und Überprüfung aller operativen Geschäftsvorfälle
            der abschlussrelevanten Periode.. 312
5.1.2.2   Inventur 314
5.1.2.3   Saldenbestätigung.. 315
5.1.2.4   Umsatzsteuermeldung 316
5.1.3   Bewertende Abschlussarbeiten.. 316
5.1.3.1   Periodengerechte Erlösrealisierung 316
5.1.3.2   Folgebewertung des Anlagevermögens.. 317
5.1.3.2.1   Planmäßige Abschreibungen 317
5.1.3.2.2   Außerplanmäßige Abschreibungen 317
5.1.3.3   Rechnungsabgrenzungsposten... 318
5.1.3.4   Folgebewertung von Verbindlichkeiten in Fremdwährung............. 319
5.1.3.5   Buchung von Zuschlägen und Umlagen... 320
5.1.3.6   Folgebewertung des Umlaufvermögens 320
5.1.3.6.1   Vorräte.. 321
5.1.3.6.2   Forderungen 321
5.1.3.7   Bildung von Rückstellungen 323
5.1.4   Reporting.. 326
5.2   Darstellung der Geschäftsvorfälle des Beispielsachverhalts 327
5.3   Abbildung des Abschlussprozesses in SAP Business ByDesign...... 330

5.3.1	Planung des Abschlusses mithilfe des Closing Cockpits und Konzept der Periodensperren	331
5.3.2	Vorbereitende Abschlussarbeiten	333
5.3.2.1	Erfassung und Überprüfung aller operativen Geschäftsvorfälle	333
5.3.2.2	Inventur und Saldenbestätigungen	333
5.3.2.3	Umsatzsteuervoranmeldung und -erklärung	335
5.3.2.4	Nebenbuchabstimmung	337
5.3.3	Bewertende Abschlussarbeiten	337
5.3.3.1	Überblick	337
5.3.3.2	Abschlussarbeiten im Bereich der Forderungen	339
5.3.3.3	Abschlussarbeiten im Bereich des Vorratsvermögens	341
5.3.3.4	Hauptbuchabstimmung	342
5.3.4	Abschlussreporting von Bilanz und Gewinn- und Verlustrechnung	343
5.3.4.1	Bilanzierung von latenten Steuern	343
5.3.4.2	Überleitung vom Umsatzkostenverfahren auf das Gesamtkostenverfahren	345
5.3.4.3	Saldovortrag	349
5.3.5	Abschließende Bilanz und Gewinn- und Verlustrechnung	349
6.	Berichtswesen zur Rechnungslegung und Unternehmenssteuerung	353
6.1	Überblick	353
6.2	Cash- und Liquiditätsmanagement als wesentlicher Steuerungsaspekt	355
6.2.1	Betriebswirtschaftliche Grundlagen	355
6.2.1.1	Notwendigkeit eines integrierten Cash- und Liquiditätsmanagements	355
6.2.1.2	Aufgaben des Cash- und Liquiditätsmanagements	357
6.2.1.3	Cash- und Liquiditätsmanagement zur Krisenprävention	360
6.2.1.4	Cash- und Liquiditätsmanagement zur Optimierung eines Ratings	362
6.2.2	Abbildung des Cash- und Liquiditätsmanagements in SAP Business ByDesign	364
6.3	Berichte des externen Rechnungswesens	367
6.3.1	Betriebswirtschaftliche Grundlagen	367
6.3.2	Berichte des externen Rechnungswesens in SAP Business ByDesign	369
6.3.2.1	Arbeiten mit den Berichten	369
6.3.2.2	Abschlussbezogene Berichterstattung	371
6.3.2.2.1	Bilanz und Gewinn- und Verlustrechnung	371
6.3.2.2.2	Eigenkapitalspiegel und Kapitalflussrechnung	372
6.3.2.2.3	Anhangspezifische Berichterstattung	374
6.3.2.3	Unterstützende Berichte für das Rechnungswesen	375
6.4	Berichte zur Unternehmenssteuerung	376
6.4.1	Betriebswirtschaftliche Grundlagen	376

6.4.2   Berichte in SAP Business ByDesign 378

6.4.2.1   Kurzfristige Ergebnisrechnung: Profit-Center-Bericht und
              Deckungsbeitragsrechnung 379

6.4.2.2   Schlüsselkennzahlen des Unternehmens 381

6.4.2.3   Dashboard: Monitoring der Profitabilität 382

6.4.2.4   Plan-/Ist-Analyse von Bilanz, GuV und Kostenstelle 383

6.5   Abschlussprüfung: Prüfung bis zum Beleg 386

G.   Konsolidierung 389

1.   Rechnungslegung und Unternehmenssteuerung in einem
              Konzernumfeld 390

2.   Betriebswirtschaftliche Grundlagen der
              Konzernrechnungslegung nach HGB 394

2.1   Konsolidierungsanforderungen im Überblick 394

2.2   Pflicht zur Konzernrechnungslegung 396

2.3   Abgrenzung des Konsolidierungskreises 398

2.3.1   Abgrenzung des Konsolidierungskreises i.e.S. 399

2.3.2   Abgrenzung des Konsolidierungskreises i.w.S. 399

2.3.2.1   Gemeinschaftsunternehmen 399

2.3.2.2   Assoziierte Unternehmen 400

2.3.3   Zusammenfassender Überblick 401

2.4   Der Konsolidierung vorgelagerte Maßnahmen 401

2.4.1   Überblick 401

2.4.2   Vereinheitlichung der Konzernabschlussstichtage 402

2.4.3   Maßgeblichkeit des Bilanzierungs- und Bewertungsrahmens
              des Mutterunternehmens 402

2.4.4   Währungsumrechnung 404

2.5   Vollkonsolidierung – die Einbeziehung von
              Tochterunternehmen 406

2.5.1   Schuldenkonsolidierung 406

2.5.1.1   Gegenstand und Umfang der Schuldenkonsolidierung 406

2.5.1.2   Aufrechnungsdifferenzen 407

2.5.1.2.1   Entstehung von Aufrechnungsdifferenzen 407

2.5.1.2.2   Behandlung von Aufrechnungsdifferenzen 408

2.5.1.3   Forderungen und Verbindlichkeiten in fremder Währung 409

2.5.1.4   Berücksichtigung latenter Steuern 410

2.5.2   Zwischenergebniseliminierung 410

2.5.2.1   Grundlagen 410

2.5.2.2   Zwischenergebniseliminierung im Vorratsvermögen 411

2.5.2.3   Zwischenergebniseliminierung im Anlagevermögen 414

2.5.2.4   Berücksichtigung latenter Steuern 416

2.5.3   Aufwands- und Ertragskonsolidierung 416

2.5.3.1   Grundlagen 416

2.5.3.2   Innenumsatzeliminierung 417

2.5.3.3 Konsolidierung anderer Erträge und Aufwendungen 418

2.5.3.4 Konsolidierung von Ergebnisübernahmen.............................. 418

2.5.3.5 Berücksichtigung latenter Steuern.................................... 419

2.5.4 Kapitalkonsolidierung 419

2.5.4.1 Zweck der Kapitalkonsolidierung..................................... 419

2.5.4.2 Kapitalkonsolidierung nach der Erwerbsmethode 420

2.5.4.2.1 Grundkonzeption 420

2.5.4.2.2 Neubewertungsmethode 421

2.5.4.2.3 Berücksichtigung latenter Steuern.................................... 423

2.5.4.2.4 Zusammenfassender Überblick 424

3. Erweiterung des Beispielsachverhalts um eine Konsolidierung 425

3.1 Einführung in das Fallbeispiel.. 425

3.2 Innerkonzernliche Geschäftsvorfälle 428

3.2.1 Lieferung von Halbfabrikaten... 428

3.2.2 Vermietung eines Markenrechts 429

4. Konsolidierungsvorbereitung mit SAP Business ByDesign 429

4.1 Modellierung der Multicompany-Struktur............................... 429

4.2 Pflege der Partnerinformationen...................................... 432

4.3 Vereinheitlichung von Bilanzierung, Bewertung und Ausweis 434

4.3.1 Parallele Rechnungslegung in einem Konzernumfeld..................... 434

4.3.2 Umsetzung einer Konzernbilanzierungsrichtlinie
in SAP Business ByDesign.. 436

4.3.3 Verwendung eines einheitlichen Kontenplans.......................... 439

4.4 Verwaltung von stillen Reserven und Lasten 440

4.4.1 Vorbemerkungen 440

4.4.2 Verwendung von Bewertungssichten 441

4.5 Konsolidierungsvorbereitung in Abhängigkeit
von den Konsolidierungsmaßnahmen..................................... 444

4.5.1 Datenbereitstellung: Schuldenkonsolidierung 444

4.5.1.1 Partnerbezogene Erfassung.. 444

4.5.1.2 Berichtswesen zur Intercompany-Abstimmung........................... 444

4.5.1.3 Übermittlung der Transaktionswährungen 446

4.5.2 Datenbereitstellung: Zwischenergebniseliminierung
im Vorratsvermögen 447

4.5.2.1 Überblick... 447

4.5.2.2 Bestandsdaten.. 448

4.5.2.3 Lieferdaten.. 452

4.5.3 Datenbereitstellung: Aufwands- und Ertragskonsolidierung........... 453

4.5.3.1 Innenumsatzeliminierung 453

4.5.3.2 Konsolidierung anderer Erträge und Aufwendungen 455

4.5.4 Datenbereitstellung: Kapitalkonsolidierung 455

4.5.4.1 Beteiligungsverhältnisse... 456

4.5.4.2 Eigenkapitalverhältnisse... 458

4.6 Zusammenfassende Darstellung des Beispielsachverhalts
in Bilanz und Gewinn- und Verlustrechnung 458

4.6.1   Vorbereitung der Erstkonsolidierung im Erwerbszeitpunkt
           01.01.2010.. 459
4.6.2   Abbildung der innerkonzernlichen Geschäftsvorfälle
           im Geschäftsjahr 2010.. 460
4.6.2.1   Lieferung von Halbfabrikaten 460
4.6.2.2   Vermietung eines Markenrechts... 462
4.6.2.3   Zusammenfassende Darstellung... 463
5.   Konzernabschlusserstellung 465
5.1   Vorbemerkungen und Überblick 465
5.2   Konsolidierungsvorbereitung, insbesondere Datenextraktion
           aus SAP Business ByDesign 465
5.3   Datenübernahme.. 467
5.3.1   Datenerfassung 468
5.3.2   Datenmapping 469
5.3.3   Datenanreicherung und Datenvalidierung 470
5.4   Konsolidierung.. 471
5.4.1   Währungsumrechnung.. 471
5.4.2   Schuldenkonsolidierung 472
5.4.2.1   Schuldenkonsolidierung im Beispielsachverhalt........................... 473
5.4.2.2   Exkurs: Schuldenkonsolidierung in einem
           Mehrperiodensachverhalt 474
5.4.3   Innenumsatz- und Zwischenergebniseliminierung
           im Vorratsvermögen... 476
5.4.3.1   Innenumsatzeliminierung 476
5.4.3.2   Zwischenergebniseliminierung... 477
5.4.3.3   Exkurs: Zwischenergebniseliminierung in einem
           Mehrperiodensachverhalt 480
5.4.4   Konsolidierung anderer Erträge und Aufwendungen 482
5.4.5   Kapitalkonsolidierung 483
5.4.5.1   Erstkonsolidierung zum Erwerbszeitpunkt 01.01.2010 483
5.4.5.2   Folgekonsolidierung zum Abschlussstichtag 31.12.2010............... 486
5.5   Zusammenfassende Darstellung in der konsolidierten Bilanz
           und Gewinn- und Verlustrechnung.. 488
6.   Konzernsteuerung 490
6.1   Betriebswirtschaftliche Grundlagen 490
6.1.1   Gegenstand und Umfang der Konzernsteuerung............................. 490
6.1.2   Steuerung nach Geschäftsbereichen 492
6.1.3   Zwischenfazit 494
6.2   Bedeutung von SAP Business ByDesign für die
           Konzernsteuerung.. 495
6.2.1   Datenbereitstellung für die Management-Konsolidierung.............. 495
6.2.2   Konzernsteuerung in SAP Business ByDesign 496
6.2.2.1   Konzernweite Umsetzung der operativen Planung........................ 496
6.2.2.2   Abbildung einer Multicompany-Struktur zur Steuerung
           im Konzern.. 496

6.3   Fazit... 499

Literaturverzeichnis.. 501
Stichwortverzeichnis 521

Abbildungsverzeichnis

Abbildung 1:   Lösungsumfang von SAP Business ByDesign 4
Abbildung 2:   Projektansatz bei der betriebswirtschaftlichen Konfiguration 5
Abbildung 3:   Ausschnitt aus der Organisationsstruktur
                des Beispielunternehmens 8
Abbildung 4:   Zentraler Geschäftspartner *Anlagen AG*
                in verschiedenen Rollen 10
Abbildung 5:   Material *E_Walk* (Laufschuhe *Easy Walk)* mit seinem
                Bewertungsaspekt......................... 11
Abbildung 6:   Produkte im Kundenauftrag als Material oder Service............. 12
Abbildung 7:   Struktur des Rechnungswesens 13
Abbildung 8:   Belegfluss eines Beschaffungsprozesses 16
Abbildung 9:   *Home* Work Center eines Benutzers......................... 22
Abbildung 10:   Übersicht der Self-Services 24
Abbildung 11:   Überblick über alle Work Center und Sichten
                des Rechnungswesens 25
Abbildung 12:   Aufgaben zur Unterstützung des Jahresabschlusses................. 26
Abbildung 13:   Erweiterung der Kundenauftragserfassung
                um ein Zusatzfeld......................... 27
Abbildung 14:   Beispiel eines selbst erstellten Berichts für das Work Center
                Hauptbuch 28
Abbildung 15:   Mögliche Divergenzen zwischen Handels- und Steuerbilanz
                bezüglich dem Ansatz von Aktiva......................... 64
Abbildung 16:   Mögliche Ansatzdivergenzen auf der Passivseite
                zwischen Handels- und Steuerbilanz......................... 69
Abbildung 17:   Ermittlung der Herstellungskosten im Vergleich. 70
Abbildung 18:   Mögliche Divergenzen zwischen Handels- und Steuerbilanz
                aufgrund abweichender Bewertungsvorschriften 79
Abbildung 19:   Buchungen je Rechnungslegungswerk......................... 80
Abbildung 20:   Paralleles Absetzen von Buchungen
                in SAP Business ByDesign 81
Abbildung 21:   Eröffnungsbilanz der *Nordstar GmbH* 84
Abbildung 22:   Geschäftsbereiche, Profit-Center und Kostenstellen
                der *Nordstar GmbH*......................... 85
Abbildung 23:   Kontenfindung am Beispiel eines Wareneingangs
                in den Bestand 87
Abbildung 24:   Konfiguration der Kontenfindung zur Hinterlegung
                von Sachkonten 88
Abbildung 25:   Ausschnitt aus der Organisationsstruktur
                des Beispielunternehmens 89
Abbildung 26:   Zuordnung von Funktionen zu Organisationseinheiten............. 90
Abbildung 27:   Einbindung eines Kostenstellentyps in die Berichtsstruktur 92
Abbildung 28:   Stammdatensatz eines Materials......................... 94

Abbildung 29:   Stammdaten eines Lieferanten 95

Abbildung 30:   Stammdaten einer Ressource 97

Abbildung 31:   Vertriebslinienspezifische Preisliste...98

Abbildung 32:   Hierarchie von Planungsstufen...105

Abbildung 33:   Budgetierung im Rahmen der Planung 109

Abbildung 34:   Struktur eines Budgetierungssystems...111

Abbildung 35:   Absatzmengenplanung von Handels- und Produktionsware 114

Abbildung 36:   Verkaufspreise der Handels- und Produktionsware 114

Abbildung 37:   Umsatzplanung für Handelsware, Produktionsware und
                 Designberatung 115

Abbildung 38:   Planung der Personalausgaben 116

Abbildung 39:   Planung der Anlageinvestitionen 117

Abbildung 40:   Beschaffungsplanung der Handelsware 117

Abbildung 41:   Beschaffungsplanung der Roh-, Hilfs- und Betriebsstoffe.......118

Abbildung 42:   Fertigungseinzelkosten des *Hiking*-Schuhs.............................118

Abbildung 43:   Fertigungs- und Materialgemeinkostenplanung 119

Abbildung 44:   Verwaltungs-, Vertriebskosten- und FuE-Budget 119

Abbildung 45:   Ergebnisplanung für das Geschäftsjahr 2010 120

Abbildung 46:   Kostenstellenplanung für die Kostenstelle Spritzguss.............121

Abbildung 47:   Deckungsbeitragsplanung der *Nordstar GmbH* 122

Abbildung 48:   Finanzplanung für das Geschäftsjahr 2010 124

Abbildung 49:   Bilanzplanung für das Geschäftsjahr 2010.............................125

Abbildung 50:   Aktivitätenliste zur Erstellung der Absatzplanstruktur............127

Abbildung 51:   Plandatenerfassung der Vertriebsplanung 128

Abbildung 52:   Plan-/Ist-Abgleich von Absatzzielen in Marktsegmenten 129

Abbildung 53:   Anlegen der Planstruktur von Bilanz-, Ergebnis- und
                 Kostenstellenplan 130

Abbildung 54:   Plandatenerfassung von Kostenstellen auf Sachkontenebene ..131

Abbildung 55:   Beschaffungsprozess im Überblick 134

Abbildung 56:   Bilanzielle Konsequenzen der Bestellung.................................135

Abbildung 57:   Bilanzielle Konsequenzen der Warenlieferung 137

Abbildung 58:   Bestandteile der Anschaffungskosten 139

Abbildung 59:   Komponenten der Anschaffungskosten......................................142

Abbildung 60:   Bilanzielle Konsequenzen aus Lieferantenrechnung und
                 Zahlungsausgang...144

Abbildung 61:   Grunddaten der Anlagen 152

Abbildung 62:   Grunddaten für die Beschaffung der Handelsware..................153

Abbildung 63:   Ermittlung der Einfuhrumsatzsteuer 153

Abbildung 64:   Beschaffungsprozess und zugehörige Work Center.................155

Abbildung 65:   Anlegen einer Bestellung 156

Abbildung 66:   Erfassung eines Wareneingangs..157

Abbildung 67:   Buchung bei Wareneingang 158

Abbildung 68:   Lagerbestand nach Anschaffung der Handelsware 159

Abbildung 69:   Ermittlung des gleitenden Durchschnittspreises
                 nach Wareneingang..160

Abbildung 70:   Erfassung einer Lieferantenrechnung.......................................161

Abbildung 71:   Buchung der Lieferantenrechnung 163

Abbildung 72:   Lieferantenbezogene Darstellung
der Verbindlichkeitspositionen 164

Abbildung 73:   Offene Posten Liste der Verbindlichkeiten pro Lieferant 165

Abbildung 74:   Anlegen einer ausgehenden Banküberweisung 166

Abbildung 75:   Übersicht über alle Zahlungsmittel im Zahlungsmonitor 167

Abbildung 76:   Buchungen des Zahlungsausgangs 167

Abbildung 77:   Ergebnis aus der Währungsumrechnung 168

Abbildung 78:   Erfassen eines Kontoauszugs 169

Abbildung 79:   Buchungen bei Anlegen des Kontoauszugs........................... 169

Abbildung 80:   Belegfluss des Beschaffungsprozesses 170

Abbildung 81:   Anlegen eines WE/RE-Verrechnungslaufs 171

Abbildung 82:   Buchung des WE/RE-Verrechnungslaufs 172

Abbildung 83:   Ermittlung des gleitenden Durchschnittspreises
nach dem WE/RE-Lauf 173

Abbildung 84:   Ausgaben nach Land, Lieferant und Produktkategorie 174

Abbildung 85:   Produktbezogene Übersicht zur Rechnungsmenge und
Durchschnittspreises 175

Abbildung 86:   Bericht zur Analyse von Einkaufspreisabweichungen 175

Abbildung 87:   Materialbestandsentwicklung je Sachkonto 176

Abbildung 88:   Wertmäßige Lagerbestandsentwicklung im Vergleich 176

Abbildung 89:   Bericht zur Fälligkeit von Verbindlichkeiten 177

Abbildung 90:   Erfassung einer Lieferantenrechnung
zur Anlagenbeschaffung 178

Abbildung 91:   Zuordnung der Anlagenklasse
zu einer Produktkategorienummer 180

Abbildung 92:   Manuelle Erfassung der Lieferantenrechnung
ohne Bestellung 181

Abbildung 93:   Anlagevermögen der *Nordstar GmbH* nach Anlagenklassen .. 182

Abbildung 94:   Detailansicht der Bewertung einer Anlage 183

Abbildung 95:   Handelsbilanz der *Nordstar GmbH* nach dem
Beschaffungsprozess 185

Abbildung 96:   GuV (Gesamtkostenverfahren) der *Nordstar GmbH* 186

Abbildung 97:   GuV (Umsatzkostenverfahren) der *Nordstar GmbH* 187

Abbildung 98:   Prozess der Lagerfertigung im Überblick 188

Abbildung 99:   Systematik der Kosten und Leistungsrechnung 190

Abbildung 100: Grundablaufschema einer Kostenrechnung 194

Abbildung 101: Herstellungsvorgänge 194

Abbildung 102: Wertunter- und -obergrenze nach Handels- und Steuerrecht ... 203

Abbildung 103: Systeme der Kostenrechnung 207

Abbildung 104: Lieferzeit und Durchlaufzeiten 208

Abbildung 105: Ablauf und Kostenstellenstruktur der Lagerfertigung 211

Abbildung 106: Ermittlungsschema der Herstellungskosten
pro Paar Schuhe... 212

Abbildung 107: Beschaffung produktionsrelevanter Roh-, Hilfs- und
Betriebsstoffe 213

Abbildung 108: Fertigungsgemeinkosten 213

Abbildung 109: Personalaufwand des Geschäftsbereichs Produktionsware 214

Abbildung 110: Bezogene (Dienst-)Leistungen 214

Abbildung 111: Produktionsnahe Gemeinkosten 215

Abbildung 112: Prozess der Lagerfertigung und zugehörige Work Center 216

Abbildung 113: Freigegebener Produktionsauftrag 216

Abbildung 114: Buchungslogik des Kontos *Ware in Arbeit* 217

Abbildung 115: Stückliste mit geplanten Verbrauchsmengen 219

Abbildung 116: Materialeinzelkosten der hergestellten Schuhe 219

Abbildung 117: Buchungen aus der Rückmeldung der Materialentnahmen 220

Abbildung 118: Verwaltung von Kostensätzen einer Ressource 221

Abbildung 119: Fertigungskosten der eingesetzten Personalressourcen 222

Abbildung 120: Fertigungskosten der eingesetzten Equipmentressourcen 222

Abbildung 121: Belastung des Kostenträgers durch die Ressourcenleistung.....223

Abbildung 122: Buchungen bei Rückmeldung der eingesetzten Ressourcen 224

Abbildung 123: Buchungen bei Fertigstellung des Produktionsloses 225

Abbildung 124: Belegfluss der Lagerfertigung 226

Abbildung 125: Festlegung von Zuschlagsregeln 227

Abbildung 126: Verbuchung des Gemeinkostenzuschlags 227

Abbildung 127: Ermittlung des Verrechnungssatzes für die Gemeinkosten
                der Qualitätssicherung 228

Abbildung 128: Umlage des Personalaufwands von der Sender-
                auf die Ziel-KST 229

Abbildung 129: Umlage der produktionsnahen Gemeinkosten 229

Abbildung 130: Herstellungskosten der *Hiking*-Schuhe 230

Abbildung 131: Buchungen auf einem Produktionslos 230

Abbildung 132: Buchungen des Abrechnungslaufs des Kontos
                Ware in Arbeit 231

Abbildung 133: Produktionserfüllungsrate eines Produktionsvorgangs............232

Abbildung 134: Produktionsdurchlaufzeiten 233

Abbildung 135: Gutmengen und Ausschuss 233

Abbildung 136: Analyse von Produktionsabweichungen 234

Abbildung 137: Handelsbilanz der *Nordstar GmbH* nach der Lagerfertigung...235

Abbildung 138: GuV (Gesamtkostenverfahren) der *Nordstar GmbH*...............236

Abbildung 139: GuV (Umsatzkostenverfahren) der *Nordstar GmbH*...............236

Abbildung 140: Auftragsabwicklungsprozess im Überblick..............................237

Abbildung 141: Bilanzielle Konsequenzen aus einem Kundenauftrag 238

Abbildung 142: Warenlieferung als frühester Zeitpunkt
                der Gewinnrealisierung 239

Abbildung 143: Bilanzielle Konsequenzen aus Kundenrechnung und
                Zahlungseingang 239

Abbildung 144: Analyseobjekte des Vertriebscontrollings...............................241

Abbildung 145: Ermittlung des Leistungserfolgs nach GKV
                auf Vollkostenbasis 243

Abbildung 146: Ermittlung des Leistungserfolgs je Kostenträger nach UKV
                auf Vollkostenbasis 244

Abbildung 147: Grundstruktur einer Deckungsbeitragsrechnung 244

Abbildung 148: Aufbau der mehrstufigen Deckungsbeitragsrechnung 245

Abbildung 149: Verkaufspreise der Produktpalette pro Vertriebsweg 249

Abbildung 150: Verkauf der Handels- und Produktionsware 249

Abbildung 151: Auftragsabwicklungsprozess und zugehörige Work Center 250

Abbildung 152: Überblick von erwarteten und gewonnenen Opportunities 252

Abbildung 153: Erfassen eines Kundenauftrags 253

Abbildung 154: Auftragsvolumen *Professional Walk* 253

Abbildung 155: Bestätigung des Warenausgangs 254

Abbildung 156: Entwicklung des gleitenden Durchschnittspreises
(*Easy Walk*) 255

Abbildung 157: Entwicklung des gleitenden Durchschnittspreises
(*Professional Walk*) 255

Abbildung 158: Buchungen bei Warenausgang 256

Abbildung 159: Erfassung von Kundenrechnungen 257

Abbildung 160: Buchungen bei Freigabe der Kundenrechnung 258

Abbildung 161: Auflistung der Kundenkonten mit offenen Posten 259

Abbildung 162: Erfassung des Kontoauszugs 260

Abbildung 163: Buchungen der Geschäftsvorfälle des Zahlungseingangs 261

Abbildung 164: Manueller Ausgleich einer Forderungsposition 262

Abbildung 165: Belegfluss des Auftragsabwicklungsprozesses 263

Abbildung 166: Zeitliches Auseinanderfallen von Warenausgang und
Kundenrechnung 264

Abbildung 167: Zusammenhang von Erlösabgrenzung und
Gewinnrealisierung 265

Abbildung 168: Erlösabgrenzungslauf: Gewinnrealisierung
bei Kundenrechnung 266

Abbildung 169: Erlösabgrenzungslauf: Gewinnrealisierung bei Lieferung
ohne Kundenrechnung 266

Abbildung 170: Kundenauftragsvolumen nach Regionen und Produkten 267

Abbildung 171: Kundenauftragsdurchlaufzeit 268

Abbildung 172: Erfolgsbeitrag des Produkts *Hiking-Schuh* 269

Abbildung 173: Erfolgsbeitrag von Handelsware und produzierten Schuhen ... 270

Abbildung 174: Umsatzkosten und -erlöse je Vertriebsweg 271

Abbildung 175: Vorschau Forderungen 272

Abbildung 176: Umsatzkosten und -erlöse der Verkaufsvorgänge 272

Abbildung 177: Bilanz der *Nordstar GmbH* nach dem
Auftragsabwicklungsprozess 273

Abbildung 178: GuV (Gesamtkostenverfahren) der *Nordstar GmbH* 274

Abbildung 179: GuV (Umsatzkostenverfahren) der *Nordstar GmbH* 275

Abbildung 180: Prozess eines Kundenprojekts im Überblick 277

Abbildung 181: Meilenstein-Trendanalyse 279

Abbildung 182: Aufspaltung der Gesamtabweichung bei projektbezogener
Kostenkontrolle 281

Abbildung 183: Kosten- und Leistungsvarianz 282

Abbildung 184: Kostenkalkulation des Kundenprojekts 287

Abbildung 185: Istkosten des Kundenprojekts...287
Abbildung 186: (Ist-)Kosten der Forschungs- und Entwicklungsphase............288
Abbildung 187: Teilprozesse des Projektmanagements und zugehörige
                Work Center..289
Abbildung 188: Aufsetzen des Projektplans...291
Abbildung 189: Projektkalkulation auf Basis von Plankosten.........................292
Abbildung 190: Zuordnung des Kostensatzes zu einem Mitarbeiter.................293
Abbildung 191: Zeitrückmeldung auf dem Projekt..294
Abbildung 192: Buchungen bei Zeitrückmeldung eines internen
                Mitarbeiters...295
Abbildung 193: Buchungen bei Spesenabrechnungen.......................................296
Abbildung 194: Beschaffung externer Dienstleistung.......................................297
Abbildung 195: Buchungen bei Zeitrückmeldung
                einer externen Dienstleistung...298
Abbildung 196: Lieferantenrechnung des externen Dienstleisters....................299
Abbildung 197: Buchungen bei Lieferantenrechnung
                (externe Dienstleistung)..300
Abbildung 198: Rechnungsstellung an den Kunden..300
Abbildung 199: Buchungen bei Rechnungsstellung...301
Abbildung 200: Abweichung von Plan- und Istkosten.....................................302
Abbildung 201: Istkosten, Isterlös und Gewinnspanne des Projekts.................302
Abbildung 202: Prozess eines Forschungs- und Entwicklungsprojekts............303
Abbildung 203: Projektplan des Forschungs- und Entwicklungsprojekts.........304
Abbildung 204: Buchungen bei der Durchführung des FuE-Projekts...............305
Abbildung 205: Manueller Erfassungsbeleg zur Umbuchung
                der Abschreibungen..306
Abbildung 206: Manuelle Aktivierung der Herstellungskosten
                auf einer Anlage...307
Abbildung 207: Buchungen auf dem Projekt...308
Abbildung 208: Zuordnung von Kosten zur Projektaufgabe
                und Buchungsperiode...308
Abbildung 209: Bilanz der *Nordstar GmbH* nach Abschluss der Projekte........309
Abbildung 210: GuV (Gesamtkostenverfahren) der *Nordstar GmbH*
                nach Projekten...310
Abbildung 211: GuV (Umsatzkostenverfahren) der *Nordstar GmbH*
                nach Projekten...311
Abbildung 212: Abschlussprozess im Überblick...312
Abbildung 213: Geschäftsvorfall Inventur im Teilprozess
                „Vorbereitende Abschlussarbeiten"..314
Abbildung 214: Auswahl von Geschäftsvorfällen des Teilprozesses
                „Bewertende Abschlussarbeiten"..316
Abbildung 215: Grobdarstellung der Ermittlung des zu versteuernden
                Einkommens für KSt und GewSt..326
Abbildung 216: Teilprozess Reporting im Überblick..327
Abbildung 217: Angefallene Vor- und Umsatzsteuer.......................................328
Abbildung 218: Handels- und steuerrechtliche Wertansatzdifferenzen............329

Abbildung 219: Abschlussprozess und Auszug zugehöriger Work Center 330

Abbildung 220: Closing Cockpit mit einer Auswahl
abschlussrelevanter Aktivitäten 331

Abbildung 221: Rückmeldung der Zählaufgabe für die Inventur 334

Abbildung 222: Buchung von Inventurdifferenzen 334

Abbildung 223: Umsatzsteuermeldung 335

Abbildung 224: Buchungen bei der Umsatzsteuermeldung 336

Abbildung 225: Teilprozess „Bewertende Abschlussarbeiten" 338

Abbildung 226: Buchung von Einzelwertberichtigungen 340

Abbildung 227: Buchungen bei der Bestandsumbewertung 342

Abbildung 228: Abstimmbericht von Hauptbuch und Nebenbüchern 343

Abbildung 229: Einzeldifferenzenbetrachtung zwischen Handels- und
Steuerbilanz 344

Abbildung 230: Buchung latenter Steuern 345

Abbildung 231: Verbuchung von Aufwendungen nach UKV 346

Abbildung 232: Neutralisierende Anpassungsbuchungen
bei Überleitung auf das GKV 347

Abbildung 233: Produktionsdaten für die Anpassungsbuchungen
für das GKV 348

Abbildung 234: Anpassungsbuchungen Gesamtkostenverfahren 349

Abbildung 235: (Abschluss-)Bilanz der *Nordstar GmbH*
des Geschäftsjahrs 2010 350

Abbildung 236: GuV nach dem Gesamtkostenverfahren
des Geschäftsjahres 2010 352

Abbildung 237: GuV nach dem Umsatzkostenverfahren
des Geschäftsjahres 2010 352

Abbildung 238: Mögliche Anpassungsmaßnahmen zur Optimierung
der Liquidität im Rahmen der Liquiditätsdisposition 359

Abbildung 239: Übersicht zum Tagesfinanzstatus 364

Abbildung 240: Komponenten des Tagesfinanzstatus
und der Liquiditätsvorschau 365

Abbildung 241: Liquiditätsvorschau nach Zahlungswegen 367

Abbildung 242: Größenkriterien des § 267 HGB 368

Abbildung 243: Variableneingabe bei dem Aufrufen eines Berichts 369

Abbildung 244: Navigation innerhalb eines Berichts 370

Abbildung 245: Übersicht zu den Berichtskategorien
im Work Center *Hauptbuch* 371

Abbildung 246: Bilanz der *Nordstar GmbH* 372

Abbildung 247: Kapitalflussrechnung der *Nordstar GmbH*
(indirekte Ermittlung) 373

Abbildung 248: Anlagenspiegel der *Nordstar GmbH* 374

Abbildung 249: Summen- und Saldenliste pro Buchungsperiode 375

Abbildung 250: Deckungsbeitragsrechnung auf Geschäftsbereichsebene 380

Abbildung 251: Kennzahlenmonitor im Work Center *Geschäftsführung* 381

Abbildung 252: Dashboard im Work Center *Geschäftsführung* 383

Abbildung 253: Plan-Ist-Vergleich der Bilanz der *Nordstar GmbH* 384

Abbildung 254: Plan-Ist-Vergleich der GuV der *Nordstar GmbH*.....................385

Abbildung 255: Plan-Ist-Vergleich von Kosten auf einer Kostenstelle.............386

Abbildung 256: Work Center *Prüfung und Revision* 386

Abbildung 257: Intensität der Konsolidierungsmaßnahmen in Abhängigkeit
von der Branche und Konzernstruktur 395

Abbildung 258: System möglicher Mutter-Tochter-Verhältnisse nach HGB 397

Abbildung 259: Konsolidierungswahlrechte
und mögliche Anwendungsfälle..399

Abbildung 260: Stufenkonzeption des Konzernbilanzrechts 401

Abbildung 261: Aufbereitung von der Handelsbilanz I
zur Handelsbilanz II 403

Abbildung 262: Von der Schuldenkonsolidierung betroffene Bilanzposten 407

Abbildung 263: Konzernherstellungskosten
und Zwischenergebniseliminierung 412

Abbildung 264: Zwischenergebniseliminierung im Anlagevermögen..............415

Abbildung 265: Kaufpreisallokation..422

Abbildung 266: Ablauf der Kapitalkonsolidierung
nach der Neubewertungsmethode 424

Abbildung 267: Geschäftsbereich und Kostenstellen des ausländischen TU 425

Abbildung 268: Wechselkursrelationen 427

Abbildung 269: Grunddaten für die konzerninterne Warenlieferung................429

Abbildung 270: Darstellungsmöglichkeiten von Multicompany-Strukturen 430

Abbildung 271: Organisationsstruktur in einer Multicompany-Umgebung.......431

Abbildung 272: Lieferant als verbundenes Unternehmen................................433

Abbildung 273: Ableitung der Partnerinformation beim Buchen 434

Abbildung 274: Parallele Rechnungslegung in einem Konzernumfeld.............435

Abbildung 275: Rechnungslegungswerk-Übersicht..437

Abbildung 276: Beziehungen zwischen Rechnungslegungswerk,
Konzernunternehmen, Kontenplan und
Kontenfindungsprofil 438

Abbildung 277: Ort der Verwaltung stiller Reserven und Lasten 441

Abbildung 278: Auswählen der Bewertungssicht 442

Abbildung 279: Bilanzposition nach Partnerunternehmen................................445

Abbildung 280: Summen- und Saldenliste nach Partnerunternehmen 446

Abbildung 281: Berechnungsverfahren
bei der Zwischenergebniseliminierung 448

Abbildung 282: Bestandsübersicht über lagerhaltige Produkte........................449

Abbildung 283: Wareneingänge nach konzerninternen und konzernexternen
Lieferanten 451

Abbildung 284: Kontenfindung bei konzerninternen/-externen
Geschäftsvorfällen 454

Abbildung 285: Summen- und Saldenliste nach Partnerunternehmen 455

Abbildung 286: Erfassungsbeleg zur Einbuchung der Beteiligung...................456

Abbildung 287: HB-II der *Novellia* im Erwerbszeitpunkt (01.01.2010)...........459

Abbildung 288: Stille Reserven der *Novellia* 460

Abbildung 289: HB-II der *Novellia* nach Intercompany-Geschäftsvorfällen (31.12.2010) 463

Abbildung 290: GuV der *Novellia* nach Intercompany-Geschäftsvorfällen (31.12.2010) 463

Abbildung 291: HB-II der *Nordstar* nach Intercompany-Geschäftsvorfällen (31.12.2010) 464

Abbildung 292: GuV der *Nordstar* nach Intercompany-Geschäftsvorfällen (31.12.2010) 464

Abbildung 293: Prozess der Konzernabschlusserstellung im Überblick 465

Abbildung 294: Teilprozess „Konsolidierungsvorbereitung" 466

Abbildung 295: Auswahl der konsolidierungsrelevanten Merkmale in der Summen- und Saldenliste 466

Abbildung 296: Teilprozess „Datenübernahme" 467

Abbildung 297: Aufbau von Berichtspaketen 468

Abbildung 298: Datenerfassung im Konsolidierungssystem 469

Abbildung 299: Konzernkontenmapping 470

Abbildung 300: Teilprozess „Konsolidierung" 471

Abbildung 301: Schuldenkonsolidierungsbuchung für das Geschäftsjahr 2010 473

Abbildung 302: Positionsverwendung bei konzerninternen Geschäftsvorfällen 473

Abbildung 303: Schuldenkonsolidierungsbuchung für das Geschäftsjahr 2010 – Einzelwertberichtigung 475

Abbildung 304: Schuldenkonsolidierungsbuchung für das Geschäftsjahr 2011 – Geschäftsjahreswechsel 476

Abbildung 305: Bestandsdaten und Lieferdaten 477

Abbildung 306: Innenumsatz- und Zwischenergebniseliminierung nach dem GKV 479

Abbildung 307: Innenumsatz- und Zwischenergebniseliminierung nach dem GKV – Alternativszenario 480

Abbildung 308: Zwischenergebniseliminierung beim Geschäftsjahreswechsel 481

Abbildung 309: Entwicklung der Zwischenerfolge 481

Abbildung 310: Erstellung der HB-III zum Erwerbszeitpunkt 01.01.2010 485

Abbildung 311: Fortschreibung der HB-III zum Abschlussstichtag 31.12.2010 487

Abbildung 312: Konsolidierte Bilanz und GuV (31.12.2010) 489

Abbildung 313: Struktur eines Beispielkonzerns aus Sicht der internen Steuerung 492

Abbildung 314: Struktur eines Beispielkonzerns aus legaler Sicht 493

Abbildung 315: Bericht *Bilanz und GuV – vereinfachte Konsolidierung* 498

Abkürzungsverzeichnis

A

a.A.	anderer Ansicht
AB	Anfangsbestand
Abs.	Absatz
Abt.	Abteilung
a.F	alte Fassung
AfA	Absetzung für Abnutzung
AG	Aktiengesellschaft
AHK	Anschaffungs- und Herstellungskosten
AK	Anschaffungskosten
AktG	Aktiengesetz
allg.	allgemeinen
Anl.	Anlagen
APR	April
aRAP	aktiver Rechnungsabgrenzungsposten
Aufl.	Auflage
Aufwend.	Aufwendung(en)
AUG	August
AV	Anlagevermögen
AWV	Außenwirtschaftsverordnung

B

Basel II	Gesamtheit der Eigenkapitalvorschriften des Basler Ausschuss für Bankenaufsicht
B2B	Business-To-Business
BB	Betriebs Berater (Zeitschrift)
BBK	Zeitschrift für Buchführung, Bilanzierung, Kostenrechnung
BC	Bilanzbuchhalter und Controller (Zeitschrift)
Bd.	Band
BFH	Bundesfinanzhof
BFuP	Betriebswirtschaftliche Forschung und Praxis (Zeitschrift)
BGA	Betriebs- und Geschäftsausstattung
BGB	Bürgerliches Gesetzbuch
BGH	Bundesgerichtshof
bibu	Bilanz und Buchhaltung (Zeitschrift)
BilMoG	Bilanzrechtsmodernisierungsgesetz
BMF	Bundesministerium der Finanzen
BR-Drucksache	Drucksache des Bundesrates
BRZ	Zeitschrift für Bilanzierung und Rechnungswesen
bspw.	beispielsweise
BStBl.	Bundessteuerblatt
BT-Drucksache	Drucksache des Bundestages
Buchst.	Buchstabe
bzgl.	bezüglich
bzw.	beziehungsweise

C

Co.	Compagnie
CRM	Customer Relationship Management

D

d.	der, die, das
DB	Der Betrieb (Zeitschrift), auch: Deckungsbeitrag
DEZ	Dezember
d.h.	das heißt
DIN	Deutsches Institut für Normung
Dipl.-Kffr.	Diplom-Kauffrau
Dipl.-Kfm.	Diplom-Kaufmann
Dr.	Doktor
DRS	Deutsche(r) Rechnungslegungs Standard(s)
DStR	Deutsches Steuerrecht (Zeitschrift)
DStRE	DStR-Entscheidungsdienst (Zeitschrift)
durchschnittl.	durchschnittlicher
DV	Datenverarbeitung
d. Verf.	die Verfasser

E

ea	each
EDV	Elektronische Datenverarbeitung
EGHGB	Einführungsgesetz zum Handelsgesetzbuch
ELSTER	Elektronische Steuererklärung
ERS	Entwurf einer Stellungnahme zur Rechnungslegung
EStDV	Einkommensteuer-Durchführungsverordnung
EStG	Einkommensteuergesetz
EStH	Einkommensteuer-Hinweis
EStR	Einkommensteuer-Richtlinie
et al.	et alii
etc.	et cetera
EuGH	Europäischer Gerichtshof
EUR	Euro
EUSt	Einfuhrumsatzsteuer
e.V.	eingetragener Verein

F

f.	folgende(m/n/r/s)
FB	Finanz Betrieb (Zeitschrift)
FEB	Februar
ff.	fortfolgende(m/n/r/s)
Fifo	First in first out (Bewertungsverfahren)
FuE	Forschung und Entwicklung
FW	Fremdwährung

G

GA	Gesamtabweichung
GAAP	Generally Accepted Accounting Principles
GB	Geschäftsbereich
gem.	gemäß

Gewinn-RL	Gewinnrücklage(n)
GewSt	Gewerbesteuer
gez.	gezeichnet(es)
gg.	gegenüber
ggf.	gegebenenfalls
GK	Gemeinkosten
GKR	Gemeinschaftskontenrahmen der Industrie
GKV	Gesamtkostenverfahren
GKZ	Gemeinkostenzuschlag
GLD	gleitender Durchschnitt
GmbH	Gesellschaft mit beschränkter Haftung
GmbHG	Gesetz betreffend die Gesellschaften mit beschränkter Haftung
GoB	Grundsätze ordnungsmäßiger Buchführung
GoBS	Grundsätze ordnungsmäßiger DV-gestützter Buchführungssysteme
grds.	grundsätzlich
GrS	Große(r) Senat
GuV	Gewinn- und Verlustrechnung
GWG	geringwertige(r/s) Wirtschaftsgut/Wirtschaftsgüter

H

h	Stunde(n)
HB	Handelsbilanz
HFA	Hauptfachausschuss des Instituts der Wirtschaftsprüfer in Deutschland e.V.
HGB	Handelsgesetzbuch
HK	Herstellungskosten
h.M.	herrschende(r) Meinung
Hrsg.	Herausgeber

I

IAS	International Accounting Standard(s)
IASB	International Accounting Standards Board
ID	Identification
IDW	Institut der Wirtschaftsprüfer in Deutschland e.V.
i.d.S.	im dem (diesem) Sinn
i.e.S.	im engeren Sinn
IFRS	International Financial Reporting Standard(s)
i.H.d.	in Höhe der, des
i.H.v.	in Höhe von
IK	Istkosten
IKR	Industriekontenrahmen
immat.	immateriell(e/es)
Incoterms	International Commercial Terms
inkl.	Inclusive
INR	indische Rupien
InsO	Insolvenzordnung
Instandhaltg.	Instandhaltung
i.S.d.	im Sinne der, des
i.S.v.	im Sinne von
i.V.m.	in Verbindung mit
i.w.S.	im weiteren Sinne

J

J.	Jahr(e/en)
JAN	Januar
JUL	Juli
JUN	Juni

K

Kap.	Kapitel
Kap-RL	Kapitalrücklagen
kfm.	kaufmännisch(er)
kg	Kilogramm
KI	Kreditinstitute
Kifo	Konzern in first out
Kilo	Konzern in last out
KMU	kleine und mittlere Unternehmen
KoR	Zeitschrift für internationale und kapitalmarktorientierte Rechnungslegung
KS	Kostensatz
KST	Kostenstelle
KSt	Körperschaftsteuer
KStG	Körperschaftsteuergesetz
kWh	Kilowattstunde(n)

L

L.	Lieferung, auch: Leistung
langfr.	langfristig(em/en/er/es)
LB	Landesbank
Lifo	Last in first out (Bewertungsverfahren)
Ltd.	Limited
LuL	Lieferung(en) und Leistung(en)

M

M.	Maschine(n)
MAI	Mai
max.	maximal
ME	Mengeneinheit(en)
min.	Minuten
MRZ	März
MU	Mutterunternehmen
M&A	Mergers & Acquisitions
m.w.N.	mit weiteren Nachweisen

N

n.a.	nicht angegeben
ND	Nutzungsdauer(n)
NOV	November
Nr.	Nummer(n)
NWB	Neue Wirtschaftsbriefe (Zeitschrift)
NYSE	New York Stock Exchange
NZD	Nutzungsdauer(n)
NZI	Neue Zeitschrift für das Recht der Insolvenz und Sanierung

O

OKT	Oktober
o.O.	ohne Ortsangabe
OP	offene(r) Posten

P

p	Preis
PiR	Praxis der internationalen Rechnungslegung (Zeitschrift)
PK	Plankosten
pRAP	passiver Rechnungsabgrenzungsposten
PSP	Professional Service Provider
Prof.	Professional, auch: Professor
PS	Prüfungsstandard
PublG	Publizitätsgesetz

Q

qm	Quadratmeter
QS	Qualitätssicherung(en)

R

R	Richtlinie
RE	Rechnungseingang
RegE	Regierungsentwurf
RHB	Roh-, Hilfs- und Betriebsstoffe
Rn.	Randnummer(n)
Rst./RST	Rückstellungen

S

S.	Seite, auch: Satz
SaaS	Software as a Service
SAP	Systeme, Anwendungen, Produkte
SAS	Statement on Auditing Standard Number 70
SEP	September
SK	Sollkosten
SKR	Standardkontenrahmen
SMEs	Small and Medium-sized Entities
sog.	sogenannte(m/n/r/s)
sonst.	sonstige(n)
StC	SteuerConsultant (Zeitschrift)
Stk.	Stück
StR	Steuerrecht
StuB	Unternehmensteuern und Bilanzen (Zeitschrift)

T

TU	Tochterunternehmen

U

u.	und
u.a.	unter anderem
u.E.	unseres Erachtens
UKV	Umsatzkostenverfahren

US	United States
USA	United States of America
USD	US-Dollar
US-GAAP	United States – Generally Accepted Accounting Principles
USt	Umsatzsteuer
u.U.	unter Umständen

V

v.	vom, auch: von
VBLK	Verbindlichkeit(en)
Verb.	Verbindlichkeit(en)
verb.	verbundenen
Verw.	Verwaltung
Verwaltungsgeb.	Verwaltungsgebäude
VG	Vermögensgegenstand(stände)
vgl.	vergleiche
VP	Verkaufspreis
VPN	Virtual Private Network
vs.	versus
VSt	Vorsteuer

W

WE	Wareneingang
WE/RE	Wareneingang/Rechnungseingang
WIP	Work in Process (= Ware in Arbeit)
WiSt	Wirtschaftswissenschaftliches Studium (Zeitschrift)
WP	Wirtschaftsprüfer
WPg	Die Wirtschaftsprüfung (Zeitschrift)
WP-Handbuch	Wirtschaftsprüfer-Handbuch
WpHG	Wertpapierhandelsgesetz
WUR	Währungsumrechnung
www	World Wide Web

X

x	unbekannte Menge

Z

z.B.	zum Beispiel
ZfB	Zeitschrift für Betriebswirtschaft
ZfbF	Zeitschrift für betriebswirtschaftliche Forschung
z.T.	zum Teil
zzgl.	zuzüglich

A. Konzepte eines geschäftsprozess-basierten Rechnungswesens

1.   Einleitung

Geschäftsprozesse als Basis aller betrieblicher Aktivitäten

Geschäftsprozesse sind die Basis betrieblicher Aktivitäten von Unternehmen. Sie umfassen im Wesentlichen die Wertschöpfungsketten und binden Mitarbeiter eines Unternehmens arbeitsteilig zusammen. Diese Zusammenarbeit erweitert sich in Geschäftsprozessen rasch über Tochterunternehmen, Kunden, Lieferanten, Banken und Behörden über Unternehmensgrenzen hinweg. SAP Business ByDesign bietet zahlreiche integrierte Geschäftsprozesse an, die im Rechnungswesen abgebildet werden, um damit gesetzlichen Anforderungen gerecht zu werden, aber insbesondere auch zur Steuerung eines Unternehmens.

Konfiguration und Stammdaten als Basis von Geschäftsprozessen

Das einleitende Kapitel wirft einen ganzheitlichen Blick auf die Lösung über das Rechnungswesen hinaus. Es werden zuerst die Vorzüge von SAP Business ByDesign als On-Demand-Lösung vorgestellt, dann die Grundzüge und die Bedeutung der Konfiguration erläutert und schließlich die Struktur der Unternehmensorganisation, Geschäftspartner und Produkt vorgestellt. Konfiguration und Stammdaten bilden das Grundgerüst für alle Geschäftsprozesse und garantieren später eine konsistente Informationsbasis im Rechnungswesen über das erweiterte Belegkonzept.

Konzept eines neuen Rechnungswesens in SAP Business ByDesign

Auf dem Grundgerüst von Konfiguration und Stammdaten baut sich die Struktur des neuen Rechnungswesens von SAP Business ByDesign auf, die Zahlung und Buchung integriert, internes und externes Rechnungswesen harmonisiert und parallele Bilanzierung ermöglicht. In diesem Rechnungswesen sammeln sich die Informationen aller relevanten Geschäftsprozesse in Echtzeit. Es ist die homogene Informationsbasis für Liquiditätsmanagement, Unternehmenssteuerung und Bilanzierung eines Unternehmens.

Der Mitarbeiter im Mittelpunkt

Auch wenn die Geschäftsprozesse automatisiert sind: Der Mitarbeiter steht im Mittelpunkt. Im letzten Teil wird der Aufgabenbereich von *Julia Metzger* beschrieben, Buchhalterin und Controllerin der *Nordstar GmbH*. Es wird gezeigt, wie sie ihren Aufgabenbereich ausweitet, auf welche Art sie dem Unternehmen durch das geschäftsprozessbasierte Rechnungswesen von SAP Business ByDesign wertvolle neue Impulse geben kann.

Anpassung des Systems

SAP Business ByDesign passt sich nicht nur auf die individuellen Bedürfnisse eines Unternehmens, sondern auch auf die individuellen Bedürfnisse des Benutzers an. Gleichzeitig bildet das Produkt eine Plattform für Partner der SAP, neue Lösungen zu entwickeln. Während also die Funktionalität der Geschäftsprozesse und die Anzahl der unterstützten Länder stetig wächst, kann das System immer zielgenau auf die individuellen Bedürfnisse eines Unternehmens angepasst werden.

2. SAP Business ByDesign – eine On-Demand-Lösung

SAP Business ByDesign stellt alle Geschäftsprozesse eines Unternehmens in einer integrierten Unternehmensplattform dar, die Unternehmen über das Internet zur Verfügung gestellt wird.[1] Aus einer online-basierten ganzheitlichen Softwarelösung ergeben sich vielfältige Vorteile für mittelständische Unternehmen:

Vorteile

- Niedrige Investitionskosten: Es sind keine kostenintensiven Investitionen notwendig. Vielmehr werden monatliche Mietzahlungen pro Nutzer in Abhängigkeit des genutzten Umfangs fällig.
- Reduzierte Technikressourcen: SAP Business ByDesign hat einen erheblich geringeren Bedarf an IT-Ressourcen. Es sind nur internetfähige Computer notwendig und keine umfangreiche IT-Abteilung im Unternehmen. Wartungsleistungen und ähnlicher Service werden durch den Anbieter der Software abgedeckt. Damit können sich mittelständische Unternehmen auf ihre Kernkompetenzen und die Wertschöpfung konzentrieren.
- Regelmäßige Updates: Die Software wird durch regelmäßige Aktualisierungen auf dem neuesten Stand gehalten. Betriebswirtschaftliche Inhalte wie veränderte Bilanzierungs- und Steuerregelungen, Funktionserweiterungen und neue oder erweiterte Standardgeschäftsprozesse in SAP Business ByDesign werden den Unternehmen damit automatisch verfügbar gemacht.
- Integrierte Service- und Supportanbindung: Fehler oder Anfragen können direkt aus dem System gestellt werden. Die dabei übermittelte Kontextinformation für den Support erlaubt schnellere Antworten in höherer Qualität.
- Schrittweise Einführung: Über die betriebswirtschaftliche Konfiguration ist es möglich, die gewünschte Funktionalität schrittweise einzuführen.
- Einfache Nutzung über Browser: Die Standardoberfläche ist überall und jederzeit verfügbar.
- Systemflexibilität: Individuelle Anpassung von Datenfeldern in Stammdaten und Geschäftsvorfällen und Möglichkeit zum Erstellen eigener Berichte.
- Unterstützung von Unternehmenswachstum: Gründung von Tochterunternehmen bzw. Übernahme von Unternehmen in Märkten, wie z.B. Indien, China oder USA, wird unterstützt. Alle Geschäftsvorfälle werden entsprechend der Landesvorschriften abgebildet.

Die Daten eines Unternehmens werden in Rechenzentren der SAP mit aktuellster Verschlüsselungstechnologie verwaltet.[2] Die Rechenzentren sind mit einer ausfallsicheren Stromversorgung ausgestattet. Ein sicherer Zugriff auf die eigenen Unternehmensdaten wird mittels einer mehrstufigen hard- und softwarebasierten

Datenschutz

---

[1] Über das Internet bereitgestellte betriebswirtschaftliche Software wird auch als sog. Software as a Service (SaaS) bezeichnet. Für die Nutzung von SAP Business ByDesign wird eine monatliche Gebühr erhoben.

[2] Mit umfangreichen Sicherheitsmaßnahmen wird im Rechenzentrum für Schutz und Integrität der Unternehmensdaten gesorgt. Zu den Details vgl. https://www.sme.sap. com /irj/sme/solution/whybusinessbydesign/saasredefined.

Sicherheitsarchitektur sichergestellt. So kombiniert SAP Business ByDesign bspw. verschiedene Zugangskontrollen. Hierzu zählen etwa die VPN-Verbindung sowie eindeutige Benutzer-ID und Kennwörter. Ein Element ist der sog. On-Site-Link, über den sichergestellt wird, dass nur der Kunde von seinem Unternehmensnetzwerk aus über die verschlüsselte VPN-Verbindung Zugriff auf seine Unternehmensdaten im Rechenzentrum erhält. Dies gilt selbst dann, wenn sich Unbefugte Benutzer-ID und Passwort verschafft haben.[3]

Lösungsumfang

SAP Business ByDesign unterstützt zurzeit Unternehmen aus den Branchen Großhandel, Fertigung und Dienstleistung. Alle wichtigen Geschäftsprozesse[4] im Unternehmen wie Beschaffung, Auftragsabwicklung, Lagerfertigung oder Projektmanagement werden in derzeit sechs ausgewählten Ländern zur Verfügung gestellt.[5] Sie überdecken alle Unternehmensbereiche (vgl. Abbildung 1) und sind automatisch in das Rechnungswesen integriert. Die Ordnungsmäßigkeit der in SAP Business ByDesign abgebildeten Rechnungslegung wurde von Wirtschaftsprüfern ausführlich geprüft und nach dem Prüfungsstandard PS 880 *Erteilung und Verwendung von Softwarebescheinigungen* bestätigt.

Abbildung 1: Lösungsumfang von SAP Business ByDesign[6]

---

[3] Vgl. Zertifizierung nach SAS 70.
[4] In SAP Business ByDesign werden Geschäftsprozesse auch Szenarien genannt. Im Buch wird häufig nur noch von Prozessen die Rede sein.
[5] Weitere Länderversionen sind für die Zukunft bereits in Planung.
[6] © Copyright 2011. SAP AG. Alle Rechte vorbehalten.

3. Betriebswirtschaftliche Konfiguration

Konfigurationsdaten sind Steuerungsdaten von Geschäftsprozessen, die von SAP ausgeliefert bzw. von Kunden vor der produktiven Nutzung von SAP Business ByDesign angepasst werden. Sog. Starter-Pakete z.B. für Customer Relationship Management (CRM), Professional Service Provider (PSP) oder Financials erlauben eine weitere Verkürzung der Implementierung durch Vorkonfiguration des Systems. Nach dem Produktivstart bleiben die Konfigurationsdaten solange unverändert, bis weitere Anforderungen des Unternehmens abgebildet werden müssen.

Im Allgemeinen wird die betriebswirtschaftliche Konfiguration den Anforderungen von Unternehmen individuell angepasst. Das System wird den Anforderungen in verschiedenen Ländern und Branchen gerecht und erlaubt es effizient, die von SAP vorausgelieferten Steuerungsdaten zu kontrollieren und den unternehmensspezifischen Bedürfnissen anzupassen. Der projektorientierte Ansatz (vgl. Abbildung 2) der Implementierung eines Produktivsystems verläuft schrittweise: **Projektorientierter Ansatz**

1. Vorbereitung (Scoping),
2. Fine Tuning,
3. Datenübername und Erweiterungen,
4. Test,
5. Produktivstart.

Abbildung 2: Projektansatz bei der betriebswirtschaftlichen Konfiguration

Mit dem Produkt wird eine standardisierte, phasenbasierte Einführungsmethodik geliefert, die in einem Projekt im System abgebildet ist. Das Einführungsprojekt enthält eine Aufgabenliste. Der Arbeitsvorrat in der Aufgabenliste ist reduziert und angepasst auf den ausgewählten Lösungsumfang. **Vereinfachte Implementierung**

Nach dem Produktivstart ist eine kontrollierte Änderung der Konfiguration über Änderungsprojekte möglich. Erweiterungen des Lösungsumfangs durchlaufen **Änderungsprojekte**

denselben Zyklus auf einer Kopie der Konfigurationsdaten. Eine aktuelle System-
kopie erlaubt effiziente Tests der Erweiterungen auf Basis aktueller Daten. Mit
dem Produktivstart wird die Konfiguration in dem Produktivsystem angepasst.
Die Lösung passt sich dynamisch den Anforderungen ihres Unternehmens an.

Im Folgenden werden nur ausgewählte, für das Rechnungswesen wichtige Aspekte der Konfiguration in Vorbereitung (Scoping), Fine Tuning und Datenübernahme
und Erweiterungen beleuchtet.

Auswahl der Grundanforderung

Bei der Einführung von SAP Business ByDesign können die Kundenanforderun-
gen direkt in der betriebswirtschaftlichen Konfiguration erfasst und als Lösungsvorschlag dokumentiert werden. Es werden spezifische Geschäftsprozesse von
Branchen und Ländern nutzbar. Darauf basiert eine Abschätzung des Implemen-
tierungsaufwands über die Vorbereitung des Lösungsumfangs (*Scope*).

Auslieferung und Erweiterung von Steuerungsdaten

Im Fine Tuning wird eine Vorauswahl der Funktionalität des Lösungskatalogs
nach Land und Branche bereitgestellt. Geschäftslogik und Konsistenz sind im
System in einem betriebswirtschaftlichen Regelwerk bereits enthalten. Geschäfts-
jahresvarianten sind definiert, Kontenpläne werden ausgeliefert, Gesetze zur Umsatzsteuer oder Spesenabrechnung oder Regeln zur bilanziellen Behandlung von
Anlagen sind in Form von Konfigurationsdaten ausgeliefert.

Definition des Rech-nungslegungswerks

Bei der Datenübernahme und Erweiterung wird das Rechnungslegungswerk definiert. In einem Rechnungslegungswerk sind Kontenplan, Rechnungslegungsvorschrift, Geschäftsjahr und Berichtswährung gebündelt. Es definiert eine in sich ge-
schlossene Buchhaltung. Sie kann sich an handelsrechtlichen Normen (HGB inkl.
der Neuerungen durch das Bilanzrechtsmodernisierungsgesetz (BilMoG)), steuerlichen Vorschriften oder an internationalen Standards (z.B. IFRS) orientieren. Einem Unternehmen können mehrere Rechnungslegungswerke parallel zugeordnet
werden. Dadurch wird eine parallele Bilanzierung ermöglicht.

Auslieferung bewährter Prozesse

Unternehmen können schnell die besten am Markt verfügbaren standardisierten
Prozesse einführen, die über die Funktionalität eines Rechnungswesens weit hin-
ausgehen können.[7] Die Abhängigkeit zu anderen Prozessen wird automatisch berücksichtigt. Möchte man z.B. einen Beschaffungsprozess für Verbrauchsmateria-
lien nutzen,[8] wählt das System automatisch die notwendige Funktionalität hinzu,
damit der Prozess vollständig ablaufen kann. So beinhaltet der Beschaffungsprozess u.a. die Geschäftsvorfälle *Bestellung*, *Wareneingang* und *Lieferantenrechnung*, die Zahlungs- und Buchhaltungsfunktionen des Rechnungswesens werden
automatisch hinzugefügt.

---

[7]   Selbstverständlich kann der Lösungsumfang zu Beginn ausschließlich aus den Funktionen eines Rechnungswesens bestehen.

[8]   Hierzu nutzen Sie im Lösungsumfang der *Betriebswirtschaftlichen Konfiguration* unter *Operativer Einkauf* die Funktion „Beschaffung von Services und Nichtlagermate-
rialien".

Die betriebswirtschaftliche Konfiguration ist in Geschäftssprache dargestellt und mit umfassender Hilfefunktion ausgestattet. Varianten der Geschäftsszenarien werden als Fragen an den Benutzer dargestellt. Dies reduziert den Beratungsaufwand bei der Einführung von SAP Business ByDesign.

Konfiguration in Geschäftssprache

Die standardisierten Prozesse von SAP Business ByDesign können zur Vereinheitlichung von Unternehmensprozessen herangezogen werden. Im Allgemeinen sind aber Unternehmensprozesse und betriebswirtschaftliche Software aufeinander abzustimmen. Eine effiziente und gewinnbringende Nutzung von integrierter betriebswirtschaftlicher Software beschränkt sich aber nicht auf die reine Implementierung der Softwarelösung, sondern bleibt auch in Zukunft eine kreative Aufgabe für das Management eines Unternehmens.

Einführung betriebswirtschaftlicher Software als Herausforderung

4. Stammdaten

Stammdaten sind meist unternehmensspezifische Daten,[9] die die Grundlage von Geschäftsprozessen darstellen und relativ selten Änderungen unterliegen. Die Unternehmensorganisation, Geschäftspartner und Produkte bilden das Fundament der Stammdaten eines Unternehmens, ohne die keine Geschäftsvorfälle durchgeführt werden können. Sie tragen zentral zu einer effizienten Nutzung des Systems bei und werden im Folgenden einzeln beleuchtet.

4.1 Die Unternehmensorganisation

Die Organisationsstruktur des Unternehmens ist grundlegend für SAP Business ByDesign. In ihr werden die Unternehmen und Betriebsstätten (rechtliche Eigenschaften) modelliert und in ihrer Aufbauorganisation ausgestaltet. Diese Aufbauorganisation besteht aus Abteilungen, denen die Mitarbeiter zugeordnet sind. Es werden Berichtslinien zum Management der Mitarbeiter und Kostenstellenstrukturen zur Kostenüberwachung einbezogen. Die Ergebnisverantwortung in der Organisation wird durch Vergabe der Profit-Center-Eigenschaft markiert. Ist diese Verantwortung nicht entlang der Aufbauorganisation definiert, so kann sie alternativ in einer Ergebnisrechnung nach Marktsegmenten (z.B. Produktgruppe, Kundengruppe) dargestellt werden. Die Abbildung der Ergebnisverantwortung nach Profit-Centern in der Organisationsstruktur und/oder die Ausprägung nach Marktsegmenten bilden eine wichtige Grundlage für die Entscheidungsunterstützung in einem Unternehmen.

Anforderungen an eine Organisationsstruktur

Die Aufbauorganisation eines Unternehmens ist normalerweise an den vorhandenen Geschäftsbereichen und/oder funktionalen Unternehmensbereichen ausgerichtet. Sie wird untergliedert in Abteilungen, die für gewisse Aufgaben zuständig sind und in denen Mitarbeiter eingestellt werden. Die Aufgabenverteilung auf Abteilungsebene wird im Organisationsmanagement von SAP Business ByDesign im

Aufbauorganisation

---

[9]   SAP liefert u.a. das Verzeichnis von Banken aus.

Detail beschrieben; diese wird genutzt, um Vorschläge für die Zuordnung von Work Centern an die Benutzer zu machen.

Profit-Center

Die Organisationsbegriffe des Rechnungswesens repräsentieren sich in der Unternehmensorganisation strukturell durch die legale Unternehmenseinheit, die Profit-Center und die Kostenstellen. Die rechtlichen Eigenschaften beziehen sich auf die legale Unternehmenseigenschaft der obersten Organisationseinheit der Organisationsstruktur. Unter die rechtlichen Eigenschaften ist auch die Bestimmung eines geografischen Standorts des Unternehmens (Betriebsstätte) zu fassen. Ein Profit-Center[10] ist eine Organisationseinheit, die eine ergebnisverantwortliche, aber rechtlich unselbstständige Teileinheit eines Unternehmens darstellt. Für ein Profit-Center wird ein eigener Periodenerfolg ermittelt. Ziel der Profit-Center-Rechnung ist die Dezentralisierung von Verantwortlichkeit. Sie erhöht die Transparenz des Unternehmens und ermöglicht eine bessere Überwachung und Steuerung.

Abbildung 3: Ausschnitt aus der Organisationsstruktur des Beispielunternehmens

Kostenstellen

Eine Kostenstelle ist eine Organisationseinheit, die anfallende Kosten sammelt und verantwortet. Das hierbei geltende Grundprinzip ist das Verursachungsprinzip, welches besagt, dass die Kosten ihren Verursachern zuzuordnen sind. Die Kosten aller Kostenstellen unterhalb eines Profit-Centers werden für Zwecke der Berichterstattung auf der Ebene des Profit-Centers zusammengefasst.

Ausschnitt aus dem Organigramm

Das Organigramm des Beispielunternehmens wird in Abbildung 3 gezeigt und weiter unten im Detail beschrieben. Neben dem Unternehmen sind auch die Geschäftsbereiche (Handelsware, Produktionsware und Designberatung) zu sehen, die als Profit-Center abgebildet sind. Unter dem Zentralbereich befinden sich

---

[10]   Eine Definition von Segmenten ist möglich, wird hier allerdings nicht weiter vertieft.

verwaltungsbezogene Kostenstellen wie z.B. *Buchhaltung und Finanzen, Personal* und *Controlling*.

Eine Unternehmensorganisation lebt und verändert sich. Gleichzeitig muss aus Dokumentationsgründen eine vormals bestehende Organisationsstruktur erhalten bleiben. Änderungen der Organisation sind jederzeit zeitabhängig möglich. Man kann damit eine Organisationsveränderung für die Zukunft planen und bereits im System implementieren, ohne dass sie aktuell wirksam wird.[11]

Anpassung der Organisationsstruktur

Besteht die Unternehmensorganisation aus einer Gruppe von Unternehmen, werden alle Unternehmen eigenständig in SAP Business ByDesign angelegt. Die Verbundbeziehungen von Unternehmen werden in den Geschäftsvorfällen abgebildet.[12] Auch das Projektgeschäft mit Mitarbeitern verschiedener Unternehmen wird unterstützt.[13] Insbesondere ist es möglich, dass einzelne Abteilungen Dienstleistungen für andere verbundene Unternehmen durchführen. So kann die Erstellung von Kundenrechnungen oder der ganze Beschaffungsprozess zentralisiert werden.

Abbildung mehrerer Unternehmen

Die Organisationsstruktur reicht tief in alle Geschäftsvorfälle und in die Berichte des Rechnungswesens hinein. Verkaufsorganisationen und Verkaufseinheiten erzeugen im Auftragsabwicklungsprozess Kundenaufträge und Kundenrechnungen und liefern damit Informationen über Profit-Center und Marktsegmente, die der Erlöszuordnung dienen. Serviceorganisationen liefern Services (Dienstleistungen) und in Betriebsstätten werden Güter produziert; es entstehen Kosten des Umsatzes in den entsprechenden Kostenstellen. Erlöse und Kosten des Umsatzes werden – unter dem gemeinsamen Dach der legalen Einheit – in einem der Profit-Center und in den Marktsegmenten im Hauptbuch gebucht. Die Gemeinkosten entstehen in den verschiedensten Abteilungen, die eine Kostenstelle darstellen. Die Kosten- und Leistungsrechnung wälzt Kosten auf die Kostenträger um, die wiederum über verschiedene Kriterien Profit-Centern zugeordnet sind. Der Periodenerfolg wird für die Geschäftsbereiche (Profit-Center) ermittelt. Die Materialien werden auf der Ebene der Betriebsstätte bewertet. Prüfungen von Spesenabrechnungen (Aufgaben) werden durch Mitarbeiter der Fachabteilung bearbeitet und Genehmigungen durch den Manager der jeweiligen Organisationseinheit durchgeführt.

Auswirkungen der Organisationsstruktur auf das Rechnungswesen

Die Beispiele sollen einen Eindruck vermitteln, warum der Unternehmensorganisation im Allgemeinen und ihrer Abbildung in Business SAP ByDesign im Besonderen große Aufmerksamkeit gewidmet werden sollte.

---

[11] Im Fallbeispiel ist dies etwa für den Geschäftsbereich Designberatung zutreffend. Vgl. hierzu Kapitel D.1.

[12] Diese Beziehung gilt für Unternehmen, Profit-Center und Segmente, die im Organisationsmanagement des Systems gepflegt sind. Diese Informationen unterstützen eine Konsolidierung außerhalb des Systems.

[13] Dabei wird Ihnen nach der Lektüre des entsprechenden Prozesses Projektmanagement in einem Unternehmen sicher rasch klar werden, dass das Projektgeschäft mit Mitarbeitern verschiedener Unternehmen ein sehr hohes Maß an Integration und Automatisierung für die Geschäftsvorfälle verlangt.

4.2   Geschäftspartner

**Bedeutung zentraler
Geschäftspartnerdaten**

Eine zentrale Adressdatei von Kunden und Lieferanten, die frei von Dubletten ist und von den Mitarbeitern im Unternehmen in allen Geschäftsvorfällen verwendet wird, kann häufig schon als Wert angesehen werden. Wenn Kunden zu Lieferanten werden oder etwa wenn mehr als ein Unternehmen zur Unternehmensgruppe gehört, steigt der Wert zentraler Stammdaten von Kunden und Lieferanten. Die Deckungsbeiträge werden pro Kunde sichtbar, die Mitarbeiterspesen genauso gezahlt wie die Verbindlichkeiten der Lieferanten. Der Geschäftspartner in SAP Business ByDesign vereint viele Aspekte, die einem Unternehmen direkten Nutzen bringen.

**Ausprägungen
des Geschäftspartners**

In SAP Business ByDesign ist ein Geschäftspartner eine Person (z.B. Privatkunde) oder eine Organisation, an der das eigene Unternehmen ein geschäftliches Interesse hat. Als Geschäftspartner wird eine Vielzahl von Personen und Organisationen betrachtet. Kunden und Lieferanten sind offensichtlich, aber auch Hausbanken und Finanzbehörden werden als Geschäftspartner abgebildet. Selbst Mitarbeiter und Dienstleister, bspw. Projektmitarbeiter, die Angestellte eines anderen Unternehmens sind, werden als Geschäftspartner geführt.

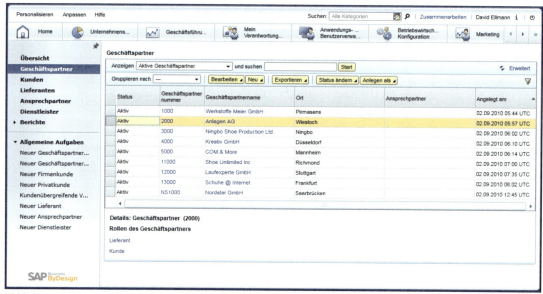

Abbildung 4: Zentraler Geschäftspartner *Anlagen AG* in verschiedenen Rollen

**Kunden-, Lieferanten-,
Mitarbeiterkonto**

Die Geschäftspartner sind für alle Unternehmen im System sichtbar. Eine Verkaufsorganisation ordnet sich einem Kunden zu, wenn sie an ihn Produkte verkaufen will. In den Geschäftspartnerstammdaten wird das Unternehmen eingetragen, das die Kundenrechnung verschickt. Damit wird das Unternehmen zum Eigentümer der Forderungen. Mit diesem Eintrag entsteht für das Unternehmen ein Kundenkonto, auf dem die Forderungen verwaltet werden. Das Gleiche gilt für Lieferanten: Der Eintrag eines Unternehmens in den Stammdaten führt zu einem Lieferantenkonto, das die Verbindlichkeiten verwaltet. Für Mitarbeiter werden Mitarbeiterkonten angelegt, wenn eine Spesenabrechnung erfolgt, d.h., eine Verbindlichkeit entsteht.

Die einheitliche Abbildung des Geschäftspartners hat wesentliche Vorteile: Die Adressverwaltung ist zentral und man kann Lieferanten leicht zu Kunden machen, ohne einen weiteren redundanten Geschäftspartner anzulegen (vgl. Abbildung 4). Der zentrale und einheitliche Geschäftspartner wirkt sich aber insbesondere auf die Einheitlichkeit der Geschäftsprozesse aus.

Kunde ist auch Lieferant

4.3   Produkte

Produkte konkretisieren eine Geschäftsidee, sind Vertragsbestandteil in Kundenaufträgen oder Bestellungen. Produkte erscheinen als materielle Güter, die als Rohmaterialien gelagert, aus denen Komponenten und Verkaufsgüter gefertigt oder die als Handelsware verkauft werden, oder es handelt sich um Services (Dienstleistungen).

Zentrale Bedeutung von Produkten

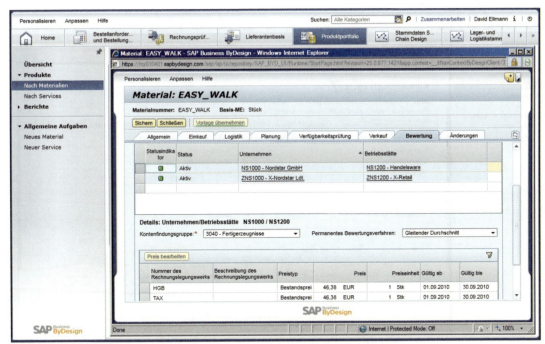

Abbildung 5: Material *Easy_Walk (Laufschuh)* mit seinem Bewertungsaspekt

Der Marktdruck führt zu einer immer stärkeren Differenzierung gegenüber den Wettbewerbern. Ein Mittel dazu ist die Definition neuer Angebote an die Kunden, die Güter, Services oder eine Kombination davon umfassen. Genau diesem flexib-

Produkt umfasst Material und Service

len Ansatz wird SAP Business ByDesign mit seiner Definition eines Produkts gerecht: Das Produkt[14] stellt Materialien[15] und Services dar.

Bewertungsaspekt des Materials

Produktstammdaten bilden verschiedene Aspekte ab. Der für das Rechnungswesen relevante Aspekt ist seine Bewertung. In Abbildung 5 ist der Bewertungsaspekt des Materials *Easy_Walk* (Laufschuhe *Easy Walk*) dargestellt. Das Material ist Eigentum der *Nordstar GmbH* und seine Werte werden auf der Ebene der *Betriebsstätte Handelsware* mit der Bewertungsmethode des gleitenden Durchschnittspreises geführt. Sein aktueller Bestandswert ist 46,38 EUR pro Paar. Durch die Zuordnung der Kontenfindungsgruppe *Fertigerzeugnisse* werden alle Geschäftsvorfälle, die dieses Material betreffen, auf das richtige Sachkonto gebucht.[16]

Weitere Aspekte des Materials

Diese Schuhe sind Handelsware des Unternehmens. Deshalb werden für den Beschaffungsprozess in den Materialstammdaten die Einkaufsdaten, für die Lagerhaltung die Daten für Logistik und Planung und für den Auftragsabwicklungsprozess schließlich die Verkaufsdaten gepflegt.

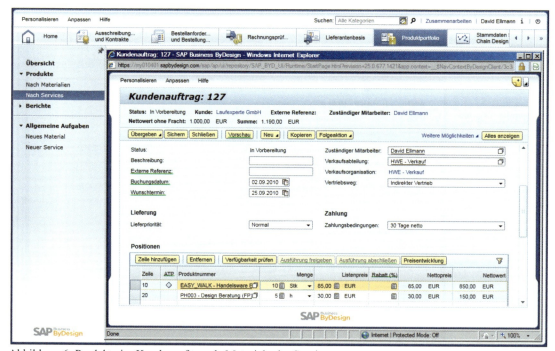

Abbildung 6: Produkte im Kundenauftrag als Material oder Service

Aspekte des Service

Services stellen sich völlig analog dar, nur fehlen ihnen naturgemäß die Aspekte Logistik, Planung und Verfügbarkeitsprüfung. Werden Services nur intern im Un-

---

[14]   Das Produkt bildet Materialien und Services ab, nicht jedoch Anlagen.
[15]   Der Begriff „Material" steht in SAP Business ByDesign synonym für Güter.
[16]   Eine Beschreibung der Kontenfindung erfolgt in Kapitel D.2.2.

ternehmen verwendet (z.B. bei der Rückmeldung von Mitarbeitern auf Projekten), so besitzen sie nur den Bewertungsaspekt, nämlich ihren Kostensatz.[17]

In Abbildung 6 ist ein Kundenauftrag zu sehen, in dem zwei Produkte verkauft werden: ein Material und ein Service. Auch wenn die Geschäftsprozesse der Leistungserbringung für beide Positionen deutlich variieren,[18] ist durch die einheitliche Behandlung des Produkts in Auftrag und Rechnung der Verkaufs- und Beschaffungsprozess deutlich vereinfacht. Der gemeinsame zentrale Produktbegriff vereinheitlicht und flexibilisiert gleichzeitig viele Geschäftsprozesse.

Produkt vereinheitlicht und flexibilisiert Geschäftsprozesse

5. Betriebswirtschaftliche Grundstruktur eines geschäftsprozessbasierten Rechnungswesens

Das Rechnungswesen besteht aus dem sog. Cash Flow Management und dem externen und internen Rechnungswesen (vgl. Abbildung 7). Das Cash Flow Management umfasst das Management der Forderungen und Verbindlichkeiten, der Zahlungen sowie die Planung, Disposition und Kontrolle der Liquidität. Das externe und interne Rechnungswesen bildet alle Geschäftsvorfälle der Wertschöpfungskette in Haupt- und Nebenbüchern ab und ist die Grundlage für Bilanzierung, Unternehmensplanung und -steuerung.

Unternehmens-transparenz

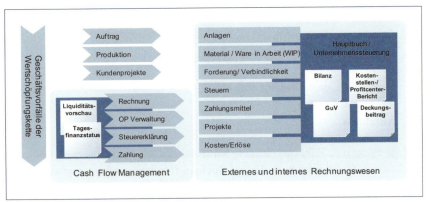

Abbildung 7: Struktur des Rechnungswesens

5.1 Geschäftsprozesse und Geschäftsvorfälle

Geschäftsprozesse sind das tägliche operative Geschäft jedes Unternehmens, unabhängig davon ob Produkte verkauft, Dienstleistungen eingekauft oder Güter produziert werden. Im Folgenden werden die Prozesse genauer benannt und die

---

[17]   Allerdings erfolgt die Leistungsbewertung im Unternehmen grds. über die Ressource. Das Konzept wird in Kapitel F.4.1.2.1 beschrieben.

[18]   Die Geschäftsprozesse Auftragsabwicklung als Lagerverkauf und die Auftragsabwicklung projektbasierter Services werden in Kapitel F.3 und F.4 beschrieben.

Bedeutung der Geschäftsvorfälle insbesondere für das Rechnungswesen beschrieben.

Liste der ausgelieferten Geschäftsprozesse

SAP liefert in SAP Business ByDesign ein Modell betriebswirtschaftlicher Geschäftsprozesse[19] aus. Beispiele für solche Prozesse sind:

- **Projektmanagement**,
- Marketing-to-Opportunity,
- **Auftragsabwicklung (Varianten)**,
- Kundenretourenabwicklung,
- Produktdefinition,
- Produktentwicklung,
- Produktkatalogverwaltung,
- Bedarfsvorplanung,
- **Lagerfertigung,**
- Inventurabwicklung,
- Unternehmensinterne Umlagerung,
- Qualitätssicherung,
- Bearbeitung von Kundenanfragen,
- Vor-Ort-Service und Reparatur,
- Strategische Bezugsquellenfindung,
- **Beschaffung (Varianten)**,
- Ressourcenmanagement,
- Arbeitszeitmanagement,
- Personalabrechnung,
- Spesenerstattung,
- Cash- und Liquiditätsmanagement,
- Anlagenbuchhaltung,
- **Abschluss.**

Die überwiegende Zahl der Prozesse wirkt sich auf das Rechnungswesen aus. Die wichtigsten davon werden in diesem Buch ausführlich behandelt und sind in der Liste fett markiert.

Prozesse bestehen aus Geschäftsvorfällen

Prozesse setzen sich aus Geschäftsvorfällen zusammen. Die Beschaffung besteht z.B. im einfachsten Fall aus den Geschäftsvorfällen Bestellung, Erfassung des Lieferscheins,[20] Wareneingang, Lieferantenrechnung, Zahlungsausgang und Kontoauszug.

---

[19]   Im Kontext von SAP Business ByDesign wird auch von Geschäftsszenarien gesprochen. Im Folgenden werden Geschäftsprozesse auch Prozesse genannt.

[20]   Am Beispiel der Geschäftsvorfälle Bestellung und Erfassung des Lieferscheins erkennt man, dass das im Folgenden dargestellte Konzept der Prima Nota nicht mit der Buchung eines Geschäftsvorfalls verknüpft ist. So könnten auch Waren in Kommission auf Lager gelegt werden. Sie werden ebenfalls nicht gebucht.

Jeder Geschäftsvorfall wird in SAP Business ByDesign individuell durch spezielle Benutzeroberflächen abgebildet. Nach der Erfassung eines Geschäftsvorfalls wird ein Ursprungsbeleg, die sog. Prima Nota, im System dokumentiert. Hier finden sich wichtige Informationen, wie bspw. die am Geschäftsvorfall beteiligten Geschäftspartner, insbesondere die Eigentumsverhältnisse von Anlagen, Material, Forderung, Verbindlichkeit oder dem Zahlungsmittel, Dokumentendatum sowie Gegenstand des Geschäftsvorfalls (z.B. Produkt, Menge, Preise, Abzüge etc.), verantwortliche Mitarbeiter und der Status des Geschäftsvorfalls.

Erweitertes Belegkonzept

Nach der Erfassung eines Geschäftsvorfalls wird die Verarbeitung der ihm folgenden Geschäftsvorfälle weitestgehend automatisiert. Die Prüfung einer Lieferantenrechnung erfolgt durch Vergleich mit Bestellung und Wareneingang. Ausgangszahlungen und Kontoauszugsverarbeitung können, abgesehen von Genehmigungen, automatisch erfolgen. Die Dienstleistung eines externen Projektmitarbeiters kann direkt aus einem Projekt heraus bestellt werden, der gesamte Beschaffungsprozess läuft weitgehend automatisch ab. Treten keine Abweichungen vom vorgesehenen Prozess auf (die Waren werden entsprechend der Bestellung in Menge, Preis und Qualität geliefert), wird der manuelle Arbeitsaufwand minimiert. Rechnungsprüfer konzentrieren sich auf die Klärung von Abweichungen in Lieferantenrechnungen (Konzentration auf Ausnahmebehandlung). Das System unterstützt dadurch die Effizienz der Mitarbeiter.

Automatisierung von operativen Prozessen

Die automatische Buchung aus den Geschäftsvorfällen erfordert ein umfangreiches betriebswirtschaftliches Prozesswissen, das in der Konfiguration von SAP Business ByDesign bereits im Wesentlichen ausgeliefert wird.[21] Der Mitarbeiter des Rechnungswesens wird von der Eingabe des Buchungsstoffs weitgehend befreit. Dies eröffnet ihm neue Freiräume, die er für die Analyse der Daten verwenden kann.

Automatisierung von Buchungen

SAP Business ByDesign bietet Unternehmenstransparenz der Daten des Rechnungswesens über den sog. Audit Trail. Aus der Bilanz erreicht man den Einzelposten von Hauptbuch und Nebenbuch, die diesen Saldo erklären. Jeder Einzelposten trägt die Nummer des Buchungsbelegs. Dadurch gelangt man bei Bedarf von dem Einzelposten in die Übersicht des Buchungsbelegs. Jeder Buchungsbeleg verweist eindeutig auf einen Ursprungsbeleg, dessen Grundinformation direkt in einer Übersicht (Fact Sheet) angezeigt wird. Der Ursprungsbeleg dokumentiert einen Geschäftsvorfall im System. Aus Geschäftsvorfällen setzen sich die Prozesse zusammen. Einen Überblick über den Prozess erhält man im Belegfluss. So gelangt man bspw. von der Position *Aufwand für Mieten* zu den Aufwandsposten eines Aufwandskontos, weiter zu einem Buchungsbeleg und endlich zur Lieferantenrechnung, die den Ursprungsbeleg darstellt. Die Einbettung der Lieferantenrechnung in den Beschaffungsprozess wird durch den Belegfluss dargestellt (vgl.

Transparenz durch Audit Trail

---

[21] Die Änderungen der nationalen und internationalen Bilanzierungsnormen werden stets aktuell berücksichtigt und gewährleisten jederzeit eine gesetzeskonforme Bilanzierung.

Abbildung 8), von dem ein Abspringen auf die Ursprungsbelege Bestellung oder Kontoauszug über den Link unter der jeweiligen Ursprungsbelegnummer (im Beispiel Bestellung 101, Kontoauszug 3-1) möglich wird. Entstehen aus einem Ursprungsbeleg Buchungsbelege, so sind sie ebenfalls direkt über die Ordner-Ikone erreichbar.

Abbildung 8: Belegfluss eines Beschaffungsprozesses

5.2   Struktur des Cash Flow Managements

Wesentliche Ziele des Cash Flow Managements

Das Cash Flow Management des Rechnungswesens bildet die Zahlungsprozesse ab und plant, disponiert und kontrolliert die Liquidität von Unternehmen. Es verfolgt zwei wesentliche Ziele:

1. Es werden standardisierte Geschäftsvorfälle zum Verwalten von Forderungen und Verbindlichkeiten sowie für die Zahlungsabwicklung zur Verfügung gestellt, die vom Kunden nach seinem Bedarf automatisiert werden können. Dabei werden Forderungsaußenstände minimiert und Verbindlichkeiten optimiert gezahlt.
2. Die Liquidität eines Unternehmens kann geplant, disponiert und kontrolliert werden.

Verwaltung von Forderungen und Verbindlichkeiten

Forderungen und Verbindlichkeiten eines Unternehmens entstehen aus Rechnungen, Gutschriften, Anzahlungen, Spesenabrechnungen von Mitarbeitern und ähnlichen Geschäftsvorfällen. Dabei fällt im Allgemeinen auch Umsatzsteuer an. Mit der periodischen Umsatzsteuervoranmeldung wird diese Verbindlichkeit an das Finanzamt beglichen. Die optimierte Zahlung von Verbindlichkeiten, der automatisierte Zahlungsausgleich von offenen Posten sowie die Mahnung überfälliger offener Posten gehören zum Kerngeschäft eines Unternehmens.

Das Zahlungsmanagement umfasst die Verarbeitung aller Zahlungsmittel (Giro-konten,[22] Kreditkarten, Schecks, Wechsel, Geldeinlagen in Barkassen). Aus-gangsüberweisungen werden an die Hausbank übertragen und Kontoauszüge au-tomatisch verarbeitet. Einzahlungen von Kunden werden automatisch den Kun-denkonten zugeordnet und ggf. automatisch ausgeglichen. Jeder automatisch aus-geführte Geschäftsvorfall kann auch manuell erfasst werden. Bei der manuellen Erfassung eines Eingangsschecks werden bspw. sofort alle offenen Posten des Kunden angezeigt.

Management von Zahlungsmitteln

Typische Geschäftsvorfälle für das Cash Flow Management sind:

Geschäftsvorfälle

- Kundenrechnung,
- Lieferantenrechnung,
- Spesenabrechnung,
- Zahlungsausgang,
- Eingangsscheck,
- Kundenavis,
- Kontoauszug,
- Zahlungsausgleich,
- Umsatzsteuermeldung.

Die manuelle Kunden- bzw. Lieferantenrechnung wird im Kontext eines kleinen Rechnungswesens als manueller Geschäftsvorfall betrachtet. Werden in SAP Bu-siness ByDesign Beschaffungs- und Auftragsabwicklungsprozess genutzt, so trifft man darin auf dieselben Rechnungen; jedoch wird die Erfassung der Rechnungen nun durch das System unterstützt. Wie bei den meisten anderen Geschäftsvorfäl-len des Cash Flow Managements kann bei der Erfassung einer Rechnung direkt auf eine Kostenstelle, einen Kostenträger, eine Anlage oder direkt auf ein Sach-konto[23] kontiert werden.

Kontierung auf Kosten-stelle, Kostenträger, Anlage, Sachkonto

Das Regelwerk der Geschäftsvorfälle des Cash Flow Managements ist in der Kon-figuration abgelegt und beinhaltet u.a. Strategien zur Durchführung eines Forde-rungsausgleichs oder zur Optimierung der Zahlwege (z.B. verschiedene Bankkon-ten) bei der Ausgangszahlung, die Unterstützung elektronischer Zahlverfahren mit den Banken oder die Definition interner Genehmigungsaufgaben.

Regelwerk des Cash Flow Managements

Aktuelle und geplante Zahlungsmittelbestände nach Valutadatum und alle offenen Forderungen und Verbindlichkeiten sind die Informationsbasis des Liquiditätsma-nagements. Tagesfinanzstatus und Liquiditätsvorschau bieten die Basis zu einer kurzfristigen Finanzdisposition und einer mittelfristigen Liquiditätsplanung, eine zentrale Aufgabe jedes Unternehmens.

Liquiditätsplanung, -disposition und -kontrolle

---

[22]   Einlagen von Festgeldern gehören genau genommen in eine Verwaltung von länger-fristigen Geldanlagen (Treasury). Eine solche Komponente ist erst in Zukunft geplant.
[23]   Es handelt sich genauer gesagt um die in Kapitel D.2.2 erwähnte Kontenfindungs-gruppe. Die Begründung, warum nicht direkt auf ein Sachkonto kontiert wird, liegt in der Möglichkeit der parallelen Bilanzierung: Falls mehr als ein Rechnungsle-gungswerk gebucht wird, gibt es kein eindeutiges Sachkonto mehr.

5.3   Struktur des externen und internen Rechnungswesens

Externes und internes Rechnungswesen als Einkreissystem

Alle buchungspflichtigen Ursprungsbelege werden automatisch im sog. externen und internen Rechnungswesen von SAP Business ByDesign gebucht. Zusätzlich werden weitere Geschäftsvorfälle für das interne Berichtswesen aufgezeichnet.[24] Das externe und interne Rechnungswesen arbeitet auf der Basis eines homogenen Einkreissystems[25] in dem Bilanzierung, Kostenrechnung und Ergebnisrechnung in einem Rechnungskreis auf einem gemeinsamen Kontenplan koexistieren. Damit verschmelzen das externe und interne Rechnungswesen und schaffen eine gemeinsame Datenbasis in einem Rechnungskreis.

Zentraler Buchungsbeleg und homogene Nebenbücher

Fundament des externen und internen Rechnungswesens ist der zentrale Buchungsbeleg; er ist Basis von Berichten und Bewertung. Die Bewertung zum Stichtag basiert auf den homogenen Nebenbüchern:

- Anlagen,
- Material,
- Forderungen und Verbindlichkeiten,
- Steuern,
- Zahlungsmittel,
- Kosten und Erlöse.

Bewertung zum Stichtag

Diese Nebenbücher speichern ihre spezifischen Informationen in demselben zentralen Buchungsbeleg. Natürlich benötigt jedes Nebenbuch andere Informationen für die Bewertung zum Stichtag. Für die Durchführung der periodischen Abschreibungen verwendet bspw. das Anlagennebenbuch die Anlage und ihre Anlagenklasse zur Ermittlung der richtigen Abschreibungsvorschrift. Einzelwertberichtigungen im Forderungsnebenbuch benötigen den Geschäftspartner und seine einzelne Forderung (Rechnungsnummer).

Rechnungswesen für alle Länder und Industrien

Das externe und interne Rechnungswesen wird überdies der wachsenden Anforderung nach paralleler Rechnungslegung gerecht.[26] SAP Business ByDesign bündelt in seinem externen und internen Rechnungswesen das betriebswirtschaftliche Wissen zur Bewertung von Geschäftsvorfällen unterschiedlichster Industrien nach Rechnungslegungsvorschriften verschiedenster Länder.

Die wesentlichen Strukturmerkmale des externen und internen Rechnungswesens in SAP Business ByDesign lassen sich wie folgt zusammenfassen:

---

[24]   Die interne Rückmeldung von Leistungen auf ein Projekt führt zu einer Buchung, bei der eine Kostenstelle entlastet und das Projekt belastet wird, ohne dass sich die Sachkonten unterscheiden müssen.

[25]   Vgl. hierzu ausführlich Kapitel B.

[26]   Vgl. ausführlich Kapitel C.

1. Alle Geschäftsvorfälle, externe oder interne, werden durch einen Buchhaltungsbeleg dokumentiert.

2. Alle Geschäftsvorfälle werden nach Bedarf auch parallel nach Rechnungslegungsnormen verschiedener Länder periodengerecht bewertet und in Buchungsbelegen dokumentiert. Dabei wird für jede Bewertung ein vollständiger Satz von Buchhaltungsbelegen erzeugt.[27]

3. Das externe Berichtswesen stellt normgerecht Bilanz, Gewinn- und Verlustrechnung (GuV) etc. zur Verfügung. Stakeholder werden mit Informationen zur Vermögens-, Finanz- und Ertragslage versorgt.

4. Interne Berichte der Ergebnisrechnung nach Produkt- und Kundengruppen und Verantwortungsbereichen, Kostenberichte nach Kostenstelle und Kostenträger dienen der Entscheidungsunterstützung und der Unternehmenssteuerung.

Basis der Informationen des Rechnungswesens ist der Beleg im erweiterten Sinn, genauer gesagt die zwei Belege, die das Belegprinzip in SAP Business ByDesign verkörpern: der Buchungsbeleg *und* sein Ursprungsbeleg. Der Zusammenhang wird im Folgenden erläutert. Der Buchungsbeleg bewertet die Information der Ursprungsbelege in Unternehmenswährung für ein Rechnungslegungsnormensystem (z.B. HGB) und speichert sowohl Nebenbuch- als auch Hauptbuchinformationen periodengerecht in demselben Dokument ab. Ein Buchungsbeleg ohne Ursprungsbeleg ist nicht möglich.[28] Einmal gebuchte Ursprungsbelege können nur noch storniert werden. Auch der Storno erzeugt einen eigenständigen Buchungsbeleg. Änderungen von Buchungsbelegen sind, bis auf Texte, nicht möglich.

Erweitertes Belegprinzip und inhärente Abstimmung von Haupt- und Nebenbuch

Mit SAP Business ByDesign wird umfangreiches Bewertungswissen von Geschäftsvorfällen in der Konfiguration ausgeliefert. Geschäftsjahre werden definiert, Standardkontenpläne werden durch eigene Sachkonten erweitert. Die Regeln zur Kontenfindung werden verfeinert und die Berichtsstrukturen z.B. für Deckungsbeitragsrechnung, Bilanz und GuV angepasst. Anlagenklassen und ihre Abschreibungsmethoden werden bei Bedarf angelegt oder ergänzt. Die Bewertungsvorschriften verschiedener Rechnungslegungsnormensysteme werden in dem sog. Rechnungslegungswerk gebündelt. Mit ihm können Sie eine parallele Bilanzierung (z.B. nach HGB und steuerrechtlichen Vorschriften) realisieren.

Regelwerk des externen und internen Rechnungswesens

Das Rechnungswesen in SAP Business ByDesign arbeitet generell nach dem Umsatzkostenverfahren.[29] Dazu werden Funktionsbereiche ausgeliefert, die erweitert werden können. Die Ableitung eines Funktionsbereichs erfolgt im Allgemeinen aus dem Kostenstellentyp, nach dem die Kostenstellen des Organisationsmanagements klassifiziert werden.

Umsatzkostenverfahren

---

[27] Es entstehen keine Delta-Bilanzen i.S.v. Überleitungsrechnungen.

[28] Buchungen im Hauptbuch werden durch einen sog. Erfassungsbeleg erzeugt. Er stellt den Ursprungsbeleg für die Buchungsbelege dar.

[29] Eine Überleitung der am Periodenende ermittelten Kosten in das Gesamtkostenverfahren ist möglich. Vgl. dazu Kapitel F.5.3.4.2.

**Interner
Informationsbedarf**

Informationsbedarf kann nach innen oder nach außen entstehen. Nach innen gerichtet unterstützt er die Unternehmenssteuerung. Ein mächtiges Steuerungsinstrument ist bspw. der Deckungsbeitragsbericht, der das Ergebnis aus Erlösen, Kosten des Umsatzes und sonstigen Kosten darstellt. Er kann sachlich nach Produkt, Produktgruppe, Kunde, Kundengruppe oder Verkaufsorganisation gegliedert sein. Er zeigt die Ergebnisse nicht nur zum Zeitpunkt seiner Realisierung, sondern bereits zum Zeitpunkt des Auftragseingangs.

**Externer
Informationsbedarf**

Externer Informationsbedarf verfolgt verschiedene Zwecke: Analysten oder Kreditinstitute (Basel II) erwarten im Allgemeinen eine umfangreiche Finanzberichterstattung, Finanzbehörden fordern Angaben nach steuerlichen Normen. Je härter und anspruchsvoller sich die Wirtschaftslage gestaltet, desto schneller und umfangreicher sind Informationen zu liefern, um für Betrachtungen und Bewertungen von Risiken gewappnet zu sein. Externer Informationsbedarf stellt hohe Qualitätsanforderungen, wie man am Beispiel des Abschlussprozesses im Folgenden leicht erkennen kann.

**Zeitnahe Jahresabschlusserstellung und
Einhaltung der GoBS**

Die Arbeiten am Jahresabschluss sind ein wichtiger Unternehmensprozess. Der Abschluss umfasst eine große Anzahl von Geschäftsvorfällen und Aufgaben, die auf systematische Art zu konsistenten Berichtszahlen zum Stichtag führen. Der Prozess zielt auf eine zeitnahe Aufstellung von Abschlüssen. Die Basis dieser Berichtszahlen ist die vollständige Anzahl der Ursprungsbelege aller relevanten Geschäftsvorfälle, die systematisch und periodengerecht im Buchungsbeleg entsprechend den Rechnungslegungsnormen bewertet wurden. Die Buchungsbelege sind sachlich nach Sachkonten und zeitlich nach Buchungsdatum gegliedert. Sie beinhalten aber auch Nebenbuchinformationen und garantieren die Konsistenz zwischen Neben- und Hauptbuch. Die Informationen des Rechnungswesens genügen den Anforderungen der Grundsätze ordnungsmäßiger Datenverarbeitungsgestützter Buchführungssysteme (GoBS). Die Journal- und die Kontenfunktion lassen sich z.B. durch Berichte darstellen, die Nachweis-[30], Dokumentations- und Prüfungspflicht wird in hohem Maße über den oben beschriebenen Audit Trail und die Verknüpfung zwischen Ursprungsbeleg und Buchungsbeleg (Belegfunktion) erreicht. Die Aufbewahrungsfristen von Ursprungsbeleg und Buchungsbelegen werden gewährleistet.

Geschäftsvorfälle

Typische Geschäftsvorfälle für das externe und interne Rechnungswesen sind:
- Erfassungsbeleg (für reine Sachkontenbuchungen),
- Anlagenabschreibung,
- Wareneingangs-/Rechnungseingangsverrechnung-Ausgleich,
- Ware in Arbeit-Abrechnung,
- Erlösabgrenzung,
- Gemeinkostenzuschläge,
- Gemeinkostenumlage.

---

[30]   Vgl. hierzu ausführlich das BMF-Schreiben vom 07.11.1995.

Die Leistungsverrechnungen der Kostenstellenbezugsgrößen[31] erfolgen automatisch über die Rückmeldungen von Mitarbeiterstunden und/oder Maschinenstunden. Mit dem Erfassungsbeleg werden Buchungen in einem Rechnungslegungswerk erfasst. Neben den Umbuchungen im Hauptbuch können damit aber auch Kosten zwischen Kostenstellen und Kostenträgern oder Erlöse zwischen Profit-Centern „umgebucht" werden. Alle weiteren oben genannten Geschäftsvorfälle fassen automatisch die Nebenbuchinformationen zusammen, erzeugen gleichartige Protokolle und ggf. Buchungen.

Offene Prozesse und Verrechnungskonten

Offene Prozesse sind von besonderem Interesse für die operative Steuerung eines Unternehmens. Dazu gehören Wareneingänge, denen noch keine Lieferantenrechnung gegenübersteht, Warenausgänge, die noch nicht fakturiert, Eingangsschecks oder Ausgangsüberweisungen, die auf der Bank noch nicht gutgeschrieben wurden. Solche offenen Prozesse spiegeln sich in Verrechnungskonten der Buchhaltung wider. Die Abweichungsanalyse offener Prozesse im Periodenvergleich bietet einen möglichen Kontrollmechanismus über das Rechnungswesen an.

Kalkulation

Natürlich können Wertansätze im Rechnungswesen auch zur „Kalkulation" verwendet werden. Sie dienen als Basis zur Material- und Projektkalkulation. Dabei werden auf der Basis des Mengengerüsts Ist- oder Plankosten herangezogen.

Informationsrückgrat des Unternehmens

Das externe und interne Rechnungswesen bildet das Informationsrückgrat eines Unternehmens. Es adaptiert sich an alle relevanten Geschäftsvorfälle, bewertet und normiert sie zum Zwecke der Entscheidungsunterstützung für das Management und liefert verlässliche und nachprüfbare Daten nach innen und außen.

6.   Der Mitarbeiter im Mittelpunkt

Automatisierung und Abweichungsanalyse

SAP Business ByDesign ist auf ein hohes Maß an Automatisierung ausgerichtet. Jeder Mitarbeiter findet in den sog. Work Centern sein Arbeitsumfeld übersichtlich strukturiert vor. Er erhält die notwendige Berechtigung, um Geschäftsvorfälle seiner Organisationseinheit erfassen und Berichte lesen zu können. Die Automatisierung entlastet ihn von Routinearbeit und richtet sein Augenmerk auf Abweichungen in den Prozessen, wie z.B. einer Unterzahlung eines Kunden oder einer Lieferung über der Bestellmenge. Das System erzeugt bei Abweichungen Aufgaben, die der Mitarbeiter mit den entsprechenden Funktionen zugestellt bekommt.

Stetige Systemanpassung

Das System kann im Wesentlichen durch Konfiguration und Organisationsmanagement auf die Bedürfnisse eines Unternehmens eingestellt werden. Überdies können Benutzeroberflächen individuell angepasst werden. Auf die Veränderung der Anforderungen eines Unternehmens und seiner Mitarbeiter kann SAP Business ByDesign stetig adaptiert werden.

---

[31]   Dies wird in SAP Business ByDesign durch die Ressource abgebildet. Vgl. Kapitel F.2.1.2.

Gestaltung

Verfolgen wir, wie *Julia Metzger,* Mitarbeiterin der *Nordstar GmbH,* zu einem Systembenutzer wird, was sie nach dem ersten Systemzugang sieht, welche Berechtigungen sie erhält, wie sie ihre Aufgaben im System bewältigt und wie sie dabei ihre neue Rolle findet.

6.1 Work Center und Berechtigung

Einschränkung von Berechtigungen durch Work Center

Julia Metzger ist Buchhalterin, bringt aber auch Erfahrung im Controlling mit. Sie wird am 01.01.2010 deshalb in der *Nordstar GmbH* in der Abteilung *Buchhaltung und Finanzen* als Leiterin des Rechnungswesens eingestellt. Die Abteilung ist im Organisationsmanagement von SAP Business ByDesign abgebildet und hat die betriebliche Funktion *Finanzen und Verwaltung.* Diese Funktion umfasst Work Center wie bspw. *Forderungen*, *Verbindlichkeiten,* das *Liquiditätsmanagement* und *Zahlungsverwaltung,* das *Hauptbuch*, die *Anlagen* und einige mehr. Genau diese betrieblichen Funktionen werden beim ersten Anmelden am System als Work Center angezeigt (vgl. Abbildung 9). Ein einzelnes Work Center bündelt alle Aufgaben, Geschäftsvorfälle und Berichte für die genannten Arbeitsbereiche. Allein die Auswahl der Work Center schränkt die Berechtigung der Mitarbeiter bereits ein: Bestellungen oder Kundenaufträge kann *Julia Metzger* nicht anlegen.

Abbildung 9: *Home* Work Center eines Benutzers

Die Geschäftsführung der *Nordstar GmbH* erwägt, ein weiteres Tochterunternehmen, die *Novellia Ltd.*, in Indien zu erwerben. Mutter- und Tochterunternehmen sollen in demselben SAP Business ByDesign-System implementiert werden. Es wurde diskutiert, ob *Julia Metzger* für beide Unternehmen die gleichen Aufgaben übernimmt. Am Ende wurde die Idee verworfen und deshalb ihre Berechtigung auf die *Nordstar GmbH* eingeschränkt. In den Benutzerdaten wurde dazu die Lese- und Schreibberechtigung für alle einzelnen Funktionen *Finanzen und Verwaltung* auf die eigene Organisation beschränkt.[32] Es wurde auch diskutiert, ob *Julia Metzger* interne Projekte[33] leiten und durchführen soll, die Entscheidung darüber wurde aber bis auf Weiteres vertagt.

Einschränkung von Berechtigungen

Andere Service-Funktionen der Unternehmensgruppe, wie z.B. Beschaffung und Fakturierung, sollen allerdings in Zukunft zentralisiert werden.

Zentrale Serviceorganisationen

Bei ihrer Anmeldung gelangt *Julia Metzger* in ihr Work Center *Home.* Dort findet sie zahlreiche Self-Services wie die Arbeitszeiterfassung, Spesenabrechnung oder Einkauf aus unternehmenseigenen Katalogen, aber insbesondere auch eine integrierte Lern- und Hilfeumgebung (vgl. Abbildung 10). Weitere Dokumentationen stellt das *Help Center* zur Verfügung. Sollte ein Problem dort nicht geklärt werden können, kann direkt aus dem *Help Center* ein sog. Vorfall erzeugt werden. Er wird nach der Bestätigung durch den Systemadministrator direkt an den SAP Support weitergeleitet. *Julia Metzger* kann den Status mit dem Self-Service *Service und Supportteam* verfolgen.

Integrierte Lernumgebung, Dokumentation, Service und Support

Alle Work Center weisen eine einheitliche Struktur auf, wodurch eine intuitive Benutzung von SAP Business ByDesign unterstützt wird. Ein einzelnes Work Center bildet Aufgaben, Geschäftsvorfälle, Berichte und allgemeine Aufgaben eines Arbeitsgebiets ab. Die *Sichten* gliedern sich meist in Übersicht, Aufgaben, Geschäftsvorfälle, periodische Arbeiten und Berichte. So werden im Work Center *Home* bspw. die Sichten *Überblick, Aufgaben, Nachrichten, Self-Services* und *Berichte* gezeigt (vgl. linke Seite in Abbildung 10). In der Sicht *Übersicht* werden häufig auch grafisch aufbereitete Berichtsdaten angezeigt. Die Berichte dienen der Analyse in diesem Work Center. In den *Allgemeinen Aufgaben* unterhalb der Sichten können häufig verwendete Geschäftsvorfälle direkt per Link aufgerufen werden.

Struktur der Work Center

---

[32]   Dies ist im Work Center *Anwendungs- und Benutzerdaten* in der Sicht *Benutzer- und Zugriffsverwaltung* in den Benutzerdaten möglich.

[33]   Ein Beispiel eines internen Projekts wird in Kapitel F.4 behandelt.

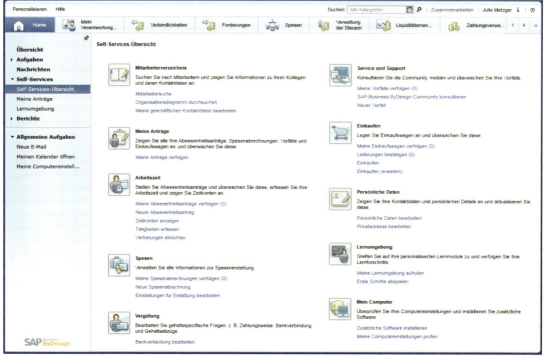

Abbildung 10: Übersicht der Self-Services

Work Center des Rechnungswesens und Trennung der Verantwortlichkeiten

Der Arbeitsumfang eines Mitarbeiters, der die vollständige Funktionalität des Rechnungswesens übernimmt, ist in Abbildung 11 zu sehen. Es sei aber darauf hingewiesen, dass schon bei der Einrichtung von Systembenutzern und der Vergabe von Work Centern auf eine Trennung von einzelnen Arbeitsaufgaben hingewiesen wird. Die Verwaltung der Verbindlichkeiten sollte bspw. von der Zahlungsverwaltung getrennt werden. Die Work Center des Rechnungswesens sind:

- *Liquiditätsmanagement,*
- *Forderungen,*
- *Verbindlichkeiten,*
- *Spesen,*
- *Verwaltung der Steuern,*
- *Zahlungsverwaltung,*
- *Hauptbuch,*
- *Kosten und Erlöse,*
- *Anlagen,*
- *Bestandsbewertung.*

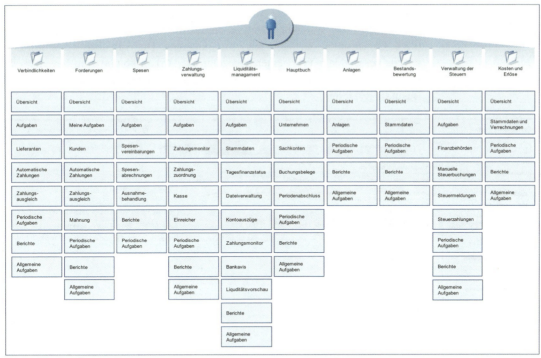

Abbildung 11: Überblick über alle Work Center und Sichten des Rechnungswesens

Als leitende Mitarbeiterin verfügt *Julia Metzger* zusätzlich über das Work Center *Mein Verantwortungsbereich*. Hierin genehmigt sie Aufgaben, die aufgrund der Konfigurationseinstellung ein Genehmigungsverfahren durch den Vorgesetzten erfordern. Damit wird für Geschäftsvorfälle wie der Urlaubsantrag, der Zahlungsausgang, die Spesenabrechnung oder die Leistungsrückmeldung auf einem Projekt ein Kontrollmechanismus bereitgestellt. Berichte, die das Team oder das Budget der Kostenstelle betreffen, sind standardmäßig aktuell verfügbar. *Julia Metzger* sieht dort überdies Berichte zum Cash- und Liquiditätsmanagement, Hauptbuchberichte und viele mehr. Die Aufgaben erreichen jeden zuständigen Benutzer automatisch und unterstützen seine strukturierte tägliche Arbeit.

Work Center für den Manager

6.2   Work Flow und Aufgaben

Neben Genehmigungen fallen weitere Aufgaben im täglichen Geschäft eines Finanzbuchhalters und Controllers an. Kontoauszugsdateien der Hausbank erreichen z.B. das Unternehmen und sollten schnellstmöglich prozessiert werden, um einen Überblick über die aktuelle Liquidität zu bekommen. Eine der Kontoauszugspositionen ist eine Kundenzahlung. Ein Mitarbeiter hat diesem Kunden einen Skonto gewährt, der über die in der Konfiguration eingestellten Werte hinausgeht. Die Zahlungen an die Lieferanten sollen heute an die Bank übermittelt werden und müssen überprüft werden. Außerdem werden heute Mahnungen an säumige Kunden verschickt. Für den Abschluss des Geschäftsjahres ist noch eine Umsatzsteu-

Aktive Aufgabensteuerung – die Arbeit kommt zum Benutzer

ermeldung freizugeben (vgl. Abbildung 12). In jedem Fall entstehen Aufgaben, die an genau die Systembenutzer gehen, die für die entsprechenden Funktionen (i.S.d. Organisationsmanagements) zuständig sind. Die Aufgaben werden in dem jeweils passenden Work Center angezeigt. Die Arbeit kommt zum Benutzer, sie werden aktiv auf offene Aufgaben hingewiesen – ein zentrales Konzept von SAP Business ByDesign.

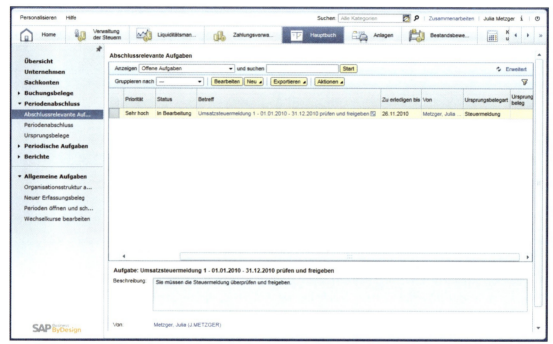

Abbildung 12: Aufgaben zur Unterstützung des Jahresabschlusses

Workflow Ansatz und Kollaboration über Unternehmensgrenzen

Die verschiedenen Geschäftsvorfälle eines Geschäftsprozesses werden naturgemäß von Mitarbeitern verschiedener Organisationseinheiten durchgeführt, die Work Center spiegeln diese Form von Arbeitsteilung wider. Die verschiedenen Geschäftsvorfälle eines Beschaffungsprozesses von Material verbinden einerseits bspw. Einkauf, Lagerwirtschaft und Finanzbuchhaltung untereinander und andererseits das Unternehmen mit seinen Kunden und Banken. SAP Business ByDesign unterstützt den Workflow intern dadurch, dass das eigene System den nächsten folgenden offenen Geschäftsvorfall des Prozesses bereits antizipiert. Die bestellten Rohmaterialien lassen einen Wareneingang erwarten, nach dem Wareneingang kann mit der Lieferantenrechnung gerechnet werden, nach einer Überweisung der Verbindlichkeit wird sie im nachfolgenden Kontoauszug quittiert. Solange alles im Rahmen der zeitlichen Erwartung abläuft, gibt es keine Rückmeldung des Systems. Beim Überschreiten von Fristen werden die Systembenutzer durch Nachrichten jedoch zum Handeln aufgefordert. Weichen Mengen oder Preise ab, führt dies ebenfalls zu Aufgaben.

Neben dem internen Workflow unterstützt das System immer stärker auch die automatische Kommunikation mit Kunden, Lieferanten oder Banken durch sog. Business-To-Business Schnittstellen (B2B). Kreditkartenprüfungen finden integriert statt, Kundenaufträge oder Bestellungen können über Industriestandards ausgetauscht werden.

Als Key User für SAP Business ByDesign wird *Julia Metzger* regelmäßig mit Anfragen konfrontiert, die Informationen auf den Benutzeroberflächen anzupassen oder Berichte bereitzuhalten.

6.3 Anpassbarkeit und Erweiterbarkeit des Systems

Als Key User hat *Julia Metzger* die Option, Benutzeroberflächen anzupassen. In den Eingabemasken von Stammdaten oder Geschäftsvorfällen können Felder ausgeblendet oder neue Felder hinzugefügt werden (vgl. Abbildung 13).

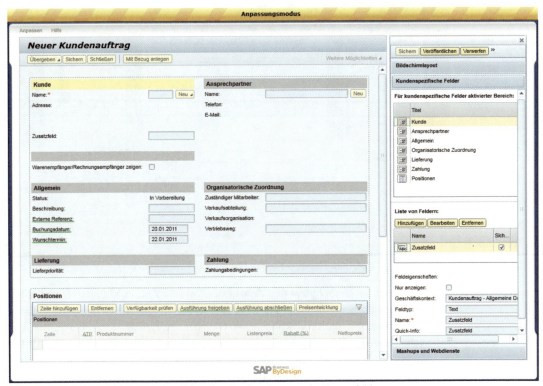

Abbildung 13: Erweiterung der Kundenauftragserfassung um ein Zusatzfeld

Auch gelingt es, mit einfachen Mitteln im Work Center *Unternehmensanalysen*, neue Berichte (vgl. Abbildung 14) oder Unternehmenskennzahlen zu definieren.

Systemflexibilität

Die Systemflexibilität von SAP Business ByDesign umfasst:

- Adaptierbarkeit von Benutzerbildschirmen oder Terminologie,
- Erweiterungen von Workflows, Formularen, Berichten,
- Integration von Felderweiterungen über Prozesse, Einbindung von Applikationen über die Benutzeroberfläche (Mashups),
- Teilweise integrierte Partner-Entwicklungen.

Systemerweiterung und Serviceangebote durch Partner

In Zukunft werden neue Systemfunktionen nicht nur von SAP, sondern auch von seinen Partnern angeboten werden. Darüber hinaus ist es auch denkbar, dass Serviceleistungen für komplexere betriebswirtschaftliche Aufgaben, wie z.B. der Konsolidierung, angeboten werden.

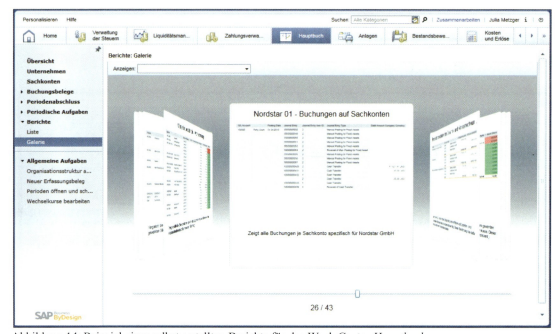

Abbildung 14: Beispiel eines selbst erstellten Berichts für das Work Center *Hauptbuch*

Konsolidierung

Die *Nordstar GmbH* plant den Zukauf der *Novellia Ltd.* in Mumbai. Damit sollen die dynamischen Absatzmärkte Indiens erschlossen und gleichzeitig das günstige Lohnniveau für die Produktion genutzt werden. Auf *Julia Metzger* wird die Aufgabe der Konsolidierung beider Einzelunternehmen zukommen. Obwohl SAP Business ByDesign die Vorbereitung zur Konsolidierung und einige Grundfunktionen dazu anbietet, würde sie die Aufgabe wegen ihrer betriebswirtschaftlichen Komplexität gerne an einen Servicedienstleister vergeben.

6.4   Veränderung der Rolle eines Mitarbeiters

Vom Buchhalter zum Manager

Rechnungserstellungen, Zahlungen und Buchungen laufen weitgehend automatisch ab. *Julia Metzger* führt dabei meist nur Kontrollaufgaben und Genehmigungen durch. Sie kann sich deshalb wichtigen Fragen der Analyse des Unternehmens widmen. So berichtet sie nun regelmäßig über den Auftragseingang, Deckungsbeiträge und über den Liquiditätsstatus an die Geschäftsleitung. Sie kennt das Volumen der Lieferungen, für die noch keine Lieferantenrechnung geschickt wurde, den aktuellen Bestandswert aller Rohmaterialien und hat einen Überblick über alle laufenden und noch nicht fakturierten Projekte. Sie kennt das Volumen der offenen Forderungen und insbesondere das Zahlungsverhalten der Kunden und hat sich vorgenommen, das Forderungsmanagement in den nächsten sechs Monaten zu optimieren und die Forderungslaufzeit (Day Sales Outstanding) um 20 % zu verringern. Durch die Vorlage ihres Liquiditätsplans für die *Nordstar GmbH* bei ihrer Hausbank konnte der Kreditzins für das anstehende Bankdarlehen um 0,3 % gesenkt werden. Natürlich hat ihre Abteilung die Verantwortung für den Jahresabschluss, die sie über das sog. Closing Cockpit[34] an die entsprechenden Mitarbeiter delegiert. Die Berichtszahlen werden in einigen Monaten wieder der genauen Prüfung des Wirtschaftsprüfers[35] standhalten müssen. *Julia Metzger* stellt nach einer Zeit der Einarbeitung fest, dass sie sich von ihrem alten Job als Buchhalterin weit entfernt hat.

Aber für die Zukunft hat sich *Julia Metzger* noch mehr vorgenommen. Sie will erste Schritte in Richtung einer Unternehmensplanung gehen: Neben einem Ergebnis- und Bilanzplan soll für das kommende Jahr auch ein Finanz- und Absatzplan aufgestellt werden. Über die spätere Plan-Ist-Abweichungsanalyse erwartet sie sich eine noch erfolgreichere Steuerung des Unternehmens.

Unternehmensplanung

Grundlage der Steuerung eines Unternehmens ist das Rechnungswesen von SAP Business ByDesign. Seine Integration in die Geschäftsprozesse des Unternehmens und die hohe Automatisierung liefert Unternehmenstransparenz in Echtzeit. Die Daten basieren dabei auf einem harmonisierten Rechnungswesen, eine gemeinsame Basis für Bilanzierung *und* Unternehmenssteuerung.

Geschäftsprozess-basiertes Rechnungswesen: Unternehmenstransparenz in Echtzeit

---

[34]   Vgl. hierzu Kapitel F.5.3.1.
[35]   Der Wirtschaftsprüfer ist als Dienstleister im System angelegt und hat ein eigenes Work Center, mit dem er alle Zahlen über den gesamten Audit Trail hinweg bis hin zu den Quelldokumenten prüfen kann. Änderungen sind ihm vorenthalten. Vgl. Kapitel F.6.5.

B. Möglichkeit zur Harmonisierung des Rechnungswesens in der Umgebung eines Einkreissystems

1.   Einführung

Harmonisierungs-diskussion

Im deutschsprachigen Raum erfolgt traditionell eine strenge Trennung zwischen internem und externem Rechnungswesen.[36] Erst Anfang der 1990er Jahre begann – ausgelöst durch eine damalige Umstrukturierung des Rechnungswesens im Hause der Siemens AG – eine breite Diskussion über die Sinnhaftigkeit einer Harmonisierung des Rechnungswesens.[37] Zunächst hatte eine Debatte über die grundsätzliche Verzichtbarkeit einer Kostenrechnung begonnen,[38] später wurde die Diskussion unter den Schlagworten „Harmonisierung" bzw. „Konvergenz" des internen und externen Rechnungswesens weitergeführt. In den letzten Jahren erfuhr diese Diskussion insbesondere vor dem Hintergrund der zunehmenden Kapitalmarktorientierung deutscher Unternehmen und der fortschreitenden Internationalisierung der Rechnungslegung neue Dynamik.[39]

Einfluss des BilMoG

Die nachfolgend dargestellten Ergebnisse dieser Debatte sind aktuell durch die Einführung des BilMoG neu auf den Prüfstand zu stellen. Durch die mit dem BilMoG gestärkte Informationsfunktion der Handelsbilanz aufgrund der Abkopplung der handelsrechtlichen von der steuerlichen Gewinnermittlung sowie die Annäherung des Handelsrechts an die internationalen Vorschriften ergeben sich insbesondere für den Einzelabschluss und damit auch verstärkt für mittelständische Unternehmen neue Implikationen.[40] Am 26.03.2009 wurde das BilMoG vom Deutschen Bundestag verabschiedet. Am 03.04.2009 fand das BilMoG dann die Zustimmung des Bundesrats,[41] sodass es schließlich mit Wirkung zum 29.05.2009 in Kraft treten konnte. Damit wurde ein umfassendes Gesetzgebungsverfahren abgeschlossen, das insbesondere für den deutschen Mittelstand zentrale Bedeutung erlangt.[42] Das Ziel des Gesetzes liegt darin, „das bewährte HGB-Bilanzrecht zu einer dauerhaften und im Verhältnis zu den internationalen Rechnungslegungsstandards vollwertigen, aber kostengünstigeren und einfacheren Alternative weiterzuentwickeln, ohne die Eckpunkte des HGB-Bilanzrechts – die HGB-Bilanz bleibt Grundlage der Ausschüttungsbemessung und der steuerlichen Gewinnermittlung – und das bisherige System der Grundsätze ordnungsmäßiger Buchführung (GoB) aufzugeben. Darüber hinaus sollen die Unternehmen – wo möglich –

---

[36]   Vgl. KÜMPEL, T. (2002), S. 343.

[37]   Vgl. KÜTING, K./LORSON, P. (1998a), S. 483. Zur damaligen Literaturdiskussion vgl. u.a. PFAFF, D. (1994), S. 1065; SCHILDBACH, T. (1995), S. 1; WAGENHOFER, A. (1995), S. 81.

[38]   Vgl. hierzu bspw. PFAFF, D. (1994), S. 1067 ff.

[39]   Vgl. GÜNTHER, T./ZURWEHME, A. (2008), S. 101; vgl. auch bereits KÜTING, K./LORSON, P. (1998a), S. 483.

[40]   Vgl. hierzu auch LORSON, P./ZÜNDORF, H. (2009), S. 719; SAP Business ByDesign bietet für die Abkopplung der Handels- von der Steuerbilanz die systemseitigen Voraussetzungen. Im Rahmen einer parallelen Bilanzierung, in der nach Handels- und Steuerrecht jeweils getrennt Rechnung gelegt wird, kann sie optimal unterstützt werden; vgl. hierzu Kapitel C.6.

[41]   Vgl. BR-Drucksache (270/09).

[42]   Vgl. HERZIG, N./BRIESEMEISTER, S. (2009a), S. 926.

von unnötigen Kosten entlastet werden".[43] Das BilMoG kann wie auch in der Vergangenheit bereits die zunehmende Internationalisierung der Rechnungslegung als „Katalysator" für die Harmonisierung des internen und externen Rechnungswesens bezeichnet werden.[44] Diese Rolle kann dem BilMoG u.a. deshalb zugesprochen werden, weil in der Handelsbilanz nunmehr keine steuerlichen Verzerrungen enthalten sind.

Im vorliegenden Kapitel werden aufbauend auf der Diskussion um die Sinnhaftigkeit einer Konvergenz – insbesondere vor dem Hintergrund der aktuellen Einführung des BilMoG – in der Literatur aufgeführte Vor- und Nachteile eines harmonisierten Rechnungswesens abgewogen und mögliche Umsetzungsstrategien aufgezeigt. Die anschließende Analyse zeigt, dass sich ein harmonisiertes Rechnungswesen im Mittelstand aufgrund des BilMoG und der damit verbundenen Stärkung der Informationsfunktion immer mehr durchsetzen wird. Es können damit Kosten reduziert und gleichzeitig Informationen transparenter werden: Der Ansatz von SAP Business ByDesign unterstützt mittelständische Unternehmen hierbei durch ein Einkreissystem. Dies ermöglicht beide Denkwelten in einen Rechnungskreis zu integrieren.

2. Traditionelle Zweiteilung des Rechnungswesens deutscher Unternehmen

Historisch betrachtet wird bereits seit Beginn des 20. Jahrhunderts in deutschen Unternehmen eine klare Trennung zwischen internem und externem Rechnungswesen vorgenommen.[45] Diese grundlegende Organisationsstruktur des Rechnungswesens wird grds. durch die divergierenden Zielsetzungen der beiden Rechensysteme begründet.[46]

Unterschiedliche Zielsetzungen

2.1 Ziele des externen Rechnungswesens

Die externe Rechnungslegung nach HGB erfüllt eine Informations-, Dokumentations- und Entscheidungsfunktion sowie eine Ausschüttungsbemessungsfunktion.[47] Über die Maßgeblichkeit der Handelsbilanz für die Steuerbilanz kommt der handelsrechtlichen Rechnungslegung darüber hinaus eine fundamentale Bedeutung für die Ermittlung der Steuerbemessungsgrundlage zu.[48] In der Vergangenheit stellte dabei die Zahlungs- bzw. Ausschüttungsbemessungsfunkti-

Funktionen

---

[43] BT-Drucksache (16/10067), S. 1.
[44] Vgl. dahin gehend auch HARING, N./PRANTNER, R. (2005), S. 147.
[45] Vgl. zur historischen Entwicklung des Rechnungswesens bspw. MÜLLER, S. (2003), S. 53 ff.; SCHWEITZER, M./WAGENER, K. (1998), S. 439 ff.
[46] Vgl. KERKHOFF, G./THUN, S. (2007), S. 455.
[47] Vgl. z.B. COENENBERG, A. G./HALLER, A./SCHULTZE, W. (2009), S. 16 ff.; KÜTING, K./WEBER, C.-P. (2009), S. 10 f.
[48] Vgl. KÜTING, K./WEBER, C.-P. (2010), S. 96; PFITZER, N. /OSER, P. (2003), Kap. 2, Rn. 1 ff.

on in Form einer vorsichtigen, unter Gläubigerschutzaspekten vorgenommenen Ermittlung des besteuerungs- und ausschüttungsfähigen Gewinns den dominierenden Zweck des externen Rechnungswesens dar.[49] Die Gewinnermittlung im Rahmen des externen Rechnungswesens ist durch das Handels- und Steuerrecht gesetzlich normiert und unter Beachtung der Grundsätze ordnungsmäßiger Buchführung durchzuführen. Im Zuge der Bilanzrechtsmodernisierung hat sich die Bedeutung der Ziele des externen Rechnungswesens allerdings zu Gunsten der Informationsfunktion verschoben. Eines der Ziele des BilMoG war die Erreichung einer erhöhten internationalen Anerkennung des Handelsrechts durch eine Annäherung an die bestehenden internationalen Vorschriften und die Stärkung der Informationsfunktion der Handelsbilanz.[50]

2.2   Ziele des internen Rechnungswesens

**Planungs-, Steuerungs-
und Kontrollfunktion**

Das interne Rechnungswesen richtet sich im Gegensatz zum externen Rechnungswesen grds. nicht an unternehmensexterne, sondern vielmehr an unternehmensinterne Adressaten. Das interne Rechnungswesen erfolgt im Wesentlichen im Eigeninteresse der Unternehmensleitung und soll ein an der betrieblichen Leistung orientiertes Planungs-, Steuerungs- und Kontrollsystem für die Unternehmensführung darstellen.[51] Abgesehen von Spezialvorschriften (wie bspw. für Krankenhäuser) unterliegt das interne Rechnungswesen keinen gesetzlichen Restriktionen wie dem Handels- und Steuerrecht. Es kann daher konkret an den spezifischen Informationsbedürfnissen der Unternehmensführung ausgerichtet werden.[52] Durch die vorhandenen Gestaltungsspielräume findet sich eine Vielzahl von Ergebnisgrößen als Rechnungsziele. Von perioden- und stückbezogenen Kosten, Erlös- und Deckungsbeitragsgrößen sowie diverser Gewinngrößen bis hin zu Rentabilitätskennzahlen oder auch mehrperiodigen Kapitalwerten ist alles in der Unternehmenspraxis vorzufinden.[53] Die Unterschiede in den Gewinngrößen werden durch die Verwendung von Voll- oder Teilkostenrechnungen und durch Bestandsbewertungen mit oder ohne anteilige Fixkosten hervorgerufen. Die Höhe des Erfolgs wird ferner erheblich durch die Verwendung kalkulatorischer Kosten, wie bspw. kalkulatorische Abschreibungen und Zinsen, beeinflusst. Der Rechnungszweck des internen Rechnungswesens liegt in der Ermittlung des entziehbaren Periodenerfolgs; dieser soll die Substanzerhaltung des Unternehmens gewährleisten.[54]

Zusammenfassend beruht die klassische Zweiteilung auf der Divergenz der Anforderungen zwischen externem und internem Rechnungswesen. Während das externe Rechnungswesen vom Vorsichtsprinzip geprägt ist, bildet das interne Rechnungswesen die Situation des Unternehmens so realistisch wie möglich ab. Diese

---

[49]   Vgl. KÜMPEL, T. (2002), S. 343.
[50]   Vgl. hierzu bspw. PFIRMANN, A./SCHÄFER, R. (2009), S. 121.
[51]   Vgl. KÜTING, K./LORSON, P. (1998b), S. 469.
[52]   Vgl. HOKE, M. (2001), S. 12.
[53]   Vgl. BRUNS, H.-G. (1999), S. 593.
[54]   Vgl. KÜTING, K./LORSON, P. (1998b), S. 469.

Trennung wurde vor der Verabschiedung des BilMoG durch die von der umgekehrten Maßgeblichkeit herrührenden steuerlich bedingten Verzerrungen erheblich vergrößert.[55] Durch die bislang vorherrschende Dominanz des Gläubiger-
schutzes in Form des Vorsichtsprinzips über die Informationsfunktion und vor allem aufgrund der steuerlichen Einflüsse wurden die Ergebnisgrößen im Modell
des Einzelabschlusses im externen Rechnungswesen in der Vergangenheit für die
Planungs-, Kontroll- und Steuerungszwecke des internen Rechnungswesens als
nicht anwendbar angesehen.[56] Aufgrund der zunehmenden Kapitalmarktorientierung deutscher Unternehmen und der Internationalisierung der Rechnungslegung
galt dies – wie nachfolgend dargestellt – für die Ergebnisgrößen des externen
Konzernrechnungswesens nicht in gleichem Maße. Die in der internationalen
Rechnungslegung dominierende Informationsfunktion wird durch das BilMoG
auch im deutschen Handelsrecht gestärkt. In Zukunft werden sich u.E. externes
und internes Rechnungswesen in dem Maße annähern, wie sich die Steuerbilanz
von der Handelsbilanz entfernt.

3. Internationalisierung der Rechnungslegung und BilMoG als Ausgangspunkt der Harmonisierung

Aufgrund der vorangehend bereits genannten unterschiedlichen Zielsetzungen
zwischen internem Rechnungswesen und dem handelsrechtlichen Einzelabschluss
beschränkten sich bisher sämtliche Überlegungen bzgl. des Harmonisierungsspiel-
raums auf den Konzernabschluss.[57]

Im Gegensatz zum Einzelabschluss besitzt der Konzernabschluss in Deutschland
grds. keine Ausschüttungsbemessungs-, sondern lediglich eine Informationsfunktion.[58] Kapitalmarktorientierte Unternehmen sind ferner verpflichtet ihren Konzernabschluss nach den International Financial Reporting Standards (IFRS) aufzustellen. Nicht kapitalmarktorientierte Unternehmen können dies auf freiwilliger
Basis tun. Hinsichtlich des Einzelabschlusses ist ebenfalls eine freiwillige Anwendung der IFRS möglich.[59] Die Unternehmen selbst sind ebenfalls einer zunehmenden Internationalisierung ausgesetzt, die sich vorrangig aus dem zunehmenden globalen Wettbewerb ergibt. Eine steigende Anzahl international agieren-
der Unternehmen mit internationalen Tochterunternehmen und Auslandsniederlas-
sungen ist die Folge. Durch solche internationale Strukturen müssen sich die Unternehmen häufig zwangsläufig mit den internationalen Rechnungslegungsvorschriften befassen. Diese Entwicklungen nehmen auch Einfluss auf die Struktur

Anwendung der IFRS

---

[55]   Vgl. zu der Thematik der Streichung der umgekehrten Maßgeblichkeit und der damit
       verbundenen Abkopplung der Handels- von der Steuerbilanz Kapitel C.
[56]   Vgl. HALLER, A. (1997), S. 271; COENENBERG, A. G. (1995), S. 2083; KÜMPEL, T.
       (2002), S. 343.
[57]   Vgl. HARING, N./PRANTNER, R. (2005), S. 148.
[58]   Vgl. KÜTING, K./LORSON, P. (1999), S. 60.
[59]   Vgl. BUCHHOLZ, R. (2008), S. 1.

des Rechnungswesens, da die traditionelle deutsche Zweiteilung des Rechnungs-wesens international weitgehend unbekannt ist.[60] Die internationalen Rech-nungslegungsvorschriften, insbesondere die IFRS, orientieren sich primär an den Informationsbedürfnissen der Kapitalinvestoren. Im Mittelpunkt der Standards steht „der anonyme Eigenkapitalgeber als prototypischer Abschlussadressat"[61].

**IFRS als Ausgangs-
punkt einer
Harmonisierung**

Die Zielsetzung der IFRS-Rechnungslegung besteht in der Vermittlung entschei-dungsrelevanter Informationen. Den Abschlussadressaten soll durch den Ab-schluss ein reelles Bild der Unternehmenslage vermittelt werden.[62] Der Übergang vom deutschen alten HGB zu den internationalen Standards bedingt somit eine Verschiebung der Grundprinzipien der Rechnungslegung, indem Gläubigerschutz und Vorsichtsprinzip durch den Vorrang der wirtschaftlichen Betrachtungsweise zurückgedrängt werden.[63] Die Informationsfunktion als zentrale Aufgabe des Konzernabschlusses im Allgemeinen, insbesondere aber der IFRS, führt zu einer im – Vergleich zum HGB vor dem BilMoG – stärkeren Kongruenz der Ziele des externen und internen Rechnungswesen. Eine bessere Eignung der externen Er-gebnisgrößen für Zwecke der internen Steuerung und Kontrolle war die Folge.[64] Im Rahmen des Konzernrechnungswesens und aufgrund der Internationalisierung der Rechnungslegung boten sich somit Ansatzpunkte für eine Harmonisierung des internen und externen Rechnungswesens.[65] Aufgrund der Beschränkung des Har-monisierungspotenzials auf das Konzernrechnungswesen und die Anwendung in-ternationaler Rechnungslegungsvorschriften war für die überwiegende Mehrheit des deutschen Mittelstands allerdings nach wie vor kein Spielraum zur Harmoni-sierung des Rechnungswesens vorhanden.

**Stärkung der
Informationsfunktion
durch das BilMoG**

Mit der Einführung des BilMoG im Jahr 2009 erfolgte eine umfassende Reform des bis dahin geltenden Handelsrechts. Im Zuge des BilMoG wurde eine Annähe-rung des alten HGB an die internationalen Rechnungslegungsvorschriften vorge-nommen. Gleichzeitig bewirkte der Wegfall der umgekehrten Maßgeblichkeit eine Abkopplung des handelsrechtlichen Einzelabschlusses von der steuerlichen Ge-winnermittlung.[66] Explizites Ziel des BilMoG war die Stärkung der Informations-funktion des Handelsrechts.[67] Damit gewährleistet der handelsrechtliche Einzelab-schluss einen entscheidungsnützlichen Einblick in die Vermögens-, Finanz- und Ertragslage eines Unternehmens.

Beispiele

Konkrete Beispiele für die gestärkte Informationsfunktion des handelsrechtlichen Jahresabschlusses durch das BilMoG sind bspw.:

---

[60] Vgl. HEBELER, C. (2003), S. 33.
[61] PELLENS, B. et al. (2008), S. 111.
[62] Vgl. PELLENS, B. et al. (2008), S. 111.
[63] Vgl. KÜTING, K./LORSON, P. (1999), S. 62; MÜLLER, M. (2006), S. 40.
[64] Vgl. u.a. HOKE, M. (2001), S. 65 f.
[65] Vgl. hierzu bspw. HEBELER, C. (2003), S. 35 f.
[66] Vgl. hierzu ausführlich Kapitel C.
[67] Vgl. BT-Drucksache (16/10067), S. 34.

- Die Einführung eines Aktivierungswahlrechts für selbst geschaffene immaterielle Vermögensgegenstände des Anlagevermögens (§ 248 HGB n.F.),
- die Streichung des Wahlrechts zur Übernahme rein steuerlicher Abschreibungen (§ 254 HGB a.F.),
- die Einführung eines allgemeinen Zuschreibungsgebots für in der Vergangenheit vorgenommene außerplanmäßige Abschreibungen (§ 253 Abs. 3 HGB n.F.)[68] oder auch
- die umfangreichen Erweiterungen der Berichtspflichten im Anhang.[69]

Aufgrund dieser gestärkten Informationsfunktion des externen Rechnungswesens durch das BilMoG und der dadurch erhöhten Zielkongruenz zwischen internem und externem Rechnungswesen, ist nun auch im Bereich des Einzelabschlusses nach deutschem Handelsrecht eine Harmonisierung des internen und externen Rechnungswesens möglich und nützlich. Bevor nachfolgend die Möglichkeiten, Vorteile und Grenzen einer Harmonisierung detailliert aufgezeigt werden, wird zunächst auf die Richtung der Harmonisierung eingegangen. **Höhere Zielkongruenz**

4. Analyse der Vor- und Nachteile von Harmonisierungsbestrebungen im Rechnungswesen

4.1 Vorbemerkungen

Eine Harmonisierung des Rechnungswesens kann auf unterschiedliche Weise erreicht werden. Einerseits kann das interne Rechnungswesen an das externe Rechnungswesen angepasst werden. Andererseits besteht die Möglichkeit einer umgekehrten Vorgehensweise, sprich der Bewegung der externen hin zur internen Rechnungslegung; schließlich können sich auch beide Rechensysteme in engen Grenzen aufeinander zubewegen.[70] **Harmonisierungsrichtung**

Grds. muss allerdings eine Annäherung des internen an das externe Rechnungswesen erfolgen, da dieses aufgrund der gesetzlichen bzw. privatrechtlichen Vorschriften keinen mit dem internen Rechnungswesen vergleichbaren Umfang an Flexibilität aufweist.[71] Die Anpassung des internen an das externe Rechnungswesen bedeutet, dass die interne Steuerung, Kontrolle und Entscheidungsfindung anhand der Daten des externen Rechnungswesens durchgeführt wird.[72] Kalkulatorische Kosten können bei dieser Anpassungsstrategie nicht berücksichtigt werden.[73] Weil kalkulatorische Kosten unberücksichtigt bleiben, ergeben sich diverse Vor- und Nachteile einer solchen Harmonisierungsstrategie. **Anpassungsstrategie**

---

[68] Vor dem BilMoG bestand für Nicht-Kapitalgesellschaften diesbzgl. ein Zuschreibungswahlrecht.
[69] Vgl. zu den erweiterten Berichtspflichten im Anhang ausführlich STRICKMANN, M. (2010), S. 614 ff.
[70] Vgl. BURGER, A./BUCHHART, A. (2001), S. 549.
[71] Vgl. MÜLLER, M. (2006), S. 38.
[72] Vgl. BRUNS, H.-G. (1999), S. 594.
[73] Vgl. KÜMPEL, T. (2002), S. 345.

**Kosten-Nutzen-
Erwägung der
Harmonisierung**

Nach der Bilanzrechtsmodernisierung durch das BilMoG und der damit einhergehenden Abkopplung der Handelsbilanz von der steuerlichen Gewinnermittlung gewinnt das Rechnungswesen selbst für kleinere und mittelständische Unternehmen an Komplexität. Im Rahmen des externen Rechnungswesens – insbesondere aufgrund der Verpflichtung zur Abgrenzung latenter Steuern – wird künftig in aller Regel eine Steuerbilanz und eine Handelsbilanz gesondert aufgestellt werden müssen. Mit der Anwendung des Steuerrechts für die Steuerbilanz, des Handelsrechts für den Einzelabschluss und der etwaigen Kosten- und Leistungsrechnung als Grundlage des Controlling können bereits für mittelständische Unternehmen schon mindestens drei verschiedene Rechnungswesensysteme zu beachten sein. Kommen des Weiteren noch Tochterunternehmen im In- und/oder Ausland hinzu, müssen unter Umständen zusätzlich noch Rechnungslegungsvorschriften für den Konzernabschluss berücksichtigt werden. Daher erscheint in der Praxis schon allein aufgrund von organisatorischen Überlegungen und Kosten-Nutzen-Erwägungen eine stärkere Harmonisierung sinnvoll zu sein.[74]

Die einzelnen, wesentlichen in der Literatur beschriebenen Vor- und Nachteile einer Harmonisierung werden nachfolgend im Detail aufgeführt. Zunächst werden die in Literatur und Praxis angeführten Nachteile einer Harmonisierung dargestellt. Sie führen letztendlich zu der Kritik, dass das interne Rechnungswesen nicht in der Lage ist, mit den Daten der externen Rechnungslegung die ihm zugeordnete interne Steuerungs-, Planungs- und Kontrollfunktion optimal auszufüllen. Die in der Literatur vorzufindenden Vorteile werden sodann den Nachteilen gegenübergestellt. Zudem werden mittlerweile veraltete Argumente gegen die Harmonisierung entkräftet und eine Bewertung aller Argumente zu Gunsten einer Harmonisierung des Rechnungswesens vorgenommen.

4.2   Nachteile und Kritik

4.2.1   Abhängigkeit der internen Steuerung von der externen Normensetzung

**Einfluss Dritter auf
interne Kennzahlen**

Der in verschiedenen Umfragen in der Unternehmenspraxis am häufigsten genannte Nachteil einer Harmonisierung stellt die Abhängigkeit von der externen Festlegung von Rechnungslegungsnormen dar.[75] Die für das interne Rechnungswesen verwendeten Kennzahlen und Informationen werden durch gesetzliche bzw. richtlinienartige Vorgaben externer Dritter festgelegt und können nicht mehr vom Unternehmen frei gestaltet werden. Neben den gesetzlich kodifizierten Normen durch den Gesetzgeber werden die nationalen Vorgaben zur externen Rechnungslegung zusätzlich durch privatrechtlich organisierte Standardsetzer beeinflusst, die sich oftmals an internationalen Bedürfnissen und Besonderheiten orientieren. Das interne Rechnungswesen muss also für die unternehmensinterne Steuerung, Planung und Kontrolle fremdbestimmte Standards verwenden, auf die sie

---

[74]   Vgl. GÜNTHER, T./ZURWEHME, A. (2008), S. 112.
[75]   Vgl. u.a. HARING, N./PRANTNER, R. (2005), S. 153; HOKE, M. (2001), S. 158.

grds. keinen Einfluss haben und die nicht an die individuellen Gegebenheiten des jeweiligen Unternehmens angepasst werden können.

4.2.2 Beeinflussung der internen Steuerung durch bilanzpolitische Maßnahmen

Eng verbunden mit dem vorangehend angeführten Kritikpunkt ist die Beeinflussung der internen Steuerungsgrößen durch die Bilanzpolitik. Durch bilanzpolitische Gestaltungsmaßnahmen kann ein erheblicher Einfluss auf die Vermögens-, Finanz- und Ertragslage eines Unternehmens genommen werden. Dabei ist zu beobachten, dass bilanzpolitische Strategien die tatsächliche Unternehmenslage in zumindest zwei Perioden verfälschen. Erstens in der Periode, in der aufgrund einer durchgeführten Maßnahme z.B. stille Reserven gelegt werden; dann aber auch in der Periode, in der diese wiederum aufgelöst werden. Zu Zwecken der internen Steuerung wird bei einer vollständigen Harmonisierung auf die gleiche – durch bilanzpolitische Maßnahmen beeinflusste – Datenbasis zurückgegriffen.[76] Seit dem BilMoG sind die bilanzpolitischen Möglichkeiten aufgrund der Streichung vieler Wahlrechte jedoch eingeschränkt worden,[77] sodass dieser Kritikpunkt seit dem BilMoG an Bedeutung verloren hat.

Bilanzpolitik

4.2.3 Nichteinbeziehung kalkulatorischer Kosten

Kalkulatorische Kosten dienen im Rahmen der internen Steuerung u.a.

Vergleichbarkeit dezentraler Einheiten

- zur Beurteilung des Managements dezentraler Einheiten und
- zum Vergleich zwischen diesen Einheiten.

Die Ergebnisse der Geschäftseinheiten sollen unabhängig von ihrer Finanzierungsstruktur miteinander vergleichbar gemacht werden. Um diese Vergleichbarkeit herzustellen, wird die Rentabilität regelmäßig als Gesamtkapitalgröße gemessen, sodass eine verzerrte Darstellung der Vergleichsgrößen durch den sog. Leverage-Effekt[78] vermieden wird. Gleichzeitig trägt diese Vorgehensweise auch der Tatsache Rechnung, dass die Finanzierungsentscheidungen dezentraler Einheiten häufig außerhalb der jeweiligen Kompetenzen dieser Einheiten liegen. Die Vergleichsgrößen werden daher um kalkulatorische Eigenkapitalzinsen ergänzt.[79] Die Einbeziehung kalkulatorischer Kosten ist jedoch mit einer vollständigen Harmonisierung nicht vereinbar, da die Berücksichtigung einbeziehungsfähiger Kosten gesetzlich normiert ist.

---

[76] Vgl. KÜTING, K./LORSON, P. (1998c), S. 2254.
[77] Vgl. SCHEREN, M. (2009), S. 711.
[78] Der sog. Leverage-Effekt bezeichnet die Tatsache, dass unter Rentabilitätsgesichtspunkten eine möglichst hohe Verschuldung sinnvoll ist, solange die Gesamtkapitalrentabilität (Rendite des investierten Kapitals) über dem Fremdkapitalzinssatz liegt; vgl. hierzu bspw. KÜTING, K./WEBER, C.-P. (2009), S. 137.
[79] Vgl. KÜTING, K./LORSON, P. (1998c), S. 2254.

4.2.4 Fehlende Abschottung des internen Rechnungswesens nach außen

Transparenz nach außen

Ein weiterer Nachteil – zumindest einer vollständigen Harmonisierung – wird teilweise in der fehlenden Abschottung der Zahlen des internen Rechnungswesens gegen Einblicke von außen gesehen.[80] Durch die Verwendung der an Unternehmensexterne gerichteten Zahlen zu internen Steuerungszwecken sind die Ausgangsdaten zur Steuerung und Planung weitgehend auch für die Öffentlichkeit ersichtlich. Eine derartige hohe Transparenz könnte u.U. die Gefahr von Wettbewerbsnachteilen mit sich bringen.[81]

4.2.5 Durch steuerliche Vorschriften verfälschte Datenbasis

Parallele Bilanzierung

Einer der wesentlichen in der Vergangenheit angeführten Nachteile eines harmonisierten Rechnungswesens war die Verfälschung der handelsrechtlichen Rechnungslegung durch steuerliche Vorschriften. Durch die enge Verknüpfung zwischen Handels- und Steuerbilanz über die Maßgeblichkeit und die Umkehrmaßgeblichkeit wurde der handelsrechtliche Jahresabschluss stark von steuerlichen Elementen geprägt. Oftmals spiegelte dieser daher nicht die tatsächliche Lage des Unternehmens wider. Die handelsrechtlichen Daten wurden infolgedessen als zur Verwendung für interne Steuerungszwecke nicht geeignet angesehen.[82] Insbesondere aufgrund dieser engen Verknüpfung des Einzelabschlusses mit dem Steuerrecht wurden sämtliche Harmonisierungsdiskussionen auf das externe Konzernrechnungswesen bzw. auf den Einzelabschluss nach internationalen Vorschriften begrenzt. Durch die Abschaffung der umgekehrten Maßgeblichkeit im Zuge des BilMoG erfolgte eine Abkopplung der Handelsbilanz von den steuerrechtlichen Vorschriften.[83] Der in der Vergangenheit angeführte Kritikpunkt wurde damit weitgehend gegenstandslos. Durch die weitere Entfernung zwischen Handelsbilanz und steuerlicher Gewinnermittlung, aber auch vor dem Hintergrund der Verpflichtung zur Ermittlung latenter Steuern nach dem sog. Temporary-Konzept, ist eine separate Aufstellung einer Handels- und einer Steuerbilanz in aller Regel unverzichtbar.[84] Es bietet sich die Möglichkeit, die einzelgesellschaftliche Handelsbilanz von rein steuerlichen Komponenten zu befreien und betriebswirtschaftlich so auszugestalten, dass diese handelsrechtlichen Daten auch für Zwecke des internen Rechnungswesens geeignet sind.[85] Im Rahmen einer parallelen Bilanzierung kann nach Handels- und Steuerrecht jeweils getrennt Rechnung gelegt werden. Im Hinblick auf eine Harmonisierung zwischen externem und internem Rechnungswesen kann daher problemlos auf die in SAP Business ByDesign gesondert abge-

---

[80]   Vgl. KÜTING, K./LORSON, P. (1998b), S. 471.
[81]   Vgl. HOKE, M. (2001), S. 160.
[82]   Vgl. KÜTING, K./LORSON, P. (1998c), S. 2254.
[83]   Vgl. hierzu ausführlich Kapitel C.
[84]   Zum Temporary-Konzept und der Notwendigkeit einer parallelen Bilanzierung vgl. ausführlich Kapitel C.4.
[85]   Vgl. LORSON, P./ZÜNDORF, H. (2009), S. 719.

bildete einzelgesellschaftliche Rechnungslegung nach HGB für Zwecke der internen Steuerung zurückgegriffen werden.[86]

4.3 Vorteile
4.3.1 Verständlichkeit und interne Kommunizierbarkeit

Ein wichtiger Beweggrund für eine Harmonisierung des Rechnungswesens besteht in den oftmals schwer vermittelbaren Unterschieden zwischen interner und externer Rechnungslegung. Das interne Rechnungswesen verwendet regelmäßig kalkulatorische und steuerungsorientierte Größen und Kennzahlen, die oftmals zu größeren Differenzen zwischen Ergebnis bzw. Kennzahlen des internen und externen Rechnungswesens führen. Solche Differenzen sind häufig nicht selbsterklärend, sondern bedürfen sowohl unternehmensintern als auch -extern arbeits- und zeitintensiver Erläuterungen.[87] Daraus ergeben sich regelmäßig Schwierigkeiten im Rahmen der internen und der externen Kommunikation.

Abweichende Ergebnisgrößen

Hinsichtlich der internen Kommunikation entsteht die Gefahr, dass der Erläuterung und Erklärung der Differenzen zwischen den verschiedenen Ergebnisgrößen mehr Aufmerksamkeit gewidmet wird als der Interpretation der eigentlichen Zahlen.[88] Eine Einschränkung der Glaubwürdigkeit und dadurch auch der Steuerungsrelevanz der Ergebnisse kann die Folge sein. Bei der Anwendung unterschiedlicher Bemessungsgrundlagen im Zuge einer erfolgsorientierten Entlohnung können ebenfalls Irritationen und Konflikte hervorgerufen werden. Werden erfolgsabhängige Gehaltsbestandteile oberer Managementstufen auf Grundlage der Daten des Jahresabschlusses und die tieferer Führungsebenen auf Basis der internen Erfolgsrechnung berechnet, können bei entsprechenden Abweichungen Konflikte und Interessendivergenzen auftreten.[89] Es gilt daher, eine einheitliche Terminologie zu schaffen, die die Verständlichkeit und die Akzeptanz im internen wie auch im externen Rechnungswesen einheitlich verwendeter Inhalte innerhalb des Unternehmens erhöhen.[90]

Interne Kommunikation

Die Kommunikation gegenüber externen Adressaten zu Ergebnis- und Steuerungsdaten des internen Rechnungswesens wirken grds. transparenter und vertrauenswürdiger, wenn dabei auf begriffs- und bedeutungsgleiche Größen wie in der externen Rechnungslegung zurückgegriffen wird. Neben der Konsistenz der Zahlen wird bei einem Rückgriff zudem auf die Daten des externen Jahresabschlusses eine geprüfte Ausgangsbasis zugrunde gelegt.[91] Durch eine Kommunikation von

Externe Kommunikation

---

[86]   Vgl. Kapitel F.6.1. Die Ermittlung der Kennzahlen basiert auf dem Rechnungslegungswerk *HGB*. Die Kennzahlen können daher zu entsprechenden Steuerungszwecken eingesetzt werden.
[87]   Vgl. FREYGANG, W./GELTINGER, A. (2009), S. 183 f.
[88]   Vgl. HOKE, M. (2001), S. 108.
[89]   Vgl. KÜTING, K./LORSON, P. (1998b), S. 471.
[90]   Vgl. ERDMANN, M.-K. (2008), S. 239.
[91]   Entsprechend den handelsrechtlichen Vorschriften sind Jahresabschluss und Lagebericht von mittelgroßen und großen Kapitalgesellschaften durch einen Abschlussprüfer

vereinheitlichten Größen wird gegenüber allen Stakeholdern in einer konsistenten „Finanzsprache" gesprochen, sodass die jeweils präsentierten Zahlen eine höhere Glaubwürdigkeit erfahren.[92] Diese Einheitlichkeit der Kommunikation erlangt umso größere Bedeutung, wenn internationale Adressaten (intern wie auch extern) existieren, die nicht mit der deutschspezifischen Zweiteilung des Rechnungswesens vertraut sind.

4.3.2   Vereinfachung und Kosteneffizienz

Kostenreduktion

Neben der vorangehend angesprochenen Verständlichkeit des Rechnungswesens sprechen auch erzielbare Kosteneinsparungen für eine Harmonisierung des internen und externen Rechnungswesens. Dabei kann insbesondere der Kommunikations- und der Organisationsaufwand sowie der informationstechnologische Aufwand gesenkt werden. Darüber hinaus können Unternehmen, die bisher kein eigenes Rechnungswesen besitzen, die Daten eines harmonisierten Rechnungswesens ohne zusätzlichen Aufwand zu Steuerungszwecken verwenden.

Verminderter Erklärungsbedarf

Durch eine Harmonisierung können Verständnisprobleme und Fehlinterpretationen vermieden werden. Zeit-, arbeits- und somit auch kostenintensive Erläuterungen werden dadurch minimiert.[93]

Vermeidung von Doppelarbeiten

Ebenfalls einleitend bereits erläutert wurde die gestiegene Komplexität der Aufgaben des Rechnungswesens, wonach verschiedene Rechnungslegungsnormen Beachtung finden müssen. Dies führt zu einem komplexen Aufgabenfeld, das durch entsprechende organisatorische Strukturen mit den vorhandenen – meist relativ geringen – Ressourcen bewältigt werden muss. Durch eine Integration von internem und externem Rechnungswesen kann die Komplexität verringert und so u.a. Doppelarbeiten vermieden werden. Kosteneinsparpotenziale sind damit auch hier durch einen geringeren Ressourceneinsatz möglich.[94]

4.3.3   Verringerung von Manipulationsspielräumen

Einschränkung der Gestaltungsspielräume

Sowohl das externe als auch das interne Rechnungswesen bieten Gestaltungsspielräume, die zu Gestaltungszwecken ausgenutzt werden können. Während allerdings die externe Rechnungslegung explizit durch umfangreiche gesetzlich normierte Vorschriften weitgehend reglementiert ist, kann das interne Rechnungswesen grds. von der Unternehmensführung unabhängig von externen Einschränkungen ausgestaltet werden. Die Ermessensspielräume des traditionell an die Kostenrechnung angelehnten internen Rechnungswesens liegen insbesondere bei der Bestimmung und Einbeziehung kalkulatorischer Kosten. Die Bestimmung solcher

---

zu prüfen. Gleiches gilt für den Konzernabschluss und -lagebericht (§ 316 HGB i.V.m. § 267 HGB).

[92]   Vgl. FREYGANG, W./GELTINGER, A. (2009), S. 184.

[93]   Vgl. MÜLLER, M. (2006), S. 57.

[94]   Vgl. JONEN, A./LINGNAU, V. (2006), S. 8.

kalkulatorischer Kosten erfolgt typischerweise nicht durch Anlehnung an eindeutig bestimmbare Auszahlungen der Vergangenheit, sondern wird insbesondere von Opportunitätskostenüberlegungen beeinflusst.[95] Darüber hinaus treten Handlungsspielräume vor allem bei der Verteilung von Fix- und Gemeinkosten (insbesondere bei der Zerlegung in fixe und variable Kosten und bei Verteilungsprinzipien und -maßstäben) sowie bei der Bestimmung von Plankosten (erwartete Preise, Verbrauchsmengen, etc.) auf.[96] Vor dem Hintergrund dieser Ermessensspielräume besteht die Gefahr, dass diese, statt die unterschiedlichen angedachten Rechnungslegungszwecke zu erfüllen, zur bewussten Manipulation genutzt werden.[97] Unternehmensexterne, aber auch unternehmensinterne Adressaten können so bei entsprechenden Gestaltungen bewusst getäuscht und zu einem bestimmten Entscheidungsverhalten beeinflusst werden.

4.4   Zwischenfazit

Durch die Stärkung der Informationsfunktion des handelsrechtlichen Jahresabschlusses sowie durch die weitere Abkopplung zwischen Handels- und Steuerbilanz im Zuge des BilMoG ist nun auch eine Konvergenz im Bereich der einzelgesellschaftlichen Rechnungslegung möglich.[98] Unter Kosten-Nutzen-Erwägungen, insbesondere unter Berücksichtigung der vorangehend dargestellten Vorteile eines integrierten Rechnungswesen kann eine Harmonisierung durchaus sinnvoll sein. Inwiefern die im Rahmen einer Harmonisierung gewonnene erhöhte Wirtschaftlichkeit und bessere Kommunizierbarkeit den eventuell auftretenden Informationsverlust zum Zwecke der internen Steuerung überkompensiert, ist allerdings in jedem Einzelfall zu beurteilen. Die im Zuge einer Konvergenz für das interne Rechnungswesen verloren gehenden Informationen können hingegen bei Bedarf durch Sonderrechnungen (ggf.) außerhalb der eigentlichen Rechenwerke z.T. aufgefangen werden, verursachen allerdings wiederum zusätzlichen Aufwand. Eine konkrete Gegenüberstellung von Kosten und Nutzen einer Harmonisierung erscheint sowohl theoretisch als auch im konkreten praktischen Einzelfall häufig nur schwer erbringbar zu sein.[99]

Kosten-Nutzen-Erwägungen

Insbesondere für viele mittelständische Unternehmen mit wenig ausgeprägten oder einfachen Strukturen des internen Rechnungswesens erscheinen Harmonisierungsbestrebungen jedoch durchaus lohnenswert zu sein. Mittelständische Unternehmen, die bislang kein eigenes internes Rechnungswesen besitzen bzw. sich im Auf- oder Ausbau eines solchen befinden, können durch die systemseitige Unterstützung von SAP Business ByDesign die handelsrechtliche Datenbasis als Grundlage für interne Steuerungszwecke implementieren. Demnach kann ohne zusätzlichen Aufwand auf die handelsrechtlichen Zahlen als Berechnungsgrundla-

Harmonisiertes Rechnungswesen im Mittelstand

95   Vgl. HOKE, M. (2001), S. 105.
96   Vgl. KÜPPER, H.-U. (1998), S. 147.
97   Vgl. KÜPPER, H.-U. (1998), S. 149.
98   Vgl. ähnlich LORSON, P./ZÜNDORF, H. (2009), S. 733.
99   Vgl. GÜNTHER, T./ZURWEHME, A. (2008), S. 119.

ge für Schlüsselkennzahlen für Zwecke der internen Steuerung und Kontrolle zurückgegriffen werden.[100] Aufgrund der oben genannten Vorteile, die u.E. die Nachteile eines vollständig harmonisierten Rechnungswesens insbesondere in mittelständischen Unternehmen oftmals überwiegen, basiert der in den Kapiteln D, E, F und G dargestellte Beispielsachverhalt auf einem vollständig harmonisierten Rechnungswesen.[101]

Große Unternehmen

Bei großen Unternehmen mit komplexen Strukturen und einer Vielzahl von internen Steuerungsgrößen und -ebenen stellt sich das Integrationspotenzial jedoch differenzierter dar. Das interne Rechnungswesen stellt dabei oftmals umfangreiche Informationen und Kennzahlen auf verschiedenen Hierarchieebenen bereit.[102] Angefangen von der Konzern- bzw. Divisionsebene, über Profit-Center und Geschäftsbereiche werden bis hin zu Einzelunternehmen, Kostenstellen, einzelnen Produkten sowie Prozessen spezifische Steuerungsgrößen ermittelt.[103] Aufgrund der großen Komplexität und der Vielzahl von Funktionen in solchen ausgeprägten Unternehmensrechnungen scheint eine vollständige Integration nur begrenzt möglich bzw. sinnvoll zu sein.[104] Vor diesem Hintergrund empfiehlt sich bei derartigen komplexen Strukturen des Rechnungswesens eine sog. partielle Integration.[105]

5.   Umsetzung des Einkreissystems in SAP Business ByDesign

Organisatorisches Zusammenwirken

Aus organisatorischer Sicht stellt sich die Frage nach der systemseitigen Gestaltung und des Zusammenwirkens des internen und externen Rechnungswesens. Im Rahmen der Diskussion über die Harmonisierung ist daher der Aufbau und die Gestaltung der Softwaresysteme, insbesondere vor dem Hintergrund von Schnittstellenproblemen und eventuell der Integration unterschiedlicher Systeme, von entscheidender Bedeutung.[106] Als Ordnungsinstrument spielt der Kontenrahmen eine bedeutende Rolle. Es lassen sich zwei Gestaltungsmöglichkeiten differenzieren, die als Einkreissystem bzw. Zweikreissystem charakterisiert werden können.[107] Der Kontenrahmen kann das interne Rechnungswesen in einem formal geschlossenen Rechnungskreis mit der externen Rechnungslegung integrieren (Einkreissystem) oder aber in einem getrennten Rechnungskreis (Zweikreissystem) an die externe Rechnungslegung angliedern.[108]

---

[100]   Vgl. zu den Unterstützungsmöglichkeiten bei der Unternehmenssteuerung in SAP Business ByDesign ausführlich Kapitel F.6.

[101]   Andere Umsetzungsformen sind mit SAP Business ByDesign allerdings auch möglich. Vgl. hierzu nachfolgendes Kapitel B.5.

[102]   Vgl. zum Begriff „Kennzahlen" Kapitel F.6.4.1.

[103]   Vgl. ERDMANN, M.-K. (2008), S. 241.

[104]   Vgl. GÜNTHER, T./ZURWEHME, A. (2008), S. 116.

[105]   Vgl. WEIßENBERGER, B. E. (2006), S. 619 f.

[106]   Vgl. HETTICH, G. O. (1997), S. 449.

[107]   Vgl. MOEWS, D. (1992), S. 64.

[108]   Vgl. HEBELER, C. (2003), S. 105 f.

In der Struktur eines Zweikreissystems besteht für das interne und externe Rechnungswesen jeweils ein gesonderter Rechnungskreis, der unabhängig voneinander abschließt. Buchungen von einem Konto des einen Rechnungskreises auf ein Konto des anderen Rechnungskreises sind nicht vorgesehen.[109] Beide Rechnungskreise besitzen einen eigenen Kontenplan und können unabhängig voneinander abgeschlossen werden.[110] Die Verbindung zwischen den beiden Rechnungskreisen wird dann durch zwei Übergangskonten herbeigeführt, wobei beide Konten im jeweils anderen Rechnungskreis ein spiegelbildliches Konto besitzen.[111]

Im Einkreissystem wird das interne Rechnungswesen in das Kontensystem des externen Rechnungswesens integriert.[112] Die beiden Bereiche bilden ein Ganzes und können nicht unabhängig und getrennt voneinander abgeschlossen werden.[113] Der von SAP Business ByDesign verwendete Standardkontenrahmen folgt dabei dem Prozessgliederungsprinzip, d.h., die Kontenklassen orientieren sich an den Phasen des Unternehmensprozesses und sind in der Reihenfolge angeordnet, in denen sich dieser Prozess vollzieht.[114] Im Einkreissystem existiert für das interne und externe Rechnungswesen ein gemeinsamer Rechnungskreis, in dem grds. Buchungen von Konten des internen auf Konten des externen Rechnungswesens und umgekehrt vorgenommen werden können.[115] Eine Kontenklasse kann zu Zwecken dieser partiellen Harmonisierung die zeitliche, sachzielorientierte und kalkulatorische Abgrenzung des internen Rechnungswesens zur externen Rechnungslegung übernehmen.[116] In einem vollständig harmonisierten Rechnungswesen werden allerdings gerade keine zusätzlichen Buchungen durchgeführt. Werden interne Leistungsverrechnungen von einer Kostenstelle zu einer anderen Kostenstelle verrechnet, wird eine Buchung abgesetzt, die aus Sicht des externen Rechnungswesens ein Nullsummenspiel darstellt.[117] Auswertungen des externen und internen Rechnungswesens, wie bspw. die GuV und Deckungsbeitragsrechnungen, erfolgen auf einer gemeinsamen Datenbasis.[118] Da der Buchungszusammenhang durch den gemeinsamen Rechnungskreis nicht unterbrochen ist, macht die Nutzung eines

---

109 Vgl. MOEWS, D. (1992), S. 64.
110 Vgl. EISELE, W. (2002), S. 583.
111 Vgl. FREIDANK, C.-C. (2008), S. 186. Der Gemeinschaftskontenrahmen (GKR) sowie die von SAP Business ByDesign verwendeten Standardkontenrahmen (SKR 03 und SKR 04) folgen bspw. dem Einkreissystem, der Industriekontenrahmen (IKR) dagegen dem Zweikreissystem; vgl. hierzu auch COENENBERG, A. G./FISCHER, T. M./ GÜNTHER, T. (2009), S. 96 ff.
112 Vgl. HOITSCH, H.-J./LINGNAU, V. (2007), S. 306.
113 Vgl. EISELE, W. (2002), S. 582.
114 Vgl. LITTKEMANN, J./HOLTRUP, M./SCHULTE, K. (2007), S. 29. Zu Kontenrahmen im Einkreissystem vgl. ausführlich EISELE, W. (2002), S. 565 ff.
115 Vgl. MOEWS, D. (1992), S. 64.
116 Vgl. HEBELER, C. (2003), S. 106; mit Beispiel HABERSTOCK, L. (2008), S. 76 ff.
117 Der GuV-Ausweis kann sich allerdings durchaus ändern, z.B. ist dies dann der Fall, wenn die empfangende Kostenstelle einem anderen Funktionsbereich als die leistende Kostenstelle zugewiesen ist und die GuV nach dem Umsatzkostenverfahren aufgestellt wird.
118 Vgl. HEBELER, C. (2003), S. 106.

Einkreissystems die Abstimmung der Zahlen auch bei nur partieller Harmonisierung von internem und externem Rechnungswesen überflüssig.

SAP Business ByDesign

SAP Business ByDesign ist als ein solches Einkreissystem aufgebaut. Geschäftsvorgänge müssen lediglich einmal in dem gemeinsamen Rechnungskreis erfasst werden. Ein solcher Rechnungskreis wird in SAP Business ByDesign als „Rechnungslegungswerk" bezeichnet. Auf der Grundlage der einheitlichen Datenbasis werden sowohl die Auswertungen und Kennzahlen des internen als auch des externen Rechnungswesens gewonnen. Neben dem geringeren Erfassungsaufwand entfallen auch die bereits angeführten Abstimmungsarbeiten. Durch den Rückgriff auf die gemeinsame Datenbasis werden abweichende interne bzw. externe Ergebnisgrößen vermieden. Durch eine vollständige Harmonisierung des Rechnungswesens werden somit eine verbesserte Verständlichkeit und eine leichtere interne Kommunizierbarkeit der Zahlen des internen und externen Rechnungswesens insbesondere in mittelständischen Unternehmen erreicht.

6.   Zusammenfassung und Fazit

Entwicklung

In der Vergangenheit trug die zunehmende Rechnungslegung deutscher Unternehmen nach den international anerkannten Rechnungslegungsstandards zu deutlichen Harmonisierungstendenzen im Rechnungswesen bei. Durch das Ziel der internationalen Standards, entscheidungsrelevante Informationen bereitzustellen und eine wirtschaftliche Betrachtungsweise anzustellen, sind sie auch zur Steuerung und Kontrolle im Rahmen des internen Rechnungswesens geeignet.[119] Das aus dieser Zielkongruenz abgeleitete Harmonisierungspotenzial zwischen internem und externem Rechnungswesen wurde bis zur Einführung des BilMoG ausschließlich im Bereich des Konzernrechnungswesens gesehen.[120] Durch die Stärkung der Informationsfunktion des handelsrechtlichen Jahresabschlusses und durch die Abkopplung der Handelsbilanz von der steuerlichen Gewinnermittlung im Zuge des BilMoG ist nun auch auf Ebene des handelsrechtlichen Einzelabschlusses das Potenzial für eine Harmonisierung gegeben.[121] SAP Business ByDesign bietet hierfür die Möglichkeit einer parallelen (handelsrechtlichen und steuerlichen) Bilanzierung in zwei getrennten Rechnungslegungswerken, wonach systemseitig eine eigenständige – nicht durch steuerliche Sachverhalte verfälschte – Handelsbilanz geführt werden kann. Dieses nun stärker informationsorientierte, externe Rechnungswesen eignet sich auch für interne Steuerungs- und Kontrollzwecke. Insbesondere für mittelständische Unternehmen bietet sich die Chance, unter Beachtung von Kosten-Nutzen-Erwägungen eine Konvergenz des einzelgesellschaftlichen Rechnungswesens herzustellen.

---

[119]   Vgl. MÜLLER, M. (2006), S. 256 f.

[120]   Vgl. HALLER, A. (1997), S. 271; COENENBERG, A. G. (1995), S. 2083; KÜMPEL, T. (2002), S. 343.

[121]   Vgl. ähnlich auch LORSON, P./ZÜNDORF, H. (2009), S. 720.

Für kleinere und mittlere Unternehmen, die lediglich über ein einfaches internes Rechnungswesen verfügen, erscheint eine vollständige Harmonisierung des Rechnungswesens lohnenswert. In solchen Fällen besteht die Möglichkeit, die wesentlichen Vorteile einer erhöhten Wirtschaftlichkeit und einer verbesserten Verständlichkeit sowie Kommunizierbarkeit zu nutzen, ohne dadurch einen zu bedeutenden Informationsverlust hinnehmen zu müssen. Gleiches gilt für Unternehmen, die bislang kein eigenständiges internes Rechnungswesen aufgebaut haben. Die Nutzung der Zahlen des externen Rechnungswesens für Steuerungs- und Kontrollzwecke ist dabei in einem Einkreissystem – wie es SAP Business ByDesign bietet – ohne Mehraufwand möglich.

Vollständige Harmonisierung

Ob ein vollständig integriertes Rechnungswesensystem die Aufgaben eines komplexen internen Rechnungswesens in großen Unternehmen und Konzernen in ausreichender Form erfüllen kann, lässt sich allgemein nur schwer beurteilen. Die Abwägung von Kosten und Nutzen einer Harmonisierung ist dabei in jedem Einzelfall in Abhängigkeit von den gegebenen Rechnungswesenstrukturen zu beurteilen. Ein sinnvoller Zwischenweg kann hierbei eine partielle, hierarchisch abgestufte Harmonisierung des Rechnungswesens darstellen.[122]

In der Unternehmenspraxis scheint die Harmonisierung des Rechnungswesens ebenfalls überwiegend positiv beurteilt zu werden. Untersuchungen zufolge wurden die im vorliegenden Kapitel dargelegten Vor- und Nachteile von den befragten Unternehmen bestätigt. Als bedeutendste Argumente für eine Harmonisierung wurden dabei die Beseitigung von internen Kommunikationsschwierigkeiten und die Komplexitätsreduktion sowie Transparenz angeführt. Als nachteilig wurde die Abhängigkeit der internen Größen von der externen Normensetzung erachtet.[123] Die Notwendigkeit einer Harmonisierung des Rechnungswesens wurde in einer Studie von HARING/PRANTNER von ca. 70 % der Unternehmen als wichtig eingestuft, wobei wiederum 80 % dabei eine möglichst vollständige Harmonisierung bevorzugen.

Unternehmenspraxis

Große, internationale Unternehmen weisen bislang einen höheren Harmonisierungsgrad auf als kleine und mittelständische Unternehmen. Nach der Einführung des BilMoG scheint aber gerade für den Mittelstand ein hohes Harmonisierungspotenzial vorhanden zu sein. SAP Business ByDesign liefert hierfür insbesondere durch die Charakteristik des Einkreissystems den erforderlichen Rahmen.

Harmonisierungspotenzial im Mittelstand

---

[122] Vgl. dahin gehend auch GÜNTHER, T./ZURWEHME, A. (2008), S. 119.
[123] Vgl. hierzu HOKE, M. (2001), S. 155, 158.

C. Bilanzierung und Bewertung nach unterschiedlichen Rechnungslegungsnormen

1. Chancen einer parallelen Bilanzierung durch den Wegfall der umgekehrten Maßgeblichkeit nach BilMoG

Grundsatz der Maßgeblichkeit

Der HGB-Einzelabschluss stellt auch nach dem BilMoG die Grundlage der Ausschüttungsbemessung und – über den Grundsatz der Maßgeblichkeit – die Ausgangsgröße für die steuerliche Gewinnermittlung dar.[124] An dem Maßgeblichkeitsgrundsatz des § 5 Abs. 1 Satz 1 EStG (sog. materielle Maßgeblichkeit) hält der Gesetzgeber daher weiterhin fest.[125] Aufgrund des Gebots der materiellen Maßgeblichkeit sind die handelsrechtlichen GoB im Zuge der steuerlichen Gewinnermittlung zugrunde zu legen.[126]

Umgekehrte Maßgeblichkeit

Während der Gesetzgeber im Rahmen der Bilanzrechtsmodernisierung an der materiellen Maßgeblichkeit festgehalten hat, wurde zur Reduktion der steuerlichen Beeinflussung und mit dem Ziel einer Stärkung der Informationsfunktion des handelsrechtlichen Jahresabschlusses, die im § 5 Abs. 1 Satz 2 EStG a.F. kodifizierte umgekehrte Maßgeblichkeit aufgegeben.[127] Ebenso wurden die handelsrechtlichen Öffnungsklauseln der §§ 247 Abs. 3, 254, 273, 279 Abs. 2, 280 Abs. 2, 281 HGB a.F. gestrichen, die eine Übernahme rein steuerlicher – nicht GoB-konformer – Regelungen in die Handelsbilanz erlaubten.[128] Das Prinzip der umgekehrten Maßgeblichkeit i.S.d. § 5 Abs. 1 Satz 2 EStG a.F. verlangte bisher, dass steuerrechtliche Wahlrechte in Übereinstimmung mit der handelsrechtlichen Vorgehensweise auszuüben waren.[129] Steuerliche Vergünstigungen konnten demnach nur dann in Anspruch genommen werden, sofern sie korrespondierend in der Handelsbilanz abgebildet wurden. Hierdurch wurde eine Verfälschung der Handelsbilanz durch steuerliche Vorschriften hervorgerufen, die einen verminderten Informationsgehalt und dadurch eine geringere internationale Akzeptanz deutscher Jahresabschlüsse zur Folge hatte.[130] Von der umgekehrten Maßgeblichkeit wurden sowohl korrespondierende Wahlrechte in Handels- und Steuerbilanz[131] als auch solche steuerlichen Wahlrechte erfasst, die nur über die vorgenannten handelsrechtlichen Öffnungsklauseln Eingang in die Handelsbilanz fanden.[132] Im Zusammenhang mit der Abschaffung der umgekehrten Maßgeblichkeit wurde auch eine Ergänzung des § 5 Abs. 1 Satz 1 EStG vorgenommen, die nun nach dem BilMoG wie folgt

---

[124] Vgl. dahin gehend auch PFIRMANN, A./SCHÄFER, R. (2009), S. 121.
[125] Vgl. BT-Drucksache (16/10067), S. 32.
[126] Vgl. § 5 Abs. 1 Satz 1 EStG.
[127] Vgl. THEILE, C./HARTMANN, A. (2008), S. 2031; LORSON, P./TOEBE, M. (2009), S. 454.
[128] Vgl. FÖRSTER, G./SCHMIDTMANN, D. (2009), S. 1342.
[129] Vgl. KUßMAUL, H. (2010), S. 27.
[130] Vgl. ARBEITSKREIS BILANZRECHT DER HOCHSCHULLEHRER RECHTSWISSENSCHAFT (2008), S. 1057 f.; KÜNKELE, K. P./ZWIRNER, C. (2009), S. 1278.
[131] Der Begriff „Steuerbilanz" ist nicht gesetzlich definiert. Gem. § 60 Abs. 2 EStDV existiert nur die Pflicht zur steuerlichen Anpassungsrechnung. Nachfolgend wird trotzdem der etablierte Begriff „Steuerbilanz" auch als Synonym für steuerliche Gewinnermittlung oder steuerliche Anpassung i.S.d. § 60 Abs. 2 EStDV gebraucht.
[132] Vgl. HERZIG, N./BRIESEMEISTER, S. (2009a), S. 929.

lautet: „Bei Gewerbetreibenden, die aufgrund gesetzlicher Vorschriften verpflichtet sind, Bücher zu führen und regelmäßig Abschlüsse zu machen, oder die ohne eine solche Verpflichtung Bücher führen und regelmäßig Abschlüsse machen, ist für den Schluss des Wirtschaftsjahres das Betriebsvermögen anzusetzen (§ 4 Abs. 1 Satz 1 EStG), das nach handelsrechtlichen Grundsätzen ordnungsmäßiger Buchführung auszuweisen ist, es sei denn, im Rahmen der Ausübung eines steuerlichen Wahlrechts wird oder wurde ein anderer Ansatz gewählt."[133]

Steuerliche Wahlrechte sind nun also nicht mehr generell in Übereinstimmung mit der Handelsbilanz auszuüben.[134] In diesem Zusammenhang ist durch die Ergänzung des zweiten Halbsatzes in § 5 Abs. 1 Satz 1 EStG i.V.m. dem Wegfall des § 5 Abs. 1 Satz 2 EStG a.F. in der Literatur eine umfangreiche Diskussion entfacht worden, in welchem Umfang nach neuer Rechtslage steuerliche Wahlrechte autonom – d.h. unabhängig von der handelsrechtlichen Vorgehensweise – ausgeübt werden können. Unstrittig ist dabei, dass zukünftig eine unabhängige Ausübung rein steuerlicher Wahlrechte, die zu GoB-widrigen Wertansätzen in der Handelsbilanz führen, d.h. für solche Wahlrechte, denen kein entsprechendes handelsrechtliches Wahlrecht gegenübersteht, möglich ist.[135] Verschiedene Auffassungen bestehen hingegen hinsichtlich der autonomen steuerlichen Ausübung inhaltsgleicher Wahlrechte für die Steuer- und die Handelsbilanz. Nach überwiegender Meinung ist nach neuem Recht allerdings auch für solche parallele Wahlrechte in Handels- und Steuerbilanz keine Pflicht zur übereinstimmenden Ausübung mehr erkennbar.[136] Obwohl im Rahmen der Begründung zum Regierungsentwurf ausschließlich auf steuerliche Wahlrechte abgestellt wurde, die von den handelsrechtlichen Grundsätzen ordnungsmäßiger Buchführung abweichen,[137] kann aus dem Gesetzeswortlaut diese eventuell intendierte Beschränkung nicht entnommen werden.[138] Dieser Auffassung wurde auch im Schreiben des BMF vom 12.03.2010 entsprochen, das für handels- und steuerliche Wahlrechte keine Pflicht zur übereinstimmenden Ausübung gegeben sieht.[139] Durch das BMF-Schreiben nicht abschließend geklärt wurde die Reichweite solcher Wahlrechte, die steuerlich nicht explizit geregelt, sondern lediglich in Verwaltungsanweisungen enthalten sind.

Ausübung von Wahlrechten

Im Ergebnis führt die Abschaffung der umgekehrten Maßgeblichkeit in jedem Falle zu einem weiteren Auseinanderfallen der beiden Rechenwerke. Eine einheitliche Handels- und Steuerbilanz rückt damit in weite Ferne, sodass spätestens nach

Ergebnis des Wegfalls der Umkehrmaßgeblichkeit

---

133 § 5 Abs. 1 Satz 1 EStG.
134 Vgl. LORSON, P./TOEBE, M. (2009), S. 454.
135 Vgl. hierzu u.a. ORTMANN-BABEL, M./BOLIK, A./GAGEUR, P. (2009), S. 934; FÖRSTER, G./SCHMIDTMANN, D. (2009), S. 1342.
136 Vgl. u.a. sowie weiterführend zur Diskussion in der Literatur HERZIG, N. (2009), S. M 1; THEILE, C./HARTMANN, A. (2008), S. 2031 ff.; STOBBE, T. (2008), S. 2432 ff.; a.A. FÖRSTER, G./SCHMIDTMANN, D. (2009), S. 1342 ff.
137 Vgl. BT-Drucksache (16/10067), S. 99.
138 Vgl. HERZIG, N./BRIESEMEISTER, S. (2009a) S. 929.
139 Vgl. auch KUßMAUL, H./GRÄBE, S. (2010), S. 267.

der Bilanzrechtsmodernisierung der „Traum der Einheitsbilanz ausgeträumt"[140] scheint. Zukünftig wird es in aller Regel ratsam sein, eine eigenständige Steuerbilanz aufzustellen, die neben die Handelsbilanz tritt. Für die Unternehmen wird eine parallele Bilanzierung nach Handels- und nach Steuerrecht demnach praktisch unverzichtbar. Die bereits vor Inkrafttreten des BilMoG bestehenden sowie die zukünftig zusätzlich auftretenden Abweichungen zwischen Handels- und Steuerbilanz durchziehen sämtliche Bereiche des Bilanzrechts; sie betreffen sowohl Ansatz- als auch Bewertungsfragen. Durch die im Zuge des BilMoG außerdem in § 285 Nr. 29 HGB kodifizierte Angabepflicht, welche Differenzen zu latenten Steuern führen, ist zwingend ein Vergleich zwischen Handels- und Steuerbilanz vorzunehmen.[141] Ein weiteres, für eine parallele Bilanzierung anzuführendes Argument stellt die Ergänzung des § 5 Abs. 1 Satz 2 EStG dar. Demnach können steuerliche Ansatz- und Bewertungswahlrechte nur dann abweichend von der handelsrechtlichen Abbildung vorgenommen werden, sofern die betreffenden Wirtschaftsgüter in „besondere, laufend zu führende Verzeichnisse aufgenommen werden"[142], in denen der Tag der Anschaffung bzw. Herstellung, die Anschaffungs- oder Herstellungskosten, die vorgenommenen Abschreibungen sowie die Vorschrift des ausgeübten steuerlichen Wahlrechts anzugeben sind. Soll die Inanspruchnahme steuerlicher Erleichterungen in Form der gegebenen Wahlrechte in Anspruch genommen werden, muss daher ohnehin – zumindest für Wirtschaftsgüter – eine getrennte Bilanzierung im Rahmen der aufzustellenden Verzeichnisse erfolgen. Die möglicherweise auftretenden Divergenzen zwischen Handels- und Steuerbilanz werden an späterer Stelle dieses Kapitels im Einzelnen betrachtet.[143]

2.   Chance einer parallelen Bilanzierung aufgrund der Notwendigkeit zur elektronischen Übermittlung von Bilanz und GuV

Elektronische Übermittlung von Bilanz und GuV

Mit dem Gesetz zur Modernisierung und Entbürokratisierung des Steuerverfahrens vom 20.12.2008 wurde § 5b in das EStG aufgenommen, der für alle bilanzierenden Steuerpflichtigen vorsieht, den „Inhalt der Bilanz sowie der Gewinn- und Verlustrechnung nach amtlich vorgeschriebenem Datensatz durch Datenfernübertrag zu übermitteln". Sollte keine eigenständige Steuerbilanz aufgestellt werden, so ist die Handelsbilanz um die Einreichung einer steuerlichen Überleitungsrechnung zu ergänzen. Mit dem BMF-Schreiben vom 19.01.2010[144] wurde für die Übermittlung des entsprechenden Datensatzes die Datenbeschreibungssprache XBRL (eXtensible Business Reporting Language) als Übermittlungsformat einheitlich festgelegt.

---

140   PFIRMANN, A./SCHÄFER, R. (2009), S. 123.
141   Vgl. KÜTING, K./SEEL, C. (2009a), S. 520 f.
142   § 5 Abs. 1 Satz 2 EStG.
143   Vgl. dazu ausführlich Kapitel C.5.
144   Vgl. BMF-Schreiben vom 19.01.2010, S. 47.

Der Gesetzgeber hat das BMF in § 51 Abs. 4 Nr. 1b EStG ermächtigt, den Mindestumfang der zu übermittelnden Bilanz und GuV im Einvernehmen mit den obersten Finanzbehörden der Länder zu bestimmen. In dem Entwurf eines BMF-Schreibens vom 31.08.2010 wird eine Konkretisierung des Mindestumfangs der zu übertragenden Bilanz und GuV vorgenommen (Steuer-Taxonomie).[145] Der Mindestumfang orientiert sich zwar an den Gliederungsvorgaben der §§ 266, 275 HGB für die Bilanz und GuV, geht jedoch durch umfangreiche Differenzierungen und Ergänzungen deutlich über diese Gliederungsvorgaben hinaus.[146] Insgesamt beinhaltet der Mindestumfang 166 Bilanz- und 187 GuV-Positionen.[147] Für das Finanz- und Rechnungswesen wird durch die Festlegung der detaillierten Gliederungstiefe eine Anpassung der Kontenpläne in den Unternehmen ausgelöst werden.

Mindestumfang der Bilanz und GuV

Zur Sicherstellung des korrekten Ausweises innerhalb der vorgegebenen Gliederungsstruktur ist es notwendig, Sachverhalte kontinuierlich bereits unterjährig auf ihre steuerliche Relevanz hin zu beurteilen und entsprechend zu verarbeiten. „Die Erstellung der Steuerbilanz (respektive Überleitungsrechnung) schließt bislang in der Regel im Wege manueller Korrekturbuchungen in Drittsystemen an die Erstellung der HGB-Bilanz an. Mit der Verpflichtung zur Erstellung von E-Bilanzen [und; d.Verf.] zunehmenden Abweichungen zwischen Handels- und Steuerbilanz […] haben derart aufgebaute Prozesse keine Zukunft.“[148] Somit spricht auch die Verpflichtung zur elektronischen Übermittlung von detailliert aufbereiteten Jahresabschlussdaten für die parallele Bilanzierung in einem Softwaresystem.

Parallele Bilanzierung

3. Parallele Bilanzierung aufgrund internationaler Rechnungslegungsnormen

Neben der HGB-Bilanzierung und der steuerlichen Gewinnermittlung kann für deutsche Unternehmen auch eine Rechnungslegung nach internationalen Vorschriften verpflichtend oder auch freiwillig zur Anwendung gelangen. Seit dem 01.01.2005 sind kapitalmarktorientierte Unternehmen dazu verpflichtet einen eventuell aufgrund nationaler Vorschriften (§ 290 HGB bzw. § 11 PublG) aufzustellenden Konzernabschluss unter Beachtung der IFRS aufzustellen.[149] Für in einen bestehenden Konzernverbund eingegliederte Tochterunternehmen können im Falle einer Einbeziehungspflicht daher die internationalen Regelungen ebenfalls Bedeutung erlangen. Für solche Tochterunternehmen wird dann eine zusätzliche

Rechnungslegung nach IFRS

---

[145] Der ursprüngliche Anwendungszeitpunkt zur Übermittlung der Daten wurde durch das BMF-Schreiben vom 16.12.2010 um ein Jahr verschoben; auf Wirtschaftsjahre, die nach dem 31.12.2011 beginnen. Es ist zurzeit des Weiteren noch in der Diskussion, in welchem Detaillierungsgrad die Daten (Steuer-Taxonomie) übertragen werden müssen. Eine Entscheidung soll nach einer Pilotierung getroffen werden. Vgl. auch hierzu das BMF-Schreiben vom 16.12.2010.

[146] Vgl. HERZIG, N. (2010), M III.

[147] Vgl. RICHTER, L./KRUCZYNSKI, M./KURZ, C. (2010), S. 2490.

[148] HERZIG, N./BRIESEMEISTER, S./SCHÄPERCLAUS, J. (2010), S. 13.

[149] Vgl. zur Konzernrechnungslegungspflicht KÜTING, K./WEBER, C.-P. (2010), S. 117 ff.

parallele Aufstellung eines Abschlusses nach IFRS erforderlich. In jedem Fall werden zum Zweck der Konzernrechnungslegung an den internationalen Bilanzierungs- und Bewertungsrahmen des Mutterunternehmens angepasste Berichtspakete erstellt werden müssen.[150] Darüber hinaus kann auch auf freiwilliger Basis neben dem handelsrechtlichen Jahresabschluss eine parallele Bilanzierung nach IFRS erfolgen. Auch für Unternehmen ohne Konzernstrukturen kann hierdurch ein zusätzlicher Nutzen generiert werden. Unternehmen können sich mit einer Rechnungslegung nach IFRS bspw. besser bei Verhandlungen mit Banken und Investoren, insbesondere im internationalen Vergleich, darstellen. Abzuwarten bleibt, inwiefern der am 09.07.2009 veröffentlichte International Financial Reporting Standard for Small and Medium-sized Entities (IFRS for SMEs) Wirkung für deutsche Unternehmen entfaltet. Derzeit ist noch offen, ob die vereinfachten IFRS-Regelungen des neuen Standards von kleinen und mittleren Unternehmen in Deutschland zukünftig angewendet werden können oder gar müssen.[151]

Parallele Bilanzierung nach verschiedenen Rechnungslegungsnormen

Zusammenfassend kann festgehalten werden, dass für Unternehmen künftig eine parallele Bilanzierung nach verschiedenen Rechnungslegungsnormen erforderlich scheint. Einerseits ist aufgrund des weiteren Auseinanderfallens zwischen Handels- und Steuerbilanz in aller Regel das Aufstellen einer Einheitsbilanz nicht mehr möglich; eine gesonderte Bilanzierung nach handels- und steuerrechtlichen Vorschriften erscheint notwendig. Andererseits hat die Abgrenzung latenter Steuern künftig im Rahmen des international bekannten Temporary-Konzepts auf der Grundlage von Einzeldifferenzen zwischen Handels- und Steuerbilanz zu erfolgen. Eine reine Gesamtdifferenzbetrachtung auf Grundlage der GuV ist nicht mehr ausreichend.[152] Eine parallele Bilanzierung nach Handels- und Steuerrecht erscheint daher auch zur Ermittlung der Steuerlatenzen erforderlich zu werden. Sofern – wie vorangehend dargestellt – ein Unternehmen zusätzlich zur Rechnungslegung nach internationalen Vorschriften verpflichtet ist, oder solche auf freiwilliger Basis anwendet, kann eine parallele Bilanzierung nach bis zu drei verschiedenen Rechnungslegungsnormen notwendig werden.[153] SAP Business ByDesign bietet die Möglichkeit der Implementierung einer solchen parallelen Bilanzierung mithilfe von verschiedenen Rechnungslegungswerken.[154]

Im Folgenden wird zunächst auf die nach BilMoG geltende Konzeption der latenten Steuern eingegangen. Im Anschluss folgt eine Darstellung der einzelnen potenziellen Abweichungen zwischen Handels- und Steuerbilanz. Diese Divergenzen bestanden zum einen bereits vor der Einführung des BilMoG, zum anderen werden sie erst durch die Änderungen im Rahmen des BilMoG hervorgerufen.

---

[150]   Bei entsprechenden Konzernverflechtungen und Mutterunternehmen in den USA kann analog eine Notwendigkeit zur Rechnungslegung nach US-GAAP entstehen.

[151]   Vgl. hierzu ausführlich BEIERSDORF, K./EIERLE, B./HALLER, A. (2009), S. 1549 ff.; KORTH, M./KSCHAMMER, M. (2010), S. 1687ff.

[152]   Vgl. zur künftigen Steuerabgrenzung und der veränderten Differenzbetrachtung Kapitel C.4.

[153]   Vgl. Kapitel G.4.3.

[154]   Vgl. hierzu auch Kapitel C.6.

4.   Latente Steuern

Im Rahmen der Änderungen durch das BilMoG wurde ein Übergang von dem bis-   **Übergang vom Timing- zum Temporary-Konzept**
lang gültigen Timing-Konzept auf das international bereits gebräuchliche Tem-
porary-Konzept vollzogen. Latente Steuern haben bisher im deutschen Handelsrecht, im Vergleich zur internationalen Rechnungslegung, eine untergeordnete
Rolle gespielt. Dies war auf die enge Verzahnung zwischen Handels- und Steuerbilanz zurückzuführen, die aufgrund der umgekehrten Maßgeblichkeit bestand.
Die latente Steuerabgrenzung wird durch den Übergang auf das Temporary-Konzept und vor dem Hintergrund des vorangehend dargelegten weiteren Auseinanderfallens zwischen Handels- und Steuerbilanz zukünftig an Bedeutung gewinnen.[155]

4.1   Konzeption der latenten Steuerabgrenzung

Nach § 274 HGB a.F. hatte eine Abgrenzung von latenten Steuern auf Ansatz-   **Timing-Konzept**
und Bewertungsunterschiede zwischen Handels- und Steuerbilanz zu erfolgen,
welche sowohl zum Zeitpunkt ihrer Entstehung als auch ihrer Umkehr ein abwei-
chendes handels- und steuerrechtliches Ergebnis hervorrufen. Ansatz- und Bewertungsunterschiede führten dazu, dass der tatsächliche Steueraufwand auf Grundlage des zu versteuernden Einkommens nicht mit dem fiktiven Steueraufwand über-
einstimmte, der sich auf Basis des handelsrechtlichen Ergebnisses ergeben hätte.
Dieses GuV-orientierte Timing-Konzept hat das Ziel, in der GuV einen Steueraufwand auszuweisen, der mit dem Ergebnis der Handelsbilanz korrespondiert. Es
soll demnach ein periodengerechter Erfolgsausweis erreicht werden.[156] Nicht Gegenstand der Steuerabgrenzung sind solche Differenzen, die sich niemals mit
steuerlicher Wirkung umkehren, sog. permanente Differenzen. Als Beispiele seien
hier steuerfreie Erträge oder auch nicht abzugsfähige Betriebsausgaben angeführt.
Ebenso unbeachtlich bleiben nach h.M. die sog. quasi-permanenten Differenzen.
Quasi-permanente Differenzen sind Ergebnisunterschiede, die aus Bilanzierungs-
und Bewertungsunterschieden resultieren, die sich nicht von alleine ausgleichen
und mit deren Umkehrung nicht in absehbarer Zukunft zu rechnen ist. Solche quasi-permanenten Differenzen sind bspw. Bewertungsunterschiede bei Beteiligungen oder unbebauten Grundstücken.[157]

Im bilanzorientierten Temporary-Konzept werden latente Steuern auf Wertunter-   **Temporary-Konzept**
schiede von Vermögensgegenständen, Schulden und Rechnungsabgrenzungspos-
ten zwischen Handels- und Steuerbilanz abgegrenzt, die sich zukünftig umkehren
und damit Steuerbe- oder -entlastungen zur Folge haben. Der Zweck der Steuerabgrenzung liegt nun nicht mehr in einem periodengerechten Erfolgsausweis, sondern vielmehr in einer zutreffenden Darstellung der Vermögenslage. Im Unter-

---

[155]   Vgl. KÜTING, K./SEEL, C. (2009a), S. 501.
[156]   Vgl. KOZIKOWSKI, M./FISCHER, N. (2010), § 274, Rn. 4; KÜTING, K./SEEL, C.
         (2009a), S. 501.
[157]   Vgl. VAN HALL, G./KESSLER, H. (2010a), S. 467 f.

schied zum Timing-Konzept sind im Rahmen des Temporary-Konzepts aufgrund der Betrachtung zukünftiger Steuerbe- oder -entlastungen zum Bilanzstichtag auch auf erfolgsneutral entstandene Wertdifferenzen latente Steuern abzugrenzen. Diese entfalten bei ihrer erfolgswirksamen Auflösung in der Zukunft steuerliche Wirkung. Nicht von Bedeutung für die Steuerabgrenzung nach BilMoG ist die Zeitdauer bis zur Umkehrung; Voraussetzung ist lediglich, dass sich die Differenzen überhaupt in der Zukunft auflösen. Dementsprechend sind nach dem Temporary-Konzept auch auf quasi-permanente Wertunterschiede latente Steuern abzugrenzen, während permanente Differenzen – analog zum Timing-Konzept – unberücksichtigt bleiben.[158] Im Ergebnis liegt dem Temporary-Konzept eine umfassendere Steuerabgrenzung als dem Timing-Konzept zugrunde, da künftig auch quasi permanente und erfolgsneutral entstandene Wertunterschiede in die Abgrenzung der latenten Steuern einbezogen werden. Kleine Kapitalgesellschaften i.S.d. § 267 HGB brauchen die Vorschriften des § 274 HGB über die Abgrenzung latenter Steuern nicht zu beachten.[159]

Bewertung latenter Steuern

Die Bewertung der latenten Steuern hat mit den „unternehmensindividuellen Steuersätzen zum Zeitpunkt des Abbaus der Differenzen" (§ 274 Abs. 2 HGB) zu erfolgen. Der Begriff „unternehmensindividuell" erlangt im Rahmen der Steuerabgrenzung auf Konsolidierungsmaßnahmen im Konzernabschluss Bedeutung. Dabei sind die individuellen Steuersätze der einbezogenen Tochterunternehmen heranzuziehen. Bei den anzuwendenden „zukünftigen" Steuersätzen ist davon auszugehen, dass die Steuersätze zugrunde zu legen sind, die zum Bilanzstichtag vom Gesetzgeber verabschiedet wurden.

Behandlung in Folgejahren

Die Auflösung der latenten Steuern hat dann zu erfolgen, wenn die jeweilige Steuerbe- oder -entlastung eintritt. Die angesetzten latenten Steuern sind zu jedem Stichtag im Hinblick auf die erwartete Be- oder Entlastung zu überprüfen und ggf. anzupassen oder aufzulösen. Bei Änderungen der zugrunde gelegten Steuersätze sind die bereits bilanzierten latenten Steuern bei Anwendung der sog. Liability-Methode neu zu bewerten. Evtl. entstehende Auflösungsbeträge sind analog zu ihrer Bildung erfolgswirksam zu erfassen.[160]

4.2   Aktive latente Steuern

Abgrenzung

Latente Steuern sind nach § 274 HGB immer dann abzugrenzen, wenn „[…] zwischen den handelsrechtlichen Wertansätzen von Vermögensgegenständen, Schulden und Rechnungsabgrenzungsposten und ihren steuerlichen Wertansätzen Differenzen [bestehen, d. Verf.], die sich in späteren Geschäftsjahren voraussichtlich

---

[158]   Vgl. KÜTING, K./SEEL, C. (2009a), S. 502.
[159]   Vgl. § 274a HGB. Aus der Regierungsbegründung zum BilMoG kann jedoch auch für kleine Kapitalgesellschaften eine Pflicht zur Passivierung latenter Steuern abgeleitet werden. Vgl. hierzu BT-Drucksache (16/10067), S. 68.
[160]   Vgl. hierzu auch KÜTING, K./SEEL, C. (2009a), S. 517.

abbauen [...]"[161]. Für den Fall, dass sich insgesamt eine zukünftige Steuerentlastung ergibt, besteht nach § 274 Abs. 1 Satz 2 HGB nach wie vor ein Wahlrecht zum Ansatz aktiver latenter Steuern. Zu einer solchen Abgrenzung aktiver latenter Steuern kommt es immer dann, wenn

- Aktivposten in der Handelsbilanz mit einem niedrigeren Wert angesetzt werden als in der Steuerbilanz (z.B. bei Einbeziehung von Kosten der allgemeinen Verwaltung in die steuerrechtliche Ermittlung der Herstellungskosten bei gleichzeitiger Aktivierung zur Wertuntergrenze in der Handelsbilanz; vgl. hierzu Kapitel C.5.2.1);

- Aktivposten nur in der Steuerbilanz, nicht jedoch in der Handelsbilanz zum Ansatz gelangen (z.B. bei steuerbilanzieller Aktivierung aufwandswirksamer Zölle, bei denen der steuerlichen Aktivierungspflicht ein handelsrechtliches Aktivierungsverbot gegenübersteht; vgl. hierzu Kapitel C.5.1.1.3);

- Passivposten in der Handelsbilanz mit einem höheren Wert angesetzt werden als in der Steuerbilanz (z.B. bei Rückstellungen mit einer Laufzeit größer als ein Jahr, sofern der durchschnittliche Marktzins der letzten sieben Jahre unterhalb des steuerlich anzuwendenden Zinssatzes von 5,5 % liegt; vgl. hierzu Kapitel C.5.2.2.1);

- Passivposten, die in der Handelsbilanz, nicht jedoch in der Steuerbilanz zum Ansatz gelangen (z.B. bei Passivierung einer Drohverlustrückstellung in der Handelsbilanz, die steuerlich unzulässig ist; vgl. hierzu Kapitel C.5.1.1.7).

In den vorgenannten Fällen besteht ein größeres steuerliches Abzugspotenzial als dies im Handelsrecht der Fall ist. Im Jahr der Umkehr der Differenzen resultiert daraus ein – im Vergleich zum handelsrechtlichen Ergebnis – niedrigeres zu versteuerndes Einkommen. Im Vergleich zum fiktiven Steueraufwand auf Basis der Handelsbilanz entsteht in der Zukunft also eine Steuerentlastung. Im Jahr der Entstehung wird bei erfolgswirksam entstandenen Differenzen die zukünftige Steuerentlastung durch die Buchung eines Steuerertrags antizipiert. Die erfolgswirksame Auflösung der aktiven latenten Steuern führt in der Zukunft „zur Buchung eines (fiktiven) Steueraufwands und dadurch zu einer Angleichung des (effektiven) Steueraufwands an das handelsrechtliche Ergebnis"[162]. In einem solchen Fall käme es zu folgenden Buchungen:

Vergleich fiktiver und tatsächlicher Steueraufwand

Bei Entstehung:	aktive latente Steuern	an	Steuerertrag
Bei Auflösung:	Steueraufwand	an	aktive latente Steuern

4.3 Passive latente Steuern

Für passive latente Steuern ist in § 274 HGB nach wie vor eine Pflicht zur Passivierung latenter Steuern kodifiziert. Im umgekehrten Fall zu den voranstehend

Entstehung

---

[161] § 274 Abs. 1 Satz 1 HGB.
[162] KÜTING, K./SEEL, C. (2009a), S. 506.

dargestellten aktiven latenten Steuern sind nach dem Temporary-Konzept immer dann passive latente Steuern abzugrenzen, wenn

- Aktivposten in der Handelsbilanz mit einem höheren Wert angesetzt werden als in der Steuerbilanz (z.B. bei Inanspruchnahme erhöhter steuerlicher Absetzungen i.S.d. §§ 7c, 7d, 7h, 7i, 7k EStG oder steuerlicher Sonderabschreibungen i.S.d. §§ 7g, 7f EStG, die handelsrechtlich nicht zulässig sind; vgl. hierzu Kapitel C.5.2.4),

- Aktivposten nur in der Handelsbilanz, nicht jedoch in der Steuerbilanz zum Ansatz gelangen (z.B. bei Aktivierung selbst erstellter immaterieller Vermögensgegenstände des Anlagevermögens in der Handelsbilanz, für die steuerrechtlich ein Aktivierungsverbot besteht; vgl. hierzu Kapitel C.5.1.1.1),

- Passivposten in der Handelsbilanz mit einem niedrigeren Wert angesetzt werden als in der Steuerbilanz (z.B. bei Rückstellungen mit einer Laufzeit größer als ein Jahr, sofern der durchschnittliche Marktzins der letzten sieben Jahre oberhalb des steuerlich anzuwendenden Zinssatzes von 5,5 % liegt; vgl. hierzu Kapitel C.5.2.2.1),

- Passivposten nur in der Steuerbilanz, nicht jedoch in der Handelsbilanz zum Ansatz gelangen (z.B. bei der Passivierung steuerfreier Rücklagen in der Steuerbilanz, für die handelsrechtlich kein Passivposten gebildet werden darf; vgl. hierzu Kapitel C.5.1.2.2).

Vergleich fiktiver und tatsächlicher Steueraufwand

Im Vergleich mit dem handelsrechtlichen Ergebnis besteht aus steuerrechtlicher Sicht ein niedrigeres zukünftiges Abzugspotenzial. Eine aus Sicht der Handelsbilanz zukünftige Steuerbelastung ist die Folge. Die Umkehrung der Wertunterschiede wird dazu führen, dass der auf Basis des zu versteuernden Einkommens ermittelte (tatsächliche) Steueraufwand höher als der (fiktive) Steueraufwand ist, der sich auf Grundlage des handelsbilanziellen Ergebnisses ergeben würde. Die Auflösung der gebildeten passiven latenten Steuern zieht eine Buchung eines Steuerertrags nach sich, wodurch der effektive Steueraufwand und das handelsrechtliche Ergebnis aneinander angepasst werden.[163]

4.4   Ansatz und Bewertung latenter Steuern

Gesamtdifferenzbetrachtung nach altem Recht

Nach altem Recht wurde bereits aufgrund der methodischen Vorgehensweise der Gesamtdifferenzbetrachtung ein saldierter Ausweis von aktiven und passiven latenten Steuern hervorgerufen. Dem Timing-Konzept zufolge war die Gesamtdifferenz zwischen handelsrechtlichem und steuerrechtlichem Ergebnis zu ermitteln. Auf diese um quasi-permanente und permanente Unterschiede korrigierte Gesamtdifferenz wurde dann die latente Steuerabgrenzung vorgenommen. Eine Saldierung von aktiven und passiven latenten Steuern war dieser Vorgehensweise demnach immanent, da die Gesamtergebnisse der beiden Rechenwerke und nicht Einzeldifferenzen die Grundlage für die Abgrenzung der latenten Steuern bilde-

---

[163]   Vgl. KÜTING, K./SEEL, C. (2009a), S. 511.

ten.[164] Da für aktive latente Steuern nach § 274 HGB a.F. ein Aktivierungswahlrecht bestand und aus der Gesamtdifferenzbetrachtung in der Regel ein Aktivüberhang an latenten Steuern hervorging, kam es bislang weitgehend nicht zu einem bilanziellen Ansatz latenter Steuern.[165]

Das im Zuge des BilMoG verankerte bilanzorientierte Konzept erfordert grds. eine (bilanzpostenbezogene) Einzeldifferenzenbetrachtung, da die handels- und steuerrechtlichen Wertansätze der einzelnen Vermögensgegenstände, Schulden und Rechnungsabgrenzungsposten verglichen werden. Auf die jeweiligen entstehenden Wertunterschiede, die sich in der Zukunft abbauen müssen, ist dann der jeweils unternehmensindividuelle Steuersatz im Zeitpunkt der Umkehr der Unterschiede anzuwenden. Die Komplexität der Abgrenzung der latenten Steuern und das hierzu notwendige Know-how werden durch das Temporary-Konzept zunehmen.[166] Der Ermittlungs- und Dokumentationsaufwand wird erheblich steigen. Der Gesetzgeber hat es auch nach dem BilMoG – entgegen der Konzeption des Regierungsentwurfs – bei einem Ansatzwahlrecht für aktive und einer Ansatzpflicht für passive latente Steuern belassen.

Einzeldifferenzenbetrachtung nach neuem Recht

Vor dem Hintergrund des Wortlauts des § 274 HGB und der Gesetzesbegründung geht der Gesetzgeber grds. von einer Saldierung aktiver und passiver latenter Steuern aus. Nach § 274 Abs. 1 Satz 3 HGB ist allerdings auch explizit die Möglichkeit einer unsaldierten Darstellung gegeben. Im Ergebnis kann durch dieses Saldierungswahlrecht i.V.m. dem Ansatzwahlrecht im Falle eines Aktivüberhangs latenter Steuern zwar in der Bilanz nach wie vor auf einen Ansatz verzichtet werden,[167] aufgrund der geforderten Anhangangaben gem. § 285 Nr. 29 HGB ist eine Berichterstattung über latente Steuern aber unerlässlich.[168]

Saldierung

Nachfolgend werden die möglichen Divergenzen zwischen Handels- und Steuerbilanz – die dann grds. auch zur Abgrenzung latenter Steuern führen – aufgezeigt und erläutert.

---

[164]   Vgl. BAETGE, J./KIRSCH, H.-J./THIELE, S. (2009), S. 561.
[165]   Vgl. KÜTING, K. (2009c), S. 293.
[166]   Vgl. HERZIG, N. (2008), S. 1345.
[167]   Vgl. KÜTING, K./SEEL, C. (2009a), S. 518.
[168]   Sowohl die Bilanzierung (§ 274a Nr. 5 HGB) als auch die Anhangangaben (§ 288 Abs. 1 HGB) sind für kleine Kapitalgesellschaften nicht verpflichtend.

5. Mögliche Divergenzen zwischen Handels- und Steuerbilanz

5.1 Unterschiede bei den Ansatzvorschriften

5.1.1 Aktiva

5.1.1.1 Selbst erstellte immaterielle Vermögensgegenstände des Anlagevermögens

Das Vollständigkeitsgebot des § 246 Abs. 1 HGB verpflichtet den Bilanzierenden grds. zur Aktivierung sämtlicher Vermögensgegenstände, soweit gesetzlich nichts anderes bestimmt ist. Bislang war durch § 248 Abs. 2 HGB a.F. für selbst erstellte immaterielle Vermögensgegenstände des Anlagevermögens ein Aktivierungsverbot im Handelsrecht vorgesehen. Im Rahmen des BilMoG und der beabsichtigten Stärkung der Informationsfunktion der Handelsbilanz sowie der Annäherung an die internationalen Rechnungslegungsvorschriften sollte in der Fassung des Regierungsentwurfs zunächst das Bilanzierungsverbot des § 248 Abs. 2 HGB a.F. aufgehoben und durch ein Bilanzierungsgebot ersetzt werden.[169] An dieser Verankerung eines Bilanzierungsgebots wurde letztendlich jedoch aus Kosten-Nutzen-Erwägungen nicht festgehalten.[170]

Handelsrechtliches Aktivierungswahlrecht

In dem schließlich verabschiedeten Gesetzestext wurde im neuen § 248 Abs. 2 Satz 1 HGB für selbst erstellte immaterielle Vermögensgegenstände des Anlagevermögens ein Aktivierungswahlrecht verankert. Nach § 248 Abs. 2 Satz 2 HGB bleiben von einer Aktivierung weiterhin selbst geschaffene Marken, Drucktitel, Verlagsrechte, Kundenlisten oder vergleichbare immaterielle Werte des Anlagevermögens explizit ausgeschlossen. In Zusammenhang mit dem neu geschaffenen Aktivierungswahlrecht ist zu beachten, dass mit § 255 Abs. 2 Satz 4 HGB Forschungskosten ausdrücklich nicht mit in die Herstellungskosten einbezogen werden können, sondern aufwandswirksam in der GuV zu erfassen sind. Ein Aktivierungswahlrecht besteht demnach lediglich für die Entwicklungskosten selbst erstellter immaterieller Werte des Anlagevermögens.[171]

Steuerrechtliches Aktivierungsverbot

Im Steuerrecht existiert demgegenüber ein solches Wahlrecht für selbst erstellte immaterielle Vermögensgegenstände des Anlagevermögens nicht. Vielmehr heißt es in § 5 Abs. 2 EStG: „Für immaterielle Wirtschaftsgüter des Anlagevermögens ist ein Aktivposten nur anzusetzen, wenn sie entgeltlich erworben wurden."[172] Im Steuerrecht steht dem handelsrechtlichen Wahlrecht demnach ein Aktivierungs-

---

[169] Vgl. hierzu ausführlich KÜTING, K./PFIRMANN, A./ELLMANN, D. (2008), S. 689 ff.

[170] Vgl. hierzu KÜTING, K. (2009a), S. 95.

[171] Im Zuge des BilMoG wurde erstmals eine gesonderte Begriffsbestimmung für „Forschung und Entwicklung" ins HGB aufgenommen. Aufgrund der relativ allgemein gehaltenen Definition und der fehlenden Trennschärfe der Begriffe kann es dabei zu Abgrenzungsschwierigkeiten kommen. Sofern keine verlässliche Trennung möglich ist, ist nach § 255 Abs. 2a Satz 4 HGB eine Aktivierung explizit ausgeschlossen; vgl. auch weiterführend zum Aktivierungswahlrecht des § 248 Abs. 2 HGB KÜTING, K./ELLMANN, D. (2009), S. 269 ff.

[172] § 5 Abs. 2 EStG.

verbot gegenüber. Divergenzen zwischen Handels- und Steuerbilanz ergeben sich daher immer dann, wenn das im Handelsrecht bestehende Wahlrecht zur Aktivierung von selbst erstellten immateriellen Vermögensgegenständen des Anlagevermögens in Anspruch genommen wird.

5.1.1.2 Disagio

Die handelsrechtlichen Vorschriften zur bilanziellen Behandlung eines Disagios haben im Rahmen der Bilanzrechtsmodernisierung grds. keine Veränderung erfahren. Der § 250 Abs. 3 HGB sieht für die Handelsbilanz nach wie vor ein Wahlrecht zur Aktivierung eines Disagios vor. Im Steuerrecht ist in § 5 Abs. 5 Satz 1 Nr. 1 EStG hingegen kein Wahlrecht, sondern eine Aktivierungspflicht verankert.

Handelsrechtliches Aktivierungswahlrecht

Gem. der vorgenannten steuerlichen Vorschrift ist für Ausgaben, die vor dem Abschlussstichtag anfallen, immer dann ein Rechnungsabgrenzungsposten zu bilden, wenn sie Aufwand für eine bestimmte Zeit nach diesem Stichtag darstellen. Im Ergebnis entsteht bei Vorliegen eines Disagios immer dann eine Abweichung zwischen der Handels- und der Steuerbilanz, wenn der Bilanzierende im handelsrechtlichen Jahresabschluss vom Aktivierungswahlrecht des § 250 Abs. 3 HGB keinen Gebrauch macht.

Steuerrechtliche Aktivierungspflicht

5.1.1.3 Rechnungsabgrenzungsposten für als Aufwand berücksichtigte Zölle und Verbrauchsteuern sowie Umsatzsteuer auf Anzahlungen

Nach den steuerlichen Regelungen des § 5 Abs. 5 Satz 2 Nr. 1 und Nr. 2 EStG sind als Aufwand erfasste Zölle und Verbrauchsteuern – soweit sie auf am Stichtag zu bilanzierende Wirtschaftsgüter des Vorratsvermögens entfallen – ebenso als Rechnungsabgrenzungsposten zu aktivieren, wie die als Aufwand erfasste Umsatzsteuer auf am Stichtag auszuweisende Anzahlungen.[173] Handelsrechtlich war hierfür bisher in § 250 Abs. 1 Satz 2 Nr. 1 HGB ein Aktivierungswahlrecht kodifiziert. Abweichungen zwischen Handels- und Steuerbilanz traten demnach nur auf, sofern für die aufwandswirksamen Zölle, Verbrauchsteuern bzw. die Umsatzsteuer auf Anzahlungen keine Aktivposten in der Bilanz angesetzt wurden. Zölle fallen bei Warenbewegungen über eine Zollgrenze an. Verbrauchsteuern sind z.B. die Mineralölsteuer, Schaumweinsteuer oder Tabaksteuer; sie fallen bei der Überführung von Gegenständen aus einem der Besteuerung unterliegenden Bereich in einen nicht steuerlichen Bereich an.[174] Das Aktivierungswahlrecht der Umsatzsteuer bezieht sich ausschließlich auf erhaltene Anzahlungen, d.h. für Anzahlungen auf Wirtschaftsgüter, deren Eigentum noch beim Bilanzierenden liegt.[175]

Steuerrechtliche Aktivierungspflicht

Die Bildung eines solchen Rechnungsabgrenzungspostens für aufwandswirksame Zölle, Verbrauchsteuern und Umsatzsteuer auf Anzahlungen ist künftig in der

Handelsrechtliches Aktivierungsverbot

---

[173] Vgl. § 5 Abs. 5 Satz 2 Nr. 1 und 2 EStG; LORSON, P./TOEBE, M. (2009), S. 457.
[174] Vgl. TRÜTZSCHLER, K. (2010), § 250, Rn. 35.
[175] Vgl. TRÜTZSCHLER, K. (2010), § 250, Rn. 40f.

Handelsbilanz nicht mehr zulässig. Im Rahmen der Bilanzrechtsmodernisierung wurde das Wahlrecht des § 250 Abs. 1 Satz 2 HGB a.F. aufgehoben. Im handels-rechtlichen Jahresabschluss ist für die genannten Sachverhalte daher künftig stets eine aufwandswirksame Erfassung vorzunehmen. Handels- und Steuerbilanz wer-den in diesen Fällen der Rechnungsabgrenzung zwingend voneinander abweichen.

5.1.1.4   Aktivierung anschaffungsnaher Aufwendungen bei Gebäuden

Steuerrechtliche Akti-vierung anschaffungs-naher Aufwendungen

Nach § 255 Abs. 2 Satz 1 HGB sind bei der Aktivierung von Vermögensgegen-ständen – und somit auch bei Gebäuden – die Aufwendungen zu berücksichtigen, die „für die Herstellung eines Vermögensgegenstands, seine Erweiterung oder für eine über seinen Ursprung hinausgehende wesentliche Verbesserung entstehen"[176]. Steuerrechtlich wird die Aktivierung der sog. anschaffungsnahen Herstellungskos-ten von Gebäuden in § 6 Abs. 1 Nr. 1a EStG geregelt. In der Steuerbilanz sind demzufolge auch Aufwendungen für Instandhaltungs- und Modernisierungsmaß-nahmen zu aktivieren, wenn die Maßnahmen innerhalb von drei Jahren nach der Anschaffung eines Gebäudes vorgenommen werden und die Aufwendungen ohne Umsatzsteuer 15 % der Gebäudeanschaffungskosten übersteigen.[177] Explizit von der Einbeziehung in die Überprüfung der 15 %-Grenze ausgeschlossen sind Er-weiterungsaufwendungen i.S.d. § 255 Abs. 2 Satz 1 HGB und jährlich üblicher-weise anfallende Erhaltungsaufwendungen.[178] Von dieser Ausnahme nicht erfasst und daher in die 15%-Grenze einbezogen, werden Aufwendungen zur Hebung des Standards und zur Beseitigung der Funktionsuntüchtigkeit, die nach Handelsrecht als Herstellungskosten einzustufen sind. Abweichungen zwischen Handels- und Steuerbilanz entstehen insoweit, wie Erhaltungsaufwendungen nach § 6 Abs. 1 Nr. 1a als Herstellungskosten aktiviert werden können, während § 255 Abs. 2 HGB diese nicht erfasst.[179]

5.1.1.5   Phasengleiche Aktivierung von Dividendenforderungen

Die Frage ob, und falls ja, unter welchen Voraussetzungen zukünftige Dividen-denansprüche aus der Sicht eines beherrschenden Unternehmens schon mit Ablauf des der Ausschüttung vorangehenden Abschlussstichtags als wirtschaftlich ent-standene Forderungen in der Handels- respektive Steuerbilanz angesetzt werden können, ist in der Vergangenheit ausgiebig und kontrovers diskutiert worden.[180]

Handelsrecht

Handelsrechtlich können Dividendenforderungen grds. erst dann entstehen, wenn die Hauptversammlung des Beteiligungsunternehmens gem. § 174 AktG über die Verwendung des Bilanzgewinns und den auszuschüttenden Betrag entschieden hat. Demnach könnten Beteiligungserträge grds. erst phasenverschoben im darauf-

---

[176]   § 255 Abs. 2 Satz 1 HGB.
[177]   Vgl. § 6 Abs. 1 Nr. 1a Satz 1 EStG.
[178]   Vgl. § 6 Abs. 1 Nr. 1a Satz 2 EStG.
[179]   Vgl. HERZIG, N./BRIESEMEISTER, S. (2010), S. 69.
[180]   Vgl. BLAUM, U./KESSLER, H. (2000), S. 1233 sowie zur Diskussion ausführlich u.a.
         KÜTING, K. (1996), S. 1947 ff.; HOFFMANN, W.-D. (1999), S. 788 ff.

folgenden Geschäftsjahr vereinnahmt werden.[181] Allerdings befasste sich der BGH im Jahr 1998 mit dieser Fragestellung (Tomberger Verfahren) und entschied, dass für Dividendenansprüche unter bestimmten Voraussetzungen zwingend eine phasengleiche Aktivierung vorzunehmen ist.[182] Zu den Voraussetzungen, die zu einer verpflichtenden Aktivierung der Ansprüche im Jahr der Entstehung führen, gehören bspw. eine Deckungsgleichheit der Geschäftsjahre der beiden Unternehmen, der vorliegende Beschluss der Gesellschafterversammlung des Tochterunternehmens über die Feststellung des Jahresabschlusses und die Gewinnverwendung vor Beendigung der Prüfung des Jahresabschlusses des Mutterunternehmens.[183]

Steuerrechtlich steht diesen handelsrechtlichen Regelungen der Beschluss des Großen Senats des BFH vom 07.08.2000 gegenüber. Demnach kann „eine Kapitalgesellschaft, die mehrheitlich an einer anderen Kapitalgesellschaft beteiligt ist, […] Dividendenansprüche aus einer zum Bilanzstichtag noch nicht beschlossenen Gewinnverwendung der nachgeschalteten Gesellschaft grds. nicht aktivieren"[184]. Eine phasengleiche Vereinnahmung von Dividendenansprüchen ist daher im Steuerrecht, diesem Beschluss folgend, grds. nicht möglich. Ausnahmsweise kann eine Aktivierung allerdings dann möglich sein, wenn zusätzliche restriktive Bedingungen (Muttergesellschaft muss Kenntnis über mindestens ausschüttungsfähigen Gewinn der Tochtergesellschaft haben; Muttergesellschaft muss entschlossen sein, im Folgejahr für eine bestimmte Ausschüttung zu stimmen) erfüllt sind.[185] Hinsichtlich einer möglichen Divergenz zwischen Handels- und Steuerrecht führt dies im Ergebnis immer dann zu einem Auseinanderfallen von Handels- und Steuerbilanz, wenn die handelsrechtlichen Voraussetzungen zur Aktivierung von Dividendenansprüchen erfüllt sind, während in der Steuerbilanz das grundsätzliche Aktivierungsverbot zur Anwendung gelangt.

Steuerrecht

5.1.1.6 Saldierung von Altersversorgungsverpflichtungen mit dem Planvermögen

Nach wie vor ist für die Handelsbilanz – auch nach Inkrafttreten des BilMoG – grds. das Saldierungsverbot des § 246 Abs. 2 HGB zu beachten, wonach u.a. Posten der Aktivseite nicht mit Posten der Passivseite verrechnet werden dürfen. Die Neuregelungen des BilMoG führen hinsichtlich der bilanziellen Abbildung von Altersversorgungsverpflichtungen im Ergebnis allerdings – dem allgemeinen Saldierungsverbot widersprechend – lediglich zu einem Ausweis der Nettoverpflichtung und vollziehen dahin gehend eine Annäherung an die internationalen Rechnungslegungsvorschriften. Zukünftig sind aufgrund des neu aufgenommenen § 246 Abs. 2 Satz 2 HGB solche Vermögensgegenstände, die dem Zugriff aller übrigen Gläubiger entzogen sind und ausschließlich der Erfüllung von Altersversorgungsverpflichtungen dienen (sog. Planvermögen) mit diesen Altersversor-

Handelsrechtlicher Nettoausweis

---

[181] Vgl. COENENBERG, A. G./HALLER, A./SCHULTZE, W. (2009), S. 244.
[182] Vgl. BGH-Urteil vom 12.01.1998.
[183] Vgl. weiterführend u.a. GROH, M. (1998), S. 813 ff.
[184] BFH-Beschluss vom 07.08.2000, S. 1265.
[185] Vgl. GROH, M. (2000), S. 2444.

gungsverpflichtungen zu saldieren.[186] Diejenigen Vermögensgegenstände, die als Planvermögen deklariert und damit zur Verrechnung herangezogen werden, sind gem. § 253 Abs. 1 Satz 4 HGB mit dem beizulegenden Zeitwert zu bewerten. Sofern der beizulegende Zeitwert der Vermögensgegenstände die Verpflichtung übersteigt, ist nach § 246 Abs. 2 Satz 3 HGB unter Beachtung einer Ausschüttungssperre ein gesonderter Posten unter der Bezeichnung „Aktivischer Unterschiedsbetrag aus der Vermögensverrechnung" zu aktivieren.

Steuerrechtlicher Bruttoausweis

Für die Aufstellung der Steuerbilanz sind die Vorschriften des § 5 Abs. 1a Satz 1 EStG maßgebend, der explizit zum Ausdruck bringt, dass in der Steuerbilanz keine Posten der Aktivseite mit Posten der Passivseite verrechnet werden dürfen.[187] Im Hinblick auf die bilanzielle Vorgehensweise im Rahmen von Altersversorgungsverpflichtungen bleibt schließlich festzuhalten, dass eine handelsrechtlich zulässige Saldierung von Planvermögen mit den entsprechenden Verpflichtungen ein Auseinanderfallen des Ausweises von Vermögensgegenständen und Schulden (handelsrechtlich: Nettoausweis; steuerrechtlich: Bruttoausweis) in Handels- und Steuerbilanz nach sich zieht.

5.1.1.7   Zusammenfassender Überblick

Die möglichen Divergenzen hinsichtlich der Ansatzvorschriften auf der Aktivseite sind in der nachfolgenden Übersicht zusammengefasst:

Sachverhalt	Handelsrecht (nach BilMoG)	Steuerbilanz
Ansatzunterschiede		
selbst erstellte immaterielle Vermögensgegenstände des AV	**Aktivierungswahlrecht** gem. 248 Abs. 2 HGB	**Aktivierungsverbot** gem. § 5 Abs. 2 EStG
Disagio	**Aktivierungswahlrecht** gem. § 250 Abs. 3 HGB	**Aktivierungspflicht** gem. § 5 Abs. 5 S. 1 Nr. 1 EStG
aRAP für als Aufwand berücksichtigte Zölle und Verbrauchsteuern	**Aktivierungsverbot** (Streichung des § 250 Abs. 1 S. 2 HGB)	**Aktivierungspflicht** gem. § 5 Abs. 5 S. 2 Nr. 1 EStG
aRAP für als Aufwand berücksichtigte USt auf Anzahlungen	**Aktivierungsverbot** (Streichung des § 250 Abs. 1 S. 2 HGB)	**Aktivierungspflicht** gem. § 5 Abs. 5 S. 2 Nr. 2 EStG
Aktivierung anschaffungsnaher Aufwendungen bei Gebäuden	**Aktivierungspflicht** Voraussetzung: Herstellung/Erweiterung/wesentliche Verbesserung eines VG	**Aktivierungspflicht** Voraussetzung: Aufwendungen für Instandhaltung und Modernisierung innerhalb 3 J. nach Anschaffung und größer 15 % der AK (§ 6 Abs. 1 Nr. 1a EStG)
phasengleiche Aktivierung von Dividendenforderungen	Bei Vorliegen gewisser Voraussetzungen: **Aktivierungspflicht** (BGH-Urteil vom 12.01.1998)	Grundsätzlich: **Aktivierungsverbot** (BFH-Urteil vom 07.08.2000; bestätigend vom 07.02.2007)
Saldierung von Altersversorgungsverpflichtungen mit dem Planvermögen	**Pflicht** zur Saldierung gem. § 246 Abs. 2 S. 2 HGB	**Verbot** gem. § 5 Abs. 1a S. 1 EStG

Abbildung 15: Mögliche Divergenzen zwischen Handels- und Steuerbilanz bezüglich dem Ansatz von Aktiva

---

[186]   Vgl. § 246 Abs. 2 Satz 2 HGB.
[187]   Vgl. § 5 Abs. 1a Satz 1 EStG.

5.1.2 Passiva
5.1.2.1 Rückstellungen

Ein weiteres Auseinanderfallen zwischen Handels- und Steuerbilanz hinsichtlich des Ansatzes von Rückstellungen hat sich durch das BilMoG im Bereich der Pensionsrückstellungen ergeben. Zwar wurden durch die Neufassung des § 249 HGB die handelsrechtlichen Möglichkeiten zur Bildung von Aufwandsrückstellungen eingeschränkt (Streichung der Passivierungswahlrechte für Aufwendungen für unterlassene Instandhaltung im Folgejahr nach Ablauf von drei Monaten (§ 249 Abs. 1 Satz 3 a.F.) und für ihrer Eigenart genau umschriebene Aufwendungen (§ 249 Abs. 2 a.F.)); dies führt allerdings aufgrund der bereits bestehenden steuerlichen Passivierungsverbote zu einer Annäherung zwischen den beiden Rechenwerken.[188]

Nach § 249 Abs. 1 Satz 1 HGB sind in der Handelsbilanz Rückstellungen für ungewisse Verbindlichkeiten zu passivieren. Unter ungewisse Verbindlichkeiten sind auch Pensionsverpflichtungen zu subsumieren.

Pensions-rückstellungen

Nach der Bilanzrechtsmodernisierung besteht hierbei nach wie vor die Ausnahmeregelung, welche für solche Pensionsverpflichtungen, die auf vor dem 01.01.1987 erteilten unmittelbaren Zusagen (sog. Altzusagen) beruhen, keine Pflicht zur Bildung einer Rückstellung vorsieht; es besteht ein Passivierungswahlrecht.[189] Die steuerrechtlichen Regelungen sind in § 6a EStG kodifiziert, wobei auch diese von den Änderungen des BilMoG unberührt bleiben. Das Steuerrecht räumt dem Bilanzierenden im Hinblick auf die vorgenannten Altzusagen in § 6a Abs. 1 und 2 EStG ein Passivierungswahlrecht unter Beachtung des steuerlichen Nachholverbots des § 6a Abs. 4 EStG ein. Grds. haben sowohl die handels- als auch die steuerrechtlichen Vorschriften keine Veränderungen erfahren. Durch den Wegfall der umgekehrten Maßgeblichkeit im Zuge des BilMoG müssen steuerrechtliche Wahlrechte nicht mehr in Übereinstimmung mit der handelsrechtlichen Vorgehensweise ausgeübt werden.

Unmittelbare Altzusagen

Die Möglichkeit der autonomen Ausübung des steuerlichen Passivierungswahlrechts für unmittelbare Pensionszusagen vor dem 01.01.1987 führt – bei abweichender Vorgehensweise in der Handelsbilanz – zu einer weiteren Abweichung zwischen Handels- und Steuerbilanz. Für den Ansatz unmittelbarer Neuzusagen und die Passivierung mittelbarer Pensionsverpflichtungen ergeben sich keine Veränderungen durch das BilMoG. Sowohl handels- als auch steuerrechtlich gilt nach wie vor eine Pflicht zur Passivierung unmittelbarer Neuzusagen. Während die handelsrechtliche Ansatzpflicht aus den allgemeinen Passivierungskriterien bzgl. Rückstellungen für ungewisse Verbindlichkeiten resultiert (§ 249 Abs. 1 Satz 1 HGB), sind für die Steuerbilanz die Voraussetzungen des § 6a Abs. 1 und 2 EStG zu beachten. Durch diese steuerlichen Voraussetzungen (Rückstellungsbildung

Unmittelbare Neuzusagen

---

[188] Vgl. hierzu auch ZÜLCH, H./HOFFMANN, S. (2009), S. 369; REINKE, K./MARTENS, S. (2009), S. 18.

[189] Vgl. RHIEL, R./VEIT, A. (2009), S. 167.

vor Eintritt des Versorgungsfalls nur, wenn die Zusage schriftlich erteilt wurde; frühestens für das Geschäftsjahr, bis zu dessen Mitte der Berechtigte das 28. Lebensjahr vollendet, oder für das Geschäftsjahr, in dessen Verlauf die Pensionsanwartschaft gem. dem Betriebsrentengesetz unverfallbar wird) kann wie bereits vor der Bilanzrechtsmodernisierung ein abweichender Bilanzansatz zwischen Handels- und Steuerbilanz hervorgerufen werden.[190] Entgegen dem Referentenentwurf des BilMoG sieht das verabschiedete Gesetz für mittelbare Pensionsverpflichtungen nach wie vor ein handelsrechtliches Passivierungswahlrecht vor (Art. 28 Abs. 1 Satz 2 EGHGB).[191]

Im Bereich der sonstigen Rückstellungen haben lediglich die Aufwandsrückstellungen durch das BilMoG eine Änderung hinsichtlich der Vorschriften zum Bilanzansatz erfahren. Die vorgenommenen Einschränkungen zur Rückstellungsbildung des § 249 Abs. 2 HGB führten allerdings zu einer Annäherung zwischen Handels- und Steuerrecht, sodass in diesem Bereich vormals möglicherweise auftretende Divergenzen zwischen Handels- und Steuerbilanz künftig nicht mehr auftreten können.[192]

Sonstige Rückstellungen

Weitere Divergenzen bei dem Bilanzansatz von sonstigen Rückstellungen können sich bei Drohverlustrückstellungen (§ 249 Abs. 1 Satz 1 HGB; § 5 Abs. 4a Satz 1 EStG), bei Rückstellungen wegen der Verletzung fremder Patent-, Urheber- oder ähnlicher Schutzrechte (§ 249 Abs. 1 Satz 1 HGB; § 5 Abs. 3 Satz 1 EStG) und bei Rückstellungen für Jubiläumszuwendungen (§ 249 Abs. 1 Satz 1 HGB; § 5 Abs. 4 EStG) ergeben. Außerdem bestehen abweichende Regelungen bei Rückstellungen für künftige aktivierungspflichtige Aufwendungen (§ 249 Abs. 1 Satz 1 HGB; § 5 Abs. 4b Satz 1 EStG), für einem steuerlichen Abzugsverbot unterliegende Aufwendungen (§ 249 Abs. 1 Satz 1 HGB; § 5 Abs. 4b Satz 2 EStG) und für Aufwendungen, die zur Gewinnung wiederverwendbarer radioaktiver Brennelemente führen (§ 249 Abs. 1 Satz 1 HGB; Hinweis 5.7 EStH). In der Handelsbilanz gelangen für die vorgenannten Rückstellungen die allgemeinen handelsrechtlichen Rückstellungskriterien zur Anwendung; gem. § 249 Abs. 1 Satz 1 HGB besteht demnach für alle genannten Aufwendungen eine Rückstellungspflicht in der Handelsbilanz. Der aus dem Imparitätsprinzip resultierenden handelsrechtlichen Rückstellungspflicht für drohende Verluste aus schwebenden Geschäften steht im Steuerrecht grds. das Passivierungsverbot des § 5 Abs. 4a EStG gegenüber. Hinsichtlich des Ansatzes von Jubiläumsrückstellungen wird ein Abweichen der Handels- von der Steuerbilanz dadurch hervorgerufen, dass diese Rückstellung im Steuerrecht nach § 5 Abs. 4 EStG nur in eingeschränktem Umfang (das Dienstverhältnis muss mindestens zehn Jahre bestanden haben, das Jubiläum muss das Bestehen eines Dienstverhältnisses von mindestens 15 Jahren voraussetzen und

---

[190]   Vgl. LORSON, P./TOEBE, M. (2009), S. 457.
[191]   Vgl. REINKE, K./MARTENS, S. (2009), S. 18.
[192]   Vgl. auch KÜTING, K./CASSEL, J./METZ, C. (2009), S. 232 f.; WEIGL, R./WEBER, H. G./COSTA, M. (2009), S. 1062 f.

die Zusage muss schriftlich erteilt sein) zulässig ist.[193] Der handelsrechtlichen Pflicht zur Bildung von Rückstellungen für einem steuerlichen Abzugsverbot unterliegende Aufwendungen und für Aufwendungen, die zur Gewinnung wiederverwendbarer radioaktiver Brennelemente führen, stehen steuerrechtlich die Ansatzverbote des § 5 Abs. 4b Satz 1 EStG und des Einkommensteuerhinweises H 5.7 Abs. 1 EStH gegenüber. Weitere Abweichungen können sich außerdem im Zuge der Bildung von Rückstellungen für künftige Anschaffungs- und Herstellungskosten in der Handelsbilanz ergeben, da für die Steuerbilanz stets das Passivierungsverbot des § 5 Abs. 4b Satz 2 EStG zur Anwendung gelangt. Eine solche Rückstellungsbildung kommt allerdings nur in Einzelfällen in Betracht, wenn die Anschaffungs- bzw. Herstellungskosten den Zeitwert eines Vermögensgegenstands übersteigen.[194]

5.1.2.2 Rücklagen

Das Steuerrecht gestattet für bestimmte Sachverhalte die Bildung sog. steuerfreier Rücklagen. Zu den dabei in der Praxis am häufigsten vorkommenden Rücklagen gehören die Rücklage für Veräußerungsgewinne bei bestimmten Gütern des Anlagevermögens (sog. § 6b-Rücklage) nach § 6b EStG und die Rücklage für Ersatzbeschaffung nach Richtlinie R 6.6 EStR. Gem. § 6b EStG können bei einem Verkauf von Grund und Boden, Aufwuchs auf Grund und Boden (sofern dieser zu land- und forstwirtschaftlichem Betriebsvermögen zugehörig ist), Gebäuden oder Binnenschiffen entstehende Buchgewinne im Geschäftsjahr der Veräußerung von den Anschaffungs- oder Herstellungskosten bestimmter im gleichen oder im vorangegangenen Geschäftsjahr angeschafften bzw. hergestellten Wirtschaftsgütern abgesetzt werden.[195] Alternativ können diese aber auch in eine sog. § 6b-Rücklage eingestellt und später übertragen werden.

§ 6b EStG-Rücklage

Im Rahmen der steuerlichen Rücklage für Ersatzbeschaffung nach Richtlinie R 6.6 Abs. 1 EStR können unter bestimmten Voraussetzungen durch unbeabsichtigten Abgang eines Wirtschaftsguts aus dem Betriebsvermögen entstandene Gewinne einer sofortigen Besteuerung entzogen werden. Die bei einem solchen Ausscheiden eventuell aufgedeckten stillen Reserven i.H.d. Differenz zwischen Entschädigung (z.B. einer Versicherung) und Buchwert zum Zeitpunkt des Ausscheidens, können unter den Voraussetzungen von R 6.6 Abs. 1 EStR auf ein Ersatzwirtschaftsgut übertragen werden.[196] Soweit am Schluss des Wirtschaftsjahres, in dem das Wirtschaftsgut aus dem Betriebsvermögen ausgeschieden ist, noch keine Ersatzbeschaffung vorgenommen wurde, kann i.H.d. aufgedeckten stillen Reserven in der Steuerbilanz eine steuerfreie Rücklage gebildet werden. Voraussetzung

Rücklage für Ersatzbeschaffung

---

[193] Vgl. KOZIKOWSKI, M./SCHUBERT, W. J. (2010), § 249, Rn. 100; sowie weiterführend PITZKE, J. (2009), S. 360 ff.

[194] In diesem Fall wäre in der Handelsbilanz eine Rückstellung i.H.d. Differenzbetrags zwischen Anschaffungs- bzw. Herstellungskosten und dem Zeitwert des Vermögensgegenstands zu passivieren. In der Steuerbilanz ist eine solche Rückstellungsbildung unzulässig. Vgl. KOZIKOWSKI, M./SCHUBERT, W. J. (2010), § 249, Rn. 100.

[195] Vgl. § 6b Abs. 1 Satz 1 EStG.

[196] Vgl. COENENBERG, A. G./HALLER, A./SCHULTZE, W. (2009), S. 338 f.

hierfür ist, dass zu diesem Zeitpunkt eine Ersatzbeschaffung ernstlich geplant und auch zu erwarten ist.[197] Die Zuführungen zu diesen Rücklagen bewirken eine Minderung der steuerlichen Bemessungsgrundlage. Die Rücklagen werden aus unversteuerten Gewinnen gebildet. Sie sind allerdings nicht steuerfrei, sondern in Folgeperioden gewinnerhöhend aufzulösen oder von der Abschreibungsbemessungsgrundlage anderer Wirtschaftsgüter abzusetzen. Es kommt daher lediglich zu einer Steuerstundung.[198] In der Handelsbilanz war nach bisherigem Recht in diesen Fällen der steuerlichen Rücklagenbildung ein Sonderposten mit Rücklagenanteil zu passivieren.[199] Für Kapitalgesellschaften und diesen gleichgestellten Personengesellschaften schränkte § 273 HGB a.F. den § 247 Abs. 3 HGB a.F dahin gehend ein, dass die Bildung eines Sonderpostens mit Rücklageanteil nur dann gebildet werden durfte, sofern die Anerkennung des Wertansatzes in der Steuerbilanz von einer gleich gerichteten Verfahrensweise in der Handelsbilanz abhängig war (Umkehrmaßgeblichkeit).

Handelsrechtliches Passivierungsverbot

Durch den Wegfall der Umkehrmaßgeblichkeit und die Aufhebung der handelsrechtlichen Öffnungsklauseln (u.a. § 247 Abs. 3, § 270 Abs. 1 Satz 2 und § 273 HGB a.F.) im Zuge des BilMoG besteht nun ein handelsrechtliches Passivierungsverbot für die vorgenannten Sachverhalte.

Steuerrechtliches Passivierungswahlrecht

Die nach wie vor bestehenden steuerlichen Wahlrechte können nach neuem Recht unabhängig von der Vorgehensweise in der Handelsbilanz ausgeübt werden.[200] Durch den Ansatz einer § 6b EStG-Rücklage oder einer Rücklage für Ersatzbeschaffung in der Steuerbilanz kommt es künftig zu einer weiteren Abkopplung der Handels- von der Steuerbilanz. Allerdings können bereits vor BilMoG nach altem Handelsrecht gebildete Sonderposten unter Anwendung der für sie geltenden Vorschriften in der Fassung vor Einführung des BilMoG in der Handelsbilanz beibehalten werden.[201]

5.1.2.3 Zusammenfassender Überblick

Die angeführten, möglichen Divergenzen zwischen Handels- und Steuerbilanz hinsichtlich der Ansatzvorschriften auf der Passivseite werden in folgender Übersicht zusammenfasst:

---

[197]   Vgl. R 6.6 Abs. 3 EStR.
[198]   Vgl. KÜNKELE, K. P./ZWIRNER, C. (2009), S. 1278.
[199]   Vgl. § 247 Abs. 3 HGB a.F. i.V.m. § 273 HGB a.F.
[200]   Vgl. bspw. KÜMPEL, T. (2009), S. 22.
[201]   Vgl. auch weiterführend KESSLER, H./LEINEN, M./PAULUS, B. (2009), S. 1913.

Sachverhalt	Handelsrecht (nach BilMoG)	Steuerbilanz
Rückstellungen		
Verpflichtungen, die nur bei Anfall künftiger Gewinne/Einnahmen zu erfüllen sind (Rückstellungen bzw. Verbindlichkeiten)	**Passivierungspflicht**	**Passivierungsverbot** gem. § 5 Abs. 2a EStG
Rückstellungen für drohende Verluste aus schwebenden Geschäften	**Passivierungspflicht** gem. § 249 Abs. 1 S. 1 HGB	**Passivierungsverbot** gem. § 5 Abs. 4a S. 1 EStG (sofern keine Bewertungseinheiten, für die eine Passivierungspflicht besteht)
Rückstellungen wegen Verletzung fremder Patent-, Urheber- oder ähnlicher Schutzrechte	**Passivierungspflicht** gem. § 249 Abs. 1 S. 1 HGB und Auflösung bei Wegfall des Grunds gem. § 249 Abs. 2 S. 2 HGB	**Passivierungspflicht** bei Vorliegen bestimmter Voraussetzungen gem. § 5 Abs. 3 S. 1 EStG i.V.m. einer Auflösungsfrist von drei Jahren gem. § 5 Abs. 3. S. 2 EStG
Rückstellungen für Dienstjubiläen	**Passivierungspflicht** gem. § 249 Abs. 1 S. 1 HGB	**Passivierungspflicht** bei kumulativer Erfüllung der Voraussetzungen des § 5 Abs. 4 EStG
Rückstellungen für künftig aktivierungspflichtige Aufwendungen	**Passivierungspflicht** soweit künftige AHK eines VG > Zeitwert gem. § 249 Abs. 1 S. 1 HGB, d.h. dann, wenn den Aufwendungen keine Werthaltigkeit gegenübersteht	**Passivierungsverbot** gem. § 5 Abs. 4b S. 1 EStG
Rückstellungen für dem steuerlichen Abzugsverbot unterliegenden künftigen Aufwendungen	**Passivierungspflicht** gem. § 249 Abs. 1 S. 1 HGB	**Passivierungsverbot** gem. H 5.7 Abs. 1 EStH
Rückstellung für Aufwendungen zur Gewinnung radioaktiver Brennstoffe	**Passivierungspflicht** gem. § 249 Abs. 1 S. 1 HGB	**Passivierungsverbot** gem. § 5 Abs. 4b S. 2 EStG
Rücklage für Ersatzbeschaffung	**Passivierungsverbot**	**Passivierungswahlrecht** gem. R 6.6 EStR
§ 6b EStG-Rücklage	**Passivierungsverbot**	**Passivierungswahlrecht** gem. § 6b EStG
Pensionsrückstellungen		
unmittelbare Neuzusage	**Passivierungspflicht** gem. § 249 Abs. 1 S. 1 HGB	**Passivierungswahlrecht** gem. § 5 Abs. 1 S. 1 EStG unter Voraussetzung des § 6a Abs. 1 u. 2 EStG und Beachtung des Nachholverbots des § 6a Abs. 4 EStG
unmittelbare Altzusage	**Passivierungswahlrecht** gem. Art. 28 Abs. 1 S. 1 EGHGB	**Passivierungswahlrecht** unter Voraussetzungen des § 6a Abs. 1 u. 2 EStG und Beachtung des Nachholverbots des § 6a Abs. 4 EStG
mittelbare Verpflichtung	**Passivierungswahlrecht** gem. Art. 28 Abs. 1 S. 2 EGHGB	Passivierungsverbot

Abbildung 16: Mögliche Ansatzdivergenzen auf der Passivseite zwischen Handels- und Steuerbilanz

5.2 Unterschiede bei den Bewertungsvorschriften

Im Rahmen der Bewertungsvorschriften ergaben sich bereits vor der Bilanz-rechtsmodernisierung zahlreiche Unterschiede zwischen der handelsrechtlichen Rechnungslegung und der steuerlichen Gewinnermittlung. Durch das BilMoG wird künftig zudem ein noch weiteres Auseinanderfallen der beiden Rechenwerke hervorgerufen. Aufgrund des großen Umfangs der Divergenzen der Bewertungs-vorschriften werden im Folgenden nur die Abweichungen detailliert betrachtet, die durch die neuen Bilanzierungsregeln künftig erstmals auftreten werden.

5.2.1 Herstellungskosten

Der Umfang der in die Herstellungskosten zwingend einzubeziehenden Kosten ist durch das BilMoG erheblich erweitert worden. Zukünftig sind auch die Material-gemeinkosten, die Fertigungsgemeinkosten und der Werteverzehr des Anlagever-mögens verpflichtend in die Herstellungskosten einzubeziehen. Die Wertober-grenze der Herstellungskosten wurde nicht verändert. Die Ermittlung der Herstel-

Umfang

lungskosten nach altem Recht, nach BilMoG sowie nach den steuerrechtlichen Regelungen ist in Abbildung 17 detailliert dargestellt.

Kostenarten	Handelsrecht (nach BilMoG)		Steuerbilanz
	HGB a.F.	HGB n.F.	
Einzelkosten			
Materialeinzelkosten	Pflicht	Pflicht	Pflicht
Fertigungseinzelkosten	Pflicht	Pflicht	Pflicht
Sondereinzelkosten der Fertigung	Pflicht	Pflicht	Pflicht
Gemeinkosten			
Materialgemeinkosten	Wahlrecht	Pflicht	Pflicht
Fertigungsgemeinkosten	Wahlrecht	Pflicht	Pflicht
Werteverzehr des Anlagevermögens	Wahlrecht	Pflicht	Pflicht
Verwaltungskosten des Material- und Fertigungsbereichs	Wahlrecht	Pflicht	Pflicht
Allgemeine Verwaltungskosten	Wahlrecht	Wahlrecht	Wahlrecht*
Kosten für freiwillige soziale Leistungen	Wahlrecht	Wahlrecht	Wahlrecht*
Kosten für betriebliche Altersversorgung	Wahlrecht	Wahlrecht	Wahlrecht*
Kosten für soziale Einrichtungen des Betriebs	Wahlrecht	Wahlrecht	Wahlrecht*
Fremdkapitalzinsen	Wahlrecht (unter bestimmten Voraussetzungen)	Wahlrecht (unter bestimmten Voraussetzungen)	Wahlrecht (unter bestimmten Voraussetzungen)
Vertriebskosten	Verbot	Verbot	Verbot
Forschungskosten	Verbot	Verbot	Verbot

* Bis zur Überarbeitung von R 6.3 EStR (2008), danach wohl Aktivierungspflicht

Abbildung 17: Ermittlung der Herstellungskosten im Vergleich.[202]

Ein Aktivierungswahlrecht besteht sowohl handels- als auch steuerrechtlich hinsichtlich der allgemeinen Verwaltungskosten, der Kosten für freiwillige soziale Leistungen, der Kosten für betriebliche Altersversorgung, der Kosten für soziale Einrichtungen des Betriebs sowie für Fremdkapitalzinsen. Vor Einführung des BilMoG mussten steuerrechtliche Wahlrechte in Übereinstimmung mit der handelsrechtlichen Vorgehensweise ausgeübt werden. Durch die Abschaffung der umgekehrten Maßgeblichkeit können steuerrechtlich bestehende Wahlrechte unabhängig von der handelsrechtlichen Rechnungslegung ausgeübt werden. Das BMF erklärt durch Auslegung des Gesetzestextes die genannten steuerlichen Wahlrechte – allgemeine Verwaltungskosten, Kosten für freiwillige soziale Leistungen, betriebliche Altersversorgung und soziale Einrichtungen des Betriebs – allerdings als aktivierungspflichtigen Bestandteil der Herstellungskosten.[203] Von dem Wahlrecht zur Einbeziehung soll demnach nur noch bis zur Überarbeitung der Einkommensteuerrichtlinien (R 6.3 EStR) Gebrauch gemacht werden.[204]

---

[202]   Abbildung modifiziert entnommen aus KÜTING, K. (2009b), S. 178.
[203]   Vgl. BMF-Schreiben vom 12.03.2010, BStB. I 2010, S. 240.
[204]   Diese Auffassung ist jedoch in Wissenschaft und Praxis scharfer Kritik ausgesetzt.

Die losgelöste Ausübung steuerlicher Wahlrechte betrifft im Rahmen der Ermittlung der Herstellungskosten zukünftig ebenso das steuerliche Wahlrecht zur Übertragung stiller Reserven nach § 6b EStG bei handelsrechtlichem Aktivierungsverbot sowie das steuerrechtlich bestehende Wahlrecht zwischen erfolgswirksamer Vereinnahmung und erfolgsneutraler Absetzung von den Anschaffungs- bzw. Herstellungskosten für Investitionszuschüsse.[205]

5.2.2 Rückstellungsbewertung
5.2.2.1 Bewertung von sonstigen Rückstellungen

Auch die Bewertung von sonstigen Rückstellungen in der Handelsbilanz hat durch das BilMoG Änderungen erfahren. Nach § 253 Abs. 1 Satz 2 HGB sind Rückstellungen nun i.H.d. nach vernünftiger kaufmännischer Beurteilung notwendigen Erfüllungsbetrags anzusetzen.[206]

Bei der Bewertung der Rückstellungen ist demnach auf die Verhältnisse im Zeitpunkt der Erfüllung abzustellen; künftige Preis- und Kostensteigerungen sind demnach zwingend zu berücksichtigen. Bisher waren solche Preisänderungen nach ständiger BFH-Rechtsprechung – wenn auch handelsrechtlich stark umstritten – nicht relevant.[207] Steuerbilanziell legt § 6 Abs. 1 Nr. 3a Buchst. f EStG fest, dass die Wertverhältnisse zum Abschlussstichtag maßgeblich sind. Künftige Preis- und Kostensteigerungen sind in der Steuerbilanz nicht zu berücksichtigen; es kommt daher zu einer abweichenden Bewertung zwischen Handels- und Steuerbilanz.[208]

Künftige Preis- und Kostensteigerungen

Übereinstimmung zwischen Handels- und Steuerrecht herrscht künftig bei der Frage, welche Rückstellungen abzuzinsen sind. Eine Abzinsung hat gem. § 253 Abs. 2 Satz 1 HGB und § 6 Abs. 1 Nr. 3a Buchst. e EStG für Rückstellungen mit einer Laufzeit von über einem Jahr zu erfolgen.[209] Divergierende Vorschriften, die wiederum zu einer abweichenden Bewertung in den beiden Rechenwerken führen, bestehen allerdings hinsichtlich des anzuwendenden Zinssatzes. Während steuerlich nach § 6 Abs. 1 Nr. 3a Buchst. e EStG der Diskontierung ein Zinssatz von 5,5 % zugrunde zu legen ist, sieht das Handelsrecht eine Abzinsung mit dem der Laufzeit entsprechenden durchschnittlichen Marktzins der vergangenen sieben Geschäftsjahre vor. Die Diskontierungssätze für Rückstellungen mit einer Laufzeit zwischen einem und 50 Jahren werden monatlich von der Deutschen Bundesbank veröffentlicht.[210]

Diskontierung

---

[205] Vgl. zur Behandlung von Investitionszuschüssen ausführlich ADLER, H./DÜRING, W./ SCHMALTZ, K. (1995), § 255, Rn. 56; BAETGE, J./KIRSCH, H.-J./THIELE, S. (2009), S. 189.

[206] Vgl. § 253 Abs. 1 Satz 2.

[207] Vgl. PFIRMANN, A./SCHÄFER, R. (2009), S. 143.

[208] Vgl. § 6 Abs. 1 Nr. 3a Buchst. f EStG.

[209] Vgl. KÜNKELE, K. P./ZWIRNER, C. (2009), S. 1281.

[210] Vgl. ZÜLCH, H./HOFFMANN, S. (2009), S. 372.

5.2.2.2   Bewertung von Pensionsrückstellungen

Handelsrecht

Ebenso wie die sonstigen Rückstellungen sind nach BilMoG gem. § 253 Abs. 1 Satz 2 HGB Pensionsrückstellungen mit ihrem Erfüllungsbetrag zu passivieren. Künftige Preis- und Kostensteigerungen, wie bspw. zukünftige Gehalts- und Rententrends, sind daher zu berücksichtigen.[211] Die Diskontierung hat handelsrechtlich ebenfalls analog zur Bewertung der sonstigen Rückstellungen mit dem ihrer Laufzeit entsprechenden durchschnittlichen Marktzins der letzten sieben Jahre zu erfolgen. Alternativ dazu dürfen Pensionsrückstellungen allerdings auch pauschal mit dem durchschnittlichen Marktzins diskontiert werden, der sich bei einer unterstellten Laufzeit von 15 Jahren ergibt.[212]

Steuerrecht

Im Steuerrecht sind die Regelungen zur Bewertung von Pensionsrückstellungen in § 6a EStG kodifiziert. Hiernach sind Pensionsrückstellungen mit dem Teilwert gem. § 6a Abs. 3 EStG unter Zugrundelegung eines Rechnungszinssatzes von 6 % zu diskontieren. Auch im Rahmen der Bewertung von Pensionsverpflichtungen bestehen demnach umfangreiche Differenzen zwischen Handels- und Steuerbilanz.

Abweichungen bei der Bewertung von Rückstellungen zwischen den beiden Rechenwerken ergeben sich ebenfalls aufgrund der künftig handelsrechtlich zu beachtenden Preis- und Kostensteigerungen bei Rückstellungen für Altersteilzeit im Blockmodell.[213]

5.2.3   Planmäßige Abschreibungen

Methode

Durch die Streichung der umgekehrten Maßgeblichkeit des § 5 Abs. 1 Satz 2 EStG a.F. können die bei den planmäßigen Abschreibungsmethoden bestehenden steuerlichen Wahlrechte künftig unabhängig von der handelsrechtlich gewählten Abschreibungsmethode ausgeübt werden.[214] Dies ist für bewegliche Wirtschaftsgüter des Anlagevermögens der Fall, für die neben der linearen Abschreibung (§ 7 Abs. 1 Satz 1 EStG) auch eine leistungsabhängige Abschreibung (§ 7 Abs. 1 Satz 6 EStG) oder eine degressive Abschreibung[215] (§ 7 Abs. 2 EStG) zulässig ist. Vor Einführung des BilMoG bestand bei übereinstimmenden Wahlrechten hingegen nach § 5 Abs. 1 Satz 2 EStG a.F. eine Bindung an die handelsrechtlich gewählte Abschreibungsmethode.[216] Ein weiteres Auseinanderfallen zwischen Handels- und Steuerbilanz ist die Folge.

---

211   Vgl. WOLZ, M./OLDEWURTEL, C. (2009), S. 425.

212   Vgl. RHIEL, R./VEIT, A. (2009), S. 168.

213   Vgl. hierzu ausführlich BODE, C./GRABNER, E. (2000), S. 141 ff.

214   Vgl. § 5 Abs. 1 EStG; sowie Kapitel C.1.

215   Steuerrechtlich ist die degressive Abschreibung nur für solche Wirtschaftsgüter zulässig, die nach dem 31.12.2008 und vor dem 01.01.2011 angeschafft bzw. hergestellt werden. Der maximal zulässige Abschreibungssatz beträgt das 2,5-fache der linearen Abschreibung, maximal jedoch 25 %; vgl. hierzu COENENBERG, A. G./HALLER, A./SCHULTZE, W. (2009), S. 158.

216   Vgl. HERZIG, N./BRIESEMEISTER, S. (2009b), S. 977.

5.2.4   Außerplanmäßige Abschreibungen

Im Steuerrecht hat der Gesetzgeber aus meist primär wirtschaftspolitischen Gründen steuerrechtliche Begünstigungen für bestimmte Sachverhalte verankert.[217]

Zu diesen Begünstigungen zählen erhöhte Absetzungen i.S.d. §§ 7c, 7d, 7h, 7i, 7k EStG sowie der §§ 82a, 82g, 82i EStDV, die anstelle der normalen Abschreibungen durchgeführt werden dürfen (bspw. erhöhte Absetzungen für Baumaßnahmen an Gebäuden zur Schaffung neuer Mietwohnungen nach § 7c EStG oder erhöhte Absetzungen für Wohnungen mit Sozialbindung nach § 7k EStG) und Sonderabschreibungen i.S.d. §§ 7g, 7f EStG sowie der §§ 81, 82f EStDV, die zusätzlich zu vorgenommenen planmäßigen Abschreibungen gewährt werden (bspw. Abschreibungen zur Förderung kleiner und mittlerer Betriebe nach § 7g EStG). Des Weiteren sieht das Steuerrecht gem. §§ 4 Abs. 8, 11a, 11b EStG die Möglichkeit vor, bestimmte Erhaltungsaufwendungen (z.B. bei Baudenkmälern) gleichmäßig über mehrere Jahre zu verteilen. Unter diese steuerrechtlichen Begünstigungen sind darüber hinaus auch die Bewertungsabschläge von den Anschaffungs- bzw. Herstellungskosten (z.B. wegen Übertragung von § 6b EStG-Rücklagen) zu subsumieren.[218] Nach bisheriger Rechtslage vor Inkrafttreten des BilMoG konnten diese sog. steuerrechtlichen Mehrabschreibungen über die Öffnungsklausel des § 254 i.V.m. § 279 Abs. 2 HGB a.F. auch Einzug in die Handelsbilanz erhalten.[219] Im Zuge des BilMoG wurde die Öffnungsklausel des § 254 i.V.m. § 279 Abs. 2 HGB a.F. ebenso wie die umgekehrte Maßgeblichkeit gestrichen. Handelsrechtlich sind die oben genannten steuerlichen Mehrabschreibungen nach BilMoG nicht mehr zulässig. Die Inanspruchnahme der steuerlichen Begünstigungen in der Form erhöhter Absetzungen und Sonderabschreibungen in der Steuerbilanz zieht demnach künftig in jedem Fall eine abweichende Bewertung des zugrunde liegenden Wirtschaftsguts in der Handelsbilanz nach sich.

Erhöhte Absetzungen und Sonder- abschreibungen

Im Umlaufvermögen stellt die retrograde Wertermittlung im Rahmen der Vorratsbewertung („verlustfreie Bewertung") den wichtigsten Anwendungsfall steuerlicher Mehrabschreibungen dar. In der Steuerbilanz sind die Vorräte dabei auf den eventuell niedrigeren Teilwert abzuschreiben. Bei dessen Ermittlung sind nicht nur alle noch anfallenden Kosten und Erlösschmälerungen, sondern auch ein angemessener Rohgewinnaufschlag zu subtrahieren.[220] Handelsrechtlich hingegen ist eine solche Berücksichtigung einer Gewinnspanne nicht zulässig. Vor BilMoG konnte ein niedrigerer steuerlicher Teilwert durch die Öffnungsklausel des § 254 HGB noch in die Handelsbilanz übernommen werden. Nach der Bilanzrechtsmodernisierung ist dies künftig nicht mehr möglich.

Verlustfreie Bewertung

---

217   Vgl. ELLROTT, H./LORENZ, C. (2006), § 254, Rn. 30 f.
218   Vgl. KESSLER, H. (2010a), S. 253.
219   Vgl. § 254 HGB a.F.; § 279 Abs. 2 HGB a.F.
220   Vgl. KESSLER, H. (2010b), S. 302.

5.2.5   Währungsumrechnung

Restlaufzeit > 1 Jahr

Gem. § 256a HGB sind unter Berücksichtigung der §§ 253 Abs. 1 Satz 1 und 252 Abs. 1 Nr. 4 Halbsatz 2 HGB auf fremde Währung lautende Vermögensgegenstände und Verbindlichkeiten mit einer Restlaufzeit von mehr als einem Jahr am Abschlussstichtag zum Devisenkassamittelkurs umzurechnen. Hiernach erfolgt ein Zugang der mit dem am Zugangszeitpunkt gültigen Devisenkassamittelkurs umgerechneten Fremdwährungsposten. Zu jedem weiteren Bilanzstichtag ist eine neue Wechselkursänderung zu überprüfen und unter Berücksichtigung des Realisations- und Anschaffungskostenprinzips mit dem Buchwert zu verrechnen. Diese Währungsumrechnungsmethode des § 256a Satz 1 HGB hat aufgrund der weiterhin in § 5 Abs. 1 Satz 1 EStG kodifizierten materiellen Maßgeblichkeit grds. auch Gültigkeit für die Steuerbilanz. Unterschiede zwischen handels- und steuerrechtlicher Bewertung ergeben sich demnach nicht.

Restlaufzeit < 1 Jahr

Beträgt die Restlaufzeit der Vermögensgegenstände und Verbindlichkeiten allerdings ein Jahr oder weniger, sind weder § 253 Abs. 1 Satz 1 HGB noch § 252 Abs. 1 Nr. 4 Halbsatz 2 HGB anzuwenden. In diesen Fällen erfolgt stets eine Bewertung zu dem Ansatz am Bilanzstichtag, der sich aus der Umrechnung des Buchwerts mit dem neuen am Bilanzstichtag gültigen Devisenkassamittelkurs ergibt. Diese in § 256a Satz 2 HGB enthaltene Ausnahme für kurzfristige Fremdwährungsposten stellt jedoch eine Durchbrechung des steuerrechtlichen Anschaffungskostenprinzips des § 6 EStG dar. Für die Steuerbilanz dürfte diese handelsrechtliche Regelung somit keinen Bestand haben. Es kommt schließlich zu einer abweichenden Bewertung kurzfristiger Fremdwährungsposten in der Handels- bzw. der Steuerbilanz.[221]

5.2.6   Zusammenfassender Überblick

Abschließend werden die möglichen Divergenzen zwischen Handels- und Steuerbilanz aufgrund abweichender Bewertungsvorschriften nochmals zusammenfassend in der nachfolgenden Übersicht dargestellt.

---

[221]   Vgl. hierzu auch KÜTING, K./MOJADADR, M. (2009), S. 473 ff.

Sachverhalt	Handelsrecht (nach BilMoG)	Steuerbilanz
Herstellungskosten		
Werteverzehr des Anlagevermögens	**Aktivierungspflicht** gem. § 255 Abs. 2 S. 2 HGB	**Aktivierungspflicht** gem. R 6.3 Abs. 3 S. 1 EStR
Aufwendungen für soziale Einrichtungen, freiwillige Sozialleistungen, betriebliche Altersversorgung (z.T.) und Kosten der allg. Verwaltung	**Aktivierungswahlrecht** gem. § 255 Abs. 2 S. 3 HGB	Aufhebung § 5 Abs. 1 S. 1 EStG → **Aktivierungswahlrecht** gem. R 6.3 Abs. 4 EStR
„fertigungsbedingte" Fremdkapitalzinsen	**Aktivierungswahlrecht** gem. § 255 Abs. 3 S. 2 HGB	**Aktivierungswahlrecht** gem. R 6.3 Abs. 4 EStR
AHK-Reduktion durch Übertragung einer § 6b-Rücklage	**Verbot**	Aufhebung § 5 Abs. 1 S. 1 EStG → **Wahlrecht** gem. R 6.6 EStR i.V.m. § 6b EStG
Investitionszuschüsse	**Wahlrecht** zwischen erfolgsneutraler Minderung der AHK und erfolgswirksamer Vereinnahmung	Aufhebung § 5 Abs. 1 S. 1 EStG → **Wahlrecht** zwischen erfolgsneutraler Minderung der AHK und erfolgswirksamer Vereinnahmung gem. R 6.5 EStR
Vorräte		
Durchschnittsbewertung	**gewogener Durchschnitt** gem. § 240 Abs. 4 HGB	**gewogener Durchschnitt** gem. R 6.8 Abs. 4 EStR
Verbrauchsfolgeverfahren	**Lifo/Fifo** gem. § 256 HGB	Aufhebung § 5 Abs. 1 S. 1 EStG → **Lifo** gem. § 6 Abs. 1 Nr. 2a EStG
Verbindlichkeiten		
Laufzeit größer ein Jahr und unverzinslich	**Erfüllungsbetrag** gem. § 253 Abs. 1 S. 2 HGB	**Erfüllungsbetrag abgezinst** gem. § 6 Abs. 1 Nr. 3 EStG

Sachverhalt	Handelsrecht (nach BilMoG)	Steuerbilanz
Rückstellungen		
Bewertungsgrundsatz	**Erfüllungsbetrag** nach vernünftiger kfm. Beurteilung gem. § 253 Abs. 1 S. 2 HGB	**Erfüllungsbetrag** gem. § 5 Abs. 1 S. 1 EStG unter Berücksichtigung der Restriktionen des § 6 Abs. 1 Nr. 3a EStG
Berücksichtigung von Preis- und Kostensteigerungen	**Pflicht** gem. § 253 Abs. 1 S. 2 HGB	**Verbot** gem. § 6 Abs. 1 Nr. 3a Buchst. f EStG
Abzinsung bei Laufzeit größer ein Jahr	**Pflicht** zur Abzinsung mit einem laufzeitkongruenten durchschnittlichen Marktzins der letzten sieben Jahre gem. § 253 Abs. 2 S. 1 HGB	**Pflicht** zur Abzinsung gem. § 6 Abs. 1 Nr. 3a Buchst. e EStG
Abzinsung bei Laufzeit kleiner ein Jahr	keine Abzinsungspflicht gem. § 253 Abs. 2 S. 1 HGB	Keine Abzinsung gem. § 6 Abs. 1 Nr. 3 S. 2 EStG
Abzinsung von RST, die verzinslich sind oder auf einer Anzahlung/Vorausleistung beruhen.	Pflicht zur Abzinsung mit einem laufzeitkongruenten durchschnittlichen Marktzins der letzten sieben Jahre gem. § 253 Abs. 2 S. 1 HGB	Keine Abzinsung gem. § 6 Abs. 1 Nr. 3 S. 2 EStG
Pensionsrückstellungen	nach allg. Grundsätzen der Rückstellungsbewertung. Gem. § 253 Abs. 2 S. 2 HGB vereinfachend Abzinsung mit durchschnittlichem Marktzins bei unterstellter 15-jähriger Laufzeit	Teilwert gem. § 6a Abs. 3 EStG
Rückstellungen für Verpflichtungen aus Altersteilzeitvereinbarungen	Regelarbeitsentgelt/Aufstockungsbeträge: Ansammlung Verbindlichkeitsrückstellung (Erfüllungsrückstand des Arbeitgebers während der Beschäftigungsphase); allg. Bewertungsgrundsätze (--> Abweichung zum StR durch handelsrechtliche Berücksichtigung von Preis- und Kostensteigerungen)	Regelarbeitsentgelt/Aufstockungsbeträge: Ansammlung Verbindlichkeitsrückstellung (§ 5 Abs. 1 S. 1 EStG); Gegenrechnung von Erstattungsansprüchen gem. § 6 Abs. 1 Nr. 3a Buchst. c EStG

Sachverhalt	Handelsrecht (nach BilMoG)	Steuerbilanz
Planmäßige Abschreibungen		
Gebäude	Nutzungsdauer nach vernünftigem kaufmännischem Ermessen	Festgelegte Nutzungsdauern (je nach Art: 33 1/3, 40 bzw. 50 Jahre), es sei denn die tatsächliche Nutzungsdauer ist geringer (§ 7 Abs. 4 EStG)
Bewegliche VG des Anlagevermögens	Wahlrecht zwischen linearer, leistungsabhängiger, degressiver und progressiver Abschreibung	Aufhebung § 5 Abs. 1 S. 1 EStG; Gem. § 7 Abs 1 und 2 EStG im Ergebnis linear, leistungsabhängig oder mit Einschränkungen degressiv (max. 2,5fache der linearen AfA und max. 25 %)
nach Einlage eines zur Einkünfteerzielung verwendeten Wirtschaftsguts	Allgemeine Abschreibungsgrundsätze	Gem. § 7 Abs. 1 S. 5 EStG geringere Abschreibung aufgrund verminderter AHK um AfA für Zeitraum zwischen Anschaffung/Herstellung und Einlage
GWG < 410 EUR	Möglichkeit zur Aktivierung und vollständiger Abschreibung im Jahr des Zugangs bzw. vereinfachend sofortige aufwandswirksame Erfassung	Gem. § 6 Abs. 2 S. 1 EStG sofortige Erfassung als Aufwand möglich
GWG zwischen 150 EUR und 1.000 EUR	Möglichkeit zur Bildung eines Sammelpostens und Auflösung analog zu § 6 Abs. 2a EStG sofern von untergeordneter Bedeutung. Falls Sammelposten wesentlich, sind allg. Abschreibungsgrundsätze anzuwenden	Gem. § 6 Abs. 2a EStG Bildung Sammelposten und aufwandswirksame Auflösung zu je ein Fünftel im Jahr der Bildung und den folgenden vier Jahren unabhängig von Verbrauch, Verkauf oder Untergang
Geschäfts- oder Firmenwert	Betriebsgewöhnliche Nutzungsdauer mit Begründung im Anhang sofern ND größer als fünf Jahre	Gem. § 7 Abs. 1 S. 3 EStG linear über 15 Jahre

Sachverhalt	Handelsrecht (nach BilMoG)	Steuerbilanz
Außerplanmäßige Abschreibungen/Sonderabschreibungen		
dauerhafte Wertminderung	Abschreibungspflicht gem. § 253 Abs. 3 S. 3 HGB	Abschreibungswahlrecht bei dauerhafter Wertminderung auf den Teilwert gem. § 6 Abs. 1 Nr. 1 S. 2 EStG
vorübergehende Wertminderung (Finanzanlagevermögen)	Abschreibungswahlrecht gem. § 253 Abs. 3 S. 4 HGB	Abschreibungsverbot gem. § 6 Abs. 1 Nr. 2 S. 2 EStG
vorübergehende Wertminderung (Umlaufvermögen)	Abschreibungspflicht gem. § 253 Abs. 4 HGB	Abschreibungsverbot gem. § 6 Abs. 1 Nr. 2 S. 2 EStG
Abschreibung bei retrograder Wertermittlung im Vorratsvermögen	Handelsrechtliche Bewertungsobergrenze = Zeitwert ohne Berücksichtigung eines Rohgewinnaufschlags	Steuerliche Bewertungsobergrenze = Teilwert = handelsrechtlicher Zeitwert ./. durchschnittl. Unternehmergewinn
Sonderabschreibung gem. § 7g EStG	Verbot	Wahlrecht gem. § 7g EStG
Sonderabschreibung gem. § 7f EStG; §§ 81, 82 EStDV	Verbot	Wahlrecht gem. § 7f EStG; §§ 81, 82 EStDV
erhöhte Absetzungen gem. §§ 7c; 7d; 7h; 7i; 7k EStG	Verbot	Wahlrecht gem. §§ 7c; 7d; 7h; 7i; 7k EStG
erhöhte Absetzungen gem. §§ 82a; 82g; 82i EStDV	Verbot	Wahlrecht gem. §§ 82a; 82g; 82i EStDV Aufhebung § 5 Abs. 1 S. 1 EStG
Sonderbehandlung von Erhaltungsaufwand gem. §§ 4 Abs. 8; 11a; 11b EStG	Verbot	Wahlrecht gem. §§ 4 Abs. 8; 11a; 11b EStG
Wertaufholung		
Geschäfts- oder Firmenwert	Verbot gem. § 253 Abs. 5 S. 2 HGB	Gem. § 6 Abs. 1 Nr. 1 S. 4 EStG Aktivierungspflicht (bei Geltung der Einheitstheorie). Allerdings Verbot gem. § 5 Abs. 2 EStG (bei Geltung der Trennungstheorie)

Sachverhalt	Handelsrecht (nach BilMoG)	Steuerbilanz
Einlagen	Grds. Zeitwert	Gem. § 6 Abs. 1 Nr. 5 EStG *grds. zum Teilwert.* Für die Fälle des § 6 Abs. 1 Nr. 5 a-c EStG max. zu *AHK des zugegangenen Wirtschaftsguts* mit Verminderung um AfA für Zeitraum zwischen Anschaffung/Herstellung und Einlage bei abnutzbaren Wirtschaftsgütern. *Entnahmewert* bei Einlage Wirtschaftsgut aus Betriebsvermögen
Entnahmen	Buchwert (i.d.R.)	Teilwert mit Ausnahme Buchwert bei Entnahme zu Sachspende
Tauschgeschäfte	Bewertung zum Buchwert des hingegebenen Vermögensgegenstands oder zum vorsichtig geschätzten Zeitwert des hingegebenen Vermögensgegenstands	Grundsätzlich Bewertung zum gemeinen Wert des hingegebenen Wirtschaftsguts gem. § 6 Abs. 6 EStG (Beachtung einzelner Ausnahmen)
Unentgeltliche Übertragung soweit nicht selbst erstellte immaterielle Vermögensgegenstände	Nach h.M. Bewertungswahlrecht	*Einzelwirtschaftsgut:* gemeiner Wert (§ 6 Abs. 4 EStG) bzw. Buchwert (§ 6 Abs. 5 EStG) *Betrieb/Teilbetrieb/Mitunternehmeranteil:* Buchwert gem. § 6 Abs. 3 EStG mit Ausnahme bei Veräußerung bzw. Aufgabe innerhalb von fünf Jahren

Abbildung 18: Mögliche Divergenzen zwischen Handels- und Steuerbilanz aufgrund abweichender Bewertungsvorschriften[222]

---

[222] Ähnlich mit Rechtsstand Regierungsentwurf vgl. HERZIG, N./BRIESEMEISTER, S. (2009c), S. 5 ff.

6.   Umsetzung der parallelen Rechnungslegung in SAP Business ByDesign

In den Kapiteln C.1, C.2 und C.3 wurde auf die Notwendigkeit zur Bilanzierung nach unterschiedlichen Normensystemen (parallele Bilanzierung) eingegangen. Durch die Aufgabe der umgekehrten Maßgeblichkeit, die vom HGB unabhängige Ausübung aller steuerlichen Wahlrechte und für Zwecke der elektronischen Übermittlung von Bilanz und GuV und den damit verbundenen Anforderungen hinsichtlich der Einordnung steuerlicher Sachverhalte (Steuer-Taxonomie) rückt die parallele Aufstellung einer Handels- und einer (gesonderten) Steuerbilanz in den Fokus; eine Überleitungsrechnung wird wohl nur bei einer überschaubaren Anzahl von Abweichungen weiter praktiziert werden. SAP Business ByDesign erfüllt die Anforderung der parallelen Rechnungslegung durch die Möglichkeit der Verwendung von mehreren sog. Rechnungslegungswerken für ein Unternehmen.

Rechnungsle-gungswerk

Ein Rechnungslegungswerk umfasst einen vollständigen und konsistenten Satz an Büchern (Haupt- und Nebenbüchern), der für eine ordnungsmäßige Buchführung und die Erstellung einer Bilanz und GuV notwendig ist. Die Zuordnung von einem (oder mehreren) Rechnungslegungswerk(en) zu einem Unternehmen nehmen Sie in den Systemeinstellungen vor. Dem Rechnungslegungswerk weisen Sie in der Konfiguration maßgebende Charakteristiken wie die zu verwendenden Rechnungslegungsvorschriften (z.B. handelsrechtliche oder steuerrechtliche Normen), den vorgesehenen Kontenplan und Berichtsverfahren (z.B. UKV) zu. Mit der Rechnungslegungsvorschrift werden z.B. die Vorgehensweise bei der Währungsumrechnung oder anlagenspezifische Bewertungsmodalitäten definiert.

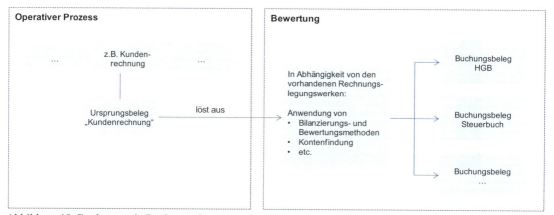

Abbildung 19: Buchungen je Rechnungslegungswerk

Bei der Verwendung von mehreren Rechnungslegungswerken wird für jeden Geschäftsvorfall eine Buchung je Rechnungslegungswerk erzeugt. Für die Bewertung des Geschäftsvorfalls bedient sich SAP Business ByDesign u.a. der zugrunde liegenden Bilanzierungs- und Bewertungsmethoden (vgl. auch Abbildung 19). Ein Vorteil der Verwendung der parallelen Rechnungslegung liegt darin, dass für jedes Rechnungslegungswerk eine vollständige Menge von Buchungsstoff entsteht, auf deren Basis zum Periodenende spezifische Bewertungen durchgeführt werden. Als Ergebnis können Sie aus diesen Daten z.B. eine Bilanz oder eine GuV des jeweiligen Rechnungslegungsnormensystems direkt erstellen. Die Gegenüberstellung von Handels- und Steuerbilanz ermöglicht Ihnen die Ermittlung von Differenzen zur Bildung von latenten Steuerpositionen.[223] Neben automatisch veranlassten Buchungen aus einem Geschäftsvorfall sind für bestimmte Sachverhalte manuelle Buchungen vorzunehmen. Für eine manuelle Buchung bestimmen Sie in dem sog. Erfassungsbeleg[224] das Rechnungslegungswerk gesondert. So ist auch bei manuellen Buchungen eine unterschiedliche Behandlung des zugrunde liegenden Bilanzierungs- oder Bewertungsvorgangs je Rechnungslegungswerk möglich. In Abbildung 20 sehen Sie die Buchungen, die sich aus einem Geschäftsvorfall (hier: Lieferantenrechnung) sowohl im Handels- als auch im Steuerbuch automatisch ergeben.

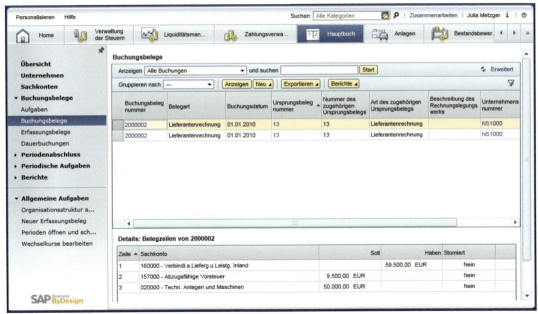

Abbildung 20: Paralleles Absetzen von Buchungen in SAP Business ByDesign

Das Potenzial des Gebrauchs mehrerer Rechnungslegungswerke entfaltet sich z.B. in der Anlagenbuchhaltung sehr deutlich. Während die Zugangsbewertung in aller Regel im Gleichklang geschieht, laufen die steuerlichen und handelsbilanziellen Wertansätze in der Folge oftmals auseinander und erfordern damit die Ermittlung von latenten Steuern. Die Fortführung der unterschiedlichen Wertansätze aufgrund differierender Bewertung erfolgt je Rechnungslegungswerk automatisch.

---

223   Vgl. zur Bildung von latenten Steuern mithilfe der Funktionalität der parallelen Rechnungslegung auch Kapitel F.5.3.4.

224   Den Erfassungsbeleg legen Sie im Work Center *Hauptbuch* unter der Sicht *Buchungsbelege* an. Vgl. beispielhaft zum Anlegen eines Erfassungsbelegs Kapitel F.4.3.2.

D. Modellierung eines Beispielunternehmens

1.   Einführung in das Fallbeispiel

Gründung des Beispielunternehmens

Im vorliegenden Kapitel werden die Grundzüge des in SAP Business ByDesign abgebildeten Fallbeispiels sowie die Geschäftsvorfälle zur Ableitung der Eröffnungsbilanz (vgl. Abbildung 21) für das Unternehmen, die *Nordstar GmbH*, dargestellt. Darüber hinaus werden in diesem Kapitel die Grundlagen gelegt, die für die spätere Durchführung der Geschäftsprozesse – Beschaffung, Lagerfertigung, Auftragsabwicklung, Projektmanagement und Abschluss – benötigt werden. Die *Nordstar GmbH* ist ein mittelständisches Unternehmen mit Sitz in Saarbrücken, das seine Geschäftstätigkeit zum 01.01.2010 durch eine Bargründung aufgenommen hat. Die Barmittel wurden i.H.v. 5.550.000 EUR (gezeichnetes Kapital) in das Unternehmen eingelegt. Zusätzlich zu dieser Bareinlage nimmt die *Nordstar GmbH* gegenüber der Hausbank zum 01.01.2010 ein Darlehen mit einer Laufzeit von fünf Jahren i.H.v. 2.450.000 EUR auf. Insgesamt befinden sich zum 01.01.2010 also Barmittel i.H.v. 8.000.000 EUR im Unternehmen.

Vorzeichenlogik in Bilanz und GuV

Hinsichtlich der Vorzeichenlogik in der Bilanz und GuV ist für die Folge festzuhalten, dass Aktiva und Aufwendungen mit positivem, Passiva und Erträge mit negativem Vorzeichen dargestellt werden.

Bilanzposition	Eröffnungsbilanz EUR
Aktiva	8.000.000,00 EUR
Anlagevermögen	0,00 EUR
Immaterielle Vermögensgegenstände	0,00 EUR
Sachanlagevermögen	0,00 EUR
Umlaufvermögen	8.000.000,00 EUR
Vorräte	0,00 EUR
Forderungen und sonstige Anlagen	0,00 EUR
Kassenbest., Guthaben Kl. und Schecks	8.000.000,00 EUR
Passiva	-8.000.000,00 EUR
Eigenkapital	-5.550.000,00 EUR
Gezeichnetes Kapital	-5.550.000,00 EUR
Jahresüberschuss/Jahresfehlbetrag	0,00 EUR
Rückstellungen	0,00 EUR
Verbindlichkeiten	-2.450.000,00 EUR
Verbindlichkeiten gegenüber Kreditinstituten	-2.450.000,00 EUR
Verbindl. aus Lieferungen und Leistungen	0,00 EUR
Verbindl. gegenüber verb. Unternehmen	0,00 EUR
Sonstige Verbindlichkeiten	0,00 EUR

Abbildung 21: Eröffnungsbilanz der *Nordstar GmbH*

Aufbauorganisation

Die Aufbauorganisation eines Unternehmens ist an den vorhandenen Geschäftsbereichen (divisionale Organisation) und/oder Unternehmensbereichen (funktionale Organisation) ausgerichtet Die Aufbauorganisation in Form einer Geschäftsbereichsorganisation kann nach folgenden Gesichtspunkten – im Folgenden auch Marktsegmente genannt – strukturiert sein: Produkte bzw. Produktgruppen, Kundengruppen, Absatzregionen bzw. trennbare Märkte.

Im Fall der *Nordstar GmbH* orientiert sich die Aufbauorganisation an den im Unternehmen vorhandenen Produktgruppen. Die Geschäftstätigkeit der *Nordstar GmbH* setzt sich aus drei Geschäftsbereichen[225] zusammen. Das Unternehmen handelt mit Schuhen, die aus dem Ausland bezogen werden (Geschäftsbereich Handelsware). Innerhalb dieses Geschäftsbereichs werden für die zwei Produkte *Easy Walk* und *Professional Walk* je ein Profit-Center gebildet. Im Unternehmen werden auch Schuhe selbst hergestellt (*Hiking*) und verkauft (Geschäftsbereich Produktionsware). Neben dem Schuhhandel und der Schuhproduktion besitzt die *Nordstar GmbH* einen dritten Geschäftsbereich: die Erbringung von Beratungsdienstleistungen (Geschäftsbereich Designberatung). Jeder Geschäftsbereich ist für den Vertrieb der Ware bzw. Dienstleistung selbst verantwortlich. Der Einkauf der *Nordstar GmbH* ist dagegen zentral organisiert. Unter den zentralen Funktionsbereich fallen des Weiteren die Kostenstellen *Buchhaltung und Finanzen*, *Controlling*, *Personal* und *Forschung und Entwicklung* (vgl. Abbildung 22).

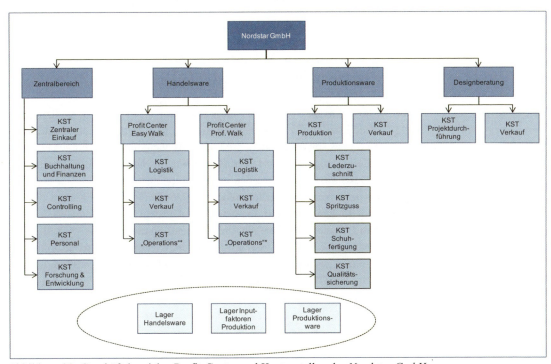

Abbildung 22: Geschäftsbereiche, Profit-Center und Kostenstellen der *Nordstar GmbH*

Die *Nordstar GmbH* besitzt drei Gebäude: ein Verwaltungsgebäude, eine Lagerhalle für die Handelsware und ein Produktionsgebäude, welches sowohl für die Lagerung der für die Produktion benötigten Inputfaktoren als auch der produzierten Waren verwendet wird.[226] Das Produktionsgebäude weist insgesamt eine Grö-

Verwendung der Gebäude

---

225   Im Folgenden wird der „Geschäftsbereich" inhaltlich mit der obersten Ebene (Knotenpunkt) einer Profit-Center-Hierarchie gleichgesetzt und entsprechend verwendet.

226   Die für diese Zwecke vorgesehenen Lagerorte müssen Sie in SAP Business ByDesign im Work Center *Stammdaten Supply Chain Design* (Sicht *Lokationen*) dementspre-

ße von 20.000 qm auf. Zur Lagerung des selbst gefertigten *Hiking*-Schuhs werden 4.000 qm (= 20 %) benutzt. Die restlichen 80 % des Produktionsgebäudes werden für die Lagerung der zu verarbeitenden Inputfaktoren (= 4.000 qm) und zur Produktion (= 12.000 qm) verwendet. Kosten, die in den genannten Lagerbereichen anfallen, belasten die in Verbindung stehenden Kostenstellen.

Heizungskosten

Im Unternehmen fallen des Weiteren insgesamt Heizungskosten[227] i.H.v. 50.000 EUR an. Diese Kosten verteilen sich auf die Kostenstellen der einzelnen Gebäude zu 10.000 EUR (Verwaltungsgebäude), 15.000 EUR (Handelsware) und 25.000 EUR (Produktionsware).

Migration von Altdaten

Im Beispielsachverhalt wird die Neugründung eines Unternehmens angenommen; eine Übernahme von Altdaten in SAP Business ByDesign ist nicht notwendig. Wenn das Unternehmen bereits mehrere Jahre am Markt bestehen würde, hätten Sie die Möglichkeit, die Daten in SAP Business ByDesign über einen Upload in das System einzuspielen.

2.   Betriebswirtschaftliche Konfiguration
2.1   Ableiten des Lösungsumfangs

Lösungsumfang

Bevor der Produktivstart in SAP Business ByDesign erfolgen kann, sind zunächst einige Grundeinstellungen vorzunehmen. Im Fallbeispiel liegt ein deutsches Unternehmen vor, das sowohl handelt, produziert als auch Serviceleistungen erbringt. Aufgrund dieser Angaben zum Unternehmen wie das Land, die Branche und die benötigten Geschäftsprozesse werden im sog. Scoping[228] in SAP Business ByDesign Voreinstellungen hinsichtlich Work Center und Feineinstellungen der betriebswirtschaftlichen Konfiguration getroffen. Aus dem Scoping erzeugt das System automatisch eine Aufgabenliste, die systematisch abgearbeitet wird. Eine der Aufgaben ist für das Rechnungswesen besonders wichtig und wird im folgenden Gliederungspunkt gesondert vorgestellt: die Kontenfindung. Eine weitere wesentliche Aufgabe besteht in dem Aufbau der Organisationsstruktur, der in Gliederungspunkt 3 näher dargestellt wird.

2.2   Kontenfindung

Kontenplan

In einem Kontenplan werden alle von einem Unternehmen verwendeten Sachkonten zusammengefasst. Der Kontenplan besitzt typischerweise sowohl landesspezifische als auch rechnungslegungsspezifische Anforderungen. Die in SAP Business ByDesign ausgelieferten Standardkontenpläne (SKR03-Prozessgliederungsprinzip bzw. SKR04-Abschlussgliederungsprinzip) können nach Ihren individuellen Be-

---

chend getrennt anlegen, sodass z.B. bei Anlieferung von Produkten der eindeutige Lagerbereich bestimmt werden kann.

[227] Vgl. zur Verteilung dieser Kosten auf die Geschäftsprozesse Kapitel F.2 und F.3.

[228] Das Scoping nehmen Sie im Work Center *Betriebswirtschaftliche Konfiguration* unter der Sicht *Übersicht* vor. Vgl. dazu auch Kapitel A.3.

dürfnissen angepasst werden. Der Kontenplan stellt nicht nur die Grundlage für die Kontenfindung, sondern auch für die Struktur von Berichten dar. Neu hinzugefügte Sachkonten müssen in die Kontenfindung und die Berichtsstruktur eingebunden werden.

Es sei im Besonderen auf die Konfiguration der zentralen Kontenfindung eingegangen. Wie werden die Hauptbuchkonten eines Buchungsbelegs abgeleitet? Dazu beginnt man auf dem Ursprungsbeleg eines beliebigen Geschäftsvorfalls. Er beinhaltet Stammdaten wie Produkt, Geschäftspartner, Bankkonto oder Steuerkennzeichen. Beim Wareneingang bspw. dient das Produkt zur Ableitung eines passenden Materialbestandskontos, bei der Lieferantenrechnung wird das Abstimmkonto für die Verbindlichkeit über den Lieferanten bestimmt (vgl. Abbildung 23).[229]

Konzept der Kontenfindung

Genauer dienen z.B. die Stammdaten von Geschäftspartnern und Produktkategorie, Anlagenklasse, Bankkonto oder Steuerkennzeichen und vor allem der Geschäftsvorfalltyp zur Ableitung einer sog. Kontenfindungsgruppe. Sie kann als logisches Sachkonto betrachtet werden. So wird bspw. die Verbindlichkeit der Lieferantenrechnung einem nicht verbundenen, einem verbundenen inländischen oder ausländischen Unternehmen zugeordnet.[230] Auf die Kontenfindungsgruppe setzt die zentrale und homogene Kontenfindung über alle Nebenbücher auf. Kontenfindungsgruppen werden je Nebenbuch ausgeliefert oder ggf. erweitert. Jeder Kontenfindungsgruppe wird in dem entsprechenden Nebenbuch das passende Hauptbuchkonto zugeordnet.

Zentrale Kontenfindung im Rechnungswesen

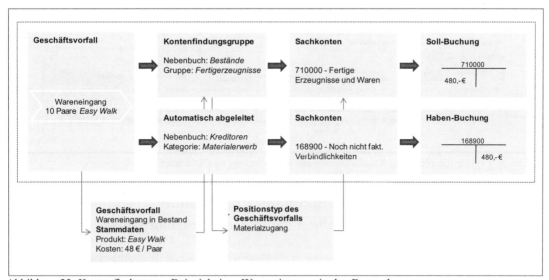

Abbildung 23: Kontenfindung am Beispiel eines Wareneingangs in den Bestand

---

[229] Vgl. zur Kontenfindung von Anlagengütern auch Kapitel F.1.3.2.1.
[230] Verbindlichkeiten gegenüber Mitarbeitern werden über Spesenabrechnungen erzeugt.

**Ableitung der
Sachkonten**

Bei genauerem Blick auf die Sachkonten eines Nebenbuchs gliedern sie sich für eine Kontenfindungsgruppe nach verschiedenen Kategorien, die für das betrachtete Nebenbuch von Relevanz sind (vgl. Abbildung 24): Beim Vorratsvermögen (Nebenbuch *Bestände*) sind dies z.B. die Kategorien *Bestände, Differenzen, Erträge und Aufwendungen* und *Inventur*. Bei Zugang von Fertigungserzeugnissen in den Bestand wird das Sachkonto *710000 – Fertige Erzeugnisse und Waren* gewählt, wird die Ware verbraucht, wird auf dem Sachkonto *400020 – Aufwendungen für Fertigfabrikate* gebucht. Damit ist die Soll-Buchung des Wareneingangs erklärt. Die Haben-Buchung geht auf das Verrechnungskonto *168900 – Noch nicht fakturierte Verbindlichkeiten* unabhängig von der Art des Materials. Das Verrechnungskonto wird im Nebenbuch *Kreditoren* gefunden, da der Wareneingang sich auf die Bestellung bei einem Lieferanten bezieht.

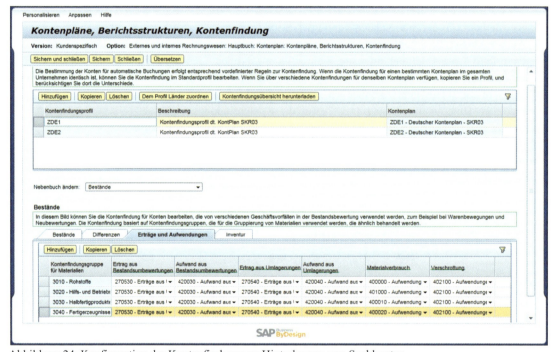

Abbildung 24: Konfiguration der Kontenfindung zur Hinterlegung von Sachkonten

3.   Unternehmensorganisation

3.1   Einrichten der Unternehmensorganisation

**Modellierung der
Organisationsstruktur**

Die Aufbauorganisation eines Unternehmens ist an den vorhandenen Geschäftsbereichen (divisionale Organisation) und/oder Unternehmensbereichen (funktionale Organisation) ausgerichtet. Die Unternehmensorganisation wird in einer hierarchischen Struktur in SAP Business ByDesign abgebildet.[231] Sie legen Organisations-

---

231   Es wird in diesem Kapitel keine detaillierte Beschreibung des Modellierungsvorgangs vorgenommen, sondern vielmehr auf einige wesentliche Einstellungen eingegangen.

einheiten an, die das Unternehmen und seine Abteilungen repräsentieren.[232] Auf
der obersten Ebene der Unternehmenshierarchie befindet sich immer die das Unternehmen aus einzelgesellschaftlicher Sicht repräsentierende Einheit (im Falle
des Beispielsachverhalts die *Nordstar GmbH)*.[233] Die Abteilungen werden für das
Rechnungswesen als Profit-Center und/oder Kostenstellen klassifiziert. Neben legalen und standortbezogenen Aspekten einer Unternehmensstruktur strukturieren
insbesondere diese Eigenschaften der Organisationseinheiten Ihre Aufbauorganisation und bilden die Grundlage für die auf Ihre Anforderungen ausgerichtete Unternehmenssteuerung. Eine Planung[234] von Erlösen bzw. Kosten auf Profit-Center-
bzw. Kostenstellenebene ermöglicht Ihnen zudem die Durchführung von Plan-/Ist-
Vergleichen.

Im Work Center *Organisationsmanagement* modellieren Sie Ihre Organisations-
struktur, um z.B. die rechtlichen und rechnungswesenrelevanten Aspekte in Ihrem
Unternehmen und deren Linienverantwortung (Berichtszuständigkeit) abzubilden.
Ausgehend von den Daten des Beispielsachverhalts in Kapitel D.1 wurde die Or-
ganisationsstruktur (Geschäftsbereiche, Profit-Center und Kostenstellen) der
Nordstar GmbH in SAP Business ByDesign abgebildet (vgl. Abbildung 25).

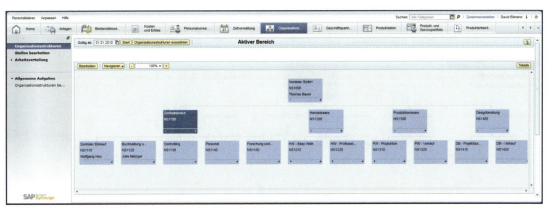

Abbildung 25: Ausschnitt aus der Organisationsstruktur des Beispielunternehmens

Die rechtlichen Eigenschaften beziehen sich auf die (legale) Unternehmenseigen- **Rechtliche**
schaft der obersten Organisationseinheit einer Organisationsstruktur.[235] Dem Un- **Eigenschaften**
ternehmen als rechtlich unabhängige Organisationseinheit (hier: *Nordstar GmbH*)
sind z.B. Rechnungslegungswerke zuzuordnen; aber auch Finanzdaten für Produkte und Geschäftspartner sind immer für ein bestimmtes Unternehmen zu pflegen.
Ebenfalls unter die rechtlichen Eigenschaften ist die Bestimmung eines geografischen Standorts des Unternehmens (Betriebsstätte) zu fassen.

---

[232] Den Abteilungen werden die Mitarbeiter im Unternehmen zugeordnet.
[233] Anforderungen an einen Konzernverbund werden zurzeit in SAP Business ByDesign
        nur rudimentär abgebildet. Vgl. auch Kapitel G.4.1.
[234] Vgl. zur Bedeutung der Organisationsstruktur für die Planung Kapitel E.1.1.3.
[235] Jede Organisationsstruktur muss mindestens eine als Unternehmen definierte Organi-
        sationseinheit enthalten.

Finanzrechtliche Eigenschaften

Für eine Organisationseinheit werden des Weiteren finanzrechtliche Eigenschaften bestimmt[236]: Handelt es sich bei der vorliegenden Organisationseinheit um ein Profit-Center oder eine Kostenstelle? Im Beispielsachverhalt legen wir die drei Profit-Center Handelsware, Produktionsware und Designberatung an. In dem Geschäftsbereich Handelsware finden Sie zudem die (produktbezogenen) Profit-Center *Easy Walk* und *Professional Walk*.[237]

Funktion einer Organisationseinheit

Neben der Zuweisung der oben beschriebenen Eigenschaften sind einer Organisationseinheit des Weiteren Funktionen zuzuordnen (vgl. Abbildung 26). Mit der Auswahl der Funktion – in SAP Business ByDesign werden die zentralen Funktionen Finanzen und Verwaltung, Personalmanagement, Einkauf, Vertrieb und Marketing, Service und Support sowie Supply Chain Management angeboten – sind Vorschläge zur Vergabe von Work Centern und damit Berechtigungen verbunden.[238] Die vorgeschlagenen Work Center decken inhaltlich die über die jeweilige betriebswirtschaftliche Funktion gestellten Anforderungen ab. So werden bspw. u.a. die Work Center *Hauptbuch, Anlagen, Liquiditätsmanagement, Forderungen, Verbindlichkeiten* und *Kosten und Erlöse* für die Funktion Finanzen und Verwaltung zur Auswahl gestellt.

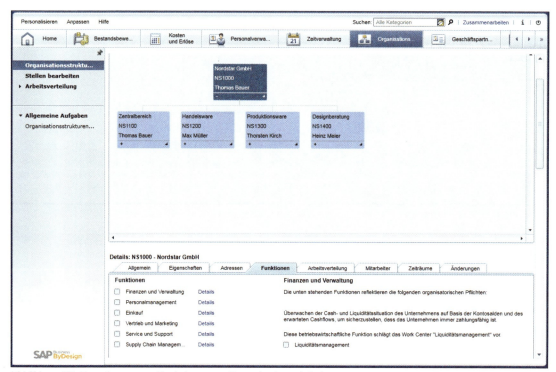

Abbildung 26: Zuordnung von Funktionen zu Organisationseinheiten

---

[236] Vgl. hierzu auch Kapitel A.4.1.

[237] Ein genaues Bild dieser Struktur können Sie Abbildung 22 entnehmen.

[238] Die zur Auswahl stehenden Bereiche finden Sie in der rechten Spalte der Registerkarte *Funktionen*.

Bei dem Einstellen von Mitarbeitern – und dementsprechend dem Anlegen eines Systembenutzers – werden diesen die betreffenden Organisationseinheiten zugewiesen[239]; der Vorgesetzte der Organisationseinheit ist über die Registerkarte *Allgemein* festzulegen. Die über die Funktion vergebene organisatorische Zuständigkeit einer Organisationseinheit wird sodann für die Zugangsberechtigungen zu bestimmten Work Centern verwendet, indem für den jeweiligen Mitarbeiter die der Funktion entsprechenden Work Center automatisch vorgeschlagen werden. Inwiefern eine Einschränkung bzw. eine Erweiterung der vorgeschlagenen Work Center erfolgen soll, kann einzelfallabhängig entschieden werden.[240]

3.2 Verkaufsorganisation und Vertriebswege

Innerhalb der Organisationsstruktur sind die Organisationseinheiten zu benennen, die als Verkaufsorganisation auftreten. In der Regel wird auf Ebene eines Profit-Centers (Geschäftsbereich) eine Verkaufsorganisation existieren; sie ist somit normalerweise die oberste Einheit einer Organisationsverkaufshierarchie. In SAP Business ByDesign ist das Einrichten einer Verkaufsorganisation obligatorisch, wenn Sie in einem Profit-Center (Geschäftsbereich) Produkte absetzen wollen. Sie können den Erfolgsbeitrag für die einzelnen Geschäftsbereiche – für den Beispielsachverhalt sind dies konkret die Geschäftsbereiche Handelsware, Produktionsware, Designberatung[241] – bestimmen und mit den Daten der auf dieser Ebene durchgeführten Absatzplanung[242] abgleichen. Für eine Verkaufsorganisation können Sie bei Bedarf auch unterschiedliche Vertriebswege[243] einrichten und somit die Analyse auf eine weitere Betrachtungsebene vertiefen. Im Beispielsachverhalt werden die Vertriebswege *Fachhandel* und *Internet* für den Verkauf der Schuhe genutzt.[244]

Verkaufsorganisation und Vertriebswege

Für eine Verkaufsorganisation werden zudem verkaufsrelevante Stammdaten definiert. Ob ein Produkt über einen angelegten Vertriebsweg abgesetzt werden darf, ist in den Stammdaten des Produkts festzulegen. Darüber hinaus ist auch die Pflege bzw. die Berechtigung zur Änderung von Preislisten für eine Verkaufsorgani-

Vertriebsrelevante Stammdaten

---

[239] Die einer Organisationseinheit zugewiesenen Mitarbeiter werden in der gleichnamigen Registerkarte aufgeführt (vgl. auch Abbildung 26). Die Zuordnung von Mitarbeitern zu einer Kostenstelle wird auch für die Bestimmung von Verrechnungssätzen interner Leistungserbringung relevant; vgl. hierzu auch Kapitel F.4.1.2.2.

[240] SAP Business ByDesign besitzt in diesem Zusammenhang die Funktionalität, die Vergabe von Work Centern unter der Einhaltung von Compliance-Gesichtspunkten vorzunehmen. Eine potenzielle Gefährdung von Compliance z.B. durch eine fälschlicherweise funktionsübergreifende Zuordnung von Work Centern würde vom System kenntlich gemacht werden.

[241] Vgl. auch Abbildung 22.

[242] Vgl. zur Absatzplanung in SAP Business ByDesign Kapitel E.3.1.

[243] Das Einrichten von Vertriebswegen erfolgt – entgegen der Definition von Verkaufsorganisationen – nicht im Work Center *Organisationsmanagement,* sondern in der Systemkonfiguration.

[244] Vgl. zur Berücksichtigung von Vertriebswegen im Beispiel und diesbezüglich Auswertungsmöglichkeiten je Vertriebsweg Kapitel F.3.3.3.

sation ein weiterer Aspekt, der zu einer Abgrenzung von Zuständigkeiten zwischen Verkaufsorganisationen beiträgt.

3.3   Bedeutung des Funktionsbereichs einer Kostenstelle für das Rechnungswesen

Die GuV kann nach dem Umsatzkosten- oder dem Gesamtkostenverfahren aufgestellt werden. Während sich das Gesamtkostenverfahren nach Aufwandsarten gliedert, werden die Aufwendungen bei Anwendung des Umsatzkostenverfahrens den Funktionsbereichen des Unternehmens wie Fertigung, Vertrieb und Verwaltung zugeordnet und dahingehend eine Analyse der Aufwandsstruktur ermöglicht.

Funktionsabhängiger Ausweis von Kosten

Den Kostenstellen werden im Work Center *Organisationsmanagement* (Sicht *Organisationsstrukturen*) Funktionen unter der gleichnamigen Registerkarte zugewiesen. Darüber hinaus wird jeder Kostenstelle ein Kostenstellentyp zugeordnet; dieser ist für den Kostenausweis in einem Funktionsbereich der GuV (nach dem Umsatzkostenverfahren) oder in dem Deckungsbeitragsschema[245] entscheidend.[246]

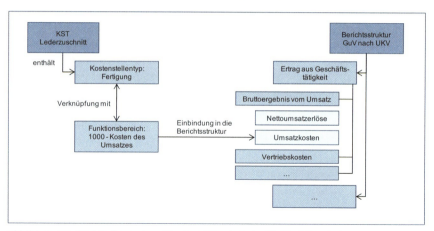

Abbildung 27: Einbindung eines Kostenstellentyps in die Berichtsstruktur

In Abbildung 27 wird der Zusammenhang zwischen dem Kostenstellentyp und dem Ausweis seiner Kosten beispielhaft an der Kostenstelle *Lederzuschnitt* veranschaulicht. Dieser (Produktions-)Kostenstelle wird der Kostenstellentyp Fertigung zugewiesen. Diesem Kostenstellentyp ist wiederum in der Konfiguration der Funktionsbereich „1000 – Kosten des Umsatzes" hinterlegt. Daraus wird abgeleitet, dass die in der Kostenstelle anfallenden Kosten immer diesem Funktionsbereich zugeordnet werden. Um sicherzustellen, dass diese Kosten in der GuV korrekt ausgewiesen werden, findet ebenfalls in der Konfiguration eine Einordnung

---

[245]   Im Folgenden wird aus Vereinfachungsgründen nur noch auf die GuV abgestellt.
[246]   In der Konfiguration können Sie weitere Kostenstellentypen definieren. Die Kostenstellentypen werden je Rechnungslegungsvorschrift (z.B. handelsrechtliche Rechnungslegungsnormen) festgelegt.

des Funktionsbereichs an die maßgebliche Stelle in der Berichtsstruktur statt; im vorliegenden Fall sind dies konkret die Umsatzkosten. Sollte eine Kostenstelle für den Verkauf von Produkten zuständig sein, wäre dem Kostenstellentyp Verkauf der Funktionsbereich „Vertrieb" zuzuweisen und die Einbindung in die Berichtsstruktur hätte in die Vertriebskosten zu erfolgen.

4.   Stammdaten

Ein weiterer typischer Bestandteil der durch das Scoping erzeugten Aufgabenliste[247] stellt die Migration von Stammdaten zu Produkten, Geschäftspartnern und Preislisten dar. Im vorliegenden Fallbeispiel wird keine Datenmigration vorgenommen. Die Stammdaten sind gesondert anzulegen. Das Anlegen und Verwalten von Stammdaten ermöglicht Ihnen die Abbildung Ihrer Geschäftsprozesse in SAP Business ByDesign. Stammdaten werden grds. zentral angelegt, sodass in Abhängigkeit von der Berechtigung eine Nutzung durch die einzelnen Benutzer im System erfolgen kann.[248] Daraus wird es jedoch unter Umständen notwendig, die vorgenommenen Einstellungen für bestimmte Unternehmen oder Unternehmensbereiche einzuschränken. In den folgenden Kapiteln wird Ihnen aufgezeigt, welche Stammdaten für den Beispielsachverhalt angelegt wurden.

4.1   Material und Service

In SAP Business ByDesign werden unter Produkten sowohl materielle Produkte (Materialien) als auch Dienstleistungen (Services) verstanden. Beide Produkttypen werden im Work Center *Produktportfolio* angelegt[249] und verwaltet. Aus der Grundgesamtheit angelegter Materialien und Services heraus erfolgen sowohl die Beschaffung, die Disposition als auch der Verkauf. Im Fallbeispiel wird bspw. das Material *Easy Walk* angelegt,[250] welches von einem ausländischen Lieferanten bezogen und in Deutschland, Frankreich und den USA verkauft wird. Stammdaten, wie z.B. das Material *Easy Walk*, können in verschiedenen Szenarien verwendet werden. Für Beschaffungsszenarien müssen bspw. Einkaufsdaten gepflegt werden, für Absatzszenarien die Verkaufsdaten. Da in diesen Szenarien Warenein- und Warenausgänge stattfinden, sind auch Bewertungsdaten zu pflegen. Sowohl die Verwendung als auch das Anlegen der Stammdaten von Materialien und Services erfolgt gleichartig, sodass im Folgenden nur auf das Material *Easy Walk* abgestellt wird.

In der Registerkarte *Bewertung* des Materialstammdatensatzes richten Sie Finanzdaten des Produkts ein. Diese Daten sind für ein Unternehmen (*Nordstar GmbH*)

Bewertung und Ausweis

---

[247]   Vgl. Kapitel D.2.1.
[248]   Wenn mehrere Unternehmen im System modelliert sind, können alle Unternehmen auf diese Stammdaten zurückgreifen.
[249]   Beim Anlegen von Materialien vergeben Sie eine Materialnummer, eine Materialbeschreibung, eine Produktkategorie und eine Basis-Mengeneinheit.
[250]   Im Beispielsachverhalt werden weitere Materialien und Services angelegt.

in Kombination mit einer Betriebsstätte (Betriebsstätte *Handelsware*) zu vergeben. Für dieses Unternehmen wählen Sie das maßgebliche Bewertungsverfahren
aus.[251] In Abhängigkeit davon erfolgt die Bestandsbewertung oder z.B. die Ermittlung des Abgangswerts[252] des Materials *Easy Walk*. Des Weiteren ist für Zwecke
der Kontenfindung die Kontenfindungsgruppe im Materialstammdatensatz zu bestimmen. Dadurch wird sichergestellt, dass entsprechend der Verwendung des
Materials – z.B. bei einem Wareneingang von Gütern oder dem Verbrauch von
Rohstoffen – eine korrekte Abbildung im Rechnungswesen erfolgt. Für das Material *Easy Walk* wird das Bewertungsverfahren „Gleitender Durchschnitt" und die
Kontenfindungsgruppe *Fertigerzeugnisse* verwendet (vgl. Abbildung 28).

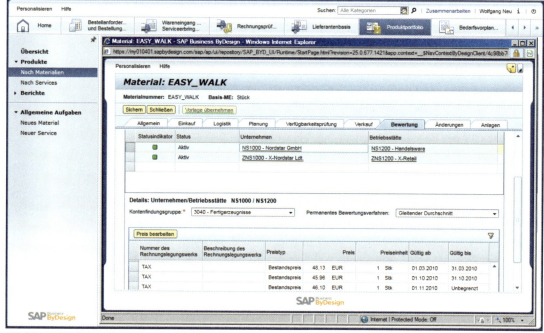

Abbildung 28: Stammdatensatz eines Materials

4.2   Geschäftspartner

**Ausprägungen von
Geschäftspartnern**

Natürliche oder juristische Personen, zu denen Sie geschäftliche Beziehungen
pflegen, legen Sie als sog. Geschäftspartner an. Analog zu den Stammdaten von
Produkttypen wird auf die Daten der Geschäftspartner zentral zurückgegriffen.
Für den Beispielsachverhalt werden folgende Geschäftspartner[253] angelegt.

- Kunden und Lieferanten,

---

[251]   Vgl. zum Bewertungsverfahren auch Kapitel F.1.3.1.1.2.

[252]   Der Abgangswert spielt insbesondere bei der Bestimmung des Deckungsbeitrags von
         abgesetzten Leistungen eine Rolle.

[253]   Das Unternehmen *Nordstar GmbH* ist ebenfalls ein Geschäftspartner. Dieser Aspekt
         wird hier nicht näher beleuchtet.

- Banken und Finanzbehörden,
- Mitarbeiter und Dienstleister.

Da sich die geschäftliche Beziehung zu einem anderen Unternehmen z.B. sowohl als Kunde als auch als Lieferant darstellen kann, wird in SAP Business ByDesign durch eine einheitliche Darstellung der Geschäftspartner eine Zuweisung zu unterschiedlichen Geschäftspartnerausprägungen ermöglicht.

4.2.1   Lieferanten und Kunden

Lieferanten legen Sie im Work Center *Lieferantenbasis*, Kunden im Work Center   **Lieferant**
Kundenmanagement an (Sicht *Allgemeine Aufgaben*). Neben allgemeinen Informationen wie Adresse und konkrete Ansprechpartner werden in den Stammdaten Finanzdaten hinterlegt (vgl. Abbildung 29). Darunter fallen z.B. Angaben zu den zulässigen Zahlungsmethoden[254] (Überweisung, Scheck), die für die Zahlung von Rechnungen relevante Bankverbindung und die Kontenfindungsgruppe je Unternehmensnummer (hier: *Nordstar GmbH*). Ein Lieferant der *Nordstar GmbH* ist die *Werkstoffe Maier GmbH*. Dieser Lieferant ist ein im Inland ansässiges, nicht verbundenes Unternehmen. Forderungen aus Lieferungen und Leistungen dieses Lieferanten werden grds. durch Überweisungen beglichen.

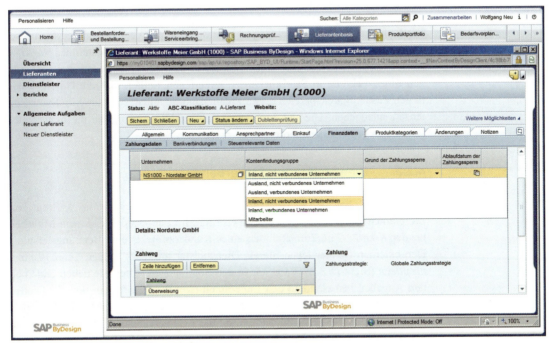

Abbildung 29: Stammdaten eines Lieferanten

---

[254]   Die für eine Banküberweisung benötigten Bankdaten des Lieferanten legen Sie ebenfalls in den Stammdaten an.

Kunde

Neben den bereits für den Lieferanten angeführten Angaben wie Zahlungsmethode und Kontenfindungsgruppe sind für Kunden weitere Angaben von Bedeutung. Zum einen bestimmen Sie für den Kunden die relevante(n) Verkaufsorganisation(en) und Vertriebswege. Für die Analyse von erzielten Erlösen können Sie dem Kunden eine Kundengruppe – z.B. Handelsunternehmen, Industriekunde, Öffentlicher Sektor – zuweisen. In dem Stammdatensatz erhalten Sie außerdem Informationen zu kundenspezifischen Preislisten oder Rabatten, wenn für den vorliegenden Kunden diesbezüglich Daten hinterlegt wurden.[255]

4.2.2   Banken und Finanzbehörden

Bank

Zur Begleichung von Lieferantenrechnungen oder der Aufnahme von Kapital ist das Anlegen einer (Haus-)Bank notwendig. Das Bankkonto richten Sie im Work Center *Liquiditätsmanagement* ein. Alle vorhandenen Bankkonten werden in diesem Work Center verwaltet. Im Beispielsachverhalt werden in den Stammdaten der Hausbank *Sparkasse Saarbrücken* die zulässigen Zahlungsmethoden (z.B. Überweisung, Scheckeinreichung) für das Bankkonto ausgewählt. Ebenso wird festgelegt, dass Einzahlungen in Fremdwährung akzeptiert werden und Auszahlungen in Fremdwährung zulässig sind, um den ausländischen Lieferanten der Handelswaren in US-Dollar zahlen zu können. Des Weiteren wird dem Bankkonto eine Kontenfindungsgruppe zugeordnet.

Finanzbehörde

Für Umsatzsteuer(voran)meldungen ist das Einrichten der zuständigen Finanzbehörde notwendig. Für die Steuermeldung sind die Steuergrunddaten der *Nordstar GmbH* (z.B. Steueridentifikationsnummer) in dem Stammdatensatz der zuständigen Finanzbehörde in Saarbrücken zu hinterlegen; sollten mehrere Unternehmen in den Zuständigkeitsbereich dieser Finanzbehörde fallen, sind diese im Stammdatensatz anzugeben. Die sich ergebende Steuerzahlung erfolgt an die hinterlegten Bankdaten der Finanzbehörde.

4.2.3   Dienstleister und Mitarbeiter

Dienstleister

Unter einem Dienstleister wird diejenige Person verstanden, die im Auftrag Ihrer Lieferanten Dienstleistungen für Sie erbringt. Im Fallbeispiel leistet ein Mitarbeiter der *Kreativ GmbH* im Rahmen eines Kundenprojekts eine Beratungsleistung. Den externen Berater legen Sie als Dienstleister im Work Center *Geschäftspartnerpflege* (Sicht *Dienstleister*) an. In den Stammdaten halten Sie neben allgemeinen Angaben insbesondere den Lieferanten (*Kreativ GmbH*), für den der Dienstleister arbeitet, fest. Dem Dienstleister können Sie einen Systemzugang geben. Dies erleichtert die Zusammenarbeit, da der externe Berater als Teil des Projektteams arbeitet und die geleisteten Arbeitszeiten für das Projekt erfassen kann.[256] Nach diesem Konzept wird auch dem Abschlussprüfer die Möglichkeit gegeben,

---

[255]   Vgl. zur Verwaltung dieser Stammdaten Kapitel D.4.4.
[256]   Vgl. auch für den Beispielsachverhalt Kapitel F.4.1.2.2.

einen Zugang zum System zu erhalten. Die Besonderheit beim Abschlussprüfer besteht allerdings darin, dass ihm in SAP Business ByDesign das gesonderte Work Center *Prüfung und Revision* für seine Arbeit zur Verfügung gestellt werden kann.[257]

Bisher wurden nur externe Gruppen als Geschäftspartner beschrieben. Jedoch sind auch Mitarbeiter des Unternehmens als Geschäftspartner anzusehen und anzulegen. So nimmt ein Mitarbeiter im Kundenprojekt „Designberatung" eine Spesenabrechnung vor, wodurch analog zu einer Leistung eines Lieferanten eine Verbindlichkeit entsteht.

Mitarbeiter

4.3 Ressourcen

Die Ressource ist ein weiteres Stammdatenobjekt, über das Sie alle Daten einer Maschine, eines Fahrzeugs oder Mitarbeiters definieren können. Die Ressource ist sowohl für die Planung und die Ausführung bestimmter Geschäftsprozesse (z.B. Lagerfertigung) als auch für die Bewertung der dabei entstehenden Kosten relevant. Die Ressource wird im Work Center *Stammdaten Supply Chain Design* (Sicht *Ressourcen*) angelegt. Im Beispielsachverhalt wird z.B. eine Personalressource für die Kostenstelle *Spritzguss* verwendet, um die auf dieser Kostenstelle erbrachten Arbeitsleistungen im Rahmen der Schuhproduktion auf den Kostenträger zu verrechnen. Die Ressource enthält einen Kostensatz i.H.v. 15 EUR/Stunde.

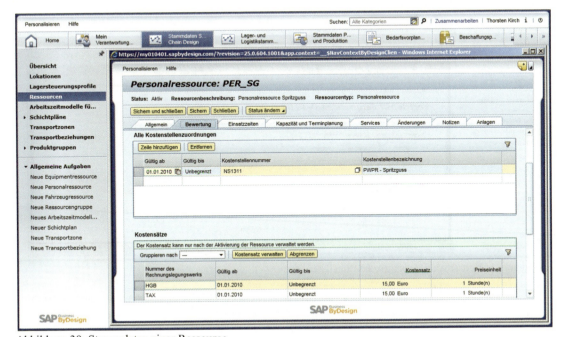

Abbildung 30: Stammdaten einer Ressource

---

[257] Vgl. Kapitel F.6.5.

4.4   Kontrakte und Preislisten

Kontrakte

Ein Kontrakt ist eine vertragliche Vereinbarung zwischen einem Unternehmen und seinem Lieferanten. In einem Kontrakt[258] mit einem (zuvor angelegten) Lieferanten halten Sie z.B. die Laufzeit, die Preise und die abzunehmende Zielmenge für ein oder mehrere Produkte (Material bzw. Service) fest. Ebenso können die vereinbarten Zahlungsbedingungen in einem Kontrakt hinterlegt werden. Das Anlegen eines Kontrakts ist für die Automatisierung des Beschaffungsprozesses nützlich: Dieser erleichtert die Erfassung einer Bestellung, da die hinterlegten Daten für das zu erwerbende Produkt direkt in die Bestellung übernommen werden.[259]

Preislisten

In einer Preisliste bestimmen Sie den Preis für einen Produkttyp, der dann in einen Kundenauftrag bei Auswahl des Produkts direkt übernommen wird. Die Preise können in Abhängigkeit von dem abgesetzten Volumen gestaffelt werden (z.B. Preisreduzierung mit steigender Menge). In SAP Business ByDesign werden unterschiedliche Arten von Preislisten angeboten: Sie können die Preisliste für einen bestimmten Kunden oder für eine Vertriebslinie einrichten. Das Anlegen und Pflegen von Preislisten[260] dient der Automatisierung von Absatzprozessen.

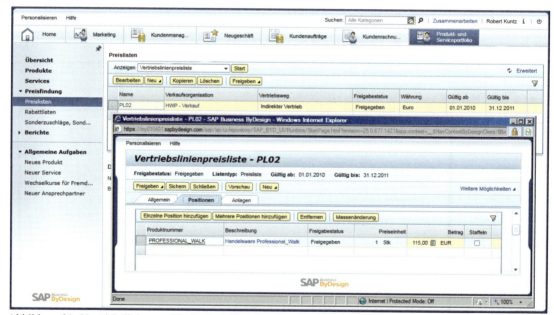

Abbildung 31: Vertriebslinienspezifische Preisliste

Für das Produkt *Professional Walk* wird im Beispielsachverhalt eine vertriebslinienspezifische Preisliste von dem verantwortlichen Vertriebsmitarbeiter *Robert*

---

[258] Einen Kontrakt legen Sie im Work Center *Ausschreibungen und Kontrakte* an.
[259] Vgl. zur Bestellung im Rahmen des Beschaffungsprozesses Kapitel F.1.3.1.1.1.
[260] Preislisten pflegen Sie in dem Work Center *Produkt- und Serviceportfolio* unter der Sicht *Preisfindung*.

Kuntz angelegt (vgl. Abbildung 31). Mit Abbildung 31 kann auch kurz die Funktionalität des in SAP Business ByDesign vorhandenen Berechtigungskonzepts aufgezeigt werden. Da *Robert Kuntz* nur für den Verkauf von *Professional Walk*-Schuhen im Unternehmen verantwortlich ist, beschränken sich die ihm angezeigten vertriebslinienspezifischen Preislisten auf dieses Produkt und ihm wird die Möglichkeit zur Bearbeitung nur dieser Preislisten gegeben.

E. Planung und Budgetierung als Teil der Unternehmenssteuerung

1.   Betriebswirtschaftliche Grundlagen

1.1   Unternehmensplanung

1.1.1   Grundstruktur des Planungsprozesses

Planungssystem als Subsystem der Unternehmensführung

Planungs- und Kontrollsysteme, als Subsysteme der Unternehmensführung, stellen ein wichtiges Mittel dar, um den vielfältigen und komplexen Herausforderungen wirksam begegnen zu können.[261] Unter Controlling ist die Summe aller Maßnahmen zu verstehen, die dazu dienen, die Teilbereiche der Unternehmensführung – Planung, Kontrolle, Organisation, Personalführung und Information – so zu koordinieren, dass die Unternehmensziele optimal erreicht werden.[262] Planungssysteme dienen als Bindeglied zwischen (Unternehmens-)Zielsetzungen und kalkuliertem Handeln. Planung ist zukunftsbezogen und zeichnet sich durch ihren Informations-, Gestaltungs- und Prozesscharakter aus.[263] In der Planung werden Informationen gewonnen, verarbeitet und gespeichert, um darauf aufbauend das zukünftige Geschehen zu gestalten. Die einzelnen (Prozess-)Phasen der Planung werden häufig wiederholt und immer wieder durchlaufen.

Zweck der Planung

Aus der Planung soll eine klare Zielformulierung hervorgehen und dementsprechend zu Entscheidungen und Handlungen führen, die auf dieses beabsichtigte Ziel ausgerichtet sind. Die Planung nimmt also gedanklich die Handlungen im Unternehmen vorweg, die für die Erreichung der gesetzten Ziele ergriffen werden müssen. Mithilfe der Planung wird die Unternehmensausrichtung vereinheitlicht, da sich die betrieblichen Tätigkeiten nach den Zielvorgaben zu orientieren haben. Zudem wird die Zielerreichung durch die Planungsvorgaben messbar gemacht. Die Planung ist folglich als Ausgangspunkt der sich anschließenden Kontrolle bzw. Analyse von Ziel-bzw. Planerreichung zu sehen. Während das „Planen" und „Kontrollieren" als Tätigkeiten der Unternehmensplanung aufzufassen sind, stellen die konkret abgeleiteten Pläne das Ergebnis der Unternehmensplanung dar.

Bestandteile des Planungsprozesses

Es ist umstritten, ob die Zielbildung als integraler Bestandteil des Planungsprozesses oder als separate Führungsfunktion anzusehen ist.[264] Sofern Ziele als Unterziele in sachrationaler Weise unter dem Kriterium ihres Beitrags zu einer übergeordneten Zielsetzung formuliert werden, sind diese Unterziele als (planbarer) Bestandteil im Planungsprozess zu berücksichtigen und werden im Folgenden als Planziele bezeichnet. Dagegen sind Ziele des Unternehmens, die aus übergeordneten Handlungsmaximen abgeleitet werden, nicht planbar und somit nicht immer auf logisch angelegte Planungsprozesse zurückzuführen.[265] Unter Einbeziehung der Zielbildung gliedern sich die Bestandteile eines Planungsprozesses üblicherweise in folgende Teilprozesse:

---

261   Vgl. MÜLLER, A. (2009), S. 182.
262   Vgl. WÖHE, G./DÖRING, U. (2010), S. 194. Die Unternehmenssteuerung wird mit dieser Definition des Begriffs „Controlling" gleichgesetzt. Vgl. auch Fn. 893.
263   Vgl. KÜPPER, H.-U. (2008), S. 105.
264   Vgl. WÖHE, G./DÖRING, U. (2010), S. 77.
265   Vgl. MARCHAZINA, K./WOLF, J. (2005), S. 407.

- Zielbildung,
- Problemanalyse,
- Alternativenermittlung,
- Bewertung und Entscheidung,
- Kontrollphase.

Hinsichtlich des Zielbezugs der Planung kann wie folgt unterschieden werden[266]:
- Sachzielorientierte Planung: Bezugsobjekte sind reale Objekte und Aktivitäten des Unternehmensprozesses (z.B. Herstellung einer bestimmten Menge eines neuen Produkts).
- Formalzielorientierte Planung: Bezugsobjekte sind nominale Aspekte des Unternehmensprozesses (z.B. Erreichung eines bestimmten Umsatzes).

Problemanalyse

Auslöser von Planungsprozessen ist die Feststellung von Problemen bzw. Abweichungen, also wenn ein Zustand im Unternehmen als unbefriedigend empfunden wird. Die Grundlage der Problemfeststellung besteht in der Bestimmung des Istzustands eines Sachverhalts. Auf Basis dieses Zustands kann anschließend ermittelt werden, wie weit das angestrebte Ziel entfernt ist.

Alternativenentwicklung, Bewertung und Entscheidung

Auf die Problemanalyse folgt die Entwicklung von Handlungsalternativen. Es stellt sich hier die Frage, mit welchen Maßnahmen oder mit welchen Mitteln eine Verbesserung des festgestellten Zustands erreicht werden kann. Nachdem die Handlungsalternativen erarbeitet wurden, schließt sich deren Bewertung hinsichtlich ihrer Zielwirkungen an, die dann letztlich auch die Entscheidung für eine Alternative herbeiführen soll.

Kontrolle

Die Planung wird von einer Kontrolle begleitet, die überprüft, inwiefern die gesetzten Ziele erreicht wurden bzw. die Abweichungen zu Zielvorgaben aufzeigt, um im Anschluss daran Maßnahmen einzuleiten, die zu einer Zielerreichung führen sollen.[267] Die Kontrollphase als Bestandteil des Planungsprozesses soll nicht erst am Ende des Planungszeitraums erfolgen, sondern hat permanent im Laufe der betrachteten Periode stattzufinden, da nur dadurch ein rechtzeitiges Handeln in Bezug auf unbefriedigende Zustände im Unternehmen möglich ist.

Eine ganzheitliche Planung – eine Planung über die gesamte Unternehmensdauer – ist nicht praktikabel. Deswegen beschreitet man den Weg einer Teilplanung, indem eine Aufteilung der Planung in zeitlicher und in sachlicher Hinsicht erfolgt.

---

[266] Vgl. HORVÁTH, P. (2009), S. 163.
[267] Vgl. PEEMÖLLER, V. H./KELLER, B. (2008), S. 534

1.1.2   Ebenen der Planung

Zeitliche Dimension der Planung

Die zeitliche Dimension der Planung schlägt sich in unterschiedlicher Art und Weise nieder. Hinsichtlich der Fristigkeit der Planung – der Zeitraum für den ein Plan erstellt wird – kann eine Einteilung in drei Ebenen vorgenommen werden: die strategische, taktische und die operative Planung. Die taktische Planung stellt die mittelfristig orientierte (2-5 Jahre) Maßnahmenplanung dar.[268] Im Folgenden werden nur die strategische und operative Planung betrachtet. In Abhängigkeit von der Planungsebene unterscheiden sich die für die jeweilige Phase charakteristischen Planungsaspekte außerdem bezogen auf die Art der Datenprognose und der Differenziertheit der Planung.

Strategisch

Auf der strategischen Ebene wird die Unternehmensentwicklung über einen längerfristigen Zeitraum von ca. 5-10 Jahren geplant. Sie bildet zugleich das Bindeglied zwischen der Unternehmenspolitik und der operativen Planung.[269] Hinsichtlich der Zielsetzungen werden vorwiegend qualitative Aussagen vorgenommen. Die Planvorgaben auf dieser Ebene könnten wie folgt lauten: eine Erweiterung des Produktportfolios in einem Geschäftsbereich, das Zurückziehen aus einem Marktsegment oder aber auch höhere Investitionen in die Entwicklung neuer Technologien. Diese Planungsebene ist der Unternehmensleitung vorbehalten.

Operativ

Auf Ebene der operativen (kurzfristigen) Planung werden die Vorgaben der längerfristig angelegten strategischen Planung konkretisiert, um letztlich Maßnahmen und Aktionen bestimmen zu können, die zur Realisierung der Strategieziele beitragen. Die (kurzfristige) operative Planung erstreckt sich normalerweise maximal auf einen Zeitraum von einem Jahr. Je kürzer der Planungshorizont ist, desto detaillierter werden die zugrunde liegenden Pläne ausgestaltet und desto höher ist der Anspruch an die Genauigkeit der Planung.

Budget

Zur Operationalisierung der Planung auf operativer Ebene werden Zwischen- bzw. Unterziele aus den Oberzielen abgeleitet, die sich in Maßgrößen ausdrücken lassen. So kann bspw. das Ziel formuliert werden, dass für ein bestimmtes Produkt eine Rentabilität von 10 % erzielt werden muss, um weiterhin am Markt zu bestehen oder die Generierung eines Umsatzes i.H.v. 10 Mio. EUR in einem Absatzmarkt notwendig ist, um den Marktanteil in diesem Bereich ausbauen zu können. Den gewinn-, ertrags- und rentabilitätsorientierten Zielgrößen wird in diesen Ebenen zentrale Bedeutung beigemessen. Zusätzlich zur Konkretisierung des Oberziels nimmt die Planungstiefe und somit der Detaillierungsgrad auf operativer Ebene deutlich zu.[270] Neben Zielen und Maßnahmen beinhalten die operativen Pläne auch wertmäßige Komponenten. Dieser Teil der Planung, der sich auf Kosten, Erlöse und Zahlungsströme bezieht, wird als Budgetierung bezeichnet.[271]

---

[268]   Vgl. z.B. HAMMER, R. (1998), S. 60; WÖHE, G./DÖRING, U. (2010), S. 78 f.
[269]   Vgl. HAMMER, R. (1998), S. 49.
[270]   Vgl. PEEMÖLLER, V. H./KELLER, B. (2008), S. 536.
[271]   Vgl. HAMMER, R. (1998), S. 61. Vgl. zur Budgetierung auch Kapitel E.1.2.

1.1.3 Planung und Unternehmensorganisation

Neben der Unterteilung des Planungsprozesses in zeitlicher Hinsicht ist eine Aufteilung – in Abhängigkeit von der Aufbauorganisation[272] – in sachlicher Hinsicht vorzunehmen. Die zu entwickelnden Teilpläne mit ihren (Unter-)Zielen sind entsprechend der Aufbauorganisation entweder geschäftsbereichsbezogen zu erstellen oder haben sich an dem funktionalen Aufbau des Unternehmens zu orientierten. Abbildung 32 veranschaulicht diesen Zusammenhang: Während auf der strategischen Stufe auf Ebene des (Gesamt-)Unternehmens geplant wird (Zeithorizont ca. 5-10 Jahre), ist auf operativer Stufe entlang dem organisatorischen Aufbau des Unternehmens vorzugehen. Im konkreten Fall wären z.B. die Planungsaktivitäten für die drei vorhandenen Geschäftsbereiche vorzunehmen. Die Aggregation der Teilpläne führt schließlich zu einem Gesamtunternehmensplan.

Sachliche Dimension der Planung

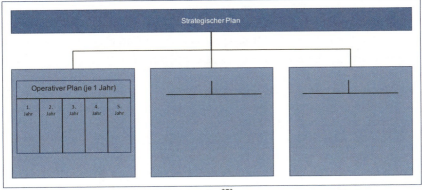

Abbildung 32: Hierarchie von Planungsstufen[273]

Diese vertikale Planung (z.B. für die Ergebnisplanung) sowie das Berichtswesen entlang der Verantwortungsbereiche eines Unternehmens zielen durch Übertragung von Entscheidungs- und Weisungsbefugnis für die zu erfüllenden Aufgaben u.a. darauf ab, das Ergebnisbewusstsein bzw. die Umsatz- und die Kostenverantwortung der Mitarbeiter eines Unternehmens anzuregen.

Die Aufbauorganisation definiert nicht nur die sachliche Abgrenzung der Planung, sondern legt auch gleichzeitig fest, welche Organisationseinheiten wie und in welcher Reihenfolge in die Planung eingebunden werden können.[274] Nach der Art der Ableitung der Planung wird wie folgt unterschieden:

Ableitungsrichtung der Planung

- Top-Down-Ansatz,
- Bottom-Up-Ansatz,
- Gegenstromverfahren.

---

[272] Die Ziele und Inhalte der Planung sind auch für das Einrichten der Aufbauorganisation in SAP Business ByDesign relevant. Vgl. zum Organisationsmanagement Kapitel D.3.

[273] Abbildung modifiziert entnommen aus WILD, J. (1974), S. 173.

[274] Vgl. HORVÁTH, P. (2009), S. 187.

Top-Down-Ansatz

Der Top-Down-Ansatz sieht vor, dass die durch die Unternehmensführung formulierten Unternehmensziele herangezogen werden, um anschließend die Ziele und Maßnahmen für die darunterliegenden Hierarchiestufen zu bestimmen. Von dem Gesamtunternehmensplan ausgehend werden also die Teilpläne auf zentraler Ebene für die jeweilige Planungsstufe abgeleitet. Als Vorteil dieser Methode ist zu nennen, dass die Zielsetzungen der Teilpläne in hohem Maß den Oberzielen des Unternehmens entsprechen. Allerdings besteht bei dem Top-Down-Ansatz die Gefahr der realitätsfremden Zielsetzung durch die Unternehmensführung, die von den Mitarbeitern unterer Hierarchiestufen nicht umgesetzt werden kann.

Bottom-Up-Ansatz

Im Gegensatz zum Top-Down-Ansatz erarbeiten beim Bottom-Up-Ansatz die unteren Leitungsebenen dezentral die Pläne mit ihren Zielsetzungen. Diese Teilpläne werden auf den verschiedenen Hierarchiestufen – falls vorhanden – verdichtet, weitergeleitet und letztlich zum Gesamtunternehmensplan zusammengefasst. Auch wenn daraus realistischere Pläne resultieren mögen, sind diese im Vergleich zu den Plänen des Top-Down-Ansatzes vermutlich nicht so anspruchsvoll. Zudem besteht die Gefahr, dass sich Teilpläne eines Geschäftsbereichs gegebenenfalls Teilplänen anderer Unternehmensbereiche widersprechen.

Gegenstromverfahren

Die Nachteile der beiden beschriebenen Ansätze (Top-Down und Bottom-Up) versucht das Gegenstromverfahren zu beheben, indem es die positiven Aspekte der Verfahren verbindet. Die Einhaltung vorläufig festgesetzter Ziele durch die Unternehmensleitung wird auf den unteren Hierarchieebenen geprüft und eine Konkretisierung zur Umsetzung vorgenommen. Die Ergebnisse dieses Prozesses werden an die Führungsebene zurückgegeben und bewegen diese evtl. dazu, die ursprünglichen Vorgaben anzupassen. Bis zu einer Verabschiedung des Budgets kann dieses iterative Vorgehen beliebig oft wiederholt werden.[275]

1.1.4   Finanzkennzahlen als zentrale Plangrößen

Zielvorgaben

Die oben beschriebene Ableitungsrichtung ist auch für die Festlegung der Zielvorgaben ausschlaggebend. Wie bereits angedeutet wurde, unterscheidet man für die Zielbildung zwischen sachziel- und formalzielorientierter Planung. Im Planungsprozess gilt es u.a., Ziele zu formulieren, die aus Sicht der Unternehmenssteuerung relevant sind. Für die Unternehmensplanung werden vorwiegend monetäre Finanzkennzahlen als Ziel- oder Plangrößen verwendet.[276] Auch nichtfinanzielle Kennzahlen finden in der Unternehmensplanung Anwendung, werden aber nicht immer als Plan- oder Zielwerte formuliert. Dazu zählen z.B.[277]

- Markt- und Kundenkennzahlen wie Kundenzufriedenheit oder Marktanteile,
- Prozesskennzahlen wie Fehlerquoten und Durchlaufzeiten,
- Mitarbeiterkennzahlen zur Mitarbeiterqualifikation und deren Zufriedenheit.

---

[275]   Vgl. OSSADNIK, W. (2009), S. 243.

[276]   Vgl. DWORSKI, E./FREY, P./SCHENTLER, P. (2009), S. 40.

[277]   Vgl. RIEG, R. (2008), S. 44.

Im Folgenden wird eine Auswahl an Finanzkennzahlen aufgeführt, die als monetäre Ziele in den Planungsprozess eingebunden werden können. Hierfür wird eine Kategorisierung in ergebnisorientierte und liquiditätsorientierte Kennzahlen vorgenommen. Grundsätzlich gilt, dass die dargestellten Kennzahlen nicht nur für das (Gesamt-)Unternehmen vorgegeben werden. Die Kennzahlen werden häufig für sog. Marktsegmente festgelegt.

Finanzkennzahlen

Die Entwicklung des Umsatzes, als eine zentrale ergebnisorientierte Kennzahl, wird in Unternehmen häufig durch die Erstellung von Umsatzstatistiken dokumentiert. Der Umsatz ist eine Kenngröße, deren Entwicklung und folglich das Maß der Zielerreichung in kurzen Abständen nachvollzogen werden sollte, um rechtzeitig Maßnahmen zur Steigerung einleiten zu können. Dabei ist die Betrachtung nicht nur auf den Gesamtumsatz des Unternehmens eingeschränkt, sondern erfolgt auch auf Ebene von Geschäftsbereichen, produkt- bzw. produktgruppenbezogen sowie im Hinblick auf regionale Absatzmärkte. Als weitere ergebnisorientierte Kennzahl ist in diesem Zusammenhang das Betriebsergebnis zu nennen. Das Betriebsergebnis[278] beinhaltet alle Aufwendungen und Erträge, die aus dem eigentlichen Unternehmenszweck resultieren und demnach leistungsbedingt und typisch für den Unternehmenserfolg sind. Es soll den nachhaltig zu erzielenden Erfolg des Unternehmens widerspiegeln.[279] Ausgehend von den absoluten Umsatzzahlen und dem Betriebsergebnis kann z.B. die Umsatzrentabilität als Verhältnis von Betriebsergebnis und Umsatz ermittelt werden.

Umsatz und Betriebsergebnis

Der Deckungsbeitrag, dessen Anwendungsbereich auf der kurzfristigen Planung liegt, gibt als ergebnisorientierte Kennzahl an, welchen Erfolgsbeitrag z.B. eine Produktgruppe im Unternehmen leistet. Die Ermittlung des Deckungsbeitrags dient bei einer Vielzahl von zu treffenden betrieblichen Entscheidungen als wichtige Ausgangsinformation zur weiteren Analyse.[280] Die Ermittlung des Deckungsbeitrags wird nicht nur verwendet, um vergangenheitsorientiert den Erfolgsbeitrag zu bestimmen. Bereits vor Abschluss von Kundenaufträgen dient dieser als wichtiges Steuerungsinstrument, um im Vorfeld vorgegebene Erfolgsbeiträge zu erzielen bzw. anzustreben. Über eine mehrstufige Deckungsbeitragsrechnung[281] kann die Betrachtung über die Produktgruppe hinaus auch auf Geschäftsbereichs- bzw. Unternehmensebene erfolgen. Folgende Aufzählung führt unterschiedliche Möglichkeiten für die Ermittlung des Deckungsbeitrags auf:

Deckungsbeitrag

- Deckungsbeitrag pro Geschäftsbereich,
- Deckungsbeitrag pro Produktgruppe,
- Deckungsbeitrag pro Produkt,
- Deckungsbeitrag pro Region,
- Deckungsbeitrag pro Vertriebsweg,

---

[278] Das Betriebsergebnis ist eine Ergebnisgröße vor Berücksichtigung von Steuern und Zinsen und wird auch als EBIT bezeichnet. KÜTING, K./WEBER, C.-P. (2009), S. 335.
[279] Vgl. KÜTING, K./WEBER, C.-P. (2009), S. 247.
[280] Vgl. COENENBERG, A. A./FISCHER, T./GÜNTHER, T. (2009), S. 225.
[281] Vgl. ausführlich zur Deckungsbeitragsrechnung Kapitel F.3.1.3.2.2.

- Deckungsbeitrag pro Kunde,
- Deckungsbeitrag pro Mitarbeiter bzw. Team,
- Deckungsbeitrag pro Auftrag.

Liquidität

Für die Vorgabe von liquiditätsorientierten Zielen kann der auf Basis einer Kapitalflussrechnung ermittelte Cashflow (Zahlungsmittelüberschuss) für die Planung herangezogen werden. Die Kapitalflussrechnung gliedert sich in die drei Bereiche Cashflow aus der Geschäftstätigkeit, Cashflow aus Investitionstätigkeit und Cashflow aus Finanzierungstätigkeit. Anhand der Aufgliederung können die Zahlungs-zu- bzw. -abflüsse ihrer „Herkunft" nach eingeordnet werden. Die Summe der Cashflow-Größen zeigt die Veränderung des Zahlungsmittelbestands des Unternehmens an. Neben der in der Kapitalflussrechnung vorgegebenen Struktur ist auch die Gegenüberstellung von Ein- und Auszahlungen zur Bestimmung von Liquiditätsgrößen denkbar.[282]

Zusätzlich zu den genannten finanziellen Kennzahlen ist es des Weiteren sinnvoll auch Kennzahlen wie bspw. den Auftragseingang als Plangröße zu verwenden, die als vorlaufender Indikator zur Erreichung von ergebnis- bzw. liquiditätsorientierten Kennzahlen dienen bzw. auch für das Controlling herangezogen werden können. Mithilfe des Auftragseingangs lässt sich z.B. frühzeitig eine Abschätzung treffen, ob die gesetzten Zielsetzungen eingehalten werden können. Für Zwecke des Vertriebscontrollings eignet sich außerdem die Analyse sog. Opportunities[283], um bereits vor Eingang von Kundenaufträgen Entscheidungen zur Steuerung der Vertriebsaktivitäten treffen zu können.

1.2   Budgetierung als monetärer Bestandteil des (Unternehmens-)Planungsprozesses
1.2.1   Ziele und Aufgaben der Budgetierung

Begriff

Die Begriffe Budget und Budgetierung werden in der Literatur nicht einheitlich verwendet. In einer weit reichenden Definition kann Budget als ein „formalziel-orientierter, in wertmäßigen Größen formulierter Plan, der einer Entscheidungseinheit für eine bestimmte Zeitperiode mit einem bestimmten Verbindlichkeitsgrad vorgegeben wird"[284] definiert werden. Neben rein mengenmäßigen Angaben – bspw. in dem Absatz- oder Produktionsplan – erhalten im Rahmen der Budgetierung wertmäßige Komponenten Eingang in die Betrachtung, sodass z.B. die Planung von Erlös- und Kostengrößen vorgenommen werden kann.[285] Die über Budgets in Zahlen ausgedrückten Ergebnisse der Planung stellen „Instrumente der ertrags-, kosten-, leistungs- und liquiditätsorientierten Steuerung der Unternehmen"[286] dar.

---

[282] Vgl. zu dieser Darstellung den Beispielsachverhalt in Kapitel E.2.4.
[283] Vgl. zu Opportunities Kapitel F.3.3.1.1.1.
[284] GÖPFERT, I. (1993), Sp. 589-590 und 591.
[285] Vgl. HAMMER, R. (1998), S. 61.
[286] TSCHANDL, M. ET AL. (2009), S. 60.

Der formalzielorientierte Charakter der Budgetierung wird durch den farbig hinterlegten Teil der Abbildung 33 veranschaulicht. Im Gegensatz dazu ist die Aktionsplanung – geprägt von konkreten Maßnahmen und Strategien – durch ihre Sachzielorientierung gekennzeichnet (transparenter Bereich der Abbildung 33). Es ist möglich, dass die Aktionsplanung der Budgetierung vorausgeht und diese vollständig determiniert, aber auch, dass die Budgets den Aktionsplänen vorausgehen und deren Inhalte dadurch wesentlich bestimmen.[287]

In der Regel werden Budgets für einen kurzfristigen Planungszeitraum aufgestellt, normalerweise für einen Planungshorizont von einem Jahr. Allerdings werden Budgets auch für mehrere Perioden erarbeitet. Diese unterscheiden sich gegenüber den Jahresbudgets deutlich in ihrem Detaillierungsgrad, da sie nur in stark verdichteter Form aufgestellt werden. Oftmals orientieren sich Unternehmen zur Erstellung der Budgets an den Werten der Vergangenheit bzw. modifizieren diese um Erkenntnisse der abgelaufenen Planungsperiode.[288]

Aufstellungszeitraum

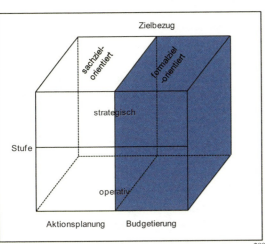

Abbildung 33: Budgetierung im Rahmen der Planung[289]

Zur Plandurchsetzung werden über ein Budget – in Abhängigkeit von der Aufbauorganisation – je Funktions- bzw. Geschäftsbereich Leistungsmaßstäbe vorgegeben, mit deren Hilfe eine Leistungsbeurteilung der betreffenden Organisationseinheit im Unternehmen erfolgen kann. Für das Budget muss es also einen Mitarbeiter im Unternehmen geben, der die Einhaltung der monetären Vorgaben verantwortet. In der häufigsten Ausprägung als Jahresbudgets stellen diese die Einnahmen- bzw. Ausgabenbeträge dar, die einer Organisationseinheit oder einem Bereich für das kommende Jahr gewährt werden. Diese begrenzen gleichzeitig die Entscheidungen innerhalb dieser Organisationseinheit.[290] Allerdings werden durch die Festlegung von Geldgrößen im Rahmen der Budgetierung keine konkreten

Leistungsmaßstäbe zur Plandurchsetzung

---

[287]   Vgl. HORVÁTH, P. (2009), S. 205.
[288]   Vgl. DWORSKI, E./FREY, P./SCHENTLER, P. (2009), S. 39.
[289]   Abbildung leicht modifiziert entnommen aus HORVÁTH, P. (2009), S. 202.
[290]   Vgl. KÜPPER, H.-U. (2008), S. 361.

Vorgaben zur Durchführung von Maßnahmen gemacht.[291] Das Budget ist unterjährig durch Soll-Ist-Vergleiche oder Abweichungsanalysen auf den Grad der Zielerreichung hin zu überprüfen.

Planungsrechnungen

Über die Aufstellung von Teilbudgets als Vorgabe wertmäßiger Plandaten lassen sich eine Ergebnis-, Finanz- als auch Bilanzplanung ableiten. Schließlich werden die im Budgetierungsprozess geplanten Erlöse den Profit-Centern zugeordnet bzw. die Kosten auf die einzelnen verantwortlichen Kostenstellen verteilt. Aufbauend auf der Planung mit den erstellten Solldaten wird die Abweichungsanalyse mit den vorliegenden Istdaten und damit die Einleitung von Korrekturmaßnahmen ermöglicht.[292]

1.2.2   Struktur eines Budgetierungssystems

Das Budgetierungssystem „umfasst die Gesamtheit der aufeinander abgestimmten Teilbudgets sowie deren Beziehungen"[293]. Nach sachlichen Gesichtspunkten lassen sich die Teilbudgets z.B. in die Bereiche Absatz, Produktion bzw. Fertigung, Beschaffung, Verwaltung, Vertrieb und Forschung und Entwicklung einteilen. Die Erstellung der Teilbudgets setzt eine vorherige Mengenplanung voraus. Das Budgetierungssystem enthält zusätzlich zu diesen Teilbudgets das Investitionsbudget und den aus den Teilbudgets abgeleiteten Finanz-, Ergebnis- und Bilanzplan als zentrale Planungsinstrumente.

Aufbau des Budgetierungssystems

Die idealtypische Abfolge des Budgetierungssystems – auch als Master Budget bezeichnet – stellt sich wie folgt dar (vgl. auch Abbildung 34)[294]: Das Absatzbudget und die darin enthaltenen Absatzprognosen – differenziert z.B. nach Produkten, Kunden oder Regionen – stellen in der Regel den Ausgangspunkt der Budgetierung dar. Aus dem Absatzbudget wird unter Berücksichtigung evtl. vorhandener Lagerbestandsüberlegungen das Produktionsbudget abgeleitet. Hierbei bestehen enge Verflechtungen zum Beschaffungsbudget, da z.B. nur bei Sicherstellung ausreichend vorhandener Rohstoffe oder Halbfabrikate eine kontinuierliche Produktion gewährleistet werden kann. Anhand dieser Verbindungen wird deutlich, dass keine rein isolierte Aufstellung der Teilbudgets erfolgen kann. Neben den Produktions- und Beschaffungsbudgets sind des Weiteren das Verwaltungs- und weitere Budgets wie bspw. das Forschungs- und Entwicklungsbudget aufzustellen. Die Ableitung der Erfolgsplanung aus den Teilbudgets ist eine Vorgehensweise, um zu einem Gesamtbudget zu gelangen (progressive Methode). Es ist aber auch ausgehend von einer vorgegebenen Erfolgsgröße möglich, die Teilbudgets abzuleiten (retrograde Methode).[295]

---

[291]   Vgl. RIEG, R. (2008), S. 14.

[292]   Vgl. zur Abweichungsanalyse z.B. Kapitel F.6.4.2.4.

[293]   GLEICH, R. (2009), S. 81.

[294]   Vgl. zum Aufbau von Budgetierungssystemen u.a. COENENBERG, A. A./FISCHER, T./GÜNTHER, T. (2009), S. 883; EWERT, R./WAGENHOFER, A. (2008), S. 412.

[295]   Vgl. HORVÁTH, P. (2009), S. 205.

Für die Aufstellung der Teilbudgets besteht insbesondere aufgrund von internen Leistungsverflechtungen und Abhängigkeiten die Notwendigkeit der Abstimmung mit anderen Funktions- bzw. Unternehmensbereichen. Ein rein sequenzieller Ablauf des Budgetierungsprozesses, wie dies in Abbildung 34 angedeutet ist, ist daher nicht aufrechtzuhalten. Dem ist durch entsprechende Koordination der betroffenen Bereiche und mehrere Planungsdurchläufe Rechnung zu tragen.[296]

Abstimmung der Teilbudgets

Sowohl die Teilbudgets als auch die daraus abgeleiteten Plan-Rechnungen – Finanz-, Ergebnis- und Bilanzplan – sind nicht nur global für das Gesamtunternehmen aufzustellen. Insbesondere bei einer nach Geschäftsbereichen (z.B. strukturiert nach Regionen oder Produktgruppen) angelegten Aufbauorganisation ist die Einhaltung der monetären Vorgaben des Budgets für die einzelnen Geschäftsbereiche von Interesse und damit eine differenzierte Erstellung des Budgets aus Sicht der Unternehmenssteuerung von Bedeutung.

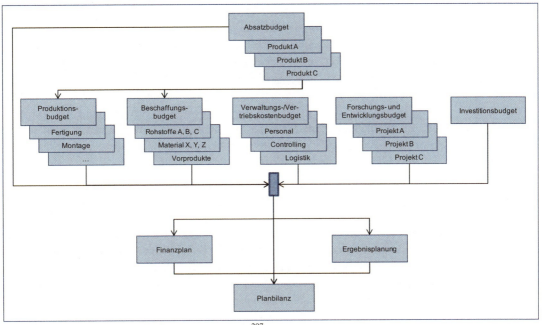

Abbildung 34: Struktur eines Budgetierungssystems[297]

1.2.3 Finanzplan

Der Finanzplan ist Bestandteil der gesamten betriebswirtschaftlichen Planung. Dieser kann als globaler, auf das Gesamtunternehmen ausgerichteter Plan allerdings nicht autonom erstellt werden. Für dessen Aufstellung sind die Interdependenzen zu den übrigen betrieblichen Plänen zu berücksichtigen.[298] Finanz- bzw.

Überblick

---

296   Vgl. EWERT, R./WAGENHOFER, A. (2008), S. 412.
297   Abbildung leicht modifiziert entnommen aus RIEG, R. (2008), S. 28.
298   Vgl. PERRIDON, L./STEINER, M./RATHGEBER, A. (2009), S. 636 f.

Liquiditätspläne werden häufig auf monatlicher, wöchentlicher und täglicher Basis aufgestellt.[299] Darüber hinaus werden diese auch für langfristige und mittelfristige Zeiträume erstellt, die sich in ihrer Detailliertheit jedoch deutlich von den kurzfristigen Planungsrechnungen unterscheiden.

Ziele

Neben der Erhaltung und Sicherstellung der Liquidität – die Aufrechterhaltung der Zahlungsbereitschaft und die Vermeidung der Überschuldung sind elementare Grundsätze der Betriebspolitik – dient der Finanzplan zur Bestimmung des benötigten Kapitalbedarfs des Unternehmens. Die Aufgabe der Finanzplanung besteht also darin, Unterliquidität[300] durch Planung der künftigen Zahlungsströme zu vermeiden und die kostengünstigsten Finanzierungsinstrumente bei Kapitalbedarf zu wählen.[301] Insbesondere in kritischen Geschäftslagen kommt der Finanzplanung Primärplanungscharakter zu, d.h., diese stellt den Ausgangspunkt für die anderen Teilpläne dar.[302] Der auf Basis des Finanzplans ermittelte Liquiditätsbedarf bzw. Liquiditätsüberschuss ist die Grundlage für die Liquiditätsdisposition.[303]

Bestandteile

In dem Finanzplan werden die Ein- und Auszahlungen einer (oder mehrerer) Periode(n) einander gegenübergestellt. Grundlage dafür sind die in den Absatz-, Produktions-, Beschaffungs-, Verwaltungsbudgets und weiterer Teilbudgets enthaltenen Daten. Einen Hauptbestandteil der laufenden Auszahlungen machen in der Regel die Gehalts- bzw. Lohnzahlungen eines Unternehmens, die Kosten zur Beschaffung von Materialien und Waren aber auch Steuerzahlungen aus. Auch die Auswirkungen der Auszahlungen für die geplanten Investitionsvorhaben sind im Finanzplan zu berücksichtigen. Einzahlungen entstehen insbesondere durch den Verkauf von Waren und Dienstleistungen.

1.2.4   Ergebnis- und Bilanzplanung

Aus dem Budgetierungsprozess gehen – abgesehen von dem Finanzplan – auch der Ergebnis- und der Bilanzplan hervor. Während im Finanzplan Zahlungsströme als Wertgrößen Eingang gefunden haben, wird die Ergebnisplanung in Form der Gewinn- und Verlustrechnung auf Basis der Wertgrößen Aufwendungen und Erträgen vorgenommen. Die Ergebnisplanung ergänzt somit die Planung der Finanzlage um die Planung der Ertragslage.

Ergebnisplanung

Die Ergebnisplanung kann für das Gesamtunternehmen oder aber auch für einen Geschäftsbereich oder ein Profit-Center aufgestellt werden. Im Mittelpunkt dieser differenzierten Betrachtung steht der Erfolgsbeitrag von Produkten, Produktgruppen – evtl. für bestimmte Regionen – oder Geschäftsbereichen. In Abhängigkeit von dem angewendeten Gliederungsschema – Gesamtkosten- bzw. Umsatzkos-

---

[299]   Vgl. COENENBERG, A. G./FISCHER, T./GÜNTHER, T. (2009), S. 12.
[300]   Auch eine Überliquidität sollte vermieden werden, da damit ein Risiko des Zinsverlustes besteht.
[301]   Vgl. WÖHE, G./DÖRING, U. (2010), S. 589.
[302]   Vgl. HAMMER, R. (1998), S. 66.
[303]   Vgl. Kapitel F.6.2.1.2 und Abbildung 238.

tenverfahren – lassen sich die Kosten differenziert nach Kostenarten bzw. nach Funktionsbereichen planen.

In der Planbilanz – als Planinstrument zur Vermögenslage – werden schließlich die Ergebnisse aus Finanz- und Ergebnisplanung übernommen. Wie bereits für die Ergebnisplanung angeführt wurde, ist neben der Aufstellung der Planbilanz für das Gesamtunternehmen auch eine Erstellung für andere aufbauorganisatorische Einheiten wie z.B. den Geschäftsbereich üblich.

Bilanzplan

2.   Beschreibung des Beispielsachverhalts

Die *Nordstar GmbH* ist ein neu gegründetes Unternehmen, sodass eine Planung auf Basis von Daten der Vergangenheit nicht in Frage kommt. Um am Markt bestehen zu können, orientiert sich die Unternehmensleitung für die Festlegung der Ziele (Kennzahlen) an Wettbewerbern. Die Planung erfolgt nach dem Gegenstromverfahren. Folgende Kennzahlen werden als zentrale Plangrößen ermittelt, an denen auch die Unternehmenssteuerung ausgerichtet ist:

Überblick

- Umsatz pro Region und Produkt,
- Deckungsbeitrag pro Produkt,
- Betriebsergebnis,
- Liquiditätsüberschuss.

Der Planungszeitraum der *Nordstar GmbH* beträgt ein Jahr. Für eine detaillierte Planung werden die Planungsrechnungen auf Quartalsbasis aufgestellt.[304] Eine rollierende Planung ist von der *Nordstar GmbH* noch nicht vorgesehen, dies soll aber für die Zukunft in Angriff genommen werden. Im Folgenden wird das Budgetierungssystem der *Nordstar GmbH* genauer dargestellt. Dieses leitet ausgehend von der Absatzplanung den Finanz-, Ergebnis- und Bilanzplan ab.

2.1   Absatzplanung

Für den Absatz wird für das jeweilige Produkt – *Easy Walk*, *Professional Walk* und *Hiking* – pro Quartal die voraussichtliche Absatzmenge je Vertriebsweg geplant. Während über den Vertriebsweg *Internet* die Ware nur im Inland verkauft wird, ist für den *Fachhandel* zwischen den Absatzmärkten Inland, Frankreich (Europa) und USA zu unterscheiden. Für die Produkte *Easy-* und *Professional Walk* wird nicht davon ausgegangen, dass der Absatz saisonalen Schwankungen ausgesetzt ist, sondern sich relativ konstante Verkaufszahlen realisieren lassen sollten. Von der Unternehmensleitung wird für den *Hiking*-Schuh im ersten Quartal noch kein Absatz erwartet. Auf Basis einer Marktanalyse wird von den in Abbildung 35 aufgeführten Absatzmengen ausgegangen. Insgesamt belaufen sich die Absatz-

Absatzplanung

---

[304]   Die Planung wird grds. auf Monatsbasis vorgenommen. Aus Vereinfachungsgründen wird im vorliegenden Sachverhalt davon abgesehen und für die Darstellung auf Quartale abgestellt.

mengen auf 11.300 Paare (*Easy Walk*), 17.000 Paare (*Professional Walk*) und 25.500 Paare (*Hiking*).

Neben den Geschäftsbereichen Handels- und Produktionsware ist für den Absatz auch noch der Geschäftsbereich Designberatung zu betrachten. Hierfür gilt es zu berücksichtigen, dass mit dem Absatz von Beratungsleistungen ab dem dritten Quartal gerechnet wird. Insgesamt erwartet die Geschäftsleitung einen Absatz von jeweils 120 abrechenbaren Tagessätzen in den Quartalen drei und vier des Jahres 2010 für den Einsatz von Beratern in Beratungsprojekten.

| Produkt | Quartal | Abgesetzte Menge | | | | Summe |
| | | Internet | Fachhandel | | | |
			Inland	Europa	USA	
Easy Walk	1	1.500	400	300	300	2.500
	2	1.000	300	300	200	1.800
	3	1.500	500	500	500	3.000
	4	2.000	800	600	600	4.000
	Σ	**6.000**	**2.000**	**1.700**	**1.600**	**11.300**
Professional Walk	1	1.500	800	600	600	3.500
	2	3.000	600	400	500	4.500
	3	2.000	700	700	600	4.000
	4	2.500	1.200	800	500	5.000
	Σ	**9.000**	**3.300**	**2.500**	**2.200**	**17.000**
Hiking	1	0	0	0	0	0
	2	1.500	600	400	500	3.000
	3	5.000	2.000	2.000	2.000	11.000
	4	5.500	2.000	2.000	2.000	11.500
	Σ	**12.000**	**4.600**	**4.400**	**4.500**	**25.500**

Abbildung 35: Absatzmengenplanung von Handels- und Produktionsware

Umsatzerlöse   Die Geschäftsführung plant für die Produkte *Easy Walk*, *Professional Walk* und *Hiking* folgende Verkaufspreise für den jeweiligen Vertriebsweg am Markt zu erzielen (vgl. Abbildung 36). In die Ermittlung der Verkaufspreise hat die Erzielung der vorgegebenen Deckungsbeiträge[305] pro Produkt bereits Eingang gefunden.

| Produkt | Verkaufspreise pro Paar (EUR) | |
	Internet	Fachhandel
Easy Walk	80	85
Professional Walk	100	115
Hiking	120	130

Abbildung 36: Verkaufspreise der Handels- und Produktionsware

Unter Berücksichtigung der geplanten Absatzmengen ergeben sich die in Abbildung 37 enthaltenen Umsatzerlöse. Zu den Umsatzerlösen aus dem Verkauf der Handels- und der Produktionsware sind die Erlöse aus der Erbringung von Dienst-

---

[305]   Vgl. zur Planung der Deckungsbeiträge Kapitel E.2.4.

leistungen im Beratungsgeschäft zu rechnen. Bei einer Abrechnung eines Tagessatzes i.H.v. 800 EUR für einen Berater und geplanten abrechnungsfähigen Tagessätzen von jeweils 120 für das dritte und vierte Quartal ergeben sich geplante Umsatzerlöse für den Geschäftsbereich Designberatung i.H.v. 96.000 EUR/Quartal. Die aus der Planung resultierenden Absatz- und Umsatzgrößen dienen den verantwortlichen Verkaufsabteilungen der *Nordstar GmbH* als Zielvorgabe.

| Produkt | Quartal | Umsatzerlöse | | | | Summe |
| | | Internet | Fachhandel | | | |
			Inland	Europa	USA	
Easy Walk	1	120.000	34.000	25.500	25.500	205.000
	2	80.000	25.500	25.500	17.000	148.000
	3	120.000	42.500	42.500	42.500	247.500
	4	160.000	68.000	51.000	51.000	330.000
	Σ	**480.000**	**170.000**	**144.500**	**136.000**	**930.500**
Professional Walk	1	150.000	92.000	69.000	69.000	380.000
	2	300.000	69.000	46.000	57.500	472.500
	3	200.000	80.500	80.500	69.000	430.000
	4	250.000	138.000	92.000	57.500	537.500
	Σ	**900.000**	**379.500**	**287.500**	**253.000**	**1.820.000**
Hiking	1	0	0	0	0	0
	2	180.000	78.000	52.000	65.000	375.000
	3	600.000	260.000	260.000	260.000	1.380.000
	4	660.000	260.000	260.000	260.000	1.440.000
	Σ	**1.440.000**	**598.000**	**572.000**	**585.000**	**3.195.000**
Designberatung	1/2	-	-	-	-	0
	3	-	-	-	-	96.000
	4	-	-	-	-	96.000
	Σ	**-**	**-**	**-**	**-**	**192.000**
Summe:						**6.137.500**

Abbildung 37: Umsatzplanung für Handelsware, Produktionsware und Designberatung

2.2 Personal-, Investitions-, Beschaffungs- und Produktionsplanung

Die für den Geschäftsbetrieb benötigten Personalressourcen sind in die Planung einzubeziehen. An dieser Stelle wird der Personalbedarf zusammenfassend für die unterschiedlichen Geschäftsbereiche vorgenommen und die Zuordnung der Personalkosten für ein Teilbudget an entsprechender Stelle beschrieben. Abbildung 38 dient auch als Grundlage für den im Rahmen der Aufstellung der Ergebnisplanung zu berücksichtigenden Personalaufwand.

Personalplanung

Die *Nordstar GmbH* wurde zum 01.01.2010 neu gegründet und stellt für den Zentralbereich und die Geschäftsbereiche Handelsware und Produktionsware für diesen Zeitpunkt die in Abbildung 38 aufgeführten Mitarbeiter ein. Dagegen soll der Aufbau der Beratungskapazitäten für den Geschäftsbereich Designberatung erst ab dem dritten Quartal mit drei Beratern und dem Verkaufsmitarbeiter betrieben werden. Ebenso erfolgt die Einstellung des Mitarbeiters für die Forschung und Entwicklung erst zum dritten Quartal. Insgesamt plant das Unternehmen mit Personalkosten i.H.v. 818.000 EUR. Monatlich ergeben sich bis einschließlich Juni 2010 geplante Personalausgaben i.H.v. 58.917 EUR. Ab Juli ist monatlich mit Personalkosten i.H.v. 77.417 EUR zu rechnen.

Geschäftsbereich	Kostenstelle	Monatsgehalt (EUR)	Plankosten (EUR)
Unternehmen	Nordstar GmbH	6.000	72.000
Zentralbereich	Einkauf	3.000	36.000
	Buchhaltung/Finanzen	3.000	36.000
	Controlling	3.500	42.000
	Personal	3.000	36.000
	Forschung & Entwicklung	3.750	22.500
Handelsware	Profit Center Easy Walk	4.000	48.000
	Logistik	3.000	36.000
	Verkauf	3.500	42.000
	Profit Center Prof. Walk	4.000	48.000
	Logistik	3.000	36.000
	Verkauf	3.500	42.000
Produktionsware	Produktionsware (Leiter GB)	4.000	48.000
	Produktion (Lager)	2.917	35.000
	Lederzuschnitt	1.750	21.000
	Spritzguss	1.750	21.000
	Schuhfertigung	1.750	21.000
	Qualitätssicherung	3.750	45.000
	Verkauf	3.500	42.000
Designberatung	Projektdurchführung (3 MA)	11.250	67.500
	Verkauf	3.500	21.000
Summe:		77.417	818.000

Abbildung 38: Planung der Personalausgaben

Investitionsplanung

Zu Beginn des Geschäftsjahres ist die Planung der Investitionen in das Sachanlagevermögen vorzunehmen, die für den Geschäftsbetrieb der *Nordstar GmbH* erforderlich sind. Neben den grundlegenden Anschaffungen wie Grundstücke und Gebäude sind die technischen Anlagen für die Produktion und die notwendige Betriebs- und Geschäftsausstattung in dieser Betrachtung enthalten. Außerdem werden in Abbildung 39 die jährlichen Abschreibungsbeträge und die mit den Abschreibungen zu belastende Kostenstelle aufgeführt. An dieser Stelle kann deutlich gemacht werden, wie die Teilpläne miteinander verflochten sind. Zum einen sind ein Teil der auf die Anlagen entfallenden Abschreibungen (Kostenstellen *Spritzguss*, *Lederzuschnitt*, *Schuhfertigung* und *Qualitätssicherung*) Bestandteil der Produktionsplanung. Zum anderen besitzt die Investitionsplanung Auswirkungen auf die Ergebnisplanung (Abschreibungen) und beeinflusst zudem auch die Finanzplanung, da die mit der Anschaffung der Anlagengüter verbundenen Zahlungen die Liquidität verringern.

Anlage	Anschaffungs-kosten (EUR)	NZD (Jahre)	Abschreibung (EUR)	Kostenstelle
Grundstück	1.000.000	--	--	Zentralbereich
Lagerhalle Handelsware	1.000.000	20	50.000	Handelsware
Lagersystem	2.050.000	10	205.000	Handelsware
Verwaltungsgebäude	750.000	20	37.500	Zentralbereich
Produktionsgebäude	1.000.000	20	50.000	Produktionsware
Spritzgussanlage	100.000	10	10.000	Spritzguss
Laserschneidsystem	75.000	10	7.500	Lederzuschnitt
Nähmaschine	10.000	10	1.000	Schuhfertigung
Messinstrumente (2 Stk.)	3.000	5	600	Qualitätssicherung
Computer (15 Stk.)	12.000	3	4.000	Zentralbereich
Summe:	6.000.000		365.600	

Abbildung 39: Planung der Anlageinvestitionen

Der Einkauf hat bei gegebener Absatzplanung sicherzustellen, dass ausreichend **Beschaffungsplanung** Produkte für die zeitnahe Erfüllung eingehender Aufträge auf Lager vorhanden sind. Zur Sicherheit wird zusätzlich zur geplanten Absatzmenge ein gewünschter Endbestand in die Berechnung einbezogen, um eine entsprechende Entwicklung der Nachfrage bedienen zu können. Dieser Sicherheitspuffer beträgt für das Produkt *Easy Walk* 700 Paar Schuhe und für den Schuh *Professional Walk* 1.000 Paare, sodass im Verlauf des Geschäftsjahres insgesamt 12.000 bzw. 18.000 Paare erworben werden sollen.

Die Handelsware wird von einem chinesischen Lieferanten bezogen. Da die Ware in US-Dollar bezahlt wird, sind für die Ermittlung der Ausgaben aus der Beschaffung der Handelsware die Umrechnungskurse für das kommende Geschäftsjahr 2010 zu bestimmen. Die Unternehmensleitung geht vereinfachend davon aus, dass der US-Dollar konstant auf einem Niveau von 0,80 EUR/USD bleiben wird und legt deshalb diesen Kurs für die Berechnung der Beschaffungskosten für die gesamte Periode zugrunde. Bei einem Preis von 60 USD/Paar für den *Easy Walk*-Schuh und 80 USD/Paar für den *Professional Walk*-Schuh ergeben sich für die Beschaffung der Handelsware nachfolgende Kosten.[306]

Produkt	Liefermenge (Paare)	Preis/Paar (USD)	Anschaffungs-kosten (USD)	FW-Kurs (EUR/USD)	Anschaffungs-kosten (EUR)
Easy Walk	12.000	60	720.000	0,80	576.000
Professional Walk	18.000	80	1.440.000	0,80	1.152.000
Summe:			2.160.000		1.728.000

Abbildung 40: Beschaffungsplanung der Handelsware

---

[306] Es wird an dieser Stelle keine zeitliche Detailbetrachtung der Beschaffungsvorgänge für das jeweilige Produkt vorgenommen. Für eine detaillierte Darstellung wird auf Kapitel F.1.3 verwiesen.

Produktionsplanung   Für die Produktion des *Hiking*-Schuhs werden die Inputfaktoren Kunststoffgranulat, Leder, Schnürsenkel, Garn und Klebstoff benötigt. Zur Herstellung eines Paars
sieht das Produktionsprogramm den Verbrauch von 0,5 kg Granulat, 1 qm Leder
und 2 Schnürsenkel vor.[307] Ausgehend von einer geplanten Produktionsmenge für
das Geschäftsjahr 2010 i.H.v. 28.000 Paaren, sind folgende Kosten mit der Beschaffung der Roh-, Hilfs- und Betriebsstoffe verbunden:

Produkt	Menge	Einheit	Preis/ME (EUR)	Beschaffungs-kosten (EUR)
Kunststoffgranulat	14.000	kg	5	70.000
Leder	28.000	qm	30	840.000
Schürsenkel	56.000	Stück	0,25	14.000
Garn	100	Rollen	2	200
Klebstoff	25	Gebinde	10	250
Summe:				924.450

Abbildung 41: Beschaffungsplanung der Roh-, Hilfs- und Betriebsstoffe

Pro Quartal werden 7.000 Paar *Hiking*-Schuhe produziert. Bei einer geplanten Absatzmenge von 25.500 Paaren liegen am Jahresende noch 2.500 Paare auf Lager.
Abbildung 42 zeigt die geplanten Fertigungslohnkosten der *Hiking*-Schuhe für die
betreffende (Produktions-)Kostenstelle. Die geplante Fertigungszeit beträgt in jeder Kostenstelle jeweils 3 Minuten pro Paar. Die Planbeschäftigung je Mitarbeiter
beläuft sich auf 1.400 Stunden/Jahr. Bei Plankosten von 21.000 EUR je Mitarbeiter ergeben sich insgesamt Fertigungseinzelkosten i.H.v. 63.000 EUR.

Kostenart	Kostenstelle	Planfertigungs-zeit (min/Paar)	Planbeschäftigung (h)	Plankosten (EUR)
	Spritzguss	3	1.400	21.000
Personalkosten	Lederzuschnitt	3	1.400	21.000
	Schuhfertigung	3	1.400	21.000
Summe:			4.200	63.000

Abbildung 42: Fertigungseinzelkosten des *Hiking*-Schuhs

Die Fertigungsgemeinkosten für die Produktion der *Hiking*-Schuhe setzen sich aus
den Abschreibungen auf Sachanlagen (Spritzgussanlage, Laserschneidsystem,
Nähmaschine, Messinstrumente) und Gebäude, Personalkosten der Qualitätssicherung (45.000 EUR) sowie Strom-, Heizungs- und Wartungskosten zusammen[308]
(vgl. Abbildung 43). Zudem fallen als Materialgemeinkosten die Personalkosten
des Lagermitarbeiters (35.000 EUR) und – zu einem Drittel – des Mitarbeiters aus
dem Einkauf (12.000 EUR) an. In Summe betragen die Plankosten 178.100 EUR.

---

[307] Für das Produktionsprogramm werden diese Daten in Stücklisten hinterlegt. Vgl. zum
       Anlegen von Stücklisten in SAP Business ByDesign Kapitel F.2.3.2.2.
[308] Die Abschreibungen auf das Produktionsgebäude werden in der Produktionsplanung
       nur anteilig (80 % von 50.000 EUR) berücksichtigt. Ebenso gehen die Heizungskos-
       ten nur anteilig (80 % von 25.000 EUR) ein. Die verbleibenden 20% entfallen jeweils
       auf die Lagerung der Produktionsware. Vgl. hierzu auch Kapitel D.1, F.2.2 und F.3.2.

Kostenart	Plankosten (EUR)
Abschreibungen auf Sachanlagen	19.100
Abschreibungen auf Gebäude (Produktionsgebäude)	40.000
Personalkosten Einkauf, Lager und Qualitätssicherung	92.000
Heizungskosten (Produktionsgebäude)	20.000
Stromkosten	4.500
Wartungskosten	2.500
Summe:	178.100

Abbildung 43: Fertigungs- und Materialgemeinkostenplanung

2.3 Verwaltungs-, Vertriebskosten- und Forschungs- und Entwicklungsbudget

In diesen Teilbudgets finden hauptsächlich die Personalausgaben ihren Niederschlag (vgl. die in Abbildung 38 aufgeführten Kosten). Für das Verwaltungskostenbudget sind dies die Kosten des Zentralbereichs (bis auf die Kostenstelle *Forschung und Entwicklung*) i.H.v. 138.000 EUR – die Kosten des Einkaufsmitarbeiters gehen zu zwei Drittel ein –, des Geschäftsbereichs Handelsware i.H.v. 96.000 EUR (bis auf die Kostenstellen *Logistik* und *Verkauf*) und die Personalkosten der Berater aus dem Geschäftsbereich Designberatung i.H.v. 67.500 EUR (Kostenstelle *Projektdurchführung*). Außerdem ist das Gehalt des Geschäftsbereichsleiters Produktionsware (48.000 EUR) und das Gehalt des Geschäftsführers (72.000 EUR) zu berücksichtigen. Dem Verwaltungsbudget sind zudem die Heizungskosten des Verwaltungsgebäudes und der Lagerhalle (25.000 EUR) zuzurechnen. Insgesamt beträgt das Verwaltungskostenbudget 446.500 EUR. Das Vertriebskostenbudget setzt sich aus den Personalkosten der Mitarbeiter des Verkaufs der drei Geschäftsbereiche i.H.v 147.000 EUR und der Logistik i.H.v. 72.000 EUR (Geschäftsbereich Handelsware) zusammen (219.000 EUR). Für das Forschungs- und Entwicklungsbudget wird mit Personalkosten i.H.v. 22.500 EUR geplant.

Verwaltungskosten-, Vertriebskosten- und FuE-Budget

Teilbudget	Kosten (EUR)
Verwaltungskostenbudget	446.500
Vertriebskostenbudget	219.000
Forschungs- und Entwicklungsbudget	22.500

Abbildung 44: Verwaltungs-, Vertriebskosten- und FuE-Budget

2.4 Ergebnis-, Finanz- und Bilanzplanung

Die Ergebnisplanung der *Nordstar GmbH* erfolgt auf Basis des Gesamtkostenverfahrens. Ausgehend von den Umsatzerlösen i.H.v. insgesamt 6.137.500 EUR werden die Veränderungen im Bestand zur Ermittlung der Gesamtleistung des Unter-

Ergebnisplanung

nehmens bestimmt. Durch die gleichmäßige Produktion des *Hiking*-Schuhs über die vier Quartale hinweg (je 7.000 Paare pro Quartal) wird diesbezüglich mit einer konstanten Lagerbestandszunahme gerechnet. Bei (Plan-)Herstellungskosten von 41,63 EUR/Paar[309] ergibt sich pro Quartal ein Lagerbestandszuwachs i.H.v. 291.410 EUR. Durch den Verkauf der *Hiking*-Schuhe reduziert sich der Bestand der Produktionsware entsprechend. Da mit einem am Jahresende verbleibenden Lagerbestand (Produktionsmenge ./. Absatzmenge) von 2.500 Paar *Hiking*-Schuhen geplant wird, ist für das Geschäftsjahr 2010 eine Bestanderhöhung i.H.v. 104.075 EUR (= 1.165.640 EUR ./. 1.061.565 EUR) zu erwarten.[310]

In den geplanten Materialaufwendungen sind die Kosten für die Beschaffung der Roh-, Hilfs- und Betriebsstoffe zur Herstellung des *Hiking*-Schuhs (924.450 EUR) und die aus den Verkäufen der Handelsware entstehenden Kosten von insgesamt 1.630.400 EUR[311] (= 542.400 + 1.088.000) enthalten.

Die Personalaufwendungen und Abschreibungen können aus den Plandaten der Abbildung 38 und Abbildung 39 entnommen werden. Diese belaufen sich auf 818.000 EUR bzw. 365.600 EUR. Die sonstigen betrieblichen Aufwendungen enthalten die Strom- (4.500 EUR), Heizungs- (50.000 EUR[312]) und Wartungskosten (2.500 EUR).[313] Insgesamt erwartet die Geschäftsleitung der *Nordstar GmbH* für das Geschäftsjahr 2010 ein Betriebsergebnis in Höhe von ca. 2,45 Mio. EUR.

in EUR	Quartal 1	Quartal 2	Quartal 3	Quartal 4	Summe
Ergebnis der gewöhnlichen Geschäftstätigkeit	-18.897,50	-274.107,50	-1.017.967,50	-1.135.152,50	-2.446.125,00
Umsatz	-585.000,00	-995.500,00	-2.153.500,00	-2.403.500,00	-6.137.500,00
Erhöhung des Bestands	-291.410,00	-291.410,00	-291.410,00	-291.410,00	-1.165.640,00
Verminderung des Bestands	0,00	124.890,00	457.930,00	478.745,00	1.061.565,00
sonstige betriebliche Erträge	0,00	0,00	0,00	0,00	0,00
Materialaufwand	575.112,50	605.512,50	631.112,50	743.112,50	2.554.850,00
für bezogene Waren	344.000,00	374.400,00	400.000,00	512.000,00	1.630.400,00
für Roh-, Hilfs- und Betriebsstoffe	231.112,50	231.112,50	231.112,50	231.112,50	924.450,00
Personalaufwand	176.750,00	176.750,00	232.250,00	232.250,00	818.000,00
Abschreibung	91.400,00	91.400,00	91.400,00	91.400,00	365.600,00
für Sachanlagen	91.400,00	91.400,00	91.400,00	91.400,00	365.600,00
für immaterielle Vermögensgegenstände	0,00	0,00	0,00	0,00	0,00
sonstige betriebliche Aufwendungen	14.250,00	14.250,00	14.250,00	14.250,00	57.000,00
Steuern vom Einkommen und vom Ertrag	0,00	0,00	0,00	0,00	0,00
GuV Ergebnis	-18.897,50	-274.107,50	-1.017.967,50	-1.135.152,50	-2.446.125,00

Abbildung 45: Ergebnisplanung für das Geschäftsjahr 2010

Kostenstellenplanung   Die Kostenstelle ist eine Organisationseinheit, für die eine Kostenplanung erfolgt und für deren Einhaltung ein Mitarbeiter im Unternehmen verantwortlich ist. An

---

[309] Vgl. zur detaillierten Herleitung der Herstellungskosten Kapitel F.2.3.

[310] Vgl. hierzu auch die Bilanzposition *Fertigerzeugnisse und Waren* in Abbildung 49.

[311] Die Materialkosten für das Produkt *Easy Walk* bzw. *Professional Walk* ermitteln sich wie folgt: 11.300 ME * 60 USD/ME * 0,8 EUR/USD = 542.400 EUR bzw. 17.000 ME * 80 USD/ME * 0,80 EUR/USD = 1.088.000 EUR. Vgl. Abbildung 35 zur Verteilung der Verkaufsvorgänge auf die einzelnen Quartale.

[312] Die Heizungskosten entfallen zu 10.000 EUR auf das Verwaltungs-, zu 15.000 EUR auf das Lager- und zu 25.000 EUR auf das Produktionsgebäude. Vgl. Kapitel D.1.

[313] Vgl. für den Produktionsprozess auch Abbildung 108 und Abbildung 110.

dieser Stelle wird nicht für jede Kostenstelle in der Organisationsstruktur der *Nordstar GmbH* eine Kostenstellenplanung vorgenommen. Beispielhaft wird die Kostenstelle *Spritzguss* herangezogen, um eine Kostenplanung für das Geschäftsjahr 2010 zu veranschaulichen. Für die Kostenstelle *Spritzguss* werden Stromkosten i.H.v. 2.000 EUR erwartet. Zudem wird mit Wartungskosten i.H.v. 1.000 EUR für die Spritzgussanlage gerechnet. Zu diesen Plankosten treten die in der Personal- und Investitionsplanung enthaltenen Plankosten für die Kostenstelle *Spritzguss* hinzu, sodass von folgender Kostenbelastung ausgegangen wird:

Kostenstelle	Kostenarten	Planbelastung (EUR)	Istbelastung (EUR)	Differenz (%)
Spritzguss	Personalaufwand	21.000,00		
	Abschreibungen	10.000,00		
	Stromkosten	2.000,00		
	Wartungskosten	1.000,00		
		34.000,00		

Abbildung 46: Kostenstellenplanung für die Kostenstelle *Spritzguss*

Zusätzlich zur Ergebnisplanung ist die Aufstellung einer Deckungsbeitragsrechnung ein weiteres Planungsinstrument, welches die Bestimmung des Erfolgsbeitrags einzelner Produkte bzw. Produktgruppen zum Betriebsergebnis ermöglicht. Für den Beispielsachverhalt werden auf Basis der Planwerte die Erlöse den Kosten für die Produkte *Easy Walk*, *Professional Walk*, *Hiking* und *Designberatung* gegenübergestellt. Diese ermittelten (Plan-)Deckungsbeiträge stellen die Grundlage für den Vergleich mit den späteren Istwerten dar und bilden gleichzeitig als Vorgabewert ein Instrument der Unternehmenssteuerung.

Deckungsbeiträge

Die Aufbauorganisation der *Nordstar GmbH* ist produktgruppenbezogen angelegt, d.h., der jeweilige Geschäftsbereich entspricht jeweils der Produktgruppe. Für die Geschäftsbereiche Produktionsware und Designberatung stimmen Produkte und Produktgruppe überein. Bei der Handelsware wird auf einer weiteren Ebene eine Unterteilung in die zwei Produkte *Easy Walk* und *Professional Walk* vorgenommen. Die Grundlage zur Ermittlung der Deckungsbeiträge stellen die im Geschäftsjahr verkauften Mengen an *Easy Walk* (11.300 Paare), *Professional Walk* (17.000 Paare), *Hiking* (25.500 Paare) und bei der Designberatung die geplante Anzahl an abrechenbaren Tagessätzen (240 Tagessätze) dar.

Aus Abbildung 47 ist zu entnehmen, dass für alle Produkte mit einem positiven Deckungsbeitrag im Geschäftsjahr 2010 geplant wird. Während im Deckungsbeitrag I nur dem Produkt direkt zurechenbare Kosten (Materialkosten[314] und Löhne[315]) den Umsatzerlösen gegenübergestellt werden, gehen auf den Deckungsbeitragsebenen II, III und IV produkt-, produktgruppen- (= geschäftsbereichs-) bzw. unternehmensbezogene Fixkosten in die Berechnung ein. Da im Geschäftsbereich

---

[314]   Vgl. zu den Materialkosten der Produkte *Easy Walk* und *Professional Walk* Fn. 311. Für den *Hiking*-Schuh ist der anteilige Verbrauch der Roh-, Hilfs- und Betriebsstoffe zu berücksichtigen (841.910 EUR = 25.500 ME/28.000 ME * 924.450 EUR).

[315]   Die Löhne der Produktionskostenstellen – Lederzuschnitt, Spritzguss, Schuhfertigung – werden im Geschäftsbereich Produktionsware als variable Kosten klassifiziert.

Produktionsware nur ein Produkt geführt wird, entsprechen sich der Deckungsbeitrag II und III. Entsprechendes gilt für den Geschäftsbereich Designberatung.

Unternehmen	Nordstar GmbH				Summe
Geschäftsbereich = Produktgruppe	Handelsware		Produktionsware	Designberatung	
Produkt	Easy Walk	Professional Walk	Hiking	Designberatung	
Umsatz	930.500	1.820.000	3.195.000	192.000,00	6.137.500
Rabatt etc.	0	0	0	0	0
Nettoumsatz	930.500	1.820.000	3.195.000	192.000	6.137.500
Materialkosten	542.400	1.088.000	841.910	0	2.472.310
Löhne	0	0	57.375	67.500	124.875
DB I	388.100	732.000	2.295.715	124.500	3.540.315
produktfixe Kosten	138.000	138.000	267.198	21.000	564.198
DB II	250.100	594.000	2.028.517	103.500	2.976.117
produktgruppenfixe Kosten	270.000		0	0	270.000
DB III	574.100		2.028.517	103.500	2.706.117
Unternehmensfixkosten	260.000				260.000
DB V	2.446.117				2.446.117

Abbildung 47: Deckungsbeitragsplanung der *Nordstar GmbH*

Geschäftsbereich Handelsware

Für den Geschäftsbereich Handelsware werden Umsätze i.H.v. 930.500 EUR für das Produkt *Easy Walk* und 1.820.000 EUR für das Produkt *Professional Walk* erwartet. Produktfixe Kosten für das Produkt *Easy Walk* (*Professional Walk*) sind die Personalkosten für Logistik (36.000 EUR), den Verkauf (42.000 EUR) und den Profit-Center-Verantwortlichen (48.000 EUR). Die Personalkosten des Einkaufsmitarbeiters (36.000 EUR) werden zu je einem Drittel als produktfixe Kosten auf die Produkte *Easy Walk*, *Professional Walk* und *Hiking* verteilt. Unter die produktgruppenfixen Kosten des Geschäftsbereichs Handelsware fallen die Abschreibungen für die Lagerhalle und das Lagersystem i.H.v. 255.000 EUR. Zudem gehen die Heizungskosten der Lagerhalle (15.000 EUR) in diesen Bereich ein.

Geschäftsbereich Produktionsware

Im Geschäftsbereich Produktionsware wird mit Umsätzen i.H.v. 3.195.000 EUR gerechnet. Unter den produktfixen Kosten des Geschäftsbereichs Produktionsware sind anteilig[316] folgende Kosten einzubeziehen: die Personalkosten der Qualitätssicherung (45.000 EUR), des Lager- (35.000 EUR) und Einkaufsmitarbeiter (12.000 EUR), die Abschreibungen auf die Maschinen, die den Produktionskostenstellen – Lederzuschnitt, Spritzguss, Schuhfertigung – zugeordnet wurden (18.500 EUR) und die Abschreibungen auf die Messgeräte der Qualitätssicherung (600 EUR). Die übrigen Fertigungsgemeinkosten – Strom-, Heizungs- und Wartungskosten (insgesamt 27.000 EUR) – gehen ebenfalls anteilig in die Kosten ein. Hinsichtlich der Abschreibungen auf das Produktionsgebäude wird folgendermaßen vorgegangen: 80 % der Abschreibungen der Produktionshalle (= 40.000 EUR), die auf die Produktion entfallen, werden anteilig berücksichtigt. Die auf die Lagerung der fertiggestellten Produktionsware entfallenden Abschreibungen der Produktionshalle (= 10.000 EUR) gehen (in vollem Umfang) als produktfixe Kos-

---

[316] Anteilig = 25.500/28.000 (Absatzmenge/Produktionsmenge), da nur auf die abgesetzte Menge abgestellt wird. Die aufgeführten Kostenpositionen gehen in die Herstellungskosten der Produktionsware ein. Bei Verkauf der Produktionsware werden diese als Umsatzkosten (Umsatzkostenverfahren) berücksichtigt. Vgl. Kapitel F.2.2 zur detaillierten Herleitung und Verrechnung dieser Kosten.

ten ein. Ebenso wird mit den Heizungskosten verfahren, die auf die Lagerung[317] der *Hiking*-Schuhe entfallen (5.000 EUR). Schließlich sind die Personalkosten des Geschäftsbereichsleiters (48.000 EUR) und des Vertriebsmitarbeiters (42.000 EUR) (in vollem Umfang) zu berücksichtigen.

Für den Geschäftsbereich Designberatung werden als variable Kosten die Lohn-kosten der für den Einsatz vorgesehenen Berater (67.500 EUR) den erwarteten Umsätzen aus der Designberatung (192.000 EUR) gegenübergestellt. Als produkt-fixe Kosten werden die Personalausgaben für den Vertriebsmitarbeiter i.H.v. 21.000 EUR berücksichtigt.

Geschäftsbereich Designberatung

Die unternehmensbezogenen Fixkosten setzen sich aus den Abschreibungen des Verwaltungsgebäudes (37.500 EUR) und der Computer (4.000 EUR), aus den Personalaufwendungen des Zentralbereichs i.H.v. 136.500 EUR (ohne Einkauf) und des Geschäftsführers (72.000 EUR) und aus den Heizungskosten des Verwal-tungsgebäudes (10.000 EUR) zusammen.

Unternehmens-bezogene Fixkosten

Abschließend werden die Deckungsbeiträge aufgeführt: Die DB II betragen
- 250.100 EUR für die Handelsware *Easy Walk*,
- 594.000 EUR für die Handelsware *Professional Walk*,
- 2.028.517 EUR für die Produktionsware *Hiking*,
- 103.500 EUR für die Beratungsleistung *Designberatung*.

Die auf Basis der Planung ermittelten Deckungsbeiträge für die aufgeführten Pro-dukte der *Nordstar GmbH* stellen die Zielgrößen für das kommende Geschäftsjahr dar. Da das Unternehmen erst neu gegründet wurde, bestehen keine Vergleichs-werte aus der Vergangenheit. Für den Geschäftsbereich Handelsware wird ein ge-planter Deckungsbeitrag (DB III) i.H.v. 574.100 EUR, für den Geschäftsbereich Produktionsware i.H.v. 2.028.517 EUR und für den Geschäftsbereich Designbera-tung i.H.v 103.500 EUR ermittelt. Auf Unternehmensebene beträgt der De-ckungsbeitrag 2.446.117 EUR[318].

In dem Finanzplan werden die bisherigen Plandaten mit ihren Zahlungsauswirk-ungen zusammengefasst. Dafür fließen die Stromgrößen Ein- und Auszahlungen als wertmäßiges Ergebnis der beschriebenen Aktivitäten in die Betrachtung ein.

Finanzplanung

Für die Erstellung des Finanzplans werden folgende Prämissen zugrunde gelegt:
- Die Roh-, Hilfs- und Betriebsstoffe (vgl. Abbildung 41) und die Strom-, Hei-zungs- und Wartungskosten werden über das Jahr je Quartal zu gleichen Tei-len beschafft; d.h., die Beträge werden gleichmäßig auf die Quartale – jeweils 213.113 EUR bzw. 14.250 EUR – verteilt.
- Ebenso wird die Handelsware – *Easy Walk* und *Professional Walk* – zu glei-chen Teilen über das Jahr von dem Lieferanten bezogen, sodass auch hier von

---

[317]   Die auf die Produktion entfallenen Heizungskosten sind anteilig als Fertigungsge-meinkosten berücksichtigt worden.

[318]   Aufgrund von Rundungsdifferenzen weicht dieser Betrag von dem GuV-Ergebnis ab.

einer gleichmäßigen Verteilung von 144.000 EUR bzw. 288.000 EUR je Quartal ausgegangen werden kann (vgl. auch Abbildung 40).

- Von der Berücksichtigung von Umsatzsteuerzahlungen (Vor- bzw. Umsatzsteuer) wird aus Vereinfachungsgründen an dieser Stelle abgesehen.

- Es wird erwartet, dass die durch den Verkauf der Produkte und Dienstleistungen entstandenen Forderungen eines Quartals zu 90 % in dem gleichen Quartal von den Kunden beglichen werden. Die verbleibenden 10 % der ausstehenden Forderungen werden im darauffolgenden Quartal bezahlt. Am Jahresende bestehen folglich noch Forderungen i.H.v. 10 % auf die Absätze, die auf das 4. Quartal entfallen.

Festzuhalten ist, dass auf Basis der Plandaten in jedem Quartal ein positiver Zahlungsmittelbestand vorliegt. Am Ende des Jahres beträgt der geplante Zahlungsmittelbestand ca. 4,37 Mio. EUR. Auch wenn der Finanzplan ein deutlich positives Ergebnis aufweist, möchte sich die Unternehmensleitung noch nicht auf konkrete Maßnahmen hinsichtlich der finanziellen Verwendung dieser liquiden Mittel festlegen. Es ist aber auch vorstellbar, das vorliegende Ergebnis der Finanzplanung heranzuziehen, um sich nachträglich für eine Erhöhung des bereits festgelegten Forschungs- und Entwicklungsbudgets zu entscheiden. Oder es könnte über eine Expansion ins Ausland nachgedacht werden. Hieran wird deutlich, dass die Planung einer gewissen Dynamik unterliegt und Anpassungen u.U. solange möglich sind, bis ein gewünschter Zustand erreicht wird.

in EUR	Quartal 1	Quartal 2	Quartal 3	Quartal 4	Summe
I. Auszahlungen	**6.854.113**	**854.113**	**909.613**	**909.613**	**9.527.450**
1. Auszahlungen für laufende Geschäfte	854.113	854.113	909.613	909.613	3.527.450
1. Gehälter/Löhne	176.750	176.750	232.250	232.250	818.000
2. Handelsware	432.000	432.000	432.000	432.000	1.728.000
Easy Walk	144.000	144.000	144.000	144.000	576.000
Professional Walk	288.000	288.000	288.000	288.000	1.152.000
3. Roh-, Hilfs-, Betriebsstoffe	231.113	231.113	231.113	231.113	924.450
4. Strom-, Heizungs- und Wartungskosten	14.250	14.250	14.250	14.250	57.000
2. Auszahlungen für Investitionszwecke	6.000.000	0	0	0	6.000.000
1. Sachinvestitionen	6.000.000	0	0	0	6.000.000
2. Auszahlungen für Finanzierungszwecke	0	0	0	0	0
II. Einzahlungen	**526.500**	**954.450**	**2.037.700**	**2.378.500**	**5.897.150**
1. Einzahlungen aus laufenden Geschäften	526.500	954.450	2.037.700	2.378.500	5.897.150
1. Begleichung von Forderungen aus LuL	526.500	954.450	2.037.700	2.378.500	5.897.150
Easy Walk	184.500	153.700	237.550	321.750	897.500
Professional Walk	342.000	463.250	434.250	526.750	1.766.250
Hiking	0	337.500	1.279.500	1.434.000	3.051.000
Designberatung	0	0	86.400	96.000	182.400
2. Einzahlungen aus Desinvestitionen	0	0	0	0	0
III. Ermittlung der Über- (+) bzw. Unterdeckung (-)	**1.672.388**	**1.772.725**	**2.900.813**	**4.369.700**	**4.369.700**
II. Einzahlungen	526.500	954.450	2.037.700	2.378.500	5.897.150
./. I. Auszahlungen	6.854.113	854.113	909.613	909.613	9.527.450
+ Anfangsbestand	8.000.000	1.672.388	1.772.725	2.900.813	8.000.000
IV. Ausgleichs- und Anpassungsmaßnahmen					
1. Bei Unterdeckung	0	0	0	0	0
1. Kreditaufnahme/Eigenkapitalerhöhung					
2. Bei Überdeckung	0	0	0	0	0
1. Kreditrückführung/Geldanlage					
V. Zahlungsmittelbestand am Periodenende	**1.672.388**	**1.772.725**	**2.900.813**	**4.369.700**	**4.369.700**

Abbildung 48: Finanzplanung für das Geschäftsjahr 2010

Ausgehend von den bisher beschriebenen Plandaten und den bereits abgeleiteten **Bilanzplanung** Planungsrechnungen der Ergebnis- und Finanzplanung kann abschließend die Planbilanz erstellt werden. Hierfür werden die in der Ergebnis- und Finanzplanung enthaltenen Daten in dem Bilanzgliederungschema zusammengeführt. Mitunter erstrecken sich die zur Verfügung stehenden Plandaten auf folgende Positionen:

- Die Abschreibungen mindern die Wertansätze des Sachanlagevermögens. Die Höhe der Abschreibungen sind in der Ergebnisplanung bereits berücksichtigt worden. Am Ende des Geschäftsjahrs 2010 beläuft sich der Wertansatz des Sachanlagevermögens auf insgesamt 5.634.400 EUR.

- Aus der Absatzmengen- und Lagerbestandsplanung resultieren Warenbestände für die Produkte *Easy Walk*, *Professional Walk* und *Hiking* i.H.v. 700, 1.000 und 2.500 Paaren. Bei geplanten Beschaffungs- bzw. Herstellungskosten i.H.v. 48 EUR/Paar, 64 EUR/Paar und 41,63 EUR/Paar können die Planwerte für die am Bilanzstichtag verbleibenden Bestände i.H.v. 33.600 EUR, 64.000 EUR und 104.075 EUR ermittelt werden.

- Da nicht alle Forderungen durch die Kunden beglichen werden, sondern 10 % der Forderungen auf die Verkäufe des 4. Quartals am Bilanzstichtag bestehen, betragen die Forderungen aus Lieferungen und Leistungen am Periodenende 240.350 EUR.

- Die Entwicklung der liquiden Mittel ist dem Finanzplan zu entnehmen. Daraus ist erkennbar, dass am Jahresende mit einem Zahlungsmittelbestand von ca. 4,37 Mio. EUR zu rechnen ist.

in EUR	Eröffnungsbilanz	Quartal 1	Quartal 2	Quartal 3	Quartal 4	Schlussbilanz
Aktiva	8.000.000,00	8.018.897,50	8.293.005,00	9.310.972,50	10.446.125,00	10.446.125,00
Anlagevermögen	0,00	5.908.600,00	5.817.200,00	5.725.800,00	5.634.400,00	5.634.400,00
Sachanlagevermögen	0,00	5.908.600,00	5.817.200,00	5.725.800,00	5.634.400,00	5.634.400,00
Grundstücke	0,00	1.000.000,00	1.000.000,00	1.000.000,00	1.000.000,00	1.000.000,00
Gebäude	0,00	2.715.625,00	2.681.250,00	2.646.875,00	2.612.500,00	2.612.500,00
Technische Anlagen und Maschinen	0,00	2.181.975,00	2.125.950,00	2.069.925,00	2.013.900,00	2.013.900,00
Betriebs- und Geschäftsausstattung	0,00	11.000,00	10.000,00	9.000,00	8.000,00	8.000,00
Umlaufvermögen	8.000.000,00	2.110.297,50	2.475.805,00	3.585.172,50	4.811.725,00	4.811.725,00
Vorräte	0,00	379.410,00	603.530,00	469.010,00	201.675,00	201.675,00
Rohstoffe, Hilfs- und Betriebsstoffe	0,00	0,00	0,00	0,00	0,00	0,00
Fertige Erzeugnisse und Waren	0,00	379.410,00	603.530,00	469.010,00	201.675,00	201.675,00
Handelsware	0,00	88.000,00	145.600,00	177.600,00	97.600,00	97.600,00
Produktionsware	0,00	291.410,00	457.930,00	291.410,00	104.075,00	104.075,00
Forderungen und sonstige VG	0,00	58.500,00	99.550,00	215.350,00	240.350,00	240.350,00
Kassenbest., Guthaben Kl. und Schecks	8.000.000,00	1.672.387,50	1.772.725,00	2.900.812,50	4.369.700,00	4.369.700,00
Passiva	-8.000.000,00	-8.018.897,50	-8.293.005,00	-9.310.972,50	-10.446.125,00	-10.446.125,00
Eigenkapital	-5.550.000,00	-5.568.897,50	-5.843.005,00	-6.860.972,50	-7.996.125,00	-7.996.125,00
Gezeichnetes Kapital	-5.550.000,00	-5.550.000,00	-5.550.000,00	-5.550.000,00	-5.550.000,00	-5.550.000,00
Jahresüberschuss/Jahresfehlbetrag	0,00	-18.897,50	-293.005,00	-1.310.972,50	-2.446.125,00	-2.446.125,00
Rückstellungen	0,00	0,00	0,00	0,00	0,00	0,00
Verbindlichkeiten	-2.450.000,00	-2.450.000,00	-2.450.000,00	-2.450.000,00	-2.450.000,00	-2.450.000,00
Verbindlichkeiten gg. Kreditinstituten	-2.450.000,00	-2.450.000,00	-2.450.000,00	-2.450.000,00	-2.450.000,00	-2.450.000,00
Verbindl. aus LuL	0,00	0,00	0,00	0,00	0,00	0,00
Sonstige Verbindlichkeiten	0,00	0,00	0,00	0,00	0,00	0,00

Abbildung 49: Bilanzplanung für das Geschäftsjahr 2010

3. Unternehmensplanung in SAP Business ByDesign

Zentrale Planungsinstrumente in SAP Business ByDesign stellen die Absatz-, Kostenstellen-, GuV- und Bilanzplanung dar. In den beiden folgenden Gliederungspunkten werden Ihnen diese Möglichkeiten näher vorgestellt. Als weiteres zentrales Planungsinstrument in SAP Business ByDesign ist die Liquiditätsvorschau – als Bestandteil des Finanzplans – zu nennen. Für diesen Themenbereich wird auf Kapitel F.6.2 verwiesen.

3.1 Absatzplanung

Die Absatzplanung in SAP Business ByDesign eröffnet Ihnen die Möglichkeit, Vertriebsziele festzulegen und zu überwachen. Der Absatzplan mit den enthaltenen Zielvorgaben wird durch den verantwortlichen Vertriebsleiter im Work Center *Mein Verantwortungsbereich* unter der Sicht *Vertriebsplanung* angelegt. Die Überprüfung, in welchem Maß die gesteckten Zielvorgaben vom Vertriebsleiter durch den jeweiligen Vertriebsmitarbeiter erreicht werden, erfolgt mithilfe von Berichten. Bei einer Top-Down-Planung werden die Zielvorgaben von übergeordneten Hierarchiestufen festgelegt; bei Anwendung des Gegenstromverfahrens würden die Zielvorgaben in einem iterativen Prozess ermittelt werden.

Die Erstellung der Absatzplanung als Bestandteil des Budgetierungssystems ist durch zwei zentrale Schritte gekennzeichnet: die Bestimmung der Struktur des Absatzplans (Welche Planungsdimensionen enthält dieser?) und – nachdem der inhaltliche Aufbau festgelegt wurde – die konkrete Eingabe von Planwerten für die jeweilige Position im Absatzplan.

Für die Erstellung des Absatzplans wird Ihnen eine Aktivitätenliste zur Verfügung gestellt, welche Sie systematisch in dem Aufbau der Absatzplanstruktur unterstützt. Die Struktur des Absatzplans bestimmt sich anhand sog. Planungsdimensionen (vgl. Abbildung 50): Wird ein Absatzplan für bestimmte Produktgruppen aufgestellt bzw. ist eine Differenzierung nach Kunden vorzunehmen? Die Auswahl verschiedener Dimensionen bei der Definition der Absatzplanstruktur ermöglicht Ihnen eine differenzierte Planung der Absätze nach Marktsegmenten und folglich eine differenzierte Analyse beim Vergleich mit den Istwerten im Absatzbereich. Die Festlegung der Strukturmerkmale erleichtert Ihnen die sich anschließende wertmäßige Zuordnung der Planvorgaben für eine bestimmte Planungsdimension. Sollten Sie bisher nicht im Absatzplan verwendete Planungsdimensionen als zusätzliche Strukturmerkmale aufnehmen wollen, können Sie dies jederzeit in einem neuen Absatzplan vornehmen.[319]

---

[319]   Dafür legen Sie im System einen neuen Plan mit der beabsichtigten Struktur an, übernehmen für diesen Plan die bisher bestehenden Daten (Kopierfunktion) und ergänzen den Plan um die Planwerte für die neu aufgenommen Planungsdimensionen.

Eine weitere wesentliche Eigenschaft des Absatzplans, die Sie im Rahmen der Bearbeitung der Aktivitätenliste bestimmen, ist der Zeitraum des Planungshorizonts. Der Planungshorizont beträgt in SAP Business ByDesign max. ein Kalenderjahr. Dieser Planungshorizont kann für eine differenzierte Planung auf Monatsebene herunter gebrochen werden. Sie erhalten zudem innerhalb der Aktivitätenliste die Option, vorliegende (Ist-)Daten als Plandaten für die Planungsperiode zu übernehmen.

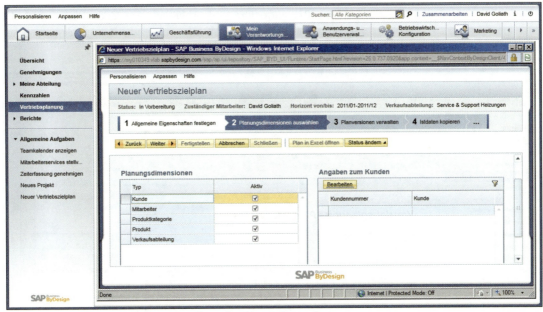

Abbildung 50: Aktivitätenliste zur Erstellung der Absatzplanstruktur

Wenn Sie die Struktur des Absatzplans mit seinen Eigenschaften fertiggestellt haben, vergeben Sie in einem zweiten Schritt in einem aufbereiteten Microsoft Excel®-Datenblatt die (Umsatz-)Planwerte für die enthaltenen Planpositionen – sofern nicht von Ihnen bereits festgelegt wurde, dass die Übernahme von Planwerten automatisch vorgenommen wird. Innerhalb des Excel-Datenblatts erhalten Sie über ein sog. Add-In die Funktionalität, die extrahierte Absatzplanstruktur mit Werten zu versehen bzw. bereits bestehende Werte anzupassen. Mithilfe von Verteilungsmechanismen besteht zudem die Möglichkeit, Planwerte automatisch auf die einzelnen Planpositionen zu verteilen. Die Änderungen werden nach Abschluss der Bearbeitung zurück in die Softwarelösung eingespielt, sodass in SAP Business ByDesign immer die aktuellsten Daten vorgehalten werden. Dieser Vorgang kann – wenn das Gegenstromverfahren zur Anwendung kommt – im Abstimmungsprozess zur Festsetzung der Absatzziele zwischen den zuständigen Vertriebsleitern und Vertriebsmitarbeitern iterativ durchgeführt und bei Einigung verabschiedet werden.

Plandatenerfassung in Microsoft Excel

Beispielsachverhalt   Es gilt festzuhalten, dass die Aufbauorganisation des Unternehmens für den Aufbau des Absatzplans von Bedeutung ist. Für den Beispielsachverhalt ist zu erkennen, dass produktbezogene Verkaufsorganisationen in der Aufbauorganisation vorhanden sind.[320] Im Fallbeispiel werden die Vertriebsaktivitäten produktbezogen von einer Verkaufsorganisation verantwortet; d.h., die Zuordnung der (Umsatz-)Planwerte für ein Produkt entspricht der Zuordnung zu einer Verkaufsorganisation. Im konkreten Fall werden die Planwerte[321] für die zuständigen Verkaufsorganisationen der Produkte *Easy Walk*, *Professional Walk*, *Hiking* und *Designberatung* für das Jahr 2010 aufgeführt (vgl. Abbildung 51). Zudem lassen sich die Planwerte auf Monatsbasis untergliedern; hier wurde eine Zusammenfassung auf Quartalsebene vorgenommen.

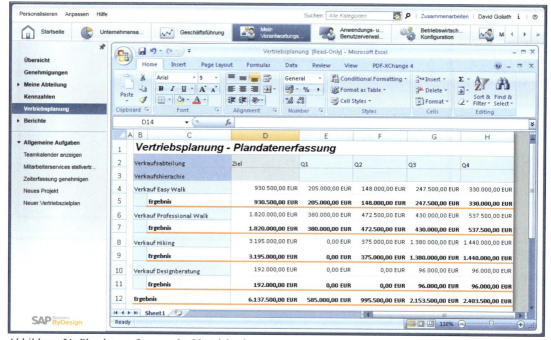

Abbildung 51: Plandatenerfassung der Vertriebsplanung

Analysemöglichkeiten   Die Eingabe von Plandaten in dem angelegten Excel-Datenblatt und das Übertragen in SAP Business ByDesign ermöglicht Ihnen für das Vertriebscontrolling relevante Plan-/Ist-Vergleiche. Der zuständige leitende Mitarbeiter erhält dafür einen Bericht in seinem Work Center *Mein Verantwortungsbereich* zur Verfügung gestellt. Mithilfe dieses Berichts können Sie die Erreichung der vorgegebenen Absatzplanziele durch die zuständigen Vertriebsmitarbeiter im Zeitablauf monitoren.[322]

---

[320]   Vgl. zum Aufbau der Organisationsstruktur Abbildung 22.
[321]   Vgl. zu den Werten der Absatzplanung Abbildung 37.
[322]   Zur Überprüfung der Zielerreichung (Ist) werden eingegangene Kundenaufträge und sog. gewichtete Opportunities zugrunde gelegt. Vgl. hierzu auch Kapitel F.3.3.1.1.1.

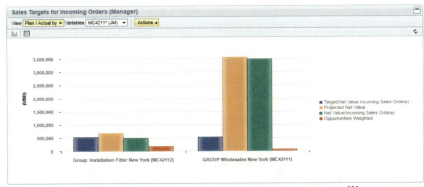

Abbildung 52: Plan-/Ist-Abgleich von Absatzzielen in Marktsegmenten[323]

3.2 Kostenstellen-, Ergebnis- und Bilanzplanung

Neben der Absatzplanung können Sie in SAP Business ByDesign eine Kostenstel-
len-, Ergebnis- und Bilanzplanung vornehmen. Diese Planungsinstrumente können hinsichtlich ihrer Struktur in einer Aktivitätenliste gemeinsam angelegt werden (vgl. Abbildung 53). Die Vorgehensweise ist für die drei Planungsinstrumente
gleich. Die Kostenstellen-, Ergebnis- und Bilanzplanung ist – analog zur Absatzplanung – in zwei Schritten vorzunehmen: Zunächst definieren Sie die Struktur
der Planungsrechnung, bevor die Planwerte über ein Microsoft Excel-Datenblatt
vergeben werden.

Die Struktur bestimmen Sie im Work Center *Kosten und Erlöse* unter der Sicht
Planung. Für die Ergebnis- bzw. Bilanzplanung ist die Berichtsstruktur (z.B. Ge-
samtkosten- bzw. Umsatzkostenverfahren für die Ergebnisplanung) zu wählen.
Für die Bilanzplanung gilt es außerdem zu entscheiden, ob eine Planung für das
Gesamtunternehmen, Geschäftsbereiche oder Profit-Center erfolgen soll.[324]
Schließlich sind die Kostenstellen des Unternehmens auszuwählen, für die eine
Kostenstellenplanung in Frage kommt. Alle drei Planungsinstrumente haben gemein, dass die Planung auf Ebene von (Sach-)Konten oder Berichtszeilen[325] vorgenommen wird. In welcher Granularität dies geschieht, also welche „Unterkon-
ten" in der Berichtsstruktur für die Planung ausgewählt werden, ist in Abhängigkeit
von der gewünschten Planungstiefe vorzunehmen. So ist es möglich, dass z.B. die
(gesamten) Umsatzerlöse geplant werden oder die Umsatzerlöse, untergliedert in
Inland und Ausland, in der Planung Berücksichtigung finden sollen. Die Planwerte können dann auf Ebene des Sachkontos (bzw. Berichtszeile) mit den Istwerten
verglichen werden.

**Bestimmung
der Planstruktur**

---

[323] Der Inhalt des dargestellten Berichts basiert nicht auf den Daten des Beispielsachver-
        halts.

[324] Mithilfe von Verteilungsmechanismen können z.B. die Plandaten der vorhandenen
        Profit-Center auf Unternehmensebene zusammengefasst werden.

[325] Mit der Berichtszeile ist der Strukturknoten gemeint, der Sachkonten in der Berichts-
        struktur z.B. in einer Bilanz oder einer GuV zu einer Position zusammenfasst.

Ein Kostenstellen-, Ergebnis- bzw. Bilanzplan ist je Rechnungslegungswerk zu erstellen. Im Beispielsachverhalt wird die Planung für das Rechnungslegungswerk *HGB* vorgenommen.[326] Es ist zudem möglich, für eine Planungsrechnung (z.B. die Ergebnisplanung) mehrere Pläne mit unterschiedlichen Szenarien anzulegen. So können Sie bspw. Pläne mit optimistischen und pessimistischen Annahmen hinterlegen.

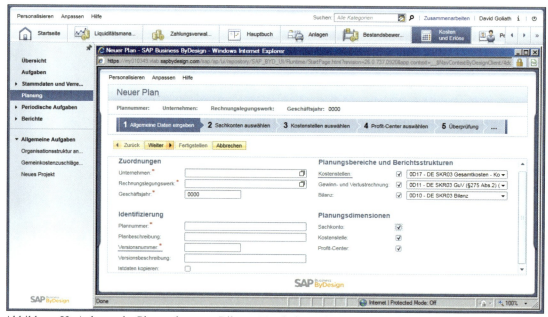

Abbildung 53: Anlegen der Planstruktur von Bilanz-, Ergebnis- und Kostenstellenplan

Plandatenerfassung in Microsoft Excel

Nachdem das Anlegen der Planstruktur abgeschlossen ist, geben Sie die Planwerte über das Microsoft-Excel Add-in ein. Die Planwerte können – analog zur Absatzplanung – durch Übernahme der Daten aus der vergangenen Periode abgeleitet werden.[327] Für den konkreten Beispielsachverhalt sehen Sie in Abbildung 54 die Kostenstellenplanung[328] der Produktionskostenstellen *Spritzguss*, *Lederzuschnitt* und *Schuhfertigung*. In diesen Kostenstellen fallen ähnliche Kostenarten an. Die Plankosten für das Jahr 2010 wurden gleichmäßig auf die Quartale verteilt.[329]

---

[326]   SAP Business ByDesign ist als Einkreissystem ausgestaltet. Das genannte Rechnungslegungswerk liefert somit gleichzeitig Daten für das interne und externe Rechnungswesen.

[327]   Dazu ist das in Abbildung 53 ersichtliche Feld *Istdaten kopieren* auszuwählen.

[328]   Für eine Kostenstelle kann sowohl die Be- als auch die Entlastung geplant werden. Im vorliegenden Fall beschränkt sich die Planung auf die Belastung der aufgeführten Kostenstellen. Vgl. zur Be- und Entlastung einer Kostenstelle Kapitel F.2.3.2.3.2.

[329]   Auch hier gilt analog zur Absatzplanung, dass eine Planung auf Monatsbasis erfolgen kann, für diese Darstellung aber eine Aggregation auf Quartalsebene vorgenommen wurde.

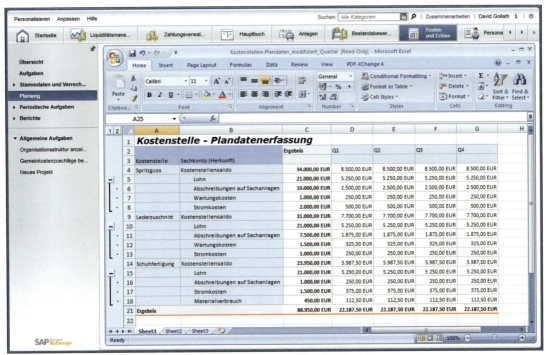

Abbildung 54: Plandatenerfassung von Kostenstellen auf Sachkontenebene

Zum Abgleich von Plan- und Istwerten für die GuV und die Bilanz wird Ihnen ein Bericht im Work Center *Hauptbuch* (Sicht *Berichte*) zur Verfügung gestellt.[330] Für den Plan-/Ist-Vergleich auf Kostenstellenebene ist der Bericht im Work Center *Kosten und Erlöse* aufzurufen.

---

330 Für eine Darstellung dieser Berichtsmöglichkeiten wird auf Kapitel F.6.4.2.4 verwiesen.

F. Darstellung der Geschäftsprozesse und Ableitung der rechnungswesenrelevanten Daten

1.   Beschaffungsprozess

1.1   Betriebswirtschaftliche Grundlagen

1.1.1   Vorbemerkung

Der Beschaffungsprozess beginnt im Allgemeinen mit einer Bestellung für einen Vermögensgegenstand bzw. eine Dienstleistung. Die voranstehende Geschäftsanbahnungsphase hat keine Auswirkungen auf das externe Rechnungswesen und bleibt in diesem Kontext im Folgenden unberücksichtigt. Aus Sicht des Beschaffungscontrollings kann die im Rahmen der Anbahnungsphase zu treffende Auswahl eines Lieferanten jedoch entscheidende Bedeutung besitzen.[331] Nach der Lieferung des Gegenstands bzw. der Dienstleistung geht eine Lieferantenrechnung ein. Daran schließt der Zahlungsausgang an. In der Unternehmenspraxis stellt sich dieser Beschaffungsprozess häufig flexibel dar. So finden die dargestellten Teilprozesse oftmals in einer abweichenden Reihenfolge statt. Hierbei ist zu beachten, dass die anschließende Abbildung im Rechnungswesen unabhängig von der Reihenfolge der Teilprozesse zu identischen Ergebnissen führen muss. Im Folgenden wird die Beschaffung von Waren und Anlagen beschrieben. Die Erläuterung der Beschaffung von Dienstleistungen erfolgt in Kapitel F.4.

| Bestellung | Warenlieferung | Lieferantenrechnung | Zahlungsausgang |

Abbildung 55: Beschaffungsprozess im Überblick

Überblick Neben der Behandlung eines bestellten – aber noch nicht in der wirtschaftlichen Verfügungsmacht des bestellenden Unternehmens befindlichen – Vermögensgegenstands als schwebendes Geschäft wird der für die (Erst-)Bilanzierung relevante Anschaffungszeitpunkt erläutert. Wie an späterer Stelle gezeigt wird, muss er nicht mit dem Zeitpunkt der Lieferung übereinstimmen. In dem Zusammenhang der Zugangsbilanzierung werden die Pflichtbestandteile der Anschaffungskosten inkl. Anschaffungsnebenkosten sowie Anschaffungspreisminderungen betrachtet. Den Besonderheiten von Beschaffungsvorgängen in fremder Währung sowie der Behandlung sog. geringwertiger Wirtschaftsgüter (GWG) werden ebenso eigene Unterkapitel gewidmet wie den zu beachtenden Eigenheiten von zugehenden Vermögensgegenständen des Anlagevermögens. Ergänzt werden diese Ausführungen um Aspekte des Beschaffungscontrollings, die sich insbesondere auf die Bereiche der Lieferantenauswahl, der Material- bzw. Produktanalyse zu beschaffender Güter und Abweichungsanalysen beziehen.

1.1.2   Bestellung als schwebendes Geschäft

Definition Ein schwebendes Geschäft ist aus bilanzieller Sicht gegeben, wenn ein gegenseitiger, auf Leistungsaustausch abzielender Vertrag vorliegt und der zur Sach- oder

---

[331]   Vgl. Kapitel F.1.1.7.3.

Dienstleistung Verpflichtete noch nicht geleistet hat.[332] Je nach Gattung des dem Vertrag zugrunde liegenden Vermögensgegenstands können schwebende Geschäfte in Beschaffungs- oder Absatzgeschäfte sowie Dauerschuldverhältnisse unterteilt werden.

Grds. beginnt der Schwebezustand im Zeitpunkt des Vertragsabschlusses. Allerdings kann es bilanzrechtlich davon abweichend erforderlich werden, das Vorliegen eines schwebenden Geschäfts bereits bei Abgabe eines bindenden Angebots zu bejahen.[333] Aus Sicht des Beschaffungsprozesses stellt die rechtlich bindende Bestellung also den Anfangszeitpunkt des Schwebezustands dar. Beendet wird der Schwebezustand mit der Erbringung der Sach- oder Dienstleistung.

Dauer

Für Ansprüche und Verpflichtungen, die aus schwebenden Geschäften entstehen, gilt der Grundsatz der Nichtbilanzierung (vgl. Abbildung 56). Dabei gilt die Ausgeglichenheitsvermutung zwischen der vertraglich zu erbringenden Leistung sowie dem Anspruch auf Gegenleistung. Nur im Fall eines drohenden Verlusts aus dem schwebenden Geschäft ist handelsrechtlich eine bilanzielle Erfassung in Form einer Drohverlustrückstellung verpflichtend vorzunehmen.[334] Sollte der Bilanzierende jedoch einen Gewinn aus dem schwebenden Geschäft erwarten, bliebe es aufgrund des Realisationsprinzips, das einer bilanziellen Erfassung entgegensteht, zwingend unberücksichtigt.

Nichtbilanzierung schwebender Geschäfte

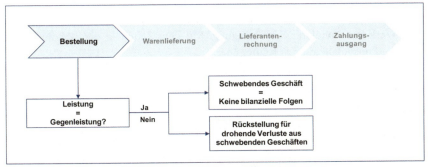

Abbildung 56: Bilanzielle Konsequenzen der Bestellung

1.1.3 Anschaffungszeitpunkt bei Warenlieferung bzw. Leistungserbringung

Der Anschaffungszeitpunkt markiert das Ende des Schwebezustands. Dieser Zeitpunkt wird durch „das Erlangen der wirtschaftlichen Verfügungsmacht"[335] erreicht. Er ist identisch mit dem Zeitpunkt, in dem der Lieferant seiner Sachlei-

Anschaffungszeitpunkt

---

[332] Anzahlungen beenden den Schwebezustand dagegen nicht, sondern werden buchhalterisch als sog. geleistete Anzahlungen bzw. erhaltene Anzahlungen erfasst.

[333] Vgl. m.w.N. BAETGE, J./KIRSCH, H.-J./THIELE, S. (2009), S. 447.

[334] Steuerbilanziell ist die Passivierung einer Drohverlustrückstellung aus schwebenden Geschäften jedoch unzulässig.

[335] ELLROTT, H./BRENDT, P. (2010), § 255, Rn. 31.

stungspflicht aus dem gegenseitigen Vertrag nachkommt. Infolge der erbrachten Sachleistung gehen regelmäßig „Eigenbesitz, Gefahr, Nutzen und Lasten"[336] auf den Käufer über und es entsteht eine unbedingte Aktivierungspflicht für den insoweit zugegangenen Vermögensgegenstand sowie eine Passivierungspflicht der vertraglich vereinbarten Gegenleistung (vgl. Abbildung 57).[337] In der Regel geht die Verfügungsmacht – und damit die Chancen und Risiken aus dem Vermögensgegenstand – mit erfolgter Lieferung auf den Käufer über.[338] Allerdings können je nach Vertragsgestaltung auch andere Zeitpunkte den Übergang der wirtschaftlichen Verfügungsmacht markieren.[339] Immer dann, wenn die Preisgefahr[340] an dem gekauften Vermögensgegenstand bereits vor „Erlangung des unmittelbaren oder mittelbaren Besitzes"[341] an dem gekauften Vermögensgegenstand auf den Käufer übergeht, muss der bilanzierende Käufer den Gegenstand aktivieren und gleichzeitig eine (grds. entsprechende) Verbindlichkeit i.H.d. zu erbringenden Gegenleistung passivieren.[342] Ein Beispiel hierfür ist der Versendungskauf gem. § 447 BGB, bei dem die Preisgefahr bereits vor erfolgter Lieferung auf den Käufer eines Gegenstands übergeht.[343]

Incoterms

In der Regel wird der Zeitpunkt des Preisgefahrübergangs auf den Empfänger des Vermögensgegenstands durch die vereinbarten Lieferbedingungen im Kaufvertrag bestimmt. Im internationalen Handelsverkehr haben sich hierfür die sog. Incoterms[344] herausgebildet, die international einheitliche Standards für vertraglich zu vereinbarende Lieferbedingungen gesetzt haben, wie z.B.:

- Ab Werk: Der Verkäufer stellt dem Käufer den Vermögensgegenstand ab Werk zur Abholung zur Verfügung. Mit dem Zeitpunkt der Abholung geht die Preisgefahr auf den Käufer über.

- Frei an Bord: Mit Überschreiten der Reling der verkauften Ware geht die Preisgefahr auf den Käufer über, d.h., der Empfänger der Ware trägt für den Rest des Transports das Risiko des Untergangs oder der Beschädigung.[345] Als bilanzielle Konsequenz muss der Käufer der Ware im Anschluss der Verla-

---

[336] BFH-Urteil v. 28.04.1977, S. 553.

[337] Die Erlangung des zivilrechtlichen Eigentums ist im Zweifel nicht entscheidend. Stattdessen ist in diesen Zweifelsfragen immer auf den Erlangungszeitpunkt des wirtschaftlichen Eigentums i.S.d. § 246 Abs. 1 HGB abzustellen.

[338] Vgl. hierzu FÜLBIER, R. U./KUSCHEL, P./SELCHERT, F. W. (2010), § 252, Rn. 92.

[339] Vgl. WINKELJOHANN, N./BÜSSOW, T. (2010), § 252, Rn. 44.

[340] Bei der sog. Preisgefahr handelt es sich um einen schuldrechtlichen Begriff. Mit Übergang der Preisgefahr ist der Käufer einer Dienst- oder Sachleistung verpflichtet, seiner vertraglich vereinbarten Gegenleistung nachzukommen. Er muss dieser Verpflichtung gerade unabhängig davon nachkommen, ob er die Sachdienstleistung tatsächlich empfangen hat.

[341] ELLROTT, H./BRENDT, P. (2010), § 255, Rn. 31.

[342] Der Verkäufer realisiert in dem Moment des Preisgefahrübergangs den Verkauf, indem er den verkauften Vermögensgegenstand ausbucht und eine Forderung aktiviert. Die Differenz wird erfolgswirksam behandelt.

[343] Der Verbleib des zivilrechtlichen Eigentums beim Verkäufer bis zur Ablieferung bleibt unbeachtlich; vgl. WERNDL, J. (1994), § 6 B 30.

[344] Die Abkürzung „Incoterms" steht für International Commercial Terms.

[345] Weitere Differenzierungsmöglichkeiten bzgl. der international gebräuchlichen Lieferbedingungen können unter http://www.icc-deutschland.de abgerufen werden.

dung auf das Schiff einen Vermögensgegenstand aktivieren sowie die vertraglich vereinbarte Kaufsumme passivieren.

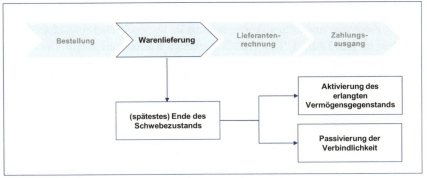

Abbildung 57: Bilanzielle Konsequenzen der Warenlieferung

Grds. können Anschaffungskosten sowohl vor als auch nach dem Anschaffungszeitpunkt entstehen. Die Anschaffungskosten umfassen alle „Aufwendungen, die geleistet werden, um einen Vermögensgegenstand zu erwerben und ihn in einen betriebsbereiten Zustand zu versetzen, soweit sie dem Vermögensgegenstand einzeln zugeordnet werden können"[346]. So fallen bspw. bei Kauf eines Grundstücks Notarkosten bei Vertragsschluss vor Zugang des Grundstücks an, die als Anschaffungsnebenkosten (vgl. Kapitel F.1.1.4.3.2) bei der Aktivierung des Grundstücks zu berücksichtigen sind.[347] Gleichermaßen können Anschaffungskosten aber auch nach dem Anschaffungszeitpunkt entstehen. Als Beispiel hierfür seien nachträgliche Anschaffungskosten genannt (vgl. Kapitel F.1.1.4.3.3).

Anschaffungszeitraum

1.1.4   Anschaffungskosten
1.1.4.1   Inhalt der Anschaffungskosten

Die Anschaffungskosten werden in § 255 Abs. 1 HGB „Bewertungsmaßstäbe" normiert.[348] Der Bewertungsmaßstab „Anschaffungskosten" ist immer dann relevant, wenn das bilanzierende Unternehmen Vermögensgegenstände anzusetzen hat, denen ein Beschaffungsvorgang von außen zugrunde liegt. In der Bilanzierungspraxis wird üblicherweise der Begriff „fortgeführte Anschaffungskosten" verwendet, da in der Folgebilanzierung grds. Abschreibungen oder Zuschreibungen vorgenommen werden (vgl. Kapitel F.1.1.6). Der Bewertungsmaßstab Anschaffungskosten zählt neben den Herstellungskosten, dem beizulegenden Wert und dem beizulegenden Zeitwert zu den zentralen Bewertungsmaßstäben des deutschen Bilanzrechts.

Bewertungsmaßstab

---

[346]   § 255 Abs. 1 Satz 1 HGB.
[347]   Vgl. ADLER, H./DÜRING, W./SCHMALTZ, K. (1995), § 255, Rn. 11.
[348]   Die Regelungen des § 255 Abs. 1 HGB werden durch den Maßgeblichkeitsgrundsatz gem. § 5 Abs. 1 EStG steuerbilanziell relevant.

Erfolgsneutralität des Anschaffungsvorgangs

Die Anschaffungskosten stellen die aufgrund eines Kaufvertrags hinzugebende zum Zeitwert bewertete Gegenleistung dar, „die ein Betrieb aufwenden muß, um einen Vermögensgegenstand zu beschaffen und einsatzfähig zu machen"[349]. Aus dieser Definition wird deutlich, dass pagatorische Werte des externen Rechnungswesens die Anschaffungskosten wertmäßig festlegen. Dies folgt automatisch aus dem im § 252 Abs. 1 Nr. 4 HGB verankerten Realisationsprinzip, das für den Bewertungsmaßstab der Anschaffungskosten uneingeschränkt seine Wirkung entfaltet.[350] Daher ist ein Beschaffungsvorgang stets erfolgsneutral bilanziell abzubilden.[351] Es handelt sich bei einem Anschaffungsvorgang also immer um eine Vermögensumschichtung.

1.1.4.2   Verfahren zur Ermittlung der Anschaffungskosten

Einzelbewertungsgrundsatz vs. Vereinfachungsmethoden

Der Einzelbewertungsgrundsatz gem. § 252 Abs. 1 Nr. 3 HGB zwingt den Bilanzierenden zwar grds. dazu, die Anschaffungskosten eines jeden einzelnen Vermögensgegenstands zu ermitteln. Allerdings würde dies insbesondere beim Vorratsvermögen zu einem übermäßigen buchhalterischen Aufwand führen. Daher werden im HGB einige Verfahren normiert, die eine zulässige Durchbrechung des Einzelbewertungsverfahrens darstellen:

- Verbrauchsfolgefiktionen gem. § 256 Satz 1 HGB: Hiernach sind nach dem BilMoG nur noch die beiden Verbrauchsfolgeverfahren Lifo und Fifo zulässig,[352]
- Festbewertung gem. § 256 Satz 2 i.V.m. § 240 Abs. 3 HGB,
- Gruppenbewertung gem. § 256 Satz 2 i.V.m. § 240 Abs. 4 HGB.[353]

Daneben werden zwei weitere Vereinfachungsmethoden als GoB-konform angesehen:

Durchschnittsmethode

- (Gleitende) Durchschnittsmethode: Die Anschaffungskosten werden in einer fortlaufenden Rechnung erfasst, in der die Abgänge zu dem jeweiligen gleitenden Durchschnitt bewertet werden. Dieser ergibt sich aus dem ermittelten Anfangsbestand und der bis zum Abgang erfolgten Zugänge (vgl. beispielhaft Kapitel F.1.3.1.1.2).
- Retrograde Ermittlung durch Abzug der Bruttospanne vom Verkaufswert.[354]

---

[349]   WÖHE, G. (1997), S. 376.

[350]   Vgl. KNOP, W./KÜTING, K. (2009), § 255, Rn. 8.

[351]   In Falle eines überhöhten Kaufpreises kann es in der Folge jedoch zu einer außerplanmäßigen Abschreibung zum Bilanzstichtag kommen.

[352]   Die Abkürzung „Lifo" steht für „Last in first out" und die Abkürzung „Fifo" für „First in first out"; vgl. zu den nach BilMoG noch zulässigen Verbrauchsfolgeverfahren ZÜNDORF, H. (2009), S. 112.

[353]   Vgl. KNOP, W. (2003), § 240, Rn. 73 ff.

[354]   Die retrograde Ermittlung der Anschaffungskosten durch Abzug der Bruttospanne vom Verkaufswert erfreut sich vor allem bei Einzelhandelsunternehmen großer Beliebtheit.

1.1.4.3 Bestandteile der Anschaffungskosten

Gem. § 255 Abs. 1 HGB umfassen die Anschaffungskosten alle Aufwendungen, **Anschaffungsvorgang**
die anfallen, um einen Vermögensgegenstand zu erwerben und in einen betriebsbereiten Zustand zu versetzen. Daraus wird deutlich, dass nicht nur die Aufwendungen, die zur Verschaffung der wirtschaftlichen Verfügungsmacht anfallen, Anschaffungskosten darstellen. Darüber hinaus sind gerade auch die Aufwendungen
zu den Anschaffungskosten eines Vermögensgegenstands zu zählen, die entstehen, um einen Vermögensgegenstand in einen betriebsbereiten Zustand zu versetzen.[355] Während die Erlangung des betriebsbereiten Zustands das Ende des Anschaffungsvorgangs darstellt, sind als Beginn solche Tätigkeiten zu werten, die
auf die konkrete Beschaffung des Vermögensgegenstands hinzielen.[356]

Die Bestandteile der Anschaffungskosten werden in Anschaffungspreis, Anschaf- **Bestandteile**
fungsnebenkosten, nachträgliche Anschaffungskosten sowie Anschaffungspreisminderungen untergliedert (vgl. Abbildung 58).

	Anschaffungspreis (ohne Umsatzsteuer)
+	Anschaffungsnebenkosten
+	nachträgliche Anschaffungskosten
-	Anschaffungspreisminderungen
=	Anschaffungskosten i.S.d. § 255 Abs. 1 HGB

Abbildung 58: Bestandteile der Anschaffungskosten

1.1.4.3.1 Anschaffungspreis

Der Anschaffungspreis stellt regelmäßig die Ausgangsgröße und in der Regel den **Rechnung**
größten Bestandteil der zu ermittelnden Anschaffungskosten dar. In den Fällen, in
denen eine Eingangsrechnung existiert, ist der Kaufpreis unproblematisch zu ermitteln. In Rechnung gestellte Umsatzsteuer darf nur im Ausnahmefall der Nichtabzugsfähigkeit in die Anschaffungskostenermittlung eingehen.

Es existieren aber auch Situationen, in denen keine Rechnungen für einen be- **Gesamtpreisaufteilung**
stimmten Vermögensgegenstand vorhanden sind. Bei einer Gesamtrechnung kann
bspw. der Fall eintreten, dass eine Aufteilung eines Gesamtpreises auf mehrere
Vermögensgegenstände notwendig wird. Bei gleichartigen Vermögensgegenständen folgen hieraus keine Probleme, da eine Verteilung nach dem arithmetischen
Mittel in diesen Fällen denkbar ist.[357] Weitaus schwieriger gestaltet sich die Zuordnung eines Gesamtpreises auf verschiedenartige Vermögensgegenstände. In

---

[355] Die Aufwendungen, die zur Erlangung eines betriebsbereiten Zustands in die Anschaffungskosten einzubeziehen sind, haben im Wesentlichen für Vermögensgegenstände des Sachanlagevermögens Bedeutung. Vgl. hierzu KNOP, W./KÜTING, K.
(2009), § 255, Rn. 12, m.w.N.

[356] Vgl. FÜLLING, F. (1976), S. 85.

[357] Vgl. KNOP, W./KÜTING, K. (2009), § 255, Rn. 23.

diesen Fällen hat sich eine Zuordnung grds. an den Zeitwerten der als Gesamtheit erworbenen Vermögensgegenstände zu orientieren.[358]

1.1.4.3.2　Anschaffungsnebenkosten

Bedeutung und Definition

Zu den Anschaffungskosten gehören explizit die Anschaffungsnebenkosten, die in vielen Fällen einen erheblichen Teil der Anschaffungskosten ausmachen können.[359] Anschaffungsnebenkosten sind dabei gerade die Kosten, die zusätzlich zu dem Kaufpreis anfallen und keine nachträglichen Anschaffungskosten darstellen. Sie müssen im Zusammenhang mit dem Erwerb oder der Herstellung des betriebsbereiten Zustands – also während des Anschaffungsvorgangs[360] – anfallen.

Anschaffungsnebenkosten bei Erwerb

Zu den Anschaffungskosten, die in der Phase des Erwerbs entstehen, gehören bspw.:[361]

- Courtagen,
- Eingangsfrachten und Zölle,
- Speditionskosten und Transportversicherungsaufwand,
- Notariats-, Gerichts- und Registerkosten und
- Grunderwerbsteuer.

Aufwendungen zur Herstellung des betriebsbereiten Zustands

Aufwendungen, die in der Phase der Herstellung des betriebsbereiten Zustands entstehen, sind bspw.:[362]

- Aufwendungen bei Montage- und Fundamentierungsarbeiten,
- Aufwendungen der Sicherheitsüberprüfung und
- Aufwendungen für die Abnahme von Gebäuden und Anlagen.[363]

Einzel- vs. Gemeinkosten

Grds. sind Anschaffungsnebenkosten, die in der Phase der Herstellung des betriebsbereiten Zustands anfallen, aktivierungspflichtig. Dies gilt allerdings nur, wenn sie dem erworbenen Vermögensgegenstand einzeln und direkt zurechenbar sind. Bei fremdbezogenen Leistungen ist dies stets der Fall. Werden diese Leistungen dagegen im Unternehmen selbst erbracht, ergeben sich oftmals Zurechnungsprobleme der entstandenen Aufwendungen zu den angeschafften Vermögensgegenständen. In diesen Fällen gilt grundsätzlich, dass Einzelkosten in die Ermittlung der Anschaffungskosten einbezogen werden müssen, während für Gemeinkosten ein Einbeziehungsverbot besteht.[364]

---

[358]　Vgl. ADLER, H./DÜRING, W./SCHMALTZ, K. (1995), § 255, Rn. 104 ff.
[359]　Vgl. AWV (1960), S. 213.
[360]　Vgl. zur zeitlichen Bestimmung des Anschaffungsvorgangs Kapitel F.1.1.3.
[361]　Vgl. hierzu HUSEMANN, K.-H. (1976), S. 92 ff.
[362]　Vgl. hierzu HUSEMANN, K.-H. (1976), S. 92 ff.
[363]　Vgl. zu den einzelnen Anschaffungsnebenkosten ebenfalls BAETGE, J./KIRSCH, H.-J./ THIELE, S. (2009), S. 198 f.
[364]　Vgl. KNOP, W./KÜTING, K. (2009), § 255, Rn. 34, m.w.N.

1.1.4.3.3 Nachträgliche Anschaffungskosten

Nachträgliche Anschaffungskosten sind Aufwendungen, die erst nach dem Anschaffungsvorgang anfallen. Sie dürfen den Charakter des erworbenen Vermögensgegenstands nicht verändern und müssen gleichwohl eine sachliche Verbindung zum Anschaffungsvorgang aufweisen. Die nachträglichen Anschaffungskosten werden allgemein unterteilt in:

- Nachträgliche Aufwendungen: Hierunter fallen insbesondere Erschließungsbeiträge für die Erstanlage einer Straße oder für den Erstanschluss an eine Kanalisation als nachträgliche Anschaffungskosten eines Grundstücks.[365]

- Nachträgliche Anschaffungspreiserhöhungen: Sie treten bspw. bei Kaufvertragsklauseln, die den endgültigen Kaufpreis von späteren Ereignissen abhängig machen, auf.[366]

Komponenten der nachträglichen Anschaffungskosten

1.1.4.3.4 Anschaffungskostenminderungen

Die Anschaffungskostenminderungen stellen die negative Komponente der Anschaffungskostenermittlung dar. Sie werden notwendig, um der geforderten Erfolgsneutralität von Beschaffungsvorgängen gerecht zu werden. Grds. kann zwischen Nachlässen und Zuwendungen[367] unterschieden werden.

Erfordernis der Erfolgsneutralität

Die Nachlässe werden in Boni, Skonti und Rabatte unterteilt. Allerdings wirken nur Skonti und Rabatte im bilanziellen Sinn anschaffungskostenmindernd. Boni reduzieren zwar den Kaufpreis; sie können allerdings nicht einer bestimmten Lieferung zugeordnet werden. Sie werden vielmehr auf eine bestimmte abgenommene Gesamtmenge pro definierter Periode gewährt, was eine bilanzielle Berücksichtigung in den Anschaffungskosten aufgrund der fehlenden direkten Zuordnungsmöglichkeit zu einem bestimmten Vermögensgegenstand unmöglich macht.

Nichtabzugsfähigkeit von Boni

Der Rabatt bezeichnet einen Abschlag auf den Absatzpreis, den ein „Lieferer für die Übernahme bestimmter, bei dem einzelnen Bezug feststellbarer Leistungen einräumt"[368]. Sie müssen von den Anschaffungskosten in voller Höhe abgezogen werden.

Rabatt

Der Skonto ist die Differenz zwischen dem Bar- und dem Zielpreis oder zwischen mehreren Zielpreisen. Es ist umstritten, ob Skonti immer – unabhängig von der Inanspruchnahme – oder erst bei der Inanspruchnahme zu einer Anschaffungskostenminderung führen. U.E. sind erst bei tatsächlicher Inanspruchnahme des Skontos die Anschaffungskosten zu mindern (vgl. Abbildung 60).[369]

Skonto

---

[365]   Vgl. ELLROTT, H./BRENDT, P. (2010), § 255, Rn. 111, m.w.N.
[366]   Vgl. ADLER, H./DÜRING, W./SCHMALTZ, K. (1995), § 255, Rn. 45.
[367]   Die bilanzielle Behandlung von Zuwendungen wird hier nicht weiter thematisiert. Vgl. hierzu ausführlich u.a. UHLIG, A. (1989).
[368]   ZIEGLER, F. (1955), S. 302.
[369]   Vgl. zu dieser Diskussion KNOP, W./KÜTING, K. (2009), § 255, Rn. 58 ff. In SAP Business ByDesign erfolgt die Berücksichtigung des Skontos ebenfalls erst bei Zahlung.

Im Ergebnis ergibt sich nachfolgende Systematik zur Bestimmung der Anschaffungskosten (vgl. Abbildung 59).

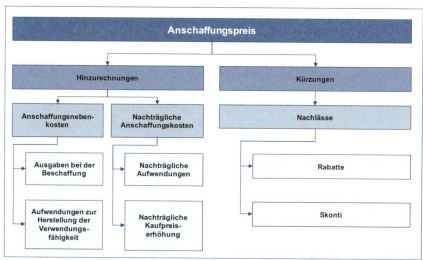

Abbildung 59: Komponenten der Anschaffungskosten[370]

1.1.4.4   Sonderproblematik Anschaffungskosten in Fremdwährung

Notwendigkeit zur Währungsumrechnung

Oftmals werden Vermögensgegenstände in einer fremden Währung gekauft und die entsprechenden Rechnungen in Fremdwährung erstellt.[371] § 244 HGB schreibt vor, dass der Jahresabschluss in Euro aufzustellen ist, sodass eine Umrechnung der einzelnen in fremder Währung lautenden Vermögensgegenstände und Schulden in Euro erforderlich ist. § 256a HGB regelt explizit lediglich die Umrechnung in Euro für die Folgebilanzierung, d.h. für die Bewertung an einem Abschlussstichtag nach Anschaffung der Vermögensgegenstände.[372] Allerdings ist der Gesetzesbegründung zum BilMoG zu entnehmen, dass aus der verpflichtenden Anwendung des Devisenkassamittelkurses für die Folgebewertung unter Berücksichtigung des Anschaffungskostenprinzips folgt, dass auf Fremdwährung lautende Geschäftsvorfälle auch im Zugangszeitpunkt mit dem Devisenkassamittelkurs umzurechnen sind.[373] Die Vorschrift des § 256a HGB beinhaltet insofern eine Vereinfachung, dass der Devisenkassamittelkurs als Kursart nun festgelegt ist und die bis zum BilMoG aufwendige Entscheidung, welche Kursart (Geld-, Brief- oder Mittelkurs) auf verschiedene Geschäftsvorfälle anzuwenden ist, entfällt.

Einfluss der Währungsumrechnung

Entscheidend für die Wahl des anzuwendenden Umrechnungskurses ist der Tag der Realisation des Anschaffungsvorgangs, d.h. der Tag der Erlangung der wirtschaftlichen Verfügungsmacht durch den Erwerber (vgl. Kapitel F.1.1.3).[374] Wird

---

[370]   Modifiziert entnommen aus BAETGE, J./KIRSCH, H.-J./THIELE, S. (2009), S. 201.

[371]   Vgl. KÜTING, K./MOJADADR, M. (2010), § 256a, Rn. 1 ff.

[372]   Vgl. BT-Drucksache (16/10067), S. 43, 62.

[373]   Vgl. BT-Drucksache (16/10067), S. 62.

[374]   Vgl. HFA (1984), S. 586.

der Erwerb des Vermögensgegenstands durch eine Voraus- oder Anzahlung finanziert, so ist der tatsächlich aufgewandte Eurobetrag als Anschaffungskosten im Zeitpunkt der Erlangung der wirtschaftlichen Verfügungsmacht zu erfassen. Liegt ein Zielkauf vor, so ergeben sich die Anschaffungskosten unter Berücksichtigung der am Tag der Erlangung der wirtschaftlichen Verfügungsmacht einzubuchenden Fremdwährungsverbindlichkeit. Spätere Kursveränderungen berühren nur die Höhe eventuell noch bestehender Verbindlichkeiten aus der Anschaffung.[375] Die Anschaffungskosten des erworbenen und in der Bilanz im Zeitpunkt der Erlangung der wirtschaftlichen Verfügungsmacht angesetzten Vermögensgegenstands werden von danach veränderten Kurswerten hingegen nicht mehr berührt. Kursänderungen beeinflussen jedoch die Höhe der zu begleichenden Verbindlichkeit; sie sind im Zeitpunkt der Begleichung erfolgswirksam zu erfassen (vgl. Abbildung 60). Steigt der Wert der Verbindlichkeit, ist die Differenz zum ursprünglichen Wert in den Posten „sonstiger betrieblicher Aufwand" einzutragen. Eine Verminderung der Verbindlichkeit ist korrespondierend als „sonstiger betrieblicher Ertrag" zu erfassen.[376]

1.1.5 Bilanzielle Konsequenzen der Teilprozesse Lieferantenrechnung und Zahlungsausgang

Nach der Bestellung und der Lieferung des Vermögensgegenstands schließen sich sowohl der Erhalt der Lieferantenrechnung als auch die Bezahlung an. Wenn die Rechnung des Lieferanten bereits bei bilanziellem Zugang des Vermögensgegenstands vorliegt, ergeben sich aus der Rechnung keine weiteren buchhalterischen Konsequenzen. In diesem Fall wurde der Vermögensgegenstand bereits mit dem Wert, der sich aus der Lieferantenrechnung ergibt, eingebucht. Da der (Netto-) Wert der Rechnung im Grundsatz immer ausschlaggebend für die Bewertung des zugegangenen Vermögensgegenstands und der analogen Verbindlichkeit ist, muss bei einem – im Vergleich zur Einbuchung – abweichenden Rechnungsbetrag eine Anpassung vorgenommen werden.[377] Je nach Ausprägung müssen der Vermögensgegenstand und die Verbindlichkeit wertmäßig erfolgsneutral nach oben oder nach unten korrigiert werden.

Anpassung an den Rechnungsbetrag

---

[375] Für Verbindlichkeiten, die noch eine geringe Restlaufzeit (ein Jahr oder weniger) aufweisen, wird in § 256a Satz 2 HGB klargestellt, dass die ursprünglichen Anschaffungskosten nicht als Obergrenze zu beachten sind.

[376] Im Rahmen der Abschlussarbeiten sind analog die durch Kursänderungen beeinflussten Wertänderungen noch zum Abschlussstichtag in fremder Währung bestehenden Verbindlichkeiten erfolgswirksam zu erfassen. Bei langfristigen Verbindlichkeiten mit einer Laufzeit über einem Jahr sind die Grenzen durch das Imparitäts- und Anschaffungskostenprinzip zu beachten; bei kurzfristigen Verbindlichkeiten entfallen die Bewertungseinschränkungen durch die GoB; vgl. zu den Besonderheiten der Währungsumrechnung bei den Abschlussarbeiten Kapitel F.5.1.3.4.

[377] Dies kann bspw. durch die unerwartete Berechnung von Anschaffungsnebenkosten, wie z.B. durch Frachtkosten entstehen.

Inanspruchnahme des Skontos und Fremdwährungseffekte

Neben der bilanziellen Erfassung des ausgehenden Zahlungsbetrags als Verminderung des Zahlungsmittelbestands können sich aus der Zahlung weitere bilanzielle Konsequenzen ergeben. Zum einen werden die Anschaffungskosten bei Inanspruchnahme eines Skontos gemindert (vgl. Kapitel F.1.1.4.3.4). Zum anderen können sich erfolgswirksame Effekte aus der Währungsumrechnung ergeben, die allerdings gerade keinen Einfluss mehr auf die Anschaffungskosten des zugegangenen Vermögensgegenstands haben (vgl. Kapitel F.1.1.4.4). Durch eine Abweichung des Fremdwährungskurses am Tag der Begleichung der Verbindlichkeit vom Kurs am Tag des Zugangs der Verbindlichkeit resultiert je nach Veränderung ein „sonstiger betrieblicher Ertrag" oder ein „sonstiger betrieblicher Aufwand" (vgl. Abbildung 60).[378]

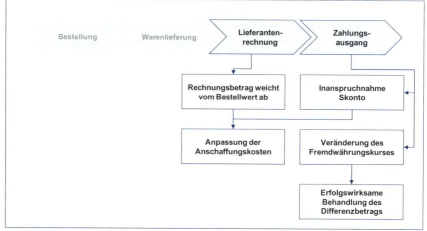

Abbildung 60: Bilanzielle Konsequenzen aus Lieferantenrechnung und Zahlungsausgang

1.1.6   Besonderheiten beim Zugang von Anlagengütern

Anlagengüter sind Vermögensgegenstände, die dauerhaft dem Geschäftsbetrieb dienen. Neben der Zugangsbilanzierung zu Anschaffungskosten sind ferner bereits beim Zugang Angaben notwendig, nach welchen Prinzipien die Vermögensgegenstände (planmäßig) bilanziell fortzuschreiben sind und in welcher betrieblichen Funktion (Produktion, Verwaltung, Vertrieb) diese eingesetzt werden sollen.

1.1.6.1   Kostenstellenzuordnung von Anlagengütern

Für die Bestimmung der Herstellungskosten von Vermögensgegenständen des Umlaufvermögens ist es notwendig, die beschafften Vermögensgegenstände des Anlagevermögens den Kostenstellen zuzuordnen. Des Weiteren ist es aus Gründen der internen Leistungsverrechnung unerlässlich, die Vermögensgegenstände den jeweiligen Verantwortungsbereichen zuzuordnen. Ebenfalls notwendig wer-

---

[378]   Vgl. im Beispielsachverhalt Kapitel F.1.3.1.2.2.

den die Zuordnungen im Zusammenhang mit Profit-Center-Analysen und – falls gewünscht oder erforderlich – der Erstellung einer Segmentberichterstattung.

1.1.6.2 Bestimmung der Nutzungsdauer

Die Nutzungsdauer legt den Abschreibungszeitraum fest. In dieser Periode werden zeitlich begrenzt nutzbare Vermögensgegenstände des Anlagevermögens um planmäßige Abschreibungen ratierlich im Wert gemindert. Im Jahr des Zugangs müssen die Abschreibungen monatsgenau berechnet werden. Grds. wird durch die Inbetriebnahme eines Vermögensgegenstands der Beginn des Abschreibungszeitraums festgelegt. Dieser endet handelsrechtlich, wenn die Maschine aus Rentabilitätsgesichtspunkten nicht mehr sinnvoll genutzt werden kann. Insoweit stellt das HGB also auf die wirtschaftliche Nutzungsdauer eines Vermögensgegenstands ab.

Wirtschaftliche Nutzungsdauer im HGB

Für das Steuerrecht werden gem. § 7 Abs. 1 Satz 2 EStG AfA-Tabellen der Finanzverwaltung zugrunde gelegt. Von diesen normierten Nutzungsdauern darf steuerlich nur in Ausnahmefällen abgewichen werden.

AfA-Tabellen im Steuerrecht

Bisher wurden die Vorgaben der AfA-Tabellen bzgl. der Nutzungsdauer in der Bilanzierungspraxis aufgrund der engen Verzahnung zwischen der Steuer- und Handelsbilanz auch handelsrechtlich verwendet. Nach dem Wegfall der umgekehrten Maßgeblichkeit durch das BilMoG (vgl. Kapitel C) ist diese Verfahrensweise zwar weiterhin als zulässig zu erachten, allerdings ist aufgrund der Stärkung der Informationsfunktion im HGB grds. ein gesondertes Abstellen auf die wirtschaftliche Nutzungsdauer vorzuziehen.

Anwendung der AfA-Tabellen im HGB nach BilMoG

1.1.6.3 Abschreibungsmethode

Das HGB fixiert keine bestimmte Abschreibungsmethode, die vom Bilanzierenden anzuwenden ist. Grds. existieren zwei grundlegend unterschiedliche Abschreibungsmethoden:

Handelsrechtliche Abschreibungsverfahren

- Leistungsabschreibung: In jedem Geschäftsjahr werden Abschreibungsbeträge in Abhängigkeit von der Inanspruchnahme des Vermögensgegenstands ermittelt.
- Zeitabschreibung: Innerhalb der geplanten Nutzungsdauer werden den einzelnen Geschäftsjahren gleichbleibende Abschreibungsbeträge (lineare Abschreibung), fallende Abschreibungsbeträge (degressive Abschreibung) oder steigende Abschreibungsbeträge (progressive Abschreibung) zugerechnet.

In der Steuerbilanz sind die gewählten Abschreibungsverfahren des HGB über den Maßgeblichkeitsgrundsatz gem. § 5 Abs. 1 EStG zwar grds. auch im Steuerrecht bindend. Allerdings führt der Bewertungsvorbehalt gem. § 5 Abs. 6 EStG zu einer erheblichen Einschränkung dieses Grundsatzes. Bspw. ist die geometrisch-degressive Abschreibung steuerlich gem. § 7 Abs. 2 EStG nur noch für in den Jahren 2009 und 2010 erworbene bewegliche Wirtschaftsgüter des Anlagevermögens

Steuerliche Abschreibungsverfahren

zulässig.[379] Für danach erworbene Vermögensgegenstände ist diese Abschreibungsmethode für steuerliche Zwecke nicht mehr gestattet. Die steuerliche Normabschreibungsmethode ist gem. § 7 Abs. 1 Satz 1 EStG die lineare Abschreibungsmethode.

Konsequenz des Wegfalls der umgekehrten Maßgeblichkeit

Aufgrund des Wegfalls der umgekehrten Maßgeblichkeit ist das Ziel einheitlicher Wertansätze im Anlagevermögen jedoch in weite Ferne gerückt. So dürfen die gesamten steuerlichen Begünstigungsregeln seit dem BilMoG nur noch steuerlich geltend gemacht werden. Sie haben durch den Wegfall der Öffnungsklausel in § 254 HGB a.F. keine Auswirkungen mehr auf die Handelsbilanz.[380]

1.1.6.4 Behandlung von geringwertigen Wirtschaftsgütern in Handels- und Steuerbilanz

Steuerliche Behandlung

Mit dem Wachstumsbeschleunigungsgesetz führt der Gesetzgeber die (Alt-) Regelung zur Sofortabschreibung von Wirtschaftsgütern mit Anschaffungskosten bis zu 410 EUR als Wahlrecht wieder ein. Darüber hinaus können alternativ für sog. geringwertige Wirtschaftsgüter des Anlagevermögens, deren Anschaffungskosten zwischen 150 und 1.000 EUR netto liegen, gem. § 6 Abs. 2a EStG Sammelposten gebildet werden, die im Jahr der Bildung und den folgenden vier Jahren linear abzuschreiben sind. Diese Regelung gilt unabhängig davon, ob die Wirtschaftsgüter in diesem Zeitraum im Unternehmen verbleiben. Die Wahlrechte sind für jedes Jahr neu einheitlich anzuwenden. Wird keines dieser beiden Wahlrechte in Anspruch genommen, sind die Wirtschaftsgüter planmäßig über ihre Nutzungsdauer abzuschreiben.

Handelsrechtliche Behandlung

Vermögensgegenstände mit Anschaffungskosten zwischen 150 und 1.000 EUR netto müssen handelsrechtlich grds. über ihre wirtschaftliche Nutzungsdauer abgeschrieben werden. Die Bildung eines (steuerlichen) Sammelpostens ist handelsrechtlich grds. abzulehnen, da sie sowohl gegen den Einzelbewertungsgrundsatz gem. § 252 Abs. 1 Nr. 3 HGB als auch gegen das Imparitätsprinzip gem. § 252 Abs. 1 Nr. 4 Halbsatz 1 HGB verstößt. Allerdings können aufgrund des Wesentlichkeitsgebots in den Fällen, in denen eine analoge Anwendung dieser steuerlichen Regelung von untergeordneter Bedeutung ist, diese Bewertungsprinzipien des HGB durchbrochen werden.

Bei Anschaffungskosten bis zu 410 EUR netto kann eine Vollabschreibung im Zugangsjahr grds. als GoB-konform angesehen werden. Diese Sofortabschreibung ist jedoch durch die Stärkung der Informationsfunktion des handelsrechtlichen Jahresabschlusses durch das BilMoG restriktiver als in der Vergangenheit anzuwenden.

---

[379] Der Abschreibungssatz darf hierbei max. den 2,5-fachen Satz der linearen Abschreibung betragen. Die Höchstgrenze liegt hierbei bei 25 %.

[380] Vgl. zu den unterschiedlichen Wertansätzen in der Steuer- und Handelsbilanz ausführlich Kapitel C.

1.1.7 Beschaffungscontrolling
1.1.7.1 Aufgaben und Zielsetzungen

Das Beschaffungscontrolling, in der Literatur auch als Einkaufscontrolling[381] oder Materialwirtschaft[382] bezeichnet, richtet sich an der betrieblichen Beschaffungsfunktion im Rahmen der Produkt- und Leistungserstellung aus. Die Kernaufgabe der Beschaffung besteht darin, **Aufgaben**

- das richtige Produkt,
- in der richtigen Menge,
- zum richtigen Zeitpunkt,
- am richtigen Ort

bereitzustellen. Mögliche Leistungsstörungen im Beschaffungsbereich können sich entlang der gesamten Wertschöpfungskette negativ bemerkbar machen. So sind kurzfristige Beeinträchtigungen des Produktionsablaufs zu erwarten, wenn bereits einer der oben aufgeführten Punkte unzureichend erfüllt wird. Das Beschaffungscontrolling umfasst in diesem Zusammenhang die Planung, Steuerung und Kontrolle jeglicher Art von Geschäftsprozessen, die zur Beschaffung der im Unternehmen benötigten Materialien notwendig sind. Darüber hinaus verantwortet das Beschaffungscontrolling die entscheidungsrelevante Informationsversorgung der Einkaufsabteilung, sodass notwendige Beschaffungsvorgänge durch diese entsprechend vorgenommen werden können.

Auf Dauer kann ein Unternehmen seine Wettbewerbsfähigkeit nur dann aufrechterhalten, wenn nicht allein kurzfristig orientierte Aspekte einer rein auf Bedarfsdeckung fokussierten Beschaffung eine Rolle spielen, sondern zunehmend auch strategische Überlegungen angestellt werden. Dem Beschaffungscontrolling liegt daher folgender Grundgedanke zugrunde: Einkaufsaktivitäten sind langfristig und effizient zu planen, Optimierungspotenziale müssen identifiziert und die Service-Qualität der Lieferanten optimiert werden. **Zielsetzungen**

Aufbauend auf diesen Überlegungen bieten sich folgende Analyseobjekte bzw. Instrumente an, um ein sinnvolles Beschaffungscontrolling zu betreiben:
- Material- bzw. Produktanalyse,
- Lieferantenanalyse,
- Abweichungsanalyse.

1.1.7.2 Material -bzw. Produktanalyse

Für die Materialdisposition muss die Einkaufsabteilung einen umfassenden Überblick darüber gewinnen, welchen wert- und mengenmäßigen Stellenwert die einzelnen, anzuschaffenden Materialien besitzen. Eine einfache Methode der Klassifizierung stellt die ABC-Analyse dar, mit der sich das Sortiment in wichtige und unwichtige Beschaffungspositionen unterteilen lässt. Ausgehend vom Gesamtbe- **Identifizieren wichtiger Materialien**

---

[381] Vgl. u.a. SPRAUL, A./OESER, J. (2007), S. 138.
[382] Vgl. u.a. WÖHE, G./DÖRING, U. (2010), S. 332.

schaffungswert einer Periode (100 %) wird der beschaffungswertbezogene Anteil pro Material an diesem Wert gemessen und je nach Höhe des prozentualen Anteils den drei Kategorien A, B oder C in absteigender Rangfolge zugeordnet.[383] Auf Grundlage des gezeichneten Ist-Bilds von der Zusammensetzung des Warenlagers werden Rationalisierungsschwerpunkte in der Bestellpolitik gesetzt. Demnach ist bei A-Teilen, die wertmäßig einen hohen Anteil des Beschaffungsvolumens ausmachen, ein entsprechend hoher Aufwand in der Materialdisposition geboten. Die Bestellvorbereitungen und Lieferantenauswahl unterliegen hier einer besonderen Sorgfalt, als gerade bei wesentlichen Beschaffungspositionen verstärkt auf günstige Preise, Liefer- und Zahlungsbedingungen zu achten ist. Daher sind Bestände und Lieferantenleistungen permanent zu überwachen. Demgegenüber soll bei C-Teilen, die vergleichsweise billig in hohen Bestellmengen regelmäßig beschafft werden, die Materialdisposition vereinfacht und Aufwände verringert werden. Die geringere Bedeutung dieses Beschaffungsbereichs erlaubt z.B. Pauschalabwicklungen durch Sammelrechnungen oder vereinfachte, stichprobenartige Bestands- und Lieferantenkontrollen, um den administrativen Aufwand der Einkaufsabteilung zu reduzieren.

Optimieren des Vorratsbestands

Die Materialdisposition benötigt allerdings neben beschaffungswertorientierten Informationen auch einen Überblick darüber, welchem Verbrauch die einzelnen Güter unterliegen, um Warenbestellungen mengenmäßig und zeitlich zu koordinieren. Dieser Aspekt ist insbesondere aufgrund des Zielkonflikts zwischen Lagerhaltungs- und Fehlmengenkosten relevant. Ein Hauptaugenmerk des Beschaffungsprozesses ist daher auf die Optimierung des Vorratsbestands zu richten, wobei primär die Reduzierung des Vorratsbestands im Vordergrund steht, bei gleichzeitiger Aufrechterhaltung der eigenen Produktions- und Leistungsfähigkeit.[384] In diesem Zusammenhang können die durchschnittliche Bestandshöhe oder die Umschlagsdauer der Vorräte[385] als Kennzahlen herangezogen werden, um die Bestände in ihrer Gesamtheit zu analysieren.[386] Eine detailliertere Vorgehensweise erlaubt die XYZ-Analyse, die oftmals in Ergänzung zur ABC-Analyse angewandt wird, um die Regelmäßigkeit des Verbrauchs der benötigten Materialien im Betrieb zu untersuchen. So bietet es sich bei Gütern, die einem kontinuierlichen Verbrauch unterliegen (X-Güter), an, Bestellvorgänge zu standardisieren bzw. zu automatisieren, indem relativ konstante Bestellmengen in stetigen Zeitabständen abgegeben werden. Lagerkosten lassen sich somit minimieren, da Sicherheitsbestände eher gering gehalten werden können. Güter, die wiederum starken Bedarfsschwankungen unterliegen (Z-Güter), sind je nach Bedarfsfall und in der Regel auf (Sicherheits-)Vorrat zu beschaffen.

---

[383] Die Kategorisierung in A-, B- oder C-Güter beruht auf gängigen Konventionen, wonach z.B. die Summe der A-Güter 80 % des Gesamtbeschaffungswerts repräsentiert, ihr Anteil an der Gesamtzahl der beschafften Materialien jedoch nur 10 % beträgt.

[384] Vgl. WEBER, I. (2009), S. 112.

[385] Die Umschlagsdauer des Vorratsvermögens zeigt an, wie viele Tage die Vorräte durchschnittlich im Unternehmen verbleiben, bis sie verbraucht werden.

[386] Vgl. KÜTING, K./WEBER, C.-P. (2009), S. 132.

1.1.7.3 Lieferantenanalyse

Je nach Beschaffungsposition gilt es, die entsprechenden Lieferanten hierfür zu finden. Ausschreibungsprozesse können in diesem Zusammenhang ein effizientes Instrument sein, die geeigneten Lieferanten für ein Material zu ermitteln. In der Regel entwickelt sich mit fortlaufender Geschäftstätigkeit eines Unternehmens eine breite Lieferantenbasis, die allerdings nicht immer von der Einkaufsabteilung vollständig überblickt werden kann. Ähnlich wie bei der materialbezogenen ABC-Analyse bietet es sich hier an, die Vielzahl der Lieferanten anhand des jeweiligen Einkaufsvolumens der Wesentlichkeit nach zu kategorisieren, um einzelne Geschäftsbeziehungen schwerpunktmäßig zu intensivieren. Ein wichtiger Baustein des Beschaffungscontrollings ist demnach ein optimales Lieferantenmanagement, in dem Geschäftsbeziehungen mit leistungsstarken Lieferanten langfristig aufgebaut, gepflegt und überwacht werden. Die Beurteilung der Leistungsstärke eines Lieferanten kann anhand mehrerer Kriterien erfolgen, die sich über Kennzahlen operationalisieren lassen:

Lieferanten-management

- Termintreue: Einer der wichtigsten Faktoren im Rahmen des betrieblichen Leistungserstellungsprozesses ist die rechtzeitige Lieferung von benötigten Materialien durch den verantwortlichen Lieferanten. Deshalb gehört die Überwachung der Liefertermineinhaltung zu den wichtigen Aufgaben des Einkaufs. Mögliche Kennzahlen zur Überprüfung der Termintreue liefern z.B. die durchschnittliche Lieferzeit pro Lieferant oder das Verhältnis verspäteter Lieferungen zu der Gesamtzahl der Lieferungen.[387]

Beurteilung durch Kennzahlen

- Preisgestaltung: Preisentwicklungen pro Material und Lieferant sind wichtige Informationen für die Einkaufsabteilung eines Unternehmens. Auch sind Preisaufschläge oder Preisrabatte, Transportkosten und besondere Zahlungsbedingungen wie gewährte Skonti zu berücksichtigen, sodass ein Vergleich des durchschnittlichen Rechnungspreises mit dem durchschnittlichen Bestellpreis pro Material und Lieferant zusätzliche Erkenntnisse über die jeweilig betriebene Preispolitik liefern. So können Lieferanten miteinander verglichen und die bestmöglichen Einkaufspreise identifiziert werden.

- Materialqualität: Lieferanten sind in der Regel durch Gesetze, Verordnungen, DIN-Normen oder Gütebestimmungen zur Einhaltung von materialbezogenen Qualitätsanforderungen verpflichtet.[388] Für die Einkaufsabteilung eines belieferten Unternehmens ergibt sich die Möglichkeit, die Produktqualität anhand der Anzahl beanstandeter Lieferungen (Retourenquote) zu beurteilen.

Zudem können weitere Beurteilungskriterien wie u.a. Servicequalität, Innovationsfähigkeit und Flexibilität bei der Lieferantenbewertung berücksichtigt werden.[389] Die einzelnen Kriterien sind grds. von Unternehmen zu Unternehmen verschieden stark zu gewichten, da die an die Lieferanten gestellten Anforderungen von den jeweilig ablaufenden Geschäftsprozessen abhängen.

---

[387] Vgl. PIONTEK, J. (2004), S. 209.
[388] Vgl. OELDORF, G./OLFERT, K. (2008), S. 253.
[389] Vgl. zur Lieferantenbewertung SPRAUL, A./OESER, J. (2007), S. 140 f.

1.1.7.4　Abweichungsanalyse

Soll-/Ist-Vergleich

Nachdem eine Priorisierung der Beschaffungspositionen vorgenommen wurde und die Einkaufsabteilung sich einen umfassenden Überblick über die Leistungsstärke ihrer Lieferanten verschafft hat, ist es notwendig, die Effizienz und Effektivität des Beschaffungsprozesses insgesamt zu untersuchen. Als geeignetes Instrument erweisen sich Abweichungsanalysen, bei denen Plandaten mit den entsprechenden Istwerten verglichen werden. Auftretende Abweichungen sind auf ihre Ursachen hin zu untersuchen, damit „begründete Management-Entscheidungen"[390] zur Kurskorrektur getroffen werden können"[390]. Es ist vor allem zwischen Abweichungen zu unterscheiden, die die Einkaufsabteilung direkt zu verantworten hat, und solchen, die unternehmensexternen Faktoren geschuldet sind.

Mengen- und
Preisabweichungen

So können Mengenabweichungen in der Bestandshaltung zum einen dadurch begründet sein, dass die Bedarfsplanung grds. auf falschen Annahmen basierte und deshalb falsche Verbrauchsprognosen getroffen wurden. Zum anderen wäre es aber auch denkbar, dass ein Verschulden des Lieferanten vorliegt, indem Materialbestellungen nicht in der benötigten Menge und/oder innerhalb der vorgegebenen Zeit bereitgestellt werden können. Die Ursache von Einkaufspreisabweichungen, die wiederum zu gestiegenen Beschaffungskosten führen, lassen sich zudem nicht immer nur durch preispolitische Veränderungen bei den Lieferanten erklären, sondern können u.U. auch mit Rohstoffpreis- oder Wechselkursschwankungen zusammenhängen.

1.1.8　Liquiditätsaspekte des Beschaffungsprozesses

Die Optimierung der betrieblichen Prozesse der Beschaffung sowie der Lagerstatistik bzw. Lagerkontrolle umfassen nicht allein die Ausschöpfung von Kosteneinsparungspotenzialen, sondern sollte sich zudem an Aspekten einer verbesserten Liquiditätssteuerung ausrichten. Wesentliche Optimierungsansätze hierzu finden sich einerseits im Bereich des Kreditorenmanagements und andererseits in der Kapitalbindung des Vorratsvermögens.

Steuerung der
Liquiditätsabflüsse

In einem liquiditätssichernden Kreditorenmanagement gilt es, die Reichweite der Verbindlichkeiten durch verlängerte Zahlungsziele auszuweiten, um zusätzlichen Finanzierungsspielraum zu schaffen. Ziel muss es sein, die durchschnittliche Laufzeit der Verbindlichkeiten zu erhöhen, d.h., die in Tagen ausgedrückte Zeitspanne vom Rechnungseingang bis zur tatsächlichen Zahlungsanweisung auszudehnen.[391] Skontomöglichkeiten dürfen allerdings in diesem Zusammenhang nicht außer Acht gelassen werden und sind daher weiterhin effizient auszunutzen. Dies setzt eine entsprechende Verhandlungsmacht gegenüber dem Lieferanten voraus. So lassen sich Einkaufsaktivitäten über längerfristige Einkaufskontrakte mit bevorzugten Lieferanten kanalisieren und Zahlungsziele bzw. -konditionen auf den

---

[390]　PIONTEK, J. (2004), S. 210.
[391]　Vgl. VATER, H. (2009), S. 1106.

vorteilhaftesten Fall standardisieren. Weiterhin kann es sinnvoll sein, Sammelrechnungen bei Lieferanten mit einer hohen Anzahl von kleinvolumigen Rechnungen einzuführen, um die Anzahl der Zahlungsläufe zu reduzieren.[392] Diese Regulierung der Zahlungsströme führt insgesamt zu einer erhöhten Transparenz der Liquidität, sodass Zahlungsausgänge leichter gesteuert und überwacht werden können.

Weitere Möglichkeiten der Liquiditätssteuerung ergeben sich im Bereich der Lagerhaltung. Das in den Vorräten gebundene Kapital wird mit „totem Kapital" verglichen.[393] Erst durch die Verwertung im betrieblichen Leistungserstellungsprozess und den anschließenden Produktverkauf fließt es über die eingehenden Zahlungsströme in das Unternehmen zurück. Eine steuerungsrelevante Kennzahl stellt die Umschlagshäufigkeit von Vorräten dar: **Kapitalbindung der Vorräte**

- Umschlagshäufigkeit $= \dfrac{Verbrauch\ in\ einer\ Periode}{\varnothing\ Lagerbestand}$ oder $\dfrac{360}{\varnothing\ Lagerdauer\ (in\ Tagen)}$

Die Kennzahl gibt an, wie oft sich Vorräte und das damit gebundene Kapital innerhalb einer Periode umschlagen. Eine hohe Umschlagshäufigkeit senkt die Kapitalbindung und führt zu Liquiditätsgewinnen. Stellschrauben hierfür sind entweder in einer sorgfältig koordinierten Materialdisposition zu finden, oder aber in einer Verstärkung der Absatzaktivitäten, um Lagerbestände abzubauen.

1.2 Darstellung der beschaffungsrelevanten Geschäftsvorfälle des Fallbeispiels

Die *Nordstar GmbH* erwirbt von der *Anlagen AG* die für den Betrieb ihres Geschäftsbetriebs notwendigen Anlagengüter; die Anschaffungskosten der Anlagengüter betragen 5.950.000 EUR (zzgl. Vorsteuer: 940.500 EUR[394]). Für den Kauf der Investitionsgüter werden die in Abbildung 61 enthaltenen Stammdaten für das einzelne Anlagengut zugrunde gelegt. In der Fallstudie werden alle Vermögensgegenstände des Anlagevermögens linear über ihre wirtschaftliche Nutzungsdauer (NZD) abgeschrieben. Die Höhe der Jahresabschreibungen und die Zuordnung der Anlagen zu den Kostenstellen sind ebenso Abbildung 61 zu entnehmen. Die Daten der Abbildung entsprechen den Plandaten aus Kapitel E.2.2. Steuerlich sind die Vorgaben der Finanzverwaltung hinsichtlich der Abschreibungsbestimmung zu beachten; insofern muss die für handelsbilanzielle Zwecke gewählte Abschreibungsmethode nicht zwingend mit der steuerlichen Abschreibung übereinstimmen. Daraus können für den Vermögens- und Ertragsausweis Unterschiede zwischen Handels- und Steuerbilanz entstehen. **Erwerb der Anlagengüter**

---

[392]   Vgl. WEBER, I. (2009), S. 112.
[393]   Vgl. LANGENBECK, J. (1996), S. 706.
[394]   Der Erwerb eines (inländischen) Grundstücks ist umsatzsteuerbefreit, unterliegt aber der Grunderwerbsteuer, die aus Vereinfachungsgründen nicht berücksichtigt wurde.

**Anschaffungs-
nebenkosten**

Der Aufbau des Lagersystems macht die Errichtung eines Betonsockels notwendig. Dieser wird von der *Werkstoffe Maier GmbH* gegossen und kostet die *Nordstar GmbH* 50.000 EUR (zzgl. Vorsteuer: 9.500 EUR); es handelt sich bei den Kosten zur Errichtung des Sockels um Anschaffungsnebenkosten des Lagersystems. Die Anlagengüter werden Mitte Januar von der *Nordstar GmbH* gezahlt.

Lieferung am	Anlagengut	AK (EUR)	NZD (Jahre)	Abschreibung (EUR)	Kostenstelle
01.01.2010	Grundstück	1.000.000	--	--	Zentralbereich
01.01.2010	Lagerhalle Handelsware	1.000.000	20	50.000	Handelsware
01.01.2010	Lagersystem*	2.050.000	10	205.000	Handelsware
01.01.2010	Verwaltungsgebäude	750.000	20	37.500	Zentralbereich
01.01.2010	Produktionsgebäude	1.000.000	20	50.000	Produktionsware
01.01.2010	Spritzgussanlage	100.000	10	10.000	Spritzguss
01.01.2010	Laserschneidsystem	75.000	10	7.500	Lederzuschnitt
01.01.2010	Nähmaschine	10.000	10	1.000	Schuhfertigung
01.01.2010	Messinstrumente	3.000	5	600	Qualitätssicherung
01.01.2010	Computer	12.000	3	4.000	Zentralbereich
Summe:		6.000.000		365.600	

Abbildung 61: Grunddaten der Anlagen

**Erwerb der
Handelsware**

Neben dem Kauf der Anlagengüter zum 01.01.2010 bezieht die *Nordstar GmbH* die von ihrem Geschäftsbereich *Handelsware* vertriebenen Schuhe *Easy Walk* und *Professional Walk* von einem Lieferanten. Grundlage der Geschäftsbeziehung zu dem in China ansässigen Unternehmen (*Ningbo Shoe Production Ltd.*) ist ein bestehender Rahmenvertrag, der zu Beginn des Jahres zwischen den beiden Parteien abgeschlossen wurde.[395] Die Eckdaten des Vertrags wie Liefermenge, Lieferzeitpunkt und Preis pro Schuh (in US-Dollar) können nachstehender Abbildung entnommen werden. Des Weiteren sind die zum jeweiligen Lieferzeitpunkt gültigen Fremdwährungskurse (FW-Kurs) in Abbildung 62 angegeben.

Die Handelsware wird zu verschiedenen Zeitpunkten bestellt und geliefert (Annahme: Lieferdatum = Rechnungsdatum). Für jede gelieferte Tranche fallen Frachtkosten i.H.v. 500 USD (*Easy Walk*) bzw. 750 USD (*Professional Walk*) an. Die Bestandsbewertung der beiden Produkte *Easy Walk* und *Professional Walk* basiert auf dem Verfahren des gleitenden Durchschnittspreises.[396] Mit dem Lieferanten sind unterschiedliche Zahlungsziele vereinbart worden. Die Zeitpunkte und die entsprechenden Fremdwährungskurse sind den letzten beiden Spalten der Abbildung 62 zu entnehmen. Insgesamt werden im Geschäftsjahr 2010 12.500 Paare

---

[*]   Die Anschaffungskosten des Lagersystems enthalten die Kosten des Betonsockels.

[395] In SAP Business ByDesign können die Kontrakte mit Geschäftspartnern in einem gesonderten Work Center *Ausschreibungen und Kontrakte* verwaltet werden; vgl. zu der Thematik des Geschäftspartnerkonzepts Kapitel A.4.2.

[396] Das Bewertungsverfahren ist in den Stammdaten des Produkts zu vergeben. Es besteht die Auswahl zwischen dem Verfahren des gleitenden Durchschnittspreises und des Standardkostensatzes. Die Bewertungsmethode wird in den Stammdaten des Materials in der Registerkarte *Bewertung* eingestellt. Vgl. auch Kapitel D.4.

des Typs *Easy Walk* und 18.500 Paare des Typs *Professional Walk* beschafft, also mehr als in der Beschaffungsplanung vorgesehen war.

Produkt	Bestellung am	Menge (Paare)	AK (USD)	Fracht (USD)	Lieferung am	FW-Kurs (EUR/USD)	Bezahlung am	FW-Kurs (EUR/USD)
Easy Walk	15.01.2010	3.000	60	500	29.01.2010	0,80	30.01.2010	0,80
	01.04.2010	3.000	60	500	15.04.2010	0,75	30.04.2010	0,75
	01.07.2010	3.000	60	500	15.07.2010	0,75	30.07.2010	0,75
	01.10.2010	3.500	60	500	15.10.2010	0,75	30.10.2010	0,75
Professional Walk	15.01.2010	4.500	80	750	29.01.2010	0,80	15.02.2010	0,75
	01.04.2010	4.500	80	750	15.04.2010	0,75	30.04.2010	0,75
	01.07.2010	4.500	80	750	15.07.2010	0,75	30.07.2010	0,75
	01.10.2010	5.000	80	750	15.10.2010	0,75	30.10.2010	0,75

Abbildung 62: Grunddaten für die Beschaffung der Handelsware

Da die Handelsware aus China importiert wird, unterliegt der Erwerb der Schuhe der Einfuhrumsatzsteuer (EUSt). Diese wird vom Zollamt erhoben und in einer Höhe von insgesamt 323.629,38 EUR der *Nordstar GmbH* in Rechnung gestellt. Die Höhe der Einfuhrumsatzsteuer wird durch Anwendung des relevanten Steuersatzes (19 %) auf die Bemessungsgrundlage (= Zollwert[397]) ermittelt und mit dem zum Lieferzeitpunkt gültigen Fremdwährungskurs in Euro umgerechnet. Im Einzelnen entfallen auf den jeweiligen Beschaffungsvorgang folgende Beträge:

Einfuhrumsatzsteuer

Produkt	Lieferung vom	Zollwert (USD)	FW-Kurs (EUR/USD)	Bemessungs-grundlage (EUR)	EUSt (EUR)
Easy Walk	29.01.2010	180.500,00	0,80	144.400,00	27.436,00
	15.04.2010	180.500,00	0,75	135.375,00	25.721,25
	15.07.2010	180.500,00	0,75	135.375,00	25.721,25
	15.10.2010	210.500,00	0,75	157.875,00	29.996,25
Professional Walk	29.01.2010	360.750,00	0,80	288.600,00	54.834,00
	15.04.2010	360.750,00	0,75	270.562,50	51.406,88
	15.07.2010	360.750,00	0,75	270.562,50	51.406,88
	15.10.2010	400.750,00	0,75	300.562,50	57.106,88
Summe:		2.235.000,00		1.703.312,50	323.629,38

Abbildung 63: Ermittlung der Einfuhrumsatzsteuer

Aus Vereinfachungsgründen werden dem Beschaffungsprozess keine Personalkosten zugeordnet.[398]

Personal

---

[397] Es wird hier vereinfachend unterstellt, dass der Zollwert dem Rechnungsbetrag entspricht (= Anschaffungspreis zzgl. Frachtkosten). Von der Berücksichtigung etwaiger Zollbeträge wird abgesehen. Der umgerechnete Zollwert stellt die Bemessungsgrundlage für die Einfuhrumsatzsteuer dar. Der Umrechnungskurs wird in der Regel vom Zollamt für einen Monat festgelegt; hier wird vereinfachend der betreffende Kurs des Lieferdatums verwendet.

[398] Vgl. zur Erfassung der Personalkosten Kapitel F.5.3.5.

1.3   Abbildung der Beschaffungsprozesse in SAP Business ByDesign

Überblick

Der Beschaffungsprozess setzt sich in SAP Business ByDesign aus den Teilprozessen Bestellung, Warenlieferung, Lieferantenrechnung und anschließendem Zahlungsausgang zusammen. Beschafft werden Bestandsmaterial (z.B. Handelsware, Rohmaterial), Verbrauchsmaterial, Dienstleistungen oder Anlagen. Die Beschaffung der verschiedenen Güter unterscheidet sich fast ausschließlich im Teilprozess Warenlieferung. Hier geschieht der Zugang von Bestandsmaterial per Wareneingang ins Lager, während der Zugang von Verbrauchsmaterial, Dienstleistungen oder Anlagen nur quittiert wird.

In den folgenden Abschnitten werden die einzelnen Teilprozesse sowohl der Beschaffung der Handelsware als auch der Beschaffung von Anlagen[399] nebst ihren Auswirkungen auf die Rechnungslegung näher dargestellt.[400] Im Anschluss daran wird weiter aufgezeigt, wie die Bezahlung der entstandenen Verbindlichkeiten aus der Beschaffung der Handelsware systemseitig erfolgt. Des Weiteren werden steuerungsrelevante Möglichkeiten zur Analyse des Beschaffungsprozesses sowie liquiditätsorientierte Aspekte des Prozesses angeführt.

1.3.1   Beschaffungsprozess der Handelsware

Teilprozesse

Der Beschaffungsprozess ist durch vier wesentliche Teilprozesse gekennzeichnet. Angestoßen wird die Beschaffung durch eine Bestellung von Produkten, also von Materialien oder Dienstleistungen. In einem nachgelagerten Schritt erfolgt die Lieferungs- bzw. Leistungserfüllung durch den Lieferanten, der abschließend dem Besteller eine Lieferantenrechnung zukommen lässt. Schließlich wird der in Rechnung gestellte Betrag in einem letzten Schritt durch Bezahlung an den Lieferanten beglichen.

Flexibilität in der systemseitigen Abbildung

Der in Abbildung 64 dargestellte Prozess muss nicht in dieser Abfolge ablaufen. Die Lieferung der Ware kann der Rechnungserstellung auch nachgelagert sein. Die systemseitige Verbuchung des Sachverhalts erfolgt automatisch auf der Grundlage der ablaufenden Geschäftsvorfälle in den Teilprozessen Warenlieferung oder Lieferantenrechnung; die zeitliche Reihenfolge dieser Teilprozesse spielt für die Buchung indes keine Rolle. Es ist daher nicht notwendig auf den Wareneingang zu warten, um eine Lieferantenrechnung erfassen zu können.[401]

---

[399]   Vgl. Kapitel F.1.3.2. Die Anlagenbeschaffung erfolgt im Beispielsachverhalt – zeitlich gesehen – vor der Beschaffung der Handelsware. Aus didaktischen Gründen wird jedoch zunächst der Beschaffungsvorgang der Handelsware beschrieben, da zuerst der Regelfall des Beschaffungsprozesses erläutert werden soll. Anschließend wird auf die Besonderheiten des Anlagenkaufs eingegangen.

[400]   Auf die Darstellung der Beschaffung der Inputfaktoren für die Produktion wird verzichtet; die Beschaffung dieser Materialien läuft analog ab.

[401]   Diese Unabhängigkeit wird auch an der Buchungslogik der beiden Prozesse deutlich; vgl. hierzu Kapitel F.1.3.1.1.2 und F.1.3.1.1.3.

Dem realen Beschaffungsprozess mit seinen Teilprozessen werden in Abbildung 64 die in SAP Business ByDesign vorhandenen zentralen Work Center zugeordnet. Die Benutzeroberfläche in SAP Business ByDesign mit seinen Work Centern ist auf die ergonomische Erfassung der in den Teilprozessen ablaufenden Geschäftsvorfälle ausgelegt.

Prozessorientierung

Abbildung 64: Beschaffungsprozess und zugehörige Work Center

In den nachfolgenden Gliederungspunkten werden die wesentlichen Geschäftsvorfälle dieses Prozesses und deren Buchungen beschrieben. Exemplarisch wird der Prozess für einen Beschaffungsvorgang – die Beschaffung der ersten Tranche des Produkts *Easy Walk* zum 15.01.2010 – veranschaulicht. Die weiteren im Beispielsachverhalt existierenden Beschaffungsvorgänge werden analog abgebildet und deshalb nicht gesondert beschrieben.

1.3.1.1   Beschaffung der Handelsware
1.3.1.1.1   Bestellung als Ausgangspunkt des Beschaffungsvorgangs

Die Auslösung einer Bestellung ist als Ausgangspunkt des Beschaffungsvorgangs der Handelsware zu verstehen. Im Work Center *Bestellanforderungen und Bestellungen* können Sie eine neue Bestellung erstellen.[402] Eine Bestellung löst im System noch keinen buchhalterisch relevanten Sachverhalt aus; es liegt ein schwebendes Geschäft vor.[403] Dennoch ist die Erfassung einer Bestellung bedeutsam für die weitere Systemverarbeitung, denn die Bestellung dient mit ihrer individuellen Ursprungsbelegnummer als Basisinformation für die sich anschließende Warenlieferung und Lieferantenrechnung. Die Bestellung ermöglicht eine weitestgehend automatische Verarbeitung der folgenden Geschäftsvorfälle. Durch die Referenzierung und die dadurch einhergehende logische Verknüpfung der einzelnen Geschäftsvorfälle ist es dem System möglich, die Ursprungsbelege (Bestellung, Warenlieferung und Lieferantenrechnung) miteinander zu verbinden und an späterer Stelle (auf eventuell bestehende Abweichungen) abzugleichen.[404]

Bestellung als Ausgangspunkt

---

[402]   SAP Business ByDesign differenziert zwischen der Beschaffung von Materialien und Services. Die Bestellung von Services wird gesondert in Kapitel F.4 aufgezeigt.

[403]   Vgl. dazu die Ausführungen in Kapitel F.1.1.2.

[404]   Diese Verknüpfung ist für den WE/RE-Lauf von Bedeutung. Vgl. Kapitel F.1.3.1.3.

**Übernahme
von Stammdaten**

Bei der Abbildung der Bestellung im System wird der Anwender dahin gehend unterstützt, dass auf bereits bestehende Stammdaten im System zurückgegriffen werden kann. Durch Auswahl bzw. Eingabe des zu bestellenden Materials im Bestellauftrag (hier: *Easy Walk*) werden automatisch die in einem Stammdatensatz hinterlegten Informationen, wie z.B. Mengeneinheiten, in die Eingabemaske übertragen.[405] Die Stammdaten von Materialien werden im Work Center *Produktportfolio* (oder: *Produktdaten*) unter der Sicht *Produkte* gepflegt. Beim Anlegen eines Materials im Work Center *Produktportfolio* wird die Kontenfindungsgruppe festgelegt. Des Weiteren ist sicherzustellen, dass der Lieferant als Geschäftspartner im System angelegt ist.[406] Das Anlegen eines Lieferanten erfolgt im Work Center *Lieferantenbasis*. Bei der Anlage machen Sie allgemeine Angaben wie die Adresse des Geschäftspartners oder den zuständigen Ansprechpartner. Für die buchhalterische Weiterverarbeitung sind indes Angaben wie die Auswahl der Zahlungsweise des Lieferanten (z.B. Überweisung oder Scheck) oder die Einordnung des Geschäftspartners als verbundenes bzw. nicht verbundenes Unternehmen wichtig, denn in Abhängigkeit von der Verbundbeziehung zu dem Geschäftspartner und der damit korrespondierenden Kontenfindungsgruppe erfolgt z.B. der Ausweis von Forderungen oder Verbindlichkeiten.[407]

Abbildung 65: Anlegen einer Bestellung

Beispielsachverhalt

In Abbildung 65 sehen Sie die Erfassung der Bestellung für die erste Tranche an *Easy Walk*-Schuhen. In der ersten Tranche wird eine Menge von 3.000 Schuhen

---

[405]   Preisinformationen zum Material werden aus bestehenden Kontrakten in die Bestellung übertragen.

[406]   Vgl. zum Konzept des Geschäftspartners Kapitel A.4.2.

[407]   Die Verbundbeziehung stellt den Ausweis der Forderung bzw. Verbindlichkeit auf dem richtigen Sachkonto sicher. Für Zwecke der Konsolidierungsvorbereitung ist das an der Transaktion beteiligte Unternehmen als Geschäftspartner in SAP Business ByDesign anzulegen. Vgl. auch Kapitel G.4.2.

zu einem Gesamtpreis von 180.000 USD bestellt. Als Lieferdatum wurde der 29.01.2010 festgesetzt. Im Bestellvorgang wird bereits festgelegt, an welchen Lagerort die Bestellung angeliefert werden soll; in unserem Beispielsachverhalt ist das Lager für die Handelsware relevant.

1.3.1.1.2 Wareneingang der bestellten Handelsware

Wird die bestellte Ware am Lagerort angeliefert, können Sie systemseitig den Lieferschein erfassen und einen Wareneingangsschein erstellen. Im Work Center *Wareneingang* (Sicht *Bestellungen*) werden hierzu die noch nicht gelieferten bzw. teilgelieferten Bestellungen angezeigt.[408] Wählen Sie aus dieser Gesamtheit die Bestellung aus, deren Lieferschein Sie nun anlegen möchten. Der Lieferschein erhält somit einen logischen Bezug zur Bestellposition und die relevanten produktbezogenen Daten werden automatisch in den Beleg übernommen. Innerhalb des Lieferscheins wird der Ursprungsbeleg der Bestellposition aufgeführt. Über den bestehenden Verweis auf diesen Ursprungsbeleg können Sie im Lieferschein Details der Bestellung bei Bedarf aufrufen. Der einfache Zugriff auf die dem Prozess zugrunde liegenden Dokumente ermöglicht dem Anwender eine schnelle Nachvollziehbarkeit des vorliegenden Geschäftsvorfalls. Sollte der Lieferschein nicht Ihrer Erwartung entsprechen (z.B. falsche Menge), können Sie bei dessen Erfassung direkt Änderungen vornehmen.

Erfassung des Lieferscheins

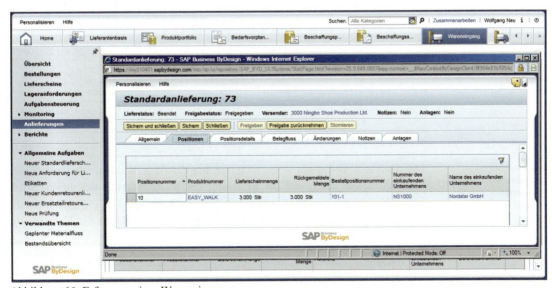

Abbildung 66: Erfassung eines Wareneingangs

Sie können aus dem angelegten Lieferschein heraus (Sicht *Lieferscheine*) direkt den Wareneingang erfassen. Bevor ein Wareneingang gebucht wird, erfolgt typischerweise bei der Anlieferung der bestellten Ware eine Wareneingangskontrolle.

Bestätigung des Wareneingangs

---

[408] Die Erfassung des Wareneingangs bei Verbrauchsmaterial (keine Bestandsführung) ist im Work Center *Wareneingang und Serviceerbringung* vorzunehmen.

Hierbei wird überprüft, ob die Lieferung sowohl quantitativ als auch qualitativ der bestellten Ware entspricht. Sollten mengenmäßige Abweichungen zwischen der Bestellung und dem registrierten Lagereingang bestehen, können Sie diese auf dem Wareneingangsbeleg durch Angabe der tatsächlich gelieferten Menge festhalten;[409] ansonsten kann eine Freigabe unmittelbar erteilt werden.

Abgesetzte Buchungen aus dem Wareneingang

Bei einer Lieferung wird der Lieferschein erfasst und danach der Wareneingang quittiert (vgl. Abbildung 66). Erst der Wareneingang führt zu der in Abbildung 67 dargestellten Buchung. Durch die hinterlegte Kontenfindung im Stammdatensatz des bestellten Produkts wird das Konto *Fertige Erzeugnisse und Waren* i.H.v. 144.000 EUR im Soll angesprochen. Dieses Konto wurde über die in den Stammdaten des Produkts *Easy Walk* zugewiesene Kontenfindungsgruppe *Fertigerzeugnisse* festgelegt.[410] Die Gegenbuchung erfolgt automatisiert zunächst auf dem Passivkonto *Noch nicht fakturierte Verbindlichkeiten.*[411] Für die Bestimmung des Zugangswerts wird der Bestellwert in Fremdwährung (3.000 ME * 60 USD/ME = 180.000 USD) zum Zeitpunkt der Lieferung mit dem zu diesem Stichtag gültigen Fremdwährungskurs (0,80 EUR/USD) umgerechnet.[412]

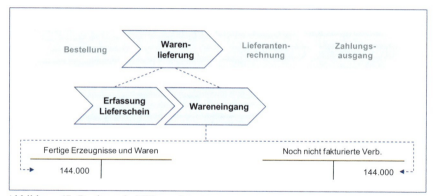

Abbildung 67: Buchung bei Wareneingang

Berücksichtigung von Fremdwährungs-geschäften

SAP Business ByDesign unterstützt Sie bei der Verarbeitung von Fremdwährungsgeschäften, indem bei der Erfassung des Wareneingangs auf die im Work Center *Hauptbuch* (Sicht *Allgemeine Aufgaben*) festgelegten Währungskursrelationen zurückgegriffen wird.[413] Neben der Bestimmung der Höhe der Verbindlich-

---

409   Im vorliegenden Fall wurde auf eine Abweichung zwischen bestellter Menge und gelieferter Menge verzichtet.

410   Beim Anlegen des Materials muss die Kontenfindungsgruppe in der Registerkarte *Bewertung* vergeben werden.

411   Die Verbindlichkeit gegenüber dem chinesischen Lieferanten enthält keine Einfuhrumsatzsteuer; diese wird dem zuständigen Zollamt geschuldet.

412   Bei Anwendung des Bewertungsverfahrens *Standard* würde der im Materialstammsatz hinterlegte Wert für die Ermittlung des Bestandspreises verwendet werden. Dieser gültige Wertansatz wird nicht durch Warenbewegungen, sondern nur bei manueller Anpassung verändert. Zwischen dem Standardpreis und dem Bestellpreis bestehende Differenzen führen zu einer erfolgswirksamen Erfassung; vgl. Kapitel F.2.3.2.

413   Das System kann eine Unterscheidung zwischen Geld-, Brief- und Mittelkurs treffen.

keit bei Wareneingang dienen die Fremdwährungskurse z.B. auch als Grundlage für den Niederstwert- bzw. Höchstwerttest von Forderungen und Verbindlichkeiten zum Bilanzstichtag.[414]

HIGHLIGHT

In SAP Business ByDesign kann je Rechnungslegungswerk ein Währungsumrechnungsprofil hinterlegt werden, welches pro Geschäftsvorfall den Umrechnungskurs und das Umrechnungsdatum definiert.

Verrechnungskonto

Aus der Buchung wird deutlich, dass der physische Zugang der bestellten Ware als Vermögensmehrung auf der Aktivseite der Bilanz seinen Niederschlag findet. Wie vorstehend erläutert, ist ferner zu erkennen, dass die Warenlieferung per se nicht eine Erfassung als Verbindlichkeit (*Verbindlichkeit aus Lieferung und Leistung*) oder Kassen-/Bankzahlung auslöst. Stattdessen erfolgt zunächst eine Erfassung auf dem Verrechnungskonto *Noch nicht fakturierte Verbindlichkeiten*.[415] Die Verwendung von Verrechnungskonten ermöglicht einen Überblick über die noch in Transfer befindlichen Warenlieferungen und Rechnungseingängen.

Mengenmäßige Bestandsführung

Im Work Center *Wareneingang* kann der Bestand von im Lager eingegangener und/oder bereits lagerhaltiger Waren analysiert werden. Über produktbezogene bzw. lagerortspezifische Abfragen sind Sie in der Lage, sich immer einen aktuellen Überblick über ihren Lagerbestand zu verschaffen. Abbildung 68 ist zu entnehmen, dass die von der *Nordstar GmbH* vertriebenen Schuhe *Easy Walk* mit 3.000 Paaren in dem Lager geführt werden. In den Lagerorten findet nur eine mengenmäßige Bestandsführung statt. Für die verschiedenen Rechnungslegungswerke gibt es eine wertmäßige Bestandsführung. Damit besteht grds. die Möglichkeit, mehrere Bewertungsmethoden an die mengenmäßige Erfassung des Lagerbestands anzuhängen (z.B. unterschiedliche Bewertungsmethoden nach HGB und Steuerbilanz oder IFRS).

Abbildung 68: Lagerbestand nach Anschaffung der Handelsware

HIGHLIGHT

> Die rein mengenmäßige Bestandsführung auf Lagerorten ermöglicht eine unabhängige Bewertung in parallel geführten Rechnungslegungswerken.

Bewertungsverfahren gleitender Durchschnittspreis

Die Bestandsbewertung der eingekauften Produkte erfolgt in Abhängigkeit von der Wahl der Bewertungsmethode. In SAP Business ByDesign können Sie den gleitenden Durchschnittspreis oder den Standardkostensatz[416] wählen. Wir wählen den gleitenden Durchschnittspreis als Bewertungsmethode. Bei Wahl dieses Verfahrens wird der Preis pro Schuhpaar mit jeder gelieferten Tranche neu ermittelt (vgl. Abbildung 69). Der Bezugspreis pro Schuh in Fremdwährung (60 USD/Paar) bleibt im Geschäftsjahr 2010 zwar konstant[417], jedoch stellt die im Fallbeispiel gewählte Entwicklung des Fremdwährungskurses die Ursache für das Schwanken des gleitenden Durchschnittspreises im Zeitablauf dar.

Die Entwicklung des gleitenden Durchschnittspreises kann in den Stammdaten des Materials unter der Registerkarte *Bewertung* nachvollzogen werden. SAP Business ByDesign gibt über Zeitintervalle die zeitraumbezogene Gültigkeit des gleitenden Durchschnittspreises an. Die angeführten Intervalle umfassen eine Buchungsperiode (ein Monat). Innerhalb dieser Ansicht ist stets nur der aktuell gültige Preis ausgewiesen. Darüber hinaus haben Sie die Möglichkeit, sich eine detaillierte Preishistorie des gleitenden Durchschnittspreises derselben Buchungsperiode – z.B. aufgrund mehrerer Lieferungen innerhalb eines Monats – anzeigen zu lassen.

Produkt	Lieferung am	AK (in USD)	FW-Kurs (EUR/USD)	AK (in EUR)	GLD (EUR/Paar)
Easy Walk	29.01.2010	180.000	0,80	144.000	48,00
	15.04.2010	180.000	0,75	135.000	46,50
	15.07.2010	180.000	0,75	135.000	46,00
	15.10.2010	210.000	0,75	157.500	45,72
Professional Walk	29.01.2010	360.000	0,80	288.000	64,00
	15.04.2010	360.000	0,75	270.000	62,00
	15.07.2010	360.000	0,75	270.000	61,33
	15.10.2010	400.000	0,75	300.000	60,97

Abbildung 69: Ermittlung des gleitenden Durchschnittspreises nach Wareneingang[418]

Entwicklung des gleitenden Durchschnittspreises

Mit der Lieferung der ersten Tranche am 29.01.2010 werden 3.000 ME zu einem Gesamtpreis von 144.000 EUR erfasst. Pro Schuh ergibt sich daraus ein gleitender Durchschnittspreis i.H.v. 48,00 EUR. Dieser Bestandspreis ändert sich jedoch durch den Zugang der zweiten Tranche am 15.04.2010. Der Bestandswert beläuft sich zu diesem Stichtag auf 279.000 EUR (= 48 EUR/ME * 3.000 ME (Altbe-

---

[416] Die Bewertungsmethode wird in den Stammdaten des Materials in der Registerkarte *Bewertung* bestimmt. Vgl. zur Bestandsbewertung im Rahmen der Abschlussarbeiten Kapitel F.5.3.3.3.

[417] Vgl. zu den Grunddaten Kapitel F.1.2.

[418] In diesem Beispiel werden die Verkaufsvorgänge, die eigentlich zeitlich zwischen den Beschaffungsvorgängen liegen, nicht berücksichtigt. Vgl. hierzu Kapitel F.3.3.

stand) + 45 EUR/ME^{419} * 3.000 ME (neu erworbene Tranche)). Bei einer Bestandsmenge von 6.000 ME errechnet sich daraus ein gleitender Durchschnittspreis i.H.v. 46,50 EUR/ME. Demnach vermindert sich der gleitende Durchschnittspreis nach Zugang der zweiten Tranche aufgrund eines gefallenen Dollarkurses. In der Folge beträgt der Preis nach den Lieferungen zum 15.07.2010 (15.10.2010) 46,00 EUR (45,72 EUR) pro Paar *Easy Walk*.

Es erfolgt somit eine permanente Anpassung des Bestandswerts, der durch die Zugänge des Lagerbestands verursacht ist. Abgänge des Lagerbestands wirken sich dagegen nicht (direkt) auf den gleitenden Durchschnittspreis aus, sondern werden mit dem zu diesem Zeitpunkt gültigen Durchschnittspreis als Herstellungskosten des Umsatzes (bei Anwendung des Umsatzkostenverfahrens) bzw. Wareneinsatz (bei Anwendung des Gesamtkostenverfahrens) in der GuV erfasst.

1.3.1.1.3 Erfassung der Lieferantenrechnung

Grundlage der Erfassung der Lieferantenrechnung ist die ausgelöste Bestellung. Dem Anwender von SAP Business ByDesign wird die Arbeit erleichtert, indem in allen folgenden Geschäftsvorfällen auf die Daten der Bestellung zurückgegriffen wird. Im Work Center *Rechnungsprüfung* können Sie aus den Informationen der bestehenden Bestellung die Erfassung der Lieferantenrechnung vornehmen. Wählen Sie hierzu in der Sicht *Rechnungserfassung* mithilfe des Anzeigefilters *Alle zu berechnenden Bestellungen* die zugrunde liegende Bestellung aus. Über die Funktion in der Menüleiste *Neue Rechnung* wird die Eingangsrechnung erfasst.

Bestellung als Grundlage

Abbildung 70: Erfassung einer Lieferantenrechnung

Sollten bestimmte Zahlungsvereinbarungen (Skonti) mit dem Lieferanten vorliegen, können Sie die in dem Vertrag festgesetzten Zahlungsmodalitäten in der Lie-

Zahlungsvereinbarungen

---

^{419} 45 EUR/ME = 135.000 EUR/3.000 ME.

feranterrechnung ggf. noch ändern.[420] Das System bietet eine Auswahl unterschiedlicher Bedingungen für das Zahlungsziel bzw. die Höhe des Skontos an.[421] Die Zahlungsvereinbarungen werden zur Optimierung von Zahlungsausgängen verwendet.[422] Des Weiteren ist in der Lieferantenrechnung das Rechnungsdatum zu vergeben. Das Buchungsdatum leitet sich standardmäßig aus dem Rechnungsdatum ab.

**Anschaffungs-
nebenkosten**

Wenn Sie die Rechnung über die Funktion *Neue Rechnung* aus einer bestehenden Bestellung aufgerufen haben, sind bereits die in der Bestellung aufgeführten Artikel – im konkreten Beispielfall die erste Rechnungszeile – enthalten (vgl. Abbildung 70).[423] Zusätzlich zu dem Anschaffungspreis der Handelswaren wurde der Transport der ersten Tranche an *Easy Walk*-Schuhen mit Frachtkosten i.H.v. 500 USD berechnet und in Rechnung gestellt. Bei der Erfassung der Eingangsrechnung können nun diese Informationen ergänzt werden.[424] Durch Eintragen einer zusätzlichen Rechnungszeile werden die Frachtkosten dem Rechnungsbetrag hinzuaddiert und insofern auch als Anschaffungskostenbestandteil der bezogenen Waren betrachtet. Da Vermögensgegenstände grds.[425] dem Einzelbewertungsgrundsatz unterliegen,[426] sind die Frachtkosten auf die bestellte Menge der Tranche (3.000 ME) zu verteilen. In SAP Business ByDesign müssen Sie diese Verteilung durch ein Setzen der Checkbox *Ungeplante Bezugsnebenkosten proportional verteilen* in der Lieferantenrechnung für die Bestellposition „Frachtkosten" durchführen. Dieser zusätzliche Anschaffungskostenbestandteil hat demzufolge auch Auswirkungen auf den gleitenden Durchschnittspreis eines einzelnen Produkts.[427]

**Buchungen aus der
Lieferantenrechnung**

Durch die Erfassung der Lieferantenrechnung (Rechnungsdatum: 29.01.2010) wird automatisch die Buchung ausgelöst (vgl. Abbildung 71). Im Soll wird das Verrechnungskonto *Ware in Transit* i.H.v. 144.400 EUR gebucht. Wie die Bezeichnung dieses Verrechnungskontos bereits zum Ausdruck bringt, ist der Eingang der Lieferantenrechnung nicht mit dem Wareneingang der bestellten Ware verbunden. Es wird auch hier noch einmal deutlich, dass die Teilprozesse der Beschaffung – Warenlieferung und Lieferantenrechnung – in jeder beliebigen Reihenfolge ablaufen können. Das Verrechnungskonto *Ware in Transit* dient zur Kontrolle ausstehender Wareneingänge nach Rechnungseingang sowie der Zuordnung von Abweichungen zwischen beiden Geschäftsvorfällen. Dieser Abgleich

---

[420]   Inwiefern diese Zahlungsvereinbarungen auch wirklich in Anspruch genommen werden, stellt sich letztendlich erst bei der Zahlung der entstandenen Verbindlichkeit heraus.

[421]   Im Fallbeispiel sind Anschaffungspreisminderungen nicht enthalten.

[422]   Vgl. dazu Kapitel F.1.3.1.2.2.

[423]   Die Bestellung (vgl. Abbildung 65) enthielt nur eine Menge von 3.000 *Easy Walk*-Schuhen zu einem Bestellpreis von 180.000 USD.

[424]   Vgl. zur Vorgehensweise bei Anlagengütern Kapitel F.1.3.2.1.

[425]   Bei gleichartigen Vermögensgegenständen des Vorratsvermögens darf nach § 240 HGB auch der Durchschnittspreis angesetzt werden.

[426]   Vermögensgegenstände und Schulden sind gem. § 252 Abs. 1 Nr. 3 HGB einzeln zu bewerten.

[427]   Vgl. zur Auswirkung der Erfassung der Frachtkosten auf den gleitenden Durchschnittspreis Kapitel F.1.3.1.3.2.

bestimmt final die Anschaffungskosten. Neben der Buchung auf dem Verrechnungskonto wird auf der Passivseite eine *Verbindlichkeit aus Lieferungen und Leistungen* i.H.v. 144.400 EUR eingebucht. Der Vergleich von Lieferantenrechnung und Wareneingangsbeleg zeigt, dass sich diese beiden Dokumente i.H.d. Frachtkosten um 400 EUR unterscheiden. Diese Differenz wird im Rahmen des WE/RE-Laufs genauer analysiert und entsprechend seiner Ursache auf ein zweckmäßiges Konto verbucht.

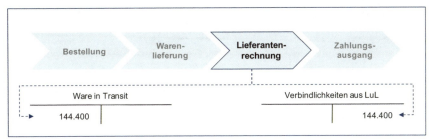

Abbildung 71: Buchung der Lieferantenrechnung

Die erworbene Handelsware wurde aus China importiert; in der Lieferantenrechnung wird folglich keine gesonderte Steuerposition ausgewiesen (vgl. Abbildung 70). In der Rechnung wird dem System dieses Merkmal über das Steuerkennzeichen *Import* automatisch mitgegeben und deshalb kein Steuerbetrag ermittelt. Da der beschriebene Beschaffungsvorgang der Einfuhrumsatzsteuer unterliegt, erhält das Unternehmen – analog zur Lieferantenrechnung – eine Rechnung zur Zahlung der Steuer vom Zollamt.[428] In SAP Business ByDesign können Sie für diese Art der Zahlungsverpflichtung eine gesonderte Rechnung im Work Center *Rechnungsprüfung* mit der Funktion *Neue Zollrechnung* (Sicht *Allgemeine Aufgaben*) erfassen. Für die Lieferung der ersten Tranche vom 29.01.2010 beträgt die Einfuhrumsatzsteuer 27.436 EUR.

Erfassung der Zollrechnung

1.3.1.2   Bezahlung der angeschafften Handelsware

Nachdem die Beschaffung mit dem Wareneingang und der Erfassung der Lieferantenrechnung abgeschlossen ist, muss abschließend noch der Zahlungsausgang betrachtet werden. Unter diesen Teilprozess fallen die Geschäftsvorfälle Zahlung der Verbindlichkeit durch Überweisung und Erfassung des abgegangenen Bankguthabens auf einem Kontoauszug. Bevor diese Geschäftsvorfälle näher dargestellt werden, soll zunächst kurz ein Überblick über die Verwaltung von Verbindlichkeiten in SAP Business ByDesign gegeben werden.

Unterteilung des Zahlungsprozesses

1.3.1.2.1 Verwaltung der Lieferantenverbindlichkeiten

In SAP Business ByDesign können Sie sich schnell einen Überblick über die offenen Verbindlichkeiten Ihrer Lieferanten verschaffen. Im Work Center *Verbindlichkeiten* unter der Sicht *Lieferanten* (Untersicht *Lieferantenkonten)* erhalten Sie

Verbindlichkeiten im Lieferantenkontomonitor

---

[428]   Im Beispielsachverhalt wird explizit nur auf die Einfuhrumsatzsteuer abgestellt. Weitere Zollgebühren werden hier nicht betrachtet.

eine lieferantenbezogene Auflistung der offenen Verbindlichkeiten (vgl. Abbildung 72).[429] Neben den ausstehenden Beträgen pro Lieferant befinden sich in dieser Übersicht zusätzlich auch Informationen zur Kontenfindungsgruppe.

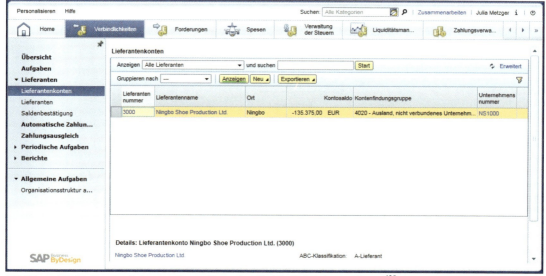

Abbildung 72: Lieferantenbezogene Darstellung der Verbindlichkeitspositionen[430]

Über eine solche Übersicht sind Sie ferner in der Lage, schnell einen Zugriff auf
eine geschäftsvorfallsbezogene Zusammensetzung der Verbindlichkeiten pro Lieferant zu erhalten. Damit haben Sie direkten Zugriff auf Lieferantenrechnungen,
-gutschriften und Ausgangszahlungen. In dem *Lieferantenkontomonitor* können
neben den offenen Posten auch (teilweise) ausgeglichene sowie stornierte Posten
angezeigt werden. Er gestattet Ihnen zudem, sowohl die Ursprungsbelege (wie
z.B. die Lieferantenrechnung) der vorliegenden Transaktionen als auch die Buchungsbelege anzuschauen.

HIGHLIGHT

> SAP Business ByDesign erlaubt Ihnen, im Work Center *Verbindlichkeiten*
> schnell einen Überblick über die Verbindlichkeitenstruktur Ihres Unternehmens
> zu gewinnen.

**Analyse mithilfe
von Berichten**

Mit der Sicht *Berichte* bietet Ihnen SAP Business ByDesign des Weiteren Analysemöglichkeiten Ihrer Verbindlichkeiten an. Mithilfe von Berichten werden Ihnen
z.B. Informationen zu bereits (über)fälligen Zahlungen zur Verfügung gestellt
oder Sie bekommen einen Überblick von noch in der Zukunft liegenden Zahlungen.[431]

---

[429] Voraussetzung für die Entstehung einer Verbindlichkeit gegenüber einem Lieferanten
ist das Erfassen der Lieferantenrechnung.

[430] Diese Abbildung wird beispielhaft angeführt; diese spiegelt nicht die bisher beschriebene Situation des Fallbeispiels wider.

[431] Vgl. auch Kapitel F.1.3.1.4.3.

1.3.1.2.2 Bezahlung durch Banküberweisung

Die Zahlung von Verbindlichkeiten läuft im Allgemeinen völlig automatisch ab. Sie können im Work Center *Verbindlichkeiten* (Sicht *Automatische Zahlungen*) Zahlungsläufe definieren, die alle fälligen Posten in Zahlungsvorschläge zusammenfassen und die Überweisung in eine Datei schreiben, die dann an die Bank transferiert werden kann. In Abhängigkeit von der Höhe einer Zahlung kann in der Konfiguration festgelegt werden, dass diese vor der Ausführung durch einen Vorgesetzten genehmigt werden muss. Die Aufgabensteuerung leitet die Genehmigungsaufgabe[432] automatisch an den zuständigen Mitarbeiter weiter und unterstützt Sie auf diese Weise bei der Organisation des Genehmigungsprozesses.[433] Ein Kontoauszug[434] quittiert zu einem späteren Zeitpunkt die Überweisung automatisch. Die Fälligkeit der Posten wird abhängig von Skontobedingungen über Zahlungsstrategien optimiert. Die Zahlungsvorschläge werden kontrolliert und ggf. korrigiert. Offene Posten können daraus entfernt, Zahlungs- oder Skontobeträge verändert werden.

Einrichtung von automatischen Zahlungsabläufen

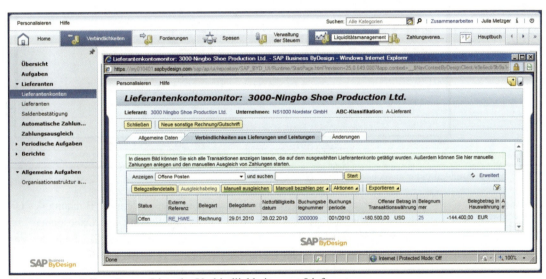

Abbildung 73: Offene Posten Liste der Verbindlichkeiten pro Lieferant

Zahlungen können Sie auch jederzeit manuell ausführen. Im Folgenden werden wir Ihnen den grundlegenden Prozess des manuellen Zahlungsausgangs vorstellen. Für eine offene Verbindlichkeit können sie einen Zahlungsausgang, z.B. als Überweisung, vornehmen. Dabei wählen sie die Hausbank, von der diese erfolgen soll. Die Banküberweisung lösen Sie im Work Center *Verbindlichkeiten* aus, indem Sie in der Sicht *Lieferanten* die zu zahlende Verbindlichkeit im *Lieferantenkontomonitor* auswählen und sich das Konto anzeigen lassen (vgl. Abbildung 73). Über die Funktion *Manuell bezahlen per* und der anschließenden Auswahl *Ausge-*

Manueller Zahlungsprozess

---

[432] Diese Aufgabe befindet sich dann bei dem Vorgesetzten im Work Center *Mein Verantwortungsbereich* unter der Sicht *Genehmigungen*.

[433] Vgl. zur Aufgabensteuerung Kapitel A.6.2.

[434] Vgl. Kapitel F.1.3.1.2.3.

hende Überweisung können Sie eine Banküberweisung öffnen. Im vorliegenden Fall soll ein Betrag i.H.v. 180.500 USD überwiesen werden.[435] Da die Überweisung aus dem *Lieferantenkontomonitor* initiiert wurde, erfolgt direkt eine Verknüpfung des Zahlungsausgangs mit der korrespondierenden Verbindlichkeit.

In der Banküberweisung wird festgehalten, um welche Art von Zahlung es sich handelt (hier Auslandsüberweisung). Neben diesem Feld ist das Datum der Bankausführung sowie das Buchungsdatum (vgl. Abbildung 74) anzugeben. Sie können auch festlegen, wer die Bankgebühren der Transaktion übernehmen soll.

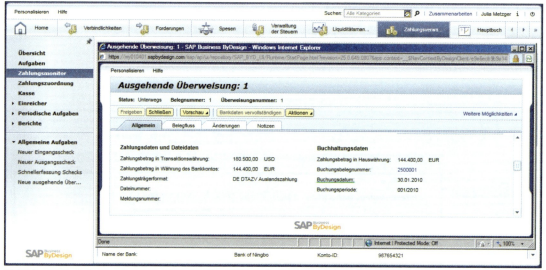

Abbildung 74: Anlegen einer ausgehenden Banküberweisung

Besonderheiten bei Fremdwährungsgeschäften

Die Eingabe des Buchungsdatums legt den Tag fest, zu dem die Buchung des Geschäftsvorfalls im System stattfindet; diese Festlegung ist insbesondere bei Fremdwährungsgeschäften von Bedeutung. Ebenso wie bei der Buchung der Verbindlichkeit im Rahmen der Lieferantenrechnung, ist es bei Zahlung von Verbindlichkeiten in Fremdwährung von Bedeutung, dass die zugrunde liegenden Währungsumrechnungskurse für die Zahlungszeitpunkte im System gepflegt sind.[436] In Anlehnung an die im Fallbeispiel gewählten Zahlungszeitpunkte[437] wurden im Work Center *Hauptbuch* (Sicht *Allgemeine Aufgaben*) die Fremdwährungskurse hinterlegt.

Automatische Erstellung der Zahlungsdatei

Nach der Freigabe der Überweisung wird im Allgemeinen automatisch eine *Zahlungsdatei* erzeugt. Die Zahlungsdatei beinhaltet in der Regel alle Zahlungen einer vordefinierten Periode, welche dann an die Hausbank übertragen werden kann. Sie

---

[435] Um eine Zahlung in Fremdwährung leisten zu können, muss in den Stammdaten der Hausbank diese Möglichkeit der Zahlungsweise eingerichtet sein.

[436] Diese Kurse stellen die Grundlage für die Umrechnung zum relevanten Stichtag dar.

[437] Vgl. Abbildung 62.

können eine Zahlungsdatei aber auch jederzeit manuell im Work Center *Zahlungsverwaltung* unter der Sicht *Periodische Aufgaben* erstellen.

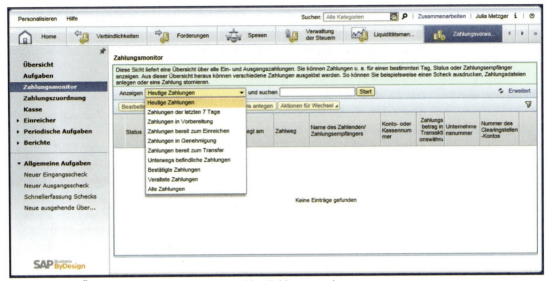

Abbildung 75: Übersicht über alle Zahlungsmittel im Zahlungsmonitor

Der Zahlungsmonitor (vgl. Abbildung 75) dient Ihnen als Übersicht eingehender bzw. ausgehender Zahlungen. Analog zum Lieferantenkontomonitor erhalten Sie auf einen Blick die wichtigsten Informationen von z.B. ausstehenden oder sich in Vorbereitung befindlichen Zahlungen. Aus dieser Ansicht können Sie ebenfalls eine Überweisung ausführen.

Zahlungsmonitor

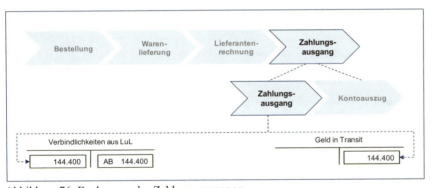

Abbildung 76: Buchungen des Zahlungsausgangs

Die Banküberweisung löst eine weitere Buchung aus, denn nun wird die *Verbindlichkeit aus Lieferungen und Leistungen* gegenüber dem Lieferanten ausgebucht (vgl. Abbildung 76). Dementsprechend ist durch diesen Vorgang im *Lieferantenkontomonitor* (Work Center *Verbindlichkeiten*) kein offener Posten mehr vorhanden. Zwischen dem Datum des Rechnungseingangs (29.01.2010) und dem Zeitpunkt der Zahlung (30.01.2010) hat sich der Euro gegenüber dem US-Dollar nicht verändert. Es wird eine Zahlung i.H.v. von 144.400 EUR vorgenommen.

Buchhalterische Berücksichtigung des Zahlungsausgangs

Notwendigkeit eines Verrechnungskontos

Da die effektive Geldbewegung erst bei der Erfassung des Zahlungsmittelabflusses, d.h. bei der Erfassung der Kontoauszüge, gebucht wird, wird wieder ein Verrechnungskonto verwendet. Der ausgehende Betrag wird zunächst im Haben auf dem Verrechnungskonto *Geld in Transit* gebucht. Auch hier wird das Verrechnungskonto in einem späteren, weitgehend automatischen Schritt – nämlich zum Datum der Feststellung des abgehenden Betrags in Form einer Bankbestätigung (Kontoauszug) – ausgeglichen.

Währungsdifferenzen

Bei der Beschaffung der ersten Tranche *Professional Walk* ist dagegen zwischen dem Zeitpunkt des Rechnungseingangs (29.01.2010) und dem Zeitpunkt der Zahlung (15.02.2010) der Euro gegenüber dem US-Dollar stärker geworden. Aufgrund dieser Entwicklung ist die Zahlung in der Berichtswährung EUR geringer als die zum Lieferzeitpunkt erfasste Verbindlichkeit.[438] Die *Nordstar GmbH* muss für diese Tranche daher nur einen Betrag i.H.v. 270.562,50 EUR (= 360.750 USD * 0,75 EUR/USD) leisten, um die Verbindlichkeit gegenüber dem Lieferanten zu begleichen. Der Differenzbetrag zwischen der Verbindlichkeit und der abgehenden Zahlung stellt einen Ertrag aus Kursdifferenzen dar (18.037,50 EUR); dieser wird erfolgswirksam in der GuV erfasst. In Abhängigkeit von der Abweichungsursache (Fremdwährungs-, Preis-, Rundungsdifferenzen) wird über die Kontenfindung festgelegt, welches Konto angesprochen werden soll. Der Ertrag aus den Kursdifferenzen wird somit automatisch gebucht. In der nachfolgenden Abbildung 77 sind die Ergebnisse der jeweiligen Transaktion detailliert aufgelistet.[439]

Produkt	Lieferung vom	Verbindlichkeit (in EUR)	Bezahlung am	FW-Kurs (EUR/USD)	Zahlungsbetrag (in EUR)	Ergebnis aus Währungsumrechnung
	29.01.2010	144.400,00	30.01.2010	0,80	144.400,00	--
Easy Walk	15.04.2010	135.375,00	30.04.2010	0,75	135.375,00	--
	15.07.2010	135.375,00	30.07.2010	0,75	135.375,00	--
	15.10.2010	157.875,00	30.10.2010	0,75	157.875,00	--
	29.01.2010	288.600,00	15.02.2010	0,75	270.562,50	18.037,50
Professional Walk	15.04.2010	270.562,50	30.04.2010	0,75	270.562,50	--
	15.07.2010	270.562,50	30.07.2010	0,75	270.562,50	--
	15.10.2010	300.562,50	30.10.2010	0,75	300.562,50	--
Summe:		1.703.312,50			1.685.275,00	18.037,50

Abbildung 77: Ergebnis aus der Währungsumrechnung

1.3.1.2.3 Anlegen eines Kontoauszugs

Eine Änderung im Kassen- bzw. Bankbestand wird erst dann gebucht, wenn anhand eines Kontoauszugs der Abfluss dokumentiert ist. Kontoauszüge werden im Allgemeinen automatisch eingespielt. Im Work Center *Liquiditätsmanagement*

---

[438] Für Passivposten der Bilanz gilt das sog. Höchstwertprinzip. Wenn zwischen der Buchung der Verbindlichkeit und der Zahlung ein Bilanzstichtag liegen würde, würde aus Vorsichtsgesichtspunkten keine Anpassung der Verbindlichkeit auf den aktuellen (niedrigeren) Betrag vorgenommen werden dürfen.

[439] Der FW-Kurs bezieht sich auf den Zahlungszeitpunkt und findet Anwendung auf den in der Lieferantenrechnung des betreffenden Geschäftsvorfalls enthaltenen Betrag.

können Sie Ihre Kontoauszüge unter der gleichnamigen Sicht im System auch manuell erfassen.

Abbildung 78: Erfassen eines Kontoauszugs

Bei der Erfassung des Kontoauszugs in SAP Business ByDesign werden Sie in aufeinander aufbauenden Schritten durch den Vorgang geführt (sog. aufgabenbasierte Benutzeroberfläche). In einem ersten Schritt übernehmen Sie zunächst Anfangs- und Endsaldo vom Kontoauszug und legen das Buchungsdatum für den aktuellen Kontoauszug fest. Überweisungen, die bereits zur Bank geschickt wurden, können in einem zweiten Schritt quittiert werden. Wählen Sie die aufgeführte Position aus, um dem Geschäftsvorfall den aktuellen Kontoauszug zuzuordnen (vgl. Abbildung 78). Bevor der Kontoauszug freigegeben werden kann, prüft SAP Business ByDesign den Kontoauszug abschließend auf Konsistenz. Mit der Erfassung des Kontoauszugs wird nun das Verrechnungskonto *Geld in Transit* über eine Soll-Buchung ausgeglichen und die effektive Abnahme des Bankkontos i.H.v. 144.400 EUR gebucht (vgl. Abbildung 79).

Prozessorientierte Benutzeroberfläche

Abbildung 79: Buchungen bei Anlegen des Kontoauszugs

Belegfluss

Die Verknüpfung der Geschäftsvorfälle des Beschaffungsprozesses wird dokumentiert und anhand eines Belegflusses im System abgebildet (vgl. Abbildung 80). Dieser verdeutlicht den Zusammenhang der verschiedenen Geschäftsvorfälle.

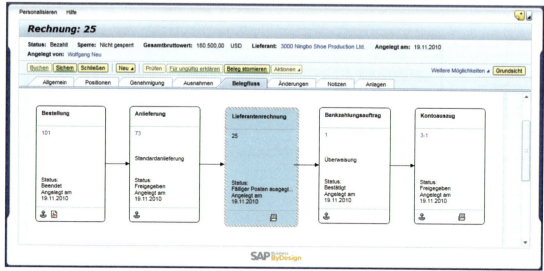

Abbildung 80: Belegfluss des Beschaffungsprozesses

1.3.1.3   WE/RE-Verrechnungslauf
1.3.1.3.1 Funktion des WE/RE-Laufs

Zweck des WE/RE-Laufs

Die genannten Geschäftsvorfälle – Wareneingang, Lieferantenrechnung und Zahlungsausgang – laufen unabhängig voneinander ab und lösen automatisch bei Auftreten des jeweiligen Geschäftsvorfalls ihre Buchungen im System aus. Differenzen sind aufgrund mengen- bzw. preismäßiger Abweichungen zwischen Wareneingang und Lieferantenrechnung oder z.B. der Inanspruchnahme von Skonti bei Zahlung denkbar. Abweichungen zwischen den genannten Geschäftsvorfällen werden an entsprechender Stelle vom zuständigen Mitarbeiter gemanagt: Abweichungen zwischen Waren- und Rechnungseingang müssen akzeptiert werden; d.h., bei Anlieferung bzw. Erhalt der Lieferantenrechnung durch den zuständigen Mitarbeiter Berücksichtigung finden. Der WE/RE-Lauf bezweckt, eventuell auftretende Differenzen zwischen den beschriebenen Geschäftsvorfällen sachgemäß den betreffenden Konten zuzuordnen. Durch den nachträglichen Abgleich der unabhängig voneinander ablaufenden Geschäftsvorfälle und deren Erfassung im System wird nach Durchlaufen der Prozesskette mit der WE/RE-Verrechnung sichergestellt, dass das beschaffte Gut mit den tatsächlich angefallenen Anschaffungskosten bewertet wird und somit eine richtige Zugangsbewertung bzw. ein richtiger Erfolgsausweis vorliegt.

HIGHLIGHT

Der WE/RE-Lauf berücksichtigt Preis- und Mengendifferenzen zwischen Wareneingang, Rechnungseingang und Zahlungsausgang und stellt dadurch eine korrekte Zugangsbewertung von Vermögensgegenständen sicher.

Der WE/RE-Lauf findet automatisch am Periodenende statt oder kann jederzeit manuell gestartet werden. Sie können also bspw. auf monatlicher Basis einen solchen Lauf einplanen.

1.3.1.3.2 Buchungslogik des WE/RE-Laufs

Den WE/RE-Lauf können Sie im Work Center *Bestandsbewertung* unter den *Periodischen Aufgaben* starten (vgl. Abbildung 81). In der Eingabemaske müssen insbesondere sowohl das Unternehmen als auch die Periode (Monat) und das Jahr angegeben werden. Zusätzlich bietet Ihnen das System die Option, erst im Rahmen eines Testlaufs sich die potenziellen Ergebnisse des WE/RE-Laufs anzusehen, bevor tatsächliche Buchungen abgesetzt werden. Die Auswirkungen des WE/RE-Verrechnungslaufs können unmittelbar nach dem Start direkt aufgerufen werden (*Protokoll anzeigen*).

Abbildung 81: Anlegen eines WE/RE-Verrechnungslaufs

Bezogen auf den Beispielsachverhalt wird bei Ausführung des WE/RE-Verrechnungslaufs in einem ersten Schritt (vgl. (1) in Abbildung 82) das Verrechnungskonto *Noch nicht fakturierte Verbindlichkeiten* durch die Buchung i.H.v. 144.000 EUR ausgeglichen. Die in dem Verrechnungskonto *Ware in Transit* durch den WE/RE-Lauf identifizierte Differenz i.H.v. 400 EUR wird in einem zweiten Schritt (vgl. (2) in Abbildung 82) den bestellten Fertigerzeugnissen zugeschrieben.[440] Betriebswirtschaftlich steckt hinter dieser Buchung die Berücksichtigung der Frachtkosten als Anschaffungs(neben)kosten der Handelsware. Es wurde mehr in Rechnung gestellt, als auf der Bestellung ersichtlich war und daraus resultierend mehr für den Bezug der Ware aufgewendet, als dies bisher über den Wareneingangsbeleg berücksichtigt wurde. In diesem Fall handelt es sich um Preis-

---

[440] In SAP Business ByDesign werden nicht zwei Buchungsschritte im Verrechnungskonto *Ware in Transit* durchlaufen. Das Konto wird über eine Buchungszeile glattgestellt. Für Zwecke einer detaillierteren Herleitung wird in der Beschreibung eine Aufteilung des Vorgangs vorgenommen.

differenzen. Diese Frachtkosten wurden nicht über den Wareneingangsbeleg erfasst, sondern bisher nur über die Lieferantenrechnung fakturiert. Mit dem WE/RE-Lauf wurden folglich die Verrechnungskonten geräumt und die zwischen diesen Konten enthaltenen Differenzen auf die Bestandskonten verteilt. Da bei Zahlung kein Skonto gezogen wurde, betragen die Anschaffungskosten der gelieferten Ware 144.400 EUR.

Berücksichtigung eines Skontos

Wenn unterstellt wird, dass bei der Bezahlung ein Skonto (300 EUR) in Anspruch genommen worden wäre, so hätte diese Reduzierung des Zahlungsbetrags eine Anpassung des Verrechnungskontos *Ware in Transit* auf der Habenseite in gleicher Höhe zur Folge. Daraus würde bei dem in Abbildung 82 vorliegenden Sachverhalt beim WE/RE-Lauf nur noch eine Differenz i.H.v. 100 EUR zwischen den Verrechnungskonten entstehen. Im Ergebnis würden die Fertigerzeugnisse mit einem Wertansatz von 140.100 EUR in der Bilanz geführt werden.

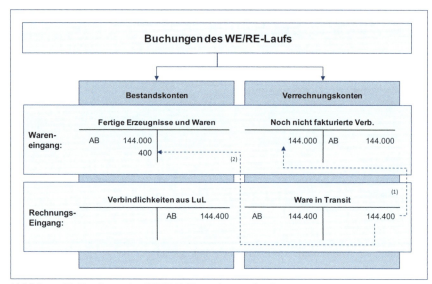

Abbildung 82: Buchung des WE/RE-Verrechnungslaufs

Veränderung des gleitenden Durchschnittspreises

Da sich nun die Anschaffungskosten der bezogenen Handelsware *Easy Walk* durch die Frachtkosten etwas erhöht haben, ist auch der gleitende Durchschnittspreis dieses Produkts gestiegen (vgl. Abbildung 83). Mit Rechnungsstellung der ersten Tranche zum 29.01.2010 werden 3.000 ME zu einem Gesamtpreis von 144.400 EUR erfasst. Pro Schuh ergibt sich daraus ein gleitender Durchschnittspreis i.H.v. 48,133 EUR. Die Berücksichtigung der Frachtkosten als Anschaffungskosten wirkt sich somit im Vergleich zu der Ermittlung des gleitenden Durchschnittspreises in Abbildung 69 um zusätzlich 0,133 EUR/ME (= 400 EUR/3.000 ME) auf dessen Höhe aus. Der Bestandswert des Produkts *Easy Walk* ändert sich durch die Beschaffung der zweiten Tranche am 15.04.2010. Der Bestandswert beträgt zu diesem Stichtag 279.775 EUR (= 48,133 EUR/ME *

3.000 ME (Altbestand) + 45,125 EUR/ ME[441] * 3.000 ME (neu erworbene Tranche)). Bei einer Bestandsmenge von 6.000 ME errechnet sich daraus ein gleitender Durchschnittspreis i.H.v. 46,629 EUR/ME. Demnach vermindert sich der gleitende Durchschnittspreis nach Zugang der zweiten Tranche und beträgt nach den Lieferungen vom 15.07.2010 bzw. 15.10.2010 noch 46,128 EUR bzw. 45,842 EUR pro Paar *Easy Walk*. In SAP Business ByDesign wird berichtsperiodenbezogen pro Rechnungslegungswerk der gleitende Durchschnittspreis im Materialstammdatensatz festgehalten. Den Stammdatensatz eines Materials rufen Sie im Work Center *Bestandsbewertung* unter der Sicht *Stammdaten* auf.

Produkt	Lieferanten-rechnung	AK (in USD)	FW-Kurs (EUR/USD)	AK (in EUR)	GLD (EUR/Paar)
Easy Walk	29.01.2010	180.500	0,80	144.400,00	48,133
	15.04.2010	180.500	0,75	135.375,00	46,629
	15.07.2010	180.500	0,75	135.375,00	46,128
	15.10.2010	210.500	0,75	157.875,00	45,842
Professional Walk	29.01.2010	360.750	0,80	288.600,00	64,133
	15.04.2010	360.750	0,75	270.562,50	62,129
	15.07.2010	360.750	0,75	270.562,50	61,461
	15.10.2010	400.750	0,75	300.562,50	61,096

Abbildung 83: Ermittlung des gleitenden Durchschnittspreises nach dem WE/RE-Lauf

1.3.1.4 Analyse des Beschaffungsprozesses

Im Folgenden werden Berichte zur Unternehmenssteuerung vorgestellt, die der Analyse von Beschaffungsprozessen dienen. Die Möglichkeiten einer weitergehenden Analyse werden auf der Grundlage von Berichten veranschaulicht. Im Einzelnen konzentrieren sich die Ausführungen auf die beschaffungsrelevanten Bereiche der Material- bzw. Produkt- und Lieferantenanalyse, der Lagerbestandsentwicklung und dem liquiditätsorientierten Aspekt der Bezahlung der beschafften Güter. **Überblick**

1.3.1.4.1 Ermittlung der Beschaffungsausgaben für Produkte und Abweichungsanalyse

Mit dem Bericht *Ausgaben pro Land und Produktkategorie* (Work Center *Ausschreibungen und Kontrakte*) erhalten Sie monatsbezogen die mit der Beschaffung verbundenen (Ist-)Ausgaben der Produkte, differenziert nach Land und Produktkategorie. Zusätzlich wurde im vorliegenden Bericht (vgl. Abbildung 84) das Merkmal *Lieferant* in die Betrachtung einbezogen. Zum einen dient Ihnen der Bericht als Überblick über die angefallenen Kosten; dieser ermöglicht Ihnen gleichzeitig aber auch – auf dieser Aggregationsebene – einen Vergleich der Istwerte mit den Plandaten aus der Beschaffungsplanung vorzunehmen. Zudem erhalten Sie einen Überblick über die grundsätzliche Bedeutung von Lieferanten (Lieferan- **Analyse von Beschaffungskosten**

---

[441] 45,125 EUR/ME = 135.375 EUR/3.000 ME. Der Wert wurde gerundet.

tenstruktur) und die von den Lieferanten bezogenen Materialen, jeweils gemessen an dem wertmäßigen Beschaffungsvolumen.[442] Für die Handelsware wird sehr schnell deutlich, dass die *Nordstar GmbH* von einem chinesischen Lieferanten abhängig ist. Um evtl. Lieferengpässe auf Seiten des Lieferanten zu vermeiden, sind somit Überlegungen über zusätzliche Lieferanten der Handelsware anzustellen.

Land des Lieferanten	Lieferant	Produktkategorie	Rechnungsjahr/-monat Jan 2010	Apr 2010	Jul 2010	Okt 2010
China	Ningbo Shoe Production Ltd.	Produkte	433.000,00 EUR	405.937,50 EUR	405.937,50 EUR	458.437,50 EUR
		Handelsmaterial	433.000,00 EUR	405.937,50 EUR	405.937,50 EUR	458.437,50 EUR
Deutschland	Werkstoffe Meier GmbH	Anlagen	50.000,00 EUR			
		Maschinen	50.000,00 EUR			
	Anlagen AG	Anlagen	5.950.000,00 EUR			
		Gebäude	2.750.000,00 EUR			
		Grundstücke	1.000.000,00 EUR			
		Maschinen	2.175.000,00 EUR			
		Ausrüstung	10.000,00 EUR			
		Instrumente	3.000,00 EUR			
		IT Austrüstung	12.000,00 EUR			
Ergebnis			6.433.000,00 EUR	405.937,50 EUR	405.937,50 EUR	458.437,50 EUR

Abbildung 84: Ausgaben nach Land, Lieferant und Produktkategorie

Bezogen auf den Beispielsachverhalt erkennt der Einkäufer der *Nordstar GmbH* durch einen Plan-/Ist-Vergleich, dass aufgrund von Ungenauigkeiten in der Planung die Frachtkosten keine Berücksichtigung in den Plandaten[443] erfahren haben. Dementsprechend sind z.B. für den Monat April Mehrkosten i.H.v. 937,50 EUR entstanden. Da die *Nordstar GmbH* im 4. Quartal für die Handelswaren *Easy Walk* und *Professional Walk* außerdem jeweils 500 Paar Schuhe mehr von dem chinesischen Lieferanten bezogen hat, als geplant war, erstrecken sich die Ausgaben (inkl. Frachtkosten) auf 458.437,50 EUR und übersteigen damit die Plankosten für das 4. Quartal.[444]

Preisentwicklung des Produkts

Für eine differenzierte Analyse hinsichtlich der Preisentwicklung eines Produkts kann ausgehend von der Darstellung in Abbildung 85 der Bericht *Preisentwicklung pro Produkt und Lieferant* herangezogen werden, um weitere Ursachen für die Abweichungen von den Plankosten zu bestimmen. Mit diesem Bericht wird Ihnen pro Produkt der Durchschnittspreis für die betreffende Rechnungsmenge in der Periode angegeben.

---

[442]   Weitere Berichte (Work Center *Ausschreibungen und Kontrakte*) erlauben Ihnen diesbezüglich tiefergehende Auswertungsmöglichkeiten, indem Sie sich anhand einer Prioritätenliste z.B. die wichtigsten Lieferanten, gemessen an dem jeweiligen Beschaffungsvolumen am Gesamtbeschaffungsvolumen, anzeigen lassen können.

[443]   Vgl. zu den Plandaten Kapitel E.2.2.

[444]   Vgl. auch Kapitel E.2.2 und E.2.4. Die Beschaffungskosten der Produkte sind aufgrund eines gefallenen Dollarkurses zudem geringer ausgefallen, als dies in der Beschaffungsplanung – dort wurde von einem konstanten Kurs von 0,80 EUR/USD ausgegangen – vorgesehen war.

Produkt	Lieferant	Rechnungsjahr/-monat	Jan 2010		Apr 2010	
			Rechnungsmenge	Durchschnittspreis	Rechnungsmenge	Durchschnittspreis
EASY_WALK	Ningbo Shoe Production Ltd.		3.000,00 Stk	48,13 EUR	3.000,00 Stk	46,63 EUR
PROFESSIONAL_WALK	Ningbo Shoe Production Ltd.		4.500,00 Stk	64,13 EUR	4.500,00 Stk	62,13 EUR

Abbildung 85: Produktbezogene Übersicht zur Rechnungsmenge und Durchschnittspreises

Neben der Feststellung des Durchschnittspreises wird Ihnen über die Analyse von Einkaufspreisabweichungen in SAP Business ByDesign eine weitere Möglichkeit gegeben, eine Abweichungsanalyse vorzunehmen. Wie bereits erläutert wurde, können Abweichungen zwischen dem Bestellpreis, dem Rechnungsbetrag und dem Zahlbetrag bestehen. Mit dem Bericht *Einkaufspreisabweichungen* (Work Center *Bestandsbewertung*) können Sie auftretende Abweichungen eines Beschaffungsvorgangs weiter analysieren. In Abbildung 86 werden die Abweichungsgründe gesondert für ein Produkt bzw. für eine Produktkategorie aufgelistet. Neben der im Beispiel erwähnten Preisabweichung und der Möglichkeit einer Zahlungsdifferenz aufgrund der Inanspruchnahme eines Skontos können Differenzen auch von Wechselkursänderungen verursacht werden. Diese unterschiedlichen Gründe werden für die Analyse dezidiert in dem Bericht aufbereitet. Des Weiteren erhalten Sie eine Übersicht von Wareneingängen und in Rechnung gestellte Mengen mit ihren jeweiligen Wertansätzen. Der Bericht liefert die (Preis-)Abweichung, die auf die Berücksichtigung der Frachtkosten zur Lieferung der ersten Tranche (Lieferung vom 29.01.2010) der *Easy Walk*-Schuhe zurückzuführen ist.

Einkaufspreis-abweichungen

Produkt	Zahlungs-differenz	Wechselkurs-differenz	Preis-differenz	Gesamt-differenz	Verrechnungsbetrag Wareneingang	Verrechnungsmenge Wareneingang	Verrechnungsbetrag Rechnungseingang	Verrechnungsmenge Rechnungseingang
Easy_Walk	0,00 EUR	0,00 EUR	400,00 EUR	400,00 EUR	144.000,00 EUR	3.000,00 Stk	-144.400,00 EUR	-3.000,00 Stk
Ergebnis	0,00 EUR	0,00 EUR	400,00 EUR	400,00 EUR	144.000,00 EUR	3.000,00 Stk	-144.400,00 EUR	-3.000,00 Stk

Abbildung 86: Bericht zur Analyse von Einkaufspreisabweichungen

1.3.1.4.2 Lagerbestandsentwicklung

Erhöhte Lagerbestände sind mit hohen Lagerkosten verbunden. Außerdem wirkt sich die mit einem hohen Lagerbestand evtl. verbundene hohe Lagerdauer negativ auf die Kapitalbindung aus. Zur Vermeidung unnötiger Lagerkosten ist die regelmäßige Überwachung der Lagerbestandshöhe sinnvoll. Die Bestimmung der Vorratsintensität – als Verhältnis des durchschnittlichen Bestands an Vorräten zur Bilanzsumme – ist eine Kennzahl, die für die Überprüfung der Wirtschaftlichkeit der Lagerhaltung herangezogen werden kann und z.B. in einem Branchenvergleich Aufschluss über die Vorratspolitik des Unternehmens gibt. SAP Business ByDesign liefert die zur Bildung der Kennzahl notwendigen Daten.

Lagerkosten und Kapitalbindung

Im Work Center *Bestandsbewertung* finden Sie mehrere Berichte zur mengenmäßigen Darstellung des Materialbestands. Für den ausgewählten Bericht *Materialbestände – Bestandsentwicklung* können Sie sich die Höhe des Materialbestands, differenziert pro Material, für einen bestimmten Stichtag anzeigen lassen. Darüber hinaus kann die Materialbestandsentwicklung für einen ausgewählten Zeitraum

Mengenmäßige Bestandsentwicklung

nachvollzogen werden. Neben mengenmäßigen Angaben sind im vorliegenden Bericht auch die zugehörigen Bestandswerte enthalten. In Abbildung 87 ist die Bestandsentwicklung der Fertigerzeugnisse für das Geschäftsjahr kumuliert aufgelistet. Es bietet sich auch mit diesem Bericht an, die Istmengen lagerhaltiger Produkte mit den Planmengen zu vergleichen. Wie bereits schon angeführt wurde, erfährt der zuständige Mitarbeiter auch hier von der im Vergleich zur Planung erhöhten Lagerbestandsmenge von jeweils 500 Paaren an *Easy Walk*- und *Professional Walk*-Schuhen zum Jahresende.

Sachkonto	Material	Anfangsmenge	Anfangsbetrag	Eingangsmenge	Eingangsbetrag	Ausgangsmenge	Ausgangsbetrag	Endmenge	Endbetrag
Fertige Erzeugnisse und Waren	EASY_WALK	0,00 Stk	0,00 EUR	12.500,00 Stk	573.025,00 EUR	0,00 Stk	0,00 EUR	12.500,00 Stk	573.025,00 EUR
	PROFESSIONAL_WALK	0,00 Stk	0,00 EUR	18.500,00 Stk	1.130.287,50 EUR	0,00 Stk	0,00 EUR	18.500,00 Stk	1.130.287,50 EUR
	Ergebnis	0,00 Stk	0,00 EUR	31.000,00 Stk	1.703.312,50 EUR	0,00 Stk	0,00 EUR	31.000,00 Stk	1.703.312,50 EUR
Ergebnis		0,00 Stk	0,00 EUR	31.000,00 Stk	1.703.312,50 EUR	0,00 Stk	0,00 EUR	31.000,00 Stk	1.703.312,50 EUR

Abbildung 87: Materialbestandsentwicklung je Sachkonto

Wertmäßige Bestandsentwicklung

Abbildung 88 ist zu entnehmen, dass Sie mit dem Bericht *Lagerbestände – rollierender Bestandsvergleich* die aktuellen Bestandswerte einzelner Produkte – im konkreten Fall die Handelsware *Easy Walk* (roter Balken) und *Professional Walk* (gelber Balken) – erhalten.[445] Diese rein wertmäßige Betrachtung stellt zudem für Vergleichszwecke die Werte der aktuellen Periode mit den Werten aus der Vergangenheit gegenüber.[446]

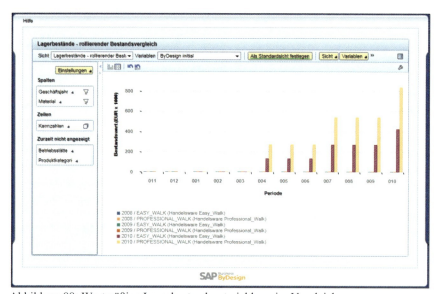

Abbildung 88: Wertmäßige Lagerbestandsentwicklung im Vergleich

---

[445]   Da in diesem Kapitel nur die Auswirkungen des Beschaffungsprozesses betrachtet werden und der Absatz der Produkte keine Berücksichtigung findet, verzeichnet die *Nordstar GmbH* im Geschäftsjahr 2010 eine konstante Bestandszunahme.

[446]   Aufgrund mangelnder Vergleichszahlen im Beispielsachverhalt sind in der Abbildung nur die aktuellen Zahlen zu sehen.

1.3.1.4.3 Liquiditätsaspekte des Beschaffungsprozesses

Neben der Analyse der mit der Beschaffung verbundenen Kosten und der Optimierung der Lagerbestände zur Vermeidung von hohen Lagerkosten ist die Optimierung von Zahlungsströmen im Rahmen des Beschaffungsprozesses aus Sicht der Unternehmenssteuerung ein weiterer Bestandteil, der zur Erreichung der gesetzten Unternehmensziele beiträgt.

Fälligkeit von Zahlungen

Sind genügend liquide Mittel im Unternehmen vorhanden, um den fälligen Verpflichtungen nachzukommen? Wann ist die Durchführung einer Zahlung am günstigsten vorzunehmen? Diese Fragen stellen sich natürlich nicht nur im Beschaffungsbereich, jedoch leistet die Optimierung von Zahlungen im Rahmen dieses Geschäftsprozesses einen Beitrag. Zur Steuerung der Liquidität ist mit der Liquiditätsvorschau ein wesentliches Instrument in SAP Business ByDesign vorhanden.[447] Während dieses Instrument eine Aufnahme des Liquiditätszustands auf Unternehmensebene vornimmt und somit auch die über den Beschaffungsprozess verursachten Zahlungswirkungen umfasst, wird der Fokus an dieser Stelle auf beschaffungsrelevante Aspekte gelegt. Hierfür dient z.B. der Bericht *Vorschau Verbindlichkeiten – Rasterung nach Fälligkeiten* (Work Center *Verbindlichkeiten*), um anstehende Zahlungsverpflichtungen und deren Fristigkeit anzuzeigen. Daraus ist der Kapitalbedarf zumindest aus kurzfristiger Sicht erkennbar und unterstützt den im Unternehmen für die Zahlungsverwaltung verantwortlichen Mitarbeiter in der Disposition der liquiden Mittel.

Lieferant	Fälligkeitsdatum	Belegdatum	Belegart	1 -10	11 -20	21 -30	>30	Fälliger Gesamtbetrag	Offener Betrag
Ningbo Shoe Production Ltd.	28.02.2010	29.01.2010	Rechnung			-144.400,00 EUR		-144.400,00 EUR	-144.400,00 EUR
	28.02.2010	29.01.2010	Rechnung			-288.600,00 EUR		-288.600,00 EUR	-288.600,00 EUR
Ergebnis						-433.000,00 EUR		-433.000,00 EUR	-433.000,00 EUR

Abbildung 89: Bericht zur Fälligkeit von Verbindlichkeiten

Abbildung 89 können Sie entnehmen, dass – bei Ausführung des Berichts am 29.01.2010 – mit einem Zahlungsausgang i.H.v. insgesamt 433.000 EUR innerhalb der nächsten 30 Tage zu rechnen ist, der in der Zahlungsverpflichtung der ersten Tranche *Easy Walk* (144.400 EUR) und *Professional Walk* (288.600 EUR) begründet liegt.[448] Die Fristigkeit der Intervalle ist flexibel einstellbar. In dieser Einstellung wurde nicht von der Möglichkeit Gebrauch gemacht, den optimalen Zeitpunkt zur Ziehung des gewährten Skontos sich anzeigen zu lassen.

Zahlungsstatistik

Neben dem prospektiv angelegten Bericht der Vorschau zukünftiger Zahlungsverpflichtungen erhalten Sie in SAP Business ByDesign vergangenheitsorientiert eine lieferantenbezogene Zahlungsstatistik (Work Center *Verbindlichkeiten*) zur Verfügung gestellt. Diese bereitet Ihnen u.a. Informationen bezüglich der durchschnittlichen Anzahl der Tage bis zum Fälligkeitsdatum der Zahlungen und den

---

[447] Vgl. ausführlich Kapitel F.6.2.2.

[448] Mit dem Lieferanten wurde ein Zahlungsziel von 30 Tagen vereinbart. Der Bericht wird in Euro dargestellt und enthält damit die umgerechneten Zahlungsbeträge; alternativ kann eine Abbildung aber auch in US-Dollar erfolgen.

nicht gezogenen Skonti auf. Damit wird Ihnen die Möglichkeit eröffnet, das Zahlungsverhalten Ihres Unternehmens gegenüber den Lieferanten zu analysieren, Optimierungspotenzial zu identifizieren und diese Erkenntnisse z.B. in den Kontraktverhandlungen mit Lieferanten hinsichtlich Zahlungsbedingungen zu verwenden.

1.3.2   Anlagenbeschaffung
1.3.2.1   Beschreibung des Anlagenzugangs und dessen Kontenfindung

Unterschiedliche Beschaffungsmöglichkeiten

Eine Anlage kann einem Unternehmen auf verschiedene Arten zugehen. Neben dem Kauf des Vermögensgegenstands ist die eigene Herstellung als Zugangsform zu nennen. Die Ausführungen in diesem Gliederungspunkt beziehen sich auf den Kauf eines Anlageguts.[449] Die Beschaffung einer Anlage und die daraus resultierende Erfassung der Anlage mit seinen Anschaffungskosten ist in SAP Business ByDesign auf unterschiedlichen Wegen möglich.

- Die Anlagenbeschaffung kann über die Abbildung eines normalen Bestellvorgangs erfolgen.

- Die Beschaffung einer Anlage ist durch Erfassung einer manuellen Lieferantenrechnung ohne Bestellung möglich.

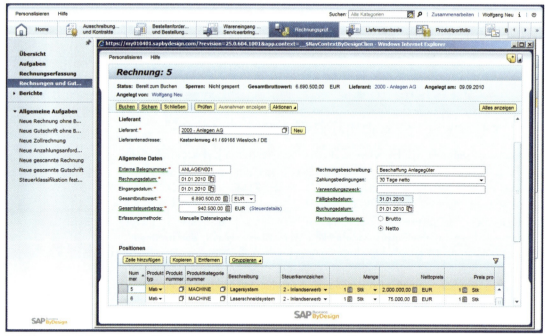

Abbildung 90: Erfassung einer Lieferantenrechnung zur Anlagenbeschaffung

---

[449]   Auf die Bezahlung der angeschafften Anlagengüter wird nicht näher eingegangen. Zur Vorgehensweise bei der Bezahlung wird auf Kapitel F.1.3.1.2 verwiesen.

Der Beschaffungsprozess einer Anlage kann sich am Bestellvorgang[450] orientieren, wie er insbesondere für Vermögensgegenstände des Umlaufvermögens angewendet wird. Der Beschaffungsprozess von Anlagen unterscheidet sich davon allerdings in einem wesentlichen Punkt: Für Anlagen existiert in SAP Business ByDesign bisher noch keine Bestandsführung. Diese gehen nicht per Wareneingang[451] zu; der Zugang wird im Work Center *Wareneingang und Serviceerbringung* quittiert. Alternativ hierzu können Sie mit Punkt 2 eine Variante ohne vorgelagerten Bestellvorgang wählen. Die Aktivierung des Anlagenguts erfolgt mit der Erfassung und Freigabe der Lieferantenrechnung. Diese Vorgehensweise erläutern wir Ihnen nachfolgend. Hierzu wechseln Sie in das Work Center *Rechnungsprüfung* und wählen die Funktion *Neue Rechnung ohne Bestellung erfassen* unter der Sicht *Allgemeine Aufgaben* aus (vgl. Abbildung 90).

Beschaffung ohne Bestellung

Mit der Freigabe der Lieferantenrechnung erfolgt in der Buchhaltung die Einbuchung der Verbindlichkeit aus Lieferungen und Leistungen. Gleichzeitig ist ab diesem Zeitpunkt die erworbene Anlage in der Sicht *Anlagen* im Work Center *Anlagen* unter der in der Lieferantenrechnung gewählten Bezeichnung ausgewiesen. Die Anlage wird also automatisch in SAP Business ByDesign angelegt. Ein vorheriges Anlegen eines Anlagenstammsatzes ist nicht erforderlich. Sofern alle benötigten Angaben für den Anlagenstammsatz in den Systemeinstellungen hinterlegt sind, ist kein weiteres Eingreifen des Anlagenbuchhalters notwendig.[452]

Automatisches Anlegen eines Anlagenstammsatzes

> SAP Business ByDesign legt aus der Lieferantenrechnung heraus automatisch eine Anlage an. Die gesonderte Erstellung eines Anlagenstammsatzes ist nicht notwendig.

HIGHLIGHT

Bevor Sie die Lieferantenrechnung freigeben, wählen Sie auf der Lieferantenrechnung u.a. die Produktkategorienummer und eine Beschreibung, die gleichzeitig als Anlagenbezeichnung in der Anlagenbuchhaltung verwendet wird, aus.[453] Aus der Produktkategorie leitet das System die Anlagenklasse ab, welche die Steuerungsparameter und die Vorschlagswerte für die Abschreibungen und sonstigen Stammdaten definiert. Die Zuordnung der Produktkategorienummer zu einer Anlagenklasse erfolgt im Work Center *Anlagen* unter der Aufgabe *Ermittlung der Anlagenklasse bearbeiten* (vgl. Abbildung 91). Die von Ihnen ausgewählte Anlagenklasse ist des Weiteren über die Kontenfindung[454] mit einem bestimmten Konto verknüpft. Dieses Konto wird in der Berichtsstruktur[455] der entsprechenden Bi-

Produktkategorie und Anlagenklasse

---

[450] Der Ablauf dieses Prozesses wird ausführlich für die Beschaffung der Handelsware dargestellt und aus diesem Grund an dieser Stelle auf Kapitel F.1.3.1.1 verwiesen.

[451] Vgl. zum Vorgang des Wareneingangs bei Bestandsmaterial Kapitel F.1.3.1.1.2.

[452] Vgl. auch nachfolgendes Kapitel F.1.3.2.2.

[453] Die Einrichtung bzw. Vergabe von Produktkategorien erfolgt im Work Center *Produktdaten* unter der Sicht *Produktkategorien*.

[454] Die Kontenfindung wird im sog. Fine Tuning in der Konfiguration festgelegt. Darin kann der Anwender die Feineinstellungen der Kontenfindung auf seine Bedürfnisse ausrichten; vgl. zur Kontenfindung in SAP Business ByDesign Kapitel D.2.2.

[455] Die standardmäßig ausgelieferte Berichtsstruktur können Sie bei Bedarf verändern bzw. an Ihre Bedürfnisse anpassen; vgl. hierzu auch Kapitel D.2.2.

lanzposition zugewiesen. Mit der Auswahl der Anlagenklasse erfolgt somit automatisch eine Zuordnung, die den korrekten Ausweis des Anlageguts in der Buchhaltung und Bilanz sicherstellt. Das im Beispielsachverhalt erworbene Lagersystem wurde der Produktkategorie *Maschine* zugeordnet; dieser Produktkategorie ist die Anlagenklasse *Verarbeitungsmaschine* zugewiesen (vgl. Abbildung 91). Aus dieser Einordnung heraus wird die Anlage über die Kontenfindung in der Position *Technische Anlagen und Maschinen* in der Bilanz ausgewiesen.

Abbildung 91: Zuordnung der Anlagenklasse zu einer Produktkategorienummer

Bedeutung des Buchungsdatums

Auf der Lieferantenrechnung sind weitere allgemeine Angaben vorzunehmen. Darunter fällt z.B. die Angabe des Lieferanten, sodass die aus der Beschaffung entstehende Verbindlichkeit auch dem richtigen Geschäftspartner zugewiesen wird. Weiterhin ist sowohl das Eingangs- als auch das Rechnungsdatum zu erfassen.[456] Mit dem Buchungsdatum als Zugangszeitpunkt der Anlage wird gleichzeitig über den in der Konfiguration festgelegten Abschreibungsschlüssel der Abschreibungsbeginn festgehalten. Der Abschreibungsschlüssel definiert, in Abhängigkeit von dem Zeitpunkt des Anlagenzugangs, ob die Abschreibung z.B. bereits im aktuellen Monat einsetzt[457] oder erst ab dem Folgemonat zu erfolgen hat. Bei Zugang einer Anlage zum 20.01.2010 kann somit in Abhängigkeit von dem Abschreibungsschlüssel der Abschreibungsbeginn auf den 01.01.2010 bzw. 01.02.2010 (Beginn der nächsten Periode) gesetzt werden. Dieses über den Abschreibungsschlüssel ermittelte Datum wird beim Anlegen der Anlage in SAP Business ByDesign automatisch in den Anlagenstammdatensatz übernommen, kann aber bei Bedarf als Startzeitpunkt der Abschreibung manuell abgeändert werden.

---

[456]   In der vorliegenden Rechnung wurde aus Vereinfachungsgründen für das Datum stets der 01.01.2010 gewählt (Zeitpunkt der Eröffnungsbilanz).

[457]   Für die Abschreibung ist stets der erste Kalendertag des betreffenden Monats zugrunde zu legen.

Analog zur Buchung der handelsrechtlichen Rechnungslegung wird der Vorgang auch im zweiten Rechnungslegungswerk, der steuerrechtlichen Behandlung, automatisch verbucht. Aus den verschiedenen Geschäftsvorfällen des Beschaffungsprozesses werden somit gleichzeitig zwei Rechnungslegungswerke automatisch angesprochen; manuelle Buchungen sind nicht notwendig, um auch in der Steuerbilanz den Vermögensgegenstand zutreffend abzubilden.

Automatische parallele Bilanzierung

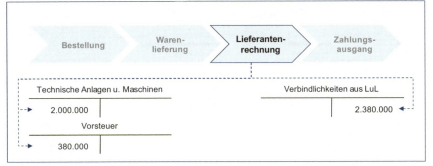

Abbildung 92: Manuelle Erfassung der Lieferantenrechnung ohne Bestellung

Neben dem Anlegen der Anlage wird durch die Lieferantenrechnung zudem ein Inventarteil erzeugt. In Abbildung 90 wird konkret das Inventarteil „Lagersystem" erfasst. Für den Aufbau des Lagersystems ist die Errichtung eines Betonsockels als Fundament notwendig.[458] Die Aufwendungen für den Betonsockel sind als Anschaffungsnebenkosten des Lagersystems zu betrachten. Da der Betonsockel in einem getrennten Vorgang von einem anderen Lieferanten erstellt wurde, ist dieser Anschaffungskostenbestandteil nicht in der Lieferantenrechnung des Lagersystems enthalten. Um den Betonsockel der Anlage zuzuordnen,[459] erfasst man eine gesonderte Rechnung, die dem Inventarteil „Lagersystem" zugewiesen wird. Die Kosten des Betonsockels werden dann automatisch den Anschaffungskosten zugerechnet und über die Abschreibung auf die wirtschaftliche Nutzungsdauer des Lagersystems verteilt.

Erfassung von Anschaffungsnebenkosten

Anschaffungskosten von Anlagengütern werden in SAP Business ByDesign automatisch angepasst, wenn einem Vermögensgegenstand unterschiedliche Anlagenbestandteile zugeordnet werden.

HIGHLIGHT

Mit dem in der Rechnung enthaltenen Auswahlfeld *Kostenstelle* kann die Anlage einer Kostenstelle zugewiesen werden. Die Kostenstelle wird dann mit den auf der Anlage gebuchten Abschreibungen im Zeitablauf belastet. Im Rahmen der Aufbauorganisation wurde die Kostenstellenstruktur bereits im Work Center *Organi-*

Zuordnung zu einer Kostenstelle

---

[458] Vgl. hierzu die Beschreibung des Fallbeispiels in Kapitel F.1.2.

[459] Hier ist nicht von dem aus der internationalen Rechnungslegung bekannten Komponentenansatz für Sachanlagen (IAS 16) die Rede. Nach deutschem Handelsrecht werden das Lagersystem und der Betonsockel als ein Vermögensgegenstand in der Gesamtheit abgeschrieben, während nach IAS 16 für die einzelnen Komponenten eine Nutzungsdauer vergeben wird. Das System unterstützt aber auch eine komponentenweise Bewertung von Vermögensgegenständen.

sationsmanagement angelegt. An dieser Stelle werden Ihnen nun die vorhandenen Kostenstellen zur Auswahl gestellt. Haben Sie mehrere Anlagen (z.B. fünf Lagersysteme) erworben, möchten diese aber auf unterschiedlichen Kostenstellen gebucht sehen, so bietet es sich an, die Gesamtposition in einzelne Zeilen aufzugliedern und dementsprechend einer Kostenstelle zuzuweisen.

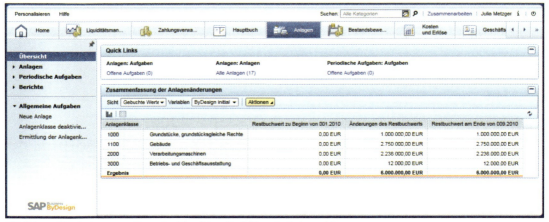

Abbildung 93: Anlagevermögen der *Nordstar GmbH* nach Anlagenklassen

Nachdem alle für den Geschäftsbetrieb notwendigen Anlagengüter des Beispielsachverhalts beschafft wurden, ergibt sich die in Abbildung 93 nach Anlagenklassen gegliederte Struktur des vorhandenen Anlagevermögens.

1.3.2.2   Stammdaten der Anlage

Ableiten der Stammdaten

Im Work Center *Anlagen* können Sie sich unter der Sicht *Anlagen* die in Ihrem Unternehmen vorhandenen Anlagengüter anzeigen lassen. Mit der systemseitigen Erfassung der neu erworbenen Anlage werden die Stammdaten – die für die Folgebewertung des Investitionsguts von Bedeutung sind, z.B. Vorschlagswerte für die planmäßige Fortschreibung einer Anlagenklasse – grds. aus den Systemeinstellungen automatisch abgeleitet und erfordern kein manuelles Eingreifen des Anlagenbuchhalters. Eine manuelle Eingabe ist nur dann erforderlich, wenn im Einzelfall von der Systemeinstellung abweichende Stammdaten für die Anlage verwendet werden sollen, z.B. bei Abweichen der wirtschaftlichen Nutzungsdauer des vorliegenden Anlageguts von dem Vorschlagswert. Wählen Sie dafür die zu bearbeitende Anlage aus und öffnen Sie die Stammdaten.

HIGHLIGHT

> Anlagenstammdaten – wie z.B. Nutzungsdauer und Abschreibungsmethode – werden grds. aus den Systemeinstellungen automatisch abgeleitet. Dies führt zu einer Reduktion des Arbeitsaufwands für den Anlagenbuchhalter.

In der Registerkarte *Übersicht* erhalten Sie zunächst allgemeine Informationen über die Anlage wie z.B. die Anschaffungskosten, die geplanten Abschreibungen des aktuellen Geschäftsjahres sowie die Zuordnung der Maschine zu einer Kostenstelle bzw. einem Profit-Center.

Innerhalb der Registerkarte *Stammdaten* befinden sich mehrere Detailbilder; für die bilanzielle Bewertung ist insbesondere das Detailbild *Anlagenbewertung* relevant. Wenn Sie in Ihrem Unternehmen die Buchhaltung parallel nach zwei oder mehreren Rechnungslegungsnormen führen, wie wir es in unserem Beispielsachverhalt vorgesehen haben, so werden diese Stammdaten pro einzelnem Rechnungslegungswerk gesondert geführt (vgl. Abbildung 94). Sind die Stammdaten einmal gepflegt, so findet die Folgebewertung der angelegten Anlage im Zeitablauf pro Rechnungslegungswerk automatisch unabhängig voneinander statt und erfordert keinen zusätzlichen Aufwand in den Folgeperioden.

Stammdaten pro Rechnungslegungswerk

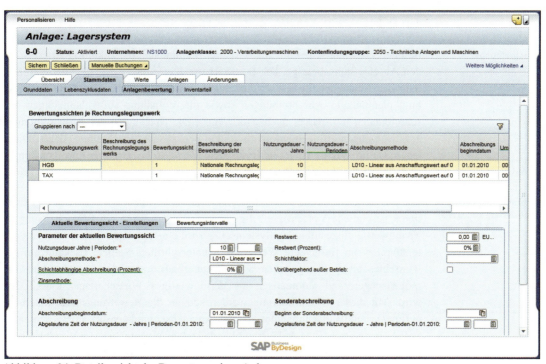

Abbildung 94: Detailansicht der Bewertung einer Anlage

Grds. stellt SAP Business ByDesign alle handels- und steuerrechtlich zulässigen Abschreibungsmethoden zur Verfügung. Insbesondere bei steuerrechtlichen Sonderabschreibungen kann es zu unterschiedlichen Wertansätzen des Vermögensgegenstands in Handels- und Steuerbilanz kommen. Diese unterschiedlichen Wertansätze werden durch die parallele Bewertungsmöglichkeit in SAP Business ByDesign getrennt voneinander weitergeführt. Im Zeitablauf werden keine weiteren Anpassungen mehr erforderlich, da das System die Höhe der zukünftigen Abschreibungen (in steuerlicher Hinsicht) automatisch anpasst. Für den Beispielsachverhalt wird die lineare Abschreibung ohne verbleibenden Restwert ausgewählt.

Abschreibungsmethoden

Beginn der Abschreibung

Zudem wird in diesem Detailbild der Beginn der Abschreibung eines Anlageguts festgelegt. Insbesondere für Anlagen im Bau, bei denen eine planmäßige Abschreibung erst mit Fertigstellung der Anlage vorgenommen werden darf, ist diese Funktion von Relevanz. SAP Business ByDesign stellt für diesen Bilanzposten einen gesonderten Abschreibungsschlüssel zur Verfügung, der – analog zu nicht abnutzbaren Vermögensgegenständen – keine Abschreibung vorsieht. Mit Fertigstellung der Anlage kann dann die passende Abschreibungsregel gewählt werden. Die Einführung des Aktivierungswahlrechts von selbst erstellten immateriellen Vermögensgegenständen des Anlagevermögens[460] (z.B. Patente, Produktionsverfahren etc.) im Rahmen des BilMoG erfordert ebenso die Möglichkeit im System, für den einzelnen Vermögensgegenstand den Zeitpunkt des Abschreibungsbeginns flexibel bestimmen zu können. Eine Aktivierung ist auch für diese Vermögensgegenstände grds. bereits vor deren Fertigstellung vorzunehmen; eine Abschreibung darf aber erst mit Beendigung der Entwicklung einsetzen.

Abschreibungs-vorausschau

In einer Vorschau sehen Sie auf Basis der Stammdaten die zukünftig zu erfassenden Abschreibungsbeträge. Die Registerkarte *Werte* bietet eine dezidierte Auflistung der Anlagenbuchwerte im Zeitablauf. Mit dieser Funktion ist die Entwicklung planmäßiger Abschreibungen sowie die Vornahme außerplanmäßiger Abschreibungen transparent nachzuvollziehen. Die Buchungen der Abschreibungen auf die Anlagen erfolgen automatisch über periodische Abschreibungsläufe. Diese legen Sie im Work Center *Anlagen* (Sicht *Periodische Aufgaben*) pro Buchungsperiode in SAP Business ByDesign fest.

Unterstützung bei der Bilanzierung von GWG

Für die steuerrechtliche Behandlung von geringwertigen Wirtschaftsgütern existieren gesetzliche Vorschriften, die genau festlegen, wann ein Wirtschaftsgut als geringwertig einzustufen ist. Systemseitig wird eine automatisierte Zuordnung unterstützt, wenn festgelegte Wertgrenzen unterschritten werden. Es kann ein gewünschtes Intervall angegeben werden, innerhalb dessen der zugegangene Vermögensgegenstand automatisch als geringwertiges Wirtschaftsgut klassifiziert wird. Mit dieser Klassifizierung werden sodann die Bewertungsmodalitäten für geringwertige Wirtschaftsgüter in den Anlagenstammdatensatz übernommen.[461] Sollte ein angeschafftes Anlagegut handelsbilanziell entgegen der Voreinstellung nicht als geringwertiges Wirtschaftsgut eingestuft werden, so bietet SAP Business ByDesign in der Registerkarte *Stammdaten* (Detailbild *Lebenszyklusdaten*) die Möglichkeit, manuell die Zuordnung als geringwertiges Wirtschaftsgut aufzuheben und entsprechende Bewertungsmodalitäten individuell zu vergeben.

Es ist der Fall denkbar, dass ein Anlagegut ursprünglich als geringwertiges Wirtschaftsgut eingestuft wurde, jedoch nachträglich Anschaffungskosten anfallen, die

---

[460] Vgl. zur Funktionalität von Projekten als Kostensammler, die sowohl eine Aktivierung dieser Vermögensgegenstände als auch der Anlagen im Bau unterstützen, Kapitel F.4.

[461] Vgl. zur betriebswirtschaftlichen Behandlung von geringwertigen Wirtschaftsgütern nach Handels- und Steuerrecht Kapitel F.1.1.6.4.

zu einem Überschreiten der vordefinierten Grenzen führen.[462] In SAP Business ByDesign wird der bisher als geringwertiges Wirtschaftsgut klassifizierte Vermögensgegenstand als (normales) Anlagegut „umgegliedert". Über das im System implementierte Task Management[463] erhält der für die Buchhaltung zuständige Mitarbeiter eine Geschäftsaufgabe, die auf die Änderung hinweist.

1.3.3 Zusammenfassende Darstellung in Bilanz und Gewinn- und Verlustrechnung

Ausgehend von der Eröffnungsbilanz werden nachfolgend die Auswirkungen der Beschaffungsprozesse von Handelsware und Anlagen auf die Bilanz (Delta Spalte) und die GuV zusammenfassend dargestellt.

Bilanzposition	Eröffnungsbilanz EUR	Delta Beschaffung EUR	Bilanz EUR
Aktiva	8.000.000,00 EUR	341.666,88 EUR	8.341.666,88 EUR
Anlagevermögen	0,00 EUR	6.000.000,00 EUR	6.000.000,00 EUR
Immaterielle Vermögensgegenstände	0,00 EUR	0,00 EUR	0,00 EUR
Sachanlagevermögen	0,00 EUR	6.000.000,00 EUR	6.000.000,00 EUR
Grundstücke	0,00 EUR	1.000.000,00 EUR	1.000.000,00 EUR
Gebäude	0,00 EUR	2.750.000,00 EUR	2.750.000,00 EUR
Technische Anlagen und Maschinen	0,00 EUR	2.238.000,00 EUR	2.238.000,00 EUR
Betriebs- und Geschäftsausstattung	0,00 EUR	12.000,00 EUR	12.000,00 EUR
Umlaufvermögen	8.000.000,00 EUR	-5.658.333,12 EUR	2.341.666,88 EUR
Vorräte	0,00 EUR	1.703.312,50 EUR	1.703.312,50 EUR
Rohstoffe, Hilfs- und Betriebsstoffe	0,00 EUR	0,00 EUR	0,00 EUR
Fertige Erzeugnisse und Waren	0,00 EUR	1.703.312,50 EUR	1.703.312,50 EUR
Forderungen und sonstige Anlagen	0,00 EUR	1.273.629,38 EUR	1.273.629,38 EUR
Forderung aus Lieferung und Leistung	0,00 EUR	0,00 EUR	0,00 EUR
Aus Steuern	0,00 EUR	1.273.629,38 EUR	1.273.629,38 EUR
Kassenbest., Guthaben Kl. und Schecks	8.000.000,00 EUR	-8.635.275,00 EUR	-635.275,00 EUR
Passiva	-8.000.000,00 EUR	-341.666,88 EUR	-8.341.666,88 EUR
Eigenkapital	-5.550.000,00 EUR	-18.037,50 EUR	-5.568.037,50 EUR
Gezeichnetes Kapital	-5.550.000,00 EUR	0,00 EUR	-5.550.000,00 EUR
Jahresüberschuss/Jahresfehlbetrag	0,00 EUR	-18.037,50 EUR	-18.037,50 EUR
Rückstellungen	0,00 EUR	0,00 EUR	0,00 EUR
Verbindlichkeiten	-2.450.000,00 EUR	-323.629,38 EUR	-2.773.629,38 EUR
Verbindlichkeiten gegenüber Kreditinstituten	-2.450.000,00 EUR	0,00 EUR	-2.450.000,00 EUR
Verbindl. aus Lieferungen und Leistungen	0,00 EUR	-323.629,38 EUR	-323.629,38 EUR
Verbindl. gegenüber verb. Unternehmen	0,00 EUR	0,00 EUR	0,00 EUR
Sonstige Verbindlichkeiten	0,00 EUR	0,00 EUR	0,00 EUR
Aus Steuern	0,00 EUR	0,00 EUR	0,00 EUR
Sonstige Verbindlichkeiten	0,00 EUR	0,00 EUR	0,00 EUR

Abbildung 95: Handelsbilanz der *Nordstar GmbH* nach dem Beschaffungsprozess

---

[462] Analog ist der umgekehrte Fall denkbar: Ein Anlagegut rutscht aufgrund einer Verminderung der Anschaffungskosten in die Kategorie des geringwertigen Wirtschaftsguts.

[463] Ebenso würde der Mitarbeiter bei unvollständigen Stammdaten einer Anlage eine Aufgabe aufgezeigt bekommen. Vgl. zur Aufgabensteuerung Kapitel A.6.2.

Anlage- und Umlaufvermögen

Die für den Geschäftsbetrieb notwendigen Anlagen werden unter den Sachanlagen i.H.v. 6.000.000 EUR ausgewiesen. Die erworbene Handelsware (*Easy Walk* und *Professional Walk*) steht mit einem Wert von 1.703.312,50 EUR in den Büchern. Von diesem Vorratsvermögen entfallen 573.025 EUR[464] auf das Produkt *Easy Walk* und 1.130.287,50 EUR auf die *Professional Walk*-Schuhe. Die Verbindlichkeiten aus der Lieferung der Handelsware und der Anlagen (inkl. Vorsteuer i.H.v. 950.000 EUR) wurden bereits bezahlt. Aufgrund der Änderungen der Währungskurse ist für die Bezahlung der Handelsware nur ein Betrag von 1.685.275 EUR abgeflossen.[465] Da mit den Beschaffungsvorgängen das Bankkonto überzogen werden musste, wird ein Kontokorrentkredit i.H.v. 635.275 EUR ausgewiesen.[466]

Steuern

Die Forderungen aus Steuern i.H.v. 1.273.629,38 EUR setzen sich aus der Vorsteuer der Anlagenbeschaffung (950.000 EUR) und dem Erwerb der Handelsware aus China (Einfuhrumsatzsteuer: 323.629,38 EUR) zusammen. Da die Einfuhrumsatzsteuer noch nicht bezahlt wurde, besteht eine Verbindlichkeit in gleicher Höhe.

GuV

Die Transaktionen in Fremdwährung haben schließlich dazu geführt, dass Erträge i.H.v. 18.037,50 EUR entstanden sind.[467] Diese werden unter den sonstigen betrieblichen Erträgen in der GuV ausgewiesen und führen gleichzeitig zu einem Jahresüberschuss in gleicher Höhe.[468]

Bilanzposition	GuV Beschaffung EUR
Ergebnis der gewöhnlichen Geschäftstätigkeit	-18.037,50 EUR
Umsatz	0,00 EUR
Erhöhung oder Verminderung des Bestands	0,00 EUR
sonstige betriebliche Erträge	-18.037,50 EUR
Materialaufwand	0,00 EUR
Personalaufwand	0,00 EUR
Abschreibung	0,00 EUR
für Sachanlagen	0,00 EUR
für immaterielle Vermögensgegenstände	0,00 EUR
sonstige betriebliche Aufwendungen	0,00 EUR
GuV Ergebnis	-18.037,50 EUR

Abbildung 96: GuV (Gesamtkostenverfahren) der *Nordstar GmbH*

---

[464] Vgl. dazu auch Abbildung 83.

[465] Vgl. zur Auflistung der Zahlungsbeträge im Detail Abbildung 77.

[466] Dieser wird als negativer Geldbestand auf der Aktivseite ausgewiesen.

[467] Vgl. auch Abbildung 77.

[468] Erträge werden in der GuV mit negativem, Aufwendungen mit positivem Vorzeichen dargestellt.

Bilanzposition	GuV Beschaffung
	EUR
Ergebnis der gewöhnlichen Geschäftstätigkeit	-18.037,50 EUR
Bruttoergebnis vom Umsatz	0,00 EUR
Nettoumsatzerlös	0,00 EUR
Umsatzkosten	0,00 EUR
Vertriebskosten	0,00 EUR
allgemeine Verwaltungskosten	0,00 EUR
sonstige betriebliche Erträge	-18.037,50 EUR
sonstige betriebliche Aufwendungen	0,00 EUR
GuV Ergebnis	-18.037,50 EUR

Abbildung 97: GuV (Umsatzkostenverfahren) der *Nordstar GmbH*

2.   Lagerfertigung

2.1   Betriebswirtschaftliche Grundlagen

2.1.1   Vorbemerkungen

Der Prozess der Lagerfertigung unterteilt sich in die Teilprozesse Planungsvorbereitung, Produktionsplanung und Produktionsdurchführung (vgl. Abbildung 98).

| Planungs-
vorbereitung | Produktions-
planung | Produktions-
durchführung |

Abbildung 98: Prozess der Lagerfertigung im Überblick

Arbeitsplan und Stückliste

In dem Teilprozess Planungsvorbereitung plant das Unternehmen im Produktionsmodell den Ablauf der Lagerfertigung für ein bestimmtes Produkt. Hierfür werden in der Stückliste die geplanten Einsatzmengen der bestandsgeführten Materialien für eine bestimmte Losgröße bestimmt. Außerdem werden im Arbeitsplan die sonstigen unmittelbar an der Lagerfertigung beteiligten Produktionsfaktoren wie Maschinen und Arbeitskräfte geplant. Im Mittelpunkt der Produktionsplanung stehen hingegen z.B. die Materialbedarfsplanung sowie die Kapazitätsplanung der eingesetzten Einsatzfaktoren, während der Teilprozess Produktionsdurchführung die tatsächliche Produktion eines Loses beschreibt.

Mengenmäßige Betrachtung vs. bewertende Betrachtung

In der Produktionsdurchführung findet eine mengenmäßige Betrachtung der eingehenden Inputfaktoren statt. Die Ermittlung der Herstellungskosten eines Vermögensgegenstands obliegt dagegen durch Bewertung der Inputfaktoren dem Rechnungswesen. Diese bewertende Betrachtung des (externen) Rechnungswesens ist eng mit dem Teilprozess Produktionsdurchführung verknüpft, weil sie zeitlich zusammenfallen. Als Ergebnis des Bewertungsvorgangs stehen die (handelsrechtlichen) Herstellungskosten, deren Ermittlung im folgenden Unterkapitel dargestellt wird.

2.1.2   Kostenrechnung als Datenquelle für das externe Rechnungswesen

Kostenrechnung als Datenbasis

Bestandteile der Herstellungskosten dürfen nur solche Werteverzehre sein, die zu Ausgaben führen bzw. geführt haben und als Aufwand erfasst werden. Dies ergibt sich aus dem der handels- und ertragsteuerrechtlichen Bilanzierung zugrunde liegenden pagatorischen Prinzip, nach dem alle Aktiva und Passiva und alle Erträge und Aufwendungen auf Ein- bzw. Auszahlungen – also auf Zahlungseingänge bzw. Zahlungsausgänge – zurückgeführt werden müssen. Diese Aufwandserfassung erfolgt gegliedert nach Aufwandsarten. Da aber zur handelsbilanziellen Bestandsbewertung keine artenbezogene, sondern eine stückbezogene Aufwandsrechnung erforderlich ist und eine solche „Aufwandsrechnung in der Finanzbuch-

haltung in der Regel nicht existiert, sind die ‚Herstellungskosten' von selbst erstellten Vermögensgegenständen aus den Kostenrechnungsdaten zu ermitteln"[469].

Die Kostenrechnung kann andere Ziele als die Finanzbuchhaltung verfolgen. Daher ist grds. zu prüfen, ob die Kostenrechnungsdaten der Herstell(ungs)kosten[470]
ohne Weiteres in die Finanzbuchhaltung übernommen werden können. An den
Kostenrechnungswerten können nachfolgende Korrekturen erforderlich werden:[471]

Möglicher Korrekturbedarf

- Korrekturen aufgrund eines fehlenden Ausgabencharakters der Kosten,
- Korrekturen aufgrund eines fehlenden zeitlichen Bezugs zur Produktion der
  Periode,
- Korrekturen aufgrund eines fehlenden sachlichen Bezugs zum Herstellungs-
  prozess.

In einem auf Basis eines Einkreissystems vollständig harmonisierten Rechnungswesen, wie SAP Business ByDesign es beinhaltet, sind solche Anpassungen allerdings nicht notwendig, bei Bedarf aber durchaus möglich. Vielmehr existiert regelmäßig ein gemeinsamer konsistenter Buchungsstoff, der gleichermaßen für
Zwecke des internen als auch des externen Rechnungswesens genutzt wird.[472]
Bspw. sind kalkulatorische Kosten für Zwecke der Kostenrechnung in einem derart harmonisierten Einkreissystem unbekannt.[473] Daher werden in Fällen einer
konsistenten Datenbasis hieraus auch keine Korrekturen für das externe Rechnungswesen aufgrund eines fehlenden Ausgabencharakters notwendig, vielmehr
sind die handelsrechtlichen Herstellungskosten maßgeblich.

Implikation eines Einkreissystems

Ein Vergleich mit der Bestimmung der Anschaffungskosten zeigt, dass die Herstellungskosten in der Regel wesentlich schwieriger zu ermitteln sind. Während
die Anschaffungskosten „im allgemeinen auf Grund von Rechnungen, die bei der
Beschaffung eines Vermögensgegenstandes erteilt werden, genau zu bestimmen
sind"[474], fehlen vergleichbare Fremdbelege bei der Ermittlung der Herstellungskosten. Vielmehr müssen – wie gezeigt – die einzelnen Bestandteile der Herstellungskosten erst aus der (betriebsindividuell ausgestaltbaren) Kostenrechnung abgeleitet werden.

---

[469]   BAETGE, J./UHLIG, A. (1985), S. 274; vgl. hierzu auch EGGER, A. (1994), S. 206.
[470]   Die Herstellungskosten i.S.v. § 255 Abs. 2 HGB sind nicht identisch mit den
        sog. Herstellkosten. Herstellkosten sind ein Begriff der „Kostenrechnung" und be-
        zeichnen eine Zwischensumme im allgemeinen kostenrechnerischen Kalkulations-
        schema; vgl. KILGER, W. (1992), S. 267 ff.
[471]   Vgl. BAETGE, J./UHLIG, A. (1985), S. 277.
[472]   Vgl. zu dem auf Basis eines Einkreissystems harmonisierten Rechnungswesen in SAP
        Business ByDesign ausführlich Kapitel B.
[473]   In diesem Fall können im Vergleich zu den für Zwecke des externen Rechnungswe-
        sens notwendigen Daten sog. Zusatzkosten oder Anderskosten entstehen, die korri-
        giert werden müssten. Um Zusatzkosten handelt es sich, wenn den kalkulatorischen
        Kosten des internen Rechnungswesens keine Kosten des externen Rechnungswesens
        gegenüberstehen, wie bspw. kalkulatorische Unternehmerlöhne. Anderskosten stellen
        dagegen lediglich Aufwand in abweichender Höhe dar, wie bspw. kalkulatorische
        Abschreibungen.
[474]   WÖHE, G. (1997), S. 385.

2.1.2.1   Kostenartenrechnung

Funktion der Kostenartenrechnung

Die Kostenartenrechnung stellt vor der Kostenstellen- und Kostenträgerrechnung das erste Kostenrechnungteilgebiet dar. Die Funktion der Kostenartenrechnung besteht in der systematischen Erfassung aller in einem Abrechnungszeitraum anfallenden primären Kosten.[475] In der Kostenartenrechnung werden demnach alle Kosten gesammelt, die im Unternehmen anfallen. Sie dient damit als Grundlage zur Verteilung der Kosten an die einzelnen Kostenstellen und Kostenträger in der Kostenstellenrechnung bzw. Kostenträgerrechnung (vgl. Abbildung 99).[476]

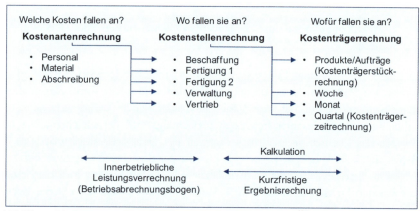

Abbildung 99: Systematik der Kosten und Leistungsrechnung[477]

In einem auf Basis eines Einkreissystems harmonisierten Rechnungswesen, wie SAP Business ByDesign es beinhaltet, wird die Kostenartenrechnung implizit mittels der Sachkontenbuchungen durchgeführt.

2.1.2.2   Kostenstellenrechnung

Funktion der Kostenstellenrechnung

Die Kostenstellenrechnung stellt nach der Kostenartenrechnung das zweite Kostenrechnungsteilsystem dar. Sie dient insbesondere der innerbetrieblichen Leistungsverrechnung und ermöglicht gleichzeitig eine Weiterverrechnung der Gemeinkosten auf die einzelnen Kostenträger. Ganz allgemein können ihre Funktionen wie folgt umrissen werden:[478]

- Übernahme der relevanten Kosten aus der Kostenartenrechnung und Verteilung auf die zugehörigen Kostenstellen,

- Weiterverrechnung der relevanten Kosten der sekundären (Hilfs-)Kostenstellen auf die primären (Haupt-)Kostenstellen,

- Bildung von Kalkulationssätzen für die Bezugsgröße[479] aller Kostenstellen ggf. getrennt nach Kostenarten,

---

[475]   Vgl. HUMMEL, S./MÄNNEL, W. (2000), S. 128.

[476]   Vgl. DÄUMLER, K.-D./GRABE, J. (2000), S. 133.

[477]   Entnommen aus COENENBERG, A. G./FISCHER, T. M./GÜNTHER, T. (2009), S. 58.

[478]   Vgl. KILGER, W. (1992), S. 15.

[479]   Bezugsgrößen stellen Maßgrößen der Kostenverrechnung dar, mit deren Hilfe eine indirekte Kostenverteilung nach dem Grundsatz der Kostenverursachung gewährleis-

- Durchführung einer stellenbezogenen Kostenkontrolle.

Ein Kostenrechnungssystem wird der Kontrollfunktion dann gerecht, wenn die Kontrolle unterjährig möglichst zeitnah stattfindet. SAP Business ByDesign ermöglicht dies auf Basis einer (Soll-)Kostenrechnung[480] in Echtzeit.

Grds. stellt eine Kostenstelle einen eigenständigen Verantwortungsbereich in einem Unternehmen dar, denen Kosten zugerechnet werden.[481] Sie können nach unterschiedlichen Kriterien klassifiziert werden. So ist eine Differenzierung sowohl nach betrieblichen Funktionen, nach produktionstechnischen Gesichtspunkten als auch nach rechentechnischen Gesichtspunkten möglich.[482] Werden die Kostenstellen nach rechentechnischen Gesichtspunkten differenziert, erfolgt eine Unterscheidung in sog. Vorkostenstellen[483] und Endkostenstellen[484]. Vorkostenstellen sind nicht direkt an der Produktion von Endprodukten beteiligt, sondern erbringen innerbetriebliche Leistungen für andere Kostenstellen, die auf diese verrechnet werden. Endkostenstellen hingegen zeichnen sich dadurch aus, dass ihre Kosten in der Kalkulation direkt auf die Kostenträger verrechnet werden.[485]

Differenzierung von Kostenstellen

Die innerbetriebliche Leistungsverrechnung wird in der Regel mithilfe eines Betriebsabrechnungsbogens durchgeführt. Hierbei wird in zwei Schritten vorgegangen:[486]

Innerbetriebliche Leistungsverrechnung

- Primärkostenverrechnung: Alle Kosten, die aus Sicht einer Kostenstelle Einzelkosten (Kostenstelleneinzelkosten) darstellen, werden den Kostenstellen direkt zugerechnet. Nicht eindeutig zuordenbare Kosten (Kostenstellengemeinkosten) werden dagegen mit einem geeigneten Schlüssel auf die betroffenen Kostenstellen umgelegt.

- Sekundärkostenverrechnung: Hierbei werden Kosten für innerbetriebliche Leistungen von Vorkostenstellen auf die (End-)Kostenstellen umgewälzt. In diesem Zusammenhang kommt der Ermittlung der Kalkulationssätze für den

---

tet werden soll. Hierbei werden die beiden unterschiedlichen Kategorien Wertschlüssel (Beispiel: Materialeinzelkosten, Lohneinzelkosten) und Mengenschlüssel (Beispiel: Maschinenstunden) unterschieden. Werden Wertschlüssel als Bezugsgröße gewählt, ergibt sich ein prozentualer Kalkulationssatz. Werden hingegen Mengenschlüssel als Bezugsgröße gewählt, resultieren daraus Kalkulationssätze je Bezugsgrößeneinheit; vgl. HABERSTOCK. L. (2008), S. 121 f.

[480] Auf den Kostenträgern verrechnete Sollkosten ergeben sich durch Multiplikation der Istbeschäftigung mit dem Plankalkulationssatz. Plankosten ergeben sich hingegen durch Multiplikation von Planbeschäftigung mit dem Plankalkulationssatz. Istkosten ermitteln sich durch Multiplikation der Istbeschäftigung mit dem Istkalkulationssatz.

[481] In Abhängigkeit von der erbrachten Tätigkeit können dies z.B. Kostenstellen der Fertigung oder der allgemeinen Verwaltung sein.

[482] Vgl. hierzu ausführlich COENENBERG, A. G./FISCHER, T. M./GÜNTHER, T. (2009), S. 106 f.

[483] Vorkostenstellen werden auch als sekundäre Kostenstellen oder Hilfskostenstellen bezeichnet.

[484] Endkostenstellen werden auch als primäre Kostenstellen oder Hauptkostenstellen bezeichnet.

[485] Vgl. hierzu ausführlich HABERSTOCK, L. (2008), S. 112.

[486] Vgl. COENENBERG, A. G./FISCHER, T. M./GÜNTHER, T. (2009), S. 107 f.

innerbetrieblichen Leistungsaustausch eine besondere Bedeutung zu. Hierzu stehen unterschiedlich genaue Verfahren zur Verfügung.[487] In SAP Business ByDesign wird der innerbetriebliche Leistungsaustausch entweder mithilfe von Umlagen oder „Ressourcen"[488] auf Gemeinkostenprojekte als Kostensammler vorgenommen. Für Zwecke der Leistungsverrechnung wird ihnen ein Kalkulationssatz zugeordnet.[489]

Bildung von Kalkulationssätzen

Die auf den Endkostenstellen gesammelten (Kostenträger-)Gemeinkosten werden in der Kostenträgerrechnung mithilfe von Kalkulationssätzen möglichst verursachungsgerecht auf die Kostenträger verrechnet. Die Herausforderung bei der Ermittlung von geeigneten Kalkulationssätzen stellt dabei oftmals das Herausfinden der geeigneten Bezugsgröße dar.[490] In SAP Business ByDesign können die (Kostenträger-)Gemeinkosten zum einen über einen klassischen prozentualen Zuschlagssatz mithilfe von Wertschlüsseln verrechnet werden. Zum anderen ist die Verteilung von Gemeinkosten auch über Ressourcen möglich. Hierbei wird der Kostenträger i.H.d. bewerteten zeitlichen Inanspruchnahme einer Ressource belastet.[491] Als Bezugsgröße werden hierbei also Mengengrößen wie Maschinenstunden verwendet.

2.1.2.3 Kostenträgerrechnung

Funktion der Kostenträgerrechnung

Die Kostenträgerrechnung stellt das dritte Kostenrechnungteilsystem dar. Innerhalb der Kostenträgerrechnung werden die Kosten ermittelt, die zur Herstellung eines Kostenträgers aufgewendet werden mussten. Kostenträger können in diesem Zusammenhang ganz unterschiedlicher Natur sein. Ganz allgemein stellen Kostenträger selbstständige Produkt- oder Leistungseinheiten eines Unternehmens dar. Hierbei können sie danach unterschieden werden, ob sie verkauft werden oder im Unternehmen verbleiben. Materielle Kostenträger, die für den Absatz bestimmt sind, führen zu einer Aktivierung im Umlaufvermögen bzw. bei erfolgtem Verkauf zu Kosten des Umsatzes. Verkaufte Dienstleistungen, die in Form von Kundenaufträgen/-projekten erbracht werden, resultieren in Kosten des Umsatzes. Innerbetrieblich in Auftrag gegebene Kostenträger müssen dahin gehend differen-

---

[487] Die Ermittlung der Kalkulationssätze für die innerbetriebliche Leistungsverrechnung von einer Vorkostenstelle zu einer anderen Vorkostenstelle kann mittels verschiedener Verfahren durchgeführt werden. Das Anbauverfahren, das Stufenleiterverfahren sowie das Gleichungsverfahren sind hierbei die üblichen Verfahren; vgl. hierzu ausführlich HABERSTOCK, L. (2008), S. 125 ff.

[488] Zur Definition von Ressourcen wird auf Kapitel F.4.1.2 und F.4.3.1.2 verwiesen. In diesem Kapitel wird eine innerbetriebliche Leistungsverrechnung auf Basis von Ressourcen – nicht auf Basis von Services – vorgenommen.

[489] Vgl. zur Vorgehensweise bei der Ermittlung des Kostensatzes an einem Beispiel Kapitel F.2.3.2.3.1.

[490] Im Materialbereich wird in der Regel eine Abhängigkeit der Materialgemeinkosten von den Materialeinzelkosten angenommen. Im Fertigungsbereich werden zumeist entweder Fertigungslöhne oder – in Abhängigkeit vom Automatisierungsgrad – zunehmend Maschinenstunden als Bezugsobjekt gewählt.

[491] SAP Business ByDesign kennt unterschiedliche Kategorien von Ressourcen. In Kapitel F.2.3.2.3 wird in dem Beispielsachverhalt die Verwendung einer Personal- und einer Equipmentressource dargestellt.

ziert werden, ob sie aktiviert werden können oder Gemeinkosten darstellen. Ein entstandener Vermögensgegenstand führt zu einer Aktivierung.

SAP Business ByDesign unterscheidet u.a. folgende Kostenträger:

- Produktionslose,
- Kundenaufträge,
- Einzelkostenprojekte,
- Gemeinkostenprojekte.[492]

Die Ermittlung der Herstellungskosten kann z.B. auf Grundlage folgender Verfahren geschehen:[493]

- (Klassische) Zuschlagskalkulation,
- Maschinenstundensatzkalkulation.

In der Praxis sind insbesondere die Zuschlagskalkulation, deren Bezugsgrößen auf Wertschlüsseln basieren, sowie zunehmend die Maschinenstundensatzkalkulation von Bedeutung. Während die Einzelkosten den Kostenträgern direkt zugerechnet werden, müssen die Gemeinkosten mittels geeigneter Kalkulationssätze zu den Einzelkosten möglichst verursachungsgerecht auf die Kostenträger verrechnet werden.[494]

Die Maschinenstundensatzkalkulation gewinnt angesichts der in den letzten Jahren verhältnismäßig stark gestiegenen Fertigungsgemeinkosten an Bedeutung. In diesen Fällen führt die herkömmliche Zuschlagskalkulation oftmals zu keinen verursachungsgerechten Fertigungsgemeinkostenverrechnungen. Zur Ermittlung eines Maschinenstundensatzes werden sämtliche einer Maschine zurechenbaren Kosten ins Verhältnis zur Laufzeit (Bezugsgröße Maschinenstunde) gesetzt. Die Fertigungsgemeinkosten werden dem Kostenträger im Verhältnis zur eingesetzten Maschinenlaufzeit zugerechnet. In SAP Business ByDesign wird die Maschinenstundensatzkalkulation mittels der Verrechnung über (Equipment-)Ressourcen abgebildet. „Die nicht maschinenabhängigen Gemeinkosten einer Kostenstelle (Restgemeinkosten) werden auch bei diesem Verfahren unverändert als Zuschlag"[495] auf den Kostenträger verrechnet.

Abbildung 100 zeigt zusammenfassend das Kostenrechnungssystem im Überblick:

---

[492]   Vgl. zu den Unterschieden zwischen Einzel- und Gemeinkostenprojekte Kapitel F.4.1.
[493]   Vgl. zu den Verfahren ausführlich LORSON, P./SCHWEITZER, M. (2008), S. 417 ff.; COENENBERG, A. G./FISCHER, T. M./GÜNTHER, T. (2009), S. 126 ff.
[494]   Vgl. zur Auswahl geeigneter Zuschläge der einzelnen Gemeinkostenarten HABER-STOCK, L. (2008), S. 136 ff.
[495]   COENENBERG, A. G./FISCHER, T. M./GÜNTHER, T. (2009), S. 140.

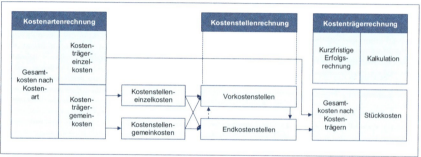

Abbildung 100: Grundablaufschema einer Kostenrechnung[496]

Die oben beschriebene Kostenträgerstückrechnung kann zeitlich in mehrere Phasen untergliedert werden: die Vor-, Zwischen- und Nachkalkulation. SAP Business ByDesign offeriert derzeit keine Möglichkeit der Vorkalkulation von Herstellungskosten. Die analytischen Möglichkeiten einer Nachkalkulation nach Fertigstellung eines Produktionsauftrags bietet SAP Business ByDesign hingegen an. Diese unterjährige Nachkalkulation erfolgt auf Basis der angefallenen Sollkosten.

Die Kostenträgerzeitrechnung stellt den angefallenen Kosten die durch den Absatz erzielten Erlöse gegenüber. Dies ermöglicht die Ermittlung des Deckungsbeitrags eines bzw. mehrerer Produkte über einen bestimmten Zeitraum. In SAP Business ByDesign wird diese Analyse mithilfe der Ergebnisrechnung ermöglicht.[497]

2.1.3   Herstellungskosten
2.1.3.1   Grundlagen

Wertmaßstab für selbst erstellte VG

Die Herstellungskosten werden häufig gleichzeitig mit den Anschaffungskosten genannt. Während die Anschaffungskosten zu ermitteln sind, wenn Vermögensgegenstände von außen erworben werden, finden die Herstellungskosten immer dann Anwendung, wenn es um die Bewertung von Vermögensgegenständen geht, die von dem bilanzierenden Unternehmen selbst hergestellt wurden. Das Gesetz führt in § 255 Abs. 2 Satz 1 HGB drei Herstellungsvorgänge an und zeigt damit gleichzeitig die Tatbestände auf, die eine Ermittlung der Herstellungskosten erforderlich machen können:

1. Herstellung eines Vermögensgegenstands i.e.S.
2. Erweiterung eines Vermögensgegenstands   } nachträgliche
3. Wesentliche Verbesserung eines Vermögensgegenstands   } Herstellungskosten

Abbildung 101: Herstellungsvorgänge

Anwendungsfälle

Der Hauptanwendungsfall zur Bestimmung der Herstellungskosten dürfte in aller Regel die sog. Erstherstellung sein; ein Vermögensgegenstand wird in diesem Fall neu hergestellt. Zur Herstellung eines Vermögensgegenstands i.e.S. gehört auch

---

496   Modifiziert entnommen aus LORSON, P./SCHWEITZER, M. (2008), S. 367.
497   Vgl. ausführlich zur Kostenträgerzeitrechnung die Ausführungen in Kapitel F.3.1.3.

die sog. Zweitherstellung. Hierzu zählen die Wiederherstellung eines gänzlich verschlissenen Teils sowie die völlige Wesensänderung eines Gegenstands, „weil bei wirtschaftlicher Betrachtungsweise auch in diesen Fällen ein neuer Vermögensgegenstand entsteht"[498].

Die Erweiterung eines Vermögensgegenstands und die wesentliche Verbesserung über seinen ursprünglichen Zustand hinaus werden als „nachträgliche Herstellungskosten" betrachtet. Bewertungsgegenstände können hierbei sein:

- Güter des Anlagevermögens und des Umlaufvermögens,
- Sachgüter und immaterielle Güter,
- Lieferungen und Leistungen; so kommt z.B. eine Bewertung der noch nicht abgerechneten Leistungen im Rahmen des Bilanzpostens „unfertige Erzeugnisse, unfertige Leistungen" in Betracht[499],
- fertige und unfertige Vermögensgegenstände,
- absatzbestimmte Vermögensgegenstände und die für den Eigenverbrauch vorgesehenen selbst erstellten Vermögensgegenstände.

Die größte Bedeutung besitzt die Herstellungskostenermittlung in der Praxis für die unfertigen und fertigen Erzeugnisse des Umlaufvermögens. Eine große Rolle spielen die Herstellungskosten zudem bei der Selbsterstellung von Vermögensgegenständen des Sachanlagevermögens (z.B. selbst erstellte Bauten).

Besondere Bedeutung

Unter Herstellung ist nicht nur der technische Vorgang der Fertigung – also die Produktion bzw. Leistungserstellung i.e.S. – zu verstehen, vielmehr schließt der Begriff „auch die Beschaffung, den Transport und die Lagerung der zur Fertigung benötigten Kostengüter (Produktionsfaktoren)"[500] ein. Die Lagerung der Fertigfabrikate darf jedoch nicht den Herstellungskosten zugeschlagen werden.

Umfang der Herstellung

Auf dieser Grundlage werden die Herstellungskosten ganz allgemein als die Summe aller Kosten definiert, „die bei der Erstellung einer betrieblichen Leistung anfallen, bis diese Leistung absatzreif ist"[501]. Herstellungskosten schließen daher nicht nur den Werteverzehr ein, der durch die Produktion unmittelbar verursacht wird; vielmehr ist außerdem auf jenen Werteverzehr abzustellen, der die Produktion mittelbar überhaupt erst ermöglicht.

Es ist davon auszugehen, dass die Aufzählung der Herstellungskostenbestandteile in § 255 Abs. 2 HGB erschöpfend ist. Demnach können weitere – in § 255 Abs. 2 HGB nicht genannte – Kostenarten nicht zum Herstellungskostenbegriff gerechnet werden. Ebenso wie die Anschaffungskosten stellen die Herstellungskosten lediglich den Ausgangswert für die (Folge-)Bewertung des betreffenden Vermögensgegenstands dar.

Erschöpfende Aufzählung der Bestandteile

---

[498]   ELLROTT, H./BRENDT, P. (2010), § 255, Rn. 375.
[499]   Vgl. SELCHERT, F. W. (1986), S. 2299.
[500]   WÖHE, G. (1997), S. 390.
[501]   WÖHE, G. (1997), S. 390.

2.1.3.2   Zweck der Herstellungskosten

Erfolgsneutralität des Herstellungsvorgangs

Die Herstellungskosten stellen grds. die Wertobergrenze von selbst hergestellten Vermögensgegenständen für Zwecke der Folgebewertung dar. Mithilfe des in § 255 HGB definierten Wertmaßstabs der Herstellungskosten strebt der Gesetzgeber an, den Herstellungsvorgang soweit wie möglich erfolgsneutral – als reine Vermögensumschichtung – zu behandeln.[502] Erfolgsneutralität bedeutet, dass die durch Herstellung bedingte Veränderung eines Bilanzpostens (z.B. die Verminderung der Zahlungsmittel) gerade durch die Veränderung eines anderen Bilanzpostens (z.B. die Erhöhung der Vorräte) ausgeglichen werden soll. Dem Gebot der Erfolgsneutralität wird durch die verpflichtende Einbeziehung der wesentlichen Gemeinkosten in die Herstellungskosten seit dem BilMoG annähernd entsprochen.

2.1.3.3   Komponenten der Herstellungskosten

Nachfolgend wird unterschieden zwischen

- den einbeziehungspflichtigen Kosten (Wertuntergrenze),
- einbeziehungsfähigen, aber nicht einbeziehungspflichtigen Kosten (Wertobergrenze) sowie
- nicht einbeziehungsfähigen Kosten (Verbot).

Wertuntergrenze

Zur Wertuntergrenze zählen alle Kosten, die einbeziehungspflichtig sind. Es handelt sich um die Kosten, die mindestens angesetzt werden müssen. Hierzu zählen alle Einzelkosten sowie seit dem BilMoG auch die wesentlichen Gemeinkosten. Beide Komponenten stellen damit den Mindestumfang der handelsbilanziellen Herstellungskosten dar.[503]

2.1.3.3.1   Unterscheidung zwischen Einzel- und Gemeinkosten

Einzelkosten

Hauptmerkmal der Einzelkosten ist, dass sie direkt (unmittelbar und unter Umgehung der Kostenschlüsselung im Zuge der Kostenstellenrechnung) einem selbst erstellten Vermögensgegenstand zugerechnet werden können. Die direkte Zurechenbarkeit bezieht sich dabei allein auf den zur Herstellung eingesetzten mengenmäßigen Güterverzehr, also auf das sog. Mengengerüst der Herstellungskosten und nicht auf die Bewertung.[504] Sofern „die Bewertung eines eingesetzten Produktionsfaktors bereits eine Schlüsselung erforderlich macht"[505], widerspricht dies nicht dem Einzelkostencharakter.[506] Ein typisches Beispiel hierfür ist die Berücksichtigung eines direkt zurechenbaren Zeitlohns mittels Umlage auf einen Kostenträger. Die Arbeitszeit ist einem Kostenträger demnach oftmals direkt zurechen-

---

[502]   Dies gilt entsprechend für den Wertmaßstab der Anschaffungskosten.

[503]   Die handelsrechtliche Wertuntergrenze der Herstellungskosten ist seit dem BilMoG folglich identisch mit der steuerlichen Wertuntergrenze; zumindest bis zur angedachten Überarbeitung von R 6.3 EStR. Vgl. auch Kapitel C.5.2.1.

[504]   Vgl. ELLROTT, H./BRENDT, P. (2010), § 255, Rn. 347.

[505]   ELLROTT, H./BRENDT, P. (2010), § 255, Rn. 346, m.w.N.

[506]   Vgl. auch SELCHERT, F. W. (1986), S. 2300 f.

bar, die Bewertung aber erst durch eine zeitbezogene Schlüsselung möglich. Einzelkosten sind dann diejenigen direkt messbaren Kosten, die nicht entstehen würden, wenn der jeweils betrachtete Kostenträger wegfiele. Die auf dieser Grundlage definierten Einzelkosten sind daher stets „variable Kosten, da sie durch die Produktion eines Stückes verursacht werden. Sie können vermieden werden, wenn dieses Stück nicht produziert würde"[507]. Einzelkosten sind daher grds. variable Kosten, während variable Kosten auch Gemeinkosten sein können.

Gemeinkosten können nur im Wege der Schlüsselung und Umlage den einzelnen Bezugsobjekten zugerechnet werden. Die Verteilung der Gemeinkosten auf die Bezugsobjekte erfolgt „proportional zu Hilfsgrößen, die für die jeweiligen Bezugsgrößen durch Messung, Zählung oder Errechnung festgestellt oder aufgrund bestimmter Annahmen festgelegt werden. Bei diesen Hilfsgrößen handelt es sich um Abschreibungssätze u.ä. zur Errechnung von Zeitraumgemeinkosten, um Verteilungs- oder Umlageschlüssel für die Errechnung der Gemeinkosten von Produktionsphasen, um Äquivalenzziffern und Zuschlagsgrundlagen zur Kalkulation von Trägergemeinkosten"[508].

Gemeinkosten

2.1.3.3.2 Einzelkosten

Einzelkosten müssen gem. § 255 Abs. 2 HGB immer in die Herstellungskosten einbezogen werden; für sie besteht also ein Einbeziehungsgebot. Im Einzelnen werden folgende Einzelkosten unterschieden:

- Materialeinzelkosten,
- Fertigungseinzelkosten und
- Sondereinzelkosten der Fertigung.

Die Einbeziehungspflicht von Einzelkosten gilt sowohl für das deutsche Handels- als auch für das Steuerbilanzrecht.

2.1.3.3.2.1 Materialeinzelkosten

Die Materialeinzelkosten umfassen den bewerteten Verbrauch an Roh- und Hilfsstoffen sowie selbst erstellten und fremdbezogenen (Einbau-)Fertigteilen. Voraussetzung für die Erfassung als Materialeinzelkosten ist, dass dieser Werteverzehr den zu bewertenden Produkteinheiten über feste Mengenrelationen direkt zurechenbar ist. Sowohl Rohstoffe als auch Einbauteile gehen als Hauptbestandteile unmittelbar in ein Erzeugnis ein;[509] die entsprechenden Kosten sind regelmäßig Einzelkosten. Die Höhe dieses Einzelkostenbetrags bemisst sich bei Fremdbezug von Einbauteilen nach deren (vollen) Anschaffungskosten und bei Eigenherstellung nach deren in einem vorgelagerten Bewertungsschritt eigenständig ermittelten Herstellungskosten.

Direkte Zurechenbarkeit

---

[507]   WÖHE, G. (2002), S. 1089.

[508]   MENRAD, S. (1978), S. 64.

[509]   Die verwendeten Mengen werden im Produktionsprozess über die Stückliste bestimmt.

Hilfsstoffe als unechte Gemeinkosten

Hilfsstoffe gehen ebenfalls unmittelbar in ein Erzeugnis ein, sind aber in der Regel wert- und mengenmäßig von untergeordneter Bedeutung. Aufgrund abrechnungstechnischer Schwierigkeiten oder in Fällen, in denen die Genauigkeit der Kalkulation durch Verrechnung von Einzelkosten nicht wesentlich verbessert werden kann, werden geringwertige Kleinteile, die als Einzelmaterialien den Erzeugnissen zugerechnet werden können, häufig verrechnungstechnisch als Gemeinkosten behandelt. Sie werden auch als „unechte Gemeinkosten" bezeichnet, die vom Grundsatz her als direkt zurechenbare Aufwendungen zu den Einzelkosten gehören.

Abgrenzung zu Betriebsstoffen

Von den Hilfsstoffen sind die Betriebsstoffe (z.B. Kraftstoffe, Schmieröle und Fette) abzugrenzen; sie unterscheiden sich dadurch voneinander, dass sie nicht in ein Erzeugnis eingehen, sondern zur Aufrechterhaltung der Betriebsbereitschaft und zur Durchführung des Fertigungsprozesses benötigt werden. Sie erfüllen in aller Regel nicht das Kriterium des Stückbezugs und führen damit nicht zu Einzelkosten. Folglich sind allein die Rohstoffe und Einbauteile uneingeschränkt als Einzelkosten zu behandeln. Hilfsstoffe werden als unechte Gemeinkosten verrechnet, sodass von ihrer grds. bestehenden Aktivierungspflicht unter bestimmten Voraussetzungen abgesehen werden kann. Betriebsstoffe haben vom Grundsatz her nicht den Charakter von Einzelkosten.

2.1.3.3.2.2 Fertigungseinzelkosten

Fertigungskosten umfassen im Wesentlichen die im Rahmen der Produktion anfallenden Löhne und Lohnnebenkosten; ferner zählen dazu vergleichbare Aufwendungen, die durch den Einsatz von fremden Arbeitskräften für die Produktion entstanden sind.

Einzelkosten- vs. Gemeinkosten

Inwieweit es sich um aktivierungspflichtige Fertigungseinzelkosten handelt, hängt entscheidend von der jeweiligen Lohnform und dem jeweiligen Fertigungsverfahren bzw. -typ ab.[510] Löhne und Gehälter können kostentheoretisch nur zu den Fertigungseinzelkosten gehören, wenn sie dem jeweiligen Produkt einzeln zurechenbar sind. Die Personalkosten können diesem Kriterium bei der Einzel- und Auftragsfertigung – unabhängig von der Lohnform – vom Grundsatz her noch am ehesten entsprechen, indem Arbeiter und Angestellte projektbezogen eingesetzt und ihre Löhne und Gehälter projekt- und nicht zeitbezogen erfasst werden. Die Berücksichtigung von Löhnen und Gehältern als Einzelkosten ist dagegen bei der Serien-, Sorten- und Massenfertigung im Einzelfall zu prüfen. In der Regel werden die Lohnkosten in der Bilanzierungspraxis als Einzelkosten behandelt.[511]

2.1.3.3.2.3 Sondereinzelkosten der Fertigung

In der Literatur werden Sondereinzelkosten der Fertigung unterschiedlich definiert. So wird unter Sondereinzelkosten z.B. der Verzehr verstanden, der für den

---

[510]   Vgl. KÜTING, K. (1992), S. 377 ff.
[511]   Vgl. WOHLGEMUTH, M. (2001), Rn. 26.

einzelnen Kostenträger erfasst und ihm daher direkt zugerechnet wird.[512] Hiernach würden die Einzelerfassung und direkte Zurechnung nach allgemeiner Anerkennung auch die Feststellung der Kosten für eine Gruppe von Kostenträgern und die anschließende Verteilung auf die Gruppenobjekte einschließen. Nach anderer Definition sind Sondereinzelkosten „zwar nicht pro Stück, aber pro Auftrag erfassbar"[513]. Als klassische Beispiele der Sondereinzelkosten der Fertigung werden Kosten für Modelle, Spezialwerkzeuge, Vorrichtungen und Entwürfe genannt.

2.1.3.3.3 Gemeinkosten

Seit dem BilMoG müssen im Rahmen der Herstellungskostenermittlung neben den Einzelkosten auch die wichtigsten Gemeinkostenkomponenten, nämlich

- Materialgemeinkosten,
- Fertigungsgemeinkosten und
- Werteverzehr des Anlagevermögens

in die handelsrechtlichen Herstellungskosten einbezogen werden.[514]

Nach § 255 Abs. 2 Satz 2 HGB dürfen lediglich angemessene Teile der dem einzelnen Erzeugnis nur mittelbar zurechenbaren Kosten aktiviert werden. Dieses sog. Angemessenheitsprinzip galt bereits im Handelsrecht vor dem BilMoG. Die Angemessenheit des Werteverzehrs resultiert insbesondere aus dem Vorsichtsgrundsatz.[515] „Die Verknüpfung der Regeln über die Zulässigkeit der Ermittlung von Herstellungskosten mit dem Vorsichtsprinzip ist deshalb geboten, weil die verursachungsgerechte Zurechnung sämtlicher Kosten zu den einzelnen Leistungseinheiten, soweit es sich um echte Gemeinkosten und fixe Kosten handelt, zu den ungeklärten betriebswirtschaftlichen Fragen gehört."[516] Konkret bringt das Angemessenheitsprinzip zum Ausdruck, dass nur tatsächlich angefallene Kosten verrechnet werden dürfen, sodass die Istkosten in jedem Fall die absolute Obergrenze darstellen. Weiterhin darf der sog. neutrale Aufwand nicht zur Herstellungskostenermittlung herangezogen werden; „die Aktivierbarkeit ist somit auf den kostengleichen Aufwand beschränkt"[517]. Auszuschalten ist demzufolge der betriebsfremde und außergewöhnliche Werteverzehr. Die Kosten müssen den Kosten einer Normalbeschäftigung entsprechen.[518] Dies entspricht der üblichen Kostendefinition, „als Kosten nur den normalen (durchschnittlichen, gewöhnlichen) Werteverzehr zu verrechnen, da andernfalls die Ergebnisse der Kostenrechnung durch Zufallsschwankungen verzerrt werden und als Grundlage ‚normaler'

Angemessener Werteverzehr als Voraussetzung der Einbeziehung

---

[512] Vgl. BERGNER, H. (1970), Rn. 1596.
[513] HABERSTOCK, L. (2008), S. 57.
[514] Die Einbeziehungspflicht dieser Herstellungskostenkomponenten galt bereits vor dem BilMoG für das deutsche Steuerbilanzrecht, sodass die Handels- und Steuerbilanzen im Bereich der Herstellungskosten seit dem BilMoG grds. deckungsgleich sind.
[515] Vgl. auch GLADE, A. (1995), Rn. 584; KESSLER, H. (2010a), S. 214.
[516] SCHMIDT, A. (1988), S. 75.
[517] WOHLGEMUTH, M. (2001), Rn. 75.
[518] Vgl. GÖBEL, S. (2001), § 255, Rn. 126.

Dispositionen nicht mehr verwendbar sind"[519]. Bezogen auf die Beschäftigungsla-
ge heißt dies, dass bei der Umlage der Gemeinkosten von normalen Beschäfti-
gungsverhältnissen auszugehen ist. Sog. Leerkosten dürfen somit „bei offenbarer,
wesentlicher Unterbeschäftigung"[520] nicht aktiviert werden.

2.1.3.3.3.1   Materialgemeinkosten

Bei den Materialgemeinkosten handelt es sich überwiegend um Personal- und
Raumkosten, soweit sie im Zusammenhang mit der Beschaffung, Lagerung, War-
tung oder Verwaltung des Materials verursacht werden. Bei einem Teil dieser
Kosten (z.B. des Einkaufs, der Warenannahme, der Material- und Rechnungsprüfung) liegen eigentlich Anschaffungsnebenkosten des Materials bzw. allgemeine
Verwaltungskosten vor; die Einbeziehung von Anschaffungsnebenkosten in die
Herstellungskosten wird aber als zulässig angesehen.[521] Im Interesse einer periodengerechten sowie einer verursachungsgerechten Aufwandsabgrenzung und
-verrechnung sollten dennoch derartige Anschaffungsnebenkosten zusammen mit
den Anschaffungskosten der beschafften Materialien zunächst aktiviert werden,
soweit sie als Einzelkosten den Anschaffungskosten direkt zurechenbar sind.

**Verrechnung
der Gemeinkosten**

Die Verrechnung von Materialgemeinkosten erfolgt bei traditionellen Verfahren
der Kostenrechnung zumeist als ein globaler Zuschlag auf die Einzelmaterialko-
sten; im Rahmen moderner Verfahren, wie z.B. der Plankostenrechnung, werden
dagegen die Materialgemeinkosten weitgehend nach Materialgruppen differenziert. Die Kosten der Beschaffung, Lagerung etc. werden also den einzelnen Materialgruppen verursachungsgerecht zugeordnet und ggf. durch unterschiedliche Zuschläge verrechnet.

2.1.3.3.3.2   Fertigungsgemeinkosten

**Schwierigkeiten
bei der Definition**

„Die Fertigungsgemeinkosten können negativ dahin umschrieben werden, dass
darunter alle Kosten für die Leistung fallen, die nicht direkt als Kosten für Werkstoffe und Fertigungslöhne oder als Sonderkosten verrechnet werden können und
auch nicht als Verwaltungs- oder Vertriebskosten zu betrachten sind."[522] Diese
Umschreibung des Begriffs „Fertigungsgemeinkosten" verdeutlicht die Problematik der Abgrenzung der als Fertigungsgemeinkosten zu erfassenden Kostenkategorien:

- Eine positive Umschreibung des Begriffs durch eine abschließende Benen-
nung der unter die Fertigungsgemeinkosten zu subsumierenden Kosten schei-
tert an deren Vielfalt bzw. deren verschiedenen Erscheinungsformen in Abhängigkeit von den jeweiligen betrieblichen Gegebenheiten.

- Weiterhin bereitet die exakte Trennung der betrieblichen Teilbereiche Fertigung, Verwaltung und Vertrieb erhebliche Schwierigkeiten.

---

[519]   HABERSTOCK, L. (1982), S. 18 f.
[520]   SCHILDBACH, T. (2008), S. 180.
[521]   Vgl. ADLER, H./DÜRING, W./SCHMALTZ, K. (1995), § 255, Rn. 172.
[522]   WP-HANDBUCH (2006), Abschnitt E, Rn. 281.

Folglich können hier lediglich beispielhaft einige Komponenten der Fertigungs- **Beispiele**
gemeinkosten genannt werden. Neben den Aufwendungen für die Kostenstellen
gehören die Kosten der Werkstattverwaltung, der Reinigung der Produktionsräu-
me und der Geräte, für Energie und Brennstoffe, für Betriebsstoffe (kleinere
Werkzeuge und Bürobedarf) zu den Fertigungsgemeinkosten.[523]

2.1.3.3.3.3   Werteverzehr des Anlagevermögens

Die Abschreibungen werden in § 255 Abs. 2 Satz 2 HGB „Werteverzehr des Anlagevermögens" genannt. Mit dieser Formulierung wird klargestellt, „daß nicht
nur der technisch bedingte Werteverzehr bei der Berechnung der Herstellungskosten in angemessenem Umfang zu berücksichtigen ist, sondern auch der wirtschaftliche, ggf. juristisch bedingte Werteverzehr"[524]. Eine Aktivierungspflicht der Abschreibungen wird im Gesetz ausdrücklich von zwei Voraussetzungen abhängig
gemacht:

- Es muss sich um angemessene Teile des Werteverzehrs handeln. Damit wird **Voraussetzungen
zur Aktivierung**
  sowohl die Forderung der Zugehörigkeit zum Zeitraum der Herstellung als
  auch die der Veranlassung durch die Fertigung verstärkt.

- Die Abschreibungen müssen durch die Fertigung veranlasst sein. Veranlassung bezeichnet den Tatbestand, dass der Fertigungsprozess das auslösende
  Moment für die anfallenden Aufwendungen sein muss. Damit wird klargestellt, dass nur der für die Fertigung notwendige Werteverzehr berücksichtigt
  werden darf.

2.1.3.3.3.4   Einbeziehungswahlrechte

Zwischen der Wertuntergrenze und der Wertobergrenze der Herstellungskosten **Wertobergrenze**
liegen die Kostenkategorien, die einbeziehungsfähig, aber nicht einbeziehungspflichtig sind. Es handelt sich damit um Wahlbestandteile, die Gegenstand der Bilanzpolitik sind. Nach § 255 Abs. 2 Satz 3 HGB gehören dazu die freiwilligen sozialen Aufwendungen und die allgemeinen Verwaltungskosten, soweit sie auf den
Zeitraum der Herstellung entfallen. Unter bestimmten Voraussetzungen dürfen
gem. § 255 Abs. 3 HGB auch Fremdkapitalzinsen aktiviert werden.

Zu den freiwilligen sozialen Aufwendungen zählen solche Kosten, die nicht ar- **Freiwillige soziale
Leistungen**
beits- oder tarifvertraglich vereinbart worden sind. Dazu gehören u.a.

- Aufwendungen für freiwillige soziale Leistungen (z.B. Jubiläumsgeschenke,
  Weihnachtszuwendungen oder Wohnungsbeihilfen),

- Aufwendungen für soziale Einrichtungen des Betriebs (z.B. Kantinen, Feri-
  enerholungsheime),

- Aufwendungen für die betriebliche Altersversorgung (z.B. Beiträge zu Di-
  rektversicherungen, Zuwendungen an Pensions- und Unterstützungskassen,
  Zuführungen zu Pensionsrückstellungen).[525]

---

[523] Vgl. ausführlich BFH-Gutachten vom 26.01.1960, S. 193.
[524] NIEHUS, R. J. (1982), S. 162.
[525] Vgl. R 6.3 EStR.

Aufwendungen für die Beteiligung der Arbeitnehmer am Ergebnis des Unternehmens sind:

- soweit sie von Unternehmen freiwillig gewährt werden, aktivierungsfähig,
- soweit sie vertraglich vereinbart wurden und auf im Fertigungsbereich beschäftigte Arbeitnehmer entfallen, als Bestandteil der Fertigungsgemeinkosten aktivierungspflichtig,
- soweit sie vertraglich vereinbart wurden und auf anderweitig beschäftigte Arbeitnehmer entfallen, aktivierungsfähig.[526]

Unterschiedliche Ausübung

Da sowohl in der Handels- als auch in der Steuerbilanz für die Aktivierung der freiwilligen sozialen Aufwendungen ein Wahlrecht besteht, dürfen diese auf der Grundlage des im Zuge des BilMoG neu gefassten § 5 Abs. 1 EStG in beiden Rechenwerken unterschiedlich berücksichtigt werden.[527]

Allgemeine Verwaltungskosten

§ 255 Abs. 2 Satz 3 HGB gewährt in Analogie zur steuerrechtlichen Regelung ein Aktivierungswahlrecht für die Kosten der allgemeinen Verwaltung. Mit der Formulierung „Kosten der allgemeinen Verwaltung" wird zugleich klargestellt, dass Kosten, soweit sie aus einer funktionsorientierten Verwaltungstätigkeit resultieren, abzugrenzen und den Kostenstellen der entsprechenden betrieblichen Teilbereiche zuzuordnen sind. Handelt es sich dabei um Kosten der Material- oder Fertigungsverwaltung, so müssen sie sowohl handelsrechtlich als auch steuerrechtlich als Bestandteil der Material- oder Fertigungsgemeinkosten aktiviert werden.

Wird allerdings nur ein einziger Vermögensgegenstand hergestellt, existiert nach einer Entscheidung des BFH neben dem Herstellungsbereich kein Bereich der allgemeinen Verwaltung.[528] Die zwangsläufig i.V.m. der Herstellung anfallenden Verwaltungskosten sind danach unmittelbar der Herstellung des Wirtschaftsguts zuzuordnen. Sie sind damit nach h.M. steuerrechtlich aktivierungspflichtig. Folglich sind sie auch in der Handelsbilanz aktivierungspflichtig.

Kostenbestandteile

Zu den Kosten der allgemeinen Verwaltung zählen nach überwiegender Ansicht die in R 6.3 Abs. 4 EStR aufgeführten „Aufwendungen für Geschäftsleitung, Einkauf und Wareneingang, Betriebsrat, Personalbüro, Nachrichtenwesen, Ausbildungswesen, Rechnungswesen – z.B. Buchführung, Betriebsabrechnung, Statistik und Kalkulation –, Feuerwehr, Werkschutz sowie allgemeine Fürsorge einschließlich Betriebskrankenkasse". Hierunter fallen insbesondere (anteilige) Löhne und Gehälter, Büromaterial, Abschreibungen, Kosten des Personalwesens, der Rechts-, Versicherungs- und sonstigen Stabsabteilungen.

Überblick

Das hier dargestellte Wahlrecht bezieht sich allein auf die allgemeinen Verwaltungskosten:

---

[526]   Vgl. R 6.3 Abs. 4 EStR.

[527]   Vgl. zum Maßgeblichkeitsprinzip der Handels- für die Steuerbilanz nach BilMoG Kapitel C. Zu beachten ist jedoch die angedachte Überarbeitung von R 6.3 EStR. Vgl. auch Kapitel C.5.2.1.

[528]   Vgl. BFH-Urteil vom 22.04.1980, S. 444.

- (Produktionsnahe) Verwaltungskosten des Material- und Fertigungsbereichs sind als Material- bzw. Fertigungsgemeinkosten aktivierungspflichtig,
- Vertriebsbezogene Verwaltungskosten dürfen nicht angesetzt werden.

Da sowohl in der Handels- als auch in der Steuerbilanz für die Aktivierung der allgemeinen Verwaltungskosten ein Wahlrecht besteht, dürfen diese – ebenso wie die freiwilligen sozialen Leistungen – auf der Grundlage des neu gefassten § 5 Abs. 1 EStG in beiden Rechenwerken unterschiedlich behandelt werden.[529]

2.1.3.3.3.5 Einbeziehungsverbot

Die Regelung des § 255 Abs. 2 Satz 4 HGB stellt ausdrücklich klar, dass Vertriebskosten nicht zu den Herstellungskosten zählen. Sie dürfen daher nicht aktiviert werden. Der Begriff „Vertriebskosten" stellt einen unbestimmten Rechtsbegriff dar, weswegen auf Hilfslösungen bzgl. seiner Auslegung bzw. einer inhaltlichen Bestimmung zurückgegriffen werden muss. Vertriebskosten fallen im Rahmen der Verteilung der produzierten Vermögensgegenstände, nicht im Rahmen der Herstellung einzelner Erzeugnisse an. Nach § 255 Abs. 2 Satz 4 HGB muss davon ausgegangen werden, dass Sondereinzelkosten des Vertriebs sowie Verwaltungskosten des Vertriebsbereichs als Unterkategorie der Vertriebskosten nicht aktiviert werden dürfen.

Vertriebskosten

2.1.3.3.4 Übersicht zur Wertober- und -untergrenze

Abbildung 102 stellt die handelsbilanzielle sowie steuerliche Wertunter- und -obergrenze dar. Die Grenzen sind seit dem BilMoG in beiden Normensystemen identisch. Es ist zu beachten, dass die Wertobergrenze aufgrund unterschiedlicher Anwendung der Aktivierungswahlrechte voneinander abweichen kann.[530]

Materialeinzelkosten
+ Fertigungseinzelkosten
+ Sondereinzelkosten der Fertigung
+ Materialgemeinkosten
+ Fertigungsgemeinkosten
+ Verwaltungskosten des Material- und Fertigungsbereichs
+ Werteverzehr des Anlagevermögens
= Wertuntergrenze
+ Kosten der allgemeinen Verwaltung
+ Kosten für freiwillige soziale Leistungen
+ Aufwendungen für soziale Einrichtungen des Betriebs
+ Kosten für die betriebliche Altersversorgung
+ Fremdkapitalzinsen (unter bestimmten Voraussetzungen, § 255 Abs. 3 HGB)
= Wertobergrenze

Abbildung 102: Wertunter- und -obergrenze nach Handels- und Steuerrecht

---

[529] Vgl. aber Fn. 527.
[530] Auch an dieser Stelle ist auf die Ausführungen in Kapitel C.5.2.1 hinzuweisen.

2.1.3.4   Zulässigkeit einer Plankostenrechnung

Fragestellung

Häufig ist in der Praxis unterjährig eine Plankostenrechnung vorzufinden. Es stellt sich die Frage, inwieweit diese Kostenrechnung als Grundlage der Ermittlung der bilanziellen Herstellungskosten angesehen werden kann. Die Herstellungskosten können aufgrund des pagatorischen Kostenverständnisses grds. nur auf Istwerten basieren.

Erforderliche Abkehr von Istkosten

Gerade im Bereich der Kostenträgergemeinkosten ist es jedoch nicht möglich, auf Istwerten basierende Herstellungskosten zu verwenden, wenn die tatsächlich realisierte Beschäftigung zu einer Aktivierung von (wesentlichen) Unterbeschäftigungskosten führen würde (vgl. Kapitel F.2.1.3.3.3). Aus diesem Grund kann ein Abweichen von den Istkosten ohnehin erforderlich sein.

Zulässigkeit von Plankosten

Des Weiteren ist denkbar, dass die Istbeschäftigung zu dem Zeitpunkt, in dem die Herstellungskosten fixiert werden müssen, nicht in dem für die Ermittlung der Herstellungskosten notwendigen Genauigkeitsgrad bekannt ist. Triftige Argumente sprechen somit in diesem Bereich für die Zulässigkeit von Plankosten. Diese Zulässigkeit gilt umso mehr für Kostenrechnungssysteme, die unterjährig auf Basis von Sollkosten die handelsrechtlichen Herstellungskosten bestimmen.

Zulässiger Abweichungsgrad von Istkosten

Dies setzt allerdings eine adäquate Ausgestaltung der konkreten Plankostenrechnung voraus, um ein auch für bilanzielle Zwecke zulässiges Niveau der (Plan-/Soll-)Herstellungskosten zu gewährleisten.[531] Insbesondere Kostenrechnungssysteme, die für interne und externe Gesichtspunkte identische Zahlengrundlagen verwenden, können dieses geforderte Genauigkeitsniveau bei einer entsprechenden Ausgestaltung erfüllen.[532] Grds. „erscheint eine Schwankungsbreite der Herstellungskosten von etwa 20 % um den ,richtigen Wert' durchaus als realistisch"[533]. In Abhängigkeit des Genauigkeitsgrads der unterjährig auf Plandaten ermittelten Herstellungskosten kann demnach am Periodenende eine Korrektur auf Istkostenbasis notwendig werden.

2.1.4   Produktionscontrolling
2.1.4.1   Überblick

Aufgaben des Produktionscontrollings

„Die Produktion als Transformations- und Wertschöpfungsprozess, durch den absatzfähige Güter erstellt werden, unterliegt je nach Führungsebene Zielen der Rentabilität, der Wirtschaftlichkeit und der Produktivität."[534] In diesem Kontext sind Planung, Kontrolle und Steuerung der Produktionsaktivitäten Hauptgegenstand des Produktionscontrollings. In einer typischen Produktionsumgebung eines mittelständischen Unternehmens, in der Waren auf Lager gefertigt und Kundenaufträge aus bestehenden Lagervorräten bedient werden, ist regelmäßig die Abwick-

---

[531]   Vgl. hierzu ausführlich KNOP, W./KÜTING, K. (2010), § 255, Rn. 379 f.
[532]   Vgl. zu den Vorteilen eines harmonisierten internen und externen Rechnungswesens Kapitel B.4.3.
[533]   WOHLGEMUTH, M. (1969), S. 74.
[534]   KIMMS, A. (1999), S. 161.

lung vieler verschiedener Produktionsaufträge zu bewältigen. Über eine geeignete Informationsversorgung muss ein Produktionscontroller daher sicherstellen, dass er den Überblick über eine Reihe von produktionsbezogenen Aufgaben mit unterschiedlichen Prioritäten, Ressourcen und Fälligkeiten behält. Vielmehr sind einsetzbare Produktionsfaktoren in einer wirtschaftlich vorteilhaften Art und Weise miteinander zu kombinieren, sodass im Ergebnis Produkte angefertigt werden, die den gegebenen Anforderungen und Qualitätsansprüchen der Kunden entsprechen. Folgende wesentliche Aufgabenbereiche des Produktionscontrollings lassen sich daher u.a. identifizieren:[535]

- Verkürzung der Durchlaufzeit von Produktionsaufträgen,
- Senkung der Herstellungskosten,
- Erhöhung der Liefertermintreue,
- Erhöhung der Produktqualität.

Die hier genannten Aufgaben des Produktionscontrollings lassen sich allgemein unter dem grundsätzlichen Anspruch zusammenfassen, die Produktionsprozesse zu optimieren und somit die Produktivität zu erhöhen. In diesem Zusammenhang kann Produktivität auch mit Effizienz- und Effektivitätssteigerungen umschrieben werden, die sich über die Leistungsparameter Zeit, Qualität und Kosten quantifizieren.[536] Nachfolgend sollen daher wichtige Aspekte des kosten-, zeit- und qualitätsorientierten Produktionscontrollings herausgearbeitet werden.

Zeit-, Qualität- und Kostenorientierung

2.1.4.2 Kostenorientiertes Produktionscontrolling

Das kostenorientierte Produktionscontrolling umfasst die Kostensteuerung innerhalb des Produktionsprozesses, um die Wirtschaftlichkeit der Leistungserstellung und -verwertung zu gewährleisten. Gerade für fertigungsintensive Unternehmen stellen die Kosten den wichtigsten produktionswirtschaftlichen Aspekt dar.[537] Unter der Beachtung produktrelevanter Mindestanforderungen des Markts und des Wettbewerbs hinsichtlich Zeit und Qualität[538] wird angestrebt, jegliche produktionsbezogenen Kostensenkungspotenziale zu eruieren und eine kontinuierliche Minimierung der Kosten zu erreichen.[539] Der Schwerpunkt liegt hier auf dem Instrument der Kostenrechnung, die der kontinuierlichen Kostenerfassung und -dokumentation sowie der kurzfristigen Kostenplanung und -kontrolle dient. Für die wirtschaftliche Lenkung der Produktionsaktivitäten im Unternehmen müssen ferner Abweichungsanalysen durchgeführt werden, damit Ursachen erhöhter Kosten erkannt und entsprechende Korrekturmaßnahmen ergriffen werden können.

Kostensteuerung durch Kostenrechnung

Obwohl die Kostenrechnung in den Unternehmen auf freiwilliger Basis abläuft und keine Vorschriften für ihre inhaltliche Ausgestaltung bestehen, hat sich ein allgemeines Grundablaufschema der Kostenrechnung durchgesetzt, das sich in die

Aufbau der Kostenrechnung

---

[535]   Vgl. SPRAUL, A./OESER, J. (2007), S. 148.
[536]   Vgl. REISERT, P. (1990), S. 84 f.
[537]   Vgl. JACOBS, J. ET AL. (2009), S. 35.
[538]   Vgl. hierzu die nachfolgenden Kapitel F.2.1.4.3 und F.2.1.4.4.
[539]   Vgl. EIDENMÜLLER, B. (1989), S. 18.

drei Teilrechnungen Kostenarten-, Kostenstellen- und Kostenträgerrechnung glie-dert.[540] Zielsetzung dieses Ablaufs ist,

- die anfallenden Kosten, die in der Kostenartenrechnung erfasst werden,

- im Rahmen der innerbetrieblichen Leistungsverrechnung über die Kostenstel-lenrechnung auf zugehörige Kostenstellen zu verteilen,

- um diese mittels der Kostenträgerrechnung dem entsprechenden Kostenträger (möglichst) verursachungsgerecht zuzuordnen.[541]

Systeme der Kostenrechnung

Die Kostenrechnung kann grds. „mit unterschiedlichen Arten von Kostenwerten ‚gefüttert‘ werden"[542], woraus sich verschiedene Systeme der Kostenrechnung er-geben. Zum einen kann nach dem Zeitbezug der verwendeten Kosten wie folgt unterschieden werden (vgl. Abbildung 103):[543]

- Die Istkostenrechnung rechnet ausschließlich mit in der abzurechnenden Pe-riode erfassten, effektiv angefallenen Kosten. Aufgrund ihrer Vergangen-heitsorientierung erfüllt sie die Aufgabe der Kostenabrechnung und Kosten-dokumentation.

- Die Normalkostenrechnung betrachtet Durchschnittskosten mehrerer vergan-gener Perioden, sodass eine Glättung von im Zeitablauf schwankenden Wert-größen erfolgt. Die Hauptaufgabe der Normalkostenrechnung besteht in der Vorkalkulation von Gemeinkosten und der kostenstellenweise durchzufüh-renden Feststellung der Abweichung zwischen effektiv angefallenen Istkosten und verrechneten Normalkosten.

- Die Plankostenrechnung setzt auf Plankosten auf, die sich als Produkt aus ge-plantem Faktormengenverzehr und zugehörigem Planpreis ergeben. Sie zeichnet sich dadurch aus, dass Kostenvorgaben idealtypisch unabhängig von den Istkosten der Vergangenheit analytisch für vorher definierte zukünftige Zeiträume ermittelt werden; Einzelkosten werden pro Produkteinheit und Gemeinkosten je Kostenstelle geplant.

Zum anderen ergeben sich nach dem Sachumfang gegliedert folgende Systeme der Kostenrechnung (vgl. Abbildung 103):

- Die Vollkostenrechnung erfasst alle Kosten (Vollkosten), die direkt (Einzel-kosten) und indirekt über Umlagen (Gemeinkosten) einem Kostenträger zu-gerechnet werden.

- Die Teilkostenrechnung verrechnet nur einen Teil der Kosten auf einen Kos-tenträger. Entweder werden nur variable Kosten oder nur Einzelkosten den Kostenträgern zugerechnet; nicht direkt zurechenbare fixe Kosten bzw. Ge-meinkosten bleiben unberücksichtigt.

---

540   Vgl. auch Kapitel F.2.1.2.
541   Vgl. weiterführend u.a. SCHWEITZER, M./KÜPPER, H.-U. (2008), S. 77 ff.
542   COENENBERG, A. G./FISCHER, T. M./GÜNTHER, T. (2009), S. 60.
543   Vgl. hierzu ausführlich LORSON, P./SCHWEITZER, M. (2008), S. 367 ff.

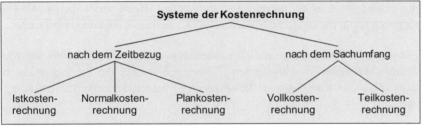

Abbildung 103: Systeme der Kostenrechnung[544]

Plankostenrechnung und Abweichungsanalyse

Steuerungsrelevanz für das kostenorientierte Produktionscontrolling erfahren die vorstehend genannten Kostenrechnungssysteme allerdings erst dann, wenn diese sinnvoll miteinander kombiniert werden. Plankostenrechnungssysteme verbinden in der Regel zugleich eine prospektive Planungsrechnung sowie eine retrospektive Istrechnung für Dokumentations- und Kontrollzwecke, um wichtige Entscheidungsgrundlagen für die laufende Gestaltung der Produktionsprozesse zu liefern.[545] Auf Basis der Gegenüberstellung von Soll- und Istkosten einer Betrachtungsperiode können Abweichungsanalysen aufgebaut werden, die in den einzelnen Kostenstellen möglichst differenziert nach Kostenarten erfolgen. Gegenstand dieser Abweichungsanalysen ist es, Aussagen über die Ursachen und Verantwortlichkeiten von festgestellten Unwirtschaftlichkeiten im Wertschöpfungsprozess treffen zu können, um eine zukünftige Wiederholung von Kostenüberschreitungen möglichst zu vermeiden.

Kennzahlensysteme

Der Aufbau einer produktionsbegleitenden Kostenrechnung im Unternehmen bietet zudem den Vorteil, dass das Zahlenwerk der Kostenarten-, Kostenstellen und Kostenträgerrechnung eine umfassende Datengrundlage für eine weitergehende Kennzahlenbildung und -auswertung liefert. Kennzahlensysteme sind ein adäquates Instrument zur Überwachung der Produktion, da mit ihnen Kostenstrukturen im Rahmen eines Betriebs- und Zeitvergleichs analysiert werden können, um Ineffizienzen und Unwirtschaftlichkeiten im Produktionsablauf zu identifizieren.[546]

2.1.4.3   Zeitorientiertes Produktionscontrolling

Ermittlung der Liefertermine

Dem Faktor Zeit ist gerade in produktionsintensiven Unternehmen eine hohe Bedeutung beizulegen, da eine rein auf Kostenorientierung ausgelegte Produktion oftmalig zu kurz greift, um hieraus Wettbewerbsvorteile zu generieren. Produktionsdurchlaufzeiten müssen möglichst genau ermittelt werden, um die Kunden verlässlich über Liefertermine informieren zu können. Doch ist auch die Kundenakzeptanz über die Terminvorgaben zu berücksichtigen, sodass Liefertermine nicht nur verlässlich, sondern auch kurz gehalten werden müssen. So sind die Abneh-

---

[544]   Modifiziert entnommen aus COENENBERG, A. G./FISCHER, T. M./GÜNTHER, T. (2009), S. 61.

[545]   Vgl. weiterführend zu den Systemen der Plankostenrechnung COENENBERG, A. G./FISCHER, T. M./GÜNTHER, T. (2009), S. 233 ff.

[546]   Vgl. ausführlich zum Einsatz von Kennzahlensystemen im Fertigungsbereich LANGENBECK, J. (1997), S. 737 ff.

mer je nach Branche auf unterschiedlich schnelle Lieferzeiten der benötigten Güter angewiesen, die sie dementsprechend auch von ihren Lieferanten einfordern.

**Durchlaufzeit
der Produktion**

Abbildung 104 verdeutlicht die Zusammenhänge zwischen Lieferzeiten und produktionsbezogenen Durchlaufzeiten.[547] Demnach besteht die Produktionsdurchlaufzeit aus den Komponenten der Übergangs- und (tatsächlichen) Bearbeitungszeit.

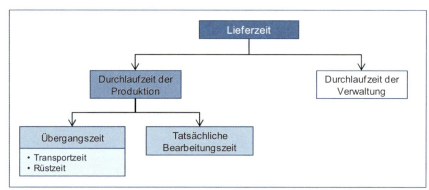

Abbildung 104: Lieferzeit und Durchlaufzeiten[548]

Übergangszeit

Unter der Übergangszeit versteht man die Zeitspanne, die zwischen dem Ende der
Bearbeitungszeit der vorgelagerten Fertigungsstufe und dem Beginn der Bearbeitungszeit auf der aktuellen Fertigungsstufe liegt. Sie umfasst Wartezeiten zwischen einzelnen Fertigungsvorgängen, wie z.B. Transportzeiten und Rüstzeiten,
und kann im Extremfall einen Großteil der gesamten Produktionsdurchlaufzeit
ausmachen.[549] Unter der Voraussetzung, dass sämtliche benötigten Produktionsfaktoren beschafft und bereitgestellt wurden, findet sich in der Variierung der
Übergangszeit eine wesentliche Stellschraube zur Steuerung der Produktionsdurchlaufzeit, um den Fertigungsfluss zu erhöhen.

Transportzeit

Ein erster Ansatzpunkt zur Reduzierung der Übergangszeit bietet sich in der Verkürzung von Transportzeiten an, wenn Materialien und Halbfabrikate von ihrem
Lagerort zur nächsten Fertigungsstation transportiert werden müssen. Werden
Transportstrecken bspw. mit dem Gabelstapler zurückgelegt, ist es unter Wirt-
schaftlichkeitsaspekten sinnvoll, die Kosten der Fahrt durch große Losgrößen auf
den Paletten über möglichst viele Einzelteile hinweg zu verteilen. Ebenso ist die
Neuanschaffung von Material-Handling-Systemen in Betracht zu ziehen, wenn
hieraus wesentliche Effizienzsteigerungen erzielt werden können.

Rüstzeiten

Ein weiterer Bestandteil der Übergangszeit sind die Rüstzeiten, in denen eine
Werkzeugmaschine oder Produktionsanlage für einen bestimmten Arbeitsvorgang

---

[547]   Die Durchlaufzeit der Verwaltung, d.h. die administrative Bearbeitung bzw. Abwick-
        lung eines Kundenauftrags ist zu vernachlässigen, zumal hier Überlappungen mit dem
        Absatzprozess bestehen.
[548]   Modifiziert entnommen aus REISERT, P. (1990), S. 159.
[549]   Vgl. WESTKÄMPER, E. (2006), S. 190.

eingerichtet wird, um sie z.B. mit den notwendigen Werkzeugen zu bestücken, bzw. in denen die Anlage wieder in den ungerüsteten Zustand zurückversetzt wird. Die Minimierung der Rüstzeit ist daher umso bedeutender einzuschätzen, da während des Rüstvorgangs der Produktionsfluss unterbrochen ist. Rüstarbeiten müssen als regulär wiederkehrende Vorgänge sorgfältig geplant und über standardisierte Arbeitsabfolgen organisiert werden, um Betriebsunterbrechungen bzw. Maschinenstillstandszeiten nicht unnötig in die Länge zu ziehen. Empfehlenswert sind genaue Beobachtungen der Rüstprozesse, indem Ist-Rüstzeiten gemessen, dokumentiert und mit Planvorgaben verglichen werden, um aus dieser Abweichungsanalyse passende Handlungsempfehlungen für die Arbeitsplatzorganisation abzuleiten.

Die tatsächliche Bearbeitungszeit, in der Produktionslose oder Produktionsvorgänge durch die Fertigungsabteilungen abgewickelt werden, hängt zum einen von technologischen Gegebenheiten ab, die sich durch die Leistungsfähigkeit der Produktionsanlagen ausdrücken. Zum anderen ist im Wesentlichen die Komponente Mensch zu betrachten, da die benötigten Personalressourcen entsprechend den Anforderungen der zahlreichen Produktionsaufgaben bereitgestellt und disponiert werden müssen. Durch einen ständigen Soll-/Ist-Vergleich von Bearbeitungszeiten lässt sich transparent erkennen, ob die mit den Lieferterminen abgestimmten Produktionsendtermine eingehalten werden können. Weichen gemessene Istbearbeitungszeiten von den Sollvorgaben ab, können mögliche Ursachen in einer ineffizienten Verteilung der in den jeweiligen Abteilungen bereitgestellten Kapazitäten liegen. Sowohl für Anlagen- als auch Personalressourcen gilt es daher, die verfügbaren Kapazitäten optimal auszuschöpfen. Ausgehend von den für die entsprechende Periode eingeplanten Kapazitäten auf den Fertigungsstellen, gemessen in Maschinen- bzw. Mitarbeiterstunden[550], sind durch das Gegenüberstellen mit bereits genutzten Kapazitäten die jeweiligen Auslastungsgrade pro Anlage bzw. Abteilung zu ermitteln. Unterbeschäftigungen führen zu Leerkosten wie z.B. Abschreibungen oder Personalkosten, die auf ungenutzte Kapazitäten entfallen. Überbeschäftigungen verursachen Deckungsbeitragsverluste, wenn auftretende Engpässe die termingerechte Abwicklung von Kundenaufträgen verhindern.[551] So lassen sich bei Diskrepanzen entsprechende Gegenmaßnahmen einleiten, sei es durch das rechtzeitige Vereinbaren von Überstunden mit den Mitarbeitern oder die kurzfristige Beschaffung neuer Produktionsanlagen im Falle von Kapazitätsüberlastungen. Anderseits ist es bei zu geringen Auslastungen sinnvoll, die ungenutzten Kapazitäten auf jene Fertigungsabteilungen zu verlagern, die wiederum Engpässen unterliegen, um einen unternehmensinternen Kapazitätsausgleich zu erzielen.

Tatsächliche Bearbeitungszeit

---

[550] Je nachdem, ob die Produktion des Unternehmens eher personalintensiv (Handwerk) oder anlagenintensiv (Teilefertigung) veranlagt ist, werden die Mitarbeiterstunden oder Maschinenlaufzeiten untersucht.

[551] Vgl. WÖHE, G./DÖRING, U. (2010), S. 353.

2.1.4.4   Qualitätsorientiertes Produktionscontrolling

Aufgabe der Qualitätssicherung

Die Qualität von Arbeitsergebnissen und Leistungsprozessen schlägt sich als wesentlicher Erfolgsfaktor in sämtlichen Stufen der Wertschöpfungskette nieder,[552] so auch im Produktionsprozess. Aufgabe des qualitätsorientierten Produktionscontrollings ist es daher, Maßnahmen der Qualitätssicherung in den Produktionsprozess zu integrieren. Ein gut geführtes Qualitätssicherungsprogramm bringt Effizienzsteigerungen und Kostensenkungen mit sich, da hierdurch ggf. anfallende Zusatzaufwendungen aus Nachbearbeitungen, Verschrottung, Garantieleistungen und Produkthaftungen weitestgehend vermieden werden können. Nicht zuletzt sollen zudem eine höhere Kundenzufriedenheit und Imageverbesserungen erreicht werden, die im Idealfall zu höheren Erlöspotenzialen führen.

Qualitätsprüfung

Über Qualitätsprüfungen ist zu verifizieren, ob das Endprodukt die vordefinierten Qualitätsanforderungen erfüllt oder nicht. Diese Anforderungen orientieren sich an einzuhaltenden Vorschriften und Richtlinien wie z.B. ISO- oder DIN-Normen, aber auch an den individuellen Kundenbedarfen, nach denen Produkte gemäß bestimmter Spezifikationen gefertigt und geliefert werden müssen. Zwischen- bzw. Endprüfungen von hergestellten Halb- bzw. Fertigfabrikaten verlangen nach einer schnellen, einfachen und effizienten Ausführung, die durch personelle und organisatorische Maßnahmen entsprechend vorzubereiten sind. Vorausgesetzt, dass notwendige Prüfungsprozesse nicht maschinell automatisiert ablaufen, muss der Produktionscontroller geeignete Mitarbeiter als Qualitätsprüfer beauftragen und mit allen relevanten Informationen über Produkt, Losgröße, Probenumfang, Prüf- und Probeziehanweisungen ausstatten. Die Qualitätsprüfer führen die Prüfungen gemäß dieser Anforderungen aus und dokumentieren ihre Ergebnisse über die Anzahl und Art der festgestellten Fehler. Ob letztlich einzelne Prüflose akzeptiert werden, hängt von konsistent festzulegenden Toleranzgrenzen ab, die zwischen wesentlichen und unwesentlichen Produktfehlern differenzieren.

Ausschuss

Die fehlerhafte Ausgabe eines Produktionsprozesses wird als Ausschuss bezeichnet. Diese Menge umfasst alle produzierten Halb- und Fertigfabrikate, die den gestellten technischen Anforderungen hinsichtlich Qualität und Quantität nicht entsprechen.[553] Ausschussquoten, gebildet aus der Relation von Ausschussmenge zur Produktionsmenge, stellen hilfreiche Kennzahlen zur abteilungsbezogenen Beurteilung der Fertigungsqualität dar. Damit ein qualitätsorientiertes Produktionscontrolling Ausschussmengen zukünftig minimieren kann, müssen Ausschussursachen erkannt und behebende Gegenmaßnahmen ergriffen werden. Denkbar ist, dass mögliche Fehlerquellen nicht nur originär in der Fertigung (z.B. Bedienungsfehler, Defekte an Produktionsanlagen) angesiedelt sind, sondern auch aus Unzulänglichkeiten im Einkauf resultieren. So könnten mangelhafte Materialien beschafft worden sein, die einer – falls vorhanden – Qualitätsprüfung im Einkaufsprozess entgangen sind. Unternehmensbereichsübergreifende Interdependenzen von notwendigen Qualitätssicherungsmaßnahmen werden hierdurch ersichtlich,

---

[552]   Vgl. WILDEMANN, H. (1997), S. 23.
[553]   Vgl. KAINZ, R. (1984), S. 27.

sodass sich Unsicherheiten und Diskussionen über die infolge der Ausschusspro-
duktion zu belastenden Kostenstellen umso eher beseitigen lassen, je präziser
Ausschussursachen einzelnen Betriebsabteilungen zugeordnet werden können.[554]

2.2 Darstellung der Geschäftsvorfälle der Lagerfertigung im Fallbeispiel
2.2.1 Vorstellung des Produktionsablaufs

Die Lagerfertigung des *Hiking*-Schuhs basiert auf drei Arbeitsschritten: Die Herstellung der Sohle (Kostenstelle *Spritzguss*), das Zuschneiden des gegerbten Leders (Kostenstelle *Lederzuschnitt*) und letztlich das Zusammensetzen der Sohle
und des Leders sowie die Fertigstellung des Produkts in einem abschließenden
Vorgang (Kostenstelle *Schuhfertigung*). In einem nachgelagerten Schritt werden
die gefertigten Schuhe einer Qualitätskontrolle unterzogen. Mithilfe von Stichpro-
ben wird die Produktion bzgl. vorgegebener Qualitätsstandards geprüft.[555] Abbildung 105 ist zu entnehmen, welche Anlagen welcher Kostenstelle zugeordnet
wurden.[556] Die auf diese Anlagen vorzunehmenden Abschreibungen belasten die
dazugehörige Kostenstelle. Des Weiteren enthält die Abbildung weitere Kostenarten auf den Kostenstellen.

Ablauf der Lagerfertigung

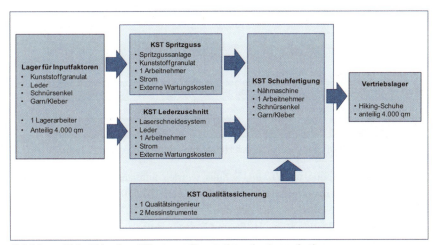

Abbildung 105: Ablauf und Kostenstellenstruktur der Lagerfertigung

Das Produktionsgebäude weist eine Größe von 20.000 qm auf. Davon entfallen
4.000 qm (= 20 %) auf die Lagerung des fertiggestellten *Hiking*-Schuhs. Die restlichen 80 % des Produktionsgebäudes werden für die Lagerung der zu verarbeitenden Inputfaktoren (= 4.000 qm) und zur Produktion (= 12.000 qm) verwendet.
Folglich sind auch nur 80 % (40.000 EUR) der auf das Produktionsgebäude ent-

Verwendung des Produktionsgebäudes

---

[554]   Vgl. KAINZ, R. (1984), S. 29.
[555]   Auf die Berücksichtigung einer Fertigungssteuerung wurde verzichtet.
[556]   Vgl. zur Zuordnung der Anlagen der *Nordstar GmbH* zu Kostenstellen im Rahmen
        der Anschaffung Kapitel F.1.2.

fallenden Abschreibungen in die Ermittlung der Herstellungskosten des *Hiking*-Schuhs einzubeziehen; die restlichen 20 % sind als Vertriebskosten aufzufassen.

2.2.2   Datengrundlage zur Ermittlung der Herstellungskosten

Kostenarten der Schuhproduktion

Wie bereits ausgeführt, setzen sich die Herstellungskosten eines Vermögensgegenstands sowohl aus Einzel- als auch aus Gemeinkostenbestandteilen zusammen. Außerdem ist zwischen Pflicht- und Wahlrechtsbestandteilen zu differenzieren. Die Einzelkosten bestehen in dem vorliegenden Sachverhalt aus den in das Produkt eingehenden Materialeinzelkosten und den Fertigungseinzelkosten. Die Fertigungslöhne werden über Stundensätze, die einer Personalressource[557] zugewiesen werden, als Einzelkosten berücksichtigt. Über einen Maschinenstundensatz werden die in den Kostenstellen anfallenden Kosten (exklusive Personalaufwendungen) auf die produzierte Menge an *Hiking*-Schuhen verrechnet. Schließlich sind die Gemeinkosten aus der Qualitätssicherung als auch die produktionsnahen Gemeinkosten (vgl. Abbildung 111) in die Herstellungskosten einzubeziehen.

Herstellungskosten-ermittlung

Für die Ermittlung der Herstellungskosten der *Hiking*-Schuhe lässt sich folgendes Berechnungsschema zusammenfassen:

	Materialeinzelkosten
+	Fertigungseinzelkosten (Personalressource)
+	Maschinenstundensatz
=	Bezugsbasis für den Zuschlag der Gemeinkosten der Qualitätssicherung
+	Gemeinkosten aus der Qualitätssicherung
=	Bezugsbasis für den Zuschlag der produktionsnahen Gemeinkosten
+	produktionsnahe Gemeinkosten
=	Herstellungskosten des Hiking-Schuhs

Abbildung 106: Ermittlungsschema der Herstellungskosten pro Paar Schuhe

Roh-, Hilfs- und Betriebsstoffe

Für die Lagerfertigung des *Hiking*-Schuhs werden unterschiedliche Roh-, Hilfs- und Betriebsstoffe benötigt, die zu einem Preis von 924.450 EUR (zzgl. Vorsteuer i.H.v. 175.645,50 EUR) beschafft werden.[558] Abbildung 107 führt sämtliche in die Produktion einfließenden Roh-, Hilfs- und Betriebsstoffe auf. In einer gesonderten Spalte ist die mit den Kosten zu belastende Kostenstelle angegeben. Die angeschafften Materialien werden in dem Lagerbereich für die Inputfaktoren der Lagerfertigung in dem Produktionsgebäude deponiert. Die Belastung der Kostenstelle tritt erst bei Verbrauch des jeweiligen Rohstoffs während des Prozesses der Lagerfertigung ein. Nach Herstellung des Schuhs wird dieser in dem Produktionsgebäude in einem gesonderten Lagerbereich *Hiking* gelagert.[559] Im Geschäftsjahr

---

[557]   Vgl. zur Ermittlung von Kostensätzen einer Ressource Kapitel F.2.3.2.3.1.
[558]   Die Beschaffung der Roh-, Hilfs- und Betriebsstoffe wird in diesem Kapitel nicht näher beschrieben; zur Vorgehensweise wird auf Kapitel F.1.3 verwiesen.
[559]   Die Lagerkosten dürfen nicht Bestandteil der Herstellungskosten sein.

2010 stellt die *Nordstar GmbH* 28.000 Paar Schuhe her; 25.500 Paare werden verkauft, die verbleibende Menge zum Bilanzstichtag noch im Bestand geführt.[560]

RHB	Menge	EUR/ME	Preis (EUR)	Kostenstelle
Kunststoffgranulat	14.000 kg	5	70.000	Spritzguss
Leder	28.000 qm	30	840.000	Lederzuschnitt
Schnürsenkel	56.000 Stk.	0,25	14.000	Schuhfertigung
Garn	100 Rollen	2	200	Schuhfertigung
Kleber	25 Gebinde	10	250	Schuhfertigung
Summe:			924.450	

Abbildung 107: Beschaffung produktionsrelevanter Roh-, Hilfs- und Betriebsstoffe

Fertigungs-gemeinkosten

Produktionsbezogene Heizungs- und Stromkosten stellen Fertigungsgemeinkosten dar. Die Heizungskosten[561] des Produktionsgebäudes (25.000 EUR) entfallen – entsprechend der flächenmäßigen Nutzung – zu 80 % auf die Produktion (20.000 EUR)[562] und zu 20 % auf die Lagerung der *Hiking*-Schuhe. Die produktionsnahen Heizungskosten (= 80 %) werden über den Gemeinkostenzuschlag auf das Produkt verrechnet. Die Stromkosten erhalten über die Berücksichtigung im Maschinenstundensatz Eingang in die Herstellungskosten des *Hiking*-Schuhs. Insgesamt entfällt auf die Fertigungsgemeinkosten (Nettoanschaffungspreis i.H.v. 24.500 EUR) Vorsteuer i.H.v. 4.655 EUR.

Fertigungs-GK	Menge	EUR/ME	Preis (EUR)	Kostenstelle
Heizung Produktion	25.000 Liter	0,8	20.000	Produktionsware
Strom	20.000 kWh	0,10	2.000	Spritzguss
Strom	10.000 kWh	0,10	1.000	Lederzuschnitt
Strom	15.000 kWh	0,10	1.500	Schuhfertigung
Summe:			24.500	

Abbildung 108: Fertigungsgemeinkosten

Personalaufwendungen

Neben den Materialkosten sind der Produktion der *Hiking*-Schuhe Personalaufwendungen (vgl. Abbildung 109) zuzurechnen.[563] Das Gehalt des Mitarbeiters im Einkauf wird zu einem Drittel der Produktion der *Hiking*-Schuhe zugeordnet. Des Weiteren wurde ein Mitarbeiter für die Lagerarbeiten eingestellt (Kostenstelle *Produktion*), der für das Lager der Inputfaktoren verantwortlich ist.[564] Im Geschäftsbereich Produktionsware fallen zudem die Personalkosten des Geschäftsbe-

---

[560]   Vgl. zur Bestandsbewertung am Abschlussstichtag Kapitel F.5.3.3.3.
[561]   Neben den Heizungskosten werden die anfallenden Agentur-, Strom-, Telefon- und Wartungskosten in SAP Business ByDesign über eine „Lieferantenrechnung ohne Bestellung" erfasst (Work Center *Rechnungsprüfung*).
[562]   Diese Kosten werden durch eine Umlage auf die Kostenstelle *Produktion* umgelegt; vgl. dazu auch Abbildung 111 sowie Kapitel F.2.3.2.5.2.
[563]   Aus Vereinfachungs- und Darstellungsgründen wurde eine geringe Anzahl an Mitarbeitern im Unternehmen gewählt.
[564]   Vgl. zur besseren Übersicht der Aufbauorganisation Kapitel D.1.

reichsleiters i.H.v. 48.000 EUR an. Insgesamt betragen die auf den Geschäftsbereich Produktionsware entfallenden Personalaufwendungen 245.000 EUR.

Kostenstelle	Mitarbeiter (Anzahl)	Personalaufwand (EUR)
Einkauf	1/3	12.000
Produktionsware (Leitung)	1	48.000
Produktion (Lager)	1	35.000
Spritzguss	1	21.000
Lederzuschnitt	1	21.000
Schuhfertigung	1	21.000
Qualitätssicherung	1	45.000
Verkauf	1	42.000
Summe:		**245.000**

Abbildung 109: Personalaufwand des Geschäftsbereichs Produktionsware

Bezogene Dienstleistungen

Schließlich werden für die Produktion (Dienst-)Leistungen externer Anbieter in Anspruch genommen. Darunter fallen Wartungsarbeiten der im Einsatz befindlichen Maschinen. Außerdem sind Kosten in Zusammenhang mit der Beauftragung einer Agentur zur Vermarktung der *Hiking*-Schuhe sowie Telefonkosten im Vertrieb entstanden. Auf diese bezogenen Leistungen von insgesamt 24.000 EUR entfällt Vorsteuer i.H.v. 4.560 EUR.

Kostenherkunft	Kosten (EUR)	Kostenstelle
Wartung Lederzuschnitt	1.500	Lederzuschnitt
Wartung Spritzguss	1.000	Spritzguss
Marketingagentur	20.000	Verkauf (Produktionsware)
Telefon Verkauf	1.500	Verkauf (Produktionsware)
Summe:	24.000	

Abbildung 110: Bezogene (Dienst-)Leistungen

Neben Pflicht- und Wahlbestandteilen der Herstellungskosten existieren auch explizite Einbeziehungsverbote.[565] Aus den hier beschriebenen Daten der Lagerfertigung werden folgende Positionen nicht in die Herstellungskosten des *Hiking*-Schuhs eingehen, sondern aufwandswirksam in der GuV gebucht:[566]

- Personal Geschäftsbereichsleitung (48.000 EUR),
- Personal Verkauf (42.000 EUR),
- Marketingagenturkosten (20.000 EUR),
- Telefonkosten Verkauf (1.500 EUR).

Berücksichtigung von Gemeinkosten

Die auf der Kostenstelle *Qualitätssicherung* anfallenden Aufwendungen (Personalaufwendungen des Qualitätsingenieurs und die Abschreibungen der Messinstrumente) werden mithilfe eines Gemeinkostenzuschlags (vgl. Abbildung 106)

---

[565] Vgl. dazu Kapitel F.2.1.3.3.3.5.

[566] Auch wenn diese Kosten nicht originär mit dem Produktionsprozess verbunden sind, werden sie in diesem Geschäftsprozess berücksichtigt.

auf den Kostenträger verrechnet. Ebenso werden die produktionsnahen Gemein-kosten über einen Gemeinkostenzuschlag berücksichtigt. Da diese Aufwendungen in unterschiedlichen Kostenstellen anfallen, werden diese zuvor über eine Umlage zentral auf die Kostenstelle *Produktion* verrechnet. In diesem Zusammenhang gilt es zu beachten, dass die Personalaufwendungen im Einkauf zu einem Drittel auf die Produktion des *Hiking*-Schuhs entfallen und dementsprechend auch nur in die-ser Höhe auf die Kostenstelle *Produktion* verrechnet werden. Aus den oben bereits aufgeführten Kosten sind die in Abbildung 111 aufgeführten Positionen als pro-duktionsnahe Gemeinkosten zusammenzufassen.

Kostenart	Kosten (EUR)	Kostenstelle
Personal Lager	35.000	Produktion
Personal Einkauf (1/3)	12.000	Einkauf
Produktionsgebäude (AfA)	40.000	Produktionsware
Heizung Produktionsgebäude	20.000	Produktionsware
Summe:	107.000	

Abbildung 111: Produktionsnahe Gemeinkosten

2.3 Abbildung der Lagerfertigung in SAP Business ByDesign

2.3.1 Vorbemerkungen

Der Prozess der Lagerfertigung unterteilt sich in die Teilprozesse Planungsvorbe-reitung, Produktionsplanung und Produktionsdurchführung (vgl. Abbildung 112). In den Teilprozessen Planungsvorbereitung und Produktionsplanung werden die für die Produktionsdurchführung relevanten Grundlagen gelegt: die Stückliste mit den Materialien, die Ressourcen sowie das Produktionsmodell. Die im Produkti-onsprozess zu verrechnenden (Plan-)Kostensätze[567] der beteiligten Materialien und Ressourcen sind dabei festzulegen. Das Produktionsmodell beschreibt den Produktionsablauf mit seinen Aktivitäten.[568] Im Rahmen der Produktionsdurch-führung werden die in dem Produktionsmodell vorgesehenen Aktivitäten rückge-meldet. Die Rückmeldungen über Materialverbräuche und Ressourcenleistungen werden im Rechnungswesen bewertet.[569] Der Fokus der nachfolgenden Beschrei-bungen liegt auf dem Teilprozess Produktionsdurchführung. Des Weiteren werden in diesem Kapitel relevante Berichte zur Steuerung und Analyse des Produktions-prozesses dargestellt.

Überblick

---

[567] In SAP Business ByDesign wird in den Stammdaten die Begrifflichkeit „Standard-kostensatz" verwendet. Im Folgenden wird grds. von Plankostensätzen gesprochen.

[568] Diese Stammdaten legen Sie in SAP Business ByDesign in dem Work Center *Stammdaten Supply Chain Design* (Sicht *Ressourcen*) bzw. *Stammdaten Planung und Produktion* (Sicht *Produktionsstücklisten* und *Produktionsmodell*) fest.

[569] Grundlage der Bewertung stellen die Planpreise bzw. -kostensätze der Materialien bzw. Ressourcen dar. Vgl. zur Bewertung Kapitel F.2.3.2.2 und F.2.3.2.3.

Abbildung 112: Prozess der Lagerfertigung und zugehörige Work Center

Über einen Planungsvorschlag (Work Center *Beschaffungssteuerung*) geben Sie zunächst die zu produzierende Menge ein. Den Produktionsvorschlag legen Sie in einem nächsten Schritt im Work Center *Produktionssteuerung* (Sicht *Produktions-anforderungen)* als Produktionsauftrag an und geben diesen zur Produktion frei. Die Produktion wird über Produktionslose (Kostenträger) ausgeführt. Über Rück-meldungen, die als kontextspezifische Aufgabe dem zuständigen Mitarbeiter vor-liegen (Sicht *Aufgabensteuerung*), dokumentieren Sie den Arbeitsfortschritt eines Produktionsauftrags. Diese Rückmeldungen lösen die Buchungen im Rechnungs-wesen aus. Die mit den einzelnen Rückmeldungen verbundenen Geschäftsvorfälle im Rahmen des Teilprozesses Produktionsdurchführung werden in den nachfol-genden Kapiteln beschrieben.

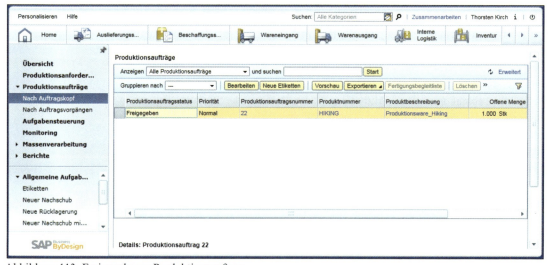

Abbildung 113: Freigegebener Produktionsauftrag

Bevor auf die Geschäftsvorfälle des Teilprozesses Produktionsdurchführung näher eingegangen wird, ist vorab die Funktion und die Buchungslogik des Kontos *Ware in Arbeit* zu erläutern.

2.3.2   Aktivierung von Herstellungskosten
2.3.2.1   Die Funktion des Kontos *Ware in Arbeit*

Die Buchungslogik von Herstellungsvorgängen in SAP Business ByDesign ist auf den Ausweis von Aufwendungen nach dem Umsatzkostenverfahren ausgerichtet.[570] Wird die GuV nach dem Umsatzkostenverfahren aufgestellt, werden keine Bestandsveränderungen sowie Aufwendungen für die produzierten Vermögensgegenstände innerhalb der GuV ausgewiesen.[571] Zudem erfolgt kein Aufwands- bzw. Ertragsausweis nach Kostenarten, sondern nach betrieblichen Funktionen. In SAP Business ByDesign besitzt das (Bilanz-)Konto *Ware in Arbeit* die Funktion, Bestandsveränderungen direkt in der Bilanz abzubilden.

Motivation der Buchungslogik

> SAP Business ByDesign aktiviert über Rückmeldungen im Prozess der Lagerfertigung zeitnah die angefallenen Aufwendungen direkt auf dem Bestandskonto *Ware in Arbeit*.

HIGHLIGHT

Auf dem Bilanzkonto *Ware in Arbeit* werden die auf einem Produktionslos angefallenen aktivierungsfähigen Aufwendungen erfasst. Die Aktivierung dieser Aufwendungen erfolgt automatisch mit der Rückmeldung der im Arbeitsplan vorgesehenen Aktivitäten.[572] Diese in der Lagerfertigung getätigten Rückmeldungen erreichen einen zeitnahen Vermögensausweis der (un-)fertigen Erzeugnisse. Die Erfolgsneutralität des Herstellungsvorgangs wird somit frühestmöglich abgebildet.

Aktivierung durch Rückmeldungen

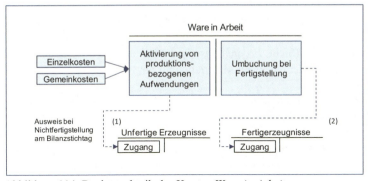

Abbildung 114: Buchungslogik des Kontos *Ware in Arbeit*

Auslöser von Buchungen auf diesem Konto sind Tätigkeiten in der Produktion, wie z.B. die Entnahme und der Verbrauch von Rohstoffmaterialien sowie der Einsatz von Maschinen oder Arbeitskräften. Die Rückmeldung eines Mitarbeiters über die Fertigstellung eines bestimmten Arbeitsschritts in der Lagerfertigung be-

Tätigkeiten als Auslöser von Buchungen

---

[570]   SAP Business ByDesign stellt die GuV primär nach dem Umsatzkostenverfahren auf, ermöglicht aber jederzeit die Darstellung der GuV nach dem Gesamtkostenverfahren; vgl. zur Vorgehensweise für die Überleitung von dem Umsatz- auf das Gesamtkostenverfahren Kapitel F.5.3.4.2.

[571]   Bei Anwendung des Gesamtkostenverfahrens werden alle in der Periode angefallenen Kosten nach Kostenarten gegliedert in der GuV aufgeführt.

[572]   Vgl. zu den einzelnen Rückmeldungen im Prozess der Lagerfertigung und deren Auswirkungen auf das Bestandskonto die nachfolgenden Kapitel.

stätigt die Inanspruchnahme dieser Produktionsfaktoren. Die hinterlegten Stammdaten des jeweiligen Produktionsfaktors – der aktuelle Materialpreis für die Materialbewertung, der Kostensatz der Ressource im Allgemeinen[573] für die Ermittlung der Arbeitskosten – bestimmen gleichzeitig die Bewertung der Geschäftsvorfälle. Auch die über einen Zuschlag auf einen Kostenträger verrechneten Gemeinkosten werden auf diesem Konto erfasst.[574] Die auf dem Konto *Ware in Arbeit* aktivierten Aufwendungen verbleiben so lange auf dem Konto, bis die Produktion des beabsichtigten Vermögensgegenstands vollendet ist. Sollten am Bilanzstichtag die Produkte noch nicht fertiggestellt sein (vgl. Fall (1) in Abbildung 114), werden die aktivierten Aufwendungen am Stichtag automatisch unter der Bilanzposition *Unfertige Erzeugnisse* ausgewiesen. Bei Fertigstellung erfolgt die Bestandsumbuchung[575] auf das Konto *Fertigerzeugnisse* (vgl. Fall (2) in Abbildung 114).

Nachdem die Funktionsweise des Kontos *Ware in Arbeit* grds. dargestellt wurde, wird die Vorgehensweise zur Aktivierung der Aufwendungen während der Lagerfertigung in den nachfolgenden Kapiteln aufgezeigt.

2.3.2.2   Materialentnahme für die Produktion

Stückliste als Planungsgrundlage von Materialien

Für die Produktion von Vermögensgegenständen wird zur Produktionsplanung u.a. eine Stückliste erstellt. Die Stückliste gibt an, in welcher Menge ein bestimmter Inputfaktor in die Herstellung eines Produkts eingeht. Die Stückliste ist als Planungsgrundlage der Inputfaktoren zu verstehen. Die tatsächliche Verbrauchsmenge kann sich davon letztlich unterscheiden. In SAP Business ByDesign wird für ein herzustellendes Produkt eine Stückliste im Work Center *Stammdaten Planung und Produktion* (Sicht *Produktionsstücklisten*) angelegt. Abbildung 115 zeigt die Inputmengen der einzelnen Materialien für ein Paar *Hiking*-Schuhe an.

Dokumentation des Verbrauchs über Rückmeldungen

Der Verbrauch bestandsgeführter Materialien – Kunststoffgranulat, Leder und Schnürsenkel – wird im Herstellungsprozess von dem Mitarbeiter am jeweiligen Arbeitsschritt per Rückmeldung dokumentiert. In der Rückmeldung selbst ist die produzierte Menge des Produktionsloses anzugeben. SAP Business ByDesign zieht daraus zunächst automatisch die in der Stückliste enthaltenen Verbrauchsmengen pro Arbeitsschritt. Falls Sie eine von der Stückliste (Planmenge) abweichende Verbrauchsmenge (Istmenge) erfassen möchten, z.B. weil in einem Arbeitsvorgang mehr Leder verarbeitet wurde, als dies ursprünglich in der Stückliste vorgesehen ist, können Sie die Vorschlagsmengen in der Rückmeldung auf die Istmengen anpassen.[576] In den Geschäftsvorfällen der Produktionsdurchführung werden ausschließlich Mengen betrachtet (z.B. verarbeitetes Leder in m^2 oder Arbeitszeitverbrauch in Stunden). Die Bewertung des Verbrauchs wird durch das Rechnungswesen sichergestellt. Grundlage für die Bewertung sind die in dem

---

[573]   In Ausnahmefällen können auch die Kosten des Services verwendet werden; vgl. zum Einsatz von Service- und Ressourcenkostensätzen ausführlich Kapitel F.4.1.2.
[574]   Vgl. zur Thematik von Gemeinkostenzuschlägen ausführlich Kapitel F.2.3.2.5.
[575]   Vgl. Kapitel F.2.3.2.4.
[576]   Vgl. zur Auswirkung von mengenmäßigen Abweichungen Kapitel F.2.3.3.

Stammdatensatz des Materials vorhandenen Preise und die in den Ressourcen enthaltenen Kostensätze.

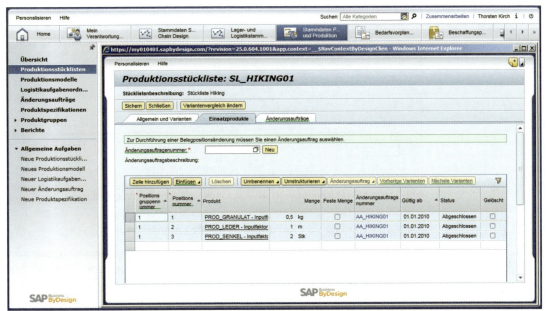

Abbildung 115: Stückliste mit geplanten Verbrauchsmengen

Die geplanten Materialeinzelkosten pro hergestelltem Paar Schuhe belaufen sich auf 33 EUR. Diese Materialeinzelkosten entstehen durch den Verbrauch der Materialien Kunststoffgranulat, Leder und Schnürsenkel. In Abbildung 116 sind zudem die geplante Verbrauchsmenge (laut Stückliste) pro Paar sowie die Kosten der Materialien für die Herstellung aufgeführt.

Materialeinzelkosten des *Hiking*-Schuhs

Material	Menge (Paar)	EUR/ME	Kosten (Paar Schuhe)
Kunststoffgranulat	0,5 kg	5	2,50 EUR
Leder	1 qm	30	30,00 EUR
Schnürsenkel	2 Stk.	0,25	0,50 EUR

Abbildung 116: Materialeinzelkosten der hergestellten Schuhe

Die rückgemeldete (Ist-)Menge ist die für die Buchhaltung relevante Bewertungsgröße. Auf Basis der tatsächlichen Verbrauchsmenge wird die Entnahme der in die Produktion eingegangenen Rohstoffe automatisch gebucht. In dem hier vorliegenden Fallbeispiel werden bei einem Produktionslos von 1.000 Paar Schuhen insgesamt 500 kg Kunststoffgranulat (2.500 EUR), 1.000 qm Leder (30.000 EUR) und 2.000 Schnürsenkel (500 EUR) verbraucht. Der Einsatz von Rohstoffen führt zu einer Reduktion des Bestandskontos *Bestand Rohstoffe* und erhöht gleichzeitig das Konto *Ware in Arbeit* im Soll i.H.v. 33.000 EUR (vgl. Abbildung 117). Der Materialverbrauch wird also nicht erfolgswirksam in der GuV erfasst, sondern direkt erfolgsneutral[577] (Aktivtausch) auf das Bestandskonto *Ware in Arbeit* gebucht.[578]

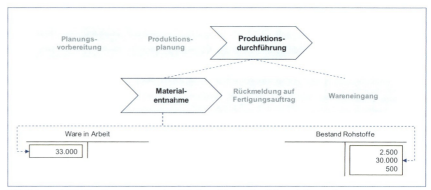

Abbildung 117: Buchungen aus der Rückmeldung der Materialentnahmen

2.3.2.3   Einsatz von Ressourcen in der Lagerfertigung

Ressource als Produktionsfaktor

In der Lagerfertigung kommen neben Materialien üblicherweise auch Ressourcen zum Einsatz. Ressourcen stellen Produktionsfaktoren wie Arbeitskräfte oder Maschinen dar. In SAP Business ByDesign gibt es unterschiedliche Arten von Ressourcen: Personal-, Equipment- und Fahrzeugressourcen. Diese Ressourcen legen Sie im Work Center *Stammdaten Supply Chain Design* (Sicht *Ressourcen*) an. Im Beispielsachverhalt werden zwei Typen von Ressourcen verwendet: die Personal- und die Equipmentressource. Die Zuordnung der Ressource mit ihrem Kostensatz zu einer Kostenstelle stellt eine verursachungsgerechte Verrechnung der entsprechenden Leistungen sicher.

2.3.2.3.1   Ermittlung des Kostensatzes von Ressourcen

Kostensatz von Ressourcen

Die Leistung von Ressourcen wird in einem bestimmten Arbeitsschritt in Anspruch genommen. Die Verwendung von Ressourcen wird im Arbeitsplan festgehalten. Um die Leistung von Ressourcen bewerten und verrechnen zu können, wird für jede Ressource ein (Plan-)Kostensatz pro Stunde ermittelt und in den Stammdaten hinterlegt. Zudem wird die geplante Dauer der Arbeitsleistung pro Aktivität im Arbeitsplan angegeben. Der Kostensatz errechnet sich auf Basis von Plankosten und Planbeschäftigung der zugrunde liegenden Ressource. Ausschlaggebend für die Bewertung der erbrachten Arbeitsleistung der Ressource ist dagegen die rückgemeldete Istleistung: In Abhängigkeit von der Verbrauchsdauer der Ressource in einem Produktionsprozess wird der Wertansatz des Leistungsverbrauchs für die Buchung berechnet. Die so aus Plankosten und Istbeschäftigung ermittelten Sollkosten werden über die Rückmeldung sofort in dem Bestandskonto

---

[577]   Vgl. zur Erfolgsneutralität des Herstellungskostenvorgangs Kapitel F.2.1.3.1.

[578]   Eine erfolgswirksame Verbuchung in dem Posten *Herstellungskosten des Umsatzes* tritt erst bei Verkauf des hergestellten Produkts ein. Für die Behandlung von (in diesem Schritt nicht gebuchten) Materialverbrauch im Rahmen der Überleitung von dem Umsatz- auf das Gesamtkostenverfahren siehe Kapitel F.5.3.4.2.

Ware in Arbeit ausgewiesen.[579] In Abbildung 118 ist die Verwaltung von Kostensätzen für eine Ressource zu erkennen. In der Registerkarte *Bewertung* sind die für einen bestimmten Zeitraum gültigen (Plan-)Kostensätze je Rechnungslegungswerk zu pflegen.

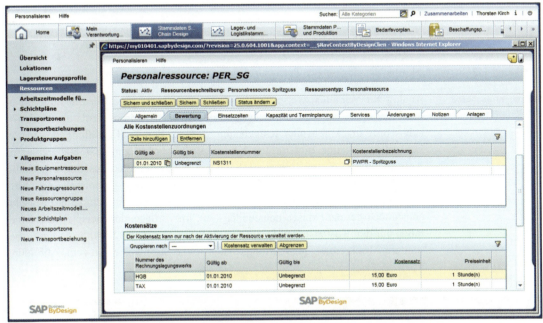

Abbildung 118: Verwaltung von Kostensätzen einer Ressource

Für die Kostenstelle *Spritzguss* errechnet sich aufgrund der geplanten anfallenden Kosten i.H.v. 21.000 EUR und der Planbeschäftigung des Mitarbeiters von 1.400 Stunden für die Personalressource ein Kostensatz von 15 EUR pro Stunde (vgl. Abbildung 119). Im Arbeitsplan wird des Weiteren eine Fertigungsdauer pro Arbeitsschritt von 3 min/Paar festgelegt, sodass mit diesem Arbeitsschritt schließlich Fertigungskosten von 0,75 EUR/Paar anfallen. Insgesamt führen die in der Produktion eines Paars an *Hiking*-Schuhen verwendeten Personalressourcen – Spritzguss, Lederzuschnitt, Schuhfertigung – zu einer Belastung des Kostenträgers mit Fertigungskosten in Höhe 2,25 EUR/Paar. Im vorliegenden Beispielsachverhalt wurde keine Abweichung von Plan-, Soll- und Istkosten[580] vorgesehen. Sollten Abweichungen vorliegen, kann für die zukünftige Leistungsverrechnung der Kostensatz an die Istkosten, z.B. am Ende des Monats für die folgenden Monate, angepasst werden.

Personalressource im Beispielsachverhalt

---

[579] Vgl. zur Ermittlung von Herstellungskosten auf Basis von Plan- bzw. Sollkosten Kapitel F.2.1.3.4.

[580] Vgl. zur Produktionsplanung auch Kapitel E.2.2.

Kostenstelle	Kostenherkunft	Plankosten (EUR)	Planbeschäftigung (h)	Kostensatz (EUR/h)	Fertigungsdauer (min/Paar)	Fertigungskosten (EUR/Paar)
Spritzguss	Personalaufwand	21.000	1.400	15,00	3,00	0,75
Lederzuschnitt	Personalaufwand	21.000	1.400	15,00	3,00	0,75
Schuhfertigung	Personalaufwand	21.000	1.400	15,00	3,00	0,75
Summe:		63.000				2,25

Abbildung 119: Fertigungskosten der eingesetzten Personalressourcen

Equipmentressource im Beispielsachverhalt

Analog zur Vorgehensweise bei der Personalressource muss für die Equipmentressource ein Kostensatz hinterlegt und die Dauer der Maschinenlaufzeit pro Arbeitsschritt im Arbeitsplan festgehalten werden. Für die Ermittlung des in der Equipmentressource hinterlegten Kostensatzes werden zunächst alle geplanten Aufwendungen, die im Zusammenhang mit der im Produktionseinsatz befindlichen Maschine entstehen, auf der jeweiligen Kostenstelle gesammelt. Anschließend werden diese Plankosten ins Verhältnis zu den (voraussichtlichen) Maschinenstunden gesetzt (Maschinenstundensatz). Im vorliegenden Beispielsachverhalt fallen auf den Kostenstellen *Spritzguss*, *Lederzuschnitt* und *Schuhfertigung* insbesondere Abschreibungen, Wartungskosten sowie Stromkosten an (vgl. Abbildung 120).

Kostenstelle	Kostenherkunft	Plankosten (EUR)	Planbeschäftigung (h)	Kostensatz (EUR/h)	Fertigungsdauer (min/Paar)	Fertigungskosten (EUR/Paar)
Spritzguss	Spritzgussanlage (AfA)	10.000				
	Stromkosten	2.000	933	13,93	2	0,46
	Externe Wartungskosten	1.000				
Lederzuschnitt	Laserschneidsystem (AfA)	7.500				
	Stromkosten	1.000	933	10,72	2	0,36
	Externe Wartungskosten	1.500				
Schuhfertigung	Nähmaschine (AfA)	1.000				
	Stromkosten	1.500	933	3,16	2	0,11
	Garn/Kleber	450				
Summe:		25.950				0,93

Abbildung 120: Fertigungskosten der eingesetzten Equipmentressourcen

Für die Kostenstelle *Spritzguss* wird mit Plankosten i.H.v. 13.000 EUR gerechnet. Sie setzen sich aus den geplanten Abschreibungen (10.000 EUR), Stromkosten (2.000 EUR) und externen Wartungskosten (1.000 EUR) zusammen. Bei einer Planbeschäftigung der Maschine von 933 Stunden ermittelt sich ein (Plan-) Kostensatz von 13,93 EUR pro Stunde für die Equipmentressource. Die geplante Fertigungsdauer wird im Arbeitsplan mit 2 min/Paar festgelegt. Insgesamt führen die in der Produktion eines Paars an *Hiking*-Schuhen verwendeten Equipmentressourcen zu einer Belastung des Kostenträgers mit 0,93 EUR/Paar.

2.3.2.3.2 Rückmeldung der Ressource auf den Fertigungsauftrag

Die mit dem Kostensatz und der Istbeschäftigung bewertete Leistung einer Ressource belastet den die Leistung empfangenden Kostenträger (Produktionslos) und entlastet die der Ressource zugeordnete Kostenstelle (vgl. Abbildung 121). Diese Be- und Entlastung wird – analog zur Verarbeitung von Rohstoffen – über die von einem Mitarbeiter über die Verwendung von Ressourcen getätigte Rückmeldung im Work Center *Produktionssteuerung* (Sicht *Aufgabensteuerung*) ausgelöst. In der Rückmeldung können Sie abweichende Nutzungsdauern von der im Arbeitsplan geplanten Laufzeit (Beschäftigung) eines Arbeitsschritts erfassen.

Belastung des Kostenträgers über die Rückmeldung

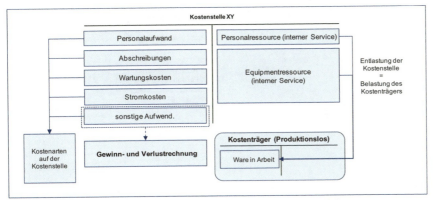

Abbildung 121: Belastung des Kostenträgers durch die Ressourcenleistung

In Abbildung 121 ist ersichtlich, dass die Kostenstelle zunächst mit (nach Kostenarten getrennt aufgeführten) Aufwendungen belastet wird. Die durch die Rückmeldung ausgelöste Buchung entlastet die Kostenstelle und belastet den Kostenträger (Produktionslos).[581] Dadurch wird dem Prinzip der Erfolgsneutralität eines Herstellungsvorgangs entsprochen. Da die Aktivierung dieser Aufwendungen automatisch mit der Rückmeldung erfolgt, befindet sich die Aktivierung in SAP Business ByDesign zeitnah am tatsächlichen Prozess der Lagerfertigung und ermöglicht demzufolge stets einen aktuellen Ausweis von (un-)fertigen Erzeugnissen.

Erfolgsneutralität des Herstellungsvorgangs

Kosten einer Kostenstelle, die nicht über eine Ressource entlastet werden bzw. keinen Eingang in die Herstellungskosten des Vermögensgegenstands erhalten, werden in der Gewinn- und Verlustrechnung berücksichtigt und mindern das Jahresergebnis der aktuellen Periode.[582]

Die Beendigung einer jeden Aktivität (Arbeitsvorgang) – also die Inanspruchnahme einer Personal- oder einer Equipmentressource – wird per Rückmeldung im operativen Prozess bestätigt. Aufgrund des integrativen Ansatzes von SAP Bu-

Buchung durch Rückmeldung

---

[581] Die Buchung erfolgt auf das Bilanzkonto *Ware in Arbeit*. Vgl. hierzu auch Abbildung 122.

[582] Bei Anwendung des Umsatzkostenverfahrens werden diese Aufwendungen in dem Funktionsbereich ausgewiesen, der der Kostenstelle zugewiesen wurde. Vgl. auch Kapitel D.3.3. Vgl. zur Überleitung von dem Umsatz- auf das Gesamtkostenverfahren Kapitel F.5.3.4.2.

siness ByDesign wird durch die Rückmeldung automatisch eine Buchung abgesetzt, die das Konto *Ware in Arbeit* im Soll erhöht. Im vorliegenden Fall werden 1.000 Paar Schuhe hergestellt, sodass eine Zunahme um 3.180 EUR[583] erfolgt. Außerdem werden mehrere Ertragsbuchungen im GuV-Konto *interner Service* ausgelöst. Die einzelnen Buchungszeilen auf dem Konto *interner Service* beziehen sich auf jede der in Abbildung 119 und Abbildung 120 dargestellten Ressourcentypen und sind auf die Rückmeldungen der erbrachten Arbeitsleistung zurückzuführen.

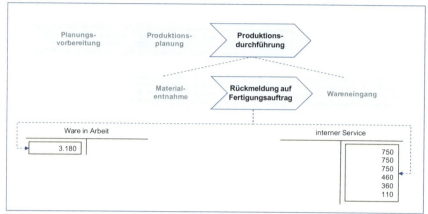

Abbildung 122: Buchungen bei Rückmeldung der eingesetzten Ressourcen

2.3.2.4　Wareneingang des Output-Materials im Lager

Rückmeldung und Buchung bei Fertigstellung der Produktion

Nach Abschluss der Herstellung wird die fertiggestellte Ware per Wareneingang auf Lager gelegt. Mit diesem Schritt wird durch die Rückmeldung auf das Produktionslos eine Erhöhung des Bestands an Fertigerzeugnissen registriert. Das Konto *Ware in Arbeit* wird gleichzeitig um den Wertansatz des Outputmaterials entlastet. Bezogen auf den Sachverhalt wird bei einer Produktionsmenge von 1.000 Paar Schuhen eine Bestandserhöhung i.H.v. 41.630 EUR erfasst (vgl. Abbildung 123).

Verwendung des Standardkostensatzes

In welcher Höhe die Ein- respektive Ausbuchung stattfindet, ist von dem zum Zeitpunkt des Wareneingangs gültigen Bestandspreis abhängig. Hinsichtlich der Bewertung des Bestands kann zwischen dem Verfahren des gleitenden Durchschnitts oder des Standardkostensatzes gewählt werden. Im Fallbeispiel verwenden wir den Standardkostensatz. Im Gegensatz zu dem gleitenden Durchschnittspreis passt sich der Standardkostensatz nicht mit jedem Geschäftsvorfall automatisch an. Der im Vorfeld der Produktion kalkulierte Standardkostensatz gibt an, wie viel die Herstellung eines Produkts auf Basis von Planungsdaten kosten sollte.[584] Mit der Festsetzung des Standardkostensatzes in den Stammdaten des Produkts wird dieser fixierte Wert für die Aktivierung der Fertigerzeugnisse automa-

---

[583]　3.180 EUR = 1.000 Paare * (2,25 EUR/Paar + 0,93 EUR/Paar).

[584]　In dem Fallbeispiel wird ein Standardkostensatz i.H.v. 41,63 EUR/Paar Schuhe verwendet; vgl. zur detaillierten Ermittlung Abbildung 130.

tisch gezogen. Dieser Kostensatz gilt als Maßstab für die Herstellung eines Produkts: Ein Unter- bzw. Überschreiten dieser Wertgrenze löst die Buchung einer Produktionsdifferenz aus; die identifizierte Differenz kann einer Abweichungsanalyse unterzogen werden.[585] Es erfolgt (zunächst) ein Ausweis in der (im Vorfeld) ermittelten Höhe, unabhängig von den tatsächlich angefallenen Soll-/Istkosten im Produktionsablauf.

An dieser Vorgehensweise können die Auswirkungen eines Einkreissystems aufgezeigt werden. SAP Business ByDesign liefert sowohl für das interne als auch für das externe Rechnungswesen die gleiche Datengrundlage.[586] Die Verwendung des Standardkostensatzes führt aus Sicht der externen Rechnungslegung zu einem Ausweis von Vermögensgegenständen der Höhe nach, der nicht zwingend der gesetzlichen Herstellungskostendefinition entsprechen muss.[587] Dies ist darauf zurückzuführen, dass die Istkosten erst am Ende der Periode vollständig bekannt sind und somit erst zu diesem Zeitpunkt berücksichtigt werden können.

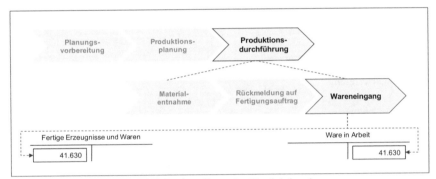

Abbildung 123: Buchungen bei Fertigstellung des Produktionsloses

Der Standardkostensatz kann auf monatlicher Basis – oder am Ende der Berichtsperiode – auf die tatsächlich angefallenen Kosten angepasst und im Stammdatensatz des herzustellenden Produkts festgehalten werden.[588] So ermöglicht SAP Business ByDesign, den zum jeweiligen Zeitpunkt auf aktuellsten Erkenntnissen basierenden Standardkostensatz zu verwenden und dadurch zeitnah einen zutreffenden Ausweis der Bestände zu gewährleisten. Der Standardkostensatz ist dann als beste Näherung an die erwarteten (Ist-)Kosten im Verlauf der Periode zu verstehen. SAP Business ByDesign gleicht auf Basis des angepassten Standardkostensatzes automatisch die im Bestand befindlichen Fertigerzeugnisse an.

Abschließend wird der Ablauf der Lagerfertigung anhand eines Belegflusses aufgezeigt. Ausgehend von dem Produktionsauftrag erhalten Sie schnell einen Über-

---

585   Vgl. zu Abweichungen zwischen dem aktivierten Wert und den angefallenen Soll-
       bzw. Istkosten Kapitel F.2.3.3.
586   Vgl. zur Thematik des Einkreissystems im Kontext der Harmonisierung von internem
       und externem Rechnungswesen Kapitel B.
587   Vgl. zur Zulässigkeit von Plankosten Kapitel F.2.1.3.4.
588   Dieser auf Istkosten ermittelte Standardkostensatz dient dann gleichzeitig als Plan-
       wert für den kommenden Monat respektive das kommende Geschäftsjahr.

blick, aus welcher Planung heraus der Auftrag entstanden ist und welche Rückmeldungen dazu (bereits) vorhanden sind.

Abbildung 124: Belegfluss der Lagerfertigung

2.3.2.5   Verwendung von Zuschlägen
2.3.2.5.1 Verrechnung von Gemeinkosten über Zuschläge

**Gemeinkosten-
zuschläge**

Gemeinkosten können über Zuschläge auf den Kostenträger übertragen werden.
Eine Zuschlagsregel definieren Sie im Work Center *Kosten und Erlöse* unter der
Sicht *Stammdaten und Verrechnungen* (vgl. Abbildung 125). Zuschlagssätze werden primär auf der Grundlage von Plankosten berechnet. In SAP Business ByDesign können Sie Zuschläge jedoch permanent an eventuell auftretende Änderungen der Kosten anpassen. In solchen Fällen gleicht das System durch einen Zuschlagslauf die Bestandskonten auf Basis der neu vergebenen Zuschlagssätze automatisch an. Sie sind somit in der Lage, die tatsächlich angefallenen (Ist-)Kosten
– sofern sich diese von Ihren Plankosten unterscheiden sollten – zeitnah über eine
Korrektur der Zuschläge zu erfassen.

**Zuschlagslauf als
Bewertungsvorgang**

Über einen Zuschlagslauf für Produktionslose (= Kostenträger) im Work Center
Bestandsbewertung (Sicht *Periodische Aufgaben*) wird in SAP Business ByDesign die Kostenstelle, auf der sich die Gemeinkosten befinden, entlastet und die
Gemeinkosten auf den Kostenträger übertragen. Der Zuschlagslauf ist ein Bewertungsvorgang, der nur auf der buchhalterischen Ebene ausgelöst wird und nach
dem operativen Prozess der Lagerfertigung stattfindet.

Abbildung 125: Festlegung von Zuschlagsregeln

Die Bezugsbasis für die Zuschläge können Sie beim Anlegen des Gemeinkostenzuschlags wählen. Grds. dienen die auf dem Konto *Ware in Arbeit* gebuchten Kosten – wie z.B. Material- und Fertigungseinzelkosten – als Bezugsbasis für die Zuschläge. Neben der Bezugsbasis legen Sie in der Zuschlagsregel im Work Center *Kosten und Erlöse* auch die Höhe der einzelnen Zuschläge fest. Abbildung 125 ist zu entnehmen, dass für die Zuschlagsregel *Hiking* zwei Zuschläge (GKZ Qualitätssicherung und GKZ Produktionsnahe Gemeinkosten) vergeben wurden. Zudem ist zu berücksichtigen, dass Sie die Zuschläge – auch wenn sich der Zuschlagssatz nicht unterscheiden sollte – pro vorhandenem Rechnungslegungswerk anlegen müssen.[589]

Bezugsbasis und Höhe des Zuschlags

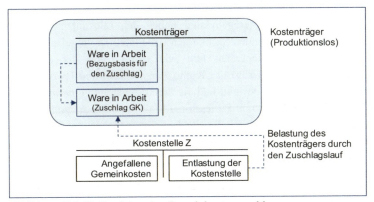

Abbildung 126: Verbuchung des Gemeinkostenzuschlags

---

[589] Dadurch können Sie eine sachgerechte Abbildung von Vermögensgegenständen erreichen, deren Herstellungskosten nach Steuer- und Handelsbilanz abweichen.

Beispielsachverhalt

Im Fallbeispiel werden zwei Gemeinkostenzuschläge verwendet. Ein Zuschlag dient der Verteilung der angefallenen Gemeinkosten im Bereich der Qualitätssicherung auf den Kostenträger; ein zweiter Zuschlag verrechnet die produktionsnahen Gemeinkosten. Als Bezugsbasis für den Zuschlag der Qualitätssicherung werden die geplanten Materialeinzelkosten und die Fertigungskosten der Personal- und Equipmentressourcen zugrunde gelegt. Diese Kosten belaufen sich auf insgesamt 1.012.950 EUR.[590] Daraus ergibt sich ein Zuschlagssatz i.H.v. 4,50 %.

Kosten der Qualitätssicherung		Bezugsbasis des Gemeinkostenzuschlags		Gemeinkostenzuschlag Qualitätssicherung
Personalaufwand	45.000 EUR	Materialeinzelkosten	924.000 EUR	
Messinstrumente (AfA)	600 EUR	Fertigungseinzelkosten	63.000 EUR	$\frac{45.600 \text{ EUR}}{1.012.950 \text{ EUR}}$
		Maschinenstundensatz	25.950 EUR	= 4,50 %
Summe:	45.600 EUR	Summe:	1.012.950 EUR	

Abbildung 127: Ermittlung des Verrechnungssatzes für die Gemeinkosten der Qualitätssicherung

2.3.2.5.2 Berücksichtigung von Umlagen

Einrichten einer Umlagenregel

In SAP Business ByDesign können Sie zunächst Kosten zwischen Kostenstellen umlegen und anschließend die umgelegten Kosten mithilfe eines Zuschlags auf den Kostenträger verrechnen.[591] Auf welche Art und Weise eine Umlage zu erfolgen hat, legen Sie in der Sicht *Stammdaten und Verrechnungen* (Untersicht *Umlageregeln* im Work Center *Kosten und Erlöse* fest (vgl. auch Abbildung 125). Nachdem Sie die Umlageregel eingerichtet haben, müssen Sie zum gewünschten Zeitpunkt einen Umlagelauf durchführen, der auf Grundlage der festgelegten Verteilungsregeln automatisch eine Umlage auf die relevanten Kostenstellen vornimmt. Eine manuelle Umbuchung der diversen Kostenblöcke ist nicht erforderlich. Im Anschluss an die Umlage können Sie über den Zuschlagslauf die auf der Kostenstelle befindlichen Gemeinkosten auf den Kostenträger verrechnen.

Für die Einrichtung von Umlageregeln sind neben den relevanten (Sender-) Kostenstellen die zugrunde liegenden Sachkonten – die letztlich umgelegt werden sollen – anzugeben. Im vorliegenden Fall wird bspw. von der (Sender-) Kostenstelle *Einkauf* (Zentralbereich) das Konto *Personalaufwand* (Personalaufwand des Einkaufsmitarbeiters) gewählt und als Zielkostenstellen *Operations* (jeweils für die Profit-Center Easy- und Professional Walk) und *Produktion* verwendet (vgl. Abbildung 128). Ein Verteilungssatz legt fest, welcher Anteil der Senderkostenstelle auf die Empfängerkostenstelle(n) umgelegt wird. So erfolgt eine Umlage der Personalaufwendungen des Einkaufsmitarbeiters i.H.v. je 33,33 % auf

---

[590] Die Materialeinzelkosten betragen 924.000 EUR (33 EUR/Paar * 28.000 Paare), die Fertigungskosten der Ressourcen belaufen sich auf 63.000 EUR und 25.950 EUR. Vgl. zu den Kosten der Ressourcen auch Abbildung 119 und Abbildung 120.

[591] Diese Vorgehensweise findet dann Anwendung, wenn die Kosten nicht bereits über Ressourcen verrechnet werden. Vgl. zur Verrechnung über Ressourcen Kapitel F.2.3.2.3.

die (Hilfs-)Kostenstellen *Operations* (Profit-Center Easy Walk), *Operations* (Profit-Center Professional Walk) und *Produktion* (Geschäftsbereich Produktionsware).[592]

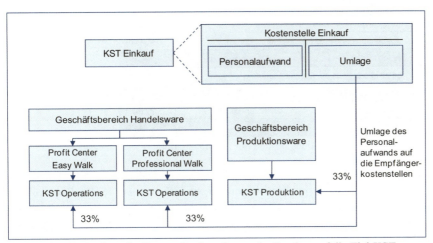

Abbildung 128: Umlage des Personalaufwands von der Sender- auf die Ziel-KST

Die in Abbildung 129 aufgeführten Kosten sollen als Gemeinkosten über einen Zuschlag auf den Kostenträger verrechnet werden. Dafür ist zunächst eine Umlage – soweit Kosten nicht schon bereits auf der vorgesehenen (Ziel-)Kostenstelle vorhanden sind – auf die Kostenstelle *Produktion* notwendig. Nachdem die Kosten umgelegt wurden, werden zur Ermittlung des Gemeinkostenzuschlags der produktionsnahen Gemeinkosten die insgesamt angefallenen Kosten (107.000 EUR) auf den Kostenträger verteilt. Bei einer Produktionsmenge von 28.000 Paaren ergeben sich ungefähr 3,82 EUR, die auf ein Paar *Hiking*-Schuhe entfallen. Die Bezugsgröße für die Berechnung des Zuschlagssatzes stellt die Summe aus den Materialeinzelkosten (33 EUR), den Personalressourcen (2,25 EUR), den Equipmentressourcen (0,93 EUR) und des Gemeinkostenzuschlags für die Qualitätssicherung (1,63 EUR) dar: 37,81 EUR. Somit erhält man einen Gemeinkostenzuschlag für die produktionsnahen Gemeinkosten i.H.v. 10,11 %.

Beispielsachverhalt

Kostenart	Kosten (EUR)	Kostenstelle	
Personal Lager	35.000	Produktion	
Produktionsgebäude (AfA)	40.000	Produktionsware	Umlage dieser Kosten auf die KST „Produktion"
Personal Einkauf	12.000	Einkauf	
Heizung (Produktionsgeb.)	20.000	Produktionsware	

Abbildung 129: Umlage der produktionsnahen Gemeinkosten

---

[592] Die Kosten des Mitarbeiters aus dem Einkauf werden zu zwei Drittel auf den Geschäftsbereich Handelsware und zu einem Drittel auf den Geschäftsbereich Produktionsware zugeordnet. Vgl. auch Kapitel F.2.2.2.

2.3.2.6   Herstellungskosten des produzierten Schuhs

Abbildung 130 fasst die einzelnen Herstellungskostenbestandteile zusammen.

Materialeinzelkosten	33,00 EUR
+ Fertigungseinzelkosten (Personalressource)	2,25 EUR
+ Maschinenstundensatz (Equipmentressource)	0,93 EUR
= Bezugsbasis für den Zuschlag der Gemeinkosten der QS	36,18 EUR
+ Gemeinkosten aus der Qualitätssicherung	1,63 EUR
= Herstellungskosten (inklusive GK der Qualitätssicherung)	37,81 EUR
+ Gemeinkosten der produktionsnahen Verwaltung	3,82 EUR
= Herstellungskosten des Hiking-Schuhs	41,63 EUR

Abbildung 130: Herstellungskosten der *Hiking*-Schuhe

Buchung auf dem Produktionslos

Sie können sich die Buchungen auf einem Produktionslos gesondert anzeigen lassen. Rufen Sie dafür im Work Center *Bestandsbewertung* (Sicht *Berichte*) den gleichnamigen Bericht auf. Auf dem Produktionslos finden Sie die über die Rückmeldungen ausgelösten Buchungen der jeweiligen Kostenstellen. Neben dem Betrag können Sie sich hiermit auch einen Einblick über die tatsächlich verbrauchte Menge (Zeit) der eingesetzten Materialien (Ressourcen) verschaffen. In Abbildung 131 werden konkret die Buchungen eines Produktionsloses zur Herstellung von 1.000 Paar Schuhen gewählt. Die Buchungen mit einem positiven Wert belasten das Konto *Ware in Arbeit* im Soll (vgl. auch Abbildung 114); die negative Buchung am Ende bezieht sich auf die Bestandsumbuchung der Fertigerzeugnisse.

Produktionslos	Sachkonto (Herkunft)		An Kostenstelle	An Material	An Ressource	Betrag in Hauswährung	Bewertungsmenge
22	400000	Aufwendungen für Rohstoffe	#	GRANULAT	#	2.500,00 EUR	500,00 kg
				LEDER	#	30.000,00 EUR	1.000,00 m
				SENKEL	#	500,00 EUR	2.000,00 Stk
	478100	Aufwand interner Service	Spritzguss	#	Personalressource	750,00 EUR	50,00 h
					Equipmentressource	464,29 EUR	33,33 h
			Lederzuschnitt	#	Personalressource	750,00 EUR	50,00 h
					Equipmentressource	357,30 EUR	33,33 h
			Schuhfertigung	#	Personalressource	750,00 EUR	50,00 h
					Equipmentressource	105,32 EUR	33,33 h
	581500	GKZ Qualitätssicherung	Qualitätssicherung	#	#	1.630,00 EUR	0,00
	581600	GKZ Produktionsnahe Gemeinkosten	Produktion	#	#	3.821,00 EUR	0,00
	400020	Aufwendungen für Fertigfabrikate	#	HIKING	#	-41.630,00 EUR	-1.000,00 Stk

Abbildung 131: Buchungen auf einem Produktionslos

2.3.3   Abrechnungslauf des Kontos *Ware in Arbeit*

Zweck

Der Abrechnungslauf des Kontos *Ware in Arbeit* dient dazu, eine korrekte Bestandsbewertung der hergestellten Vermögensgegenstände zu erreichen. Dafür werden Differenzen auf dem Konto *Ware in Arbeit* ermittelt. Der Abrechnungslauf ist periodisch in dem Work Center *Bestandsbewertung* unter der Sicht *Periodische Aufgaben* einzuplanen, um möglichst zeitnah einen korrekten Vermögens-

und Erfolgsausweis zu erzielen. In den Abrechnungslauf werden nur die abgeschlossenen Produktionslose einbezogen.

Für den Abrechnungslauf ist das für den produzierten Vermögensgegenstand festgelegte Bewertungsverfahren von Bedeutung. In Abhängigkeit von dem Bewertungsverfahren (entweder Standardkostensatz oder gleitender Durchschnittspreis) werden bestehende Differenzen behandelt. Im Beispielsachverhalt wurde der Standardkostensatz als Bewertungsverfahren zugrunde gelegt. Abweichungen (positiver als auch negativer Art) zu den ermittelten Herstellungskosten (= Standardkostensatz) werden als Produktionsdifferenzen erfolgswirksam berücksichtigt.[593]

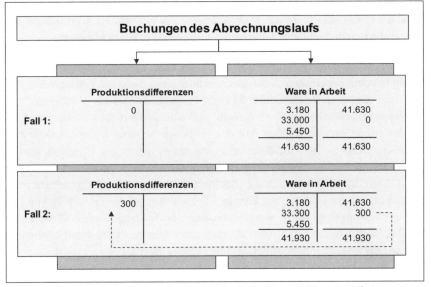

Abbildung 132: Buchungen des Abrechnungslaufs des Kontos *Ware in Arbeit*

In Abbildung 132 werden anhand von zwei Fallunterscheidungen die durch den Abrechnungslauf angestoßenen Buchungen aufgezeigt. In Fall 1 – dies ist der im Beispielsachverhalt beschriebene Fall – liegen keine Differenzen vor. Die im Soll des Kontos *Ware in Arbeit* gebuchten Kosten entsprechen den Plankosten (in Form des Standardkostensatzes). Wären im Fallbeispiel bei dem Verbrauch von Rohstoffen anstatt 33.000 EUR aufgrund von ungenauer Arbeit im Bereich des Lederzuschnitts 33.300 EUR (es wurden 10 qm (= 300 EUR) mehr verwendet als dies in der Stückliste vorgesehen ist) an Materialaufwand entstanden (Fall 2), so hätte dies im Abrechnungslauf zu der Erfassung einer aufwandswirksamen Produktionsdifferenz geführt. Das Produktionsdifferenzenkonto ist der GuV-Position *Herstellungskosten der zur Erzielung der Umsatzerlöse erbrachten Leistungen*

---

[593]   Dagegen wird bei Anwendung des gleitenden Durchschnittspreises eine Anpassung des Bestands vorgenommen. Sollte zu diesem Zeitpunkt kein Bestand vorhanden sein, werden eventuell bestehende Differenzen analog zur Bewertung mit dem Standardkostensatz als Produktionsdifferenzen erfasst.

zugeordnet; dadurch erhöht die Buchung in Fall 2 die Herstellungskosten des Umsatzes um 300 EUR.

2.3.4   Analyse des Lagerfertigungsprozesses

Überblick

Analog zum Beschaffungsprozess sind auch für die Lagerfertigung unterschiedliche Aspekte für die Unternehmenssteuerung von Relevanz. Natürlich spielen Liquiditätsüberlegungen und Lagerbestände auch hier eine entscheidende Rolle für einen effizienten Ablauf der Produktion. Liquide Mittel werden für die Beschaffung von Produktionsfaktoren benötigt. Bei übermäßiger Beschaffung der Inputfaktoren bzw. einer Überproduktion werden hohe Lagerbestände aufgebaut, die Kapital binden bzw. Lagerkosten verursachen.[594] In diesem Gliederungspunkt wird der Fokus jedoch auf den Produktionsprozess in zeitlicher, wertmäßiger und – über die Bestimmung von Ausschuss – in qualitativer Hinsicht gelegt.

Produktions-erfüllungsrate

Der Bericht *Produktionserfüllungsrate* (Work Center *Produktionssteuerung*) stellt Ihnen in zeitlicher Hinsicht Informationen über einen eventuell vorliegenden Verzug zum geplanten Produktionsende eines Produktionsloses zur Verfügung. Verzögerungen gefährden bzw. verhindern ggf. eine fristgerechte Auslieferung der produzierten Güter an Kunden. Mit den zeitlichen Angaben in dem Bericht *Produktionserfüllungsrate* wird Ihnen in einem ersten Schritt ein Überblick ermöglicht, welche Produktionsaufträge pünktlich fertiggestellt wurden. Der Bericht zeigt Ihnen des Weiteren auch die angeforderte und letztlich rückgemeldete Menge je Vorgang an; auch hiermit können Rückschlüsse auf die Einhaltung von Lieferverpflichtungen gezogen werden. Im Fall der *Nordstar GmbH* liegen einige Produktionsprozesse sowohl über als auch unter dem geplanten Produktionsende. Die angeforderte Produktionsmenge wurde immer eingehalten.

Produkt	Geplantes Produktionsende	Erfüllungsrate	Verzug in Tagen	Rückgemeldete Menge	Produktionsendtermin	Angeforderte Menge
HIKING	30.04.2010	100,00%	-1 d	2.500,00 Stk	29.04.2010	2.500,00 Stk
HIKING	28.05.2010	100,00%	-1 d	2.500,00 Stk	27.05.2010	2.500,00 Stk
HIKING	28.06.2010	100,00%	2 d	2.000,00 Stk	30.06.2010	2.000,00 Stk
HIKING	27.07.2010	100,00%	0 d	2.500,00 Stk	27.07.2010	2.500,00 Stk
HIKING	30.08.2010	100,00%	0 d	2.500,00 Stk	30.08.2010	2.500,00 Stk
HIKING	27.09.2010	100,00%	3 d	2.000,00 Stk	30.09.2010	2.000,00 Stk

Abbildung 133: Produktionserfüllungsrate eines Produktionsvorgangs

Produktions-durchlaufzeiten

Ein weiterer Kostenfaktor, der für die Analyse von Abweichungen im Prozess der Lagerfertigung von Bedeutung ist, sind die Durchführungszeiten in den einzelnen Arbeitsschritten. Auf Basis der Informationen des Berichts *Produktionserfüllungsrate* können Sie in differenzierter Form z.B. eine ressourcenbezogene Auswertung vornehmen. Über die Rückmeldungen im Produktionsprozess werden die Istdurchlaufzeiten eines bestimmten Arbeitsvorgangs zur Herstellung der Produkte festgehalten. Weichen diese von den im angelegten Produktionsmodell hinterleg-

---

[594]   Vgl. auch Kapitel F.1.3.1.4.

ten (Plan-)Zeiten ab, entstehen – in Abhängigkeit von der benötigten Zeit – entweder mehr oder wenige Kosten als ursprünglich geplant. Eine ressourcenbezogene Analyse pro Produktionslos ist mit dem Bericht *Produktionsdurchlaufzeit* (Work Center *Produktionssteuerung*) möglich. Auf Basis der gewonnenen Erkenntnisse kann dann eine Anpassung der Plandaten erfolgen. Im Beispielsachverhalt wird weder für das Produktionslos 26 noch für Produktionslos 29 eine Abweichung zur geplanten Durchführungszeit festgestellt. Der zuständige Produktionsleiter nimmt die Einhaltung der Zeitvorgaben zum Anlass, eine Reduzierung der Durchlaufzeiten für die jeweiligen Arbeitsschritte zur Diskussion zu stellen.

Produkt	Ressource		Produktionslos	Geplante Durchführungszeit (Sekunden)	Istdurchführungszeit (Sekunden)	Durchführungszeit (Abweichung in Prozent)
HIKING	PR_LZ	Equipmentressource Lederzuschnitt	26	5.000,00	5.000,00	0,00%
			29	5.000,00	5.000,00	0,00%
	PR_SF	Equipmentressource Schuhfertigung	26	5.000,00	5.000,00	0,00%
			29	5.000,00	5.000,00	0,00%
	PR_SG	Equipmentressource Spritzguss	26	5.000,00	5.000,00	0,00%
			29	5.000,00	5.000,00	0,00%
	PER_LZ	Personalressource Lederzuschnitt	26	7.500,00	7.500,00	0,00%
			29	7.500,00	7.500,00	0,00%
	PER_SF	Personalressource Schuhfertigung	26	7.500,00	7.500,00	0,00%
			29	7.500,00	7.500,00	0,00%
	PER_SG	Personalressource Spritzguss	26	7.500,00	7.500,00	0,00%
			29	7.500,00	7.500,00	0,00%

Abbildung 134: Produktionsdurchlaufzeiten

Gutmenge und Ausschuss

Die Verursachung von Mehrkosten – im Vergleich zu den Plankosten – kann außerdem durch Ausschuss begründet werden. Hoher Ausschuss deutet evtl. auch auf wesentliche Mängel im Produktionsablauf. Im Bericht *Gutmenge und Ausschuss* wird der über die Rückmeldung festgestellte (Ist-)Ausschuss pro Produktionslos aufgeführt und mit dem geplanten Ausschuss verglichen. Wurde mit zu hohem Ausschuss gerechnet? Ist eine Anpassung der Plangröße für die Zukunft erforderlich? Die *Nordstar GmbH* hat bei der Herstellung der *Hiking*-Schuhe nicht mit Ausschuss geplant. Während der Produktion ist dieser auch nicht entstanden.

Produktionslos	Produkt	Erwartete Menge	Istausschuss	Geplanter Ausschuss	Geplanter Ausschuss (in %)	Abweichung Ausschussprozentsatz	Istausschuss (in %)
26	HIKING	2.500,00 Stk	0,00 Stk	0,00 Stk	0,00%	0,00%	0,00%
28	HIKING	2.000,00 Stk	0,00 Stk	0,00 Stk	0,00%	0,00%	0,00%
29	HIKING	2.500,00 Stk	0,00 Stk	0,00 Stk	0,00%	0,00%	0,00%
30	HIKING	2.500,00 Stk	0,00 Stk	0,00 Stk	0,00%	0,00%	0,00%
31	HIKING	2.500,00 Stk	0,00 Stk	0,00 Stk	0,00%	0,00%	0,00%
32	HIKING	2.000,00 Stk	0,00 Stk	0,00 Stk	0,00%	0,00%	0,00%

Abbildung 135: Gutmengen und Ausschuss

Analyse von Produktionsabweichungen

Im Work Center *Bestandsbewertung* haben Sie unter der Sicht *Berichte* die Möglichkeit, eventuell vorhandene Produktionsabweichungen zu analysieren. Die Abweichungsanalyse bezieht sich zunächst auf ein Produktionslos. In Abbildung 136 sind die Produktionslose, die zu der Produktionsmenge von 14.000 Paar Schuhen geführt haben, aufgelistet. Im vorliegenden Fall existiert für das Produktionslos 31 eine Produktionsabweichung i.H.v. 300 EUR. Diese ist auf einen erhöhten Materialverbrauch von 10 qm Leder zurückzuführen.[595] Der Differenzbetrag wird in der Spalte Produktionsabweichung aufgeführt. Für die anderen Produktionslose liegen keine Produktionsabweichungen vor; in diesen Fällen entsprechen die aufgeführten Periodenproduktionskosten (= Sollkosten) den Plankosten. An den Buchungen des Abrechnungslaufs in Abbildung 132 ist zu erkennen, dass identifizierte Abweichungen auf spezielle Differenzenkonten gebucht werden. Zur weiteren Analyse der Kosten eines Produktionsloses können Sie von diesem Bericht direkt auf den in Abbildung 131 dargestellten Bericht *Buchungen auf einem Produktionslos* abspringen.

Material	Produktionslos	Periodenproduktions kosten	Periodenproduktions menge	Periodenproduktions abweichung	Gesamte Produktionskosten	Gesamte Produktionsmenge	Gesamte Produktions- abweichung	Gesamtabweichung bei Produktionskosten in %
HIKING	26	104.075,00 EUR	2.500,00 Stk	0,00 EUR	104.075,00 EUR	2.500,00 Stk	0,00 EUR	0,00%
	29	104.075,00 EUR	2.500,00 Stk	0,00 EUR	104.075,00 EUR	2.500,00 Stk	0,00 EUR	0,00%
	28	83.260,00 EUR	2.000,00 Stk	0,00 EUR	83.260,00 EUR	2.000,00 Stk	0,00 EUR	0,00%
	30	104.075,00 EUR	2.500,00 Stk	0,00 EUR	104.075,00 EUR	2.500,00 Stk	0,00 EUR	0,00%
	31	104.375,00 EUR	2.500,00 Stk	300,00 EUR	104.375,00 EUR	2.500,00 Stk	300,00 EUR	0,29%
	32	83.260,00 EUR	2.000,00 Stk	0,00 EUR	83.260,00 EUR	2.000,00 Stk	0,00 EUR	0,00%
Ergebnis		583.120,00 EUR	14.000,00 Stk	300,00 EUR	583.120,00 EUR	14.000,00 Stk	300,00 EUR	0,05%

Abbildung 136: Analyse von Produktionsabweichungen

2.4   Zusammenfassende Darstellung in Bilanz und Gewinn- und Verlustrechnung

Übersicht

In den folgenden Ausführungen werden die Auswirkungen der Lagerfertigung auf die Handelsbilanz und die GuV der *Nordstar GmbH* beschrieben. In der ersten Spalte der Abbildung 137 wird die Bilanz ohne die Geschäftsvorfälle der Produktion aufgeführt. Die aus der Produktion resultierenden Delta-Buchungen werden in einer gesonderten Spalte betrachtet. Die Fortschreibung der Werte wird schließlich in der letzten Spalte vorgenommen. Auf diese Weise wird auch die GuV nach Gesamt- bzw. Umsatzkostenverfahren fortgeführt (vgl. Abbildung 138 und Abbildung 139). Für die vorliegende Betrachtung wird davon ausgegangen, dass die 28.000 produzierten Paare (*Hiking*) noch alle auf Lager liegen.

Herstellungskosten

Die Herstellungskosten pro Paar betragen 41,63 EUR[596]. Der Herstellungsvorgang ist ein erfolgsneutraler Vorgang; der Bestand an *Hiking*-Schuhen erhöht sich um 1.165.550 EUR. Für die Herstellung wurden Materialien (Kunststoffgranulat, Leder, Schnürsenkel, Garn und Kleber) im Wert von 924.450 EUR verbraucht. Die Roh-, Hilfs- und Betriebsstoffe wurden in der Produktion bereits verarbeitet, sodass diesbezüglich kein verbleibender Bestand existiert. Der Lieferant der Roh-, Hilfs- und Betriebsstoffe wurde bezahlt. Insgesamt resultiert daraus ein Zahlungsabfluss i.H.v. 1.100.095,50 EUR (inkl. Vorsteuer i.H.v. 175.645,50 EUR, die als Forderungsposition in der Bilanz ausgewiesen wird).

---

[595]   Vgl. hierzu den beschriebenen Fall 2 aus Abbildung 132.

[596]   Hierbei handelt es sich um eine gerundete Angabe. Der genaue Wert beträgt 41,6268 EUR.

Die in Abbildung 138 aufgeführten Abschreibungen der Anlagen (Spritzgussanlage, Laserschneidsystem, Nähmaschine und Messinstrumente) enthalten nur die auf die Produktion entfallenden Abschreibungen. Bzgl. des Produktionsgebäudes sind somit nur 80 % (40.000 EUR) berücksichtigt. Insgesamt belasten Abschreibungen i.H.v. 59.100 EUR die GuV. Die Abschreibungen mindern den Wert des Sachanlagevermögens in der Bilanz.

Abschreibungen

Bilanzposition	Bilanz ohne Produktion EUR	Delta-Produktion EUR	Bilanz EUR
Aktiva	8.341.666,88 EUR	191.215,00 EUR	8.532.881,88 EUR
Anlagevermögen	6.000.000,00 EUR	-59.100,00 EUR	5.940.900,00 EUR
Immaterielle Vermögensgegenstände	0,00 EUR	0,00 EUR	0,00 EUR
Sachanlagevermögen	6.000.000,00 EUR	-59.100,00 EUR	5.940.900,00 EUR
Grundstücke	1.000.000,00 EUR	0,00 EUR	1.000.000,00 EUR
Gebäude	2.750.000,00 EUR	-40.000,00 EUR	2.710.000,00 EUR
Technische Anlagen und Maschinen	2.238.000,00 EUR	-19.100,00 EUR	2.218.900,00 EUR
Betriebs- und Geschäftsausstattung	12.000,00 EUR	0,00 EUR	12.000,00 EUR
Umlaufvermögen	2.341.666,88 EUR	250.315,00 EUR	2.591.981,88 EUR
Vorräte	1.703.312,50 EUR	1.165.550,00 EUR	2.868.862,50 EUR
Rohstoffe, Hilfs- und Betriebsstoffe	0,00 EUR	0,00 EUR	0,00 EUR
Fertige Erzeugnisse und Waren	1.703.312,50 EUR	1.165.550,00 EUR	2.868.862,50 EUR
Forderungen und sonstige Anlagen	1.273.629,38 EUR	184.860,50 EUR	1.458.489,88 EUR
Forderung aus Lieferung und Leistung	0,00 EUR	0,00 EUR	0,00 EUR
Aus Steuern	1.273.629,38 EUR	184.860,50 EUR	1.458.489,88 EUR
Kassenbest., Guthaben KI und Schecks	-635.275,00 EUR	-1.100.095,50 EUR	-1.735.370,50 EUR
Passiva	-8.341.666,88 EUR	-191.215,00 EUR	-8.532.881,88 EUR
Eigenkapital	-5.568.037,50 EUR	111.500,00 EUR	-5.456.537,50 EUR
Gezeichnetes Kapital	-5.550.000,00 EUR	0,00 EUR	-5.550.000,00 EUR
Jahresüberschuss/Jahresfehlbetrag	-18.037,50 EUR	111.500,00 EUR	93.462,50 EUR
Rückstellungen	0,00 EUR	0,00 EUR	0,00 EUR
Verbindlichkeiten	-2.773.629,38 EUR	-302.715,00 EUR	-3.076.344,38 EUR
Verbindlichkeiten gegenüber Kreditinstituten	-2.450.000,00 EUR	0,00 EUR	-2.450.000,00 EUR
Verbindl. aus Lieferungen und Leistungen	-323.629,38 EUR	-57.715,00 EUR	-381.344,38 EUR
Verbindl. gegenüber verb. Unternehmen	0,00 EUR	0,00 EUR	0,00 EUR
Sonstige Verbindlichkeiten	0,00 EUR	-245.000,00 EUR	-245.000,00 EUR
Aus Steuern	0,00 EUR	0,00 EUR	0,00 EUR
Verbindlichkeiten gegenüber Personal	0,00 EUR	-245.000,00 EUR	-245.000,00 EUR

Abbildung 137: Handelsbilanz der *Nordstar GmbH* nach der Lagerfertigung

Der in der GuV ausgewiesene Personalaufwand beträgt 245.000 EUR (Gesamtkostenverfahren).[597] Unter diese Personalaufwendungen fallen sowohl Ausgaben für die direkt an der Produktion der *Hiking*-Schuhe beteiligten Mitarbeiter als auch Mitarbeiter des Verwaltungs- und Vertriebsbereichs des Geschäftsbereichs.[598] Die Arbeitnehmer wurden noch nicht bezahlt. Somit besteht eine Verbindlichkeit gegenüber Arbeitnehmern i.H.v. 245.000 EUR.

Personalaufwand

In den Verbindlichkeiten aus Lieferungen und Leistungen sind die noch nicht bezahlten Dienstleistungen der Marketingagentur (20.000 EUR), Strom- und Hei-

Sonstiger betrieblicher Aufwand

---

[597] Vgl. auch Abbildung 109.
[598] Vgl. auch die Anmerkung in Fn. 566.

zungskosten (24.500 EUR) und Telefon- und Wartungskosten (4.000 EUR) enthalten. Diese Aufwendungen i.H.v. insgesamt 48.500 EUR werden in der GuV nach dem Gesamtkostenverfahren in den sonstigen betrieblichen Aufwendungen ausgewiesen. Auf diese Aufwendungen entfällt Vorsteuer i.H.v. 9.215 EUR.

	GuV ohne Produktion	Delta Produktion	GuV
Bilanzposition	EUR	EUR	EUR
Ergebnis der gewöhnlichen Geschäftstätigkeit	-18.037,50 EUR	111.500,00 EUR	93.462,50 EUR
Umsatz	0,00 EUR	0,00 EUR	0,00 EUR
Erhöhung oder Verminderung des Bestands	0,00 EUR	-1.165.550,00 EUR	-1.165.550,00 EUR
sonstige betriebliche Erträge	-18.037,50 EUR	0,00 EUR	-18.037,50 EUR
Materialaufwand	0,00 EUR	924.450,00 EUR	924.450,00 EUR
Personalaufwand	0,00 EUR	245.000,00 EUR	245.000,00 EUR
Abschreibung	0,00 EUR	59.100,00 EUR	59.100,00 EUR
für Sachanlagen	0,00 EUR	59.100,00 EUR	59.100,00 EUR
für immaterielle Vermögensgegenstände	0,00 EUR	0,00 EUR	0,00 EUR
sonstige betriebliche Aufwendungen	0,00 EUR	48.500,00 EUR	48.500,00 EUR
GuV Ergebnis	-18.037,50 EUR	111.500,00 EUR	93.462,50 EUR

Abbildung 138: GuV (Gesamtkostenverfahren) der *Nordstar GmbH*

	GuV ohne Produktion	Delta Produktion	GuV
Bilanzposition	EUR	EUR	EUR
Ergebnis der gewöhnlichen Geschäftstätigkeit	-18.037,50 EUR	111.500,00 EUR	93.462,50 EUR
Bruttoergebnis vom Umsatz	0,00 EUR	0,00 EUR	0,00 EUR
Nettoumsatzerlös	0,00 EUR	0,00 EUR	0,00 EUR
Umsatzkosten	0,00 EUR	0,00 EUR	0,00 EUR
Vertriebskosten	0,00 EUR	63.500,00 EUR	63.500,00 EUR
allgemeine Verwaltungskosten	0,00 EUR	48.000,00 EUR	48.000,00 EUR
sonstige betriebliche Erträge	-18.037,50 EUR	0,00 EUR	-18.037,50 EUR
sonstige betriebliche Aufwendungen	0,00 EUR	0,00 EUR	0,00 EUR
GuV Ergebnis	-18.037,50 EUR	111.500,00 EUR	93.462,50 EUR

Abbildung 139: GuV (Umsatzkostenverfahren) der *Nordstar GmbH*

Ausweis in der GuV: GKV vs. UKV

Bei Anwendung des Gesamtkostenverfahrens werden Bestandsveränderungen in der GuV erfasst. Durch den Produktionsprozess wurden Fertigerzeugnisse i.H.v. 1.165.550 EUR aktiviert und in der GuV als Bestandsveränderung ausgewiesen. Des Weiteren wird der in der Produktion verursachte Materialverbrauch (Roh-, Hilfs- und Betriebsstoffe) als Aufwand berücksichtigt. Im Gegensatz zur GuV nach dem Gesamtkostenverfahren werden bei Anwendung des Umsatzkostenverfahrens nur die nicht aktivierten Aufwendungen i.H.v. 63.500 EUR (Personalkosten im Verkauf, Telefonkosten im Verkauf und Marketingagenturkosten) als Vertriebskosten und die Personalkosten des Geschäftsbereichsleiters i.H.v. 48.000 EUR als Verwaltungskosten aufgeführt. Da die Schuhe noch nicht verkauft wurden und somit keine Umsatzerlöse erzielt wurden, entsteht durch die Produktion ein Jahresfehlbetrag i.H.v. 111.500 EUR. Dieser ist auf jene Aufwendungen zurückzuführen, die in dem Prozess der Lagerfertigung nicht aktiviert wurden (vgl. hierzu auch Kapitel F.2.2.2).

3.   Auftragsabwicklung

3.1   Betriebswirtschaftliche Grundlagen

3.1.1   Vorbemerkung

Der Auftragsabwicklungsprozess beginnt im Allgemeinen mit einem Kundenauftrag für einen Vermögensgegenstand bzw. eine Dienstleistung. Dem Kundenauftrag geht in aller Regel die Geschäftsanbahnungsphase[599] voraus. Nach der Lieferung des Gegenstands bzw. der Dienstleistung wird eine Kundenrechnung erstellt. Daran schließt die Verarbeitung des Zahlungseingangs an.[600] In der Unternehmenspraxis stellt sich dieser Auftragsabwicklungsprozess häufig flexibel dar. So finden die dargestellten Teilprozesse oftmals in einer abweichenden Reihenfolge statt. Hierbei ist zu beachten, dass die abschließende Abbildung im Rechnungswesen unabhängig von der Reihenfolge der Teilprozesse zu identischen Ergebnissen führen muss.

Überblick

In diesem Unterkapitel wird abermals[601] nur der Auftragsabwicklungsprozess von materiellen Gütern und dessen Abbildung im Rechnungswesen dargestellt. Zur Beschreibung des Auftragsabwicklungsprozesses von Dienstleistungen sei auf Kapitel F.4 verwiesen.

Abbildung 140: Auftragsabwicklungsprozess im Überblick[602]

Die Geschäftsanbahnungsphase wird aufgrund ihrer Irrelevanz im externen Rechnungswesen in Kapitel F.3.1.2 nicht näher betrachtet. Ausgangspunkt der Ausführungen stellt der Kundenauftrag dar. Beim Auftragsabwicklungsprozess handelt es sich um das Spiegelbild des Beschaffungsprozesses. Daher werden die auch hier relevanten Themen wie „Behandlung von schwebenden Geschäften" und der aus dem Gefahrübergang abzuleitende Gewinnrealisierungszeitpunkt[603] nur in den Grundzügen dargestellt. Abschließend werden Aspekte des Vertriebscontrollings beschrieben. Im Fokus stehen hierbei die kurzfristige Erfolgsrechnung und Vertriebskennzahlen als Instrumente zur internen Steuerung.

---

[599]   Die Geschäftsanbahnungsphase wird durch den Teilprozess Opportunity repräsentiert.
[600]   Zur Behandlung von Rechnungen und Zahlungen in Fremdwährung wird auf den Beschaffungsprozess verwiesen; vgl. Kapitel F.1.1.5.
[601]   Dieses Vorgehen ist identisch mit dem Beschaffungsprozess; vgl. Kapitel F.1.
[602]   Der Teilprozess Warenlieferung stellt sich in einem Dienstleistungsunternehmen als Serviceleistung/Dienstleistung dar; vgl. Kapitel F.4.3.1.2.
[603]   Der Gewinnrealisierungszeitpunkt ist identisch mit dem Anschaffungszeitpunkt des Kunden.

3.1.2   Externe Rechnungslegung
3.1.2.1   Kundenauftrag als schwebendes Geschäft

Nichtbilanzierung schwebender Geschäfte

Ein Kundenauftrag mit vertraglicher Bindungskraft stellt aus bilanzieller Sicht ein schwebendes Geschäft dar.[604] Solange kein drohender Verlust aus dem Kundenauftrag zu erwarten ist, erfolgt keine (handels-)bilanzielle Abbildung (vgl. Abbildung 141).[605]

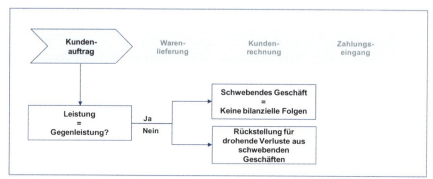

Abbildung 141: Bilanzielle Konsequenzen aus einem Kundenauftrag

3.1.2.2   Gewinnrealisierung bei Warenlieferung bzw. Gefahrübergang

Gewinnrealisierungsprinzip als Bestandteil des Vorsichtsprinzips

Die zentrale Frage bei der bilanziellen Abbildung eines Absatzgeschäfts ist stets, wann ein Unternehmen seine Umsatzerlöse realisieren darf. Gem. § 252 Abs. 1 Nr. 4 HGB dürfen Gewinne erst berücksichtigt werden, wenn sie (am Bilanzstichtag) tatsächlich realisiert sind. Hierdurch sollen der Ausweis und die Ausschüttung unrealisierter Gewinne verhindert werden. Steuerbilanziell soll die Besteuerung unrealisierter Gewinne verhindert werden. Das Gewinnrealisierungsprinzip ist daher Bestandteil des das Handelsrecht bestimmenden Vorsichtsprinzips.

Gefahrübergang als Ende des Schwebezustands

Gewinne gelten immer dann als realisiert, wenn der Gefahrübergang für den verkauften Vermögensgegenstand auf den Kunden stattgefunden hat. Mit dem Gefahrübergang erhält der Lieferant ein Recht auf Gegenleistung. Daher markiert der Zeitpunkt des Gefahrübergangs grds. das Ende des Schwebezustands (vgl. Abbildung 142). Je nach Vertragsbedingung kann der Realisationszeitpunkt zwischen den Zeitpunkten einer Lieferung „ab Werk" und einer Endlieferung zum Kunden liegen.[606] Verfügt der Kunde über ein Rückgaberecht, darf der Ertrag jedoch erst nach Ablauf der Rückgabefrist realisiert werden.[607]

Zum Zeitpunkt der Gewinnrealisierung bucht das Unternehmen eine Forderung aus Lieferungen und Leistungen gegen Umsatzerlöse ein. Gleichzeitig muss der

---

[604]   Vgl. zur Begriffsbestimmung „schwebendes Geschäft" Kapitel F.1.1.2.
[605]   Steuerbilanziell ist die Passivierung einer Drohverlustrückstellung aus schwebenden Geschäften stets unzulässig.
[606]   Vgl. zum Gefahrübergang Kapitel F.1.1.3.
[607]   Vgl. WP-HANDBUCH (2006), Abschnitt E, Rn. 436.

verkaufte Vermögensgegenstand gegen Materialaufwand oder Bestandsveränderungen[608] (GKV) bzw. Kosten des Umsatzes (UKV) ausgebucht werden.

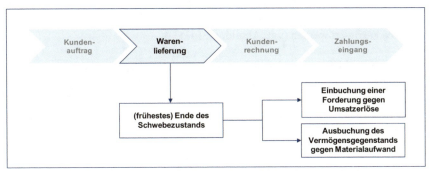

Abbildung 142: Warenlieferung als frühester Zeitpunkt der Gewinnrealisierung

3.1.2.3 Kundenrechnung und Zahlungseingang

Die Erstellung einer Kundenrechnung stellt grds. kein Ereignis dar, das bilanzielle
Konsequenzen nach sich zieht. Dennoch führen Unternehmen oftmals die Ertrags-
realisierung mit der Versendung der Kundenrechnung durch. In den Fällen, in denen der Gefahrübergang mit Lieferung „ab Werk" vereinbart wurde, ist diese
Vorgehensweise in der Regel unproblematisch. Dies gilt insbesondere, wenn die
Kundenrechnung in einem automatisierten Prozess im Anschluss an die Warenlieferung systemunterstützt stattfindet. Zum Bilanzstichtag ist bei einem derartigen
Vorgehen allerdings immer zu prüfen, ob die Lieferung tatsächlich erbracht wurde.[609]

**Kundenrechnung
als Hilfsrealisations-
zeitpunkt**

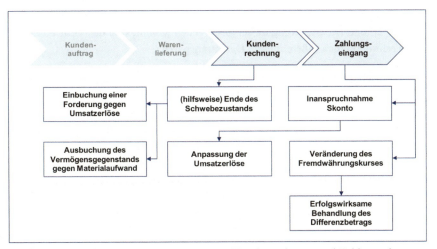

Abbildung 143: Bilanzielle Konsequenzen aus Kundenrechnung und Zahlungseingang

---

[608] Handelswaren werden gegen Materialaufwand, selbst hergestellte Güter gegen Bestandsveränderungen ausgebucht.
[609] Vgl. FÜLBIER, R. U./KUSCHEL, P./SELCHERT, F. W. (2010), § 252, Rn. 94.

Bilanzielle Konsequenzen bei Zahlung

Bei Zahlungseingang (per Überweisung) wird die zuvor erfasste Forderung aus Lieferungen und Leistungen aus- und der Zahlungseingang auf dem Bankkonto eingebucht. Findet der Zahlungseingang unter Nutzung eines gewährten Skontos statt, so müssen die Umsatzerlöse in der Höhe des in Anspruch genommenen Skontos korrigiert werden (vgl. Abbildung 143).[610]

Spezialfall Forderungen in Fremdwährung

Falls das Geschäft in Fremdwährung abgewickelt wurde, muss die Forderung aus Lieferung und Leistung bei Entstehung gem. § 256a HGB mit dem Devisenkassamittelkurs des Zugangstags in Euro umgerechnet werden. Entstandene Währungskursdifferenzen am Tag des Zahlungseingangs werden erfolgswirksam behandelt (vgl. Abbildung 143).[611]

3.1.3   Vertriebscontrolling
3.1.3.1   Überblick

Herausforderungen an den Vertrieb

Gerade in Zeiten, in denen sich klassische Verkäufermärkte zu Käufermärkten gewandelt und zu einer Verschärfung der Wettbewerbssituation in fast allen Branchen geführt haben, bleibt ein Unternehmen mittel- bis langfristig nur dann konkurrenzfähig, wenn es seine Produkte und Leistungen in ausreichender Menge zum adäquaten Preis am Markt abzusetzen vermag. „Produkte, die sich quasi von alleine verkaufen"[612], stellen eher die Seltenheit dar. Zudem bewegen sich die Unternehmen mitunter auf einem schwierigen Marktumfeld, in dem Produktlebenszyklen immer kürzer werden und die Produkte insofern umso schneller am Markt platziert sowie abgesetzt werden müssen. Häufig wird infolge zunehmend dynamischerer Marktanforderungen eine Diversifikation des eigenen Produktangebots und/oder der anvisierten Absatzmärkte vorgenommen, sodass auch die bestehenden Vertriebskanäle erweitert werden müssen, was wiederum die Vertriebskomplexität erhöht. Die Steuerung dieser gestiegenen Komplexität der Vertriebsaktivitäten erfordert eine größere interne Datentransparenz.

Aufgaben des Vertriebscontrollings

Das Vertriebscontrolling befasst sich mit der Steuerung der Marktaktivitäten eines Unternehmens. Diese Steuerung umfasst „die zielgerichtete und problemorientierte Umsetzung der Vertriebspolitik in die konkrete Gestaltung und [den, d. Verf.] Einsatz der vertrieblichen Mittel, Maßnahmen und Funktionsträger"[613]. Überhaupt wird kein anderer Teilbereich so stark über Ziele und Pläne gesteuert wie der Vertrieb.[614] Die von der Unternehmensleitung formulierten Zielgrößen, die sich in vorgegebenen Ergebnis-, Rentabilitäts- und Liquiditätskennziffern niederschlagen, müssen über den Absatz der angebotenen Produkte und Leistungen realisiert werden. Herunter gebrochen auf den Vertriebsbereich, bedeutet dies wiederum, dass dementsprechend vertriebspolitische (Unter-)Ziele zu definieren sind, um die

---

[610]   Vgl. zum Skonto ausführlich Kapitel F.1.1.5.
[611]   Vgl. hingegen zur Berücksichtigung noch am Bilanzstichtag bestehender Fremdwährungsforderungen Kapitel F.5.1.3.6.2.
[612]   SPRAUL, A./OESER, J. (2007), S. 126.
[613]   PANGRATZ, O. (1979), S. 10.
[614]   Vgl. SPRAUL, A./OESER, J. (2007), S. 125.

Planvorgaben der Unternehmensführung zu erfüllen. Dem Vertriebscontrolling kommt hier eine zentrale Koordinations- und Unterstützungsfunktion zu, indem es der Vertriebsführung Informationen und Instrumente für die frühzeitige Mitwirkung und Beeinflussung vertriebsbezogener Entscheidungsprozesse bereitstellt.[615] Zu nennen ist hierfür beispielhaft das sog. Opportunitätsmanagement, welches frühzeitig Aufschluss über (potenzielle) Absatzmöglichkeiten liefern soll und als Entscheidungsgrundlage für Vertriebsaktivitäten herangezogen werden kann. Ferner geben permanente Ergebniskontrollen bzw. -analysen, die sich im Vertrieb üblicherweise an Umsatzzahlen, Deckungsbeiträgen oder Auftrags- bzw. Verkaufsvolumina orientieren, einen differenzierten Überblick über die Vertriebsleistung und den Grad der bisherigen Zielerfüllung. Auch hier erstreckt sich das Vertriebscontrolling nicht nur auf die Analyse von (Ist-)Zuständen, wie bspw. auf die Feststellung des realisierten Erfolgs. Das Vertriebscontrolling setzt bereits ex ante, also vor Durchführung eines Auftrags, mit Profitabilitätsüberlegungen an.

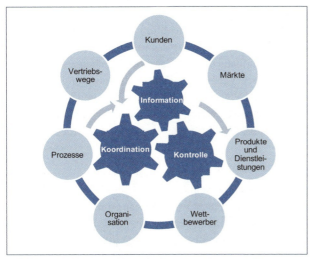

Abbildung 144: Analyseobjekte des Vertriebscontrollings

Die möglichen Analyseobjekte des Vertriebscontrollings und damit einhergehende Fragestellungen sind zahlreich (vgl. Abbildung 144):[616]

*   Märkte: Wie ist die aktuelle Marktsituation bzw. die zukünftige Marktentwicklung im Hinblick auf die zu vertreibenden Produkte und Dienstleistungen zu beurteilen?

*   Wettbewerber: Welche Konkurrenten stehen mit dem betreffenden Unternehmen im Wettbewerb, und wie reagieren sie auf Vertriebsaktivitäten?

*   Kunden: Welche Kunden kaufen ein, und ist die Kundenbeziehung profitabel?

---

[615]   Vgl. WINKELMANN, P. (2004), S. 109.
[616]   Vgl. hierzu PUFAHL, M. (2006), S. 25 f. Im Unternehmensalltag erweist sich eine gleichzeitige Analyse aller Objekte aufgrund hoher Kosten und hoher Komplexität regelmäßig als nicht praktikabel, weshalb PUFAHL eine priorisierte Bearbeitung einzelner Objekte empfiehlt.

- Produkt- und Dienstleistungsangebot: Welche Produkt- und Dienstleistungen werden angeboten, und wie erfolgreich werden sie verkauft?
- Organisation: Welche Mitarbeiter arbeiten im Vertrieb?
- Prozesse: Welche (Teil-)Prozesse werden im Vertrieb durchlaufen?
- Vertriebswege: Welche Vertriebswege werden genutzt, und wie ist die Vorteilhaftigkeit einzelner Vertriebspartner zu beurteilen?

3.1.3.2   Vertriebserfolgsrechnungen

Umsatz und Profitabilität

Der Vertrieb eines Unternehmens orientiert seinen Erfolg z.B. an Umsatzzahlen pro Verkaufsregion oder am Absatz von Produkten und Produktgruppen. Doch gilt es grds., „Erfolge nicht zu teuer [zu, d. Verf.] erkaufen"[617], sodass auch die angefallenen Kosten der zur Umsatzerzielung erbrachten Leistungen mit ins Kalkül einbezogen werden müssen. Ein entscheidender Ansatzpunkt des Vertriebscontrollings ist es daher, das reine Denken in Umsatzkategorien hin zu einem Denken in Profitabilitätskategorien fortzuentwickeln. Die Daten des betrieblichen Rechnungswesens dienen hier als eine wesentliche Informationsgrundlage zur erlös- und kostenorientierten Beurteilung von Vertriebsaktivitäten sowie deren erbrachten Leistungen.[618] Hierauf aufbauende Vertriebserfolgsrechnungen unterstützen die Unternehmensleitung dabei, Vertriebsergebnisse zu planen und zu kontrollieren, sodass Vertriebsaktivitäten entsprechend ausgerichtet werden können.[619] Die Instrumente der Vertriebserfolgsrechnung unterscheiden sich je nach Fragestellung, die es zu beantworten gilt.

3.1.3.2.1   Kostenträgerzeitrechnung

Zweck der Kostenträgerzeitrechnung

Mithilfe einer Kostenträgerzeitrechnung kann der kurzfristige Erfolgsbeitrag eines Kostenträgers oder einer Gruppe bestimmter Kostenträger ermittelt werden. Hierzu werden die angefallenen Kosten den erzielten Umsatzerlösen pro Kostenträger oder Kostenträgergruppe gegenübergestellt. Kostenträgergruppen können sich bspw. wie folgt bilden: Produktgruppe, Kundengruppe, Vertriebsweg.

Marktsegmente setzen sich aus einer Kombination dieser Merkmale, z.B. Produkt oder Vertriebsweg, zusammen. Da diese Daten insbesondere in einer integrierten Rechnungswesensoftware wie SAP Business ByDesign in Echtzeit vorliegen, können mithilfe dieser (kurzfristigen) Ergebnisrechnung die Erfolgsquellen in einem Unternehmen analysiert und Kostenstrukturen ermittelt werden. Aufgrund der kurzfristigen Verfügbarkeit der Daten ist es somit möglich – in Abhängigkeit von dem Ergebnis der Erfolgsrechnung – frühzeitig auf Basis von aktuellen Daten Korrekturen an vorherigen Absatz- und Produktionsentscheidungen vorzunehmen.

---

[617]   FINANCIAL TIMES DEUTSCHLAND (2010).
[618]   Vgl. ZERRES, M. (2000), S. 301.
[619]   Vgl. ROLFES, B./SCHIERENBECK, H. (1995), S. 19.

Die unterschiedlichen Verfahren der Kostenträgerzeitrechnung werden in Abhängigkeit von den verrechneten Kosten in Teil-[620] oder Vollkostenverfahren differenziert. Außerdem werden sie jeweils in Abhängigkeit von der Untergliederung des Kostenausweises in Umsatzkosten- bzw. Gesamtkostenverfahren unterschieden.[621] Je nach Fragestellung eignen sich Teilkosten- bzw. Vollkostenverfahren in unterschiedlichem Maße. Zur Festlegung einer langfristigen Preisuntergrenze eines Kostenträgers muss die Analyse des Erfolgsbeitrags auf Basis der Vollkosten erfolgen, da die Erlöse langfristig die Vollkosten eines Kostenträgers mindestens ausgleichen müssen. Im Falle freier Kapazitäten und kurzfristig nicht änderbarer Fixkosten reicht hingegen kurzfristig bereits eine Abdeckung der Teilkosten (= variable Kosten) durch die zu erzielenden Erlöse.

Unterschiedliche Ausprägungen

	Umsatzerlöse
+/–	Bestandsveränderungen
–	Herstellungskosten
–	weitere nach Kostenarten differenzierte Kosten
=	Leistungserfolg einer Periode

Abbildung 145: Ermittlung des Leistungserfolgs nach GKV auf Vollkostenbasis

Bei Anwendung einer kurzfristigen Erfolgsrechnung in Form des Gesamtkostenverfahrens auf Vollkostenbasis werden den Umsatzerlösen die zu Herstellungskosten bewerteten Bestandsveränderungen an Halb- und Fertigfabrikatbeständen sowie die nach Kostenarten differenzierten Gesamtkosten gegenübergestellt (vgl. Abbildung 145). Es werden also sämtliche Erträge den gesamten Aufwendungen einer Periode gegenübergestellt. Eine Aussage über den Erfolg eines Kostenträgers kann hierbei nicht getroffen werden, da den Umsatzerlösen je Kostenträger nicht ohne Weiteres produktbezogene Kosten direkt zugeordnet werden können.[622] Vielmehr handelt es sich hierbei in aller Regel um eine verkürzte GuV über alle erbrachten Leistungen.

Gesamtkostenverfahren auf Vollkostenbasis

Die kurzfristige Erfolgsrechnung in Form des Umsatzkostenverfahrens auf Vollkostenbasis ist für die Analyse einzelner Kostenträger besser geeignet. Bei Anwendung dieses Verfahrens werden den Umsatzerlösen die Herstellungskosten der abgesetzten Produkte der betrachteten Periode[623] gegenübergestellt (vgl. Abbildung 146) und ermöglicht so die Analyse bestimmter Kostenträger hinsichtlich ihrer Profitabilität.

Umsatzkostenverfahren auf Vollkostenbasis

[620] Die Verfahren der kurzfristigen Ergebnisrechnung auf Teilkostenrechnung werden oftmals auch Deckungsbeitragsrechnungsverfahren genannt.
[621] Vgl. zu den Ausgestaltungen sowie den Vor- und Nachteilen der unterschiedlichen Verfahren LORSON, P./SCHWEITZER, M. (2008), Rn. 426 ff.
[622] Vgl. LORSON, P./SCHWEITZER, M. (2008), Rn. 427 f.
[623] Oftmals werden diese Analysen auf Monatsbasis durchgeführt.

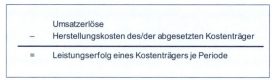

Abbildung 146: Ermittlung des Leistungserfolgs je Kostenträger nach UKV auf Voll-kostenbasis

3.1.3.2.2 Deckungsbeitragsrechnung

Deckungsbeitrag

Wird die kurzfristige Ergebnisrechnung auf Teilkostenbasis durchgeführt, spricht die Unternehmenspraxis von der Deckungsbeitragsrechnung. Als Deckungsbeitrag wird im Allgemeinen der Differenzbetrag zwischen den erzielten Erlösen und den variablen Kosten bezeichnet, der für die Deckung des Fixkostenblocks zur Verfügung steht.

Einstufige Deckungs-beitragsrechnung

In Abhängigkeit von der Aufspaltung des Fixkostenblocks unterscheidet man zwischen der einstufigen und mehrstufigen Deckungsbeitragsrechnung. Dementsprechend gelangt man zur Grundstruktur einer Deckungsbeitragsrechnung, die nach Produktart differenziert in Abbildung 147 dargestellt wird:

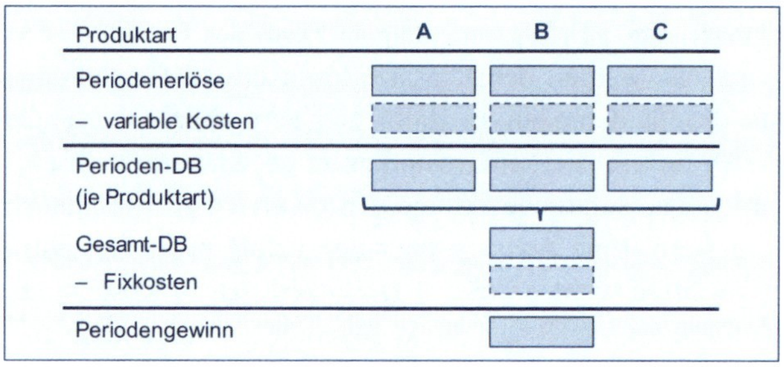

Produktart	A	B	C
Periodenerlöse			
– variable Kosten			
Perioden-DB (je Produktart)			
Gesamt-DB			
– Fixkosten			
Periodengewinn			

Abbildung 147: Grundstruktur einer Deckungsbeitragsrechnung[624]

Obiges Rechenschema geht von einer undifferenzierten Behandlung des Fixkostenblocks aus und gilt daher als einstufige Deckungsbeitragsrechnung. Zunächst werden die einzelnen Deckungsbeiträge jeder Produktart ermittelt und zu einem Gesamtdeckungsbeitrag aufsummiert. Um das Betriebsergebnis zu erhalten, werden die gesamten fixen Kosten vom Gesamtdeckungsbeitrag abgezogen. Übersteigen die Deckungsbeiträge die Fixkosten, erzielt das Unternehmen einen Periodengewinn.

Mehrstufige Deckungs-beitragsrechnung

Die mehrstufige Deckungsbeitragsrechnung stellt wiederum auf einen gegliederten Fixkostenblock ab und nimmt eine stufenweise Verrechnung der gebildeten Fixkostenanteile vom jeweils verbleibenden (Rest-)Deckungsbeitrag vor.[625] Die Aufgliederung des gesamten Fixkostenblocks orientiert sich an der verursachungsgerechten Zurechenbarkeit der einzelnen Anteile auf bestimmte Bezugs-

---

[624]   Modifiziert entnommen aus SCHWEITZER, M./KÜPPER, H.-U. (2008), S. 462.
[625]   Vgl. AGTHE, K. (1959), S. 406 ff.

größen[626] d.h. Kostenträger bzw. Kostenträgergruppen, aus denen sich eine Vielzahl möglicher Gliederungskriterien für die mehrstufige Deckungsbeitragsrechnung ableiten lassen[627]:

- Deckungsbeitrag pro Geschäftsbereich,
- Deckungsbeitrag pro Produktgruppe,
- Deckungsbeitrag pro Produkt,
- Deckungsbeitrag pro Region,
- Deckungsbeitrag pro Vertriebsweg,
- Deckungsbeitrag pro Kunde,
- Deckungsbeitrag pro Mitarbeiter bzw. Team,
- Deckungsbeitrag pro Auftrag.

Anhand einer festgelegten Hierarchieordnung wird auf der untersten Ebene beginnend, wie bspw. einem Produkt und/oder Kunden, der jeweilige Deckungsbeitrag (Deckungsbeitrag I) pro Kostenträger äquivalent zur einstufigen Deckungsbeitragsrechnung ermittelt. Nicht verursachungsgerecht zuordenbare Kostenbestandteile werden nach Möglichkeit auf die Kostenträger der nächsthöheren Hierarchiestufe verteilt (Deckungsbeitrag II). Nach oben hin findet eine zunehmende Verdichtung zu Kostenträgergruppen statt, für die sich entsprechende Deckungsbeiträge (Deckungsbeitrag III, IV usw.) berechnen lassen (vgl. Abbildung 148).

Periodenerlöse je Produktart	
– variable Kosten je Produktart	
= Deckungsbeitrag I	
– Fixkosten je Produkt	
= Deckungsbeitrag II	Zusammenfassung nach Produktgruppen
– Fixkosten je Produktgruppe	
= Deckungsbeitrag III	Zusammenfassung nach Geschäftsbereichen
– Fixkosten je Geschäftsbereich	
= Deckungsbeitrag IV	Zusammenfassung sämtlicher Deckungsbeiträge
– Fixkosten des Unternehmens	
= Periodengewinn	

Abbildung 148: Aufbau der mehrstufigen Deckungsbeitragsrechnung[628]

Die Ergebnisse der (mehrstufigen) Deckungsbeitragsrechnung liefern eine aussagekräftige Informationsgrundlage für die Entscheidungsträger im Vertrieb. Je nach Gliederung der ermittelten Deckungsbeiträge können die Erfolgsbeiträge von Vertriebskanälen, Produkten bzw. Produktgruppen, Kunden und/oder Absatzregionen miteinander verglichen werden. Weiterhin werden die Kostenstrukturen der einzelnen Vertriebsaktivitäten verursachungsgerecht und damit transparent dargestellt, sodass Rationalisierungspotenziale leichter zu identifizieren sind.

Deckungsbeitrags-analyse

---

[626] Vgl. SCHWEITZER, M./KÜPPER, H.-U. (2008), S. 464.
[627] Vgl. PUFAHL, M. (2006), S. 195.
[628] Modifiziert entnommen aus SCHWEITZER, M./KÜPPER, H.-U. (2008), S. 465.

In diesem Kontext erlauben es Deckungsbeitragsanalysen, Aussagen über die Vorteilhaftigkeit einzelner Absatzkanäle oder die Profitabilität bestimmter Kundenbeziehungen und Produkte zu treffen, um absatzpolitische Entscheidungen hieraus zu begründen bzw. abzuleiten. Die Deckungsbeitragsanalyse versteht sich zudem nicht nur als vergangenheitsorientiertes Kontrollinstrument des Vertriebscontrollings, das sich allein auf die Feststellung des realisierten Erfolgs einer Periode im Rahmen von Plan-/Ist-Vergleichen beschränkt. Auch zukunftsorientierte Aspekte spielen eine Rolle, wenn bspw. Plandeckungsbeiträge aus Großaufträgen vor deren Annahme simuliert werden. So lassen sich erzielbare Erfolgsbeiträge im Vorfeld optimieren, indem mehrere Szenarien durch die gezielte Anpassung von Verkaufskonditionen (z.B. Preis- und Rabattanpassungen, Verzicht auf Verkaufsprovisionen) durchgespielt werden.

3.1.3.3   Vertriebskennzahlensysteme

Auftragsbezogene Kennzahlen

Die Ergebnisse der Vertriebserfolgsrechnungen, die auf rein monetären Wertgrößen basieren, werden in der Unternehmenspraxis regelmäßig mit weiteren Vertriebskennzahlensystemen kombiniert, um ganzheitliche Entscheidungen durch die Vertriebsleitung zu ermöglichen. Insbesondere spielen auftragsbezogene Messgrößen eine große Rolle, da diese eine zuverlässige Beurteilungsgrundlage für die Qualität der Vertriebsaktivitäten bieten.

Angebotserfolg

Grundlegend für den Vertriebserfolg ist die Generierung von Nachfrage durch Maßnahmen der Verkaufsförderung. Der Erfolg von Werbe- bzw. Marketingaktivitäten bspw. lässt sich durch Kundenbefragungen sowie der Beobachtung von Rücklaufquoten kontrollieren. Entscheidend ist in diesem Zusammenhang die Trefferquote bei der Kundenakquise, die sich im Auftragseingangsvolumen bzw. in der Anzahl der Neugeschäfte quantifiziert. Diese müssen in Relation zum betriebenen Aufwand der Vertriebsmitarbeiter gesetzt werden, der anhand der Zahl der Kundenbesuche bzw. Verkaufsgespräche oder der Anzahl abgegebener Angebote gemessen wird. So lassen sich die Effizienz und Effektivität der Leistungen von Vertriebsmitarbeitern anhand der Kennzahl des Angebotserfolgs beurteilen:

- $\text{Angebotserfolg} = \dfrac{Anzahl\ der\ Auftragseingänge}{Anzahl\ der\ abgegebenen\ Angebote} * 100$

Auftragseingangsstruktur

Eine Analyse der Auftragseingangsstruktur liefert wertvolle Erkenntnisse darüber, woher die wichtigsten Aufträge stammen. Anhand einer differenzierten Betrachtung nach Bezugsgrößen wie Kunde, Produkt, Verkaufsregion oder Vertriebsweg kann ermittelt werden, wo vertriebspolitische Schwerpunkte zu setzen bzw. Einsparpotenziale gegeben sind. Z.B. empfiehlt es sich für identifizierte Schlüsselkunden mit hohen Auftragseingängen, eine priorisierte Betreuung durch Key-Account-Manager einzurichten, um die Kundenbeziehung langfristig zu vertiefen. Bei unwesentlichen Vertriebswegen oder Produktkategorien etwa, die nur gering zum Gesamtauftragsvolumen beitragen, sind hingegen die Gründe des „schlechten Abschneidens" zu hinterfragen, bevor Stilllegungsmaßnahmen in Betracht zu ziehen sind. Möglicherweise wurden diese Bereiche bisher im Unternehmen vernachlässigt, sodass intensivere Absatzbemühungen langfristig zu einer dortigen Verbesserung der Auftragslage beitragen können.

Das Auftragseingangsvolumen abzgl. des hiervon bereits realisierten Umsatzes ergibt den aktuellen Auftragsbestand. Insbesondere in volatilen Konjunkturphasen sind Frühwarnindikatoren für kritische Entwicklungen im Vertrieb eines Unternehmens gefragt. Die Auftragsreichweite, die aus dem Auftragsbestand abgeleitet wird, liefert eine wichtige Kennzahl hierfür, da sie angibt, wie viele Tage der momentane Auftragsbestand noch in die Zukunft reicht. Sie wird definiert als:

Auftragsreichweite

- Auftragsreichweite $= \dfrac{Akueller\ Auftragsbestand}{Umsatz\ der\ letzten\ 12\ Monate} * 365$

Eine rückläufige Auftragsreichweite kann als Anlass für Handlungsbedarf genommen werden, da in absehbarer Zeit mit Umsatzeinbrüchen zu rechnen ist.

3.1.4 Liquiditätsaspekte des Auftragsabwicklungsprozesses

Wie vorangehend ausführlich dargelegt, beschäftigt sich das Vertriebscontrolling mit der Sicherstellung der Vertriebseffizienz und verfolgt erfolgsorientierte Ziele. Vertriebsmitarbeiter müssen für eine stabile und zufriedenstellende Auftragslage Sorge tragen. Doch sind eingehende Kundenaufträge und hieraus realisierte Umsätze nicht automatisch gleichbedeutend mit liquiditätsbringenden Zahlungseingängen.[629] Im Absatzprozess müssen daher liquiditätsorientierte Faktoren berücksichtigt werden, die es dem Unternehmen erlauben, seine Liquidität auch aus der Perspektive des Vertriebs heraus zu steuern.[630] Dies umfasst einen permanenten Überblick über die Liquiditätslage, um mögliche Liquiditätsengpässe frühzeitig zu erkennen und diesen vorzubeugen. Der Handlungsfokus innerhalb des Auftragsabwicklungsprozesses liegt hierbei auf einem gut funktionierenden Debitorenmanagement, das die Unternehmensliquidität durch Sicherstellung der Zahlungseingänge optimiert.

Sicherung des Zahlungseingangs

Der Forderungsstruktur und ihrer Entwicklung im Zeitablauf sollte im Rahmen der Liquiditätsüberwachung erhöhte Beachtung geschenkt werden, da zahlreiche Unternehmenszusammenbrüche erfahrungsgemäß ihre Ursache im Absatzbereich haben, d.h. sich als Folgeinsolvenzen darstellen. Regelmäßige Bonitätsprüfungen bestehender sowie potenzieller Kunden anhand interner (kundenbezogene Zahlungsstatistiken) und externer (Auskunftei- und Bankberichte, SCHUFA, Handelsregistereinträge) Informationsquellen sind daher Pflichtbestandteil eines Debitorenmanagements. Auch Kennzahlenrechnungen werden in der Unternehmenspraxis häufig angewandt, um Frühwarnsignale zu identifizieren. Wirtschaftliche Schwierigkeiten bei Großabnehmern des Unternehmens kündigen sich häufig in einer verlängerten Debitorenlaufzeit an. Diese lässt sich mithilfe der Kennzahl Kundenziel ermitteln. Eine Verschlechterung dieser Kennzahl kann jedoch nicht

Analyse der Forderungsstruktur

---

[629] Vgl. ERICHSEN, J. (2008), S. 1233.
[630] Vgl. zu den Liquiditätsaspekten im Beschaffungsprozess Kapitel F.1.1.8.

immer als Indiz für mögliche Zahlungsschwierigkeiten bei den Kunden gewertet werden. Denkbar ist vielmehr auch, dass bestimmten Kunden gezielt günstigere Zahlungsbedingungen eingeräumt wurden, um auf diese Weise neue Märkte zu erschließen, oder dass die Zunahme der Debitorenlaufzeit durch einen gestiegenen Anteil der längerfristigen Exportforderungen des Unternehmens verursacht wurde.[631]

- Kundenziel $= \dfrac{\text{Ø Bestand an Forderungen aus LuL}}{\text{Umsatzerlöse pro Jahr}} * 365$

Kundenzufriedenheit und Zahlungsverhalten

Auch weitere Kennzahlenbetrachtungen, die sich auf Forderungsausfallquoten oder die Höhe bzw. Altersstruktur überfälliger Forderungen beziehen, haben mehrdeutigen Charakter, da die Forderungsstruktur eines Unternehmens nicht nur quantitativ, sondern auch qualitativ zu untersuchen ist. Vereinzelt nehmen Kunden den fälligen Ausgleich von Forderungen nicht vor, weil die Lieferung ihren Anforderungen hinsichtlich Qualität, Quantität und/oder Lieferzeitpunkt nicht entsprochen hat.[632] Die Kundenzufriedenheit ist in diesem Kontext ein wichtiger Faktor, da die Zahlungsbereitschaft der Kunden häufig mit der Produkt- und Servicequalität des liefernden Unternehmens korreliert. Somit sind sämtliche Prozesse entlang der Wertschöpfungskette beteiligt, da z.B. eine zu lange Kundenauftragsdurchlaufzeit auch auf Produktionsverzögerungen zurückzuführen ist, die der Vertrieb originär nicht zu vertreten hat.

Zahlungskonditionen und Mahnwesen

Dagegen bieten sich innerhalb der Auftragsabwicklung zahlreiche Stellschrauben an, die eine Optimierung der Zahlungseingangsströme ermöglichen. Prozessbezogen muss die Fakturierung von Kundenrechnungen möglichst zeitnah erfolgen, was eine entsprechend hohe Geschwindigkeit bei internen Rückmeldungsprozessen voraussetzt. Zahlungsanreize lassen sich gezielt durch Skontogewährung oder Barzahlungsrabatte setzen, sodass Kunden zu frühzeitigeren Zahlungen bewegt werden. Generell sind Zahlungsziele unter Berücksichtigung landesüblicher und kundengruppenspezifischer Zahlungsmodalitäten möglichst kurz zu halten. Dementsprechend muss auch ein wirkungsvolles Mahnwesen eingerichtet werden, das die aktuelle Offene-Posten-Liste permanent überblickt und somit zeitnah auf auftretende Zahlungsverzögerungen zu reagieren vermag.

3.2   Darstellung der absatzrelevanten Geschäftsvorfälle des Fallbeispiels

Verkaufspreis und Vertriebswege

Die *Nordstar GmbH* verkauft sowohl die bezogene Handelsware *Easy Walk* und *Professional Walk* als auch die hergestellten Schuhe *Hiking*. Dafür nutzt das Unternehmen unterschiedliche Vertriebswege: den *Fachhandel* (indirekter Vertriebsweg) und das *Internet* (direkter Vertriebsweg). Während der Verkauf über das Internet nur in Deutschland erfolgt, vertreibt die *Nordstar GmbH* die Handels-

---

[631]   Vgl. RIEBELL, C. (2006), S. 640 f.
[632]   Vgl. WEBER, I. (2009), S. 111.

und Produktionsware über den Fachhandel im Inland, Europa (Frankreich) und den USA. Der Verkaufspreis eines Produkts unterscheidet sich in Abhängigkeit von dem Vertriebsweg und kann Abbildung 149 entnommen werden:

Vertriebsweg	Produkt		
	Easy Walk	Professional Walk	Hiking
Fachhandel	85 Euro	115 Euro	130 Euro
Internet	80 Euro	100 Euro	120 Euro

Abbildung 149: Verkaufspreise der Produktpalette pro Vertriebsweg

In welchem Quartal, in welcher Menge, Höhe und über welchen Vertriebsweg die jeweiligen Schuhe verkauft werden, kann Abbildung 150 entnommen werden. Vom Typ *Easy Walk* wurden 11.300 Paar Schuhe verkauft, daher verbleiben zum Jahresende 1.200 Paare auf Lager.[633] Ebenso verbleiben 2.500 Paar *Hiking*-Schuhe und 1.500 Paar *Professional Walk*-Schuhe am Ende des Geschäftsjahrs im Bestand. Sowohl die Absatzmengen als auch Umsatzerlöse stimmen mit den Daten der Absatzplanung überein.[634]

Verkaufsvorgänge

Produkt	Quartal	Abgesetzte Menge (Paare)					Umsatzerlöse (EUR)				
		Internet	Fachhandel			Summe	Internet	Fachhandel			Summe
			Inland	Europa	USA			Inland	Europa	USA	
Easy Walk	1	1.500	400	300	300	2.500	120.000	34.000	25.500	25.500	205.000
	2	1.000	300	300	200	1.800	80.000	25.500	25.500	17.000	148.000
	3	1.500	500	500	500	3.000	120.000	42.500	42.500	42.500	247.500
	4	2.000	800	600	600	4.000	160.000	68.000	51.000	51.000	330.000
	Σ	6.000	2.000	1.700	1.600	11.300	480.000	170.000	144.500	136.000	930.500
Professional Walk	1	1.500	800	600	600	3.500	150.000	92.000	69.000	69.000	380.000
	2	3.000	600	400	500	4.500	300.000	69.000	46.000	57.500	472.500
	3	2.000	700	700	600	4.000	200.000	80.500	80.500	69.000	430.000
	4	2.500	1.200	800	500	5.000	250.000	138.000	92.000	57.500	537.500
	Σ	9.000	3.300	2.500	2.200	17.000	900.000	379.500	287.500	253.000	1.820.000
Hiking	1	0	0	0	0	0	0	0	0	0	0
	2	1.500	600	400	500	3.000	180.000	78.000	52.000	65.000	375.000
	3	5.000	2.000	2.000	2.000	11.000	600.000	260.000	260.000	260.000	1.380.000
	4	5.500	2.000	2.000	2.000	11.500	660.000	260.000	260.000	260.000	1.440.000
	Σ	12.000	4.600	4.400	4.500	25.500	1.440.000	598.000	572.000	585.000	3.195.000

Abbildung 150: Verkauf der Handels- und Produktionsware

Die Handelsware wird in der Lagerhalle, der produzierte *Hiking*-Schuh in einem Lagerbereich des Produktionsgebäudes gelagert. Die auf die Lagerung der Handelsware entfallenden Kosten – die Abschreibungen der Lagerhalle (inkl. Lagersystem) – werden dem Auftragsabwicklungsprozess zugewiesen. Ebenso werden die Abschreibungen des Produktionsgebäudes, die nicht auf die Lagerfertigung

Abschreibungen, Heizungskosten und Personal

---

[633] Vgl. zur Bestandsbewertung im Rahmen der Abschlusserstellung Kapitel F.5.3.3.3.
[634] Vgl. zur Absatzplanung Kapitel E.2.1.

entfallen, im Auftragsabwicklungsprozess berücksichtigt (10.000 EUR = 20 % von 50.000 EUR). Auch die Anteile der Heizungskosten, die sich auf die Lagerung der Handelsware (15.000 EUR) und des produzierten Schuhs (5.000 EUR = 20 % von 25.000 EUR) beziehen, werden dem Auftragsabwicklungsprozess zugeordnet. [635] Aus Vereinfachungsgründen werden dem Geschäftsprozess keine Personalausgaben zugewiesen.[636]

Umsatzerlöse

Insgesamt beträgt der Umsatz aus dem Verkauf der Schuhe im Geschäftsjahr 2010 930.500 EUR (*Easy Walk*), 1.820.000 EUR (*Professional Walk*) und 3.195.000 EUR (*Hiking*). Mit den Kunden wurde ein Zahlungsziel von 30 Tagen (ohne Skontoabzug) vereinbart. Bis auf die am Ende des Geschäftsjahres bestehende Forderung i.H.v. 214.200 EUR[637] (Kunde *Schuhe @ Internet*) sind – entgegen der Annahme in der Planung[638] – die Zahlungen alle fristgerecht und innerhalb des Geschäftsjahres eingegangen.

3.3   Abbildung der Auftragsabwicklung in SAP Business ByDesign
3.3.1   Verkauf von Produkten und deren Bezahlung
3.3.1.1   Darstellung des Auftragsabwicklungsprozesses

Überblick

Der Auftragsabwicklungsprozess gliedert sich grds. in die Teilprozesse Erfassung von Opportunities, den Eingang eines Kundenauftrags, die Veranlassung der Lieferung der bestellten Ware[639] sowie in den Versand der Kundenrechnung. Nach Erhalt der Rechnung erfolgt schließlich die Zahlung des geschuldeten Betrags durch den Kunden. In SAP Business ByDesign werden zur Erfassung dieser Teilprozesse im Wesentlichen die in Abbildung 151 enthaltenen Work Center zur Verfügung gestellt.

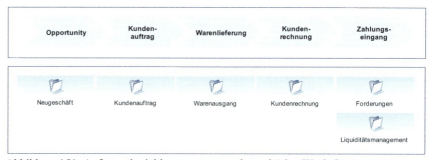

Abbildung 151: Auftragsabwicklungsprozess und zugehörige Work Center

---

[635]   Diese Kosten werden in der GuV im Funktionsbereich Vertriebskosten ausgewiesen.

[636]   Vgl. zur Berücksichtigung der Personalkosten Kapitel F.5.3.5.

[637]   Die Forderung wird mit dem Bruttobetrag ausgewiesen; vgl. zur Behandlung der Wertberichtigung von Forderungen zum Geschäftsjahresende Kapitel F.5.3.3.2.

[638]   Vgl. Kapitel E.2.

[639]   In diesem Kapitel wird explizit nur der Verkauf von Produkten (Materialien) erläutert. Vgl. zum Verkauf von Dienstleistungen (Services) Kapitel F.4.

In den folgenden Kapiteln werden diese Teilprozesse näher beschrieben und die Auswirkungen auf das Rechnungswesen erläutert. Zu diesem Zweck wird der Auftragsabwicklungsprozess beispielhaft an dem Verkauf der *Easy Walk*-Schuhe über den Vertriebsweg *Internet* im ersten Quartal dargestellt. Die Erfassung der anderen Verkaufsvorgänge erfolgt analog und wird somit nicht näher betrachtet. Bevor in einer zusammenfassenden Darstellung die Auswirkungen des Auftragsabwicklungsprozesses auf Bilanz und GuV vollständig betrachtet werden, werden Möglichkeiten zur Analyse des Geschäftsprozesses aufgezeigt.

3.3.1.1.1 Geschäftsanbahnungsphase

Bevor ein Kundenauftrag ein Unternehmen zur Erbringung einer Leistung erreicht, kann sich eine Geschäftsbeziehung durch eine vorgeschaltete Anbahnungsphase entwickeln. In SAP Business ByDesign kann diese Geschäftsanbahnungsphase über die Erfassung bzw. Bearbeitung von sog. Leads und Opportunities dokumentiert und gesteuert werden. Diese Instrumente zur Koordinierung der Aktivitäten im Rahmen einer Geschäftsanbahnung beschränken sich nicht nur auf Neukunden, sondern können auch für Bestandskunden Anwendung finden.

Überblick

Einen Lead bzw. eine Opportunity legen Sie im Work Center *Neugeschäft* unter der Sicht *Leads* bzw. *Opportunity* an. Mit dem Anlegen von Leads und Opportunities wird das mögliche Interesse eines Geschäftspartners an einem bestimmten Produkt oder Service beschrieben, gespeichert, aktualisiert, verwaltet und qualifiziert. Der Lead ist typischerweise das Ergebnis von Marketingbemühungen (z.B. Werbekampagnen oder Messeauftritten). In Abhängigkeit von dem Interesse des potenziellen Kunden erfolgt eine Einstufung des Leads (kalt, warm, heiß) und kann für weitere Geschäftsaktivitäten an den Vertrieb weitergeleitet werden. Diese Weiterleitung erfolgt systemseitig durch Umwandlung eines qualifizierten Leads in eine Opportunity. Während Leads durch qualitative Aussagen gekennzeichnet sind, beinhalten Opportunities z.B. Einschätzungen über das Zustandekommen von Geschäftstransaktionen und die Bestimmung von Erfolgschancen aus der Kundenbeziehung in wertmäßiger Form.

Lead und Opportunity

Mit der Verwaltung von Opportunities werden frühzeitig mögliche Absatzquellen identifiziert und bieten damit den ersten Anknüpfungspunkt, eine Steuerung der Umsatzerlöse im Unternehmen, z.B. durch die Intensivierung von Maßnahmen zur Kundenakquise oder bestehender Kundenbeziehungen, vorzunehmen. Zur Quantifizierung des potenziellen Vertriebsvolumens unterstützt Sie SAP Business ByDesign im Work Center *Neugeschäft* mit spezifischen Berichten, z.B. die *Opportunity-Pipeline* (vgl. Abbildung 152).

Opportunity-Pipeline

Sollte eine Opportunity für einen Vorgang angelegt worden sein, so lassen sich die hinterlegten Daten in einen sich anschließenden Kundenauftrag übertragen.[640]

---

[640]   Im Beispielsachverhalt wurde weder ein Lead noch eine Opportunity für den Verkaufsvorgang angelegt. Es ging direkt ein Kundenauftrag bei der *Nordstar GmbH* ein.

Abbildung 152: Überblick von erwarteten und gewonnenen Opportunities

3.3.1.1.2 Eingang eines Kundenauftrags

Kundenauftrag als Ausgangspunkt der Auftragsabwicklung

Der Kundenauftrag ist das Spiegelbild zur Bestellung im Beschaffungsprozess.[641] Mit dem Kundenauftrag wird noch keine Buchung im System abgesetzt, da ein schwebendes Geschäft vorliegt. Die Erfassung des Kundenauftrags beinhaltet relevante Produkt- und Kundendaten. Diese erleichtern in einem nachgelagerten Schritt die Erstellung der Kundenrechnung, da die Daten automatisch für die Erzeugung der Rechnung zugrunde gelegt werden. Außerdem wird auch der Warenausgang der zu liefernden Ware durch die Erfassung des Kundenauftrags unterstützt. Über den in dem Kundenauftrag enthaltenen Nettowert der zu liefernden Ware besitzen Sie zu diesem Zeitpunkt bereits einen Überblick über den aus dem Verkauf zu erwartenden Deckungsbeitrag.

Erfassung des Kundenauftrags

Den eingehenden Kundenauftrag erfassen Sie im System im gleichnamigen Work Center *Kundenaufträge* (Sicht *Kundenaufträge*). Im Kundenauftrag werden der Kunde und das bestellte Produkt in der dafür vorgesehenen Auftragsposition ausgewählt. Außerdem können Sie im Kundenauftrag den zugehörigen Vertriebsweg[642] bestimmen (vgl. Abbildung 153). Diese Auswahl dient Ihnen später dazu, eine genauere Analyse der erzielten Umsätze nach Kunden, Produkten, Verkaufsorganisationen, Geschäftsbereichen oder Profit-Center zu erreichen. Nach Freigabe des Kundenauftrags ist dieser in der Bedarfsplanung zu sehen und stößt damit den Teilprozess der Warenlieferung an. Gleichzeitig können Sie eine Bestätigung der Auftragsbearbeitung direkt an den Kunden übermitteln.

Preislisten und Rabatte

Im Work Center *Produkt- und Serviceportfolio* (Sicht *Preisfindung*) können Sie Preislisten definieren, die zur Bestimmung des Listenpreises dienen: kundenspezifische Preislisten, vertriebslinienspezifische Preislisten und Basispreislisten. Mit der Auswahl des Produkts in der Auftragsposition eines Kundenauftrags wird

---

[641]   Vgl. Kapitel F.1.3.1.1.1.
[642]   Vgl. hierzu auch Kapitel D.3.2.

dann z.B. abhängig vom Kunden automatisch der Verkaufspreis gezogen. Unter der gleichen Sicht haben Sie die Möglichkeit, zu gewährende Rabatte auf ein Produkt oder für einen Kunden zu bestimmen.

Abbildung 153: Erfassen eines Kundenauftrags

Über die Sicht *Berichte* im Work Center *Kundenaufträge* können Sie sich einen Überblick über das Volumen der vorhandenen Kundenaufträge verschaffen. Das offene Auftragsvolumen kann als Planposten für die Liquiditätsvorschau herangezogen werden, um auf Basis von Erfahrungswerten eine Abschätzung von Liquiditätszuflüssen zu treffen.[643] Für das Produkt *Professional Walk* ist aufgrund des eingegangenen Auftragsvolumens im ersten Quartal (vgl. Abbildung 154) mit einem zukünftigen Liquiditätszufluss i.H.v. insgesamt 380.000 EUR zu rechnen. Zudem erhalten Sie hier Informationen, aus welchem Land und durch welchen Kunden der Auftrag eingegangen ist. Des Weiteren kann der zugehörige Vertriebsweg[644] in dem Bericht angezeigt werden.

Auftragsvolumen

Produkt	Land	Kunde	Vertriebsweg	Nettowert der Kundenaufträge
Professional_Walk	Vereinigte Staaten	Shoe Unlimited Inc.	Indirekter Vertrieb	69.000,00 EUR
		Ergebnis		**69.000,00 EUR**
	Frankreich	À Pied S.A.	Indirekter Vertrieb	69.000,00 EUR
		Ergebnis		**69.000,00 EUR**
	Deutschland	Laufexperte GmbH	Indirekter Vertrieb	92.000,00 EUR
		Schuhe @ Internet	Direktvertrieb	150.000,00 EUR
		Ergebnis		**242.000,00 EUR**
Ergebnis				**380.000,00 EUR**

Abbildung 154: Auftragsvolumen *Professional Walk*

---

[643] Vgl. zur Berücksichtigung von Planpositionen in der Liquiditätsvorschau Kapitel F.6.2.2.

[644] Indirekter Vertriebsweg = Fachhandel; direkter Vertriebsweg = Internet.

3.3.1.1.3 Erfassung der ausgehenden Lieferung

Prüfung der Verfügbarkeit der Auftragsmengen

Dem Kundenauftrag schließt sich die Lieferung des bestellten Produkts an. Bevor der Versand durchgeführt werden kann, muss zunächst überprüft werden, ob genügend Schuhe im Bestand vorhanden sind, die ausgeliefert werden können. Im Work Center *Auslieferungssteuerung* (Sicht *Kundenbedarfe*) können Sie die Verfügbarkeit der zu liefernden Ware überprüfen und schließlich die Freigabe der Auslieferung für den vorliegenden Kundenauftrag erteilen.

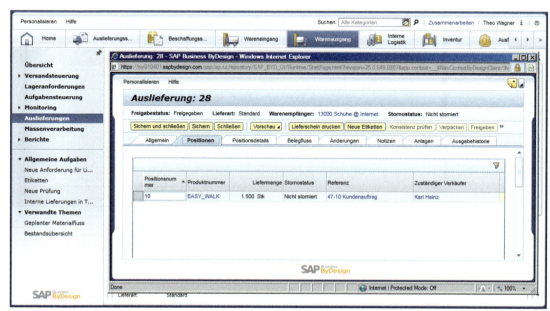

Abbildung 155: Bestätigung des Warenausgangs

Bestätigung des Warenausgangs

Das System unterstützt Sie, die Lieferung rechtzeitig an den Kunden zu schicken. Über die bereits im Kundenauftrag eingegebenen Daten wie den Wunschtermin der Lieferung bzw. die Lieferpriorität wird dementsprechend dem zuständigen Mitarbeiter im Work Center *Warenausgang* unter der Sicht *Versandsteuerung* ein Versandvorschlag gemacht. Der Warenausgang wird unter der Sicht *Versandsteuerung* bei Versand der Ware bestätigt (vgl. Abbildung 155). In dem Warenausgangsschein ist zunächst die im Kundenauftrag enthaltene Bestellmenge angegeben. Falls eine von dieser Angabe abweichende Menge das Lager tatsächlich verlassen sollte, ist dies im Ausgangsschein zu registrieren. Wird z.B. nur eine Teillieferung durchgeführt, so können Sie hier die entsprechende Teilmenge eintragen. In Höhe der Istmenge erfolgt schließlich eine Reduzierung des Lagerbestands. Diese mengenmäßige Abnahme wird über die Erfassung des Warenausgangs automatisch in der Buchhaltung durch eine Haben-Buchung im Konto *Fertige Erzeugnisse und Waren* abgebildet und mit dem zugrunde liegenden Bestandspreis bewertet (vgl. Abbildung 158).

Buchung der Umsatzkosten

Von Bedeutung ist auch das im Warenausgangsschein zu erfassende Versanddatum. Diese Angabe ist die Grundlage des Buchungsdatums der Bestandsabnahme an Fertigerzeugnissen. Außerdem richtet sich danach die Realisierung der Umsatzkosten, sofern diese nicht abgegrenzt werden sollen.[645] Mit der Freigabe des Warenausgangs werden die Umsatzkosten in der GuV ausgewiesen.

Im vorliegenden Geschäftsvorfall werden 1.500 Paar Schuhe des Typs *Easy Walk* im ersten Quartal verkauft (vgl. zur Liefermenge auch Abbildung 155); insgesamt beträgt die Absatzmenge im ersten Quartal 2.500 Paare (vgl. Abbildung 156). Maßgebend für den Wert der Bestandsabnahme ist der zum Abgangszeitpunkt gültige gleitende Durchschnittspreis. In Kapitel F.1 wurde die Entwicklung des gleitenden Durchschnittspreises im Rahmen des Beschaffungsprozesses aufgezeigt. Abgehende Waren werden i.H.d. zum Abgangszeitpunkt gültigen gleitenden Durchschnittspreis gebucht. Für den darzustellenden Verkauf der Tranche liegt der Bestandspreis pro Paar bei 48,133 EUR. Dieser Bestandspreis ist für den kompletten Verkaufsvorgang der *Easy Walk*-Schuhe im ersten Quartal zu verwenden (vgl. Abbildung 150).[646]

Beispielsachverhalt

Zeitpunkt	Anfangsbestand		Zugangsmenge		Abgangsmenge		Endbestand		GLD
	Menge (Stk.)	Wert (EUR)	Menge (Stk.)	Wert (EUR)	Menge (Stk.)	Wert (EUR)	Menge (Stk.)	Wert (EUR)	
29.01.2010	0,00	0,00	3.000	144.400,00	0	0,00	3.000	144.400,00	48,133
bis 15.04.2010	3.000	144.400,00	0	0,00	2.500	120.333,33	500	24.066,67	48,133
15.04.2010	500	24.066,67	3.000	135.375,00	0	0,00	3.500	159.441,67	45,555
bis 15.07.2010	3.500	159.441,67	0	0,00	1.800	81.998,57	1.700	77.443,10	45,555
15.07.2010	1.700	77.443,10	3.000	135.375,00	0	0,00	4.700	212.818,10	45,280
bis 15.10.2010	4.700	212.818,10	0	0,00	3.000	135.841,34	1.700	76.976,76	45,280
15.10.2010	1.700	76.976,76	3.500	157.875,00	0	0,00	5.200	234.851,76	45,164
bis 31.12.2010	5.200	234.851,76	0	0,00	4.000	180.655,20	1.200	54.196,56	45,164
Gesamtsumme:			12.500	573.025,00	11.300	518.282,44	1.200	54.196,56	

Abbildung 156: Entwicklung des gleitenden Durchschnittspreises (*Easy Walk*)

Zeitpunkt	Anfangsbestand		Zugangsmenge		Abgangsmenge		Endbestand		GLD
	Menge (Stk.)	Wert (EUR)	Menge (Stk.)	Wert (EUR)	Menge (Stk.)	Wert (EUR)	Menge (Stk.)	Wert (EUR)	
29.01.2010	0	0,00	4.500	288.600,00	0	0,00	4.500	288.600,00	64,133
bis 15.04.2010	4.500	288.600,00	0	0,00	3.500	224.466,67	1.000	64.133,33	64,133
15.04.2010	1.000	64.133,33	4.500	270.562,50	0	0,00	5.500	334.695,83	60,854
bis 15.07.2010	5.500	334.695,83	0	0,00	4.500	273.842,05	1.000	60.853,79	60,854
15.07.2010	1.000	60.853,79	4.500	270.562,50	0	0,00	5.500	331.416,29	60,258
bis 15.10.2010	5.500	331.416,29	0	0,00	4.000	241.030,03	1.500	90.386,26	60,258
15.10.2010	1.500	90.386,26	5.000	300.562,50	0	0,00	6.500	390.948,76	60,146
bis 31.12.2010	6.500	390.948,76	0	0,00	5.000	300.729,82	1.500	90.218,94	60,146
Gesamtsumme:			18.500,00	1.130.287,50	17.000,00	1.040.068,56	1.500,00	90.218,94	

Abbildung 157: Entwicklung des gleitenden Durchschnittspreises (*Professional Walk*)

---

[645] Vgl. zur Motivation der Abgrenzung und den unterschiedlichen Zeitpunkten der Gewinnrealisierung ausführlich Kapitel F.3.3.2.

[646] In Kapitel F.1.3.1.1.2 und F.1.3.1.3 wurde die Entwicklung des gleitenden Durchschnittspreises bei den einzelnen Beschaffungsvorgängen – losgelöst von den zeitlich dazwischenliegenden Absatzvorgängen – dargestellt. Abnahmen des Lagerbestands (hier 1.500 Paar *Easy Walk*-Schuhe) haben keine Auswirkungen auf den gleitenden Durchschnittspreis zum Zeitpunkt des Abgangs. Dagegen hat dieser Abgang Auswirkungen auf den Durchschnittspreis, der am Zugangszeitpunkt der weiteren Tranchen zu ermitteln ist.

Entwicklung des gleitenden Durchschnittspreises

Bei einem Restbestand von 500 Paar Schuhen – bis zur Anlieferung der neuen Tranche am 15.04.2010 – die zu einem Bestandswert von 24.066,67 EUR (= 144.400 EUR ./. (2.500 ME * 48,133 EUR/ ME)) geführt werden, errechnet sich durch die Zunahme des Bestands am 15.04.2010 (135.375,00 EUR) ein neuer gleitender Durchschnittspreis i.H.v. 45,555 EUR/Paar.[647] Die ab diesem Zeitpunkt abgesetzten Fertigerzeugnisse – im Fall der *Easy Walk*-Schuhe handelt es sich um eine Menge von insgesamt 1.800 Paaren – werden mit diesem Wert in der Buchhaltung als Abgang verzeichnet.[648] In Abbildung 156 (Abbildung 157) wird die Entwicklung des gleitenden Durchschnittspreises im Geschäftsjahr 2010 nachvollziehbar für das Produkt *Easy Walk* (*Professional Walk*) aufgeführt.

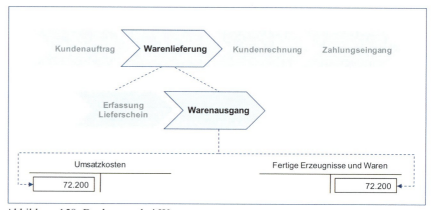

Abbildung 158: Buchungen bei Warenausgang

3.3.1.1.4 Kundenrechnung

Kundenrechnung

Nach erfolgtem Warenausgang wird im Anschluss normalerweise eine Rechnung an den Kunden geschickt. Im Work Center *Kundenrechnungen* können Sie die Rechnung über einen Rechnungslauf (Sicht *Rechnungsläufe*) automatisch erstellen. Die aus der Lieferung oder Leistungserbringung zu stellenden Rechnungen werden automatisch gebündelt, erzeugt und können wahlweise auch direkt freigegeben werden. Sie müssen demnach nicht alle ausstehenden Kundenrechnungen im Einzelnen freigeben.

Entstehung der Forderung durch die Kundenrechnung

Sie können Kundenrechnungen aber auch manuell unter der Sicht Fakturavorrat auswählen und fakturieren. Die in der Rechnung enthaltenen Vorschlagsdaten für Preise, Rabatte und Steuern stammen aus dem Kundenauftrag; die Mengen aus dem erfassten Warenausgang (vgl. Abbildung 159). Die Freigabe der Rechnung erzeugt eine *Forderung aus Lieferungen und Leistungen*. Im konkreten Fall (vgl. Abbildung 160) entsteht durch den Verkauf von 1.500 Paaren über den Vertriebsweg *Internet* (Nettoverkaufspreis: 80 EUR/Paar) eine *Forderung aus Lieferungen und Leistungen* i.H.v. 142.800 EUR.

---

[647]   45,555 EUR/Paar = 159.441,67 EUR/3.500 Paare.

[648]   Aus dem Verkauf der *Hiking*-Schuhe (Verwendung des Standardkostensatzes) resultieren diesbezüglich keine Anpassungen.

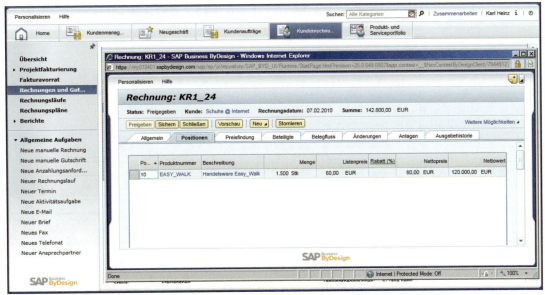

Abbildung 159: Erfassung von Kundenrechnungen

Auf den Nettopreis der gelieferten Waren wird der Umsatzsteuerbetrag automatisch ermittelt und in der Rechnung ausgewiesen.[649] SAP Business ByDesign leitet die steuerrelevanten Daten aus unterschiedlichen Stammdaten im System ab (sog. Steuerentscheidungsbaum) und ermittelt automatisch die zutreffende Steuerart und -höhe eines Geschäftsvorfalls. Über den im Kundenauftrag angegebenen Kunden, dem zugrunde liegenden Vorgang und die Art des zu verkaufenden Produkts wird das zutreffende Steuerkennzeichen, welches eine eindeutige Kombination der eben genannten Parameter (Steuerereignis, Steuerart und Steuersatz) darstellt, ermittelt: in diesem Fall der (umsatz-)steuerbare Verkauf von Waren im Inland.[650] Das Steuerkennzeichen stellt zudem den korrekten Ausweis – über die Kontenfindung – der angefallenen Steuer sicher. Im Beispielsachverhalt erfolgt somit eine Buchung im Haben auf das Konto *Umsatzsteuer* i.H.v. 22.800 EUR.

Ermittlung der Umsatzsteuer

> SAP Business ByDesign leitet aus den Produkt- und Kundenstammdaten eines Geschäftsvorfalls automatisch die Art, Höhe und den Ausweis der angefallenen Steuer ab.

HIGHLIGHT

Neben der Begründung der Forderung werden des Weiteren mit Freigabe der Kundenrechnung die Umsatzerlöse realisiert. Die Rechnungsstellung löst automatisch eine Buchung auf dem Konto *Umsatzerlöse* aus. Über die hinterlegten

Buchung der Umsatzerlöse

---

[649] In dem Kundenauftrag ist bereits eine Berechnung der Steuer erfolgt. Dort hat die Steuer allerdings noch nicht den Verbindlichkeitsgrad der ausgewiesenen Steuer in einer Rechnung. Durch das Ziehen eines Skontos ist allerdings auch eine Änderung des in einer Rechnung enthaltenen Steuerbetrags noch möglich.

[650] Auf die im Beispielsachverhalt beschriebenen Verkäufe ins Ausland (Frankreich, USA) entfällt keine Umsatzsteuer.

Stammdaten des Kunden (Ort, Land) werden die Umsatzerlöse automatisch der zugrunde liegenden Region zugeteilt.

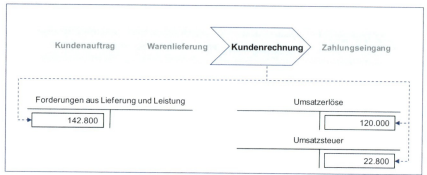

Abbildung 160: Buchungen bei Freigabe der Kundenrechnung

3.3.1.2   Zahlungseingang

Nachdem die Leistung mit der Warenlieferung erbracht und eine Rechnung an den Kunden gestellt wurde, ist abschließend der resultierende Zahlungseingang zu betrachten. In den folgenden Kapiteln wird zunächst auf die Verwaltung von Forderungen eingegangen, bevor der Zahlungseingang näher dargestellt wird.

3.3.1.2.1 Verwaltung von Forderungen

Überblick von Kundenkonten

Im Work Center *Forderungen* (Sicht *Kunden*) finden Sie – analog zu den Verbindlichkeiten – kundenbezogene Forderungspositionen aufgelistet (vgl. Abbildung 161). Mit der Detailansicht *Anzeigen* werden Ihnen pro Kunde alle offenen Posten (Kundenrechnungen), Kundengutschriften und Zahlungseingänge angezeigt.[651] Mit dieser Ansicht erhalten Sie auch schnell einen Überblick, wann die Forderungen fällig werden. Diese Information von zu erwartenden Zahlungszuflüssen werden für die Liquiditätsplanung herangezogen[652]; eine detaillierte Auflistung von zukünftig fälligen Forderungen erhalten Sie außerdem über einen gesonderten Bericht (Sicht *Berichte*).

Mahnungen

Sollten Zahlungen nicht fristgerecht beglichen werden, haben Sie die Möglichkeit, Mahnungen an den/die betreffenden Kunden (Sicht *Mahnung*) zu versenden. In der Konfiguration legen Sie zu diesem Zweck Kriterien fest, die eine Mahnung auslösen sollen. Die im System bereits vordefinierten Mahnstrategien können Sie um weitere, auf Ihre Bedürfnisse abgestimmte Strategien ergänzen. So können Sie z.B. bestimmen, ab welcher Höhe eine Mahnung an einen Geschäftspartner gesendet bzw. bis wann von einer Erinnerung Gebrauch gemacht werden soll. Außerdem ist die Festlegung von Zeitabständen zwischen zwei Mahnschritten mög-

---

[651]   Dazu müssen Sie den Filter in der Registerkarte auf *Alle Posten* setzen.
[652]   Im Rahmen der Liquiditätsplanung in SAP Business ByDesign werden die in der Zukunft erwarteten Zahlungseingänge aus Forderungen automatisch berücksichtigt; vgl. zur Liquiditätsplanung und Liquiditätsvorschau Kapitel F.6.2.2.

lich. Über Mahnungsläufe (Sicht *Periodische Aufgaben*) werden Mahnvorschläge automatisch erzeugt. Die Softwarelösung macht Sie mittels einer Geschäftsaufgabe darauf aufmerksam.

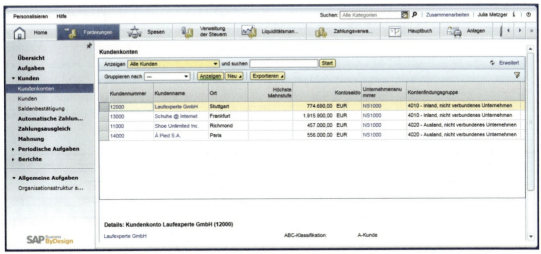

Abbildung 161: Auflistung der Kundenkonten mit offenen Posten

Zur Bestätigung der Forderungshöhe und um eventuell bestehende Abweichungen zwischen der bestehenden Forderung und der korrespondierenden Verbindlichkeit auf Kundenseite zu identifizieren, können Sie Saldenbestätigungsläufe einrichten.[653] Differenzen können damit rechtzeitig erkannt und abgeklärt werden. Der Saldenbestätigungslauf ist entweder von Ihnen periodisch einzuplanen oder manuell anzustoßen. Es sind nicht notwendigerweise die gesamten Forderungspositionen in den Saldenbestätigungslauf[654] einzubeziehen. Sie können im Vorfeld z.B. die Berücksichtigung von Forderungen ab einer bestimmten Höhe festlegen oder auch nur einen speziellen Kunden auswählen.

Saldenbestätigungs-läufe

3.3.1.2.2 Kontoauszug und Zahlungsausgleich

Der Zahlungseingang kann sich auf unterschiedliche Art und Weise vollziehen. In Abhängigkeit von der vereinbarten Zahlungsweise können Sie als Zahlungsempfänger den Zahlungseingang selbst initiieren; die Zahlung kann aber auch fremd initiiert sein.

Sie können eine Zahlung dann selbst initiieren, wenn mit dem Geschäfts- bzw. Vertragspartner als Zahlungsweise bspw. das Lastschriftverfahren oder die Kreditkartenzahlung vereinbart wurde. In diesen Fällen besteht im Work Center *Forderungen* unter der Sicht *Periodische Aufgaben* die Möglichkeit, einen automa-

Selbst initiierte Zahlungen

---

653   Dies ist für Verbindlichkeiten ebenso möglich.
654   Saldenbestätigungsläufe werden insbesondere im Rahmen der Jahresabschlussprüfung benötigt; vgl. Kapitel F.5.1.2.3.

tischen Zahlungslauf einzurichten. Für diesen Zahlungslauf definieren Sie z.B. einen bestimmten Kunden, dessen offene Posten beglichen werden sollen.

Fremdinitiierte Zahlungen

Ist die Zahlung dagegen fremd initiiert, wie z.B. bei einer Banküberweisung durch den Debitor, so wird der Zahlungszufluss durch einen Bankkontoauszug dokumentiert.[655] Der Zahlungseingang wird im Allgemeinen automatisch über eine Uploaddatei erfasst; Sie können den Kontoauszug auch manuell im System anlegen.[656] Mit der Freigabe des Bankkontoauszugs erhöhen sich die liquiden Mittel. Auch wenn eine Zahlungszuordnung nicht direkt erfolgen kann, wird Ihnen über diese Erhöhung immer ein aktueller Überblick über die Zahlungsmittelbestände in Ihrem Unternehmen gewährleistet. Den Kontoauszug legen Sie im Work Center *Liquiditätsmanagement* unter der Sicht *Kontoauszüge* an.

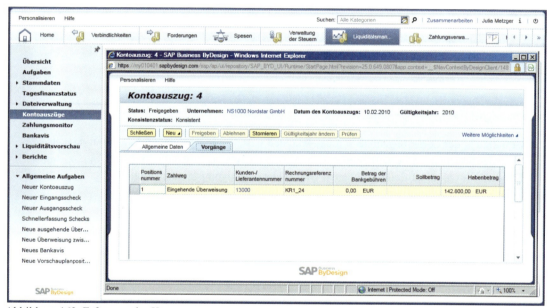

Abbildung 162: Erfassung des Kontoauszugs

Erfassung des Kontoauszugs

Während der Erfassung des Kontoauszugs können Sie in einer Belegzeile des Auszugs neben Kundenangaben auch eine Referenznummer vermerken (vgl. Abbildung 162). Bereits beim Anlegen der Kundenrechnung wird immer eine Rechnungsnummer vergeben. Anhand dieser Nummer ist die Rechnung im System eindeutig bestimmbar. Bei der Erfassung des Kontoauszugs dienen Kunden- und Referenznummer (hier: KR1_24) dazu, den Zahlungseingang des Kunden mit der korrespondierenden Forderung zu verknüpfen. SAP Business ByDesign ordnet also automatisch die Zahlung dem offenen Posten zu und bucht diesen aus.

---

[655]   Eingegangene Schecks oder Wechsel sind als weitere fremd initiierte Zahlungen zu nennen.

[656]   Vgl. zur Erfassung eines Kontoauszugs auch Kapitel F.1.3.1.2.3.

Wie gerade beschrieben wurde, gliedert sich der Teilprozess Zahlungseingang in die Geschäftsvorfälle Kontoauszug, Zahlungszuweisung und Forderungsausgleich.[657] Mit der Erfassung des Kontoauszugs wird zunächst nur der Betrag auf dem Bankkonto als Geldeingang gutgeschrieben und gebucht. In der Zahlungszuweisung wird geprüft, um welche Art der Zahlung es sich handelt. Geldzugänge werden als Kundenzahlungen gebucht. Diese Trennung wird an der Vorgehensweise der Buchungen ersichtlich (vgl. Abbildung 163). Als Verrechnungskonto dient das Konto *Geld in Transit*.

Unterteilung des Teilprozesses Zahlungseingang

Beim Forderungsausgleich wird geprüft, ob eine Kundenzahlung auch den vereinbarten Zahlungsbedingungen entspricht. Der Zahlungseingang und die bestehende Forderung würden sich bei Inanspruchnahme eines Skontos betragsmäßig unterscheiden: Dieser führt zu einer Verringerung der Umsatzerlöse; die Umsatzsteuer wird daraufhin automatisch korrigiert. Es kommt auch vor, dass der Kunde unerlaubterweise einen von der Forderung abweichenden Betrag auf das Bankkonto überweist. Wenn Sie Abweichungen zwischen Zahlungseingangsbetrag und ursprünglichem Rechnungsbetrag in einem bestimmten Maße tolerieren, haben Sie die Möglichkeit, Toleranzgrenzen festzulegen. Sollten die vordefinierten Toleranzgrenzen überschritten werden, erstellt das System automatisch eine Genehmigungsaufgabe für den Leiter der Abteilung.

Abweichen der Zahlung vom Forderungsbetrag

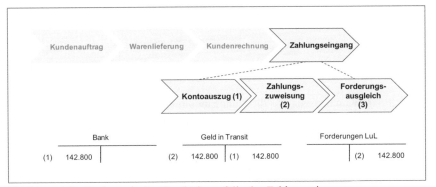

Abbildung 163: Buchungen der Geschäftsvorfälle des Zahlungseingangs

Im Fallbeispiel[658] enthält der Kontoauszug einen Zahlungseingang des Kunden i.H.v. 142.800 EUR. Diese Erhöhung auf dem Konto *Bank* spricht im Haben gleichzeitig das Verrechnungskonto *Geld in Transit* an (Buchung (1)). Da in der Belegzeile des Kontoauszugs bereits ein konkreter Bezug zur Forderung über die Rechnungsreferenz hergestellt wird, erfolgt auch automatisch die Ausbuchung der *Forderung aus Lieferungen und Leistungen*. In gleicher Höhe – im vorliegenden Sachverhalt wurde kein Skonto gewährt und es liegt auch keine Zahlungsabweichung vor – wird das Verrechnungskonto *Geld in Transit* im Soll angesprochen

Beispielsachverhalt

---

[657] Es liegt eine Zweiteilung vor, auch wenn sich der Zahlungseingang nach Freigabe des Kontoauszugs in einem Schritt vollzieht.

[658] Für die beispielhafte Darstellung wird auf den Verkauf der *Easy Walk*-Schuhe (1.500 Paare) im ersten Quartal über den Vertriebsweg *Internet* abgestellt.

(Buchung (2)). Hätte der Kunde bei Zahlung 200 EUR Skonto in Anspruch genommen[659], wäre die ursprüngliche Forderung ausgeglichen und im Geschäftsvorfall Forderungsausgleich in dieser Höhe ein Skontoaufwand gegen Forderungen
gebucht worden. Falls die gezahlte Rechnungsposition Umsatzsteuer beinhaltet
hätte, wäre sie anteilig korrigiert und der Skontoaufwand entsprechend reduziert
worden.

Abbildung 164: Manueller Ausgleich einer Forderungsposition

Manueller Ausgleich   Falls Sie im Kontoauszug nur die Kundennummer, nicht aber die Rechnungsreferenz aufnehmen bzw. mit einer Zahlung Ihres Kunden mehrere Rechnungen in ei-
nem Betrag ausgeglichen werden sollen, dann erhalten Sie nach Erfassung des
Kontoauszugs eine offene Ausgleichsaufgabe im Work Center *Forderungen*
(Sicht *Meine Aufgaben*) auf dem Debitor. Diese können Sie dann manuell zuordnen. Dazu bekommen Sie in SAP Business ByDesign in der Detailansicht des betreffenden Kundenkontos (Sicht *Kunden*) die eingegangene Zahlung aufgeführt.
Diesen Betrag können Sie auf die unterschiedlichen Forderungspositionen durch
Setzen der Checkbox verteilen. In Abbildung 164[660] wird die eingegangene (über
den Kontoauszug bereits erfasste) Zahlung i.H.v. 95.200 EUR dem ausstehenden
Forderungsbetrag zugewiesen. Die ausgewählte Forderungsposition (hier: Refe-
renz KR1_22) wird dadurch ausgeglichen. Wenn Sie keine manuelle Zuweisung
vornehmen, wird der Zahlungseingang als Akonto-Zahlung auf dem Debitoren-
konto gebucht.

---

[659]   In den Geschäftsvorfällen Kontoauszug und Zahlungszuweisung würde folglich nur
ein Betrag i.H.v. 142.600 EUR berücksichtigt werden.
[660]   Für Zwecke der Darstellung wird in der Abbildung ein Verkaufsvorgang gezeigt, bei
dem ein manueller Forderungsausgleich durchgeführt wurde.

Alle Ursprungsbelege der Geschäftsvorfälle und Buchungen eines Auftragsabwicklungsprozesses werden in einem Belegfluss dokumentiert. Über den Belegfluss können Sie auf die Ursprungsbelege und in die Buchungsbelege abspringen.

Belegfluss

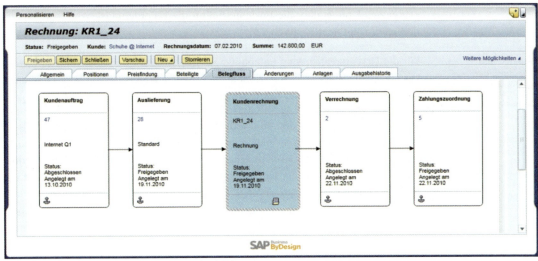

Abbildung 165: Belegfluss des Auftragsabwicklungsprozesses

3.3.2 Erlösabgrenzung und Erlösrealisierung
3.3.2.1 Funktion der Erlösabgrenzung

In Kapitel F.3.3.1.1 werden die Buchungen der Geschäftsvorfälle Warenausgang und Kundenrechnung dargestellt: Die Umsatzkosten und Umsatzerlöse wurden direkt in der GuV ausgewiesen; in diesem Fall erfolgen keine Abgrenzungsbuchungen. Falls der Warenausgang und die Kundenrechnung stets in der gleichen Periode durchgeführt werden würden – weil dies z.B. immer am gleichen Tag passiert – kann auf eine Erlösabgrenzung verzichtet werden.

Direkte Gewinnrealisierung

Es ist aber auch möglich, Umsatzkosten und Umsatzerlöse zunächst auf Abgrenzungskonten zu buchen (vgl. Abbildung 168). In diesem Fall löst die Rechnungsstellung automatisch eine Buchung auf das Konto *Zurückgestellte Erlöse* aus. Bei Warenausgang werden die für die Erzielung des Umsatzes aufgewendeten Kosten im Soll auf dem Konto *Zurückgestellte Umsatzkosten* gebucht. Hintergrund der Verwendung von Abgrenzungskonten ist das zeitliche Auseinanderfallen der erwähnten Geschäftsvorfälle und der sich daran anknüpfenden Fragestellung, zu welchem Zeitpunkt eine Gewinnrealisierung vorzunehmen ist.[661] Der Erlösabgrenzungslauf stellt sicher – sofern der von Ihnen in der Systemkonfiguration festgelegte Gewinnrealisierungszeitpunkt erreicht wurde –, dass die Abgrenzungsbuchungen automatisch zurückgenommen und die Kosten und Erlöse in der gleichen Periode auf den Konten *Umsatzkosten* bzw. *Umsatzerlöse* ausgewiesen werden. Sollte der festgelegte Gewinnrealisierungszeitpunkt indes nicht erreicht sein, ver-

Abgrenzung von Umsatzerlösen und Umsatzkosten

---

[661] Vgl. dazu auch Kapitel F.3.1.2.2.

bleiben die abgegrenzten Kosten bzw. Erlöse auf den genannten Konten und stellen damit einen periodengerechten Erfolgsausweis sicher. Die durch die Geschäftsvorfälle Kundenrechnung und Warenausgang hervorgerufene Forderungszunahme bzw. Vorratsabnahme entfaltet in der Bilanz keine Wirkung, da die abgegrenzten Konten über die Berichtsstruktur diese Forderungs- bzw. Vorratsposition wertmäßig neutralisieren.[662]

Zeitpunkt und Bedeutung der Gewinnrealisierung

Für die Gewinnrealisierung unterstützt Sie das System automatisch mit folgenden zwei Vorgehensweisen[663]: Gewinnrealisierung bei Warenausgang oder Gewinnrealisierung bei Ausgang der Kundenrechnung.

Mithilfe der Abbildung 166 soll verdeutlicht werden, dass dem Zeitpunkt insbesondere bei zeitlichem Auseinanderfallen – wie bspw. in der Abbildung angedeutet in unterschiedlichen Geschäftsjahren oder auch auf Quartalsebene bei unterjähriger Berichterstattung – große Bedeutung zukommen kann. In Abhängigkeit von dem gewählten Gewinnrealisierungszeitpunkt wäre in dem in Abbildung 166 aufgezeigten Fall entweder der Erlös im Jahr 2010 (Realisierung bei Lieferung) oder im Jahr 2011 (Realisierung bei Rechnungsstellung) auszuweisen.

Abbildung 166: Zeitliches Auseinanderfallen von Warenausgang und Kundenrechnung

Manuelle Gewinnrealisierung

Neben der direkten Realisierung von Erlösen und Kosten (keine Abgrenzungsbuchungen) und der automatischen Unterstützung der Gewinnrealisierung zu einem vordefinierten Zeitpunkt (Warenausgang oder Kundenrechnung), besteht ebenso die Möglichkeit, den Realisationszeitpunkt manuell festzulegen. In diesem Fall können Sie manuell eine Realisierung von bereits abgegrenzten Kosten und Erlösen durchführen oder über manuelle Buchungen die Kosten und Erlöse zunächst selbst abgrenzen und in einem späteren Schritt die Realisierung vollziehen. Abbildung 167 stellt die beschriebenen Zusammenhänge noch einmal zusammenfassend dar.

---

662 Diese Neutralisierung wird durch das Einhängen dieser Abgrenzungskonten unter die betreffende Bilanzposition in der Berichtsstruktur erreicht.

663 Die gewünschte Vorgehensweise ist von Ihnen in der Konfiguration im Work Center *Betriebswirtschaftliche Konfiguration* einzustellen.

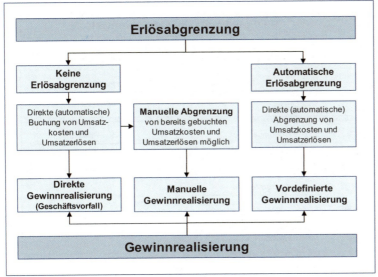

Abbildung 167: Zusammenhang von Erlösabgrenzung und Gewinnrealisierung

3.3.2.2 Buchungslogik des Erlösabgrenzungslaufs

Der Erlösabgrenzungslauf wird im Allgemeinen automatisch durchgeführt; dieser kann im Work Center *Kosten und Erlöse* unter der Sicht *Periodische Aufgaben* periodisch eingeplant werden. Analog zu bereits dargestellten *Periodischen Läufen*[664] in SAP Business ByDesign müssen Sie auch hier die für den Lauf relevante Buchungsperiode angeben. Für die folgenden Ausführungen wird unterstellt, dass der in Kapitel F.3.3.1.1 dargestellte Geschäftsvorfall – Verkauf von 1.500 Paar Schuhen des Typs *Easy Walk* – mit Abgrenzungsbuchungen auf die Konten *Zurückgestellte Umsatzkosten* bzw. *Zurückgestellte Erlöse* erfasst wurde.

Wie in Kapitel F.3.3.2.1 beschrieben, knüpft der Erlösabgrenzungslauf den Zeitpunkt der Gewinnrealisierung an den (in der Konfiguration gewählten) Zeitpunkt des operativen Teilprozesses: den Lieferzeitpunkt oder die Kundenrechnung. Die bei den Geschäftsvorfällen Warenausgang und Kundenrechnung auf die Abgrenzungskonten abgesetzten Buchungen[665] (vgl. Buchung (1) und (2)) werden durch den Erlösabgrenzungslauf auf die Konten der GuV umgebucht, sofern der Zeitpunkt der Gewinnrealisierung erreicht wurde (vgl. Abbildung 168). Im vorliegenden Beispiel sind zum Zeitpunkt des Abgrenzungslaufs beide Geschäftsvorfälle bereits abgelaufen und der Realisierungszeitpunkt damit erreicht. Die Umbuchung der Umsatzerlöse der verkauften Menge von 1.500 Paar Schuhen i.H.v. 120.000 EUR wird mit Buchung (3), die der Umsatzkosten i.H.v. 72.200 EUR mit Buchung (4) dargestellt.

Gewinnrealisierung bei Kundenrechnung

---

[664] Vgl. WE/RE-Lauf in Kapitel F.1.3.1.3 und die WIP-Abrechnung in Kapitel F.2.3.3.
[665] Vgl. zu den ursprünglichen Buchungen Kapitel F.3.3.1.1.3 und F.3.3.1.1.4. In der vorliegenden Abbildung wird auf den Bruttoausweis der Forderung verzichtet.

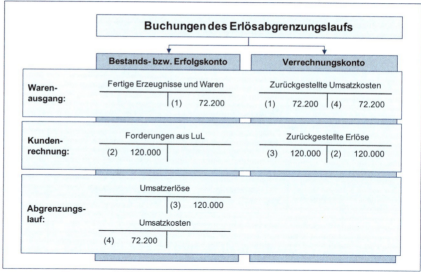

Abbildung 168: Erlösabgrenzungslauf: Gewinnrealisierung bei Kundenrechnung

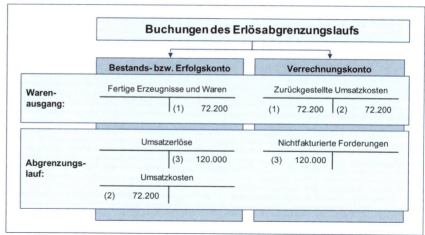

Abbildung 169: Erlösabgrenzungslauf: Gewinnrealisierung bei Lieferung ohne Kundenrechnung

Gewinnrealisierung bei Lieferung ohne Kundenrechnung

Sollten Warenausgang und Zeitpunkt der Kundenrechnung in unterschiedliche Perioden fallen – wie in dem Zeitstrahl der Abbildung 166 angedeutet wird – und wäre als relevanter Zeitpunkt der Gewinnrealisierung die Lieferung zugrunde zu legen, dann würde bei einem Erlösabgrenzungslauf zum 31.12.2010 ein Gewinn i.H.v. 47.800 EUR realisiert, auch wenn noch keine Rechnung an den Kunden gesendet wurde (vgl. Abbildung 169). Mit der Lieferung wurden die Umsatzkosten abgegrenzt (vgl. Buchung (1)) und im Rahmen des Abgrenzungslaufs umgebucht (Buchung (2)). Die Umsatzerlöse sind aufgrund des gewählten Gewinnrealisierungszeitpunkts der gleichen Periode zuzuordnen. Deshalb werden die Umsatzerlöse über eine Abgrenzungsbuchung zum Zeitpunkt des Abgrenzungslaufs vorweggenommen (vgl. Buchung (3)). Das angesprochene Abgrenzungskonto wird bei einem späteren Abgrenzungslauf, wenn die Kundenrechnung dann erstellt wurde, glattgestellt.

3.3.3   Analyse des Auftragsabwicklungsprozesses

Im Folgenden werden die in SAP Business ByDesign angelegten Geschäftsvorfäl-   **Überblick**
le des Auftragsabwicklungsprozesses auf der Grundlage von Berichten einer wei-tergehenden Analyse unterzogen. Im Einzelnen konzentrieren sich die Ausführungen auf die absatzrelevanten Bereiche des Auftragseingangs, der Durchlaufzeit von Kundenaufträgen sowie Berichten zur kurzfristigen Ergebnisrechnung. Abschließend wird kurz auf den Liquiditätsaspekt des Auftragsabwicklungsprozesses eingegangen.

3.3.3.1   Auftragseingangsvolumen und Durchlaufzeit von Kundenaufträgen

Auftragseingänge können als vorlaufender Indikator herangezogen werden, um zu   **Auftragseingangs-**
beurteilen, ob die gesteckten Umsatzziele aufrecht erhalten werden können oder   **volumen**
ob zusätzliche Maßnahmen getroffen werden müssen, um weiterhin an den gesteckten Zielen festzuhalten. Neben dem Erreichen von Umsatzzielen dient das offene Auftragsvolumen gleichzeitig als Indikator für die Höhe zukünftiger Zahlungszuflüsse und damit der Sicherung der Zahlungsfähigkeit. In Abbildung 170 ist mit dem Bericht *Kundenauftragsvolumen* (Work Center *Kundenaufträge*) der Auftragseingang der *Nordstar GmbH* für das zweite Quartal abgebildet. Zur genaueren Analyse wurde der Bericht getrennt nach Produkten und Absatzregionen aufgeteilt. Das Auftragseingangsvolumen der *Nordstar GmbH* für das zweite Quartal stimmt mit den Plandaten[666] überein.

Abbildung 170: Kundenauftragsvolumen nach Regionen und Produkten

---

[666]   Vgl. zur Absatzplanung des Fallbeispiels Kapitel E.2.1.

Kundenauftrags-durchlaufzeit

Im Auftragsabwicklungsprozess werden in den einzelnen Geschäftsvorfällen u.a. Daten zum Kundenauftragsdatum, dem Wunschliefertermin des Kunden und das Lieferdatum festgehalten. Diese Informationen können bei Abschluss des Prozesses herangezogen werden, um die Einhaltung vereinbarter Liefertermine zu prüfen bzw. Verbesserungspotenzial zu identifizieren: Hat die Bearbeitungszeit des eingegangenen Kundenauftrags zu lange gedauert oder ist aufgrund eines Mangels an Lagerbeständen die Auslieferung verzögert worden? Die Einhaltung der Termine kann neben der Produktqualität[667] ein Faktor für die Kundenzufriedenheit sein. Eine Minimierung der Durchlaufzeit – unter Beachtung des gewünschten Lieferzeitpunkts durch den Kunden – wirkt sich des Weiteren auf den Zeitpunkt von Zahlungszuflüssen aus; der Eingang liquider Mittel kann früher erwartet werden. Im Work Center *Auslieferungssteuerung* (Sicht *Berichte*) werden Ihnen im Bericht *Kundenauftragsdurchlaufzeit – Detailliert* Abweichungen zwischen Wunsch- und Istdurchlaufzeiten angezeigt (vgl. Abbildung 171). Im Fallbeispiel entsprechen die (Ist-)Durchlaufzeiten der einzelnen Verkaufsvorgänge der Handelsware ungefähr den Wunschdurchlaufzeiten. Für die Produktionsware weichen die Durchlaufzeiten allerdings stärker von den Wunschlaufzeiten ab.

Produkt	Kunde	Anlegedatum Kundenauftragsposition	Wunschliefertermin	Lieferdatum	Durchlaufzeit (Tage)	Wunschdurchlaufzeit (Tage)
Easy Walk	À Pied S.A.	15.07.2010	20.07.2010	19.07.2010	4,00	5,00
	Laufexperte GmbH	14.07.2010	17.07.2010	17.07.2010	3,00	3,00
	Schuhe @ Internet	05.08.2010	08.08.2010	09.08.2010	4,00	3,00
	Shoe Unlimited Inc.	20.07.2010	30.07.2010	04.08.2010	15,00	10,00
HIKING	À Pied S.A.	23.07.2010	28.07.2010	30.07.2010	7,00	5,00
	Laufexperte GmbH	12.07.2010	15.07.2010	18.07.2010	6,00	3,00
	Schuhe @ Internet	10.08.2010	13.08.2010	17.08.2010	7,00	3,00
	Shoe Unlimited Inc.	25.08.2010	04.09.2010	06.09.2010	12,00	10,00
Professional Walk	À Pied S.A.	08.08.2010	13.08.2010	13.08.2010	5,00	5,00
	Laufexperte GmbH	02.09.2010	05.09.2010	07.09.2010	5,00	3,00
	Schuhe @ Internet	30.07.2010	02.08.2010	03.08.2010	4,00	3,00
	Shoe Unlimited Inc.	12.07.2010	22.07.2010	23.07.2010	11,00	10,00

Abbildung 171: Kundenauftragsdurchlaufzeit

3.3.3.2   Kurzfristige Ergebnisrechnung

Integrierte Profitabilität

Mithilfe des Berichts *Ergebnis nach Deckungsbeitragsschema* im Work Center *Kosten und Erlöse* können Sie sich sowohl für ein Produkt als auch über Produktgruppen und/oder über weitere Merkmale hinweg in Form einer kurzfristigen Ergebnisrechnung den Erfolgsbeitrag anzeigen lassen. In den Geschäftsvorfällen Kundenauftrag oder Kundenrechnung werden u.a. die analytischen Merkmale einer Ergebnisrechnung (Ergebnisrechnungsmerkmale) Auftragsnummer, Kunde, Produkt und Verkaufsorganisation in dem Ursprungsbeleg gespeichert. Aus ihren Stammdaten werden Kundengruppen und Produktgruppen als weitere Merkmale abgeleitet. Dem Kostenträger Kundenprojekt werden Merkmale manuell zugeordnet. Dadurch ist der Ausweis des Ergebnisses nach Marktsegmenten wie Kunden, Kundengruppe, Produkt und Produktgruppe, Verkaufsorganisation, aber auch fei-

---

[667]   Den Bericht *Retourenquote* können Sie für die Überwachung der Produktqualität im Work Center *Kundenaufträge* aufrufen.

ner nach Kundenauftrag oder Projekt denkbar. Herauszustellen ist hier, dass die Buchungsbelege in einem Einkreissystem Ergebnisrechnungsmerkmale beinhalten, daraus weitere Ableitungen erfolgen und somit eine integrierte Deckungsbeitragsrechnung ermöglichen.

Ausgehend von den Buchungsbelegen, die mit Ergebnisrechnungsmerkmalen versehen werden, wird in SAP Business ByDesign eine integrierte Profitabilitätsbetrachtung mithilfe von Ergebnisberichten ermöglicht.

HIGHLIGHT

Die Ermittlung des Deckungsbeitrags spielt nicht nur für einen abgeschlossenen Verkaufsvorgang eine wichtige Rolle, um die Profitabilität von abgesetzten Produkten oder die Rentabilität von Vertriebswegen zu bestimmen. Der Deckungsbeitrag kann bereits Eingang in die Erstellung von Angeboten in der Weise erhalten, dass er als Kalkulationsvorgabe (Schwellenwert) von Produktpreisen einzubeziehen ist bzw. für die Entscheidung zur Gewährung von Rabatten herangezogen wird. SAP Business ByDesign berechnet den Deckungsbeitrag beim Anlegen des Angebots und gibt dem verantwortlichen Mitarbeiter bei anschließendem Kundenauftrag frühzeitig einen Überblick über den zu erwartenden Deckungsbeitrag.

Deckungsbeitrag auf Basis des Kundenauftrags

Produkt	HIKING	Ergebnis
Ergebnisrechnungszeile		
Betriebsergebnis	-2.006.935,00 EUR	**-2.006.935,00 EUR**
Bruttoergebnis vom Umsatz	-2.133.435,00 EUR	**-2.133.435,00 EUR**
Nettoumsatzerlös	-3.195.000,00 EUR	**-3.195.000,00 EUR**
Kosten des Umsatzes	1.061.565,00 EUR	**1.061.565,00 EUR**
Vertriebskosten	78.500,00 EUR	**78.500,00 EUR**
allgemeine Verwaltungskosten	48.000,00 EUR	**48.000,00 EUR**

Abbildung 172: Erfolgsbeitrag des Produkts *Hiking-Schuh*

In Abbildung 172 wird der Deckungsbeitragsbericht der Produktionsware *Hiking* dargestellt. Die Umsatzkosten beziehen sich in diesem Fall auf die im Rahmen der Aktivierung zugrunde gelegten Vollkosten[668] des *Hiking*-Schuhs i.H.v. 41,63 EUR pro Paar. In diesen Vollkosten sind neben Einzel- auch die dem Produkt zugeordneten Gemeinkosten enthalten.[669] Allgemeine, nicht der Produktion zurechenbare Kosten, wie die Vertriebskosten und die allgemeinen Verwaltungskosten, finden ebenso Eingang in die Berechnung des Deckungsbeitrags für die Produktionsware. Die Vertriebskosten setzen sich konkret aus den Personalkosten des Vertriebsmitarbeiters des Geschäftsbereichs Produktionsware (42.000 EUR), den Telefonkosten im Verkauf (1.500 EUR) und den Kosten der Marketingagentur (20.000 EUR) zusammen. Die Vertriebskosten enthalten auch die – im Produktionsprozess nicht

Produktbezogener Deckungsbeitrag

---

[668] In SAP Business ByDesign wird die kurzfristige Ergebnisrechnung für einen Kostenträger (hier: Produkt) nur auf Vollkostenbasis unterstützt.

[669] Vgl. zur detaillierten Ermittlung der Herstellungskosten zur Produktion von *Hiking*-Schuhen Kapitel F.2.2.2.

berücksichtigten – anteiligen Abschreibungen des Produktionsgebäudes (10.000 EUR) und die anteiligen Heizungskosten (5.000 EUR).[670] Die Verwaltungskosten werden durch die Personalkosten des Geschäftsbereichsleiters (48.000 EUR) verursacht. Der Deckungsbeitrag des *Hiking*-Schuhs beträgt ca. 2 Mio. EUR. Eine Analyse anhand des geplanten Deckungsbeitrags (ca. 2.028.000 EUR)[671] zeigt, dass die Abweichung im Wesentlichen auf die nicht in der Planung berücksichtigten Telefon- und Marketingagenturkosten zurückzuführen ist.

Deckungsbeitrag auf Geschäftsbereichsebene

Wenn Sie sich den Deckungsbeitrag für die Geschäftsbereiche Handelsware und Produktionsware anschauen (verkaufte Handelsware *Easy Walk* und *Professional Walk* sowie produzierter *Hiking*-Schuh), werden zusätzlich zu den produktbezogenen Kosten und Erlösen (hier: Deckungsbeitrag auf Ebene des Profit-Centers Easy Walk bzw. Professional Walk) auch jene Kosten und Erlöse in das Deckungsbeitragsschema aufgenommen, die auf Ebene des Geschäftsbereichs angefallen sind und nicht einem Produkt bzw. einer Produktgruppe (Spalte *Nicht zugeordnet*) zugeordnet wurden (vgl. Abbildung 173). Die (zugeordneten) Vertriebs- und Verwaltungskosten je Produkt (*Easy Walk* und *Professional Walk*) beinhalten jeweils die relevanten Personalkosten.[672] Die auf Ebene des Geschäftsbereichs Handelsware zuzuordnenden Kosten (Spalte *Nicht zugeordnet*) setzen sich aus den Abschreibungen auf die Lagerhalle und das Lagersystem (255.000 EUR), den Heizungskosten der Lagerhalle (15.000 EUR) und den Erträgen aus der Währungsumrechnung (18.037,50 EUR)[673] zusammen. Die im Geschäftsbereich Produktionsware angefallenen Kosten wurden dem Produkt *Hiking* zugeordnet. In diesem konkreten Fall entspricht der produktbezogene Deckungsbeitrag (DB II) dem Deckungsbeitrag auf Ebene des Geschäftsbereichs. Insgesamt ergibt sich für die beiden betrachteten Geschäftsbereiche ein Deckungsbeitrag von ca. 2,67 Mio. EUR.

Geschäftsbereich	Handelsware (NS1200)				Produktionsware (NS1300)			Ergebnis
Produkt	EASY_WALK	PROFESSIONAL	Nicht zugeordnet	Ergebnis	HIKING	Nicht zugeordnet	Ergebnis	
Betriebsergebnis	-273.671,56 EUR	-641.931,44 EUR	251.962,50 EUR	**-663.640,50 EUR**	-2.006.935,00 EUR	0,00 EUR	**-2.006.935,00 EUR**	**-2.670.575,50 EUR**
Bruttoergebnis vom Umsatz	-411.671,56 EUR	-779.931,44 EUR	0,00 EUR	**-1.191.603,00 EUR**	-2.133.435,00 EUR	0,00 EUR	**-2.133.435,00 EUR**	**-3.325.038,00 EUR**
Nettoumsatzerlös	-930.500,00 EUR	-1.820.000,00 EUR	0,00 EUR	**-2.750.500,00 EUR**	-3.195.000,00 EUR	0,00 EUR	**-3.195.000,00 EUR**	**-5.945.500,00 EUR**
Kosten des Umsatzes	518.828,44 EUR	1.040.068,56 EUR	0,00 EUR	**1.558.897,00 EUR**	1.061.565,00 EUR	0,00 EUR	**1.061.565,00 EUR**	**2.620.462,00 EUR**
Vertriebskosten	78.000,00 EUR	78.000,00 EUR	270.000,00 EUR	**426.000,00 EUR**	78.500,00 EUR	0,00 EUR	**78.500,00 EUR**	**504.500,00 EUR**
allgemeine Verwaltungskosten	60.000,00 EUR	60.000,00 EUR	0,00 EUR	**120.000,00 EUR**	48.000,00 EUR	0,00 EUR	**48.000,00 EUR**	**168.000,00 EUR**
Sonstige betriebliche Erträge	0,00 EUR	0,00 EUR	-18.037,50 EUR	**-18.037,50 EUR**	0,00 EUR	0,00 EUR	**0,00 EUR**	**-18.037,50 EUR**
Sonstige betriebliche Aufwendungen	0,00 EUR	0,00 EUR	0,00 EUR	**0,00 EUR**	0,00 EUR	0,00 EUR	**0,00 EUR**	**0,00 EUR**

Abbildung 173: Erfolgsbeitrag von Handelsware und produzierten Schuhen

---

[670] Vgl. zum Datenmaterial ausführlich Kapitel F.2.2.2 sowie E.2.

[671] Vgl. Kapitel E.2.4.

[672] Je Profit-Center Easy Walk bzw. Professional Walk sind dies die Kosten des Vertriebsmitarbeiters (42.000 EUR) und des Mitarbeiters der Logistik (36.000 EUR) als Vertriebskosten. Unter die Verwaltungskosten fallen jeweils die Personalkosten des Profit-Center-Verantwortlichen (48.000 EUR) und ein Drittel der Personalkosten des Mitarbeiters aus dem Einkauf (12.000 EUR). Vgl. auch Abbildung 38.

[673] Vgl. hierzu Kapitel F.1.3.1.2.2.

Wie eingangs erwähnt wurde, vertreibt die *Nordstar GmbH* die Handelsware und die produzierten Schuhe in den Absatzregionen Deutschland, Europa (Frankreich) und den USA über zwei Vertriebswege: den *Fachhandel* und das *Internet*.[674] Über den Bericht *Ergebnis nach Kennzahlen* (Work Center *Kosten und Erlöse*) können Sie sich pro Absatzregion und Vertriebsweg die erzielten Umsatzerlöse und die zugehörigen Umsatzkosten eines Produkts anzeigen lassen (vgl. Abbildung 174). Zudem bekommen Sie mit diesem Bericht differenzierte Ergebniskennzahlen angegeben. Im vorliegenden Fall werden die Umsatzkosten und -erlöse des zweiten Quartals aufgeführt. Die *Nordstar GmbH* erwirtschaftet für die Handels- und Produktionsware in diesem Zeitraum ein Bruttoergebnis vom Umsatz i.H.v. ungefähr 515.000 EUR. Die Marge der Produktionsware liegt etwa 20 %-Punkte über den Werten der beiden Handelswaren.

Ergebnisorientierte Kennzahlen

Produkt	Land	Vertriebsweg	Nettoumsatzerlös	Kosten des Umsatzes	Bruttoergebnis vom Umsatz	Bruttoergebnis vom Umsatz %
EASY WALK	Deutschland	Internet	80.000,00 EUR	45.555,00 EUR	34.445,00 EUR	43,06%
		Fachhandel	25.500,00 EUR	13.666,50 EUR	11.833,50 EUR	46,41%
	Frankreich	Fachhandel	25.500,00 EUR	13.666,50 EUR	11.833,50 EUR	46,41%
	Vereinigte Staaten	Fachhandel	17.000,00 EUR	9.111,00 EUR	7.889,00 EUR	46,41%
	Ergebnis		**148.000,00 EUR**	**81.999,00 EUR**	**66.001,00 EUR**	**44,60%**
HIKING	Deutschland	Internet	180.000,00 EUR	62.445,00 EUR	117.555,00 EUR	65,31%
		Fachhandel	78.000,00 EUR	24.978,00 EUR	53.022,00 EUR	67,98%
	Frankreich	Fachhandel	52.000,00 EUR	16.652,00 EUR	35.348,00 EUR	67,98%
	Vereinigte Staaten	Fachhandel	65.000,00 EUR	20.815,00 EUR	44.185,00 EUR	67,98%
	Ergebnis		**375.000,00 EUR**	**124.890,00 EUR**	**250.110,00 EUR**	**66,70%**
PROFESSIONAL WALK	Deutschland	Internet	300.000,00 EUR	182.550,00 EUR	117.450,00 EUR	39,15%
		Fachhandel	69.000,00 EUR	36.510,00 EUR	32.490,00 EUR	47,09%
	Frankreich	Fachhandel	46.000,00 EUR	24.340,00 EUR	21.660,00 EUR	47,09%
	Vereinigte Staaten	Fachhandel	57.500,00 EUR	30.425,00 EUR	27.075,00 EUR	47,09%
	Ergebnis		**472.500,00 EUR**	**273.825,00 EUR**	**198.675,00 EUR**	**42,05%**
Ergebnis			**995.500,00 EUR**	**480.714,00 EUR**	**514.786,00 EUR**	**51,71%**

Abbildung 174: Umsatzkosten und -erlöse je Vertriebsweg

3.3.3.3   Liquiditätsaspekte des Auftragsabwicklungsprozesses

In Kapitel F.1.3.1.4.3 wurden einige liquiditätsorientierte Aspekte des Beschaffungsprozesses beschrieben. Während in der Beschaffung die Optimierung von Zahlungsausgängen im Vordergrund steht, sind für den Absatz die Zahlungseingänge von Bedeutung. Das Auftragseingangsvolumen als vorlaufender Indikator für zukünftige Liquiditätszuflüsse wurde bereits angesprochen. Auch an dieser Stelle ist auf die Liquiditätsvorschau als zentrales Instrument zur Beurteilung der Liquiditätssituation auf Unternehmensebene in SAP Business ByDesign zu verweisen.[675] Für die weitere Analyse des Absatzsatzprozesses hinsichtlich der Zahlungswirksamkeit werden zum Beschaffungsprozess äquivalente spezifische Berichte wie bspw. die Gliederung von Forderungen nach Fälligkeiten oder die Zahlungsstatistik der Kunden bereitgestellt. Die Fälligkeiten von Zahlungen werden aus den Zahlungsvereinbarungen mit dem Kunden abgeleitet. In Abbildung 175 ist für das Datum 01.05.2010 der Bericht *Vorschau Forderungen – Rasterung*

Fälligkeiten von Zahlungen

---

[674]   Die Vertriebswege werden im Kundenauftrag festgehalten; vgl. Kapitel F.3.3.1.1.1.
[675]   Vgl. ausführlich Kapitel F.6.2.2.

nach Fälligkeiten (Work Center *Forderungen*) zu sehen, der Verkaufsvorgänge der Produkte *Professional Walk* und *Hiking* über die beiden Vertriebswege *Fachhandel* (Inland) und *Internet* aus dem zweiten Quartal beinhaltet. Von diesem Betrachtungszeitpunkt ausgehend ist ein Liquiditätszufluss i.H.v. ca. 746.000 EUR aus der Begleichung bestehender Forderungen innerhalb der nächsten 30 Tage zu erwarten.

Kunde	Fälligkeitsdatum	Belegdatum	Überfälliger Betrag	1 -10	11 -20	21 -30	Fälliger Gesamtbetrag	Offener Betrag
Laufexperte GmbH	15.05.2010	15.04.2010			82.110,00 EUR		82.110,00 EUR	82.110,00 EUR
	20.05.2010	20.04.2010			92.820,00 EUR		92.820,00 EUR	92.820,00 EUR
Schuhe @ Internet	10.05.2010	10.04.2010		357.000,00 EUR			357.000,00 EUR	357.000,00 EUR
	25.05.2010	25.04.2010				214.200,00 EUR	214.200,00 EUR	214.200,00 EUR
Ergebnis				357.000,00 EUR	174.930,00 EUR	214.200,00 EUR	746.130,00 EUR	746.130,00 EUR

Abbildung 175: Vorschau Forderungen

Mahnstatistik

Zudem unterstützt Sie SAP Business ByDesign bei überfälligen Zahlungen bei der Durchführung von Mahnungen, die den Kunden auf die ausstehenden Zahlungsbeträge aufmerksam machen. Mithilfe des Berichts *Mahnstatistik* können Sie darüber hinaus jene Kunden selektieren, die bereits mehrmals negativ wegen ihres schlechten Zahlungsverhaltens aufgefallen sind.

3.4 Zusammenfassende Darstellung in Bilanz und Gewinn- und Verlustrechnung

Im Geschäftsjahr 2010 wurden mehrere Tranchen unterschiedlicher Schuhtypen von der *Nordstar GmbH* verkauft. Neben den Auswirkungen der beschriebenen absatzspezifischen Geschäftsvorfälle in Kapitel F.3 auf die Bilanz und GuV erfolgt eine Darstellung von Sachverhalten, die auch dem Auftragsabwicklungsprozess zuzuordnen sind.

Produkt	Quartal	Anzahl	Bestandspreis (EUR)	Umsatzkosten (EUR)	Umsatzerlöse (EUR)
	1	2.500	48,13	120.325	205.000
	2	1.800	45,55	81.990	148.000
Easy Walk	3	3.000	45,28	135.840	247.500
	4	4.000	45,16	180.640	330.000
	∑	11.300	--	518.795	930.500
	1	3.500	64,13	224.455	380.000
	2	4.500	60,85	273.825	472.500
Professional Walk	3	4.000	60,26	241.040	430.000
	4	5.000	60,15	300.750	537.500
	∑	17.000	--	1.040.070	1.820.000
Hiking	1 - 4	25.500	41,63	1.061.565	3.195.000
Summe:		53.800		2.620.430	5.945.500

Abbildung 176: Umsatzkosten und -erlöse der Verkaufsvorgänge[676]

---

[676]   Die Bestandspreise wurden gerundet.

Der Bestandspreis der Handelsware ist während des Jahres Änderungen unterworfen, da bei der Handelsware das Bewertungsverfahren des gleitenden Durchschnitts angewendet wird (vgl. Abbildung 176). Dementsprechend ändert sich im Zeitablauf auch die Höhe der Umsatzkosten pro Paar bei Abgang der Schuhe des Typs *Easy Walk* und *Professional Walk*. Der produzierte *Hiking*-Schuh wird mit dem (konstanten) Standardkostensatz bewertet; für dieses Produkt liegen folglich keine Änderungen vor. Insgesamt entstehen durch den Verkauf der Schuhe Umsatzkosten i.H.v. 2.620.430 EUR.

Umsatzkosten

Bilanzposition	Bilanz ohne Absatz EUR	Delta-Absatz EUR	Bilanz EUR
Aktiva	8.532.881,88 EUR	3.817.695,00 EUR	12.350.576,88 EUR
Anlagevermögen	5.940.900,00 EUR	-265.000,00 EUR	5.675.900,00 EUR
Immaterielle Vermögensgegenstände	0,00 EUR	0,00 EUR	0,00 EUR
Sachanlagevermögen	5.940.900,00 EUR	-265.000,00 EUR	5.675.900,00 EUR
Grundstücke	1.000.000,00 EUR	0,00 EUR	1.000.000,00 EUR
Gebäude	2.710.000,00 EUR	-60.000,00 EUR	2.650.000,00 EUR
Technische Anlagen und Maschinen	2.218.900,00 EUR	-205.000,00 EUR	2.013.900,00 EUR
Betriebs- und Geschäftsausstattung	12.000,00 EUR	0,00 EUR	12.000,00 EUR
Umlaufvermögen	2.591.981,88 EUR	4.082.695,00 EUR	6.674.676,88 EUR
Vorräte	2.868.862,50 EUR	-2.620.430,00 EUR	248.432,50 EUR
Rohstoffe, Hilfs- und Betriebsstoffe	0,00 EUR	0,00 EUR	0,00 EUR
Fertige Erzeugnisse und Waren	2.868.862,50 EUR	-2.620.430,00 EUR	248.432,50 EUR
Forderungen und sonstige Anlagen	1.458.489,88 EUR	218.000,00 EUR	1.676.489,88 EUR
Forderung aus Lieferung und Leistung	0,00 EUR	214.200,00 EUR	214.200,00 EUR
Aus Steuern	1.458.489,88 EUR	3.800,00 EUR	1.462.289,88 EUR
Kassenbest., Guthaben Kl. und Schecks	-1.735.370,50 EUR	6.485.125,00 EUR	4.749.754,50 EUR
Passiva	-8.532.881,88 EUR	-3.817.695,00 EUR	-12.350.576,88 EUR
Eigenkapital	-5.456.537,50 EUR	-3.040.070,00 EUR	-8.496.607,50 EUR
Gezeichnetes Kapital	-5.550.000,00 EUR	0,00 EUR	-5.550.000,00 EUR
Jahresüberschuss/Jahresfehlbetrag	93.462,50 EUR	-3.040.070,00 EUR	-2.946.607,50 EUR
Rückstellungen	0,00 EUR	0,00 EUR	0,00 EUR
Verbindlichkeiten	-3.076.344,38 EUR	-777.625,00 EUR	-3.853.969,38 EUR
Verbindlichkeiten gegenüber Kreditinstituten	-2.450.000,00 EUR	0,00 EUR	-2.450.000,00 EUR
Verbindl. aus Lieferungen und Leistungen	-381.344,38 EUR	-23.800,00 EUR	-405.144,38 EUR
Verbindl. gegenüber verb. Unternehmen	0,00 EUR	0,00 EUR	0,00 EUR
Sonstige Verbindlichkeiten	-245.000,00 EUR	-753.825,00 EUR	-998.825,00 EUR
Aus Steuern	0,00 EUR	-753.825,00 EUR	-753.825,00 EUR
Verbindlichkeiten gegenüber Personal	-245.000,00 EUR	0,00 EUR	-245.000,00 EUR

Abbildung 177: Bilanz der *Nordstar GmbH* nach dem Auftragsabwicklungsprozess

Die Handelsware und der produzierte *Hiking*-Schuh werden in der Lagerhalle bzw. im dem Produktionsgebäude (Lagerbereich) gelagert. Auf die Lagerung der Produktionsware entfallen 20 % der Abschreibungen (10.000 EUR) des Produktionsgebäudes[677]; auf die Lagerung der Handelsware entfallen die Abschreibungen auf die Lagerhalle (50.000 EUR) und das Lagersystem (205.000 EUR). Die Abschreibungen reduzieren die Bilanzpositionen Gebäude und technische Anlagen und Maschinen i.H.v. insgesamt 265.000 EUR. Während die Abschreibungen bei

Abschreibungen

---

[677]   80 % der Abschreibungen werden dem Prozess der Lagerfertigung zugerechnet.

Anwendung des Gesamtkostenverfahrens in der gleichlautenden Position in der GuV ausgewiesen werden, erfolgt im Umsatzkostenverfahren eine Berücksichtigung unter den Vertriebskosten.

Heizungskosten

Die im Geschäftsjahr 2010 auf den Auftragsabwicklungsprozess entfallenden Heizungskosten des Produktionsgebäudes betragen 5.000 EUR, die der Lagerhalle 15.000 EUR (zzgl. Vorsteuer von insgesamt 3.800 EUR). Diese Kosten sind bei Anwendung des Gesamtkostenverfahrens als sonstige betriebliche Aufwendungen, bei Anwendung des Umsatzkostenverfahrens als Vertriebskosten auszuweisen. Da die Heizungskosten noch nicht bezahlt wurden, besteht eine Verbindlichkeit aus Lieferungen und Leistungen i.H.v. 23.800 EUR.

Umlaufvermögen

Im Geschäftsjahr hat die *Nordstar GmbH* mit dem Absatz von insgesamt 53.800 Paar Schuhen Umsatzerlöse i.H.v. 5.945.500 EUR erzielt. Da nur auf die inländischen Absatzvorgänge Umsatzsteuer entfällt, wird bei einem Steuerbasisbetrag von 3.967.500 EUR (inländisches Absatzvolumen) eine Verbindlichkeit aus Steuern i.H.v. 753.825 EUR in der Bilanz ausgewiesen. Bis auf den Kunden *Schuhe @ Internet* wurden die Forderungen aus Lieferungen und Leistungen von den Kunden beglichen: Am Ende des Geschäftsjahrs besteht aus diesem Grund gegenüber diesem Geschäftspartner noch eine Forderung i.H.v. 214.200 EUR.[678] Der aus dem Auftragsabwicklungsprozess generierte Zahlungszufluss beträgt im Geschäftsjahr 2010 somit 6.485.125 EUR. Die noch nicht abgesetzten Mengen an *Hiking*-Schuhen (2.500 Paare), *Easy Walk*-Schuhen (1.200 Paare) und *Professional Walk*-Schuhen (1.500 Paare) sind am Bilanzstichtag noch auf Lager: Der Bestandswert beträgt 248.432,50 EUR.

	GuV ohne Absatz	Delta Absatz	GuV
Bilanzposition	EUR	EUR	EUR
Ergebnis der gewöhnlichen Geschäftstätigkeit	93.462,50 EUR	-3.040.070,00 EUR	-2.946.607,50 EUR
Umsatz	0,00 EUR	-5.945.500,00 EUR	-5.945.500,00 EUR
Erhöhung oder Verminderung des Bestands	-1.165.550,00 EUR	1.061.565,00 EUR	-103.985,00 EUR
sonstige betriebliche Erträge	-18.037,50 EUR	0,00 EUR	-18.037,50 EUR
Materialaufwand	924.450,00 EUR	1.558.865,00 EUR	2.483.315,00 EUR
Personalaufwand	245.000,00 EUR	0,00 EUR	245.000,00 EUR
Abschreibung	59.100,00 EUR	265.000,00 EUR	324.100,00 EUR
für Sachanlagen	59.100,00 EUR	265.000,00 EUR	324.100,00 EUR
für immaterielle Vermögensgegenstände	0,00 EUR	0,00 EUR	0,00 EUR
sonstige betriebliche Aufwendungen	48.500,00 EUR	20.000,00 EUR	68.500,00 EUR
GuV Ergebnis	93.462,50 EUR	-3.040.070,00 EUR	-2.946.607,50 EUR

Abbildung 178: GuV (Gesamtkostenverfahren) der *Nordstar GmbH*

---

[678]   Vgl. zum Zahlenwerk Abbildung 150.

Bilanzposition	GuV ohne Absatz EUR	Delta Absatz EUR	GuV EUR
Ergebnis der gewöhnlichen Geschäftstätigkeit	93.462,50 EUR	-3.040.070,00 EUR	-2.946.607,50 EUR
Bruttoergebnis vom Umsatz	0,00 EUR	-3.325.070,00 EUR	-3.325.070,00 EUR
Nettoumsatzerlös	0,00 EUR	-5.945.500,00 EUR	-5.945.500,00 EUR
Umsatzkosten	0,00 EUR	2.620.430,00 EUR	2.620.430,00 EUR
Vertriebskosten	63.500,00 EUR	285.000,00 EUR	348.500,00 EUR
allgemeine Verwaltungskosten	48.000,00 EUR	0,00 EUR	48.000,00 EUR
sonstige betriebliche Erträge	-18.037,50 EUR	0,00 EUR	-18.037,50 EUR
sonstige betriebliche Aufwendungen	0,00 EUR	0,00 EUR	0,00 EUR
GuV Ergebnis	93.462,50 EUR	-3.040.070,00 EUR	-2.946.607,50 EUR

Abbildung 179: GuV (Umsatzkostenverfahren) der *Nordstar GmbH*

Während bei Anwendung des Umsatzkostenverfahrens bei dem Verkauf der Schuhe Umsatzkosten gebucht werden, ist nach dem Gesamtkostenverfahren zu differenzieren, ob die Handelsware oder die produzierten Schuhe abgesetzt werden. Die mit dem Verkauf der Handelsware verbundenen Kosten werden als Materialaufwendungen[679] (1.558.865 EUR) ausgewiesen, der Verkauf der selbst hergestellten Produkte wird als Bestandsminderung (1.061.565 EUR) erfasst. Die *Nordstar GmbH* erzielt aufgrund der Verkäufe im Geschäftsjahr 2010 einen Gewinn i.H.v. ca. 3,04 Mio. EUR.

Kostenausweis:
UKV vs. GKV

---

[679] Vgl. zu den Zahlen auch Abbildung 176.

4. Projektmanagement

4.1 Betriebswirtschaftliche Grundlagen

4.1.1 Vorbemerkungen

Ein Projekt bezeichnet man allgemein als ein „Vorhaben, das im Wesentlichen durch eine Einmaligkeit der Bedingungen in ihrer Gesamtheit gekennzeichnet ist, wie z.B.:

- Zielvorgabe,
- Zeitliche, finanzielle, personelle oder andere Begrenzungen,
- Abgrenzungen gegenüber anderen Vorgaben,
- Projektspezifische Organisation."[680]

Unterscheidungs-merkmale

Projekte können nach verschiedenen Kriterien unterteilt werden. Je nach Auftraggeber wird in interne oder externe Projekte (Kundenprojekte) unterschieden. Sie können aber auch in Abhängigkeit von der Größe oder in Abhängigkeit des Schwierigkeitsgrads differenziert werden.[681] SAP Business ByDesign erfüllt die unterschiedlichen Anforderungen, die an eine integrierte Softwarelösung von Projekten verschiedener Art und Größe gestellt werden. SAP Business ByDesign unterteilt hierbei Projekte in Abhängigkeit von dem verfolgten Zweck standardmäßig wie folgt:

Standardprojektarten in SAP Business ByDesign

- Kundenprojekt,
- Strategisches Beschaffungsprojekt,
- Forschungs- und Entwicklungsprojekt,
- Kostensammlerprojekt.[682]

Buchungsmethodik in Abhängigkeit von der Projektart

Der Projektart wird in SAP Business ByDesign immer eine Verbuchungsmethodik zugeordnet. Hierbei stehen die zwei unterschiedlichen Möglichkeiten „Einzelkostenprojekt" und „Gemeinkostenprojekt" zur Verfügung.[683] Bei dem Gemeinkostenprojekt als Kostensammlerprojekt werden Kosten informativ auf dem Projekt ausgewiesen, wobei nicht das Projekt selbst, sondern immer die anfordernde Kostenstelle mit den anfallenden Kosten belastet wird.[684] Einzelkostenprojekte stellen hingegen eigenständige Kostenträger dar. Alle Kosten, die während eines solchen Projekts anfallen, werden auf das Projekt selbst kontiert.[685]

---

[680] DIN 69901 (2009).

[681] Vgl. SCHRÖDER, H. J. (1970), S. 16 ff.

[682] Es können darüber hinaus weitere Projektarten angelegt werden.

[683] Die Projektarten „Kundenprojekt", „Strategisches Beschaffungsprojekt", „Forschungs- und Entwicklungsprojekt" sind standardmäßig Einzelkostenprojekte, während „Kostensammlerprojekte" Gemeinkostenprojekte darstellen.

[684] Genau genommen erfolgt zunächst eine Belastung des Projekts, die allerdings sofort über eine Projektabrechnung auf die Kostenstelle weitergegeben wird.

[685] Einzelkostenprojekte können in der Unternehmenspraxis einen großen organisatorischen Nutzen stiften, da sie verhindern, dass für unterschiedliche interne Projekte jeweils eigene Kostenstellen eingerichtet werden müssen.

Im Folgenden betrachten wir die rechnungswesenrelevanten Aspekte – aus Sicht des internen und externen Rechnungswesen – eines Projektlebenszyklus, der sich im Falle eines (hier betrachteten) Kundenprojekts von der Projektplanung bis zur Bezahlung der erbrachten Dienstleistung erstreckt (vgl. Abbildung 180).[686] Anschließend werden die bilanziellen Voraussetzungen an ein FuE-Projekt, dessen Entwicklungskosten handelsbilanziell aktiviert werden können, dargestellt.

Abbildung 180: Prozess eines Kundenprojekts im Überblick

4.1.2   Kundenprojekt

Kundenprojekte werden in der Regel durch spezifische Kundenanfragen ausgelöst, deren einzelne Projektphasen durch Instrumente der Planung, Steuerung und Kontrolle begleitet werden müssen. Auf dem Kundenprojekt als eigenständiger Kostenträger werden alle durch ein Kundenprojekt verursachten Kosten kontiert. So können z.B. die durch das Kundenprojekt erzielten Umsatzerlöse herangezogen werden, um eine Deckungsbeitragsrechnung auf Kundenprojektebene durchzuführen. Insgesamt stellt sich ein Kundenprojekt während seines Projektlebenszyklus aus dem Blickwinkel des Projektcontrolling sowie der Bilanzierung in unterschiedlicher Weise dar.

Projektcontrolling und Bilanzierung

4.1.2.1   Projektplanung und Kundenauftrag

Vorbereitend sind am Anfang des Projektlebenszyklus grundlegende Überlegungen zur Wirtschaftlichkeit und geplanten Umsetzung des Kundenprojekts anzustellen. Vor diesem Hintergrund basiert die Annahme oder Ablehnung eines Kundenprojekts auf einer projektbezogenen Planergebnisrechnung, die auch als Grundlage des Projektcontrollings für Plan-/Ist-Vergleiche während des Projektablaufs dient. Bei einer Normalauslastung wird ein Unternehmen im Regelfall nur Kundenprojekte annehmen, die einen positiven Ergebnisbeitrag zum Gesamtergebnis leisten. Begründete Ausnahmen bilden hingegen strategische Entscheidungen, bei denen auch Kundenaufträge akzeptiert werden die keinen positiven Deckungsbeitrag erwarten lassen, um bspw. das Neukundengeschäft zu stärken. Um eine Entscheidung treffen zu können, müssen also alle erwarteten Kosten und Erlöse des Kundenprojekts gegenübergestellt werden.

Annahme oder Ablehnung des Kundenprojekts

Für die Projektkalkulation ist zunächst der erzielbare Umsatz aus dem Kundenprojekt zu bestimmen. Nicht selten fordern Kunden (Fest-)Preise für die angefragte Leistung, um dadurch Sicherheit hinsichtlich der entstehenden Kosten zu erhalten. In anderen Fällen werden Angebotskalkulationen durchgeführt, in denen auf Basis

Ermittlung von Planerlösen

---

[686]   Auf die Darstellung der in der Regel vorangehenden Geschäftsanbahnungsphase wird verzichtet. Vgl. zu diesem Themenbereich die Ausführungen in Kapitel F.3.3.1.1.1.

von Aufwandsabschätzungen ein Planerlös errechnet wird. Diesen Aufwandsabschätzungen können z.B. Erfahrungswerte aus vergleichbaren Projektarbeiten der Vergangenheit zugrunde liegen; weiterhin sollten sie grds. nur von den Mitarbeitern der Fachabteilungen vorgenommen werden.

Ermittlung der Plankosten

Mithilfe von SAP Business ByDesign können die zu erwartenden Kosten in unterschiedlichen Detaillierungsgraden geplant werden. Es stellt sich hierbei die Frage, in welcher Form der für das Kundenprojekt erwartete Ressourceneinsatz zu Planungszwecken berechnet wird. Intern erbrachte Leistungen können grds. auf zwei verschiedene Arten bewertet werden: Sie können auf Basis eines Kostensatzes der erbrachten Tätigkeit[687] (Kostensatz des sog. Services) oder auf Basis des Kostensatzes der leistenden Einheit[688] (Kostensatz der Ressource) weiterbelastet werden. Bei einem Kostensatz eines Services handelt es sich um einen Mischkalkulationssatz für eine bestimmte Tätigkeit, während Kalkulationssätze von Personalressourcen die bewertete Arbeit (unabhängig von der verrichteten Tätigkeit) einzelner Mitarbeiter oder Mitarbeitergruppen je Zeiteinheit darstellen. Aufgrund der völlig unterschiedlichen Konzeption werden diese beiden Verrechnungsmöglichkeiten zu verschiedenen Zeitpunkten verwendet.

Ist die Projektplanung noch nicht so weit fortgeschritten, dass die später am Projekt tatsächlich beteiligten (internen oder externen) Mitarbeiter bekannt sind, ist es für Zwecke der Kalkulation sinnvoll, auf (Misch-)Kalkulationssätze für die zu erbringenden Tätigkeiten, also auf die Kostensätze der Services, zurückzugreifen. Auf diese Weise kann bereits in dieser frühen Phase eines Projekts eine hinreichend verlässliche, auf Erfahrungswerten basierende Kostenschätzung stattfinden, die unabhängig von den später tatsächlich mitwirkenden Mitarbeitern erfolgt. Die Verwendung von Kostensätzen der Ressourcen zu Planungszwecken ist dagegen immer dann sinnvoll, wenn die später in dem Projekt beteiligten Mitarbeiter bereits zu diesem Zeitpunkt bekannt sind.

Budgetierung und Plankostenkalkulation

In der Unternehmenspraxis sind auch alternative Vorgehensweisen anzutreffen, bei denen die Plankosten nicht nach kostenrechnerischen Grundsätzen ermittelt, sondern fixe Kostengrenzen von der Unternehmensleitung vorgegeben werden, die das Kundenprojekt nicht überschreiten darf.[689] Die Höhe des Budgets orientiert sich in diesen Fällen an einzuhaltenden Erfolgserwartungen, die sich anhand von ex ante festgelegten Gewinnmargen bzw. Plandeckungsbeiträgen quantifizieren. Insofern entscheidet allein die Machbarkeit innerhalb finanziell gesteckter Grenzen über die Annahme bzw. Ablehnung eines Kundenauftrags.

Definition von Meilensteinen

Die Vorbereitungsarbeiten zur Abwicklung eines projektbezogenen Kundenauftrags umfassen über die Erlös- und Kostenplanung hinaus auch die zeitliche Pla-

---

[687] Beispiele für eine Tätigkeit: „Senior-Beratung" oder „Projektleitung".
[688] Leistende Einheiten (= Ressource) existieren in unterschiedlichen Ausprägungen. Es kann sich hierbei um Maschinen-, Personal- oder Fahrzeugressourcen handeln. Im Folgenden wird die Thematik nur anhand von Personalressourcen dargestellt.
[689] Vgl. LITTKEMANN, J. (1998), S. 69.

nung und Steuerung der Ablauforganisation des Kundenprojekts.[690] Beliebte Instrumente des Projektcontrollings zur Termin- und Ablaufsteuerung sind neben sog. Gannt-Diagrammen[691] oder Netzplantechniken[692] auch die Arbeit mit Meilensteinen. Bei Meilensteinen handelt es sich um vorab definierte und termingebundene Sachergebnisse, die die Fertigstellung einer Projektphase kennzeichnen.[693] Aufgestellte Meilensteinpläne sind im Laufe des Projektzyklus durch Meilenstein-Trendanalysen kontinuierlich zu überprüfen. In regelmäßigen Statusbesprechungen berichten die Meilensteinverantwortlichen über den aktuellen Fortschritt und schätzen die voraussichtliche Einhaltung der noch bevorstehenden Meilensteine ab. Mögliche Terminverzögerungen lassen sich somit prognostizieren; Gegenmaßnahmen können rechtzeitig ergriffen und Projektplanvorgaben korrigiert bzw. neu ausgerichtet werden.[694]

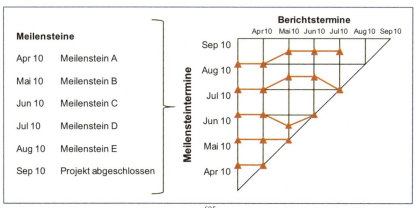

Abbildung 181: Meilenstein-Trendanalyse[695]

Abbildung 181 zeigt ein Meilenstein-Trenddiagramm, das zur einfachen und übersichtlichen Veranschaulichung der Terminsituation eines Projekts verwendet wird. Auf der horizontalen Achse sind die einzelnen Berichtszeitpunkte aufgetragen, an denen die Plantermine der festgelegten Projektmeilensteine prospektiv auf der vertikalen Achse terminiert werden. Hierdurch können die geplanten Meilensteintermine zu den unterschiedlichen Berichtszeitpunkten verglichen und Abweichungen von der terminlichen Planung sichtbar gemacht werden. Gerade Linien stehen

---

[690]   Vgl. COENENBERG, A. G./FISCHER, T. M./GÜNTHER, T. (2009), S. 482 ff.

[691]   Für die projektbezogene Terminplanung können Balkendiagramme erstellt werden, die die einzelnen Projektvorgänge in Balkenform auf einer Zeitachse entsprechend ihrer Dauer darstellen. Benannt wurde diese Balkendiagrammtechnik nach ihrem Entwickler Henry Lawrence Gannt. Vgl. weiterführend OLFERT, K. (2006), S. 326.

[692]   Netzpläne werden zur grafischen Darstellung von Reihenfolgen und Abhängigkeiten einzelner Projektvorgänge verwendet. Vgl. ausführlich SCHWARZE, J. (2006), S. 35 f.

[693]   Vgl. MADAUSS, B. (2000), S. 200.

[694]   Hier zeigt sich, dass die Phase der operativen Projektplanung ein dynamischer, rollierender Prozess ist, der sich über alle Phasen eines Projektlebenszyklus erstrecken kann. So findet die Meilenstein-Trendanalyse zwar begleitend zur Projektdurchführungsphase statt, doch wird sie aus didaktischen Gründen bereits bei der Meilensteinplanung im Rahmen der Projektplanung thematisch aufgegriffen.

[695]   Modifiziert entnommen aus GÄTJENS-REUTER, M. (2003), S. 182.

für die Termineinhaltung, aufsteigende Linien für Terminverzögerungen und absteigende Linien für die frühzeitige Planerreichung. Es lässt sich z.B. im Berichtszeitpunkt Juli 2010 erkennen, dass sich Probleme bezüglich der Einhaltung des Meilensteins E abzeichnen, während alle anderen Meilensteine pünktlich fertiggestellt wurden.

Berücksichtigung im externen Rechnungswesen

Für das externe Rechnungswesen ergeben sich in der frühen Phase der Projektplanung noch keine Auswirkungen. Der Kundenauftrag stellt mit vertraglicher Bindungskraft auch im Falle eines Kundenprojekts ein schwebendes Geschäft dar.[696] Solange kein drohender Verlust aus dem Kundenauftrag zu erwarten ist, erfolgt keine bilanzielle Abbildung.

4.1.2.2   Projektdurchführung

Make-or-Buy-Entscheidung

Die Projektdurchführungsphase umfasst sowohl die Detailplanung der eingesetzten Mitarbeiter – sofern diese nicht bereits im Rahmen der Projektplanung bestimmt wurden – als auch die eigentliche Umsetzung und Überwachung des Kundenprojekts. Bei der Entscheidung, welche Mitarbeiter zur Durchführung der Services eingesetzt werden, stehen einem Unternehmen in der Regel zwei unterschiedliche Möglichkeiten zur Verfügung. Zum einen können Projektmitarbeiter intern bezogen werden, zum anderen ist ein Fremdbezug möglich. Ein Fremdbezug ist immer dann notwendig, wenn keine eigenen Kapazitäten für bestimmte Projektaufgaben zur Verfügung stehen.

Interne Leistungsverrechnung

Während der Projektdurchführungsphase eines Kundenprojekts kommt dem Rechnungswesen die wichtige Aufgabe der internen Leistungsverrechnung zu. Konkret gilt es, alle anfallenden Kosten auf das Projekt zu kontieren. Dies wird durch die Verrechnung der erbrachten Services auf Basis des Ressourcenkostensatzes gewährleistet, da nur über eine Gegenüberstellung von Umsatzerlösen und tatsächlichen Kosten eine richtige Gewinnermittlung sicher gestellt wird.[697] Alle fremdbezogenen Leistungen werden hierbei als Einzelkosten direkt auf das Projekt gebucht. Unternehmensintern erbrachte Leistungen werden per Leistungsverrechnung mit dem Ressourcenkostensatz der leistenden Mitarbeiter von der jeweiligen Kostenstelle auf das Kundenprojekt verrechnet. Darüber hinaus können Gemeinkosten der leistenden Kostenstellen per Zuschlagsatz verursachungsgerecht auf das Projekt verrechnet werden.

Überwachung von Kosten und Leistung

Die Kosten- und Leistungsüberwachung während der Phase der Projektdurchführung ist ein zentraler Aspekt des Projektcontrollings. Auf der Basis eines Plan-/Ist-Vergleichs mit entsprechender Abweichungsanalyse muss nicht nur die aktuelle

---

[696]   Damit ergibt sich kein Unterschied in der Behandlung eines Kundenauftrags für Waren oder Dienstleistungen; vgl. zur Begriffsbestimmung „schwebendes Geschäft" Kapitel F.1.1.2.

[697]   Diese Problematik ergibt sich bei den internen Projekten mit Ausnahme von zu aktivierenden Entwicklungsprojekten mit entsprechenden Auswirkungen auf die Höhe der Herstellungskosten nicht, hier kann es höchstens zu einer ungenauen Kostenverrechnung kommen.

Kostensituation überblickt werden, sondern auch der Projektfortschritt (Fertigstellungsgrad[698]) verlangt nach einer kontinuierlichen Kontrolle. Zu einem relevanten Berichtszeitpunkt werden hierfür zunächst die bis dato angefallenen Istkosten mit den für diesen Zeitpunkt geplanten Budgetkosten bzw. Plankosten verglichen. Die hieraus berechnete Gesamtabweichung ist auf ihre Ursachen zu analysieren; die sog. Earned Value Analyse[699] stellt in diesem Zusammenhang ein wirkungsvolles Instrument des Projektcontrollings dar. Ziel ist es, die Gesamtabweichung in eine Kosten- und Zeitkomponente[700] aufzuspalten, um die aufgetretenen Abweichungen ursachengerecht zu interpretieren.

Durch die Gegenüberstellung von Ist-, Soll- und Plankosten wird eine differenzierte Abweichungsanalyse ermöglicht, die wichtige Fragen beantwortet:

Abweichungsanalyse mit der Earned Value-Analyse

- Wie hoch sind die tatsächlichen Kosten der bisher erbrachten Leistungen, die bis zu diesem Zeitpunkt des Projekts angefallen sind (Istkosten)?
- Wie hoch dürften laut Plan die Kosten in Anbetracht der bisher tatsächlich erbrachten Leistung sein (Sollkosten)?
- Wie hoch sind die geplanten Kosten, die bis zu diesem Zeitpunkt des Projekts angefallen sein dürften (Plankosten)?[701]

Über eine arithmetische Umformung lässt sich die Gesamtabweichung (GA), d.h. die Differenz aus Istkosten (IK) und Plankosten (PK), unter Einbeziehung der Sollkosten (SK) wie folgt aufspalten (vgl. Abbildung 182):

$$GA = IK - PK$$
$$GA = IK - SK + SK - PK$$
$$GA = \underbrace{(IK - SK)}_{Kostenkomponente} + \underbrace{(SK - PK)}_{Zeitkomponente}$$

Abbildung 182: Aufspaltung der Gesamtabweichung bei projektbezogener Kostenkontrolle

Die Kostenkomponente (Kostenvarianz) zeigt an, ob – bezogen auf den bisher realisierten Projektstand – mehr oder weniger Kosten als geplant angefallen sind, und misst somit die Wirtschaftlichkeit der Projektdurchführung. Die Zeitkomponente (Leistungsvarianz) beschreibt den Teil der Gesamtabweichung, der durch einen

---

[698] Nach DIN 69901 ist der Fertigstellungsgrad das Verhältnis der zu einem Stichtag erbrachten Leistung zur Gesamtleistung eines Vorgangs oder eines Projekts; vgl. DIN 69901 (2009).

[699] Das betriebswirtschaftliche Schrifttum verwendet synonym auch den Begriff der integrierten Kosten- und Leistungsanalyse; vgl. u.a. COENENBERG, A. G./FISCHER, T. M./GÜNTHER, T. (2009), S. 489 ff.

[700] Gerade bei Kundenprojekten sind Terminzielen regelmäßig sogar eine höhere Bedeutung beizulegen als Budgetzielen, da Terminverzüge nicht selten zu Konventionalstrafen in Form von Schadenersatz durch die Nichteinhaltung vertraglich geschuldeter Leistungen führen; schlimmstenfalls droht die Kündigung des Kundenauftrags und einhergehend der Verlust des Kunden; vgl. ERICHSEN, J. (2006), S. 1291.

[701] Plankosten werden im Rahmen der Projektplanung – z.B. linear – über die Projektdauer verteilt.

von der Planung abweichenden Projektfortschritt verursacht wird, d.h., das Projekt schreitet langsamer oder schneller als geplant voran.[702] Grafisch lassen sich Kosten- und Leistungsvarianz wie folgt darstellen (vgl. Abbildung 183):[703]

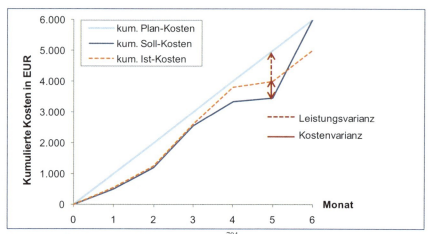

Abbildung 183: Kosten- und Leistungsvarianz[704]

Externes Rechnungswesen

Aus Sicht des externen Rechnungswesens ist in der Phase der Projektdurchführung wie bei jedem Absatzgeschäft insbesondere die Frage des Zeitpunkts der Gewinnrealisierung relevant.[705] Grundsätzlich gilt, dass die Erträge aus Leistungsgeschäften bilanziell erst berücksichtigt werden dürfen, wenn die Gesamtleistung erbracht wurde.[706] Eine Ertragsrealisation kommt darüber hinaus allerdings auch in Betracht, wenn die Gesamtleistung in Teilleistungen zerlegt werden kann und zweifelsfrei Erträge zuordenbar sind.[707] In diesem Fall kann nach Erbringung dieser abgrenzbaren Teilleistungen eine Teilerlösrealisierung stattfinden. Dies ist insbesondere bei langfristigen Kundenprojekten relevant.

4.1.2.3   Projektfakturierung und Zahlungseingang

Liquiditätsaspekte im Kundenprojekt

Kundenprojekte weisen oftmals ein hohes Auftragsvolumen auf und sind daher mit erheblichen Ausgaben verbunden. Insbesondere wenn externe Lieferanten und Partner in das Projekt eingebunden sind und die Vorfinanzierung dieser Input-Ressourcen von dem ausführenden Unternehmen selbst getragen wird, kommt der Liquiditätsplanung im Projekt große Bedeutung zu. Daher ist der Prozess der Projektfakturierung ein integraler Bestandteil des Projektlebenszyklus, um den rechtzeitigen Zugang von Liquiditätszuflüssen für die Zukunft sicherzustellen. Speziell

---

[702]   Vgl. ausführlich zur Methodik der Earned Value Analyse u.a. KESTEN, R. (2005), S. 573 ff.; BECKER, W./DANIEL, K./HOFMANN, M. (2007), S. 165 ff.

[703]   Per definitionem sind nach Abschluss des Projekts die Sollkosten gleich den Plankosten (in Abbildung 183 liegt das Projektende in Monat 6).

[704]   Modifiziert entnommen aus FIEDLER, R. (2008), 201.

[705]   Vgl. zur Grundproblematik Kapitel F.3.1.2.2.

[706]   Vgl. LEFFSON, U. (1987), S. 265.

[707]   Vgl. EULER, R. (1989), S. 95; vgl. zur Aufteilung der Gesamtleistung auch FÜLBIER, R. U./KUSCHEL, P./SELCHERT, F. W. (2010), § 252, Rn. 99.

bei längerfristigen Kundenprojekten empfiehlt sich die Vorgehensweise, entstandene Projektaufwendungen dem Kunden in regelmäßigen Abständen in Rechnung zu stellen, um den Umfang der Ausgaben, für die man in Vorlage getreten ist (z.B. Reisekosten, Materialausgaben) in Grenzen zu halten. Auch sind je nach Vertragsverhältnis Sondervereinbarungen mit Kunden gängig, die festlegen, dass bspw. der erfolgreiche Abschluss eines Projektmeilensteins eine Fakturierung auslöst.

Die Erstellung einer Kundenrechnung stellt auch im Falle erbrachter Dienstleistungen grds. kein Ereignis dar, das bilanzielle Konsequenzen nach sich zieht. Dennoch führen Unternehmen oftmals die (Teil-)Ertragsrealisierung mit der Versendung der Kundenrechnung durch. In den Fällen, in denen eine bilanzwirksame Teilleistung der vereinbarten Gesamtleistung erbracht wurde, ist diese Vorgehensweise in der Regel problemlos. Dies gilt insbesondere, wenn die Kundenrechnung in einem automatisierten Prozess im Anschluss an die Teilleistung systemunterstützt stattfindet. Zum Bilanzstichtag ist bei einem derartigen Vorgehen allerdings immer zu prüfen, ob die Leistung tatsächlich erbracht wurde.[708]

Bilanzielle Konsequenzen

Bei Zahlungseingang (per Überweisung) wird die zuvor erfasste Forderung aus Lieferungen und Leistungen aus- und der Zahlungseingang auf dem Bankkonto eingebucht. Findet der Zahlungseingang unter Nutzung eines gewährten Skontos statt, so müssen die Umsatzerlöse in der Höhe des in Anspruch genommenen Skontos korrigiert werden.[709] Insoweit ergibt sich keinerlei Abweichung im Vergleich zum Absatzgeschäft von Waren.

4.1.3 Forschungs- und Entwicklungsprojekt

Wenn man Kosten von Forschungs- und Entwicklungsaktivitäten in dem Funktionsbereich FuE ausweisen möchte, müssen die einzelnen FuE-Projekte einer Kostenstelle des Kostenstellentyps „Forschung und Entwicklung" zugeordnet werden.[710]

Die Leistungsverrechnung von FuE-Projekten ist grds. identisch zur Leistungsverrechnung auf Kundenprojekte. Ebenso sind die bereits beschriebenen Aspekte des Projektcontrollings – z.B. Überprüfung des Projektfortschritts und Abweichungsanalyse – zu übertragen. Deshalb beschränken sich die nachfolgenden Ausführungen auf die besonderen bilanziellen Aspekte von FuE-Projekten. Das zentrale Problem stellt hierbei stets die Frage dar, inwieweit ein aktivierungsfähiger selbst geschaffener Vermögensgegenstand aus dem FuE-Projekt entstanden ist.

4.1.3.1 Handelsrechtliches Aktivierungswahlrecht

Selbst geschaffene immaterielle Vermögensgegenstände des Anlagevermögens dürfen seit dem BilMoG gem. § 248 Abs. 2 HGB aktiviert werden. Dieses Wahl-

Einführung

---

[708] Vgl. FÜLBIER, R. U./KUSCHEL, P./SELCHERT, F. W. (2010), § 252, Rn. 94.
[709] Die Höhe der Umsatzsteuer muss ebenfalls angepasst werden.
[710] Vgl. zur Ableitung von Funktionsbereichen Kapitel D.3.3.

recht bezieht sich allerdings nicht auf alle selbst geschaffenen immateriellen Vermögensgegenstände, sondern wird durch das explizite Aktivierungsverbot für Marken, Drucktitel, Verlagsrechte, Kundenlisten oder vergleichbare Vermögensgegenstände eingeschränkt.

Bildung latente Steuern   Steuerlich gilt jedoch weiterhin ein striktes Aktivierungsverbot. Gem. § 5 Abs. 2 EStG ist die Aktivierung selbst geschaffener immaterieller Wirtschaftsgüter des Anlagevermögens untersagt. Bei Ausübung des handelsrechtlichen Wahlrechts zur Aktivierung selbst geschaffener immaterieller Vermögensgegenstände des Anlagevermögens ergibt sich daher die Pflicht zur Bildung latenter Steuern.[711]

4.1.3.2   Aktivierungsfähigkeit als Voraussetzung zur Bilanzierung

Relativierung des Vollständigkeitsgebots   Das Vollständigkeitsgebot des § 246 Abs. 1 HGB verpflichtet den Bilanzierenden zur Aktivierung sämtlicher Vermögensgegenstände, soweit gesetzlich nichts anderes bestimmt ist. Dieses Vollständigkeitsgebot wird durch das Aktivierungswahlrecht gem. § 248 Abs. 2 HGB in Bezug auf selbst geschaffene immaterielle Vermögensgegenstände des Anlagevermögens eingeschränkt.

Selbstständige Verwertbarkeit   (Immaterielle) Vermögensgegenstände dürfen grundsätzlich nur aktiviert werden, wenn sie den nicht kodifizierten handelsrechtlichen Aktivierungsvoraussetzungen entsprechen. Es existieren eine ganze Reihe unterschiedlicher Aktivierungsvoraussetzungen. So wird neben dem Kriterium der selbstständigen Verwertbarkeit das Kriterium der bilanziellen Greifbarkeit sowie die selbstständige Bewertbarkeit genannt.[712] Das zentrale Merkmal für die Prüfung der (abstrakten) Aktivierungsfähigkeit selbst geschaffener immaterieller Vermögensgegenstände des Anlagevermögens ist die selbstständige Verwertbarkeit.[713] Sie setzt die „Existenz eines wirtschaftlichen verwertbaren Potenzials zur Deckung von Schulden"[714] voraus.

Aktivierungsverbot aufgrund fehlender selbstständiger Bewertbarkeit   Das Aktivierungsverbot für Marken, Drucktitel, Verlagsrechte, Kundenlisten oder vergleichbare selbst geschaffene immaterielle Vermögensgegenstände hingegen erklärt sich aus der fehlenden selbstständigen Bewertbarkeit und der daraus zweifelsfrei vorzunehmenden Abgrenzung zum originären Geschäfts- oder Firmenwert.[715]

---

[711]   Vgl. zur Konzeption latenter Steuern im Handelsrecht nach BilMoG Kapitel C.4.

[712]   Vgl. ausführlich zu den unterschiedlichen Merkmalen der (abstrakten) Aktivierungsfähigkeit sowie ihre Stellung zueinander KÜTING, K./ELLMANN, D. (2009), S. 268 f.

[713]   Vgl. BT-Drucksache (16/10067), S. 60. In der Regierungsbegründung zum BilMoG wird die selbstständige Verwertbarkeit als entscheidendes Tatbestandsmerkmal explizit hervorgehoben.

[714]   BAETGE, J./KIRSCH, H.-J. (2002), Rn. 96.

[715]   Vgl. BT-Drucksache (16/10067), S. 50. In der Regierungsbegründung zum BilMoG wird das Verbot explizit mit der mangelnden selbstständigen Bewertbarkeit begründet.

4.1.3.3 Ansatz und Bewertung von selbst geschaffenen immateriellen Vermögensgegenständen des Anlagevermögens

Wenn die Aktivierungsfähigkeit eines (zukünftig) selbst geschaffenen Vermögensgegenstands des Anlagevermögens bejaht wird, muss in einem nächsten Schritt der Zeitpunkt der Aktivierung sowie die Höhe der anzusetzenden Herstellungskosten ermittelt werden. Grundsätzlich dürfen gem. § 255 Abs. 2a HGB nur die Aufwendungen der Entwicklungsphase von dem Zeitpunkt an aktiviert werden, ab dem „mit hoher Wahrscheinlichkeit davon ausgegangen werden kann, dass ein einzeln verwertbarer immaterieller Vermögensgegenstand des Anlagevermögens zur Entstehung gelangt"[716]. Wann dieser Zeitpunkt gegeben ist, wird im Gesetz nicht weiter konkretisiert, jedoch kann nach h.M. hilfsweise auf Kriterien des IAS 38.57, der sechs Kriterien zur Beurteilung der Wahrscheinlichkeit des erfolgreichen Beendens eines Entwicklungsprojekts aufführt, zurückgegriffen werden.[717]

Aktivierungszeitpunkt

Aufwendungen, die hingegen in der Forschungsphase entstehen, dürfen nicht aktiviert werden. Forschung ist gem. § 255 Abs. 2a HGB „die eigenständige und planmäßige Suche nach neuen wissenschaftlichen oder technischen Erkenntnissen oder Erfahrungen allgemeiner Art, über deren technische Verwertbarkeit und wirtschaftliche Erfolgsaussichten grundsätzlich keine Aussagen gemacht werden können". Im Gegensatz hierzu wird Entwicklung gem. § 255 Abs. 2a HGB als „die Anwendung von Forschungsergebnissen oder von anderem Wissen für die Neuentwicklung von Gütern oder Verfahren oder die Weiterentwicklung von Gütern oder Verfahren mittels wesentlicher Änderungen" definiert. Weitere konkretisierende Angaben zur Trennung zwischen der Forschungs- und Entwicklungsphase werden im Gesetz nicht genannt, sodass in Zweifelsfällen auf die Kommentarliteratur zurückgegriffen werden muss.[718]

Forschungs- vs. Entwicklungsphase

Welche Aufwendungen in der Entwicklungsphase im Einzelnen zu aktivieren sind, regelt § 255 Abs. 2 HGB. Dies bedeutet, dass für selbst geschaffene immaterielle Vermögensgegenstände des Anlagevermögens kein eigenständiger Bewertungsmaßstab entwickelt wurde. Vielmehr ist von dem Moment an, ab dem mit hoher Wahrscheinlichkeit ein immaterieller Vermögensgegenstand entstanden ist, auf den hinlänglich bekannten Bewertungsmaßstab der Herstellungskosten mit seinen einbeziehungspflichtigen (Wertuntergrenze) und einbeziehungsfähigen (Wertobergrenze) Bestandteilen abzustellen.[719]

Bewertungsmaßstab Herstellungskosten

---

[716] BT-Drucksache (16/10067), S. 60; vgl. zu der Thematik, wann mit hoher Wahrscheinlichkeit ein immaterieller Vermögensgegenstand entstanden ist VAN HALL, G./ KESSLER, H. (2010b), S. 183 ff.

[717] Vgl. hierzu detailliert VAN HALL, G./KESSLER, H. (2010b), S. 186 f.

[718] Vgl. zur Abgrenzung der Forschungs- von der Entwicklungsphase KÜTING, K./ ELLMANN, D. (2009), S. 270 f.

[719] Vgl. zu den Herstellungskosten ausführlich Kapitel F.2.1.3.

4.1.3.4   Forschungs- und Entwicklungsprojekt als Grundlage für Controlling und Bilanzierung

Notwendigkeit eines Entwicklungskosten-controllings

Sobald ein Unternehmen das Aktivierungswahlrecht für Entwicklungskosten in Anspruch nimmt, müssen hierfür notwendige Voraussetzungen im Bereich des Entwicklungskostencontrollings geschaffen werden.[720] Diese Voraussetzungen lassen sich unmittelbar aus den gesetzlichen Regelungen zur Aktivierung von Entwicklungskosten ableiten.

- Das Verbot der Aktivierung von Aufwendungen, die in der Forschungsphase anfallen, erfordert eine klare Trennung eines FuE-Projekts in eine Forschungs- und Entwicklungsphase. Hierfür ist es notwendig, der Projektleitung die bilanziell notwendigen Unterscheidungskriterien zu vermitteln.

- Der Aktivierungszeitpunkt – also der Zeitpunkt, ab dem mit hoher Wahrscheinlichkeit ein immaterieller Vermögensgegenstand entsteht – innerhalb der Entwicklungsphase muss anhand von nachvollziehbaren Kriterien dokumentiert werden.

- Mittelgroße und große Kapitalgesellschaften i.S.d. § 267 HGB müssen bei Inanspruchnahme des Aktivierungswahlrechts von Entwicklungskosten im Anhang den Gesamtbetrag der FuE-Kosten des Geschäftsjahrs angeben. Zusätzlich muss der Betrag der Entwicklungskosten angegeben werden, der im Geschäftsjahr aktiviert wurde.

Hinreichende Umsetzung durch SAP Business ByDesign

Die Anforderungen zur handelsrechtlichen Aktivierung von immateriellen Vermögensgegenständen werden von SAP Business ByDesign erfüllt. Mithilfe des Projektmanagements können einzelne FuE-Projekte geplant, gesteuert sowie dokumentiert werden. Darüber hinaus können die Kosten der FuE-Phase automatisch zugeordnet werden. Da die Aufwendungen aller FuE-Kostenstellen sowie die Aufwendungen, die auf FuE-Projekten in Form von Einzelkostenprojekten gesammelt wurden, jederzeit verfügbar sind, stellen die für den Jahresabschluss notwendigen Anhangangaben ebenfalls keinen zusätzlichen Arbeitsaufwand dar.

4.2   Darstellung der relevanten Geschäftsvorfälle des Fallbeispiels zur Abbildung von Projekten

4.2.1   Kundenprojekt: Designberatung

Sachverhalt

Die *Nordstar GmbH* bietet neben ihrer Tätigkeit in Schuhhandel und -produktion am Markt eine individuelle Designberatung an. Für diese Beratung werden Unternehmensmitarbeiter eingesetzt, die bereits Erfahrung mit der Entwicklung von Schuhdesign gesammelt haben. Neben zwei internen Mitarbeitern kommt ein externer Mitarbeiter für die Beratungsleistung zum Einsatz. In diesem Geschäftsprozess werden nur die Personalkosten von (internen) Mitarbeitern berücksichtigt, die im Rahmen des Kundenprojekts eingesetzt wurden.[721]

---

[720]   Vgl. LORSON, P./ZÜNDORF, H. (2009), S. 722.

[721]   Für die Berücksichtigung der übrigen Personalkosten im Geschäftsbereich Designberatung wird auf Kapitel F.5.3.5 verwiesen.

Die von der *Nordstar GmbH* angebotene Beratungsleistung wird von einem Unternehmen angefragt. Nach einem Gespräch zwischen Unternehmensvertretern über den Beratungsinhalt ist der (potenzielle) Kunde für die Erbringung dieser Leistung bereit, ein Festpreishonorar i.H.v. 2.500 EUR (ohne USt) zu zahlen.

Auf Basis dieser Anfrage stellt der zuständige Mitarbeiter der *Nordstar GmbH* eine Kostenkalkulation auf (vgl. Abbildung 184). Die Projektkalkulation führt zu voraussichtlichen Kosten i.H.v. 1.660 EUR. Eine Marge von ca. 33 % wäre in der aktuellen Unternehmenssituation sehr erfreulich. Die Planung veranlasst somit den für die Beratungsdienstleistung verantwortlichen Vertriebsmitarbeiter, den Kundenauftrag i.H.v. 2.500 EUR (ohne USt) anzunehmen. Die beiden Parteien vereinbaren ein Zahlungsziel von Januar 2011.

Kostenkalkulation

Kosten	Kostenstelle	Kostensatz (EUR/h)	Einsatzzeit (h)	(Plan)Kosten (EUR)
Personalkosten (2 interne Mitarbeiter)	Projektdurchführung	30	16	480
	Projektdurchführung	30	16	480
Externe Beratungskosten	--	75	8	600
Reise- und Unterkunftskosten	--	--	--	100
Summe:			40	1.660

Abbildung 184: Kostenkalkulation des Kundenprojekts

Die Istkosten des Projekts weichen allerdings von den Plankosten ab (vgl. Abbildung 185): Letztlich fallen Kosten i.H.v. 1.940,84 EUR an. Dies liegt in einer erhöhten Einsatzzeit der beiden internen Mitarbeiter (jeweils 20 Stunden), einer erhöhten Rechnungsstellung durch den externen Dienstleister (Stundensatz i.H.v. 80 EUR/Stunde) und einer minimalen Abweichung von den geplanten Reise- und Unterkunftskosten begründet.

Istkosten

Kosten	Tätigkeit	Kostensatz (EUR/h)	Einsatzzeit (h)	(Ist)Kosten (EUR)
Personalkosten (intern)	Projektleitung	30	20	600,00
	Projektberatung	30	20	600,00
Externe Beratung	Externe Beratung	80	8	640,00
Reise- und Unterkunftskosten	--	--	--	100,84
Summe:			48	1.940,84

Abbildung 185: Istkosten des Kundenprojekts

4.2.2 Internes Forschungs- und Entwicklungsprojekt

Sachverhalt

In der *Nordstar GmbH* wird für die Produktion des *Hiking*-Schuhs die Schuhsohle selbst gefertigt. Da die Dämpfung der Schuhsohle in einigen Studien unabhängiger Testeinrichtungen mangelhaft abgeschnitten hat, besteht der Auftrag von der Geschäftsführung, eine Sohle mit besonderer Dämpfung zur Schonung der Gelenke für die Produktion eines zukünftigen Schuhmodells zu entwickeln. Das Ergebnis dieser FuE-Leistung und dessen innovativer Charakter soll durch ein Patent geschützt werden. Zuständig ist ein Mitarbeiter der Kostenstelle *Forschung und Entwicklung*. Dieser soll sich ab Juli für die nächsten vier Monate mit dieser Thematik beschäftigen. Auch hier gilt, dass nur die im Rahmen des FuE-Projekts angefallenen Personalkosten des (internen) Mitarbeiters berücksichtigt werden.

Benötigte Inputfaktoren

Für dieses FuE-Projekt wird jeweils zum 01.07.2010 ein Computer (Nutzungsdauer drei Jahre) und eine spezielle Software (Nutzungsdauer fünf Jahre) zu einem Preis von 3.000 EUR (ohne USt) bzw. 2.000 EUR (ohne USt) angeschafft. Diese werden der Kostenstelle *Forschung und Entwicklung* zugeordnet. Zudem werden zwei Materialien für die neue Sohle benötigt: Kunststoffgranulat und Silikon. Insgesamt bezieht die *Nordstar GmbH* für das anstehende Projekt 35 kg Kunststoffgranulat zu einem Preis von 5 EUR/kg und 7 kg Silikon zu einem Preis von 10 EUR/kg. Der Mitarbeiter leistet auf dem Projekt 200 Stunden; der für ihn gültige Kostensatz beträgt 30 EUR/Stunde.

FuE-Tätigkeit

Die Gewinnung der Erkenntnisse zur Herstellung einer Sohle, die optimales Dämpfungsverhalten mit einem ergonomischen Laufstil verbindet (Forschungsphase), dauert doch nicht so lange wie gedacht. Nach einem Monat beginnt der Mitarbeiter bereits konkret mit der Entwicklung der Sohle. Die Entwicklung endet schließlich mit der Erteilung des Patents (Kosten: 2.500 EUR) am 30.09.2010.

Aktivierung von Entwicklungskosten

Für die Aktivierung des selbst geschaffenen gewerblichen Schutzrechts (Patent) ist die Zuordnung der angefallenen Aufwendungen zu der Forschungs- und der Entwicklungsphase von Bedeutung. Insgesamt entfallen 2.716,66 EUR auf die Forschungs- und 6.378,34 EUR auf die Entwicklungsphase. Es wird unterstellt, dass alle Aufwendungen, die auf die Entwicklungsphase entfallen, aktiviert werden. So stellen die Abschreibungen der Anlagen, die der Entwicklungsphase zuzuordnen sind, Bestandteile der Herstellungskosten dar. Das aus der Entwicklung hervorgehende selbst geschaffene gewerbliche Schutzrecht wird in der Bilanz i.H.v. 6.378,34 EUR aktiviert. Die Nutzungsdauer beträgt fünf Jahre.

Kostenherkunft		Forschungsphase (01.07.-31.07.10)		Entwicklungsphase (01.08.-30.09.10)	
		Eingesetzte Menge	Kosten (EUR)	Eingesetzte Menge	Kosten (EUR)
Materialverbrauch	Kunststoffgranulat	30 kg	150,00	5 kg	25,00
	Silikon	5 kg	50,00	2 kg	20,00
Personalaufwand	FuE-Mitarbeiter	80 h	2.400,00	120 h	3.600,00
Abschreibungen	Computer	1 Monat AfA	83,33	2 Monate AfA	166,67
	Software	1 Monat AfA	33,33	2 Monate AfA	66,67
Rechtskosten	Patenkosten	--	--	--	2.500,00
Summe:			2.716,66		6.378,34

Abbildung 186: (Ist-)Kosten der Forschungs- und Entwicklungsphase

4.3   Abbildung von Projekten in SAP Business ByDesign

Überblick

In SAP Business ByDesign wird die Abbildung unterschiedlicher Arten von Projekten abgedeckt: interne Projekte (z.B. FuE-Projekte) und externe Projekte (z.B. Kundenprojekte). Eine Projektart wird entweder als Gemeinkostenprojekt (Zuordnung der anfallenden Kosten auf die Kostenstelle, die die Arbeit angefordert hat) oder als Einzelkostenprojekt (Kosten werden dem Projekt als Kostenträger zuge-ordnet) geführt. In der Standardauslieferung von SAP Business ByDesign existie-ren vordefinierte Projektarten. In der Systemkonfiguration können Sie auch auf Ihre unternehmensindividuellen Bedürfnisse abgestimmte Projektarten definieren. In diesem Kapitel wird die Funktionalität der Projektabbildung in SAP Business ByDesign anhand eines Kundenprojekts und an einem FuE-Projekt beschrieben.

4.3.1   Kundenprojekte

SAP Business ByDesign unterstützt die komplette Abbildung des Projektlebens-zyklus eines Kundenprojekts: von der Gewinnung von Neukunden, der Entste-hung des Auftrags, über die Projektdurchführung und Projektfakturierung bis hin zum Zahlungseingang. Die Projektplanung und das Projektcontrolling ziehen sich praktisch durch den ganzen Prozess und begleiten diesen in Form von Berichten, die eine Überwachung und Analyse kontinuierlich erlauben. In den folgenden Ka-piteln werden die in Abbildung 187 aufgeführten rechnungswesenrelevanten Teil-prozesse des Projektmanagements (Projektplanung und Kundenauftrag, Projekt-durchführung und Projektfakturierung) näher beschrieben. Von der Darstellung des diesen Teilprozessen vorgelagerten Schritts der Gewinnung von Neukunden[722] wird abgesehen. Auf die Darstellung des abschließenden Teilprozesses Zahlungs-eingang wird ebenfalls verzichtet, weil dieser bereits in Kapitel F.3 beschrieben wurde und hier identisch abläuft.

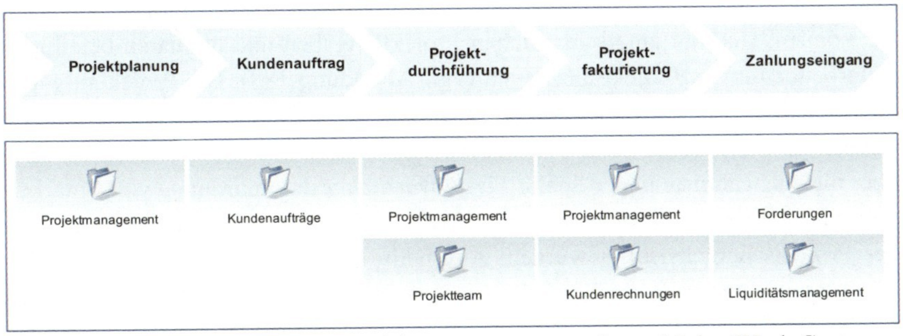

Abbildung des Projektlebenszyklus

Abbildung 187: Teilprozesse des Projektmanagements und zugehörige Work Center

4.3.1.1   Kundenauftrag und Projektkalkulation zur Überprüfung der Auftragsannahme

Dem Kundenauftrag sind normalerweise – zumindest bei Projekten, die nicht standardisiert verkauft werden – eine Kundenanfrage und die Erstellung eines An-gebots vorgelagert. Der eingehende Kundenauftrag entsteht direkt aus dem Ange-

Kundenauftrag und Projektplanung

---

[722]   Sog. Opportunities, als Ausblick auf den Verkauf einer Dienstleistung gewichtet mit einer bestimmten Wahrscheinlichkeit, können im System im Work Center *Neuge-schäft* erfasst werden. Im gleichen Work Center können Sie auch Angebote anlegen und an den (potenziellen) Kunden versenden. Vgl. auch Kapitel F.3.3.1.1.1.

bot.[723] Im Folgenden wird der Kundenauftrag als Auslöser der Entscheidung über die Annahme bzw. Ablehnung des Kundenprojekts betrachtet. Dieser wird zwar zunächst im Work Center *Kundenaufträge* unter der gleichnamigen Sicht erfasst, ob sich daran aber auch eine Freigabe (sprich Annahme) anschließt, stellt sich erst nach einer Projektkalkulation heraus. Der Kunde möchte in diesem Fall die Dienstleistung zu einem von ihm vorgeschlagenen (Fest-)Preis erhalten.[724] Diese Leistung ist in der Positionszeile mit der Produktnummer und dem Listenpreis i.H.v. 2.500 EUR (netto) im Auftrag enthalten.[725]

Projektkostenplanung

Die Auftragsannahme setzt eine Planung der notwendigen Ressourcen und den damit verbundenen Kosten voraus. Die Projektkalkulation stellt eine wichtige Entscheidungshilfe zur Annahme bzw. Ablehnung des Projekts dar.[726] Zu diesem Zweck wird entsprechend den Anforderungen des Kunden eine Zeit- und Kostenplanung des Projekts vorgenommen. Zur Kostenplanung wird ein neues Projekt unter der Sicht *Projekte* im Work Center *Projektmanagement* angelegt. Dabei müssen Sie u.a. die Art des Projekts (z.B. Kundenprojekt) festhalten, die (voraussichtlich) beteiligten Mitarbeiter auswählen sowie Angaben zu der Kundengruppe oder der Produktkategorie vornehmen. Zudem können Sie – sofern dies bekannt sein sollte – den Projektbeginn und das Projektende angeben. Da die tatsächlich beteiligten Mitarbeiter normalerweise zu diesem Zeitpunkt noch nicht abschließend bekannt sind, ist es für Zwecke der Kostenkalkulation sinnvoll, auf (Misch-)Kalkulationssätze für die zu erbringenden Tätigkeiten, also auf die Kostensätze der Services – hier der Service Designberatung – zurückzugreifen.[727]

Projektaufgaben und Verantwortliche

Bevor Sie eine Planung von Arbeitszeit und sonstigen Aufwendungen durchführen können, sind die unterschiedlichen Projektaufgaben und die daran beteiligten Mitarbeiter für das Projekt anzulegen (vgl. Abbildung 188). Die Projektaufgaben – im konkreten Fall die Projektleitung, Projektberatung und externe Beratung – werden in der Registerkarte *Projektplan* angeordnet. Im Anschluss daran kann über die Auswahlliste in der Spalte *Verantwortlicher* die Zuordnung von Mitarbeitern zu einer dieser Projektaufgaben erfolgen, sofern diese bereits beim Anlegen des Projekts berücksichtigt wurden. Alternativ haben Sie im Work Center *Projektmanagement* unter der Sicht *Ressourcen* die Möglichkeit, Mitarbeiter einem Projekt bzw. einer Projektaufgabe direkt zuzuordnen.[728] Der Vorteil dieser An-

---

[723] Die einem Kundenauftrag vorgelagerten Schritte werden in den Ausführungen systemseitig nicht näher dargestellt.

[724] Alternativ dazu wäre z.B. auch eine Vereinbarung denkbar, die eine Fakturierung auf Basis der erbrachten (Ist-)Leistung vorsieht.

[725] Vgl. zu dem Detailbild eines Kundenauftrags beispielhaft Kapitel F.3.3.1.1.1.

[726] Die Annahme eines Auftrags muss nicht notwendigerweise immer mit der Erzielung eines positiven Ergebnisses verbunden sein. Auch die verlustreiche Durchführung eines Auftrags ist denkbar, da mit diesem Auftrag eventuell die Hoffnung auf Folgeaufträge besteht.

[727] Bei der Projektdurchführung ist dagegen konkret auf den Kostensatz des Leistungserbringenden abzustellen; vgl. auch Kapitel F.4.3.1.2.

[728] Ebenso ist im Projekt unter der Registerkarte *Team und Besetzung* eine Zuweisung von Mitarbeitern möglich.

sicht besteht darin, dass Sie sich Details wie die Verfügbarkeit und die Qualifikation der einzelnen Mitarbeiter anzeigen lassen können. Auf dieser Grundlage kann dann eine Entscheidung getroffen werden.[729]

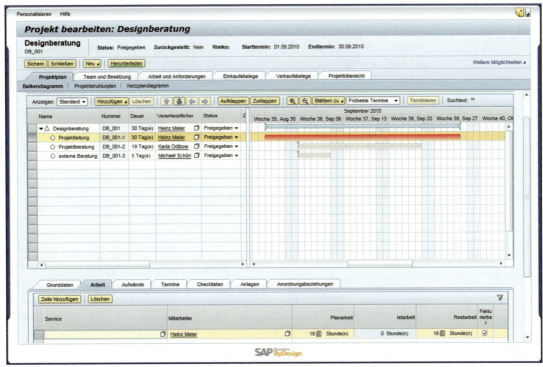

Abbildung 188: Aufsetzen des Projektplans

HIGHLIGHT

SAP Business ByDesign erleichtert die personelle Besetzung eines Projekts durch ein implementiertes Ressourcenmanagement mit Verfügbarkeits- und Eignungsprofil.

Plankosten

Für den einzelnen Mitarbeiter ist der Zeitraum, über den sich das Projekt für ihn erstreckt, anzugeben. Außerdem ist für die Ermittlung der Plankosten die Planarbeit des jeweiligen Mitarbeiters einzutragen; die Planwerte (Stunden) sind je Projektaufgabe (Registerkarte *Arbeit*) zu vergeben. Die Ermittlung der Plankosten bestimmt sich durch die Bewertung der Leistung des jeweiligen Mitarbeiters.[730] Neben der geplanten Arbeitsleistung können Sie weitere zu erwartende Aufwendungen für die Projektkalkulation berücksichtigen. In der Registerkarte *Aufwände* in der Detailansicht einer Projektaufgabe können Sie Spesen, wie bspw. Reise-,

---

[729] Die einzubindenden externen Mitarbeiter müssen zunächst als Dienstleister angelegt werden, bevor eine konkrete Verplanung dieser Ressourcen erfolgen kann; vgl. hierzu auch die Kapitel A.4.2 und D.4.2.3.

[730] Für die Projektplanung kann die Bewertung auf Basis des vorhandenen Ressourcenkostensatzes oder der Kostensatz des Services erfolgen; vgl. auch Kapitel F.4.3.1.2.1 für die Bewertung der Leistung im Rahmen der Projektdurchführung.

Übernachtungs- oder Materialkosten, in die Planung mit einbeziehen. Den geplanten Spesen werden die Plankosten zugeordnet. Diese Angaben werden für die Projektkalkulation herangezogen; das Rechnungswesen nimmt für diese Positionen keine gesonderte Bewertung vor.

Bericht: Projektkalkulation

Das Ergebnis der Projektkalkulation können Sie sich mit dem Bericht anzeigen lassen.[731] In Abbildung 189 werden die Plankosten pro Projektaufgabe und zuständigem Mitarbeiter, getrennt nach Positionstyp (z.B. Service, Aufwand), aufgeführt. Neben den voraussichtlichen Personalkosten (Serviceposition) sind auch die geplanten Reise- und Übernachtungskosten (Aufwandsposition) i.H.v. 100 EUR zu erkennen. Die Projektkalkulation dient Ihnen als Entscheidungsgrundlage, ob ein Auftrag zu einem bestimmten Preis angenommen oder abgelehnt werden soll und ermöglicht gleichzeitig die Ermittlung der zu erwartenden Marge des Projekts.

Projektaufgabe		Zuständiger Mitarbeiter	Positionstyp Projektkalkulation	Plankosten
DB_001-1	Projektleitung	Heinz Meier	Aufwandsposition	100,00 EUR
			Serviceposition	480,00 EUR
			Ergebnis	**580,00 EUR**
DB_001-2	Projektberatung	Karla Odibow	Serviceposition	480,00 EUR
			Ergebnis	**480,00 EUR**
DB_001-3	externe Beratung	Michael Schön	Serviceposition	600,00 EUR
			Ergebnis	**600,00 EUR**
Ergebnis				**1.660,00 EUR**

Abbildung 189: Projektkalkulation auf Basis von Plankosten

Sofern auf Basis der Projektkalkulation die Kundenanfrage angenommen werden soll, ist der (bereits erfasste) Kundenauftrag freizugeben. Bevor das Projekt durchgeführt werden kann, müssen Sie abschließend hierzu noch die Freigabe erteilen. Markieren Sie dafür den Projektkopf (hier: Designberatung) und setzen Sie in der Registerkarte *Grunddaten* den Projektstatus auf *Freigeben*.

4.3.1.2   Projektdurchführung
4.3.1.2.1 Ermittlung von Kostensätzen und Leistungsverrechnung auf das Projekt

Leistungsverrechnung mit Kostensätzen

Die Ermittlung des Kostensatzes einer Ressource zur Bewertung von Istleistungen wurde bereits in Kapitel F.2.3.2.3 erläutert. Auch für die Verrechnung von Istleistungen auf ein Projekt als Kostenträger werden – analog zu einem Produktions-

---

[731] Den Bericht rufen Sie im (geöffnetem) Projekt über die Registerkarte *Projektübersicht* auf. In dieser Registerkarte finden Sie weitere relevante Auswertungs- und Analyseberichte, wie z.B. zu dem Projektfortschritt oder den Zeitrückmeldungen von Mitarbeitern, die Ihnen zu jedem Zeitpunkt des Projektablaufs ein Projektcontrolling ermöglichen. Alternativ kann dieser Bericht auch in dem Work Center *Projektmanagement* (Sicht *Berichte*) aufgerufen werden.

los[732] – Kostensätze verwendet, die in einer Ressource hinterlegt sind. Mitarbeiter sind (Personal-)Ressourcen (z.B. Senior-Berater) zugeordnet und werden einer Kostenstelle zugewiesen. Für die interne Leistungsverrechnung ist es jedoch zusätzlich von Bedeutung, welche Person dieser Kostenstelle die Arbeitsleistung erbringt: Kostensätze zur Leistungsverrechnung richten sich normalerweise an der Qualifikation des Mitarbeiters. Um eine Leistung zu verrechnen, die sich an der Qualifikation des Mitarbeiters orientiert, müssen für eine Kostenstelle unter Umständen mehrere Personalressourcen angelegt werden.

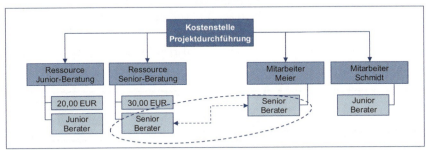

Abbildung 190: Zuordnung des Kostensatzes zu einem Mitarbeiter

Abbildung 190 zeigt diesen Zusammenhang beispielhaft auf: Mitarbeiter *Meier* mit der Stellenzuordnung Senior-Berater ist der Kostenstelle *Projektdurchführung* zugewiesen. Diese Kostenstelle enthält die Personalressource Senior-Beratung mit einem Kostensatz i.H.v. 30 EUR/Stunde und der Stellenzuordnung Senior Berater. Aus der gemeinsamen Stellenzuordnung folgt, dass die interne Leistungsverrechnung des Mitarbeiters *Meier* mit dem Kostensatz 30 EUR/Stunde bewertet wird. Die Leistung seines Kollegen *Schmidt* (Junior Berater) würde dagegen mit 20 EUR/Stunde verrechnet werden.

Zuordnung eines Kostensatzes

Die im Rahmen eines Projekts erbrachte Arbeit entlastet die Kostenstelle, auf der der Mitarbeiter läuft und belastet das Projekt.[733] Die Be- bzw. Entlastung erfolgt auf Basis der mit dem Kostensatz bewerteten Istleistung des Mitarbeiters.

Belastung des Projekts

4.3.1.2.2 Zeit- und Ausgabenerfassung von internen Mitarbeitern

Während eines Projekts erbrachte Leistungen sind auf das Projekt zu kontieren. Neben der Erfassung von Arbeitszeiten sind des Weiteren Ausgaben wie Reise- oder Unterkunftskosten zu berücksichtigen. Ein am Projekt beteiligter Mitarbeiter hält seine geleisteten Tätigkeiten im Work Center *Projektteam* mit der Aufgabe *Arbeitszettel bearbeiten* (Sicht *Allgemeine Aufgaben*) fest.[734] Nach der Auswahl

Tätigkeitenerfassung in einem Arbeitszettel

---

[732]   Vgl. Kapitel F.2.3 zur Belastung eines Produktionsloses im Rahmen der Fertigung von Produkten.

[733]   Auch an dieser Vorgehensweise wird die Analogie zum Prozess der Lagerfertigung mit dem Kostenträger „Produktionslos" deutlich; vgl. Kapitel F.2.3.2.1.

[734]   Die Zeiterfassung muss nicht persönlich von dem leistenden Mitarbeiter vorgenommen werden, sondern kann auch durch einen Zeitbeauftragten erfolgen, der die Rückmeldungen dann für den (anderen) Mitarbeiter übernimmt. Im Work Center

der Kalenderwoche können Sie für den betreffenden Wochentag die Arbeitsstunden eintragen. Um zu dokumentieren, welche Tätigkeit durchgeführt wurde, ist in dem Arbeitszettel immer der von dem Mitarbeiter geleistete Service anzugeben. Einen Service legen Sie – analog zur Vorgehensweise bei einem Material – im Work Center *Produkt- und Serviceportfolio* (Sicht *Service*) an. Um eine eindeutige Zuordnung der Arbeitsleistung zu einem Projekt herzustellen, können Sie zusätzlich die Projektaufgabe eingeben. Im vorliegenden Fall (vgl. Abbildung 191) wird von dem Mitarbeiter *Heinz Meier* der Service *Projektmanagement* für die Projektaufgabe „Projektleitung" erbracht. Über diese Angaben wird festgehalten, welche Arbeit von wem geleistet wurde. Im Allgemeinen wird der Kostensatz der Ressource zur Bewertung bei der Rückmeldung herangezogen. Sollten sie jedoch den Kostensatz des Services vorziehen, so darf kein Ressourcenkostensatz gepflegt sein.[735]

Abbildung 191: Zeitrückmeldung auf dem Projekt

Freigabe und Genehmigung der Zeiterfassung

Im Anschluss daran können Sie die vorgenommenen Eintragungen entweder abspeichern (und zu einem anderen Zeitpunkt freigeben) oder freigeben. Sollten Zeitrückmeldungen keiner Genehmigung bedürfen,[736] werden die damit verbundenen Aufwendungen direkt dem Projekt belastet. Ansonsten muss der Projekt-

---

Zeitverwaltung unter der Sicht *Zeiterfassung* können Sie für Mitarbeiter ein Arbeitszeitblatt bearbeiten.

[735]   Es handelt sich hierbei um die „Vorfahrtsregel" bei der Verwendung von Kostensätzen: Ist ein Kostensatz der Ressource gepflegt, wird dieser für die Verrechnung zugrunde gelegt, ansonsten wird auf den Kostensatz des Services zurückgegriffen.

[736]   Ob eine Genehmigung erforderlich sein soll, können Sie beim Anlegen des Projekts durch Setzen einer Checkbox entscheiden. Die Zeitrückmeldung externer Projektbeteiligter erfordert immer eine Genehmigung durch den Projektleiter.

leiter der Zeiterfassung im Work Center *Projektmanagement* unter der Sicht *Genehmigungen* zustimmen.

Die Zeitrückmeldung zeigt zum einen den Stand der Istarbeit im Projekt an.[737] Zum anderen wird über die Rückmeldung eine Bewertung der Arbeitsleistung im Rechnungswesen vorgenommen. Für die Leistungsverrechnung des Mitarbeiters *Heinz Meier* ist ein Kostensatz i.H.v. 30 EUR pro Stunde zugrunde zu legen.[738] Als Istarbeitszeit für das Kundenprojekt Designberatung meldet Herr *Meier* für die Projektaufgabe „Projektleitung" 20 Stunden zurück. Insgesamt wird durch diesen Mitarbeiter das Projekt somit i.H.v. 600 EUR belastet.[739] Mit der Zeitrückmeldung erfolgt allerdings nur aus Sicht des internen Rechnungswesens eine Buchung (vgl. Abbildung 192). Diese entlastet die Kostenstelle i.H.d. von dem Mitarbeiter für das Projekt getätigten Leistung (Kontierung Kostenstelle) und belastet das Projekt in gleicher Höhe (Kontierung Projekt).

Buchungen der Zeitrückmeldung

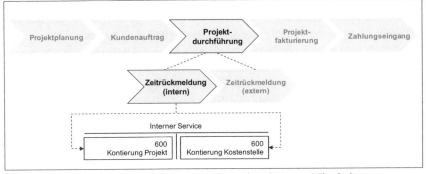

Abbildung 192: Buchungen bei Zeitrückmeldung eines internen Mitarbeiters

Als weitere Aufwände, die im Rahmen eines Kundenprojekts anfallen können, sind klassische Spesen wie Reise- und Unterkunftskosten zu nennen. Unter den *Allgemeinen Aufgaben* im Work Center *Projektteam* (vgl. auch Abbildung 191) finden Sie ein Formular, mit dessen Hilfe Sie Spesen erfassen und ggf. vorhandene Rechnungsbelege anhängen können. SAP Business ByDesign bietet Ihnen die gängigsten Spesenarten zur Auswahl an. Analog zu der Genehmigung von Zeitrückmeldungen bekommt der Projektleiter auch für die Einreichung von Spesenabrechnungen eine Aufgabe unter der Sicht *Genehmigungen* im Work Center *Projektmanagement*. Im Beispielsachverhalt sind Reise- und Unterkunftskosten i.H.v. 120 EUR (inkl. USt) angefallen. Diese Aufwände werden bis zur Bezahlung als *Verbindlichkeiten gegenüber Personal* in der Bilanz ausgewiesen.

Berücksichtigung von Spesen

---

[737] Der Projektfortschritt kann zu jedem Zeitpunkt über einen gesonderten Bericht (Work Center *Projektmanagement*) eingesehen werden.

[738] Vgl. auch die Ausgangsdaten in Abbildung 184.

[739] Der zweite Mitarbeiter der *Nordstar GmbH* wendet ebenso 20 Stunden für das Kundenprojekt auf. Da dem Mitarbeiter ein Kostensatz von 30 EUR pro Stunde zugewiesen wird, gilt die in Abbildung 192 aufgeführte Buchung für diesen analog.

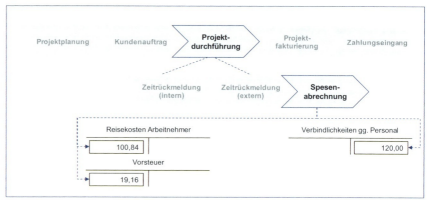

Abbildung 193: Buchungen bei Spesenabrechnungen

Änderungs-management

Die Planung eines Projekts kann zu jedem Zeitpunkt angepasst werden. Im Projekt besteht somit die Flexibilität, eine Anpassung z.B. durch Hinzufügen bzw. Austausch von Arbeitskräften vorzunehmen. Für grundlegende Änderungen des Projekts wie etwa die Aufnahme zusätzlicher (wesentlicher) Projektaufgaben oder die zeitliche Verlängerung der Projektdauer bietet Ihnen SAP Business ByDesign gesonderte Möglichkeiten, den ursprünglichen Projektplan zu verändern. Dazu müssen Sie im Work Center *Projektmanagement* unter der Sicht *Änderungsmanagement* (vgl. auch Abbildung 194) das Projekt auswählen. Die Änderungen in dem Projektplan sind abschließend von einem Vorgesetzten zu genehmigen: Der aktualisierte Plan wird über die Funktion *Genehmigen - Abschicken* (im aufgerufenen Projekt) als Aufgabe an den Verantwortlichen gesendet. Für das weitere Projektcontrolling gilt dieser neue Basisplan als Hauptbezugspunkt für weitere Analysen, wie z.B. Kostenabweichungen. Neben der Projektanpassung können Sie außerdem Momentaufnahmen vom Projektstatus automatisch erstellen lassen, die dann zur Bestimmung des Projektfortschritts zwischen zwei Phasen des Projektverlaufs dienen.

HIGHLIGHT

Die Möglichkeit der stetigen Anpassung des Projektplans gibt Ihnen die notwendige Flexibilität in der Projektabbildung. Die unmittelbare Verknüpfung des Prozesses mit dem Rechnungswesen erlaubt Ihnen darüber hinaus ein auf aktuellen Zahlen basierendes Projektcontrolling.

4.3.1.2.3 Beschaffung und Einbindung von externen Arbeitsressourcen

Notwendigkeit von externen Ressourcen

Im Rahmen der Projektplanung bzw. -durchführung gilt es Überlegungen anzustellen, inwiefern externe Dienstleistungen bezogen werden sollen. Dies kann z.B. aufgrund von fehlender Expertise im eigenen Unternehmen begründet sein; auch Kapazitätsgründe oder Kostenerwägungen können die Inanspruchnahme externer Ressourcen notwendig machen. In SAP Business ByDesign wird der Beschaffungsprozess[740] – Bestellung, Warenlieferung, Lieferantenrechnung und Zahlungsausgang – von externen Dienstleistungen oder anderen Ressourcen direkt aus dem

---

[740]   Vgl. detailliert zu den einzelnen Prozessschritten Kapitel F.1.

Projekt heraus unterstützt. Zudem wird die Beschaffung dahin gehend erleichtert, dass aus der Grundgesamtheit von in SAP Business ByDesign gepflegten Services (= Servicekatalog) die Beschaffung der benötigten externen Dienstleistung einfach erfolgen kann. Der Beschaffungsprozess kann als Unterprozess der Projektdurchführung verstanden werden. Von einer gesonderten Darstellung wird in den folgenden Erläuterungen – bis auf die Leistungserbringung in Form der Zeitrückmeldung und die Lieferantenrechnung – abgesehen.

SAP Business ByDesign unterstützt Sie bei der Beschaffung von externen Ressourcen (z.B. Dienstleistungen) direkt aus dem Projekt heraus.

HIGHLIGHT

Um die Bestellung einer externen Dienstleistung durchführen zu können, müssen Sie im Work Center *Projektmanagement* (Sicht *Projekte*) das Projekt zunächst aufrufen (Menüfunktion *Bearbeiten*). Anschließend legen Sie in der Registerkarte *Arbeit und Anforderungen* für den vorgesehenen Service (hier: Designberatung) eine Bestellanforderung an. In dieser Bestellanforderung halten Sie Angaben wie etwa den Lieferanten und die anzufordernde Leistung fest. Diese durch den Projektleiter erzeugte Anforderung erscheint als Genehmigungsaufgabe für den zuständigen Mitarbeiter des Einkaufs in seinem Work Center *Mein Verantwortungsbereich*. Nach der Genehmigung wird die Bestellung an den Kunden übermittelt.[741]

Bestellanforderung

Abbildung 194: Beschaffung externer Dienstleistung

---

[741] Unter der Voraussetzung, dass mit dem Lieferanten ein Kontrakt besteht, wird die Bestellung automatisch aus der Bestellanforderung erzeugt.

Zeiterfassung des externen Mitarbeiters

Der von dem externen Dienstleister für das Projekt zur Verfügung gestellte Mitarbeiter kann als Verantwortlicher einer Projektaufgabe (hier: externe Beratung) seinen eigenen Zugang für SAP Business ByDesign erhalten und somit seine erbrachte Arbeitsleistung selbst zurückmelden.[742] Im Work Center *Projektteam* steht diesem Mitarbeiter die Aufgabe *Arbeitszeitblatt bearbeiten* (Sicht *Allgemeine Aufgaben*) zur Verfügung. Mit dieser Aufgabe können der Tag und die an diesem Tag geleisteten Arbeitsstunden erfasst werden.[743] Nach der Eingabe dieser Daten werden diese durch Freigabe des Rückmeldenden an den Projektleiter zur Genehmigung weitergeleitet.

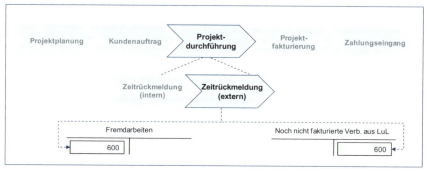

Abbildung 195: Buchungen bei Zeitrückmeldung einer externen Dienstleistung

Buchungen des Beispielsachverhalts

Bei der Rückmeldung des externen Mitarbeiters werden nur Zeitangaben gemacht. Die Bewertung des beschafften Services (Projektberatung) im Rechnungswesen erfolgt auf der Grundlage des in der Bestellung enthaltenen Kostensatzes. Die externe Beratungsdienstleistung kostet 75 EUR/Stunde. Der externe Berater hat für das Projekt Designberatung insgesamt acht Stunden geleistet. Mit der Genehmigung der Zeiterfassung durch den Projektleiter wird automatisch ein Aufwand aus Fremdarbeiten i.H.v. 600 EUR gebucht (vgl. Abbildung 195). Die Gegenbuchung erfolgt auf dem Verrechnungskonto *Noch nicht fakturierte Verbindlichkeiten aus Lieferungen und Leistungen*.[744]

Rechnungsstellung durch den externen Dienstleister

Der Arbeitgeber (*Kreativ GmbH*) des externen Beraters wird spätestens nach dessen Leistungserbringung eine Rechnung an den Empfänger senden.[745] Der Bezug der in der Lieferantenrechnung enthaltenen Rechnungszeile zu der bereits erfassten Bestellung wählt – über die Verknüpfung dieser Dokumente – das Projekt als Kontierung. Im vorliegenden Fall liegt eine Rechnung mit zwei Rechnungspositionen vor: die beiden Zeitrückmeldungen des externen Beraters von jeweils vier

---

[742] Auch hier kann die Zeiterfassung von einem Zeitbeauftragten durchgeführt werden. Ein verantwortlicher Mitarbeiter im Unternehmen übernimmt dann die Zeiterfassung der erbrachten Leistung durch den externen Dienstleister.

[743] Vgl. Kapitel F.4.3.1.2.2.

[744] Die Vorgehensweise bei der Buchung der erfassten Arbeitsleistung des externen Dienstleisters erfolgt analog zur Beschaffung von Materialien. Vgl. hierzu Kapitel F.1.3.1.1.2. Die Vorgehensweise zeichnet sich durch die Buchung auf Verrechnungskonten bei Leistungserbringung und Lieferantenrechnung aus.

[745] Vgl. zu der Erfassung einer Lieferantenrechnung auch Kapitel F.1.3.1.1.3.

Stunden (vgl. Abbildung 196). Diese Rechnung ist konkret auf die Projektaufgabe „externe Beratung" zu buchen. Die *Kreativ GmbH* stellt für die Inanspruchnahme des externen Beraters einen erhöhten Stundensatz in Rechnung. Abweichend von der Bestellung werden nun 80 EUR, also 5 EUR mehr pro Stunde, für die Beratungsleistung berechnet.

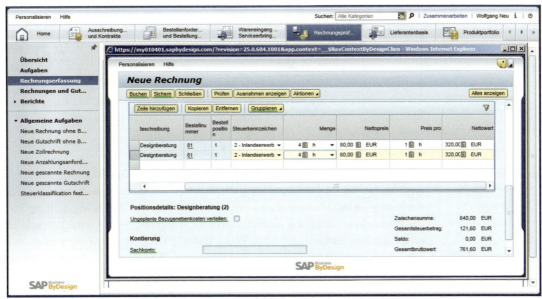

Abbildung 196: Lieferantenrechnung des externen Dienstleisters

Die Lieferantenrechnung wird als Bestandteil eines standardisierten Beschaffungsprozesses eines externen Beraters, der dem eines Beschaffungsprozesses von Material sehr ähnelt, unter den Teilprozess der Projektdurchführung gefasst. Der Rechnungseingang bucht automatisch eine *Verbindlichkeit aus Lieferungen und Leistungen* i.H.v. 761,60 EUR ein (vgl. Abbildung 197). Im Soll wird das Verrechnungskonto *Ware in Transit* (640 EUR) und Vorsteuer i.H.v. 121,60 EUR gebucht. Aufgrund der in der Rechnung enthaltenen Preiserhöhung bestehen Preisdifferenzen, die im Rahmen des WE/RE-Laufs identifiziert und verrechnet werden.[746] Im vorliegenden Fall führt dies zu einer Erfassung eines zusätzlichen Aufwands i.H.v. 40 EUR; die beiden Verrechnungskonten *Ware in Transit* und *Noch nicht fakturierte Verbindlichkeiten aus Lieferungen und Leistungen* werden – anlog zu einer Beschaffung von Materialien und Anlagen – aufgelöst.

Buchungen des Beispielsachverhalts

---

[746] Vgl. zur Funktionsweise des WE/RE-Laufs Kapitel F.1.3.1.3.

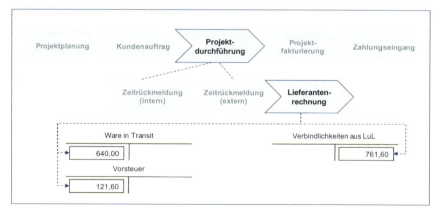

Abbildung 197: Buchungen bei Lieferantenrechnung (externe Dienstleistung)

4.3.1.3   Projektfakturierung und Zahlungseingang

Integrierte Rechnungsstellung

Alle Leistungen, die über das Projekt erbracht und auf diesem kontiert wurden, werden über die Projektfakturierung dem Kunden direkt aus dem Projekt heraus in Rechnung gestellt. Normalerweise wird der Zeitpunkt der Rechnungsstellung von der Buchhaltungsabteilung initiiert: Bevor die Rechnung erstellt wird, ist zunächst eine Rechnungsanforderung auszulösen. Dafür müssen Sie im Work Center *Projektmanagement* unter der Sicht *Projekte* das in Rechnung zu stellende Projekt auswählen und auf *Neue Rechnungsanforderung* gehen.

Abbildung 198: Rechnungsstellung an den Kunden

Im Anschluss öffnet sich ein vorgangsbezogenes Menü, mit dessen Hilfe Sie schrittweise den Prozess der Rechnungsanforderung durchlaufen. Währenddessen erhalten Sie eine Auflistung der im Projekt erbrachten Leistungen.[747] Die Aufwendungen sind über die Rückmeldungen zeitnah nach Leistungserbringung in dieser Liste vorhanden. Wenn Sie bei längeren Kundenprojekten Teilrechnungen stellen möchten, erhalten Sie zu diesen Zeitpunkten aktuell die bis zu diesem Tag erbrachten Leistungen. Für spätere Rechnungen werden bereits fakturierte Leistungen nicht mehr aufgeführt. Der Abbildung 198 ist zu entnehmen, dass die Dienstleistung (Service) „Designberatung" dem Kunden in Rechnung gestellt wird. Aus der Rechnungsanforderung entsteht anschließend im Allgemeinen automatisch eine Faktura. Natürlich kann sie auch manuell erzeugt werden.

> SAP Business ByDesign ermöglicht Ihnen, direkt aus dem Projekt heraus eine Fakturierung vorzunehmen.

HIGHLIGHT

Wenn vor Rechnungsstellung eine Genehmigung der Rechnungsanforderung erforderlich sein sollte, würde sich eine Aufgabe für den zuständigen Mitarbeiter anschließen. Hierfür geben Sie im Work Center *Kundenrechnungen* unter der Sicht *Projektfakturierung* (Untersicht *Rechnungsanforderung*) die von der Buchhaltungsabteilung ausgelöste Anforderung frei. Danach ist die Rechnung anzulegen und abschließend freizugeben.[748]

Genehmigung der Rechnungsanforderung

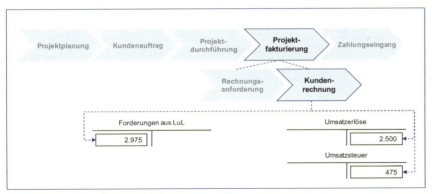

Abbildung 199: Buchungen bei Rechnungsstellung

Die Freigabe der Rechnung des Kundenprojekts löst in der Buchhaltung automatisch die Einbuchung einer *Forderung aus Lieferungen und Leistungen* i.H.v. 2.975 EUR aus. Gleichzeitig werden die daraus resultierenden Umsatzerlöse (2.500 EUR) und die mit dem Verkauf verbundene Umsatzsteuer (475 EUR) auf

Buchung des Beispielsachverhalts

---

[747] Obwohl im Beispielsachverhalt das Projekt zu einem Festpreis angeboten wird und keine Fakturierung in Abhängigkeit von den erbrachten Leistungen stattfindet, werden in dieser Sicht die insgesamt angefallenen Leistungen aufgeführt. Für eine aufwandsbezogene Fakturierung ist eine solche Auflistung notwendig, da diese Positionen automatisch in die Rechnung übernommen werden.

[748] Dazu wählen Sie in der Sicht *Fakturavorrat* die Anforderung aus und stoßen die Rechnungsstellung über die Menüfunktion *Folgeaktion – Rechnung einfache Stellung* an.

die entsprechenden Konten gebucht.[749] Die Forderung wird durch den Teilprozess Zahlungseingang beglichen.[750]

Nach der Rechnungsstellung an den Kunden folgt abschließend der Zahlungseingang i.H.d. ausstehenden Forderung. Dieser Teilprozess mit den Geschäftsvorfällen Kontoauszug, Zahlungszuweisung und Forderungsausgleich wurde ausführlich in Kapitel F.3.3.1.2 behandelt; an dieser Stelle wird auf diese Erläuterungen verwiesen.

4.3.1.4   Reporting zu Kostenabweichungen und Projektergebnis

Bericht zu Abweichung von Plan- und Istkosten

Nachdem das Projekt abgeschlossen ist, ist eine Abweichungsanalyse mit dem Bericht *Projektkosten und -erlöse* in der Registerkarte *Projektübersicht* möglich. An dieser Stelle können Sie sich Plan- und Istkosten des Projekts anzeigen lassen und sich einen Überblick über die Abweichungen verschaffen. Die Projektkosten überschreiten die Plankosten um ca. 17 %. Die Ursache für die Abweichung liegt zum einen in der längeren Arbeitszeit der beiden internen Mitarbeiter von jeweils vier Stunden und zweitens in der Preiserhöhung der externen Dienstleistung (Konto *Fremdarbeiten*) um 40 EUR begründet.

Projektaufgabe		Sachkonto (Herkunft)	Istkosten	Plankosten	Abweichung	Abweichung (%)
DB_001	Designberatung					
DB_001-1	Projektleitung	Reisekosten Arbeitnehmer	100,94 EUR	100,00 EUR	0,94 EUR	0,94%
		Aufwand interner Service	600,00 EUR	480,00 EUR	120,00 EUR	25,00%
DB_001-2	Projektberatung	Aufwand interner Service	600,00 EUR	480,00 EUR	120,00 EUR	25,00%
DB_001-3	externe Beratung	Fremdarbeiter	640,00 EUR	600,00 EUR	40,00 EUR	6,67%
Ergebnis			1.940,94 EUR	1.660,00 EUR	280,94 EUR	16,92%

Abbildung 200: Abweichung von Plan- und Istkosten

Gewinnspanne

Neben der Abweichungsanalyse erhalten Sie mit einem weiteren Bericht *Projektkosten und -erlöse nach Projektstruktur* Informationen zu der Gewinnspanne des verkauften Projekts. Neben dem Betrag des aus dem Kundenprojekt erzielten Gewinns (559,16 EUR) können Sie dem Bericht die Gewinnmarge von 28,81 % entnehmen. Die Marge bezieht sich auf die insgesamt angefallenen Istkosten. Da den einzelnen Projektaufgaben keine Erlöse gegenüberstehen, erhalten Sie in diesen Positionen negative Margen.

Projektaufgabe		Istkosten	Isterlös	Spanne	Spanne (%)
DB_001	Designberatung	1.940,84 EUR	2.500,00 EUR	559,16 EUR	28,81
DB_001	Designberatung	0,00 EUR	2.500,00 EUR	2.500,00 EUR	x
DB_001-1	Projektleitung	700,84 EUR	0,00 EUR	-700,84 EUR	-100,00
DB_001-2	Projektberatung	600,00 EUR	0,00 EUR	-600,00 EUR	-100,00
DB_001-3	externe Beratung	640,00 EUR	0,00 EUR	-640,00 EUR	-100,00

Abbildung 201: Istkosten, Isterlös und Gewinnspanne des Projekts

---

[749] Diese Vorgehensweise liegt vor, wenn keine Abgrenzung vorgenommen wird; vgl. hierzu Kapitel F.3.3.2.

[750] Vgl. zum Teilprozess Zahlungseingang ausführlich Kapitel F.3.3.1.2.

4.3.2   Abbildung des internen Forschungs- und Entwicklungsprojekts in SAP Business ByDesign

4.3.2.1   Vorbemerkungen

Im Folgenden wird die Funktionalität des Projektmanagements in SAP Business ByDesign an einem weiteren Beispiel dargestellt. Während das in Kapitel F.4.3.1 beschriebene Kundenprojekt der Erzielung von Umsätzen am Markt dient, ist das FuE-Projekt als internes Projekt gedacht. Die Projektplanung/-kalkulation bzw. Einrichtung des Projektplans mit den voraussichtlich anfallenden Kosten erfolgt analog zu dem Kundenprojekt.[751] Das vorliegende FuE-Projekt beinhaltet lediglich andere Planungskomponenten, wie z.B. anfallende Materialkosten oder zuzurechnende Abschreibungen. Der Auftraggeber ist in diesem Fall nicht ein externes Unternehmen, sondern z.B. die Geschäftsleitung oder der Geschäftsbereichsleiter. Die Teilprozesse Projektfakturierung und Zahlungseingang kommen für das interne Projekt nicht infrage. Hinsichtlich der Reihenfolge der Projektplanung und die Vergabe des Auftrags gilt an dieser Stelle analog zum Kundenprojekt, dass beide Teilprozesse den in Abbildung 202 dargestellten Prozess anstoßen können.

Prozess des FuE-Projekts

Abbildung 202: Prozess eines Forschungs- und Entwicklungsprojekts

Von Bedeutung im Hinblick auf die Rechnungslegung ist bei einem FuE-Projekt insbesondere die Trennung von der FuE-Phase:[752] Nur Aufwendungen der Entwicklungsphase sind aktivierungsfähig. Aus diesem Grund ist die zeitliche und sachliche Kostenzuordnung entscheidend.[753]

Bedeutung der Abgrenzung von FuE

Im vorliegenden Fall wurde ein FuE-Projekt angelegt, dessen Forschungsphase – diese wird als Projektaufgabe dargestellt – am 01.07.2010 beginnt und voraussichtlich bis 31.08.2010 andauert.[754] An die Forschungsphase schließt sich die Entwicklungsphase an. Auch diese wird als Projektaufgabe abgebildet und ist mit weiteren zwei Monaten eingeplant.[755] Die Plankosten der jeweiligen Phase sind in den Registerkarten *Arbeit* und *Aufwände* einzutragen. In Abbildung 203 sind die

---

[751]   Vgl. Kapitel F.4.3.1.1.

[752]   Vgl. hierzu die Ausführungen in Kapitel F.4.1.3.3.

[753]   Die Aktivierung von Projektkosten findet erst nach Abschluss des Projekts statt und ist weniger durch operative Handlungen geprägt als vielmehr durch eine Ansatzentscheidung für die Bilanzierung. Deswegen wird dieser Schritt nicht mit in den Prozess an sich aufgenommen.

[754]   Es handelt sich hierbei um Planangaben hinsichtlich Zeitraum und Planarbeit und nicht um die in Abbildung 186 aufgeführten Istdaten.

[755]   Das Projekt beinhaltet nur zwei Aufgaben und ist somit sehr grob aufgezogen. In der Praxis würde ein differenzierter Aufbau zum Tragen kommen; an dieser Stelle soll jedoch nur die Funktionalität anhand dieses schematischen Aufbaus verdeutlicht werden.

geplanten Personalkosten für den Mitarbeiter für die Forschungsphase (120 Stunden) zu sehen.

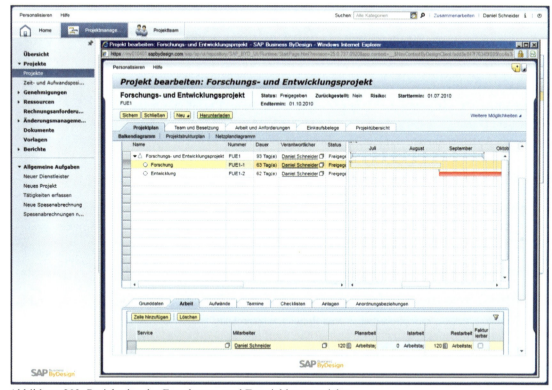

Abbildung 203: Projektplan des Forschungs- und Entwicklungsprojekts

4.3.2.2   Projektdurchführung

Angefallene Kostenarten auf dem Projekt

Analog zu den Ausführungen zu dem verkaufbaren Kundenprojekt werden die operativen Teilprozesse wie der Eingang einer Lieferantenrechnung und die Zeitrückmeldung von Mitarbeitern auf dem Projekt erfasst. Die Geschäftsvorfälle dieser Teilprozesse lösen automatisch Buchungen aus. Das FuE-Projekt wird durch folgende Kostenarten belastet: Materialkosten, Personalkosten, Abschreibungen und Kosten des Patents. Um in einem späteren Schritt die angefallenen Kosten sachgerecht aktivieren zu können, müssen diese Aufwendungen auf das Projekt kontiert werden.

Belastung des Projekts mit den Kosten

Die Vorgehensweise bei den Zeitrückmeldungen des Personals wurde bereits ausführlich in Kapitel F.4.3.1.2.2 beschrieben (Buchung (1)). Den Verbrauch der beschafften Materialien (Kunststoffgranulat und Silikon) können Sie im Work Center *Interne Logistik* in der Sicht *Allgemeine Aufgaben* direkt auf eine Projektaufgabe buchen (Buchung (2)). Die Kosten des Patents ordnen Sie über die entsprechende Kontierung der Lieferantenrechnungsposition dem Projekt zu (Buchung

(4))[756]. Die konkreten Buchungssätze, die in der Phase der Projektdurchführung durch diese Geschäftsvorfälle abgesetzt werden, fasst Abbildung 204 zusammen.

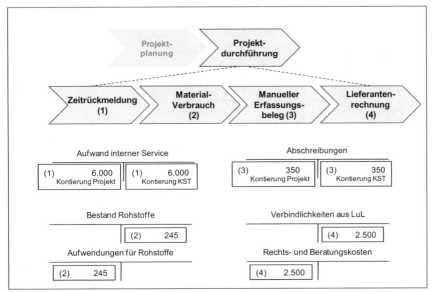

Abbildung 204: Buchungen bei der Durchführung des FuE-Projekts

Der für die FuE-Tätigkeit erworbene Computer und die Software wurden der Kostenstelle *Forschung und Entwicklung* zugeordnet. Über automatische Abschreibungsläufe wird diese Kostenstelle durch deren Abschreibungen belastet. Diese Aufwendungen müssen Sie mit einem Erfassungsbeleg im Work Center *Hauptbuch* unter der Sicht *Buchungsbelege* (Untersicht *Erfassungsbelege*) manuell auf das Projekt buchen (Buchung (3)).[757] Diese Umbuchung ist in Abbildung 205 zu erkennen. Im Haben erfolgt eine Entlastung der Kostenstelle (Kostenstelle *Forschung und Entwicklung*) auf dem betreffenden Abschreibungskonto und im Soll wird die jeweilige Projektaufgabe belastet. In der Abbildung 205 sind konkret die Umbuchungen der auf den Computer und die Software entfallenden Abschreibungsbeträge zu sehen, die sich auf die Entwicklungsphase (zwei Monate) beziehen. Im Fallbeispiel dauert der Projektzeitraum (Forschungs- und Entwicklungsphase) drei Monate an, sodass eine Umbuchung für diesen gesamten Zeitraum notwendig ist. Insgesamt ist folglich eine Umbuchung der Abschreibungen auf das Projekt i.H.v. 100 EUR (Software) bzw. 250 EUR (Computer) vorzunehmen. In dem Erfassungsbeleg sind außerdem das Buchungsdatum und das Rechnungslegungswerk anzugeben.

Anlagengüter

---

[756] In der Lieferantenrechnung ist für die Kontierung die betreffende Projektaufgabe auszuwählen.

[757] Die Buchung (3) in Abbildung 204 erfolgt – aus Darstellungsgründen – nur auf das Konto *Abschreibungen*. Im Beispielsachverhalt ist zwischen Abschreibungen auf Sachanlagen und Abschreibungen auf immaterielle Vermögensgegenstände zu differenzieren.

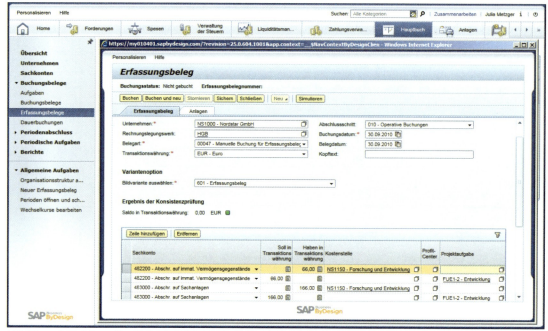

Abbildung 205: Manueller Erfassungsbeleg zur Umbuchung der Abschreibungen

4.3.2.3   Aktivierung von angefallenen Aufwendungen

Relevanter Aktivierungszeitpunkt

Nachdem das Projekt beendet wurde, stellt sich anhand der angefallenen Aufwendungen die Frage, welche Kosten als Herstellungskosten des selbst geschaffenen Vermögensgegenstands zu aktivieren sind. Wie bereits beschrieben wurde, eignen sich nur die auf die Entwicklungsphase entfallenden Aufwendungen für eine Aktivierung. Im vorliegenden Beispielsachverhalt wird unterstellt, dass mit dem Zeitpunkt des Eintritts in die Entwicklungsphase die Voraussetzungen zur Aktivierung bereits vorliegen: Es soll also ein immaterieller Vermögensgegenstand i.H.v. 6.378,34 EUR ausgewiesen werden.[758] Mithilfe der Projektdokumentation (Berichte) erfolgt die Zuordnung von Kosten zu einer Phase.

Manuelle Umbuchung auf eine Anlage

Bevor eine Aktivierung von Aufwendungen vorgenommen wird, ist der entstandene Vermögensgegenstand als Anlage im Work Center *Anlagen* anzulegen.[759] Die Herstellungskosten dieser Anlage werden dann per manueller Umbuchung von dem Projekt auf die Anlage i.H.d. zu aktivierenden Aufwendungen bestimmt. Dafür müssen Sie im Work Center *Anlagen* unter der gleichnamigen Sicht die angelegte Anlage auswählen und über die Funktion *Manuelle Buchung – Anschaffungskosten* die Umbuchung der Kosten vornehmen (vgl. Abbildung 206). Für die manuelle Umbuchung ist neben dem Transaktionsbetrag und dem Buchungsdatum

---

[758]   Vgl. auch Abbildung 186.
[759]   Über die Anlagenklasse werden automatisch die notwendigen Stammdaten wie bspw. Abschreibungsdauer und Abschreibungsmethode in den Anlagenstammdatensatz übernommen.

das betreffende Rechnungslegungswerk anzugeben. Die Aktivierung von Entwicklungskosten ist nur nach handelsrechtlichen Vorschriften erlaubt. In der Steuerbilanz ist eine Aktivierung verboten.[760] SAP Business ByDesign führt die unterschiedlichen Buchwerte in den beiden Rechnungslegungswerken (*HGB* und *Steuerbuch*)[761] im Zeitablauf getrennt voneinander automatisch fort.

Abbildung 206: Manuelle Aktivierung der Herstellungskosten auf einer Anlage

Schließlich ist noch das Gegenkonto der Buchung zu bestimmen. Der Herstellungsvorgang ist erfolgsneutral abzubilden. Aus diesem Grund erfolgt die Buchung gegen das Konto *Andere aktivierte Eigenleistungen*; dadurch werden die angefallenen Aufwendungen ihrer Höhe nach neutralisiert.[762] Der Ausweis des Herstellungsvorgangs in der GuV unterscheidet sich in Abhängigkeit von dem gewählten Darstellungsverfahren.[763]

4.3.2.4 Dokumentation des Forschungs- und Entwicklungsprojekts

Für das FuE-Projekt können Berichte sowohl für Zwecke des Projektcontrollings (während des Projektablaufs) als auch der Dokumentation herangezogen werden.

---

[760] Die unterschiedliche Behandlung in Handels- und Steuerbilanz begründet die Bildung von latenten Steuern; vgl. zur Bildung von latenten Steuern in SAP Business ByDesign Kapitel F.5.3.4.

[761] Da die Aktivierung in der Steuerbilanz ausbleibt, existiert für diesen Sachverhalt kein Buchwert, der fortgeführt werden kann.

[762] Diese Vorgehensweise gilt bei Anwendung des Gesamtkostenverfahrens; bei Anwendung des Umsatzkostenverfahrens hätte der Kostenträger „FuE-Projekt" in dieser Höhe entlastet werden müssen.

[763] Vgl. dazu Kapitel F.4.4.

Die Berichte sind, bei aufgerufenem Projekt, unter der Registerkarte *Projektübersicht* oder im Work Center *Projektmanagement* unter der Sicht *Berichte* zu finden.

Buchungen auf den Sachkonten

Zusammenfassend können Sie sich die durch das Projekt verursachten Buchungen auf den Sachkonten anschauen. Mithilfe der Spalte *Geschäftsvorfallsart* sind Sie ferner in der Lage, die Kosten ihrer Ursache zuzuordnen. In dem Bericht sind die Beträge pro Konto, die dazugehörigen Verbrauchsmengen (Gewicht bzw. Zeit) und der Gesamtbetrag der angefallenen Kosten zu sehen.

Sachkonto (Herkunft)		Geschäftsvorfallsart	Menge	Betrag
400000	Aufwendungen für Rohstoffe	Warenausgang für Verbrauch	42.000 g	245,00 EUR
400000	Aufwendungen für Rohstoffe	**Ergebnis**	**42.000 g**	**245,00 EUR**
478100	Aufwand interner Service	Interne Servicerückmeldung	200 h	6.000,00 EUR
478100	Aufwand interner Service	**Ergebnis**	**200 h**	**6.000,00 EUR**
482200	Abschreibungen auf immat. Vermögensgegenstände	Erfassungsbeleg	0,00	100,00 EUR
482200	Abschreibungen auf immat. Vermögensgegenstände	**Ergebnis**	**0,00**	**100,00 EUR**
483000	Abschreibungen auf Sachanlagen	Erfassungsbeleg	0,00	250,00 EUR
483000	Abschreibungen auf Sachanlagen	**Ergebnis**	**0,00**	**250,00 EUR**
495000	Rechts- und Beratungskosten	Lieferantenrechnung	0,00	2.500,00 EUR
495000	Rechts- und Beratungskosten	**Ergebnis**	**0,00**	**2.500,00 EUR**
Ergebnis				**9.095,00 EUR**

Abbildung 207: Buchungen auf dem Projekt

Plan- vs. Istkosten

In einem weiteren Bericht haben Sie die Möglichkeit, sich die Kosten pro Phase (Projektaufgabe) anzeigen zu lassen. Sie können zusätzlich die Einstellungen des Berichts dahin gehend verfeinern, dass Sie bis auf das Buchungsdatum eines einzelnen Belegs abspringen und sich daraufhin die einzelnen Projektkostenbelegzeilen anschauen können.[764] SAP Business ByDesign gewährleistet mit diesen Berichten eine transparente Dokumentation des Zeitpunkts und des sachlichen Bezugs der angefallenen Kosten im Rahmen eines Projekts.

Projektaufgabe		Buchungsperiode/-jahr	Istkosten
FuE1	Forschungs- und Entwicklungsprojekt	Jul 10	2.716,66 EUR
		Aug 10	3.645,00 EUR
		Sep 10	2.733,34 EUR
		Ergebnis	**9.095,00 EUR**
FuE1-1	Forschung	Jul 10	2.716,66 EUR
		Aug 10	0,00 EUR
		Ergebnis	**2.716,66 EUR**
FuE1-2	Entwicklung	Aug 10	3.645,00 EUR
		Sep 10	2.733,34 EUR
		Ergebnis	**6.378,34 EUR**

Abbildung 208: Zuordnung von Kosten zur Projektaufgabe und Buchungsperiode

---

[764] Diese differenzierte Betrachtung kann notwendig sein, wenn die Aktivierung von Entwicklungskosten nicht direkt zu Beginn der Entwicklungsphase, sondern während dieser Phase vorgenommen werden soll.

4.4 Zusammenfassende Darstellung in Bilanz und Gewinn- und Verlustrechnung

Abschließend sollen die Auswirkungen der beiden Projekte – Kundenprojekt und internes FuE-Projekt – auf die Bilanz und die GuV dargestellt werden.

Die Änderungen des Anlagevermögens sind auf den Kauf der Anlagen Computer (technische Anlagen und Maschinen) und Software (immaterielles Anlagevermögen) mit Anschaffungskosten i.H.v. 3.000 EUR bzw. 2.000 EUR und die Aktivierung des selbst erstellten immateriellen Vermögensgegenstands (6.378,34 EUR) zurückzuführen. Diese Vermögensgegenstände werden im Geschäftsjahr durch die anfallenden Abschreibungen vermindert. Die beschafften Anlagen werden in 2010 noch über sechs Monate (500 EUR bzw. 200 EUR), der selbst erstellte Vermögensgegenstand über drei Monate (318,92 EUR) abgeschrieben.[765]

Anlagevermögen

Bilanzposition	Bilanz ohne Projekte EUR	Delta Projekte EUR	Bilanz EUR
Aktiva	12.350.576,88 EUR	14.471,73 EUR	12.365.048,61 EUR
Anlagevermögen	5.675.900,00 EUR	10.359,42 EUR	5.686.259,42 EUR
Immaterielle Vermögensgegenstände	0,00 EUR	7.859,42 EUR	7.859,42 EUR
Sachanlagevermögen	5.675.900,00 EUR	2.500,00 EUR	5.678.400,00 EUR
Grundstücke	1.000.000,00 EUR	0,00 EUR	1.000.000,00 EUR
Gebäude	2.650.000,00 EUR	0,00 EUR	2.650.000,00 EUR
Technische Anlagen und Maschinen	2.013.900,00 EUR	2.500,00 EUR	2.016.400,00 EUR
Betriebs- und Geschäftsausstattung	12.000,00 EUR	0,00 EUR	12.000,00 EUR
Umlaufvermögen	6.674.676,88 EUR	4.112,31 EUR	6.678.789,19 EUR
Vorräte	248.432,50 EUR	0,00 EUR	248.432,50 EUR
Rohstoffe, Hilfs- und Betriebsstoffe	0,00 EUR	0,00 EUR	0,00 EUR
Fertige Erzeugnisse und Waren	248.432,50 EUR	0,00 EUR	248.432,50 EUR
Forderungen und sonstige Anlagen	1.676.489,88 EUR	4.112,31 EUR	1.680.602,19 EUR
Forderung aus Lieferung und Leistung	214.200,00 EUR	2.975,00 EUR	217.175,00 EUR
Aus Steuern	1.462.289,88 EUR	1.137,31 EUR	1.463.427,19 EUR
Kassenbest., Guthaben Kl. und Schecks	4.749.754,50 EUR	0,00 EUR	4.749.754,50 EUR
Passiva	-12.350.576,88 EUR	-14.471,73 EUR	-12.365.048,61 EUR
Eigenkapital	-8.496.607,50 EUR	2.826,42 EUR	-8.493.781,08 EUR
Gezeichnetes Kapital	-5.550.000,00 EUR	0,00 EUR	-5.550.000,00 EUR
Jahresüberschuss/Jahresfehlbetrag	-2.946.607,50 EUR	2.826,42 EUR	-2.943.781,08 EUR
Rückstellungen	0,00 EUR	0,00 EUR	0,00 EUR
Verbindlichkeiten	-3.853.969,38 EUR	-17.298,15 EUR	-3.871.267,53 EUR
Verbindlichkeiten gegenüber Kreditinstituten	-2.450.000,00 EUR	0,00 EUR	-2.450.000,00 EUR
Verbindl. aus Lieferungen und Leistungen	-405.144,38 EUR	-9.503,15 EUR	-414.647,53 EUR
Verbindl. gegenüber verb. Unternehmen	0,00 EUR	0,00 EUR	0,00 EUR
Sonstige Verbindlichkeiten	-998.825,00 EUR	-7.795,00 EUR	-1.006.620,00 EUR
Aus Steuern	-753.825,00 EUR	-475,00 EUR	-754.300,00 EUR
Verbindlichkeiten gegenüber Personal	-245.000,00 EUR	-7.320,00 EUR	-252.320,00 EUR

Abbildung 209: Bilanz der *Nordstar GmbH* nach Abschluss der Projekte

---

[765] Die im Rahmen der Aktivierung eingehenden Bestandteile der Abschreibungen auf den Computer und die Software werden über die Nutzungsdauer des neu erstellten immateriellen Vermögensgegenstands (Patent) anteilig abgeschrieben.

Forderungen und Verbindlichkeiten

Die Forderungen aus Lieferungen und Leistungen i.H.v. 2.975 EUR beziehen sich auf den Verkauf des Kundenprojekts. Die darin enthaltene Umsatzsteuer i.H.v. 475 EUR wird unter den sonstigen Verbindlichkeiten auf der Passivseite ausgewiesen. Die Verbindlichkeiten aus Lieferungen und Leistungen setzen sich aus den Kosten der Beschaffungsvorgänge – Anlagen (5.950 EUR), Materialien (291,55 EUR), externer Berater (761,60 EUR) – und den Kosten für das Patent (2.500 EUR) zusammen. In diesen Kosten ist insgesamt Vorsteuer in einer Höhe von 1.118,15 EUR enthalten, die unter den Forderungen aus Steuern ausgewiesen wird. Die Patentanmeldung unterliegt nicht der Umsatzsteuer.

Unter die Verbindlichkeiten gegenüber Personal fallen die Gehälter der an den Projekten beteiligten Mitarbeiter (7.320 EUR). Davon sind 6.000 EUR dem FuE-Projekt und 1.200 EUR dem Kundenprojekt zuzurechnen. Die noch nicht gezahlten Reise- und Unterkunftskosten eines Mitarbeiters befinden sich i.H.v. 120 EUR ebenfalls in dieser Bilanzposition (davon Vorsteuer: 19,16 EUR).

Gesamtkostenverfahren

Die Auswirkungen auf die GuV unterscheiden sich in Abhängigkeit von dem gewählten Verfahren. Bei Anwendung des Gesamtkostenverfahrens werden alle mit den Projekten verbundenen Aufwendungen ausgewiesen (vgl. Abbildung 210). Darunter sind der Materialverbrauch für das FuE-Projekt i.H.v. 245 EUR, der Personalaufwand (7.200 EUR) sowie die Abschreibungen auf die Anlagen von insgesamt 1.018,92 EUR zu fassen. Zusätzlich zu diesen Aufwendungen sind in den sonstigen betrieblichen Aufwendungen die Fremdarbeiten des externen Beraters i.H.v. 640 EUR, die Patentkosten (2.500 EUR) und die Reise- und Unterkunftskosten des Arbeitnehmers (100,84 EUR) enthalten.

Positiv auf das Ergebnis wirken sich die Umsatzerlöse aus dem Verkauf des Kundenprojekts und die Aktivierung des selbst erstellten immateriellen Vermögensgegenstands (andere aktivierte Eigenleistungen) aus. Unter dem Strich verbleibt jedoch aus den Projekttätigkeiten der *Nordstar GmbH* ein negatives Ergebnis i.H.v. 2.826,42 EUR.

Bilanzposition	GuV ohne Projekte	Delta Projekte	GuV
	EUR	EUR	EUR
Ergebnis der gewöhnlichen Geschäftstätigkeit	-2.946.607,50 EUR	2.826,42 EUR	-2.943.781,08 EUR
Umsatz	-5.945.500,00 EUR	-2.500,00 EUR	-5.948.000,00 EUR
Erhöhung oder Verminderung des Bestands	-103.985,00 EUR	0,00 EUR	-103.985,00 EUR
andere aktivierte Eigenleistung	0,00 EUR	-6.378,34 EUR	-6.378,34 EUR
sonstige betriebliche Erträge	-18.037,50 EUR	0,00 EUR	-18.037,50 EUR
Materialaufwand	2.483.315,00 EUR	245,00 EUR	2.483.560,00 EUR
Personalaufwand	245.000,00 EUR	7.200,00 EUR	252.200,00 EUR
Abschreibung	324.100,00 EUR	1.018,92 EUR	325.118,92 EUR
für Sachanlagen	324.100,00 EUR	500,00 EUR	324.600,00 EUR
für immaterielle Vermögensgegenstände	0,00 EUR	518,92 EUR	518,92 EUR
sonstige betriebliche Aufwendungen	68.500,00 EUR	3.240,84 EUR	71.740,84 EUR
GuV Ergebnis	-2.946.607,50 EUR	2.826,42 EUR	-2.943.781,08 EUR

Abbildung 210: GuV (Gesamtkostenverfahren) der *Nordstar GmbH* nach Projekten

Bei Anwendung des Umsatzkostenverfahrens werden die Umsatzerlöse und die **Umsatzkostenverfahren** zugehörigen Umsatzkosten ausgewiesen. Die Umsatzkosten setzen sich aus den auf das Kundenprojekt gebuchten Istkosten i.H.v. 1.940,84 EUR zusammen.

	GuV ohne Projekte	Delta Projekte	GuV
Bilanzposition	EUR	EUR	EUR
Ergebnis der gewöhnlichen Geschäftstätigkeit	-2.946.607,50 EUR	2.826,42 EUR	-2.943.781,08 EUR
Bruttoergebnis vom Umsatz	-3.325.070,00 EUR	-559,16 EUR	-3.325.629,16 EUR
Nettoumsatzerlös	-5.945.500,00 EUR	-2.500,00 EUR	-5.948.000,00 EUR
Umsatzkosten	2.620.430,00 EUR	1.940,84 EUR	2.622.370,84 EUR
Vertriebskosten	348.500,00 EUR	0,00 EUR	348.500,00 EUR
allgemeine Verwaltungskosten	48.000,00 EUR	0,00 EUR	48.000,00 EUR
sonstige betriebliche Erträge	-18.037,50 EUR	0,00 EUR	-18.037,50 EUR
sonstige betriebliche Aufwendungen	0,00 EUR	3.385,58 EUR	3.385,58 EUR
GuV Ergebnis	-2.946.607,50 EUR	2.826,42 EUR	-2.943.781,08 EUR

Abbildung 211: GuV (Umsatzkostenverfahren) der *Nordstar GmbH* nach Projekten

Die sonstigen betrieblichen Aufwendungen enthalten die Kosten, die im Rahmen der Aktivierung des selbst erstellten immateriellen Vermögensgegenstands (Patent) nicht aktiviert werden[766]: Dies sind die auf die Forschungsphase entfallenden Kosten. Darunter befinden sich Personalkosten i.H.v. 2.400 EUR, Abschreibungen (des Monats Juli) auf den Computer und die Software i.H.v. 116,66 EUR und Materialkosten i.H.v. 200 EUR.[767] Darüber hinaus sind in diesem Posten die Abschreibungen auf den Computer (250 EUR), die Software (100 EUR) und das Patent (318,92 EUR) für die Monate Oktober, November und Dezember enthalten. Die Abschreibungen des Computers und der Software, die auf die Monate August und September entfallen, werden nicht berücksichtigt. Diese Abschreibungen wurden als Herstellungskostenbestandteile des Patents aktiviert und werden über dessen Nutzungsdauer erfolgswirksam erfasst.

---

[766]   Aus Wesentlichkeitsgründen weist die *Nordstar GmbH* den Funktionsbereich „Forschung und Entwicklung" in der GuV nicht aus.

[767]   Vgl. zu diesen Zahlen auch die Ausgangsdaten des Fallbeispiels in Abbildung 186.

5.   Abschlussprozess

5.1   Betriebswirtschaftliche Grundlagen

5.1.1   Vorbemerkungen

Gesetzliche Verpflichtung

Jedes Unternehmen ist verpflichtet, einen Jahresabschluss aufzustellen. In Abhängigkeit von der Rechtsform und Größe sind hierbei Fristen von drei bis maximal zwölf Monaten einzuhalten.

Überblick

Der Abschlussprozess unterscheidet sich von den zuvor betrachteten Unternehmensprozessen deutlich, da der Periodenabschluss selbst keinen Einfluss mehr auf den Wertschöpfungsprozess eines Unternehmens nimmt. Vielmehr werden im Abschlussprozess überwachende und bewertende Maßnahmen notwendig. Hierbei kann es sich um gesetzlich nicht vorgeschriebene Monats- oder Quartalsabschlüsse oder um den verpflichtend zu erstellenden Jahresabschluss handeln. Der Fokus der nachfolgenden Erläuterungen liegt auf dem Jahresabschluss. Die Grundstruktur des Abschlussprozesses gilt aber auch für Monats- oder Quartalsabschlüsse, deren Erstellung einen erheblichen Mehrwert für Unternehmen darstellt. Zum einen existiert so unterjährig durchgehend eine Datenbasis, auf deren Grundlage eine verlässliche Unternehmenssteuerung möglich ist. Zum anderen wird die Erstellung des Jahresabschlusses deutlich erleichtert. Der Abschlussprozess kann in die drei Teilprozesse „Vorbereitende Abschlussarbeiten", „Bewertende Abschlussarbeiten" und das „Reporting" unterteilt werden (vgl. Abbildung 212). Ziel des ersten Teilprozesses ist die Validierung, dass alle Geschäftsvorfälle für die Periode berücksichtigt wurden sowie die Überprüfung der Vollständigkeit der Vermögensgegenstände und Schulden. Im zweiten Teilprozess werden die Vermögensgegenstände und Schulden bewertet. Das Resultat der Bewertungsarbeiten mündet in die Abschlussbestandteile GuV und Bilanz des dritten Teilprozesses, auf deren Grundlage Bilanzierungsunterschiede in Handels- und Steuerbilanz zur Ermittlung latenter Steuern herangezogen werden.

| Vorbereitende Abschlussarbeiten | Bewertende Abschlussarbeiten | Reporting |

Abbildung 212: Abschlussprozess im Überblick

5.1.2   Vorbereitende Abschlussarbeiten

5.1.2.1   Erfassung und Überprüfung aller operativen Geschäftsvorfälle der abschlussrelevanten Periode

Um zu gewährleisten, dass alle Geschäftsvorfälle periodengerecht im Abschluss einer Periode erfasst werden können, bedarf es insbesondere folgender überwachender Maßnahmen.

Es ist sicherzustellen, dass alle (wesentlichen) verbindlichen Kundenaufträge und Bestellungen erfasst wurden. Zwar haben diese Geschäftsvorfälle in der Regel keine Abschlussrelevanz,[768] da es sich bis zur Erbringung der vertraglichen Leistung um schwebende Geschäfte handelt.[769] Dennoch können hieraus drohende Verluste entstehen, die im Rahmen des nächsten Teilprozesses zu identifizieren und (handelsbilanziell) zu berücksichtigen sind.

Kundenaufträge/ Bestellungen

Daneben muss überwacht werden, dass alle Wareneingänge und Warenausgänge berücksichtigt werden. Hierbei ist insbesondere beim Jahresabschluss auf die periodengerechte Erfassung zu achten. Alle hinsichtlich des Gefahrübergangs kritischen Transaktionen sind in diesem Zusammenhang gesondert zu betrachten.[770] Ebenfalls müssen alle in der betrachteten Periode erbrachten sowie empfangenen Dienstleistungen erfasst werden. Dies ist bei empfangenen Dienstleistungen besonders wichtig, da die empfangene Dienstleistung „nicht wie die Warenlieferung durch einen Eingangsschein belegt ist und die Rechnungserstellung häufig längere Zeit hinter der Leistungserstellung zurückbleibt"[771].

Erfassung aller Dienstleistungen und Waren

Ebenfalls müssen alle Lieferantenrechnungen berücksichtigt sowie die Kundenrechnungen für bereits erbrachte Lieferungen und Leistungen erstellt worden sein. Falls Waren oder Dienstleistungen geliefert bzw. erbracht wurden, aber noch keine Lieferantenrechnung eingegangen ist, muss in der Höhe der Bestellung eine Rückstellung gebucht werden.[772] Grundsätzlich haben Kundenrechnungen zwar keine bilanzielle Bedeutung, allerdings führen Unternehmen oftmals mit der Versendung der Kundenrechnung automatisch die Umsatzerlösrealisierung durch. In diesem Falle ist es daher von besonderer Bedeutung, dass alle Kundenrechnungen erfasst sind. Gleichzeitig ist zu überprüfen, ob in all diesen Fällen der Gefahrübergang stattgefunden hat. Mit der Lieferantenrechnung wird nicht nur die Verbindlichkeit und Vorsteuer erfasst, sondern es werden insbesondere auch mögliche Preis- oder Mengenabweichungen berücksichtigt, um eine korrekte Zugangsbewertung zu gewährleisten.

Erfassung der Kunden- und Lieferanten- rechnungen

Zusätzlich müssen alle gezogenen Skonti berücksichtigt werden, um als Anschaffungskostenminderungen für eine korrekte Bewertungsgrundlage zu sorgen. Dagegen müssen von Kundenseite in Anspruch genommene Skonti zu einer Umsatz-

Skonti, Boni, Rabatte und Gutschriften

---

[768]   Gem. § 285 Abs. 1 Nr. 3 HGB muss seit dem BilMoG im Anhang über „Art und Zweck sowie Risiken und Vorteile von nicht in der Bilanz enthaltenen Geschäften, soweit dies für die Beurteilung der Finanzlage notwendig ist", berichtet werden. Darüber hinaus finden Aussagen über Auftragseingänge regelmäßig Einzug in den Lagebericht.

[769]   Vgl. zu schwebenden Geschäften Kapitel F.1.1.2.

[770]   Vgl. zur bilanziellen Berücksichtigung bei Gefahrübergang ausführlich Kapitel F.1.1.3.

[771]   WP-HANDBUCH (2006), Abschnitt R, Rn. 562. Auf diese Weise wird ein richtiger Ausweis der Verbindlichkeiten aus Lieferungen und Leistungen gewährleistet.

[772]   In SAP Business ByDesign wird bei der Warenlieferung automatisch das Konto *Noch nicht fakturierte Verbindlichkeiten* angesprochen, das in der Bilanz unter der Position *sonstige Rückstellungen* ausgewiesen wird.

erlösreduzierung führen.[773] Ähnliches ergibt sich bei Boni, Gutschriften und Rabatten, die ihrem Charakter nach berücksichtigt werden müssen. Liefervereinbarungen mit Lieferanten sind auf rechtlich bereits entstandene Bonusansprüche zu prüfen und ggf. zu aktivieren.[774] Darüber hinaus sind die noch in der Finanzbuchhaltung fehlenden Zahlungseingänge und Zahlungsausgänge gem. Kontoauszug vom Stichtag zu berücksichtigen.

Berücksichtigung aller internen Leistungen sowie angefallener Spesen

Ebenso ist zu gewährleisten, dass alle intern erbrachten Leistungen zurückgemeldet wurden, um u.a. eine später zu erfolgende Bewertung selbst erstellter Vermögensgegenstände durchführen zu können. Außerdem wird damit erst ein funktionierendes Controlling ermöglicht. Neben den intern erbrachten Leistungen müssen alle Spesenabrechnungen der betrachteten Periode erfasst werden.

Ende der Buchungen aus dem operativen Tagesgeschäft

Sobald alle zuvor dargestellten Geschäftsvorfälle des operativen Tagesgeschäfts der betrachteten Periode gebucht sind, ist die Basis für die bewertenden Maßnahmen geschaffen worden. Das buchhalterische Mengengerüst ist fixiert und es bedarf im Weiteren nur noch einer Überprüfung, dass alle Vermögensgegenstände und Schulden tatsächlich vorhanden sind.

5.1.2.2   Inventur

Nachdem alle Geschäftsvorfälle der Periode erfasst wurden, ist eine (Stichtags-) Inventur durchzuführen (vgl. Abbildung 213). Diese Arbeiten sind nur innerhalb des Jahresabschlusses durchzuführen und sind im Rahmen von Monats- oder Quartalsabschlüssen normalerweise nicht notwendig.

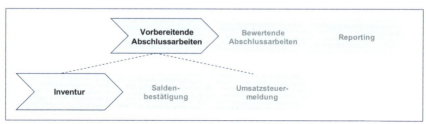

Abbildung 213: Geschäftsvorfall Inventur im Teilprozess „Vorbereitende Abschlussarbeiten"

Begriff

Zwar ist der Begriff „Inventur" nicht gesetzlich normiert, jedoch ist jedes Unternehmen verpflichtet, für den Schluss eines jeden Geschäftsjahrs ein Inventar aufzustellen.[775] Die Inventur bezeichnet hierbei die Aufnahme aller Vermögensge-

---

[773]   Der Kundenseite gewährte, aber noch nicht in Anspruch genommene Skonti sind ggf. als Rückstellungen im Abschluss zu berücksichtigen.

[774]   Kundenvereinbarungen, bei denen Boni gewährt wurden, müssen darüber hinaus zur Ermittlung eines möglichen Rückstellungsbedarfs beachtet werden.

[775]   Vgl. § 240 HGB. Ein Inventar ist hiernach ein Verzeichnis, in dem ein Unternehmen seine „Grundstücke, seine Forderungen und Schulden, den Betrag seines baren Geldes sowie seine sonstigen Vermögensgegenstände genau" aufzulisten hat.

genstände und Schulden nach Art und Menge in das Inventar.[776] Grundsätzlich handelt es sich bei der Inventur um eine physische Bestandserhebung, allerdings müssen bei bestimmten Vermögensgegenständen und Schulden andere Verfahren herangezogen werden. Beispielhaft sei hierbei die Inventur von Forderungen und Verbindlichkeiten genannt.[777]

Mit der Inventur werden zwei Ziele verfolgt. Zum einen stellt sie die Grundlage des in den Jahresabschluss eingehenden Mengengerüsts dar. Zum anderen stellt die Inventur eine Sicherungs- und Überwachungsfunktion dar, weil erst durch die tatsächliche physische Erhebung des Bestands an Vermögensgegenständen und Schulden eine Überprüfung der innerperiodisch stattgefundenen buchhalterischen Erfassung durchgeführt werden kann.[778]

Zweck

Je nach Zeitpunkt und Zeitraum werden unterschiedliche „Inventursysteme" unterschieden:[779]

Ausgestaltungs-möglichkeiten

- Stichtagsinventur,
- Permanente Inventur (vgl. § 241 Abs. 2 HGB),
- Vorgelagerte oder nachverlegte Stichtagsinventur (vgl. § 241 Abs. 3 HGB).

Je nach Erhebungstechnik werden zudem unterschiedliche Inventurverfahren unterschieden:[780]

- Vollständige körperliche Bestandsaufnahme,
- Buch- oder belegmäßige Erfassung,
- Stichprobeninventur,
- Kombination aus den zuvor genannten Inventurverfahren.

5.1.2.3   Saldenbestätigung

Saldenbestätigungen für Verbindlichkeiten und Forderungen aus Lieferungen und Leistungen können als eine Sonderform der Inventur betrachtet werden. Hierbei sind zwei Methoden zu unterscheiden. Im Fall der sog. positiven Methode wird der Debitor bzw. Kreditor gebeten, seinen buchmäßig bestehenden Saldo mitzuteilen bzw. den auf der Saldenbestätigung angegebenen Saldo zu bestätigen. Bei Anwendung der sog. negativen Methode wird der Debitor bzw. Kreditor angewiesen, nur bei Abweichung vom angegebenen Saldo zu antworten.[781] Eine stichpro-

Methode und Umfang

---

[776]   Hierbei ist es strittig, ob die Inventur auch die Bewertung der einzelnen Vermögensgegenstände und Schulden umfasst. In dem Kontext dieses Kapitels sei die Inventur als mengenmäßige Erfassung aller Vermögensgegenstände und Schulden zu verstehen, wobei hierbei natürlich auch in Währungseinheiten ausgedrückte Vermögensgegenstände und Schulden erfasst werden. Für die Erstellung eines Inventars müssen gem. § 240 Abs. 1 HGB in einem zweiten nachgelagerten Schritt jedoch Bewertungsmaßnahmen durchgeführt werden. Vgl. hierzu KNOP, W. (2003), § 240, Rn. 4.

[777]   Vgl. hierzu die Ermittlung mittels Saldenbestätigung in Kapitel F.5.1.2.3.

[778]   Vgl. KNOP, W. (2003), § 240, Rn. 9.

[779]   Vgl. ausführlich WEISS, H.-J./HEIDEN, M. (2003), § 241, Rn. 6, 25 ff.

[780]   Vgl. zu den unterschiedlichen Einsatz- und Kombinationsmöglichkeiten von Inventursystemen und -verfahren WEISS, H.-J./HEIDEN, M. (2003), § 241, Rn. 6 ff.

[781]   Vgl. WP-HANDBUCH (2006), Abschnitt R, Rn. 491.

benhafte Anforderung von Saldenbestätigungen kann in der Regel als den gesetzlichen Anforderungen an eine Inventur entsprechend angenommen werden. Dies gilt umso mehr, wenn die größten Positionen auf diese Weise abgeglichen werden.[782]

5.1.2.4   Umsatzsteuermeldung

Umsatzsteuermeldung

Nachdem alle Geschäftsvorfälle, die Umsatzsteuer enthalten, für die Periode abgeschlossen wurden, kann die Umsatzsteuermeldung, ggf. auch die Zahlung durchgeführt werden. Monatlich oder quartalsweise müssen Unternehmen im Allgemeinen am 10. Tag nach Ablauf des Voranmeldezeitraums eine Umsatzsteuervoranmeldung leisten. Am Geschäftsjahrende ist eine Umsatzsteuermeldung vorzunehmen.

5.1.3   Bewertende Abschlussarbeiten

Nachdem die Buchungen für alle Zu- und Abgänge von Vermögensgegenständen und Schulden fixiert wurden, finden in diesem Teilprozess abschließende Bewertungsschritte als Grundlage für Bilanz und GuV statt. Für den Jahresabschluss sind alle nachfolgenden Arbeitsschritte zu berücksichtigen. Für Monats- oder Quartalsabschlüsse ist dagegen nur eine Auswahl empfehlenswert. Hierzu gehören die planmäßigen Abschreibungen, die Buchung der Umlagen und Zuschläge sowie die Verteilung von erwarteten Rückstellungen (z.B. Pensionsrückstellungen) auf die Monate. So wird sichergestellt, dass die unterjährigen Abschlüsse relevante Zahlen zur Unternehmenssteuerung verfügbar machen.

Abbildung 214: Auswahl von Geschäftsvorfällen des Teilprozesses „Bewertende Abschlussarbeiten"

5.1.3.1   Periodengerechte Erlösrealisierung

Waren und Kundenprojekte

Es ist sicherzustellen, dass nur die Umsatzerlöse berücksichtigt werden, die der betrachteten Periode zugeordnet werden können. Insbesondere Warenlieferungen, die kurz vor dem Bilanzstichtag erfolgen, müssen darauf untersucht werden, inwieweit tatsächlich eine Umsatzrealisierung stattfinden darf.[783] Zusätzlich müssen aber auch langfristige abschlussübergreifende Kundenprojekte auf mögliche Teilerlösrealisierungen geprüft werden.

---

[782]   Vgl. WP-HANDBUCH (2006), Abschnitt R, Rn. 490.
[783]   Vgl. zur Thematik der Umsatzrealisierung bei Gefahrübergang Kapitel F.3.1.2.2.

5.1.3.2 Folgebewertung des Anlagevermögens
5.1.3.2.1 Planmäßige Abschreibungen

Alle abnutzbaren Gegenstände des Anlagevermögens müssen gem. § 253 Abs. 3 **Abschreibungsplan**
HGB planmäßig abgeschrieben werden.[784] Mittels der planmäßigen Abschreibungen werden Abnutzungen des Vermögensgegenstands periodengerecht verteilt.[785] Um abnutzbare Vermögensgegenstände planmäßig über die Nutzungsdauer abzuschreiben, bedarf es eines Abschreibungsplans. In dem Abschreibungsplan
müssen die Anschaffungs- oder Herstellungskosten, die voraussichtliche Nutzungsdauer sowie die ausgewählte Abschreibungsmethode festgelegt werden.[786]

5.1.3.2.2 Außerplanmäßige Abschreibungen

Vermögensgegenstände des abnutzbaren wie des nicht abnutzbaren Anlagever- **Gemildertes**
mögens müssen handelsbilanziell gem. § 253 Abs. 3 HGB außerplanmäßig abge- **Niederstwertprinzip**
schrieben werden, wenn eine dauerhafte Wertminderung unterhalb der fortgeführ- **im Handelsrecht**
ten Anschaffungs- oder Herstellungskosten vorliegt.[787] Lediglich Vermögensgegenstände des Finanzanlagevermögens dürfen handelsbilanziell auch bei nur vorübergehender Wertminderung abgeschrieben werden.

Steuerbilanziell besteht bei nur vorübergehender Wertminderung ein Wahlrecht **Steuerrechtliches**
für die sog. Absetzung für außergewöhnliche technische oder wirtschaftliche Ab- **Wahlrecht**
nutzung, während eine Teilwertabschreibung grundsätzlich nur bei dauerhafter
Wertminderung statthaft ist.[788] Die handelsrechtliche Abschreibungspflicht schlägt
sich nicht über die materielle Maßgeblichkeit auf die Steuerbilanz durch, sodass
das steuerliche Wahlrecht unabhängig ausgeübt werden kann.[789]

Die Durchführung des Niederstwerttests in den Folgeperioden erfordert nicht jähr- **Niederstwerttest**
lich die komplette Ermittlung der Korrekturwerte aller Vermögensgegenstände.
Vielmehr gilt grundsätzlich die Vermutung, dass der Betrag der Anschaffungs-
bzw. Herstellungskosten nach wie vor – ggf. unter Berücksichtigung einer planmäßigen Abschreibung – dem Wert des Vermögensgegenstands entspricht und
dieser damit auch weiterhin werthaltig ist. Gleichwohl fordert § 253 Abs. 3 HGB
zu jedem Bilanzstichtag den Vergleich des Bilanzwerts mit einem entsprechenden
Vergleichswert. Die Ermittlung des beizulegenden Werts ist in der Praxis indes
nur fallweise erforderlich, und zwar dann, wenn sich für den Bilanzierenden, der
die Verhältnisse seines Unternehmens am besten kennt, Hinweise auf eine mögli-

---

[784] Zeitlich unbegrenzt nutzbare Vermögensgegenstände des Anlagevermögens wie
       Grundstücke und Finanzanlagen unterliegen keiner planmäßigen Abschreibung.
[785] Vgl. zu den unterschiedlichen Erklärungsmodellen und Interpretationen von Ab-
       schreibungen RANKER, D. (2006), S. 193.
[786] Vgl. hierzu und insbesondere zu den steuerlich zulässigen Abschreibungsmethoden
       Kapitel F.1.1.6.
[787] Vgl. zur Bestimmung der Dauerhaftigkeit einer Wertminderung KESSLER, H. (2010a),
       S. 244 ff.
[788] Vgl. COENENBERG, A. G./HALLER, A./SCHULTZE, W. (2009), S. 162.
[789] Vgl. BMF-Schreiben vom 12.03.2010, S. 240; HERZIG, N./BRIESEMEISTER, S./
       SCHÄPERCLAUS, J. (2011), S. 3.

che negative Wertentwicklung bei einzelnen Vermögensgegenständen oder bei bestimmten Posten ergeben oder allgemeine Umstände, die in der Unternehmensentwicklung zu sehen sind, eine Überprüfung der bilanziellen Wertansätze notwendig erscheinen lassen.

Zweistufiges Vorgehen

Der Niederstwerttest wird daher grundsätzlich zweistufig durchgeführt. Zunächst muss eine Analyse der Hinweise, die Aufschluss über die Wertentwicklung geben, erfolgen. Dann werden alle potenziell negativen Wertentwicklungen untersucht. Bei all jenen Vermögensgegenständen, bei denen sich keinerlei Hinweise für eine negative Wertentwicklung feststellen lassen, gilt weiterhin die Vermutung der Werthaltigkeit.

Plausibilisierung des Wertansatzes

Bei den Positionen, bei denen Hinweise auf ein solches Risikopotenzial feststellbar sind, wird der bisherige Wertansatz zunächst plausibilisiert, bspw. durch den Vergleich mit Marktwerten einer Überprüfung unterzogen. Diese Marktwerte werden allerdings noch nicht konkret für den betrachteten Vermögensgegenstand ermittelt und können daher allenfalls Hinweise auf eine bestimmte Wertentwicklung geben. Es handelt sich noch nicht um die Ermittlung des beizulegenden Werts, sondern um eine erste Plausibilisierung der Werthaltigkeit des Buchwerts, die maßgeblich für eine weitere Wertüberprüfung ist. Erst wenn diese Plausibilisierung zu der Annahme eines dauerhaft im Wert geminderten Vermögensgegenstands führt, folgt die Ermittlung des tatsächlichen beizulegenden Werts.

Zuschreibungsgebot

Zuschreibungen sind stets durchzuführen, sobald die Gründe der zuvor vorgenommenen außerplanmäßigen Abschreibung weggefallen sind. Sie sind in dem Umfang vorzunehmen, als dass dadurch die fortgeführten Anschaffungs- oder Herstellungskosten abzüglich der bis zum Abschlusszeitpunkt eigentlich vorzunehmenden planmäßigen Abschreibungen erreicht werden.

5.1.3.3   Rechnungsabgrenzungsposten

Periodengerechte Erfolgsermittlung

Rechnungsabgrenzungsposten müssen gebildet werden, um Aufwendungen und Erträge zu periodisieren und damit eine periodengerechte Erfolgsermittlung zu gewährleisten.[790] Es werden zwei Arten von Rechnungsabgrenzungsposten unterschieden: die transitorischen und die antizipativen Rechnungsabgrenzungsposten.

Antizipative RAP

Als antizipative Abgrenzungsposten werden Erträge bzw. Aufwendungen des Geschäftsjahrs bezeichnet, die erst nach dem Abschlussstichtag zu Einnahmen bzw. Ausgaben führen. Solche antizipativen Posten werden in der Bilanz nicht als Rechnungsabgrenzungsposten ausgewiesen. Im Falle einer zukünftigen Ausgabe sind sie vielmehr als „sonstige Verbindlichkeit" und im Falle einer zukünftigen Einnahme als „sonstige Vermögensgegenstände" zu bilanzieren.[791] Wurde bspw. im Geschäftsjahr 2010 von einem Unternehmen die Miete für ein Bürogebäude für Dezember diesen Jahres noch nicht gezahlt, so liegt in 2010 bereits ein Auf-

---

[790]   Vgl. TRÜTZSCHLER, K. (2010), § 250, Rn. 2.

[791]   Vgl. COENENBERG, A. G./HALLER, A./SCHULTZE, W. (2009), S. 460 f.

wand vor, für den allerdings noch keine Ausgabe geleistet wurde. Es ist daher eine Verbindlichkeit auszuweisen,[792] der Ansatz eines Rechnungsabgrenzungspostens kommt nicht infrage.

Transitorische Rechnungsabgrenzungsposten sind Einnahmen bzw. Ausgaben, die einen Ertrag bzw. Aufwand für eine bestimmte Zeit nach dem Bilanzstichtag darstellen.[793] Derartige transitorische Posten sind als Rechnungsabgrenzungsposten auszuweisen.

Transitorische RAP

Eine aktive Rechnungsabgrenzung ist vorzunehmen, wenn Ausgaben vor dem Bilanzstichtag anfallen, die Aufwand für eine bestimmte Zeit nach diesem Stichtag darstellen. Passive Rechnungsabgrenzungsposten sind analog hierzu dann zu bilden, wenn vor dem Abschlussstichtag Einnahmen auftreten, die einen Ertrag für eine bestimmte Zeit nach diesem Stichtag darstellen.[794] Beispielhaft für die Bildung von Abgrenzungsposten können Mietvorauszahlungen im laufenden für das darauffolgende Geschäftsjahr genannt werden. Werden solche Mieten gezahlt, entsteht eine Ausgabe, die Aufwand für das nächste Jahr darstellt. Entsprechend ist ein aktiver Rechnungsabgrenzungsposten i.H.d. vorausgezahlten Miete zu bilden. Werden solche Mietvorauszahlungen für einen bestimmten zukünftigen Zeitraum nach dem Stichtag vereinnahmt, entsteht der umgekehrte Fall. Durch das Entstehen einer Einnahme, die einen Ertrag im nächsten Geschäftsjahr darstellt, ist ein passiver Abgrenzungsposten zu bilanzieren.

Aktive und passive RAP

In einen aktiven Rechnungsabgrenzungsposten darf des Weiteren gem. § 250 Abs. 3 HGB ein eventuell gebildetes Disagio, also der Unterschiedsbetrag zwischen höherem Erfüllungs- und niedrigerem Ausgabebetrag einer Verbindlichkeit, einbezogen werden. Während handelsrechtlich ein Aktivierungswahlrecht im Jahr der Ausgabe der Verbindlichkeit besteht, sieht das Steuerrecht eine Aktivierungspflicht vor.[795]

Disagio

Weitere Beträge wie als Aufwand verrechnete Zölle, Verbrauchsteuern und Umsatzsteuer auf erhaltene Anzahlungen dürfen nach BilMoG nicht mehr in einen Rechnungsabgrenzungsposten einbezogen werden. Steuerrechtlich sind solche Beträge nach wie vor anzusetzen.

Zölle, Verbrauchsteuern, Umsatzsteuer auf erhaltene Anzahlungen

5.1.3.4 Folgebewertung von Verbindlichkeiten in Fremdwährung

Verbindlichkeiten in Fremdwährung mit einer Restlaufzeit größer ein Jahr müssen zum Abschlussstichtag darauf überprüft werden, inwieweit die Veränderung des Umrechnungskurses zu einer Überschreitung der ursprünglichen „Anschaffungskosten" der Verbindlichkeit führte. In diesem Falle ist handelsbilanziell eine Zuschreibung der Verbindlichkeit aufgrund des herrschenden Höchstwertprinzips

Langfristige Verbindlichkeiten

---

[792] Vgl. ähnlich ADLER, H./DÜRING, W./SCHMALTZ, K. (1995), § 250, Rn 6.
[793] Vgl. COENENBERG, A. G./HALLER, A./SCHULTZE, W. (2009), S. 459.
[794] Vgl. ADLER, H./DÜRING, W./SCHMALTZ, K. (1995), § 250, Rn. 22, 105.
[795] Vgl. COENENBERG, A. G./HALLER, A./SCHULTZE, W. (2009), S. 460.

zwingend vorzunehmen.[796] Nicht realisierte Gewinne dürfen hingegen keinesfalls bilanziert werden. Insoweit bilden die „Anschaffungskosten" der Verbindlichkeit die Untergrenze der Bewertung.

Kurzfristige Verbindlichkeiten

Für Verbindlichkeiten in Fremdwährung mit einer Restlaufzeit kleiner gleich ein Jahr gilt handelsbilanziell gem. § 256a HGB seit dem BilMoG das Höchstwert- sowie Realisationsprinzip nicht. Dies bedeutet, unrealisierte Gewinne aufgrund einer Veränderung des Fremdwährungskurses müssen berücksichtigt werden, indem die Verbindlichkeit unterhalb der ursprünglichen „Anschaffungskosten" bilanziert wird.[797]

5.1.3.5   Buchung von Zuschlägen und Umlagen

Buchung und Anpassung der Gemeinkosten- zuschläge

Die Gemeinkostenzuschläge müssen auf die Kostenträger gebucht werden.[798] Zum einen wird dadurch gewährleistet, dass die selbst hergestellten Vermögenswerte der Höhe nach korrekt ausgewiesen werden. Zum anderen wird erst durch die Belastung eines Gemeinkostenzuschlags auf einen Kostenträger ein Controlling auf Vollkostenbasis möglich.[799] Darüber hinaus wird dadurch ein vollständiger Ausweis der von den Kundenprojekten verursachten Kosten des Umsatzes gewährleistet.[800] Zusätzlich sollten die Zuschlagssätze auf Basis der am Ende der Periode festgestellten Istkosten für die kommende Periode angepasst werden. Dies gewährleistet eine möglichst hohe Annäherung der (geplanten) Sollkosten an die (tatsächlichen) Istkosten.[801] Außerdem müssen nicht eindeutig zuordenbare Kosten (Kostenstellengemeinkosten) mit einem geeigneten Schlüssel auf die betroffenen Kostenstellen per Umlage verteilt werden.

5.1.3.6   Folgebewertung des Umlaufvermögens

Strenges Niederst- wertprinzip in der Handelsbilanz

Die Vermögensgegenstände des Umlaufvermögens dürfen handelsbilanziell aufgrund des Anschaffungskostenprinzips höchstens mit ihren Anschaffungs- oder Herstellungskosten bilanziert werden.[802] Allerdings sind sie gem. § 253 Abs. 4 HGB am Bilanzstichtag immer auf den niedrigeren Börsen- oder Marktpreis bzw. beizulegenden Wert abzuschreiben.

---

[796]   Vgl. KÜTING, K./MOJADADR, M. (2010), § 256a, Rn. 68. Steuerlich gilt indes das gemilderte Höchstwertprinzip. D.h., erst bei vermutlich dauernder Wertminderung des Fremdwährungskurses ist eine Zuschreibung statthaft.

[797]   Steuerlich ist diese Vorgehensweise jedoch nicht zulässig.

[798]   Vgl. zur Bewertung selbst erstellter Vermögensgegenstände nach Handels- und Steuerrecht Kapitel F.2.1.3.

[799]   Vgl. zur Funktion von Gemeinkostenzuschlägen und Umlagen Kapitel F.2.1.2.

[800]   Die Zuschläge sind für den Jahresabschluss zwingend durchzuführen. Für Steuerungszwecke empfiehlt es sich allerdings, sie (mindestens) monatlich durchzuführen.

[801]   Zum einen ermöglicht dies ein genaueres Controlling, zum anderen ist eine möglichst hohe Annäherung der Sollkosten, die per Gemeinkostenzuschläge verrechnet werden, an die Istkosten die Voraussetzung, dass die Ermittlung der Herstellungskosten auf Sollkostenbasis gesetzeskonform ist; vgl. Kapitel F.2.1.3.4.

[802]   Vgl. zur Ermittlung der Anschaffungs- oder Herstellungskosten von Vermögensgegenständen die Ausführungen in Kapitel F.1.1.4 und Kapitel F.2.1.3.

Steuerlich besteht ein Wahlrecht für außerplanmäßige Abschreibungen im Falle einer dauerhaften Wertminderung. „Von der Dauerhaftigkeit einer Wertminderung kann dann in der Steuerbilanz ausgegangen werden, wenn der niedrigere Wert für die voraussichtliche Verweildauer eines Wirtschaftsguts im Unternehmen angenommen werden kann."[803] Die handelsrechtliche Abschreibungspflicht schlägt sich nicht über die materielle Maßgeblichkeit auf die Steuerbilanz durch, sodass das steuerliche Wahlrecht unabhängig ausgeübt werden kann.[804]

Steuerliches Wahlrecht

5.1.3.6.1 Vorräte

Beim Vorratsvermögen kommen für Zwecke der (Zugangs-)Bewertung häufig Bewertungsvereinfachungsverfahren zum Einsatz.[805] Unabhängig von der Ermittlung der Anschaffungs- oder Herstellungskosten muss (handelsbilanziell) aufgrund des strengen Niederstwertprinzips geprüft werden, inwieweit die Vorräte werthaltig sind.[806]

Bewertungsvereinfachungsverfahren

Hierbei stellt sich die Frage, welcher Wert als Vergleichsmaßstab gewählt wird. Der Beschaffungsmarkt ist für alle Roh-, Hilfs- und Betriebsstoffe[807] sowie unfertige und fertige Erzeugnisse, die ebenfalls fremd beschafft werden können, entscheidend. Der Absatzmarkt dagegen ist maßgeblich für alle unfertigen und fertigen Erzeugnisse, für die kein Beschaffungsmarkt existiert.[808] Für Handelswaren gilt die sog. doppelte Maßgeblichkeit, d.h. der niedrigere Wert aus Beschaffungsmarkt und Absatzmarkt ist für die Ermittlung einer außerplanmäßigen Abschreibung relevant.[809]

Beschaffungs- oder Absatzmarkt

5.1.3.6.2 Forderungen

Die handelsbilanzielle Folgebewertung von Forderungen sowohl aus Lieferungen und Leistungen als auch aus gewährten Darlehen am Abschlussstichtag ist in der Regel zweistufig aufgebaut.[810] Zunächst müssen bei einzelnen Forderungen erkennbare Wertminderungen durch Einzelwertberichtigungen erfasst werden. Hierbei ist in zweifelhafte und uneinbringliche Forderungen zu differenzieren. Während uneinbringliche Forderungen vollständig abzuschreiben sind, müssen zweifelhafte Forderungen mit ihrem wahrscheinlichen Wert angesetzt werden.[811] „Als uneinbringlich sind Forderungen anzusehen, die aus rechtlichen oder tatsäch-

Einzelwertberichtigung

---

[803] COENENBERG, A. G./HALLER, A./SCHULTZE, W. (2009), S. 210.

[804] Vgl. BMF-Schreiben vom 12.03.2010, S. 240; HERZIG, N./BRIESEMEISTER, S./ SCHÄPERCLAUS, J. (2011), S. 3.

[805] Vgl. zu den Bewertungsvereinfachungsverfahren Kapitel F.1.1.4.2.

[806] Steuerbilanziell gilt dies nur im Fall dauerhafter Wertminderungen.

[807] Abgesehen von Überbeständen, deren Bewertung sich am Absatzmarkt orientiert.

[808] Vgl. hierzu und zur sog. verlustfreien Bewertung ausführlich BRÖSEL, G./OLBRICH, M. (2010), § 253, Rn. 638 ff.

[809] Vgl. ausführlich ELLROTT, H./ROSCHER, K. (2010), § 253, Rn. 519.

[810] Zwar besteht steuerbilanziell nur ein Wahlrecht zur außerplanmäßigen Abschreibung (ansonsten ein Verbot), allerdings wird davon auszugehen sein, dass bei dauerhafter Wertminderung in beiden Rechnungslegungswerken gleichartig bilanziert wird.

[811] Vgl. COENENBERG, A. G./HALLER, A./SCHULTZE, W. (2009), S. 251.

lichen Gründen nicht durchsetzbar sind."[812] Zweifelhafte Forderungen liegen dann vor, wenn Zahlungsausfälle mit einer gewissen Wahrscheinlichkeit drohen.[813] Einer Einzelwertberichtigung entgegen stehen allerdings andere Umstände, die die Wertminderungen ausgleichen. Als Beispiel seien saldierbare Verbindlichkeiten gegenüber dem Schuldner genannt.[814]

Pauschalwert-berichtigung

Da Einzelwertberichtigungen nur zulässig sind, wenn nachgewiesen werden kann, dass „Tatsachen vorliegen, aus denen eine Konkretisierung der Gefahr und eine gewisse Wahrscheinlichkeit des Ausfalls gerade im Hinblick auf die einzelne Forderung hergeleitet werden können"[815], kann bei größeren Forderungsbeständen auf das Mittel von Pauschalwertberichtigungen zurückgegriffen werden. Pauschalwertberichtigungen basieren häufig auf in der Vergangenheit durchschnittlich erlittener Forderungsausfälle in bestimmten Forderungsgruppen. Die Höhe der Pauschalwertberichtigung wird durch Anwendung eines auf Erfahrungswerte basierenden Prozentsatzes auf den zu bewertenden Forderungsbestand ermittelt. Forderungen, bei denen bereits Einzelwertberichtigungen vorgenommen wurden, dürfen nicht in die Pauschalwertberichtigung einbezogen werden. Wertberichtigungen erfolgen in der Regel auf Basis der Nettorechnungsbeträge; die Umsatzsteuer bleibt also bei der Berechnung unbeachtlich.[816]

Zuschreibung

Falls der Grund einer zuvor vorgenommenen Wertberichtigung am Bilanzstichtag nicht mehr gegeben ist, müssen alle Kaufleute gem. § 253 Abs. 5 HGB eine Zuschreibung vornehmen.

Besonderheiten bei Forderungen in Fremdwährung

Bei Forderungen in Fremdwährung ist im ersten Schritt wie bei in Euro lautenden Forderungen zu verfahren. Bei zweifelhaften Forderungen ist zunächst der beizulegende Wert in Fremdwährung zu bestimmen. Im zweiten Schritt erfolgt eine Umrechnung mit dem Devisenkassamittelkurs zum Bilanzstichtag. Diese Zeitwerte sind mit den zu historischen Kursen umgerechneten Anschaffungskosten zu vergleichen. Hierbei können sich die beiden Bewertungsschritte in ihren Effekten ausgleichen oder verstärken. Forderungen in Fremdwährung mit einer Restlaufzeit größer als ein Jahr sind gem. § 256a HGB unter Beachtung des Anschaffungskostenprinzips und des Imparitätsprinzips zu bewerten. In diesen Fällen sind also nur Wertminderungen zu berücksichtigen.[817] Unrealisierte Gewinne dürfen aufgrund des entgegenstehenden Anschaffungskostenprinzips nicht bilanziert werden. Anders sieht es bei Vermögensgegenständen in Fremdwährung mit einer Laufzeit kleiner ein Jahr aus. In diesen Fällen ist gem. § 256a HGB handelsrechtlich auch die Realisierung unrealisierter Gewinne geboten. Steuerbilanziell entfaltet diese

---

[812] BRÖSEL, G./OLBRICH, M. (2010), § 253, Rn. 186.
[813] Vgl. BRÖSEL, G./OLBRICH, M. (2010), § 253, Rn. 186, m. w. N.
[814] Vgl. WP-HANDBUCH (2006), Abschnitt F, Rn. 209 für die Voraussetzungen einer Saldierung.
[815] EHMCKE, T. (2002), § 6 EStG, Rn. 920.
[816] Vgl. BRÖSEL, G./OLBRICH, M. (2010), § 253, Rn. 189.
[817] Steuerbilanziell ist dies nur bei einer dauerhaften Wertminderung, also bei dauerhaft gesunkenem Fremdwährungskurs, zulässig.

Regel jedoch keine Wirkung, da dem steuerbilanziell weiterhin das Anschaffungskostenprinzip in § 6 EStG entgegensteht.

Kurzfristig fällige Bankguthaben in ausländischer Währung (Valutaguthaben) sowie ausländische Zahlungsmittel (Sorten) sind am Bilanzstichtag mit dem jeweiligen Devisenkassamittelkurs zu bewerten. Das Anschaffungskostenprinzip gem. § 253 Abs. 1 HGB wird im Falle des Valutaguthabens durch die Spezialnorm des § 256a HGB außer Kraft gesetzt. Bei Sorten ist es aufgrund der vernachlässigbaren Bedeutung unbeachtlich.[818]

Sonderfall Valutaguthaben und Sorten

5.1.3.7 Bildung von Rückstellungen

Rückstellungen sind gem. § 249 Abs. 1 Satz 1 HGB für ungewisse Verbindlichkeiten sowie für drohende Verluste aus schwebenden Geschäften zu bilden. Ferner sind Rückstellungen für unterlassene Instandhaltung und Abraumbeseitigung zu passivieren, sofern die Instandhaltung innerhalb der ersten drei Monate bzw. die Abraumbeseitigung innerhalb des folgenden Geschäftsjahrs nachgeholt wird. Ebenso sind Rückstellungen für ohne rechtliche Verpflichtung erbrachte Gewährleistungen zu bilden.[819] Ersatzlos gestrichen wurden im Zuge des BilMoG die Passivierungswahlrechte beim Ansatz von Aufwandsrückstellungen. Nicht mehr möglich ist daher die Passivierung von Rückstellungen für unterlassene Instandhaltung, wenn diese nach Ablauf der Drei-Monatsfrist nachgeholt werden, sowie für ihrer Eigenart genau umschriebene, dem Geschäftsjahr oder einem früheren Geschäftsjahr zuzuordnende Aufwendungen, die am Bilanzstichtag wahrscheinlich oder sicher, aber hinsichtlich ihrer Höhe oder des Zeitpunkts ihres Eintritts unbestimmt sind.[820] Darüber hinaus war im Rahmen sonstiger Aufwandsrückstellungen vor dem BilMoG der Ansatz einer Vielzahl weiterer Rückstellungen möglich, die nicht mehr zulässig sind. Beispielhaft seien hierzu Rückstellungen für Firmenjubiläen, freiwillige Jahresabschlussprüfungen und Generalüberholungen genannt.[821] Da diesen handelsrechtlichen Wahlrechten zur Bildung von Aufwandsrückstellungen steuerrechtliche Passivierungsverbote gegenüberstanden, wurde hinsichtlich der sonstigen Rückstellungen eine Annäherung zwischen Handelsbilanz und steuerlicher Gewinnermittlung bewirkt.[822]

Zu den ungewissen Verbindlichkeiten, für die verpflichtend Rückstellungen zu bilden sind, gehören auch Pensionsverpflichtungen. Hinsichtlich der Bilanzierung dem Grunde nach unterscheidet das Handelsrecht zwischen mittelbaren und unmittelbaren Pensionsverpflichtungen. Unmittelbare Pensionsverpflichtungen lie-

Ansatz von Pensionsverpflichtungen

---

[818] Vgl. COENENBERG, A. G./HALLER, A./SCHULTZE, W. (2009), S. 253.

[819] Vgl. ZÜLCH, H./HOFFMANN, S. (2009), S. 369.

[820] Vgl. KÜTING, K./CASSEL, J./METZ, C. (2009), S. 323 f. Zur Interpretation der Begriffe „genau umschrieben", „dem Geschäftsjahr zuzuordnen", „wahrscheinlich oder sicher" und „hinsichtlich Höhe oder Zeitpunkt unbestimmt"; vgl. hierzu ausführlich MAYER-WEGELIN, E./KESSLER, H./HÖFER, R. (2008), § 249, Rn. 238 ff.

[821] Vgl. MAYER-WEGELIN, E./KESSLER, H./HÖFER, R. (2008), § 249, Rn. 251.

[822] Vgl. zur Entwicklung der Unterschiede zwischen Handels- und Steuerrecht im Bereich der Rückstellungen auch Kapitel C.5.1.2.1 und C.5.2.2.

gen vor, wenn eine aus einer arbeitsrechtlichen Zusage gewachsene Leistungsver-
pflichtung seitens des Arbeitgebers direkt gegenüber dem Arbeitnehmer bzw. leis-
tungsberechtigten Personen besteht. Mittelbare Verpflichtungen bestehen gegenüber einem mit der Abwicklung der betrieblichen Altersversorgung betrauten
Rechtsträger, wie bspw. einer Unterstützungskasse. Die Einstufung als mittelbare
bzw. unmittelbare Pensionszusage hat entscheidende Bedeutung für die bilanzielle
Behandlung der Verpflichtung.[823]

Unmittelbare und mittelbare Pensionszusagen

Für Pensionsverpflichtungen, die aufgrund einer unmittelbaren Zusage bestehen,
braucht keine Rückstellung gebildet zu werden, sofern die berechtigte Person ihren Rechtsanspruch vor dem 01.01.1987 erworben hat (unmittelbare Altzusagen).
Im Handelsrecht besteht somit ein Passivierungswahlrecht für vor dem 01.01.1987
erteilte unmittelbare Pensionszusagen, sowie eine Passivierungspflicht für nach
diesem Zeitpunkt zugesagte unmittelbare Pensionsverpflichtungen (unmittelbare
Neuzusagen).[824] Für Pensionsverpflichtungen, die auf mittelbaren Zusagen beruhen, besteht wie für unmittelbare Altzusagen ein Passivierungswahlrecht.

Erfüllungsbetrag als Bewertungsmaßstab

Im Hinblick auf die Bilanzierung der Höhe nach sind Rückstellungen gem. § 253
Abs. 1 Satz 2 HGB nach dem BilMoG explizit mit dem erwarteten „Erfüllungsbetrag" anzusetzen. Der Ansatz i.H.d. Erfüllungsbetrags impliziert, dass bei der Bewertung der Rückstellungen auf die Verhältnisse im Zeitpunkt der Erfüllung abzustellen ist. Künftig erwartete Preis- und Kostensteigerungen sind daher zwingend
bei der Bewertung zu berücksichtigen.[825] Durch den Vorgriff auf künftige Steige-
rungen von Preisen und Kosten entstehen für den Bilanzierenden erhebliche Ermessensspielräume. Daher werden vom Gesetzgeber ausreichend objektive Hinweise für den Eintritt als Voraussetzung zur Berücksichtigung solcher künftigen
Preis- und Kostensteigerungen gefordert. Eine trennscharfe Grenze zwischen va-
gen und objektiven Hinweisen zu ziehen, erscheint schwierig. Der Bilanzierende
sollte daher branchenspezifische Trendfortschreibungen nutzen, um einer objektiven Bewertung Rechnung zu tragen.[826]

Diskontierung

Mit dem BilMoG beseitigte der Gesetzgeber ferner die Rechtsunsicherheit bzgl.
der Diskontierung der Rückstellungen. Rückstellungen mit einer Laufzeit von
größer einem Jahr sind gem. § 253 Abs. 2 HGB mit dem ihrer Restlaufzeit entsprechenden durchschnittlichen Marktzinssatz der letzten sieben Geschäftsjahre
zu diskontieren. Rückstellungen mit einer Restlaufzeit von weniger als einem Jahr
müssen nicht abgezinst werden.[827] Der zur Diskontierung anzuwendende Durch-
schnittszinssatz wird monatlich von der Deutschen Bundesbank für Rückstellungen mit Laufzeiten zwischen einem und 50 Jahren veröffentlicht. Die Zinssätze
müssen daher vom bilanzierenden Unternehmen nicht selbst berechnet werden.[828]

---

[823] Vgl. KÜTING, K./KESSLER, H./KEßLER, M. (2009), S. 342.
[824] Vgl. RHIEL, R./VEIT, A. (2009), S. 167.
[825] Vgl. REINKE, R./MARTENS, S. (2009), S. 19.
[826] Vgl. KÜTING, K./CASSEL, J./METZ, C. (2009), S. 326.
[827] Vgl. KÜTING, K./CASSEL, J./METZ, C. (2009), S. 330 f.
[828] Vgl. ZÜLCH, H./HOFFMANN, S. (2009), S. 372.

Für den konkreten Bereich der Pensionsverpflichtungen bedeutet die Berücksichtigung künftiger Preis- und Kostensteigerungen, dass nun auch zukünftige Gehalts- und Rentensteigerungen in die Bewertung der Pensionsrückstellungen mit einzubeziehen sind. Wie auch für die sonstigen Rückstellungen gilt dies wiederum unter der Voraussetzung hinreichender objektiver Hinweise über den Eintritt solcher Gehalts- und Rententrends.[829] Für den anzuwendenden Diskontierungszinssatz gelten grundsätzlich analog die allgemeinen Regelungen der Rückstellungsbildung. Alternativ zur Anwendung dieses Durchschnittszinssatzes dürfen Pensionsrückstellungen aus Vereinfachungsgründen allerdings auch pauschal mit dem durchschnittlichen Marktzinssatz diskontiert werden, der sich bei einer unterstellten Laufzeit von 15 Jahren ergibt. Die alternativen Zinssätze werden ebenfalls von der Deutschen Bundesbank ermittelt und jeweils am Monatsende bekannt gegeben.[830]

Bewertung von Pensionsrückstellungen

Im Gegensatz zu den handelsrechtlichen Vorschriften sind im Steuerrecht keine Preis- und Kostensteigerungen zu berücksichtigen. Ebenso bestehen Divergenzen bzgl. des anzuwendenden Zinssatzes, da die steuerrechtlichen Regelungen eine Diskontierung sonstiger Rückstellungen mit einem Steuersatz von 5,5 % vorsehen. Pensionsrückstellungen sind steuerrechtlich ebenfalls in Abweichung zum Handelsrecht mit dem Teilwert unter Zugrundelegung eines Zinssatzes von 6 % zu bewerten.

Steuerrechtliche Vorschriften

Steuerschulden, die in der betrachteten Abschlussperiode entstanden sind, bei denen aber noch keine Festsetzung bzw. Anmeldung erfolgt ist, sind per Rückstellung zu passivieren. Dies gilt sowohl für Veranlagungssteuern wie Körperschaftsteuer und Gewerbesteuer, aber auch für laufend abzuführende Steuern, wie bspw. die Lohnsteuer. Aus einer Betriebsprüfung erwartete Steuernachzahlungen müssen hierbei mitberücksichtigt werden.[831]

Ansatz von Rückstellungen für Steuern

Als die beiden bedeutendsten zu beachtenden Steuerarten sind die Gewerbesteuer und (für Kapitalgesellschaften) die Körperschaftsteuer zu nennen. Grundsätzlich basieren die Berechnungsgrundlagen für diese beiden Steuerarten auf einem Betriebsvermögensvergleich des Vermögens am Anfang und am Ende einer Steuerperiode. Der (steuerliche) Betriebsvermögensvergleich wird in der Praxis oftmals von der Handelsbilanz abgeleitet (= derivative Steuerbilanz).[832] Kapitalzuführungen von Gesellschaftern und Gewinnausschüttungen müssen hierbei berücksichtigt werden. Jedoch kann im Zuge einer parallelen Bilanzierung direkt auf das steuerbilanzielle Ergebnis zurückgegriffen werden, ohne dass Korrekturen aufgrund der Ableitung aus einer Handelsbilanz notwendig werden.[833] Auf Grundlage

Ermittlung der Höhe der Körperschafts- sowie Gewerbesteuer

---

[829] Vgl. WOLZ, M./OLDEWURTEL, C. (2009), S. 425.

[830] Vgl. RHIEL, R./VEIT, A. (2009), S. 168.

[831] Vgl. MAYER-WEGELIN, E./KESSLER, H./HÖFER, R. (2008), § 249, Rn. 229.

[832] Eine Aufstellungspflicht für eine eigenständige Steuerbilanz existiert gem. § 60 Abs. 2 EStDV nicht.

[833] Diese Vorgehensweise wurde in dem Beispielsachverhalt gewählt. Zum einen ergeben sich hieraus Vorteile für die Berechnung latenter Steuern, zum anderen dient das

dieses steuerbilanziellen Ergebnisses werden außerbilanzielle Hinzurechnungen und Kürzungen aufgrund von einkommensteuerlichen und körperschaftsteuerlichen (im Falle von Kapitalgesellschaften) Regelungen notwendig (vgl. Abbildung 215). Der auf diese Weise entstehende körperschaftsteuerliche Gewinn dient als unmittelbare Ausgangsgröße für die Berechnung der Körperschaft- und Gewerbesteuer. Nach jeweiliger Erfassung steuerspezifischer Besonderheiten ergeben sich zum einen der Gewerbeertrag und zum anderen das körperschaftsteuerlich zu versteuernde Einkommen.[834] Multipliziert mit dem jeweiligen Steuersatz ergibt sich die entsprechende Steuerbelastung, für die unter Berücksichtigung etwaiger Vorauszahlungen Rückstellungen zu bilden sind.

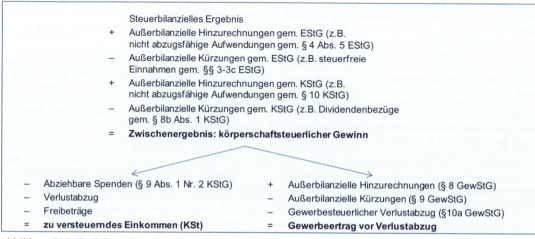

Abbildung 215: Grobdarstellung der Ermittlung des zu versteuernden Einkommens für KSt und GewSt

5.1.4   Reporting

Bildung latenter Steuern

Mit dem Abschluss aller bewertenden Maßnahmen ist eine konsistente Datenbasis für die Bilanz und GuV geschaffen worden. Es fehlen nur noch zwei abschließende Geschäftsvorfälle auf dem Weg zur endgültigen Bilanz und GuV. Zusätzlich kann ein weiterer Schritt notwendig werden, falls eine GuV nach dem Gesamtkostenverfahren gewünscht wird (vgl. Abbildung 216).[835] Zunächst müssen die durch Bilanzierungsunterschiede in Handels- und Steuerbilanz entstehenden latenten Steuern ermittelt werden.[836] Hierfür werden die Werte der Vermögensgegenstände aus Steuerbilanz- und Handelsbilanz gegenübergestellt. Dabei entstehen aktive la-

---

steuerbilanzielle Ergebnis als fundierte Grundlage für die Ermittlung des zu versteuernden Einkommens für Gewerbe- und Körperschaftsteuer.

[834] Vgl. zur Ermittlung der Körperschaft- und Gewerbesteuer ausführlich KUßMAUL, H. (2010), S. 321 ff.

[835] Die meisten mittelständischen Unternehmen in Deutschland wenden das Gesamtkostenverfahren an.

[836] Passive latente Steuern müssen, aktive latente Steuern dürfen gem. § 274 HGB bilanziert werden. Zur genauen Ermittlungssystematik gesetzlicher Detailregelungen vgl. Kapitel C.4.

tente Steuern, wenn in der Handelsbilanz Vermögensgegenstände niedriger bzw. Schulden höher ausgewiesen werden als in der Steuerbilanz. Passive latente Steuern entstehen dagegen, wenn in der Handelsbilanz Vermögensgegenstände höher bzw. Schulden niedriger ausgewiesen werden als in der Steuerbilanz. Seit dem BilMoG resultieren durch die Abschaffung der umgekehrten Maßgeblichkeit[837] wesentlich mehr passive latente Steuern als in den vergangenen Jahren.

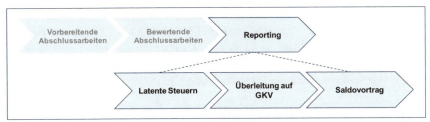

Abbildung 216: Teilprozess Reporting im Überblick

Da in SAP Business ByDesign die GuV nach dem Umsatzkostenverfahren abgebildet wird, sind Anpassungsbuchungen notwendig, wenn die GuV nach dem Gesamtkostenverfahren dargestellt werden soll.[838] Die GuV nach dem Umsatzkostenverfahren gliedert die Aufwendungen nach Funktionsbereichen und weist die Umsatzkosten der abgesetzten Leistungen aus. Die GuV nach dem Gesamtkostenverfahren weist dagegen alle Kosten basierend auf der Gesamtleistung der Periode aufgegliedert in Primäraufwendungen aus. **Überleitung auf GKV**

Abschließend müssen die Salden der Bestandskonten sowie der Jahresüberschuss bzw. Jahresfehlbetrag auf das neue Geschäftsjahr vorgetragen werden. Für Zwecke der (teilweisen) Gewinnverwendung ist der Saldovortrag des Jahresüberschusses in die entsprechenden Positionen des Eigenkapitals einzustellen. **Saldovortrag**

5.2 Darstellung der Geschäftsvorfälle des Beispielsachverhalts

Die *Nordstar GmbH* stellt ihren Jahresabschluss zum 31.12.2010 auf. Nachdem die Geschäftsvorfälle aus den Geschäftsprozessen Beschaffung, Lagerfertigung, Auftragsabwicklung und Projektmanagement erfasst wurden, sind für den Jahresabschluss weitere Arbeiten notwendig. Im Folgenden werden die Aufgaben und Geschäftsvorfälle des Abschlussprozesses beschrieben. **Überblick**

Die jährliche Inventur hat ergeben, dass fünf Paar Schuhe des Modells *Hiking*, die eigentlich im Bestand sein sollten, nicht mehr vorhanden sind. Dieser Schwund führt bei einem Bestandspreis (Kostensatz) von 41,63 EUR/Paar zu einer men- **Inventur**

---

[837] Vgl. hierzu Kapitel C.1.

[838] Anpassungen in umgekehrter Reihenfolge werden hingegen bspw. stets in den Fällen notwendig, in denen eine Software auf Gesamtkostenverfahren ausgerichtet ist und die Ergebnisse für Konzernzwecke auf Basis des Umsatzkostenverfahrens gemeldet werden müssen.

genmäßigen Anpassung des Bestands und gleichzeitig zu einer Anpassung des Bestandswerts i.H.v. 208,15 EUR.

Steuern

Umsatzsteuervorauszahlungen erfolgen normalerweise bis zu dem 10. Kalendertag eines Monats. Aus Vereinfachungsgründen wird eine Gesamtbetrachtung vorgenommen: Die Ermittlung einer Steuerschuld bzw. Steuererstattung bezieht sich auf das ganze Geschäftsjahr. Die zu beschreibende Vorgehensweise ist jedoch auf das monatliche Melden der Steuern zu übertragen. Insgesamt sind durch die beschriebenen Geschäftsprozesse Vorsteuern i.H.v. 1.463.427,19 EUR und Umsatzsteuer i.H.v. 754.300 EUR angefallen.[839] Darüber hinaus bildet die *Nordstar GmbH* auf Basis der erwarteten Steuerzahlung aus Gewerbe- und Körperschaftsteuer eine Steuerrückstellung i.H.v. 400.000 EUR.

Geschäftsprozess	Vorsteuer (EUR)		Umsatzsteuer (EUR)	
	Steuerbasisbetrag	Steuerbetrag	Steuerbasisbetrag	Steuerbetrag
Beschaffung (Handelsware)	1.703.312,50	323.629,38	--	--
Beschaffung (Anlagen)	5.000.000,00	950.000,00	--	--
Lagerfertigung (RHB)	924.450,00	175.645,50	--	--
Lagerfertigung (sonstiger Aufwand)	48.500,00	9.215		
Auftragsabwicklung	20.000,00	3.800,00	3.967.500,00	753.825,00
Projektmanagement	5.985,84	1.137,31	2.500,00	475,00
Summe:	7.702.248,34	1.463.427,19	3.970.000,00	754.300,00

Abbildung 217: Angefallene Vor- und Umsatzsteuer

Forderungsbewertung

Der inländische Kunde *Schuhe @ Internet* hat Warenlieferungen von der *Nordstar GmbH* erhalten. Dieser Kunde hat noch nicht alle Forderungen beglichen, obwohl die Zahlungen schon fällig sind. Am Ende des Geschäftsjahrs besteht noch eine Forderung i.H.v. 214.200 EUR; eine Fremdwährungsumrechnung der Forderung ist nicht erforderlich. Der Kunde *Schuhe @ Internet* ist wirtschaftlich angeschlagen. Es wird nur noch mit einem Forderungseingang von 150.000 EUR gerechnet. Daher wird eine Einzelwertberichtigung i.H.v. 64.200 EUR vorgenommen.

Pensions-rückstellungen

Die *Nordstar GmbH* bietet ihren Mitarbeitern eine betriebliche Altersversorgung an. Über ein finanzmathematisches Gutachten wurden für 2010 zu bildende Pensionsrückstellungen i.H.v. 88.833 EUR ermittelt. Handelsbilanziell müssen die Pensionsverpflichtungen mit dem durchschnittlichen Marktzinssatz abgezinst werden; zudem sind Gehaltstrends als auch zukünftige Preis- und Kostensteigerungen für die Ermittlung der Rückstellungshöhe zu berücksichtigen. Steuerlich dürfen diese Entwicklungen nicht zugrunde gelegt werden; zudem ist ein (fixer) Zinssatz von 6 % für die Abzinsung heranzuziehen. Aus diesen Gründen sind die im Jahr 2010 zu bildenden Pensionsrückstellungen in Handels- und Steuerbilanz nicht identisch. Der steuerliche Wert beträgt 86.000 EUR.

---

[839]   Bei der Beschaffung der Handelsware aus dem Ausland (China) handelt es sich konkret um Einfuhrumsatzsteuer i.H.v. 323.629 EUR. Es sei an dieser Stelle noch einmal darauf hingewiesen, dass die Absatzgeschäfte ins Ausland nicht mit Umsatzsteuer belegt wurden.

Im November 2010 wurde mit einem Stammlieferanten eine verbindliche Bestellung von Kunststoffgranulat über eine Menge von 1.000 kg zu einem Preis von 3 EUR/kg für das kommende Geschäftsjahr geschlossen. Aufgrund eines Preisverfalls des Materials liegt der Marktpreis von Kunststoffgranulat am Abschlussstichtag (31.12.2010) bei 2,50 EUR/kg. Aus diesem Grund ist die Bildung einer Rückstellung aus drohenden Verlusten in der Handelsbilanz notwendig. Steuerlich ist der Ansatz von Drohverlustrückstellungen nicht erlaubt, sodass aus diesem Sachverhalt die Notwendigkeit zur Bildung latenter Steuern besteht.

Drohverlustrückstellung

Aus dem Forschungs- und Entwicklungsprojekt ist ein neues Patent entstanden. Dieses wurde i.H.v. 6.378,34 EUR als immaterieller Vermögensgegenstand in der Handelsbilanz aktiviert. In der Steuerbilanz dürfen selbst erstellte immaterielle Vermögensgegenstände des Anlagevermögens nicht aktiviert werden; die Aufwendungen werden ergebniswirksam erfasst. Am Bilanzstichtag beträgt der Wertansatz des Patents 6.059,42 EUR.[840] Dieser Wertansatz bildet die Grundlage für die Abgrenzung von latenten Steuern.

Forschung und Entwicklung

Zu Beginn des Geschäftsjahrs wurden Computer (BGA) angeschafft, die handels- und steuerrechtlich unterschiedlich behandelt werden. In der Handelsbilanz werden diese über drei Jahre linear abgeschrieben (= 4.000 EUR/Jahr); steuerrechtlich führt die Einstufung als geringwertiges Wirtschaftsgut zu einer pauschalen linearen Abschreibung des „Sammelpostens" über fünf Jahre (= 2.400 EUR/Jahr). In diesem Fall ist der steuerrechtliche Ansatz höher als der handelsrechtliche Ansatz.

Geringwertige Wirtschaftsgüter

Aus den beschriebenen Sachverhalten resultierende Abweichungen zwischen Handels- und Steuerbilanz bedingen die Bildung latenter Steuern in der Handelsbilanz. In Abbildung 218 sind die abweichenden Wertansätze aufgeführt. Der unternehmensindividuelle Steuersatz der *Nordstar GmbH* beträgt 20 %. Daraus ergeben sich passive latente Steuern[841] i.H.v. 1.211,88 EUR und aktive latente Steuern i.H.v. 986,60 EUR. Aufgrund des Saldierungswahlrechts des § 274 HGB werden in der Bilanz nur passive latente Steuern i.H.v. 225,28 EUR ausgewiesen.

Zusammenfassung

Bilanzposition	Handelsrechtlicher Wertansatz (EUR)	Steuerrechtlicher Wertansatz (EUR)	Differenz (absolut in EUR)	Latente Steuern (EUR)
Pensionsrückstellungen	88.833,00	86.000,00	2.833,00	566,60
Drohverlustrückstellung	500,00	--	500,00	100,00
Geringwertige Wirtschaftsgüter	8.000,00	9.600,00	-1.600,00	320,00
Selbst erstellter immaterieller Vermögensgegenstand	6.059,42	--	6.059,42	-1.211,88
Summe:				-225,28

Abbildung 218: Handels- und steuerrechtliche Wertansatzdifferenzen

---

[840] Das Patent wurde zum 01.10.2010 aktiviert und über die verbleibenden drei Monate des Geschäftsjahrs abgeschrieben. Die Abschreibungsdauer beträgt fünf Jahre.

[841] Passive latente Steuern werden in Abbildung 218 mit einem (-), aktive latente Steuern mit einem (+) gekennzeichnet.

5.3 Abbildung des Abschlussprozesses in SAP Business ByDesign

Abschlussprozess In den nachfolgenden Kapiteln wird der Prozess der Abschlusserstellung beschrieben. Dieser Prozess gliedert sich logisch in drei Teilprozessschritte: die vorbereitenden Abschlussarbeiten, die bewertenden Abschlussarbeiten und die Berichterstattung von Bilanz und GuV (Reporting). Innerhalb dieser Teilprozesse ereignen sich Geschäftsvorfälle, die Einfluss auf den zu erstellenden Jahresabschluss haben. Die Abschlusserstellung ist eine der Kernaufgaben der Rechnungswesenabteilung; insbesondere die Kontrolle über die Periodensperren unterstützt den zuständigen Mitarbeiter bei einer strukturierten Durchführung des Abschlussprozesses.

Die anschließenden Ausführungen beziehen sich nicht nur auf die Jahresabschlussarbeiten am Ende eines Geschäftsjahres, sondern sind allgemein auf jeden Zeitpunkt der Abschlusserstellung zu übertragen: z.B. Quartalsberichte oder aber auch monatliche Abschlüsse. Allerdings laufen für einen Monats-, Quartals- oder Jahresabschluss unterschiedlich viele Prüfungen und Geschäftsvorfälle ab.[842] Grundsätzlich ist dieser Prozess sequenziell angelegt, d.h., wenn die einzelnen Schritte nacheinander abgearbeitet werden, erhalten Sie am Ende des Prozesses den Jahresabschluss. Sollten allerdings Durchbrechungen dieser Reihenfolge notwendig werden, weil z.B. kurz vor der Bilanzerstellung die Inventurwerte korrigiert werden müssen, sind ggf. einige Arbeitsschritte des Abschlussprozesses zu wiederholen.

Abbildung 219 zeigt zusammenfassend die wesentlichen betroffenen Work Center für den Abschlussprozess. Bevor auf den Prozess eingegangen wird, wird die Funktion des Closing Cockpits zur Planung und Überwachung der Jahresabschlusserstellung und damit einhergehend die Funktion der Periodensperren dargestellt.

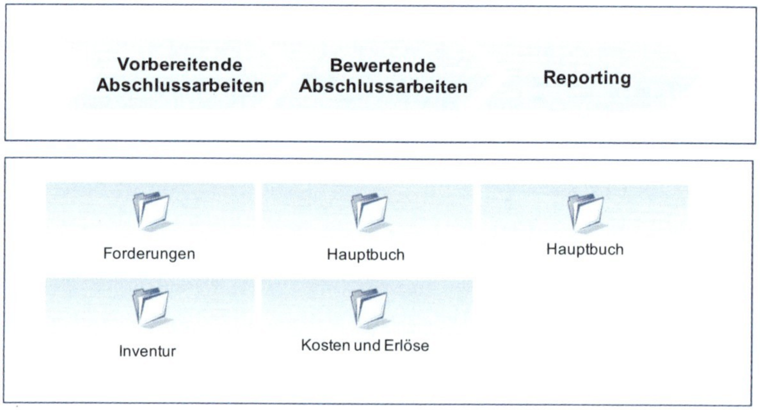

Abbildung 219: Abschlussprozess und Auszug zugehöriger Work Center

---

[842]   Bei einem Monatsabschluss wird z.B. das Anlagevermögen in der Regel nicht auf Werthaltigkeit geprüft; vgl. auch Kapitel F.5.1.1.

5.3.1 Planung des Abschlusses mithilfe des Closing Cockpits und Konzept der Periodensperren

Die Erstellung eines Periodenabschlusses ist ein umfangreicher Prozess, der entsprechend geplant werden muss. Hierbei unterstützt Sie das sog. Closing Cockpit. Einen Periodenabschluss planen Sie in dem Work Center *Hauptbuch* unter der Sicht *Periodenabschluss*. Nachdem Sie diesen Schritt durchgeführt haben, finden Sie unter der gleichen Sicht eine Liste, die bestimmte, im Rahmen der Abschlusserstellung abzuarbeitende Aktivitäten vorgibt. Dieses Closing Cockpit dient als zentraler Ausgangspunkt, von dem aus Sie alle Arbeitsschritte steuern und monitoren können. Die einzelnen Aktivitäten können schrittweise von Ihnen aus dem Closing Cockpit angegangen werden; Sie springen direkt zu den einzelnen Vorgängen, die im Rahmen der Abschlusserstellung notwendig sind (Menüfunktion *Aktivität starten*). Zudem besitzen Sie immer einen aktuellen Überblick über den Bearbeitungszustand der Aktivitäten: Mit der Menüfunktion *Status setzen* wird der Zustand der Aktivität dokumentiert.

Closing Cockpit als zentraler Ausgangspunkt

> Das Closing Cockpit ermöglicht als zentraler Ausgangspunkt eine Planung, Steuerung und ein Monitoring der durchzuführenden Abschlussarbeitsschritte.

HIGHLIGHT

Abbildung 220: Closing Cockpit mit einer Auswahl abschlussrelevanter Aktivitäten

Die Aktivitätenliste des Closing Cockpit enthält in der Standardauslieferung die wesentlichen Schritte zur Durchführung einer Abschlusserstellung. In Abbildung 220 sind ausgewählte Schritte der einzelnen Teilprozesse des Abschlussprozesses zu erkennen. Das Closing Cockpit ist allerdings dahin gehend flexibel, dass Sie zum einen die vorgeschlagene Bearbeitungsreihenfolge anpassen[843] und zum anderen unternehmensindividuelle Abschlussarbeitsschritte selbst definieren und in die Aktivitätenliste einbringen können.

Flexibilität der Aktivitätenliste

---

[843] Vgl. beispielhaft Kapitel F.5.3.3.3 für einen Sachverhalt, der unterschiedlich im Closing Cockpit behandelt werden kann.

Periodensperren

In dem vorgegebenen Ablaufschema befinden sich auch Aktivitäten, die sich auf das Schließen von Perioden für Buchungen beziehen.[844] Damit wird beabsichtigt, dass zum Abschluss des Teilprozesses „Vorbereitende Abschlussarbeiten" eine konsistente Datengrundlage für die Umsatzsteuermeldung gewährleistet ist. Dazu wird die Periode für „Operative Buchungen" geschlossen. Nach der Umsatzsteuermeldung ist die Datenbasis für die Bewertung fixiert, die Periode wird nun auch für „Nachträgliche operative Buchungen" geschlossen. Jetzt sind nur noch Geschäftsvorfälle der Buchhaltung möglich. Mit weiteren Periodensperren wird der Spielraum zur Veränderung von der Bilanz und der GuV immer weiter eingeschränkt, bis nach dem Saldovortrag keinerlei Buchungen mehr möglich sind. SAP Business ByDesign bietet standardmäßig folgende Periodensperren an:

- Eröffnungssaldo[845],
- Operative Buchungen,
- Nachträgliche operative Buchungen,
- Abschlussbuchungen,
- Anpassungsbuchungen für das Gesamtkostenverfahren,
- Abschlusssaldo,
- Gewinn- und Verlustermittlung für Bilanzergebnisse.

HIGHLIGHT

> Periodensperren verhindern Veränderungen des Buchungsstoffs im Abschlussprozess und gewährleisten damit eine konsistente Datenbasis.

Prozesssteuerung

Die sog. Prozesssteuerung in SAP Business ByDesign ermöglicht Ihnen, Ausnahmen für einzelne Geschäftsprozessgruppen wie z.B. Lieferanten- oder Kundenrechnungen, Waren-, Service- oder Zeitrückmeldungen zu definieren, die sich auf die Zulässigkeit von Buchungen beziehen, obwohl eine Periodensperre für die betreffende Periode gesetzt wurde. Wenn eine Periode für operative Buchungen geschlossen wurde, können Sie durch entsprechendes Einrichten der Prozesssteuerung festlegen, dass bestimmte operative Buchungen dennoch erfasst werden können. Diese erzeugen dann eine Aufgabe beim Buchhalter, der sich entscheiden kann, ob die Periode nochmal geöffnet wird oder ob in einen anderen Abschlussschritt gebucht wird. Auch wenn die Periodensperre „Operative Buchungen" noch offen ist, kann man mithilfe der Prozesssperre einzelne operative Geschäftsvorfälle wie bspw. Zeitrückmeldungen oder Rechnungen unterbinden.[846]

Bewegungsbilanz

Mithilfe einer Bewegungsbilanz können Sie zudem die einer bestimmten Periodensperre zugehörigen Buchungen gesondert anzeigen und dementsprechend die Auswirkungen der Abschlusserstellung auf die Bilanz nachvollziehbar dokumen-

---

[844]   Periodensperren legen Sie im Work Center *Hauptbuch* unter der Sicht *Allgemeine Aufgaben* (*Perioden öffnen und schließen*) fest.

[845]   Dieser Abschlussschritt ist nur für die erste Buchungsperiode (Monat) eines Geschäftsjahres zuordenbar. Damit werden die Eröffnungssaldobuchungen auf Basis des Saldovortrags aus dem vergangenen Geschäftsjahr vorgenommen.

[846]   So können z.B. Zeitrückmeldungen immer nur bis zum 10. eines Folgemonats, Rechnungen nur bis zum 15. des Folgemonats für die betreffende Periode erfasst werden.

tieren.[847] Die in der Auflistung genannte Periodensperre „Abschlussbuchungen"
bezieht sich auf den Teilprozess „Bewertende Abschlussarbeiten" (vgl. Kapitel
F.5.3.3). Die letzten drei aufgeführten Periodensperren sind für die abschließenden Buchungen des Teilprozesses „Reporting" (vgl. Kapitel F.5.3.4) von Relevanz.

5.3.2 Vorbereitende Abschlussarbeiten
5.3.2.1 Erfassung und Überprüfung aller operativen Geschäftsvorfälle

Zu den Abschlussarbeiten gehören organisatorische Maßnahmen. Diese dienen   **Überprüfung**
dazu, eine Datenbasis zu schaffen, auf der die originären Abschlussarbeiten auf-   **des Mengengerüsts**
setzen können. Damit ist gemeint, dass z.B. alle Lieferanten- oder Kundenrech-
nungen der betrachteten Periode erfasst wurden. Diese Tätigkeiten des Tagesgeschäfts sollten zeitnah erfolgen und die daraus automatisch resultierenden Buchungen somit im System vorhanden sein. Insbesondere aufgrund von ausstehenden Genehmigungen oder Aufgaben ist es möglich, dass der Periode zuzuordnende Geschäftsvorfälle allerdings noch nicht gebucht wurden. Es gilt sicherzustellen
(z.B. auch unter Zuhilfenahme einer Checkliste), dass die Geschäftsvorfälle im
Rechnungswesen abgebildet sind. Folgende Geschäftsvorfälle sind zu prüfen:

- Bestellungen/Kundenaufträge,
- Wareneingänge/-ausgänge,
- Serviceeingänge/-ausgänge,
- Lieferanten-/Kundenrechnungen (inkl. Gutschriften),
- Interne Leistungsrückmeldungen,
- Spesenabrechnungen,
- Kontoauszüge, Kasse, Schecks.

Unter die organisatorischen Maßnahmen fallen auch abschlussrelevante Aufgaben   **Abschlussrelevante**
des Buchhalters im Rahmen des Abschlussprozesses. Dieser bekommt eine Liste   **Aufgaben**
von buchungsrelevanten Aufgaben, wie z.B. die Erteilung einer Bestätigung für
einen Zahlungsausgleich zwischen Zahlungsausgang und Verbindlichkeit, deren
Erledigung Auswirkungen auf den Buchungsstoff haben können und somit in diesem Teilprozess abzuschließen sind.

5.3.2.2 Inventur und Saldenbestätigungen

Die in einem Unternehmen vorhandenen Vorräte, Materialien, Anlagen etc. wer-   **Durchführung**
den im Rahmen der Inventur mengenmäßig in regelmäßigen Abständen erfasst.   **der Inventur**
Im Work Center *Inventur* (Sicht *Allgemeine Aufgaben*) legen Sie dabei z.B. fest,
welche Lagerbereiche geprüft werden sollen. Der zuständige Mitarbeiter bekommt
daraufhin eine Aufgabe. Automatisch erstellte Zähllisten für einen bestimmten
Lagerbereich unterstützen Sie bei der Abarbeitung der Inventuraufgabe. Nach Beendigung der Inventuraufgabe wird über eine Rückmeldung die gezählte Menge
erfasst und mit dem geführten Bestand abgeglichen (vgl. Abbildung 221).

---

[847]   Vgl. dazu auch Abbildung 235.

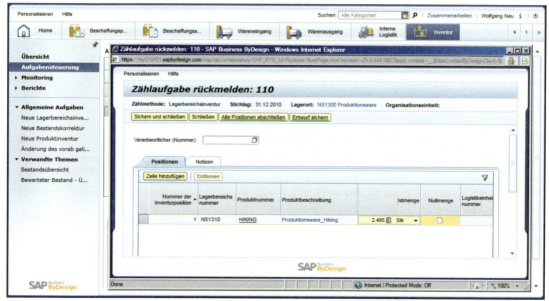

Abbildung 221: Rückmeldung der Zählaufgabe für die Inventur

Schließlich wird der Bestand nach erfolgter Genehmigung der Zählung (Sicht *Monitoring*) aktualisiert. Aus der mengenmäßigen Anpassung erfolgt automatisch die wertmäßige Korrektur des Bestandswerts im Rechnungswesen. Die Höhe der Bestandskorrektur ermittelt sich auf der Grundlage des zu diesem Zeitpunkt gültigen Kostensatzes in den Stammdaten des zugrunde liegenden Materials.

Beispielsachverhalt

Im Beispielsachverhalt ergab die Inventur einen Schwund von fünf Paar *Hiking*-Schuhen. Über die mengenmäßige Erfassung des Schwunds erfolgt eine Anpassung (Verringerung) der bisherigen Bestandsmenge um fünf Paar Schuhe. Am Bilanzstichtag befinden sich folglich noch 2.495 Paare auf Lager. Der Bestandspreis pro Paar Schuhe liegt am 31.12.2010 bei 41,63 EUR. Daraus folgt eine Reduzierung des Bestandswerts der Produktionsware im Konto *Fertige Erzeugnisse und Waren* um 208,15 EUR. Der Schwund wird gleichzeitig als Inventurdifferenz aufwandswirksam in der GuV erfasst.

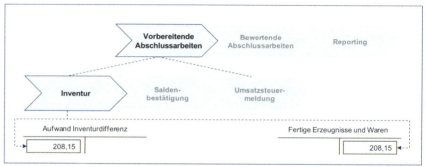

Abbildung 222: Buchung von Inventurdifferenzen

Als weitere vorbereitende Abschlussarbeit ist das Versenden bzw. Einholen von **Saldenbestätigungen** Saldenbestätigungen zu vorhandenen Forderungs- bzw. Verbindlichkeitspositionen zu nennen. Mit den Saldenbestätigungen soll der Ausweis von Forderungen und Verbindlichkeiten an sich sowie der Höhe nach sichergestellt werden. Den Saldenbestätigungslauf können Sie im Work Center *Forderungen* bzw. *Verbindlichkeiten* unter der Sicht *Periodische Aufgaben* automatisch einplanen. Saldenbestätigungen besitzen nur dann eine Auswirkung auf das Rechnungswesen, wenn eine Forderungs- bzw. Verbindlichkeitsposition angepasst werden muss.

5.3.2.3 Umsatzsteuervoranmeldung und -erklärung

Auch für die Steuermeldungen besitzen die Periodensperren eine wichtige Rolle. **Periodensperren** Durch die zuvor beschriebenen Geschäftsvorfälle ist die Datenbasis für die Umsatzsteuer vollständig und kann durch das Setzen der Periodensperre „Operative Buchungen" fixiert werden. Ansonsten laufen Sie Gefahr, dass sich die Steuerbemessungsgrundlage ändert (z.B. durch Erfassung von Lieferanten- oder Kundenrechnungen), wodurch eine erneute Ermittlung des Steuerbetrags verbunden wäre. Sollten seit dem letzten Steuererklärungslauf trotzdem noch Geschäftsvorfälle für die vergangene Periode berücksichtigt werden[848], die für die Umsatzsteuer(voran) meldung relevant sind, dann können Sie mithilfe von Korrekturläufen die zwischenzeitlich angefallenen Steuern zusätzlich bestimmen.

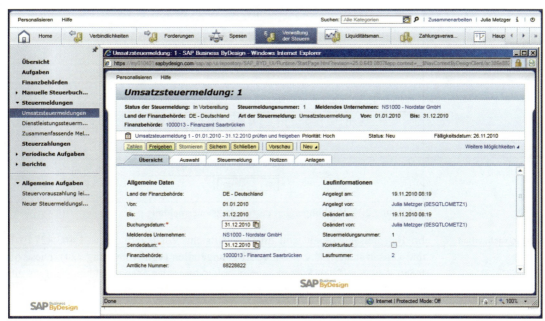

Abbildung 223: Umsatzsteuermeldung

---

[848] Wichtige Geschäftsvorfälle können z.B. noch durch die „Nachträglichen operativen Buchungen" Eingang in den Abschluss finden.

Unterstützung von Steuermeldungen

Unternehmen müssen im Allgemeinen monatlich bis zum 10. Tag nach Ablauf des Voranmeldungszeitraumes bzw. quartalsweise eine Umsatzsteuervoranmeldung und für ein abgelaufenes Kalenderjahr eine Umsatzsteuererklärung an das Finanzamt abgeben. Umsatzsteuervoranmeldungen dürfen nur auf elektronischem Wege per ELSTER, die Umsatzsteuermeldung nur in Papierform an das Finanzamt übermittelt werden. SAP Business ByDesign unterstützt Sie bei der monatlichen (quartalsweisen) Umsatzsteuervoranmeldung bzw. der Umsatzsteuermeldung dahin gehend, dass Sie die Daten zur Vor- bzw. Umsatzsteuer aufbereitet bekommen und dadurch die Übernahme in die Steuerformulare erleichtert wird. Für diese Aufbereitung werden alle steuerrelevanten Belege wie z.B. Kunden- oder Lieferantenrechnungen herangezogen. Die aus dem System ermittelten Daten nehmen Sie manuell in die Formulare auf und übertragen die Umsatzsteuermeldung anschließend per ELSTER an die Steuerbehörde.

Steuermeldungslauf

Im Work Center *Verwaltung der Steuern* (Sicht *Allgemeine Aufgaben*) legen Sie zunächst einen Steuererklärungslauf an und planen diesen für einen bestimmten Zeitpunkt ein.[849] Der Steuererklärungslauf berechnet für den gewählten Zeitraum – im Fallbeispiel ist dies das komplette Geschäftsjahr – im Anschluss den Zahlungsbetrag bzw. die Steuerforderung automatisch.

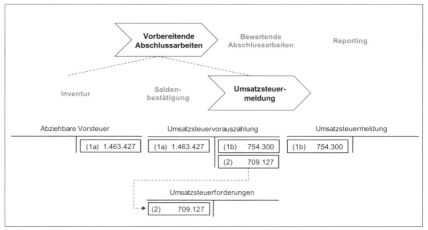

Abbildung 224: Buchungen bei der Umsatzsteuermeldung

Beispielsachverhalt

Im Beispielsachverhalt sind im Geschäftsjahr Vorsteuern i.H.v. 1.463.427 EUR und Umsatzsteuer i.H.v. 754.300 EUR angefallen (vgl. Abbildung 224). Diese offenen Posten auf den Steuerkonten werden durch den Steuermeldungslauf jeweils auf das Konto *Umsatzsteuervorauszahlung* gebucht (Buchung (1a) und (1b)).[850]

---

[849] Neben der Unterstützung von Umsatzsteuermeldungen an das Finanzamt erhalten Sie in SAP Business ByDesign über den Meldelauf an das Bundeszentralamt für Steuern zu Lieferungen an Unternehmer in anderen Mitgliedsstaaten der EU ebenso systemseitige Unterstützung.

[850] Der Zahlungsvorgang wird hier im Einzelnen nicht betrachtet. Dieser spielt sich analog zu den bereits behandelten Zahlungsvorgängen ab. Über Zahlläufe werden Ver-

Die aus einem Steuererklärungslauf ermittelte Steuerzahlung bzw. Steuererstattung wird direkt als Verbindlichkeit bzw. Forderung in der Bilanz ausgewiesen (vgl. Buchung (2)). Im vorliegenden Sachverhalt wird für das Kalenderjahr ein Steuererstattungsbetrag i.H.v. 709.127 EUR ermittelt.

5.3.2.4   Nebenbuchabstimmung

Nachdem alle Geschäftsvorfälle erfolgt bzw. Aufgaben abgearbeitet und Genehmigungen erteilt wurden, kann mit wenigen Abstimmprogrammen die Konsistenz der Nebenbücher überprüft werden.[851] Falls Sie alle Aufgaben des Closing Cockpits für diesen Prozessschritt abgearbeitet haben, sind keine Differenzen zu erwarten.

5.3.3   Bewertende Abschlussarbeiten
5.3.3.1   Überblick

Wichtig für den Teilprozess „Bewertende Abschlussarbeiten" ist das Schließen der Perioden für operative Buchungen und das Öffnen für den Abschlussschritt „Abschlussbuchungen". Die für die Bewertung relevante Datenbasis soll ab diesem Zeitpunkt nicht mehr durch mögliche Rechnungen oder Zeitrückmeldungen und den daraus resultierenden Buchungen verändert werden. Die Periodensperre stellt sicher, dass nicht beabsichtigte Buchungen nicht mehr zugelassen werden.

Periodensperren

Nachdem alle im Jahresabschluss zu berücksichtigenden (operativen) Geschäftsvorfälle erfasst wurden, werden in einem nächsten Schritt automatische und manuelle Abschlussbuchungen erforderlich. Diese Buchungen laufen nicht unabhängig voneinander ab, sondern stehen in einigen Fällen in einer Beziehung zueinander bzw. sind voneinander abhängig. So ist es bspw. notwendig, zuerst die Gemeinkostenzuschläge auf die Kostenträger zu buchen, bevor ein Abrechnungslauf des Kontos *Ware in Arbeit* erfolgt. Im Nachgang kann auf dieser Basis dann die Vorratsbewertung stattfinden. Ebenso ist der Abschreibungslauf (planmäßige Abschreibungen) die Grundlage für den sich anschließenden manuellen Bewertungsschritt: die Beurteilung des Vorliegens außerplanmäßiger Abschreibungen. Die Geschäftsvorfälle für bewertende Abschlussarbeiten können Sie in der aufgeführten Reihenfolge durchführen:[852]

Abhängigkeiten der bewertenden Abschlussarbeiten

- Rechnungsabgrenzungsposten (Aktiv/Passiv),
- Wertberichtigungen von Forderungen,
- Umgliederung der Forderungen bzw. Verbindlichkeiten,
- Fremdwährungsbewertung für Forderungen bzw. Verbindlichkeiten,
- Fremdwährungsbewertung für Zahlungsmittel,

---

[851]   bindlichkeiten beglichen. Die Verbuchung erfolgt über das Verrechnungskonto *Geld in Transit*; vgl. auch Kapitel F.1.3.1.2.
Die dazu benötigten Abstimmberichte (z.B. Abstimmung der Zahlmittelbestände, Kreditorenabstimmung, Debitorenabstimmung, Steuerabstimmung) finden Sie im Work Center *Hauptbuch* unter der Sicht *Berichte*.

[852]   Es handelt sich hierbei um die Reihenfolge der Standardauslieferung.

- WE/RE-Lauf,
- Planmäßige Abschreibungen auf Anlagen,
- Außerplanmäßige Abschreibungen auf Anlagen,
- Gemeinkostenzuschläge (z.B. Projekte und Produktionslose),
- WIP-Abrechnung,
- Bestandsbewertung und Bewertungsdifferenzen,
- Abgrenzungen (Bildung bzw. Bewertung von Rückstellungen),
- Erlösabgrenzung/Erlösrealisierung,
- Gemeinkostenumlagen.

Von dieser Gesamtheit bewertender Abschlussarbeiten ist exemplarisch der erste Geschäftsvorfall in Abbildung 225 aufgeführt. Die in der Auflistung genannten Geschäftsvorfälle schließen sich diesem an.

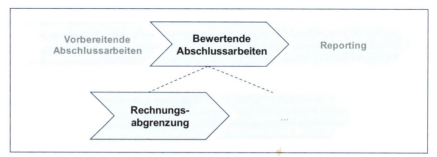

Abbildung 225: Teilprozess „Bewertende Abschlussarbeiten"

Automatische Abschlussarbeiten

Innerhalb der aufgelisteten Geschäftsvorfälle befinden sich automatische und manuelle Abschlussbuchungen. Die automatischen Abschlussbuchungen beziehen sich auf die periodischen Läufe: sowohl WE/RE-Lauf[853], Abschreibungslauf, Gemeinkostenzuschläge[854], WIP-Abrechnungslauf[855], Erlösabgrenzungslauf[856] als auch die Fremdwährungsbewertung[857]. Bis auf den Abschreibungslauf wurden Ihnen diese Läufe bereits in den vorangegangen Kapiteln hinsichtlich Funktionsweise und Buchungslogik näher erläutert. Den Abschreibungslauf planen Sie im Work Center *Anlagen* unter der Sicht *Periodische Aufgaben* ein. Dieser bucht dann automatisch alle planmäßigen Abschreibungen der vorhandenen Anlagen für eine Periode. Die Höhe der Abschreibung wird über die im Stammdatensatz der Anlage enthaltenen Angaben ermittelt. Für Zwecke der Abschlussarbeiten müssen Sie jedoch nicht in die einzelnen Work Center zur Durchführung der Läufe wechseln. Diese können direkt über das Closing Cockpit aufgerufen werden.

Manuelle Abschlussarbeiten

Die manuellen Abschlussarbeiten beziehen sich insbesondere auf die Bewertung von Forderungen, des Vorratsvermögens und der Rückstellungen sowie der Bil-

---

853   Vgl. Kapitel F.1.3.1.3.
854   Vgl. Kapitel F.2.3.2.5.
855   Vgl. Kapitel F.2.3.3.
856   Vgl. Kapitel F.3.3.2.
857   Vgl. dazu nachfolgendes Kapitel F.5.3.3.2.

dung von Rechnungsabgrenzungsposten. Die manuellen Abschlussarbeiten werden grundsätzlich über Erfassungsbelege berücksichtigt. So sind bspw. außerplanmäßige Abschreibungen auf Anlagen oder die Bildung von Rückstellungen manuell im Work Center *Hauptbuch* (Sicht *Buchungsbelege*) zu buchen.

Im Folgenden werden zwei zentrale Bereiche der Jahresabschlusserstellung, die Bewertung von Forderungen und die Bewertung des Vorratsvermögens näher erläutert. Von einer detaillierten Beschreibung der Rückstellungsbehandlung – im Fallbeispiel werden konkret eine Drohverlustrückstellung und Pensionsrückstellungen gebildet – wird abgesehen.[858]

5.3.3.2 Abschlussarbeiten im Bereich der Forderungen

Im Folgenden werden die Abschlussarbeiten, die die Bewertung von Forderungen betreffen, erläutert. Unter diese Arbeiten fallen die manuell vorzunehmenden Einzel- bzw. Pauschalwertberichtigungen. Darüber hinaus sind Forderungen ggf. der Fremdwährungsbewertung zu unterziehen. Entgegen den Wertberichtigungen handelt es sich hierbei um einen automatischen Bewertungsschritt, der allerdings eine manuelle Währungskurspflege zum Stichtag voraussetzt. Ebenso erfolgen die Umgliederung von Forderungen hinsichtlich Restlaufzeit und ggf. eine Saldierung mit vorhandenen Verbindlichkeiten automatisch. Die Saldenbestätigungsläufe sind als Vorbereitungsmaßnahmen der bewertenden Abschlussarbeiten bereits durchgeführt; diese bestätigen auf einer ersten Stufe die Beurteilungsbasis der zu bewertenden Positionen.

Überblick

Einzelwertberichtigungen beziehen sich auf Forderungen gegenüber einem bestimmten Kunden. Mit der Wertberichtigung einer Forderung wird dem Ausfallrisiko eines spezifischen Kunden Rechnung getragen. Sollte nicht mehr mit dem vollen Forderungseingang gerechnet werden, so ist zunächst eine manuelle Umbuchung der Forderung auf das Konto *Zweifelhafte Forderungen* vorzunehmen.[859] Danach ist der Buchwert der Forderung i.H.d. gefährdeten Betrags über einen Erfassungsbeleg abzuwerten. Im Gegensatz zu Einzelwertberichtigungen zielen Pauschalwertberichtigungen darauf ab, das Ausfallrisiko der gesamten Forderungspositionen auf Basis von Erfahrungswerten zu berücksichtigen. Der Forderungsbestand wird dem ermittelten Ausfallrisiko unterworfen und ebenso mit einem Erfassungsbeleg gebucht.

Einzel- und Pauschalwertberichtigung

Im Sachverhalt besteht eine Forderung aus Lieferungen und Leistungen gegenüber einem Kunden (*Schuhe @ Internet*) i.H.v. 214.200 EUR[860]. Diese Forderung soll auf einen Buchwert von 150.000 EUR abgeschrieben werden. Dazu müssen Sie einen Erfassungsbeleg anlegen und die Einzelwertberichtigung von 64.200 EUR

Beispielsachverhalt

---

[858] Die unterschiedliche Behandlung der Rückstellungen in Handels- und Steuerbilanz löst die Bildung von latenten Steuern aus; vgl. ausführlich F.5.3.4.1.

[859] Den manuellen Erfassungsbeleg legen Sie im Work Center *Hauptbuch* unter der Sicht *Buchungsbelege* an.

[860] In dieser Forderung ist Umsatzsteuer i.H.v. 34.200 EUR enthalten.

gegen das Konto *Zweifelhafte Forderungen* buchen. Die in der Forderung enthaltene Umsatzsteuer ist erst dann ihrer Höhe nach anzupassen, wenn tatsächlich ein geringerer Betrag als der ursprünglich begründete eingeht. Bis zu diesem Zeitpunkt besteht weiterhin eine Umsatzsteuerverbindlichkeit in unveränderter Höhe.

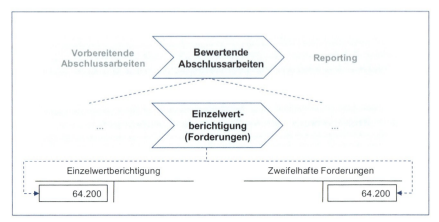

Abbildung 226: Buchung von Einzelwertberichtigungen

Umgliederung und Ausweis nach Restlaufzeit

Forderungen können mit Verbindlichkeiten saldiert werden, wenn diese gegenüber demselben Kunden bestehen. Zudem werden die Forderungen entsprechend ihrer Restlaufzeit für Berichterstattungszwecke ausgewiesen: Forderungen mit einer Restlaufzeit von mehr als einem Jahr müssen gesondert in der Bilanz gezeigt werden.[861] Die Umgliederung bzw. den Ausweis von Forderungen nehmen Sie im Work Center *Forderungen* unter der Sicht *Periodische Aufgaben* vor.

Fremdwährungsbewertung

Falls Sie auf fremde Währung lautende Forderungen haben, müssen diese zum Bilanzstichtag mit dem Stichtagskurs umgerechnet werden.[862] Um eine korrekte Bewertung zu gewährleisten, ist der Fremdwährungskurs zu diesem Zeitpunkt im Work Center *Hauptbuch* (Sicht *Allgemeine Aufgaben*) zu pflegen.[863] Den Fremdwährungsbewertungslauf planen Sie im Work Center *Forderungen* unter der Sicht *Periodische Aufgaben* ein.

---

[861] Bei diesem Vorgang handelt es sich lediglich um eine Ausweisfrage, die für Berichterstattungszwecke notwendig, für das operative Tagesgeschäft aber nicht von Relevanz ist. Die Umgliederung bzw. Saldierung wird in der nächsten Periode automatisch wieder zurückgenommen.

[862] Vgl. zu den Auswirkungen von Fremdwährungsgeschäften auch Kapitel F.1.3.1.2.2.

[863] Am Abschlussstichtag vorgenommene Abwertungen bzw. Aufwertungen von Forderungen werden in der nächsten Periode automatisch direkt zurückgenommen, da dieser Bewertungsvorgang nur für Abschlusszwecke für diesen Zeitpunkt und nicht für das operative Tagesgeschäft von Relevanz ist. Eine Bewertung von Forderungen über den ursprünglichen Anschaffungskosten ist nach BilMoG für Forderungen mit einer Restlaufzeit von weniger als einem Jahr – ausgehend von dem Betrachtungszeitpunkt – möglich (§ 256a HGB).

5.3.3.3 Abschlussarbeiten im Bereich des Vorratsvermögens

In diesem Abschnitt werden die Bewertung des Vorratsvermögens und die damit zusammenhängenden Abschlussschritte in den Kontext des Closing Cockpits gebracht. Die für die Bewertung des Vorratsvermögens relevanten Geschäftsvorfälle – Gemeinkostenzuschläge, WIP-Abrechnung, Bestandsbewertung und Gemeinkostenumlagen – stellen bis auf die Bestandsbewertung automatische Abschlussarbeiten dar.

Überblick

Wie in Kapitel F.2 bereits gezeigt wurde, sind Umlagen und die darauf angewendeten Gemeinkostenzuschläge Bestandteil für die Herstellungskostenermittlung selbst hergestellter Produkte. Es ist möglich, dass über die Umlage am Ende des Geschäftsjahrs mehr Kosten auf eine Kostenstelle umgelegt werden, als dies ursprünglich auf Basis der Plandaten erwartet wurde. Der ebenso auf Plandaten ermittelte Gemeinkostenzuschlag, der diese umgelegten Kosten auf einen Kostenträger (z.B. ein Produktionslos oder ein Projekt) umwälzen soll, entlastet in diesem Fall dann nicht mehr die Kostenstelle in der geplanten Höhe. Auf der Kostenstelle bleiben – wenn nur dieser Sachverhalt betrachtet wird – somit Kosten stehen (Überdeckung) bzw. diese wird zu hoch entlastet (Unterdeckung).

Behandlung von Umlagenänderungen

An dieser Stelle sind zwei Vorgehensweisen denkbar: Einerseits kann die Unterdeckung bzw. Überdeckung als Aufwand bzw. Ertrag der Periode erfolgswirksam berücksichtigt werden.[864] Andererseits ist eine Anpassung des Gemeinkostenzuschlags[865] auf Basis der umgelegten (Ist-)Kosten möglich.

Die für die Vorratsbewertung relevanten Geschäftsvorfälle sind in SAP Business ByDesign in der Standardauslieferung wie folgt angeordnet:

Geschäftsvorfälle der Vorratsbewertung

- Gemeinkostenzuschläge (z.B. Projekte und Produktionslose),
- WIP-Abrechnung,
- Bestandsbewertung und Bewertungsdifferenzen,
- Gemeinkostenumlage.

Die zeitliche Abfolge der Aktivitäten in dem Closing Cockpit sieht vor, dass die Umlage von Gemeinkosten nach der Bestandsbewertung erfolgt. Abweichungen zu den geplanten umzulegenden Kosten werden somit erst mit diesem Schritt abschließend ersichtlich. Die Zuschlagsläufe der Gemeinkosten erfolgen jedoch zuvor. Diese Vorgehensweise beabsichtigt also nicht, die Gemeinkostenzuschläge für die Umlage zu korrigieren, sondern die Unter- bzw. Überdeckung erfolgswirksam zu verrechnen. Die bereits erläuterte Flexibilität des Closing Cockpits erlaubt es Ihnen jedoch, die Anordnung der Abschlussschritte nach Ihren Wünschen zu gestalten. So können Sie die Gemeinkostenumlage auch vor den Zuschlagsläufen ansetzen und daraufhin unter Umständen eine Korrektur der Zuschlagssätze vornehmen.

---

[864] Die Aussteuerung in den Funktionsbereich der GuV hängt von dem Kostenstellentyp der Kostenstelle ab; vgl. dazu Kapitel D.3.3.

[865] Dieser angepasste Zuschlagssatz wird dann für die Verrechnung herangezogen.

Bewertungsverein-fachungsverfahren

SAP Business ByDesign bietet über das Bewertungsverfahren gleitender Durchschnitt ein gesetzlich zulässiges Verbrauchsfolgeverfahren an. Andere zulässige Verbrauchsfolgeverfahren, wie bspw. Lifo oder Fifo, werden vom System noch nicht automatisch unterstützt. Falls Sie von diesen Verfahren Gebrauch machen möchten, kann der nach diesen Verfahren ermittelte Bestandswert über eine manuelle Buchung erreicht werden.

Anpassung des Bestandswerts

Falls der beizulegende Wert niedriger als der Bestandswert des Vorratsvermögens ist, muss aufgrund des strengen Niederstwertprinzips eine Wertminderung vorgenommen werden. Für die Anpassung besitzen Sie die Möglichkeit, den Kostensatz eines Materials in dessen Stammdatensatz zu korrigieren. Daraus resultiert eine Umbewertung des Bestands i.H.d. Differenz zwischen altem und neuem Kostensatz.

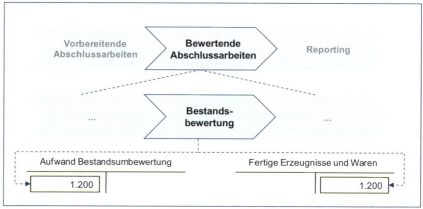

Abbildung 227: Buchungen bei der Bestandsumbewertung

Beispielsachverhalt

Wenn Sie den Kostensatz für den *Easy Walk*-Schuh um 1 EUR/Paar verringern würden, dann hätte dies bei einer verbleibenden Bestandsmenge von 1.200 Paaren (nach Inventur) eine aufwandswirksame Buchung im Konto *Aufwand Bestandsumbewertung* von 1.200 EUR und gleichzeitig eine Minderung des Bestandswerts auf dem Konto *Fertige Erzeugnisse und Waren* zur Folge (vgl. Abbildung 227).

5.3.3.4   Hauptbuchabstimmung

Abstimmung von Haupt- und Nebenbuch

Nachdem alle Geschäftsvorfälle erfolgt bzw. Aufgaben abgearbeitet und Genehmigungen erteilt wurden, kann die Abstimmung von Hauptbuch und Nebenbüchern vorgenommen werden. Normalerweise sind die Nebenbücher mit dem Hauptbuch jederzeit abgestimmt, weil die Buchungen immer in einem Nebenbuch und dem Hauptbuch abgesetzt werden. Zur Überprüfung von Neben- und Hauptbuch werden in SAP Business ByDesign Abstimmberichte zur Verfügung gestellt; treten in den Abstimmberichten[866] Fehler auf, liegt im Allgemeinen ein System-

---

[866]   Diese Berichte können Sie in den relevanten Nebenbüchern, wie z.B. Forderungen, Verbindlichkeiten, Steuern und Anlagen aufrufen.

fehler vor. Für den vorliegenden Sachverhalt wird in Abbildung 228 die Abstimmung der Salden von Nebenbuch und Hauptbuch mithilfe des Berichts im Work Center *Hauptbuch* angezeigt: es liegen keine Abweichungen zwischen Neben- und Hauptbuch vor. Die Differenz in der Zeile „ohne Nebenbuch" begründet sich aus drei Sachverhalten, die auf Sachkonten des Hauptbuchs gebucht wurden, zu denen kein Nebenbuch(konto) existiert. Konkret handelt es sich um die Buchungen der Eröffnungsbilanz[867] i.H.v. 8.000.000 EUR – Einlage der Barmittel zur Gründung und Aufnahme des Bankkredits – und den Erträgen aus Währungskursdifferenzen[868].

Aufgrund des zentralen Buchungsbelegs sind Neben- und Hauptbuch inhärent abgestimmt.	**HIGHLIGHT**

Nebenbuchkontotyp	Salden Nebenbuch (Hauswährung)	Salden Hauptbuch (Hauswährung)	Absolute Differenz	Nur Buchungen Hauptbuch
Anlagen	5.636.900,00 EUR	5.636.900,00 EUR	0,00 EUR	
Kostenstellen	1.373.956,18 EUR	1.373.956,18 EUR	0,00 EUR	
Kreditoren/Debitoren	-1.361.768,03 EUR	-1.361.768,03 EUR	0,00 EUR	
Materialbestand	248.224,35 EUR	248.224,35 EUR	0,00 EUR	
Ohne Nebenbuch				-8.018.037,50 EUR
Steuern	709.127,19 EUR	709.127,19 EUR	0,00 EUR	
Projekte	10.917,84 EUR	10.917,84 EUR	0,00 EUR	
Zahlungsmittel	4.749.754,50 EUR	4.749.754,50 EUR	0,00 EUR	

Abbildung 228: Abstimmbericht von Hauptbuch und Nebenbüchern

5.3.4 Abschlussreporting von Bilanz und Gewinn- und Verlustrechnung

Nachdem die zuvor beschriebenen Abschlussmaßnahmen beendet sind, können Sie in dem Work Center *Hauptbuch* unter der Sicht *Berichte* die Bilanz und die GuV des abgelaufenen Geschäftsjahrs aufrufen. Diese stellen jedoch noch nicht die finalen Jahresabschlussbestandteile dar. Dazu fehlen noch drei abschließende Geschäftsvorfälle: die Berücksichtigung von latenten Steuern, die (fakultative) Überleitung der GuV auf das Gesamtkostenverfahren und der Saldovortrag. Die Behandlung dieser drei Geschäftsvorfälle des letzten Teilprozesses wird nachfolgend erläutert.

5.3.4.1 Bilanzierung von latenten Steuern

In Kapitel C.4 wurde bereits dargelegt, wann die Bildung von latenten Steuern notwendig ist. Auf Basis der Einzeldifferenzenbetrachtung zwischen Handels- und Steuerbilanz sind diese Steuerpositionen über eine Aufwands- (passive latente Steuern) bzw. Ertragsbuchung (aktive latente Steuern) in einem gesonderten Posten in der Handelsbilanz auszuweisen.

Überblick

---

[867] Vgl. Kapitel D.1.
[868] Vgl. Kapitel F.1.3.1.2.2.

Bilanzposition	Handelsbilanz EUR	Steuerbilanz EUR	Delta EUR
Aktiva	11.504.840,46 EUR	11.500.381,04 EUR	0,00 EUR
Anlagevermögen	5.644.759,42 EUR	5.640.300,00 EUR	0,00 EUR
Immaterielle Vermögensgegenstände	7.859,42 EUR	1.800,00 EUR	6.059,42 EUR
Sachanlagevermögen	5.636.900,00 EUR	5.638.500,00 EUR	0,00 EUR
Grundstücke	1.000.000,00 EUR	1.000.000,00 EUR	0,00 EUR
Gebäude	2.612.500,00 EUR	2.612.500,00 EUR	0,00 EUR
Technische Anlagen und Maschinen	2.016.400,00 EUR	2.016.400,00 EUR	0,00 EUR
Betriebs- und Geschäftsausstattung	8.000,00 EUR	9.600,00 EUR	-1.600,00 EUR
Umlaufvermögen	5.860.081,04 EUR	5.860.081,04 EUR	0,00 EUR
Vorräte	248.224,35 EUR	248.224,35 EUR	0,00 EUR
Rohstoffe, Hilfs- und Betriebsstoffe	0,00 EUR	0,00 EUR	0,00 EUR
Fertige Erzeugnisse und Waren	248.224,35 EUR	248.224,35 EUR	0,00 EUR
Forderungen und sonstige Anlagen	862.102,19 EUR	862.102,19 EUR	0,00 EUR
Forderung aus Lieferung und Leistung	152.975,00 EUR	152.975,00 EUR	0,00 EUR
Aus Steuern	709.127,19 EUR	709.127,19 EUR	0,00 EUR
Kassenbest., Guthaben Kl. und Schecks	4.749.754,50 EUR	4.749.754,50 EUR	0,00 EUR
Passiva	-10.538.815,18 EUR	-10.934.581,04 EUR	0,00 EUR
Eigenkapital	-7.332.514,65 EUR	-7.731.613,51 EUR	0,00 EUR
Gezeichnetes Kapital	-5.550.000,00 EUR	-5.550.000,00 EUR	0,00 EUR
Jahresüberschuss/Jahresfehlbetrag	-2.182.739,93 EUR	-2.181.613,51 EUR	0,00 EUR
Rückstellungen	-89.333,00 EUR	-86.000,00 EUR	-3.333,00 EUR
Verbindlichkeiten	-3.116.967,53 EUR	-3.116.967,53 EUR	0,00 EUR
Verbindlichkeiten gegenüber Kreditinstituten	-2.450.000,00 EUR	-2.450.000,00 EUR	0,00 EUR
Verbindl. aus Lieferungen und Leistungen	-414.647,53 EUR	-414.647,53 EUR	0,00 EUR
Verbindl. gegenüber verb. Unternehmen	0,00 EUR	0,00 EUR	0,00 EUR
Sonstige Verbindlichkeiten	-252.320,00 EUR	-252.320,00 EUR	0,00 EUR
Aus Steuern	0,00 EUR	0,00 EUR	0,00 EUR
Verbindlichkeiten gegenüber Personal	-252.320,00 EUR	-252.320,00 EUR	0,00 EUR

Abbildung 229: Einzeldifferenzenbetrachtung zwischen Handels- und Steuerbilanz

Einzeldifferenzen-betrachtung

Mithilfe der zwei in SAP Business ByDesign verwendeten Rechnungslegungs-werken – *HGB* und *Steuerbuch* – werden Buchungen aus den oben beschriebenen Geschäftsprozessen (Beschaffung, Lagerfertigung, Auftragsabwicklung und Projektmanagement) automatisch in beiden Rechnungslegungswerken abgesetzt.[869] Dasselbe gilt auch für alle Buchungen des Teilprozesses „Vorbereitende Abschlussarbeiten". Bei den Buchungen des Teilprozesses „Bewertende Abschlussarbeiten" wurde das Rechnungslegungswerk stets ausgewählt. Sie können aus dieser Datenbasis im Anschluss an die notwendigen Abschlussarbeiten ohne Implementierung einer Überleitungsrechnung eine gesonderte Handels- und Steuerbilanz erzeugen. Diese Funktionalität ist für Zwecke der Bildung von latenten Steuerpositionen geeignet: Durch den Vergleich der beiden Abschlussberichte sind Sie schnell in der Lage, bilanzpostenbezogen Differenzen zwischen diesen Rechenwerken zu identifizieren. Auf dieser Grundlage können Sie anschließend den betreffenden (latenten) Steueraufwand bzw. -ertrag in der Handelsbilanz buchen.[870]

---

[869] Vgl. zur Umsetzung der parallelen Rechnungslegung auch Kapitel C.6.

[870] Auf sog. permanente Differenzen zwischen Handels- und Steuerbilanz dürfen keine latenten Steuern gebildet werden. Da permanente Differenzen in der Praxis – bis auf Beteiligungserträge gem. § 8b KStG – eigentlich nicht vorliegen, ist die beschriebene Vorgehensweise der Differenzenbetrachtung nicht zu verwerfen.

In Abhängigkeit von der Abweichung sind entweder aktive oder passive latente Steuern bilanziell abzugrenzen.[871]

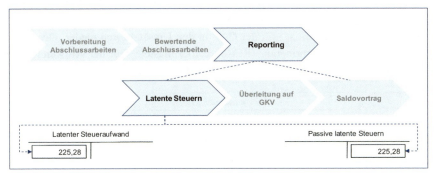

Abbildung 230: Buchung latenter Steuern

Den ermittelten latenten Steueraufwand berücksichtigen Sie im Jahresabschluss über einen manuellen Erfassungsbeleg im Work Center *Hauptbuch* (Sicht *Buchungsbelege*). Wie bereits in der Sachverhaltsbeschreibung aufgeführt wurde,[872] existieren mehrere Abweichungen zwischen Handels- und Steuerbilanz. Diese Abweichungen müssen auf latente Steuern hin untersucht werden. Die Differenz der Position Rückstellungen ergibt sich aus der unterschiedlichen Behandlung von Pensionsrückstellungen zur Altersversorgung (2.833 EUR) und der Drohverlustrückstellung (500 EUR). Handelsrechtlich ist der Wertansatz der Betriebs- und Geschäftsausstattung geringer als in der Steuerbilanz. Aus diesen beiden Sachverhalten können aktive latente Steuern i.H.v. 986,60 EUR gebildet werden (Aktivierungswahlrecht). Die Aktivierung des Patents mit einem Restbuchwert zum Bilanzstichtag i.H.v. 6.059,42 EUR führt zu einer weiteren Abweichung, die zum Ansatz von passiven latenten Steuern i.H.v. 1.211,88 EUR verpflichtet. Die *Nordstar GmbH* macht von der Saldierungsmöglichkeit von aktiven und passiven latenten Steuern Gebrauch: In der Bilanz werden 225,28 EUR an passiven latenten Steuern ausgewiesen und als Steueraufwand in der GuV berücksichtigt.

Neben der Erstellung der Steuerbilanz – mithilfe des gesonderten Rechnungslegungswerks *Steuerbuch* – zur Ermittlung der latenten Steuern kann diese als Ausgangspunkt für die Ermittlung des zu versteuernden Einkommens dienen.[873]

Beispielsachverhalt

5.3.4.2 Überleitung vom Umsatzkostenverfahren auf das Gesamtkostenverfahren

SAP Business ByDesign ist für Zwecke der Darstellung der GuV auf den Ausweis nach dem Umsatzkostenverfahren ausgelegt.[874] Auf einer Kostenstelle werden die

Verbuchung von Kosten nach UKV

---

871 Vgl. zum Aktivierungswahlrecht von aktiven latenten Steuern Kapitel C.4.2.
872 Vgl. Abbildung 218.
873 Vgl. auch Kapitel F.5.1.3.7.
874 Vgl. auch Kapitel F.2.3.2.1.

Kosten zwar nach Kostenarten dokumentiert,[875] der Ausweis von (nicht entlaste-ten) Kosten erfolgt jedoch in Abhängigkeit vom dem Funktionsbereich der zuge-hörigen Kostenstelle. Die in Abbildung 231[876] nicht entlasteten Kosten (hier: sons-tige Aufwendungen) schlagen sich – wenn die Kostenstelle dem Kostenstellentyp „Fertigung" zugewiesen ist – in der GuV in den Umsatzkosten nieder. Der durch die interne Leistungserbringung (Ressourcen) entlastete Teil der Aufwendungen wird direkt auf dem Konto *Ware in Arbeit* aktiviert.[877]

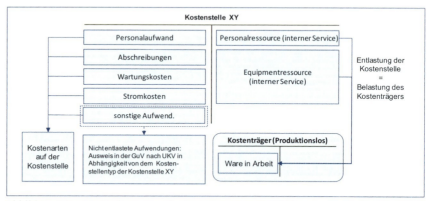

Abbildung 231: Verbuchung von Aufwendungen nach UKV

Anforderungen nach dem GKV

Wenn Sie der Darstellungsform der GuV nach dem Umsatzkostenverfahren nicht folgen möchten, können Sie im Rahmen der Abschlusserstellung mit wenigen Schritten die GuV in Form des Gesamtkostenverfahrens zeigen. Bei Anwendung des Gesamtkostenverfahrens sind alle Kosten der Periode nach Kostenarten aus-zuweisen. Des Weiteren sind Bestandsveränderungen (Erhöhungen bzw. Vermin-derungen) zu zeigen. Diese zwei zentralen Wesensmerkmale des Gesamtkosten-verfahrens werden über manuelle Anpassungsbuchungen hergestellt. Bei der Überleitung vom Umsatzkosten- auf das Gesamtkostenverfahren handelt es sich um den besonderen Abschlussschritt „Anpassungsbuchungen für das Gesamtkos-tenverfahren".

Anpassungs-buchungen

Die in Abbildung 232 dargestellten Anpassungen (Sollbuchungen) neutralisieren die Entlastungsbuchungen auf der Kostenstelle.[878] Für die Anpassungsbuchungen

---

[875]   Diese Informationen gehen nicht verloren, da sie u.a. für den Kostenausweis nach dem Gesamtkostenverfahren relevant sind.

[876]   Vgl. zu dieser Darstellung auch Kapitel F.2.3.2.3.2.

[877]   Diese Aufwendungen werden bei Verkauf des herzustellenden Vermögensgegen-stands als Umsatzkosten in der GuV berücksichtigt.

[878]   Für die Erläuterungen in diesem Abschnitt wird eine konkrete Kostenstelle betrachtet. Allerdings läuft die Betrachtung bei der Umstellung auf das Gesamtkostenverfahren global über alle Kostenstellen hinweg ab. Es wird keine Differenzierung in Kosten-stellen vorgenommen. Dies wird auch an den Korrekturbuchungen in Abbildung 234 ersichtlich, da die Anpassungsbuchungen für die insgesamt angefallenen Kosten durchgeführt werden.

existieren gesonderte Anpassungskonten.[879] Die Neutralisierung wird in SAP Business ByDesign über die hinterlegte Berichtsstruktur der betreffenden Konten (hier: *interner Service*) sichergestellt. Aufgrund der Anpassungsbuchungen bleiben auf der Kostenstelle nur noch die Primärkosten (wie z.B. Personalaufwand oder Abschreibungen) stehen. Diese Primärkosten werden für den Ausweis nach dem Gesamtkostenverfahren herangezogen. Die Gegenbuchung der (neutralisierenden) Anpassungsbuchung erfolgt in gleicher Höhe auf dem Produktions-Anpassungskonto (vgl. Abbildung 234). Auf dem Produktions-Anpassungskonto werden die einzelnen Anpassungsbuchungen gesammelt, um später in einem letzten Schritt die nach dem Gesamtkostenverfahren auszuweisende Bestandserhöhung zu buchen. Korrespondierend wird für die Bestandsminderungen auch ein spezielles Konto angesprochen: das Verkaufs-Anpassungskonto.

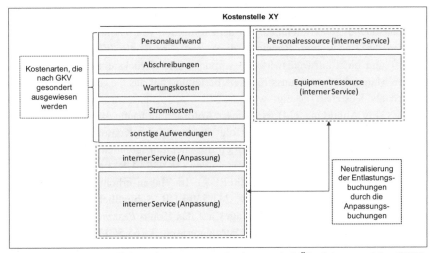

Abbildung 232: Neutralisierende Anpassungsbuchungen bei Überleitung auf das GKV

Um die Anpassungsbuchungen in der richtigen Höhe durchführen zu können, werden Ihnen zwei gesonderte Berichte zur Verfügung gestellt. Diese Berichte zeigen Ihnen alle i.V.m. der Produktion bzw. dem Verkauf angefallenen Kosten auf einen Blick an und dienen somit als Grundlage für die Erfassung der manuellen Buchungen zur Ableitung des Gesamtkostenverfahrens. Sie rufen diese Berichte in dem Work Center *Hauptbuch* unter der Sicht *Berichte* auf. In Abbildung 233 wird ein Bericht mit den relevanten Daten für die gesamte Produktion der *Hiking*-Schuhe angezeigt.[880] In der Kopfzeile befinden sich zudem die Kontentypen, die jeweils für die Anpassungsbuchungen angesprochen werden müssen. Insgesamt führt die Produktion zu einer Bestandserhöhung i.H.v. 1.165.550 EUR[881].

Höhe der Anpassungsbuchungen

---

[879]   In der Standardauslieferung sind bestimmte Anpassungskonten bereits eingerichtet; nach Bedarf können Sie in den Konfigurationseinstellungen weitere Konten anlegen.

[880]   Zu einer detaillierten Zusammensetzung der einzelnen Kosten wird auf Kapitel F.2.2 verwiesen.

[881]   Diese Bestandserhöhung ergibt sich aus den (gerundeten) Herstellungskosten von 41,63 EUR pro Paar und einer produzierten Menge von 28.000 Paaren.

Analog zur Produktion existiert auch ein Bericht, der die Verkaufsdaten zur Bestimmung der Höhe der Bestandsverminderung aufführt. Für den konkreten Fall sind dies 1.061.565 EUR[882].

Sachkonto (Herkunft)	WIP-Materialverbrauch	WIP-Leistungsverrechnungen	WIP-Gemeinkostenzuschläge	Gelieferter Gesamtwert
Aufwendungen für Rohstoffe	924.000,00 EUR			
Aufwendungen für Fertigfabrikate				-1.165.550,00 EUR
Aufwand interner Service		88.950,00 EUR		
GKZ Qualitätssicherung			45.600,00 EUR	
GKZ Produktionsnahe Gemeinkosten			107.000,00 EUR	
Ergebnis	**924.000,00 EUR**	**88.950,00 EUR**	**152.600,00 EUR**	**-1.165.550,00 EUR**

Abbildung 233: Produktionsdaten für die Anpassungsbuchungen für das GKV

Beispielsachverhalt

Auf Grundlage der Daten aus den Berichten können Sie nun die manuellen Anpassungsbuchungen vornehmen. Bei der Produktion von Vermögensgegenständen werden die eingesetzten Rohstoffe direkt auf dem Konto *Ware in Arbeit* aktiviert[883] und nicht aufwandswirksam verbucht. Die Berücksichtigung der Primärkosten Materialaufwand muss für die Überleitung auf das Gesamtkostenverfahren jedoch als Kostenart gezeigt werden. Mit einer Anpassungsbuchung (vgl. Buchung (1) in Abbildung 234) wird dieser Anforderung nachgekommen.[884] Die Gegenbuchung i.H.v. 924.000 EUR erfolgt direkt auf das Konto *Bestandsveränderung*. In einem weiteren Schritt werden die „neutralisierenden" Buchungen (Buchung (2)) der internen Leistungsverrechnung (88.950 EUR) und der Gemeinkostenzuschläge vorgenommen (152.600 EUR). Im Haben erhöht sich dadurch das Produktions-Anpassungskonto i.H.v. 241.550 EUR. Schließlich wird durch Umbuchung (Buchung (3)) dieses Betrages auf das Konto *Bestandsveränderung* die Bestandserhöhung der vergangenen Periode erfasst: 1.165.550 EUR. Der Verkauf von 25.500 Paar *Hiking*-Schuhen und die damit verbundene Bestandsverminderung von 1.061.565 EUR wird mit der Anpassungsbuchung auf das *Anpassungskonto Verkauf* berücksichtigt. Auch für diesen Fall müssen Sie eine Umbuchung (Buchung (4)) auf das Konto *Bestandsveränderung* vornehmen, um die Bestandsverminderung abschließend in der GuV auszuweisen. Insgesamt ergibt sich für das Geschäftsjahr eine Bestandsveränderung i.H.v. 103.985 EUR.[885] Sie können sich nun die GuV nach Gesamtkostenverfahren anzeigen lassen.

---

[882]   Die Bestandsverminderung resultiert aus dem Verkauf von 25.500 Paar Schuhen; diese wurden mit einem Bestandspreis von 41,63 EUR/Paar geführt.

[883]   Vgl. auch Kapitel F.2.3.2.2.

[884]   Es handelt sich hierbei nicht um eine neutralisierende Buchung, da – wie beschrieben – bisher kein Materialverbrauch aufwandswirksam angefallen ist, sondern dieser direkt (erfolgsneutral) aktiviert wurde.

[885]   Das ist der Bestandswert von noch auf Lager befindlichen *Hiking*-Schuhen.

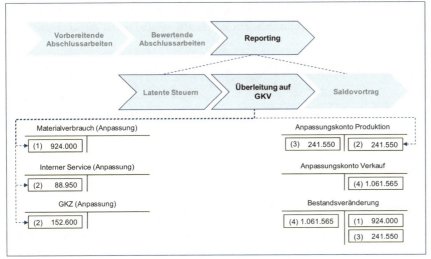

Abbildung 234: Anpassungsbuchungen Gesamtkostenverfahren

5.3.4.3   Saldovortrag

Die Herstellung der wert- und mengenmäßigen Bilanzidentität ist ein allgemeiner **Herstellung der Bilanzidentität** Grundsatz im Handelsrecht: Die Wertansätze des neuen Geschäftsjahrs müssen mit jenen der Schlussbilanz des vorhergehenden Geschäftsjahrs übereinstimmen. Mit dem im Closing Cockpit enthaltenen Abschlussschritt „Saldovortrag" wird diesem Prinzip Rechnung getragen. Der Saldovortrag sorgt zum einen dafür, dass der Abschlusssaldo eines Bestandskontos auf sich selbst vorgetragen wird, und zum anderen bucht der Saldovortrag das in der GuV ermittelte Jahresergebnis auf das betreffende Konto im Eigenkapital in die Bilanz um.

Um den Saldovortrag durchführen zu können, müssen Sie die Buchungsperiode **Periodensperre** für die Abschlussschritte „Abschlusssaldo" und „Gewinn- und Verlustrechnung für Bilanzergebnisse" öffnen. Der Vortrag findet in das kommende Geschäftsjahr statt, sodass Sie auch bereits das nächste Geschäftsjahr im Work Center *Hauptbuch* (Sicht *Periodenabschluss*) angelegt und die erste Periode für den Abschlussschritt „Eröffnungssaldo" geöffnet haben müssen. Sollten nach Durchführung der Arbeitsschritte für den Saldovortrag nachträglich Buchungen in die Abschlussperiode notwendig werden, korrigiert SAP Business ByDesign den Saldovortrag automatisch.

5.3.5   Abschließende Bilanz und Gewinn- und Verlustrechnung

Nachdem alle Abschlussarbeiten durchlaufen wurden, können Sie die Bilanz und die GuV für das Geschäftsjahr 2010 erzeugen. Die Auswirkungen der Abschlussarbeiten auf diese beiden Jahresabschlussbestandteile werden nachfolgend zusammenfassend dargestellt. Wie bereits erwähnt wurde, besteht mithilfe der Periodensperren die Möglichkeit, die Buchungen der Abschlussarbeiten in Form einer

Bewegungsbilanz gesondert in einer Spalte anzuzeigen (vgl. Abbildung 235). Die Auswirkungen der Abschlussarbeiten auf die Bilanz sind damit direkt erkennbar.

Abschluss Buchhaltung	operative Buchungen	Abschlussbuchungen	Gesamtergebnis
	JAN.2010 - DEZ.2010	JAN.2010 - DEZ.2010	JAN.2010 - DEZ.2010
Bilanzposition	EUR	EUR	EUR
Aktiva	12.365.048,61 EUR	-860.208,15 EUR	11.504.840,46 EUR
Anlagevermögen	5.686.259,42 EUR	-41.500,00 EUR	5.644.759,42 EUR
Immaterielle Vermögensgegenstände	7.859,42 EUR	0,00 EUR	7.859,42 EUR
Sachanlagevermögen	5.678.400,00 EUR	-41.500,00 EUR	5.636.900,00 EUR
Grundstücke	1.000.000,00 EUR	0,00 EUR	1.000.000,00 EUR
Gebäude	2.650.000,00 EUR	-37.500,00 EUR	2.612.500,00 EUR
Technische Anlagen und Maschinen	2.016.400,00 EUR	0,00 EUR	2.016.400,00 EUR
Betriebs- und Geschäftsausstattung	12.000,00 EUR	-4.000,00 EUR	8.000,00 EUR
Umlaufvermögen	6.678.789,19 EUR	-818.708,15 EUR	5.860.081,04 EUR
Vorräte	248.432,50 EUR	-208,15 EUR	248.224,35 EUR
Rohstoffe, Hilfs- und Betriebsstoffe	0,00 EUR	0,00 EUR	0,00 EUR
Fertige Erzeugnisse und Waren	248.432,50 EUR	-208,15 EUR	248.224,35 EUR
Forderungen und sonstige Anlagen	1.680.602,19 EUR	-818.500,00 EUR	862.102,19 EUR
Forderung aus Lieferung und Leistung	217.175,00 EUR	-64.200,00 EUR	152.975,00 EUR
Aus Steuern	1.463.427,19 EUR	-754.300,00 EUR	709.127,19 EUR
Kassenbest., Guthaben Kl. und Schecks	4.749.754,50 EUR	0,00 EUR	4.749.754,50 EUR
Passiva	-12.365.048,61 EUR	860.208,15 EUR	-11.504.840,46 EUR
Eigenkapital	-8.493.781,08 EUR	1.161.266,43 EUR	-7.332.514,65 EUR
Gezeichnetes Kapital	-5.550.000,00 EUR	0,00 EUR	-5.550.000,00 EUR
Jahresüberschuss/Jahresfehlbetrag	-2.943.781,08 EUR	1.161.266,43 EUR	-1.782.514,65 EUR
Rückstellungen	0,00 EUR	-489.333,00 EUR	-489.333,00 EUR
Verbindlichkeiten	-3.871.267,53 EUR	188.500,00 EUR	-3.682.767,53 EUR
Verbindlichkeiten gegenüber Kreditinstituten	-2.450.000,00 EUR	0,00 EUR	-2.450.000,00 EUR
Verbindl. aus Lieferungen und Leistungen	-414.647,53 EUR	0,00 EUR	-414.647,53 EUR
Verbindl. gegenüber verb. Unternehmen	0,00 EUR	0,00 EUR	0,00 EUR
Sonstige Verbindlichkeiten	-1.006.620,00 EUR	188.500,00 EUR	-818.120,00 EUR
Aus Steuern	-754.300,00 EUR	754.300,00 EUR	0,00 EUR
Verbindlichkeiten gegenüber Personal	-252.320,00 EUR	-565.800,00 EUR	-818.120,00 EUR
Passive latente Steuern	0,00 EUR	-225,28 EUR	-225,28 EUR

Abbildung 235: (Abschluss-)Bilanz der *Nordstar GmbH* des Geschäftsjahrs 2010

Elektronische Übermittlung von Bilanz und GuV

An dieser Stelle ist darauf hinzuweisen, dass in SAP Business ByDesign durch die Verwendung eines gesonderten Rechnungslegungswerks eine Steuerbilanz erstellt werden kann, die als Grundlage für die elektronische Übermittlung von Bilanz- und GuV-Daten an die Finanzbehörden dient.[886]

Wertberichtigung

Die vom Ausfall bedrohte Forderung des Kunden *Schuhe @ Internet* wird zum Bilanzstichtag i.H.v. 64.200 EUR wertberichtigt. Die *Nordstar GmbH* rechnet nur noch mit einem Forderungseingang von 150.000 EUR. Die Wertberichtigung wird in der GuV unter den sonstigen betrieblichen Aufwendungen ausgewiesen.

---

[886] Es ist zurzeit noch in der Diskussion, in welchem Detaillierungsgrad die Daten (Steuer-Taxonomie) übertragen werden müssen. Es zeichnet sich nach aktuellem Stand jedoch ein hoher Detaillierungsgrad ab, der wohl eine Anpassung des Kontenrahmens in den Unternehmen zur Folge hat. Vgl. auch Kapitel C.2.

Die Abschreibungen auf das Verwaltungsgebäude und die Computer (BGA) sind **Abschreibungen**
noch nicht erfolgt. Für das Verwaltungsgebäude ist eine Abschreibung i.H.v.
37.500 EUR und für die Computer i.H.v. 4.000 EUR vorzunehmen. Bei Anwendung des Gesamtkostenverfahrens werden die Abschreibungen unter der gleichnamigen Position ausgewiesen; im Umsatzkostenverfahren erfolgt der Ausweis unter den Verwaltungskosten.

Die Umsatzsteuermeldung führt zu einer Aufrechnung der offenen Steuerpositionen (Vorsteuer und Umsatzsteuer). Nach Verrechnung dieser Konten verbleibt eine Steuerforderung gegenüber dem Finanzamt i.H.v. 709.127 EUR bestehen. **Steuerforderung**

Der bei der Inventur festgestellte Schwund der Handelsware wurde durch eine **Inventur**
Anpassung des Bestandswerts i.H.v. 208,15 EUR berücksichtigt. Der verbleibende Bestand beläuft sich zum Jahresende auf ca. 248.224 EUR. Bei Anwendung des Gesamtkostenverfahrens ist die Inventurdifferenz als Materialaufwand, im Umsatzkostenverfahren als sonstiger betrieblicher Aufwand zu berücksichtigen.

Aus der verbindlichen Bestellung zur Lieferung von Materialien droht ein Verlust **Rückstellungen**
aus schwebenden Geschäften. Deshalb wird zum Bilanzstichtag eine Drohverlustrückstellung i.H.v. 500 EUR aufwandswirksam gebildet. Die Gegenbuchung in der GuV erfolgt unter den sonstigen betrieblichen Aufwendungen. Die Pensionsrückstellung i.H.v. 88.833 EUR wird ebenfalls in dieser GuV-Position verbucht. Zudem wird von der *Nordstar GmbH* eine Steuerrückstellung i.H.v. 400.000 EUR gebildet. Dieser Aufwand wird unter den Steuern vom Einkommen und Ertrag in der Gewinn- und Verlustrechnung ausgewiesen.

Im Abschlussprozess werden vereinfachend die bisher in den Geschäftsprozessen **Personalaufwand**
noch nicht berücksichtigten Personalaufwendungen abschließend erfasst.[887] Diese
setzen sich aus den Aufwendungen des Geschäftsführers, des Zentralbereichs und den Geschäftsbereichen Handelsware und Designberatung zusammen. Die auf den Geschäftsbereich Produktionsware entfallenden Personalkosten wurden bereits vollständig im Produktionsprozess einbezogen. Für den Zentralbereich ist zu beachten, dass für den Einkaufsmitarbeiter nur noch zwei Drittel der Personalausgaben (= 24.000 EUR) berücksichtigt werden dürfen – ein Drittel hat bereits Eingang in den Produktionsprozess gefunden.[888] Ein Teil der Personalkosten des FuE-Mitarbeiters ist bereits im Rahmen des FuE-Projekts[889] aufwandswirksam verbucht worden (6.000 EUR), sodass für diesen Mitarbeiter hier nur noch 16.500 EUR in die Betrachtung eingehen. Ebenso ist für den Geschäftsbereich Designberatung vorzugehen: Personalkosten von am Kundenprojekt beteiligten Mitarbeiter[890] (Kostenstelle *Projektdurchführung*) wurden bereits i.H.v. 1.200 EUR verrechnet. Im Abschlussprozess sind somit für die Kostenstelle *Projektdurchführung*

---

[887] Vgl. zu einer Auflistung der Personalkosten für das Geschäftsjahr die Abbildung 38.
       Es handelt sich um Planwerte, die jedoch in dieser Höhe tatsächlich angefallen sind.
[888] Vgl. Kapitel F.2.2.2.
[889] Vgl. Kapitel F.4.2.2.
[890] Vgl. Kapitel F.4.2.1.

nur noch Personalkosten i.H.v. 66.300 EUR zu erfassen. Zusammenfassend ergeben sich folgende Personalkosten: Geschäftsführung (72.000 EUR), Zentralbereich (154.500 EUR), Geschäftsbereich Handelsware (252.000 EUR), Geschäftsbereich Designberatung (87.300 EUR). Während im Gesamtkostenfahren ein Ausweis in den Personalaufwendungen erfolgt, findet im Umsatzkostenverfahren eine Berücksichtigung der Aufwendungen der Vertriebs- und Lagermitarbeiter (insgesamt 177.000 EUR) in den Vertriebskosten statt. Die verbleibenden Personalaufwendungen (388.800 EUR) stellen Verwaltungskosten dar. Es wird unterstellt, dass die Mitarbeiter noch nicht bezahlt wurden; es ist eine Verbindlichkeit gegenüber Personal i.H.v. 565.800 EUR auszuweisen.

Latente Steuern

Zwischen der Handels- und Steuerbilanz der *Nordstar GmbH* wurden Abweichungen identifiziert. Diese ziehen die Bildung von passiven latenten Steuern in der Bilanz nach sich. Dieser Steueraufwand von 225,28 EUR wird in der GuV unter der Position Steuern vom Einkommen und vom Ertrag ausgewiesen.

Bilanzposition	GuV ohne Abschluss EUR	Delta Abschluss EUR	GuV EUR
Ergebnis der gewöhnlichen Geschäftstätigkeit	-2.943.781,08 EUR	1.161.266,43 EUR	-1.782.514,65 EUR
Umsatz	-5.948.000,00 EUR	0,00 EUR	-5.948.000,00 EUR
Erhöhung oder Verminderung des Bestands	-103.985,00 EUR	0,00 EUR	-103.985,00 EUR
andere aktivierte Eigenleistung	-6.378,34 EUR	0,00 EUR	-6.378,34 EUR
sonstige betriebliche Erträge	-18.037,50 EUR	0,00 EUR	-18.037,50 EUR
Materialaufwand	2.483.560,00 EUR	208,15 EUR	2.483.768,15 EUR
Personalaufwand	252.200,00 EUR	565.800,00 EUR	818.000,00 EUR
Abschreibung	325.118,92 EUR	41.500,00 EUR	366.618,92 EUR
für Sachanlagen	324.600,00 EUR	41.500,00 EUR	366.100,00 EUR
für immaterielle Vermögensgegenstände	518,92 EUR	0,00 EUR	518,92 EUR
sonstige betriebliche Aufwendungen	71.740,84 EUR	153.533,00 EUR	225.273,84 EUR
Steuern vom Einkommen und vom Ertrag	0,00 EUR	400.225,28 EUR	400.225,28 EUR
GuV Ergebnis	-2.943.781,08 EUR	1.161.266,43 EUR	-1.782.514,65 EUR

Abbildung 236: GuV nach dem Gesamtkostenverfahren des Geschäftsjahres 2010

Bilanzposition	GuV ohne Abschluss EUR	Delta Abschluss EUR	GuV EUR
Ergebnis der gewöhnlichen Geschäftstätigkeit	-2.943.781,08 EUR	1.161.266,43 EUR	-1.782.514,65 EUR
Bruttoergebnis vom Umsatz	-3.325.629,16 EUR	0,00 EUR	-3.325.629,16 EUR
Nettoumsatzerlös	-5.948.000,00 EUR	0,00 EUR	-5.948.000,00 EUR
Umsatzkosten	2.622.370,84 EUR	0,00 EUR	2.622.370,84 EUR
Vertriebskosten	348.500,00 EUR	177.000,00 EUR	525.500,00 EUR
allgemeine Verwaltungskosten	48.000,00 EUR	430.300,00 EUR	478.300,00 EUR
sonstige betriebliche Erträge	-18.037,50 EUR	0,00 EUR	-18.037,50 EUR
sonstige betriebliche Aufwendungen	3.385,58 EUR	153.741,15 EUR	157.126,73 EUR
Steuern vom Einkommen und vom Etrag	0,00 EUR	400.225,28 EUR	400.225,28 EUR
GuV Ergebnis	-2.943.781,08 EUR	1.161.266,43 EUR	-1.782.514,65 EUR

Abbildung 237: GuV nach dem Umsatzkostenverfahren des Geschäftsjahres 2010

Die *Nordstar GmbH* schließt das Geschäftsjahr 2010 mit einem positiven Jahresergebnis i.H.v. ca. 1,78 Mio. EUR ab.

6. Berichtswesen zur Rechnungslegung und Unternehmenssteuerung

6.1 Überblick

Dem Rechnungswesen obliegen verschiedene Aufgaben. I.w.S. werden hierunter sowohl die Investitionsrechnung, Liquiditätsplanung und -betrachtung, die operativen Finanzprozesse als auch das interne und externe Rechnungswesen verstanden.[891] Eine besondere Rolle kommt dabei in einem harmonisierten Rechnungswesen[892] dem externen Rechnungswesen zu, das aufgrund seiner gesetzlichen Vorgaben den Rahmen für die gemeinsamen Daten für die interne und externe Berichterstattung darstellt. Der Gesetzgeber verpflichtet gem. § 238 HGB jeden Kaufmann, Bücher zu führen und die Lage seines Vermögens ersichtlich zu machen. Daraus wird zum einen sowohl eine Dokumentationsfunktion als auch eine Rechenschaftsfunktion gegenüber sich selbst, aber auch gegenüber seinen Gläubigern und anderen Anspruchsträgern abgeleitet. Zum anderen liefern Bilanz und GuV eine Übersicht über das Vermögen, die Finanzierungsstruktur und den Erfolg eines Unternehmens. Vergleicht man diese beiden Berichte über Perioden hinweg, erhält man Informationen über deren zeitliche Entwicklung. Insbesondere im Falle eines harmonisierten Rechnungswesens werden zudem bereits unterjährig wichtige Informationen bereitgestellt und zur Unternehmenssteuerung (Controlling)[893] eingesetzt. Das (harmonisierte) Rechnungswesen stellt somit keinen Selbstzweck dar, sondern nimmt eine wichtige Unterstützungsfunktion der Geschäftsführung wahr.

Unterstützungsfunktion des Rechnungswesens

Die Geschwindigkeit, in der das Rechnungswesen Daten zur Verfügung stellt, bildet die Basis einer erfolgreichen Unternehmenssteuerung. Das Rechnungswesen stellt im Idealfall tagesaktuell Daten zur Verfügung, z.B. Kontensalden oder bedeutsame Steuerungsgrößen[894] wie Liquidität oder Auftragsbestand. Die Daten können vergangenheitsbezogene Elemente aus Bilanz, GuV und Kapitalflussrechnung sein, sie können aber auch zukunftsgerichtet (wie die Liquiditätsvorschau oder andere Planungsinstrumente) sein. Damit sorgt das Rechnungswesen für ein hohes Maß an Transparenz und somit häufig für einen Wettbewerbsvorteil gegenüber anderen Unternehmen.

Aktualität der Daten als Erfolgsmotor

---

[891] Vgl. m.w.N. BAETGE, J./KIRSCH, H.-J./THIELE, S. (2009), S. 1 ff. Für den Begriff „Liquiditätsplanung" werden auch die ähnlich verwendeten Begriffe „Finanzplanung" und „Finanzrechnung" genannt. Die operativen Finanzprozesse werden vielfach nicht unter den Begriff „Rechnungswesen" gefasst.

[892] Vgl. zu den Vorteilen eines intern und extern harmonisierten Rechnungswesens im Mittelstand ausführlich Kapitel B.4.3.

[893] Die Unternehmenssteuerung wird hier mit dem Controlling in folgendem Sinn gleichgesetzt: Sie ist die Summe aller Maßnahmen zur zieloptimalen Koordination der Führungsbereiche Planung, Kontrolle, Organisation, Personalführung und Information. Vgl. zum Begriff „Controlling" auch KREY, A./LORSON, P. (2007), S. 1717 ff.

[894] Vgl. zur Verwendung von Kennzahlen als geeignete Steuerungsgrößen ausführlich Kapitel F.6.4.1.

Berührungsgrad zum Rechnungswesen

Die in den verschiedenen Unternehmensbereichen, wie z.B. dem Einkauf, Verkauf, Projektgeschäft oder dem Produktionsbereich, tätigen leitenden Mitarbeiter der Aufbauorganisation und der Projektorganisation verwenden tagtäglich die im Rechnungswesen gewonnenen Daten zur Steuerung und Kontrolle ihres Verantwortungsbereichs.[895] Ebenso setzen die Entscheidungen der Geschäftsführung – im Vergleich zur operativen Steuerungsebene in einer komprimierteren Form – auf den Daten des Rechnungswesens auf. Neben den Informationen aus dem Rechnungswesen werden für die strategische Steuerung auch Informationen benötigt, die nicht direkt aus dem Rechnungswesen stammen. Das zu veröffentlichende Zahlenwerk des externen Rechnungswesens ist schließlich jährlich von einem Abschlussprüfer zu testieren.[896] Die gesetzliche Pflicht zur Testierung dient dem Schutz der Gläubiger und anderen Anspruchsträgern, indem der Wahrheitsgehalt der Angaben von einem Sachverständigen bestätigt wird.

Kapitelaufbau

Im Folgenden orientiert sich die Gliederung dieses Kapitels an dem Verdichtungsgrad der Daten des Rechnungswesens. Während das Rechnungswesen originär für die Aufbereitung und Bereitstellung des Datenmaterials verantwortlich ist, nutzen leitende Mitarbeiter der Aufbauorganisation und der Projektorganisation und die Geschäftsführung diese Daten mit steigendem Verdichtungsgrad für Ihren Arbeitsalltag. Da der Abschlussprüfer grundsätzlich nur am Jahresende mit den Zahlen des externen Rechnungswesens in Berührung kommt, wird abschließend die besondere Funktionalität in SAP Business ByDesign für den Abschlussprüfer dargestellt.

Die Liquidität ist eine der wichtigsten finanziellen Größen, die in einem Unternehmen überwacht, geplant und disponiert werden muss. Gerade Erkenntnisse über die zukünftige Liquidität können nicht auf Basis des externen und internen Rechnungswesens gewonnen werden. Das interne und externe Rechnungswesen hat u.a. die periodisierte Erfolgsermittlung eines Unternehmens zum Ziel, während die Liquidität mittels Zahlungsströmen auf Basis von Ein- und Auszahlungen sowie Ein- und Ausgaben ermittelt und geplant wird. Daher wird im Folgenden zunächst die Notwendigkeit eines Cash- und Liquiditätsmanagements und die Umsetzung in SAP Business ByDesign beschrieben.

---

[895]   Vgl. hierzu Kapitel F.6.4.

[896]   Vgl. zu der Prüfungspflicht von Kapitalgesellschaften Kapitel F.6.3.1.

6.2 Cash- und Liquiditätsmanagement als wesentlicher Steuerungsaspekt

6.2.1 Betriebswirtschaftliche Grundlagen

6.2.1.1 Notwendigkeit eines integrierten Cash- und Liquiditätsmanagements

Der Begriff „Cash- und Liquiditätsmanagement" ist mit der oftmals in der Literatur erwähnten Bezeichnung „Finanzierungsrechnung"[897] vergleichbar, die als rechnerisches Planungs- und Kontrollinstrument der Überwachung der Liquidität bzw. Zahlungsfähigkeit dient und ein liquiditätsbezogenes Teilsystem des betriebswirtschaftlichen Rechnungswesens darstellt.[898] Ein Cash- und Liquiditätsmanagement umfasst eine unternehmensinterne Liquiditätsverwaltung, die nicht nur auf einer Liquiditätsplanung basiert, sondern auch die aktive Gestaltung der Zahlungsströme sowie Entscheidungen über ggf. notwendige Ausgleichsmaßnahmen beinhaltet.[899]

Begriffsabgrenzung

Hiervon ist bspw. der Begriff „Kapitalflussrechnung", der nur auf retrospektiven Zahlungsströmen basiert und primär der externen Berichterstattung dient, abzugrenzen.[900] Die Kapitalflussrechnung soll externen Adressaten einen Einblick in die Finanzlage des Unternehmens gewährleisten, indem Geschäfts-, Investitions- und Finanzierungsvorgänge in Form von Ein- und Auszahlungen der vorangegangenen Periode abgebildet werden.

Stetig wachsender Wettbewerb, sinkende Margen, hohe finanzielle Verluste sowie erschwerte Kapitalaufnahmebedingungen machen ein effizientes Cash- und Liquiditätsmanagement, das finanzielle Risiken frühzeitig erkennt und diese regulieren kann, unabdingbar. Die notwendige Liquidität soll sichergestellt und finanzielle Risiken reduziert werden. Ein Unternehmen kann effizienter wirtschaften, wenn es Risiken und Chancen bereits im Voraus erkennen und angehen kann.[901] Ein adäquates Steuerungskonzept basiert hierbei auf Zahlungsströmen, die täglich bspw. durch Wechselkurs- oder Zinsänderungen variieren können, anstatt auf Be-

Vorbemerkung

---

[897] Eine Vielzahl von im Schrifttum teilweise synonym verwendeten Begriffen, wie bspw. „Finanzrechnung", „Mittelflussrechnung", „Zahlungsstromrechnung oder „Geldflussrechnung", prägt die begrifflichen Ungenauigkeiten unterschiedlicher Ausprägungen wertbasierter Periodenrechnungen; vgl. hierzu auch MEYER, M. A. (2007), S. 20.

[898] Vgl. CHMIELEWICZ, K. (1993), S. 44; DELLMANN, K. (1993), S. 2075; COENENBERG, A. G./HALLER, A./SCHULTZE, W. (2009), S. 771.

[899] Vgl. KUHN, W./STRECKER, K. A. (2008), S. 96.

[900] Kapitalmarktorientierte Kapitalgesellschaften, die nicht zur Aufstellung eines Konzernabschlusses verpflichtet sind, müssen seit dem BilMoG ihren Jahresabschluss um eine Kapitalflussrechnung erweitern. Darüber hinaus verpflichtet § 297 Abs. 1 Satz 1 HGB, den Konzernabschluss um eine Kapitalflussrechnung zu ergänzen. Hinweise zur inhaltlichen Ausgestaltung der Kapitalflussrechnung sind in § 297 Abs. 1 Satz 1 HGB allerdings nicht enthalten. Lediglich DRS 2 präzisiert gem. dem internationalen Vorbild des IAS 7 den inhaltlichen Aufbau einer Kapitalflussrechnung.

[901] Vgl. HAGER, P. (2004), S. 1.

wertungsgrößen.[902] Denn der Erfolg, das Wachstum und der Fortbestand eines Unternehmens hängen im Wesentlichen von der Fähigkeit ab, Zahlungsmittel aus eigener Kraft zu erwirtschaften und effizient zu verwalten. Die Überlebensfähigkeit eines Unternehmens wird dabei durch seine Zahlungsfähigkeit sichergestellt.[903] Auch wenn man eine gewisse Unsicherheit zukünftiger Zahlungsflüsse mit in Betracht zieht, können sie dennoch einen hohen Beitrag zur Früherkennung von Chancen und Risiken leisten.[904] Fehlende Liquidität[905] bzw. Zahlungsunfähigkeit wird häufig als Hauptursache für Unternehmensinsolvenzen[906] gesehen. Eine sich bereits anbahnende Zahlungsunfähigkeit kann den Ruf eines Unternehmens schädigen und seine Krise verstärken.[907] Neben weiteren Aufgaben sollte das Hauptaugenmerk der Unternehmensführung daher auf der regelmäßigen Überwachung der finanziellen Risiken und damit der Überprüfung der Zahlungsfähigkeit des Unternehmens liegen. Dabei unterliegt die Zahlungsfähigkeit unterschiedlichen Risiken bzw. Einflussfaktoren, wie bspw. unerwarteten Ergebnisverschlechterungen, Ausfällen von Zahlungen, Rohstoff- oder Marktpreisänderungen, Wechselkursschwankungen oder Zinsänderungen, die die Liquidität eines Unternehmens stark tangieren können.[908] Insbesondere die weltweite Finanzkrise hat das unternehmerische Bewusstsein für die Notwendigkeit eines systematischen Cash- und Liquiditätsmanagements gestärkt.[909]

Primäres Ziel des Cash- und Liquiditätsmanagements

Das vorrangige Ziel des unternehmensweiten Finanzbereichs stellt die Sicherstellung der jederzeitigen Zahlungsfähigkeit dar.[910] Das Cash- und Liquiditätsmanagement sollte gleichzeitig ein Risikofrühwarnsystem[911] beinhalten, welches früh-

---

[902] Vgl. MEYER, M. A. (2007), S. 13.

[903] Vgl. MEYER, M. A. (2007), S. 1 f.

[904] Vgl. HAGER, P. (2004), S. 6.

[905] Der Begriff „Liquidität" wird oftmals auf zwei verschiedene Arten interpretiert. Zum einen als Eigenschaft eines Vermögensgegenstands oder zum anderen als Eigenschaft eines Unternehmens. Wird die Liquidität als Eigenschaft von Vermögensgegenständen gesehen, wird gemessen, wie liquidierbar, also wie „geldnah" sie sind. Daneben kann der Begriff „Liquidität" bedeuten, dass ein Unternehmen jederzeit in der Lage ist, seine Zahlungsverpflichtungen, wie bspw. Löhne bzw. Gehälter, Verbindlichkeiten, Kredittilgungen, Zinsen oder Abgaben bzw. Steuern, zu begleichen. Es wird dann als liquide bezeichnet. Liquidität wird im Folgenden als Eigenschaft eines Unternehmens angesehen, zahlungsfähig zu sein; vgl. zur Definition WÖHE, G./DÖRING, U. (2010), S. 29, 590 f.; BIEG, H./KUßMAUL, H. (2009), S. 5 ff.

[906] Das Insolvenzrecht beinhaltet insgesamt drei Eröffnungsgründe für eine Unternehmensinsolvenz: Zahlungsunfähigkeit, drohende Zahlungsunfähigkeit sowie Überschuldung; vgl. hierzu weitergehend Kapitel F.6.2.1.3.

[907] Vgl. ERICHSEN, J. (2007), S. 137; ERTL, M. (2003), S. 17.

[908] Vgl. AMMELUNG, U./KAESER, C. (2003), S. 656; HAGER, P. (2004), S. 14 ff.

[909] Vgl. GRAMLICH, D./WALZ, H. (2005), S. 1210.

[910] Vgl. SPAHNI-KLASS, A. (1988), S. 16, 22; ERTL, M. (2008), S. 290; LEY, D. (2009), S. 283 f.

[911] Vgl. zu Kennzahlen, die innerhalb eines solchen Frühwarnsystems überwacht werden sollten Kapitel F.6.2.1.3.

zeitig drohende Liquiditätsengpässe aufdeckt.[912] Hierzu sollte das Cash- und Liquiditätsmanagement folgende Teilbereiche umfassen und realisieren können:[913]

- Tagesaktuelle Ermittlung des Liquiditätsstatus,[914]
- Kurz-, mittel- und langfristige Liquiditätsplanung[915], -disposition und -kontrolle.

In der praktischen Anwendung können allerdings gewisse, die effiziente Liquiditätsplanung einschränkende bzw. sogar verhindernde Restriktionen auftreten:[916]

- Mangelnde Datenkonsistenz und Verfügbarkeit entsprechender (täglicher) Informationen,
- Mangelnde unternehmensweite Prozess- und Datenstandards,
- Inflexibilität der Planungsrechnungen,
- Fehlende Transparenz und Aktualität der zur Verfügung stehenden Daten.

Herausforderungen bei der Umsetzung

Die Analysemöglichkeiten eines Cash- und Liquiditätsmanagements dienen nicht nur unternehmensinternen Zwecken. Auch Ratingagenturen berücksichtigen neben der Vermögens-, Finanz- und Ertragslage die Instrumente, die ein Unternehmen zur Liquiditätssicherung und finanziellen Risikoüberwachung einsetzt.[917]

6.2.1.2   Aufgaben des Cash- und Liquiditätsmanagements

Zur Erhaltung des finanziellen Gleichgewichts ist eine zügige und umfassende Kenntnis über Bankkontenstände und -veränderungen Grundvoraussetzung für den optimalen Einsatz der Zahlungsmittel. Durch das Cash- und Liquiditätsmanagement eines Unternehmens werden die Zahlungsmittel geplant, disponiert und kontrolliert.[918] Hierbei stehen dem Cash- und Liquiditätsmanagement bspw. folgende Möglichkeiten zur Verfügung:[919]

- Zahlungsströme und -bestände kostenminimal verwalten,
- Zahlungsstrategien entwickeln und optimieren,
- Liquiditätsüberschüsse möglichst ertragbringend investieren,
- Liquiditätsdefizite finanzieren bzw. ausgleichen,
- Währungs- und Zinsrisiken effizient in die Planung einbinden und verwalten,
- Bereitstellen unternehmensrelevanter (Plan-)Daten für die Geschäftsführung.

---

[912]   Diesem Zweck können z.B. die Analyse des Forderungsbestands sowie die Überwachung der Auftragseingänge als Frühindikatoren dienen. Vgl. Kapitel F.6.2.1.3.
[913]   Vgl. MILLION, C./ZUCKNICK, M./JURASCHKA, M. (2009), S. 378.
[914]   SAP Business ByDesign verwendet hierfür den Begriff „Tagesfinanzstatus"; vgl. Kapitel F.6.2.2.
[915]   SAP Business ByDesign verwendet hierfür den Begriff „Liquiditätsvorschau"; vgl. Kapitel F.6.2.2.
[916]   Vgl. MILLION, C./ZUCKNICK, M./JURASCHKA, M. (2009), S. 378.
[917]   Vgl. CLAUSSEN, H. (2002), S. 135; EDLUND, P./SCHLÜTER, R. (2006), S. 196; zur Beurteilung der Bonität eines Unternehmens wird für Kreditvergabeentscheidungen ein größeres Gewicht auf zukunftsorientierte Einschätzungen und weniger auf vergangenheitsbezogene Informationen gelegt; vgl. Kapitel F.6.2.1.4.
[918]   Vgl. GEHRKE, N./NITSCHE, M./SPECHT, O. (1997), S. 168 f.
[919]   Vgl. KUHN, W./STRECKER, K. A. (2008), S. 87.

Liquiditätsplanung

Die Liquiditätsplanung stellt die Grundlage für die Liquiditätsdisposition und -kontrolle dar. Angestrebt wird eine regelmäßige, tagesgenaue Prognosemöglichkeit der Ein- und Auszahlungsströme und des sich bei deren Gegenüberstellung ergebenden Saldos zur Dispositionsgrundlage. Die Liquiditätsplanung soll vollständig, zeitpunktgenau, betragsgenau, wirtschaftlich und regelmäßig durchführbar sein.[920]

Liquiditätsplan

Ein sorgfältiger und detaillierter Liquiditätsplan ist Basis eines gut funktionierenden Cash- und Liquiditätsmanagements, denn eine optimale Liquiditätsausstattung muss in ihrer Höhe und Struktur in jedem Einzelfall und entsprechender Risikoausrichtung neu entschieden werden.[921] Durch die Gegenüberstellung von Ein- und Auszahlungen, Ein- und Ausgaben sowie geplanten Ein- und Ausgaben[922] wird ein Überblick über den Bestand an Zahlungsmitteln und ein entsprechender Kapitalbedarf ermittelt.[923] Darüber hinaus kann auf Basis des Liquiditätsplans ein finanzielles Gleichgewicht durch entsprechende Liquiditätsreserven in Form nicht ausgeschöpfter Kreditzusagen und bereits eingeräumter Kreditlinien erarbeitet werden. Liquiditätsüberschüsse sollten Ertrag bringend angelegt werden (vgl. Abbildung 238). Zudem können Währungs- und Zinsrisiken eingeplant und aktiv verändert oder sogar gesteuert werden. Erwartete Liquiditätsdefizite sollten zeitnah an die Geschäftsführung gemeldet werden, um innerhalb der strategischen Unternehmenssteuerung frühzeitig Gegenmaßnahmen ergreifen zu können. Aufgabe des Liquiditätsmanagers ist es demnach auch, der Geschäftsführung relevante (Plan-)Daten zur Verfügung zu stellen.

Nachfolgend werden beispielhaft Einflussfaktoren aufgezählt, die Bestandteile eines Liquiditätsplans darstellen können:[924]

- Ein- und Auszahlungen nach Valutadatum, z.B.: Bank, Schecks, Wechsel, Kassen, Bankavise oder Personalzahlungen,
- Ein- und Ausgaben nach Fälligkeit: Forderungen/Verbindlichkeiten aus Lieferungen und Leistungen, Forderungen/Verbindlichkeiten aus Darlehen, Forderungen/Verbindlichkeiten aus Umsatzsteuer, Kundenavise,
- Geplante Ein- und Ausgaben nach geplanter Fälligkeit: Bestellungen, Kundenaufträge, Investitionsausgaben.

Zur Sicherheit sollten Ab- bzw. Zuschläge bei den erwarteten Zahlungsströmen einbezogen werden. Für die Liquiditätsplanung ist es von wesentlicher Bedeutung, Informationen über den Umfang und den Zeitraum vorfinanzierter oder nachfinanzierter Leistungen zu besitzen. Bei der Planung sind demnach auch mögliche

---

[920]   Vgl. GEHRKE, N./NITSCHE, M./SPECHT, O. (1997), S. 169 f.

[921]   Vgl. KUHN, W./STRECKER, K. A. (2008), S. 87.

[922]   Die Begriffe „Einzahlungen" und „Auszahlungen" sind von den Bezeichnungen „Einnahmen" und „Ausgaben" klar zu trennen. Während unter Ein- bzw. Auszahlungen der Zufluss bzw. Abfluss von Zahlungsmitteln zu verstehen ist, beinhalten die Begriffe „Einnahmen" bzw. „Ausgaben" die Abbildung des Geldwerts von Ver- bzw. Einkäufen.

[923]   Vgl. KUßMAUL, H. (2002), S. 49.

[924]   Vgl. hierzu auch ausführlich WÄSCHLE, O. (1962), S. 109 ff.

Ein- bzw. Ausgaben aus schwebenden Geschäften[925] zu beachten, wie bspw. an Lieferanten gegebene Bestellungen oder mögliche Abnahmeverpflichtungen.[926]

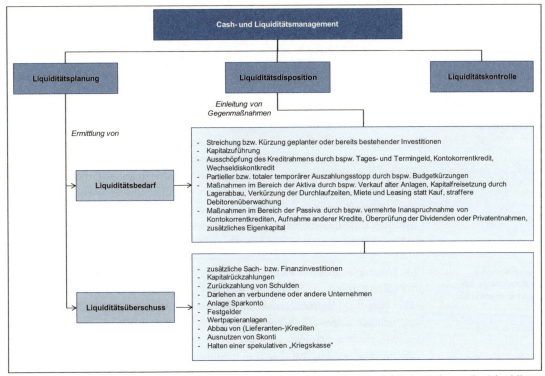

Abbildung 238: Mögliche Anpassungsmaßnahmen zur Optimierung der Liquidität im Rahmen der Liquiditätsdisposition

Die Verwaltung der Liquidität umfasst die Steuerung der Zahlungsströme, den Liquiditätsausgleich, die Liquiditätsanlage und -bereitstellung. Wurde auf Basis des Liquiditätsplans ein Liquiditätsbedarf bzw. Liquiditätsüberschuss ermittelt, werden im Rahmen der Liquiditätsdisposition entsprechende Gegenmaßnahmen eingeleitet. Wurde ein Liquiditätsbedarf festgestellt, können diesem in Abhängigkeit von seinen Ursachen, bspw. durch teilweise oder temporäre Auszahlungseinstellungen, ein strafferes Forderungsmanagement oder den Verkauf von Anlagen, gezielt entgegengewirkt werden. Im Gegensatz hierzu kann ein Liquiditätsüberschuss bspw. für Schuldentilgungen, Darlehensvergaben, ertragbringende Wertanlagen oder Abbau von Lieferantenkrediten eingesetzt werden.[927]

Liquiditätsdisposition

Durch die regelmäßige Überprüfung des Liquiditätszustands können nachträglich Rückschlüsse für die stete Verbesserung der Liquiditätsplanung und -disposition geschlossen werden. Bedarfsgerechte Finanzierungen, ein strafferes Forderungs-

Liquiditätskontrolle

---

925   Vgl. hierzu ausführlich Kapitel F.1.1.2.
926   Vgl. WÄSCHLE, O. (1962), S. 112.
927   Vgl. zu einem möglichen Maßnahmenkatalog im Rahmen der Liquiditätsdisposition Abbildung 238.

management, Optimierung der Lagerhaltung oder Steuerung von Krediten und der entsprechenden Zahlungsziele können Maßnahmen sein, die den Liquiditätsstatus verbessern und durch regelmäßige Kontrolle stetig verbessert werden können.[928] Gleichzeitig sind statistische Daten über die Intensität der Bank- und Kundenbeziehungen mit entsprechenden Ertragssituationen der Geschäftsbeziehungen von Interesse. Diese Daten können z.B. auch für Konditionsverhandlungen mit Externen herangezogen werden.[929]

6.2.1.3   Cash- und Liquiditätsmanagement zur Krisenprävention

Vorbemerkung

Gerade mittelständische Unternehmen sehen in Deutschland rasanten Entwicklungen entgegen. Insbesondere die stetig wachsende Anzahl von Unternehmensinsolvenzen – bereits auch schon vor der Wirtschaftskrise – ist ein Indiz dafür, dass viele Unternehmen den erschwerten Finanzmarktbedingungen nicht gewachsen sind. Analysen der Unternehmensinsolvenzen decken immer wieder Defizite der Unternehmensführung im Finanzmanagement auf.[930] In Krisenzeiten gewinnen Cash- und Liquiditätsmanagementsysteme an Bedeutung, da sie zum Fortbestehen des Unternehmens entscheidend beitragen können.[931]

Liquiditätskrise als Katalysator der Unternehmenskrise

Eine Unternehmenskrise stellt sich als eine existenzielle Bedrohung dar. Der Begriff „Krise" wird im Schrifttum vielfältig definiert. Allen Definitionen ist gemein, dass die Unternehmenskrise als das „Endstadium eines vom betroffenen Unternehmen ungewollten Prozesses definiert [wird; d. Verf.], in dessen Verlauf die strategischen Erfolgspotenziale, die Ertragslage und/oder die Liquidität des Unternehmens sich nachweislich so ungünstig entwickelt haben, dass die Existenz des Unternehmens unmittelbar oder in absehbarer Zukunft gefährdet ist"[932]. Die Liquiditätskrise eines Unternehmens wird häufig als Hauptursache von Unternehmensinsolvenzen angesehen.[933] Werden Liquiditätsengpässe nicht rechtzeitig und durch das rasche Einleiten finanzwirtschaftlicher Anpassungsmaßnahmen verhindert, droht die Insolvenz infolge von Zahlungsunfähigkeit.[934] Ein Unternehmen gilt dann als zahlungsunfähig, wenn es nicht in der Lage ist, die fälligen Zahlungspflichten zu erfüllen.

Krisenprognose bzw. Frühwarnsystem

Ein Cash- und Liquiditätsmanagement kann insbesondere in der Krise eine Unterstützung zur nachhaltigen Liquiditätssicherung darstellen.[935] Je detaillierter die Liquiditätsplanung durchgeführt wird, desto wirksamer ist sie für ein Frühwarn-

---

[928]   Vgl. KUHN, W./STRECKER, K. A. (2008), S. 93 f.

[929]   Vgl. GEHRKE, N./NITSCHE, M./SPECHT, O. (1997), S. 174.

[930]   Vgl. RAUTENSTRAUCH, T./MÜLLER, C. (2006), S. 1616.

[931]   Vgl. hierzu weitergehend auch ERTL, M. (2009), S. 37 ff.; BECKER, R. (1998), S. 1528 ff.

[932]   MEYER, A. (2003), S. 4.

[933]   Vgl. HAUPT, M. (2003), S. 316; KREY, A./LORSON, P. (2007), S. 1719; KÜNG, D./ HÜSKENS, J. (2009), S. 348; daneben stellen gem. InsO eine drohende Zahlungsunfähigkeit und Überschuldung weitere Insolvenzeröffnungstatbestände dar.

[934]   Vgl. MEYER, A. (2003), S. 7.

[935]   Vgl. LUBOS, G. (2002), S. 1023; WEHRHEIM, M. (1997), S. 1704.

system. Insbesondere das Zurückgreifen auf zahlungsstrombasierte Daten gewährleistet, im Gegensatz zu womöglich bilanzpolitisch beeinflussten Werten der Bilanz, eine solide Liquiditätsplanung und Krisenprognose.[936] Ein Frühwarnsystem sollte auf Indikatoren zurückgreifen, die frühzeitig eine negative Entwicklung der Liquidität ankündigen. Welche Indikatoren bzw. Kennzahlen im Detail von den Verantwortlichen des Finanzbereichs oder der Unternehmensleitung als Signale zusätzlich zu einem Liquiditätsplan herangezogen werden, sollten von der individuellen Unternehmensstrategie abhängen.[937] Es sollte stets eine Kombination vielfältiger Kennzahlen in einer Gesamtbetrachtung unter Berücksichtigung der strategischen Unternehmensplanung beurteilt werden. Beispielhaft seien nachfolgend zu analysierende Kennzahlen aufgelistet:

- Kundenziel: $\dfrac{\varnothing\,Bestand\,an\,Forderungen}{Umsatzerlöse\,des\,Geschäftsjahres} * 365$

   Der Forderungsstruktur und ihrer Entwicklung im Zeitablauf sollte erhöhte Beachtung geschenkt werden, da zahlreiche Unternehmenszusammenbrüche erfahrungsgemäß ihre Ursache im Absatzbereich haben. Wirtschaftliche Schwierigkeiten bei Großabnehmern eines Unternehmens kündigen sich regelmäßig in ihrer Debitorenlaufzeit an. Diese lässt sich mithilfe der Kennzahl „Kundenziel" ermitteln. Eine Verschlechterung dieser Kennzahl im Zeitablauf lässt grundsätzlich auf eine sinkende Bonität der Kunden schließen.

- Umschlagsdauer des Vorratsvermögens: $\dfrac{\varnothing\,Bestand\,an\,Vorräten}{Umsatzerlöse\,des\,Geschäftsjahres} * 365$

   Diese Kennzahl zeigt an, wie viele Tage die Vorräte durchschnittlich im Unternehmen verbleiben, bis sie verbraucht werden. Berücksichtigt man, dass es einerseits aus Rentabilitätsgründen das Ziel sein muss, den Bestand an Vorratsvermögen möglichst niedrig zu halten, andererseits aber der Mindestbestand an Vorräten nicht zuletzt auch von der Höhe des jährlichen Umsatzes mitbestimmt wird, muss ein Anstieg der Umschlagsdauer grundsätzlich zu bedenken geben. Denn eine solche Entwicklung deutet auf eine suboptimale Vorratshaltung hin, deren Gründe entweder in einem vernachlässigten Beschaffungswesen oder in einer Überschätzung der Absatzmöglichkeiten liegen können.

- Eigenkapitalquote: $\dfrac{Eigenkapital}{Gesamtkapital}$

   Die Eigenkapitalquote dient als Indikator für die Verlustabsorptionsfähigkeit des Unternehmens. Eine sinkende Eigenkapitalquote kann die Überlebenschance in der Krise vermindern und zudem Kreditaufnahmen verteuern.

---

[936]   Vgl. KÜNG, D./HÜSKENS, J. (2009), S. 348 ff.
[937]   Vgl. zur Krisenprognose durch die Bilanzanalyse HAUSCHILDT, J. (2002), S. 1004 ff.

- Goldene Bilanzregel:

  Dieser Praktikerregel folgend, sollten die Bindungsdauer der im Unternehmen investierten Mittel und die entsprechende Kapitalüberlassungsdauer übereinstimmen. Langfristig gebundenes Vermögen sollte demnach mit langfristigem Kapital und kurzfristiges Vermögen mit kurzfristigem Kapital finanziert werden.

6.2.1.4   Cash- und Liquiditätsmanagement zur Optimierung eines Ratings

Vorbemerkung

Die externe Finanzierung eines Unternehmens unterliegt einer zunehmenden Komplexität. Nicht zuletzt die Finanzmarktkrise und die Vorschriften bei der Eigenkapitalsicherung für Kreditinstitute engen den Spielraum für Bankkredite ein. Sämtliche Unternehmen werden intensiveren Beurteilungen ihrer Zahlungsfähigkeit von Dritten unterzogen.[938] Die Verpflichtung der Banken, spätestens seit der Einführung von Basel II[939], verstärkt für eine risikoadäquate Eigenkapitalhinterlegung zu sorgen sowie die gestiegenen Anforderungen an das Risikomanagement u.a. durch die Zunahme von Unternehmensinsolvenzen führen dazu, dass auch mittelständische Unternehmen durch Ratings[940] Auskunft über ihr Unternehmenspotenzial und ihre Bonität geben müssen.[941] Im Gegensatz zu emissionsfähigen Großunternehmen, die sich Zahlungsmittel auch über die Börse beschaffen können, sind die traditionell kapitalschwachen mittelständischen deutschen Unternehmen fast ausschließlich auf die Kapitalbeschaffung in Form von Bankkrediten angewiesen.

Rating als Chance

Auch wenn viele Mittelständler einem freiwilligen Rating noch reserviert gegenüberstehen,[942] wird es von ihnen nun vermehrt auch als Chance begriffen. Viele befürchten, dass Wettbewerbern damit unternehmenssensible Daten preisgegeben werden. Aber eine gute Ratingeinstufung kann die Finanzierungskonditionen des Unternehmens verbilligen und bedeutend erweitern. Durch die Offenheit und die Transparenz fundierter Unternehmensdaten kann ein größeres Vertrauen zu den

---

[938]   Vgl. DEL MESTRE, G. (2001), S. 107; vgl. zu den Herausforderungen für den Mittelstand durch Basel II WINKELJOHANN, N./SOLFRIAN, G. (2003), S. 88 ff.; SCHMEISSER, W./ SCHMEISSER, K. (2005), S. 344 ff.; MÜLLER, C. (2009), S. 64 ff.

[939]   Durch Basel II wird die Stabilisierung des weltweiten Bankensystems angestrebt, indem Banken verpflichtet sind, die Risiken ihres Kreditengagements sehr gründlich zu überprüfen und in Abhängigkeit des jeweiligen Risikos Eigenkapital zu hinterlegen. Mit Basel III werden die Anforderungen an die Eigenkapital- und Liquiditätsausstattung noch einmal verschärft. Vgl. SCHMITT, C. (2011), S. 105.

[940]   Rating steht im Zusammenhang mit Basel II für eine anhand einer Skala ausgedrückte Bewertung über die Bonität eines Unternehmens bzw. über die wirtschaftliche Fähigkeit, Zahlungsverpflichtungen termingerecht und vollständig nachzukommen. Hierbei werden interne und externe Ratings unterschieden. Im Zuge einer Kreditvergabe werden interne Ratings von einem Kreditinstitut durchgeführt. Bei einem externen Rating wird eine Ratingagentur mit der Durchführung desselben beauftragt.

[941]   Vgl. WAMBACH, M./RÖDL, B. (2001), S. 17.

[942]   Vgl. zu den Befürchtungen über die Gefährdung der Kreditversorgung der mittelständischen Unternehmen und deren Erwiderungen ausführlich TERBERGER, E. (2002), S. 12 ff.

Kreditinstituten bzw. Geldgebern erlangt werden. Hierbei ist auch von Bedeutung, ob hierzu ein geeignetes Informationssystem vorhanden ist.[943] Durch die kritische Auseinandersetzung mit den eigenen Unternehmensdaten kann aber nicht nur nach außen, sondern auch intern das Nutzenpotenzial gesteigert werden, da z.B. Risiken oder andere wesentliche Managementinformationen frühzeitiger offengelegt werden.[944]

Infolge hoher Ausfallwahrscheinlichkeiten wird die Bonität eines potenziellen Kreditnehmers seit Basel II durch die kreditgebenden Banken intensiver überprüft. Je besser das Rating für ein Unternehmen ausfällt, desto weniger Eigenkapital müssen Banken für ausgegebene Kredite hinterlegen und desto besser fallen dementsprechend die Kreditkonditionen aus. Bei einem Rating werden die vergangene und geplante wirtschaftliche Situation, die Vermögens-, Finanz- und Ertragslage und insbesondere die Liquidität analysiert. Daneben werden qualitative Aspekte beurteilt, wie bspw. die Unternehmensstrategie, Marktpositionierung sowie interne Unternehmensprozesse oder das Risikomanagement.[945] Ratings beziehen sich insbesondere auf zukünftige Ereignisse. Dabei sind sie nicht lediglich eine Auswertung statistischer Vergangenheitszahlen; vielmehr stehen wahrscheinlichkeitsbasierende Vorhersagen im Mittelpunkt.[946]

Cash- und Liquiditätsmanagement als Informationslieferant

Bei den Ratingentscheidungen greifen die Unternehmen in der Regel auch auf eine Liquiditätsplanung zurück, da hierdurch auch aus externer Sicht die Finanzkraft besonders gut beurteilt werden kann.[947] Das Cash- und Liquiditätsmanagement stellt hierfür die notwendigen Informationen zur Verfügung. Die zahlungsorientierte Konzeption des Liquiditätsplans stellt eine besonders gute Entscheidungsbasis dar, da die Verwendung reiner Zahlungsgrößen nahezu frei von möglichen Einflüssen bilanzpolitischer Bewertungsmaßnahmen ist.[948]

Um eine entsprechende transparente und realitätsnahe Risikoanalyse aufbereiten zu können, sind Management- bzw. Informationssysteme von wesentlicher Bedeutung, ohne deren Hilfe umfangreiche und komplexe Prozesse im Rahmen der Liquiditätsplanung kaum zu bewältigen wären.[949] SAP Business ByDesign gewährleistet, dass ein individuelles Mittelstandsrating mit fundierten und belastbaren

---

[943]   Vgl. PLATTNER, D./SKAMBRACKS, D. (2005), S. 30 f.

[944]   Vgl. WAMBACH, M./RÖDL, B. (2001), S. 70 ff.; DARAZS, G. H. (2001), S. 103.

[945]   Vgl. zu Handlungsempfehlungen bei der Kreditfinanzierung weitergehend ORDEMANN, T./MÜLLER, S./BRACKSCHULZE, K. (2005), S. 19 ff.

[946]   Vgl. EVERLING, O. (2002), S. 963. Hierzu werden neben den Unternehmensstrategien nachhaltige Ertragsstrukturen, das Cash- und Liquiditätsmanagement sowie insbesondere die Zahlungsfähigkeit überprüft; vgl. FISCHL, B. (2006), S. 4.

[947]   Vgl. KÜTING, K. (1992), S. 625; DEL MESTRE, G. (2001), S. 109; GLEIßNER, W. (2004), S. 53.

[948]   Vgl. MEYER, M. A. (2007), S. 13.

[949]   Vgl. GOLLAND, F./HANS, T. (2003), S. 567 f.; vgl. zur Optimierung des Risikomanagements als Chance für den Mittelstand BECKER, B./JANKER, B./MÜLLER, S. (2004), S. 1578 ff.; BANGE, C./DAHNKEN, O. (2001), S. 224 ff.

Aussagen über die Unternehmensbonität gespeist und mittels der umfangreichen Automatisierungen vereinfacht wird.[950]

6.2.2   Abbildung des Cash- und Liquiditätsmanagements in SAP Business ByDesign

Motivation

Im Work Center *Liquiditätsmanagement* (Sicht *Tagesfinanzstatus* und *Liquiditätsvorschau)* werden tagesaktuelle Informationen über den Liquiditätsstatus (Tagesfinanzstatus) als auch eine Liquiditätsvorschau von erwarteten Zahlungszu- bzw. Zahlungsabflüssen über einen vordefinierten Zeitraum[951] gegeben (vgl. zum Tagesfinanzstatus Abbildung 239). Diese beiden Berichte erlauben Ihnen einen effizienten Einsatz Ihrer Finanzmittel. Während der Tagesfinanzstatus den aktuellen Geschäftstag betrachtet, kann die Liquiditätsvorschau als Grundlage von kurz- und mittelfristigen Investitions- bzw. Finanzierungsentscheidungen herangezogen werden und spielt somit auch eine wichtige Rolle für strategische Unternehmensentscheidungen. Diese Vorschau macht Sie z.B. auf eine Kapallücke aufmerksam, die finanziert werden muss. Ggf. kann aber auch überschüssige Liquidität kurzfristig als Festgeld angelegt werden.

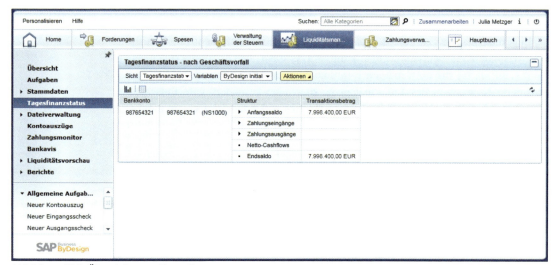

Abbildung 239: Übersicht zum Tagesfinanzstatus

Datenbasis

Der Tagesfinanzstatus zeigt den aktuellen Stand aller Zahlungsmittel. Die Liquiditätsvorschau umfasst die Information des Tagesfinanzstatus, zeigt darüber hinaus alle zukünftigen Ein- und Auszahlungen aus Forderungen[952] und Verbindlichkeiten und sog. Planpositionen an. Die Genauigkeit bzw. Zuverlässigkeit der bereit-

---

[950] Vgl. zu den Anforderungen an ein Cash- und Liquiditätsmanagementsystem WAMBACH, M./RÖDL, B. (2001), S. 44.

[951] In der Standardauslieferung beträgt der Prognosezeitraum der Liquiditätsvorschau 90 Tage.

[952] Grundlage hierfür ist ein funktionierendes Forderungsmanagement; vgl. zur Verwaltung von Forderungen Kapitel F.3.3.1.2.1.

gestellten Informationen zur Liquiditätsvorschau sind somit sowohl von der Berücksichtigung potenzieller zahlungswirksamer Vorgänge als auch z.B. der Verarbeitung von Zahlungszuweisungen abhängig. Ebenso sind die in Zusammenhang mit Zahlungen stehenden Aufgaben für eine sachgerechte Ermittlung des Tagesfinanzstatus bzw. der Liquiditätsvorschau abzuarbeiten. Abbildung 240 zeigt die verschiedenen Komponenten auf, die Eingang in die beiden Liquiditätsberichte erhalten. Da die Daten für die (taggenaue) Liquiditätsplanung bereits im System vorhanden sind, bietet SAP Business ByDesign eine größtmögliche Planungsgenauigkeit bei minimalem Organisationsaufwand.

In SAP Business ByDesign findet die Liquiditätsrechnung parallel zum Rechnungswesen statt: Es wird auf die operativen Geschäftsvorfälle, wie z.B. Eingangsschecks oder Rechnungen (inkl. der darin enthaltenen Steuerbeträge), und nicht auf die zugehörigen Konten des Rechnungswesens abgestellt. Diese Vorgehensweise ermöglicht es zudem, Vorgänge, die generell nicht im Rechnungswesen abgebildet werden (wie z.B. Zahlungsavise oder Kundenaufträge), zusätzlich in der Vorschau zu berücksichtigen.

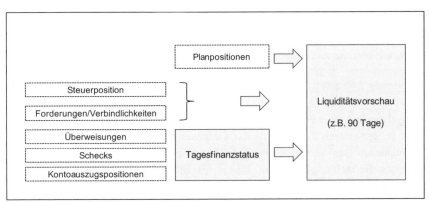

Abbildung 240: Komponenten des Tagesfinanzstatus und der Liquiditätsvorschau

Vor der Analyse des Tagesfinanzstatus sollten sowohl Kontoauszüge eingespielt als auch ausgehende Überweisungen, Eingangsschecks und Zahlungsavise erfasst sein. Erst dann ist die Analyse aussagekräftig und aktuell. Der Tagesfinanzstatus wird automatisch für jeden Geschäftstag ermittelt.[953]   **Tagesfinanzstatus**

Die Liquiditätsvorschau reicht weiter als der Tagesfinanzstatus. In Zukunft eingehende bzw. ausgehende Zahlungen finden in diese Betrachtung Eingang (vgl. Abbildung 240). Forderungen oder Verbindlichkeiten aus Lieferungen und Leistungen[954] sowie Umsatzsteuerzahlungen können Einfluss auf die Liquidität in dem zu   **Liquiditätsvorschau**

---

[953] Der Aufbau des Berichts Tagesfinanzstatus ist identisch mit der Liquiditätsvorschau (vgl. Abbildung 241) und unterscheidet sich lediglich in den einzubeziehenden Komponenten und dem Zeitraum.

[954] Die Einbuchung der Forderung bzw. der Verbindlichkeit aus Lieferungen und Leistungen wurde durch den Geschäftsvorfall Kunden- bzw. Lieferantenrechnung ausgelöst.

betrachtenden Zeitraum haben. Die Berücksichtigung dieser Positionen richtet sich nach dem voraussichtlichen Fälligkeitsdatum, d.h. dem Zeitpunkt des erwarteten Zahlungsein- bzw. Zahlungsausgangs. Ebenso Auswirkungen auf die Liquidität können Kundenaufträge und Bestellungen haben, die (noch) nicht automatischer Bestandteil der Liquiditätsvorschau sind, aber über Planpositionen in die Betrachtung einbezogen werden können. Für die Liquiditätsvorschau ist das Einplanen eines Liquiditätsvorschaulaufs (Sicht *Liquiditätsvorschau*) notwendig. Dieser Lauf wird auf einen bestimmten Zeitpunkt datiert und sammelt die für die Vorschau notwendigen Daten.[955] Außerdem werden die in der Vergangenheit durchgeführten Vorschauläufe in SAP Business ByDesign archiviert, sodass Sie im Nachhinein eine Kontrolle des erwarteten Liquiditätsstatus vornehmen können.

Planpositionen

Für die Liquiditätsvorschau können Planpositionen erfasst werden, die in dem betrachteten Prognosezeitraum zu einem Zahlungszu- bzw. -abfluss führen. Charakteristisch für diese Planpositionen ist, dass diese nicht automatisch im System erfasst sind und deswegen manuell berücksichtigt werden müssen. Als Beispiele sind zukünftige Gehaltszahlungen oder erwartete Gewinnausschüttungen anzuführen. Unter der Sicht *Liquiditätsvorschau*[956] legen Sie diese Vorschauplanpositionen an und geben diese frei. Das System erkennt über das erwartete Wertstellungsdatum, inwiefern eine Einbeziehung dieser Planposition für die aktuelle Liquiditätsvorschau zu erfolgen hat.

Beispielsachverhalt

Abbildung 241 zeigt für die *Nordstar GmbH* einen großen Liquiditätsüberschuss von über 4,45 Mio. EUR am Ende von März 2011. Sicher wird die Geschäftsführung daraufhin über eine Geldanlage als Festgeld oder eine Investition nachdenken. In den oberen Zeilen wird das Gesamtergebnis über alle im Unternehmen vorhandenen Bankkonten angezeigt.[957] Die Vorschau bezieht sich auf den vordefinierten Betrachtungszeitraum: Januar bis März im Jahr 2011. SAP Business ByDesign stellt den (erwarteten) Zahlungseingängen die (erwarteten) Zahlungsausgänge pro Betrachtungsperiode gegenüber. Des Weiteren wird eine Differenzierung in unterschiedliche Zahlungswege vorgenommen.[958] In Abbildung 241 sind konkret die Zahlungseingänge für Januar, Februar und März i.H.v. insgesamt 2.975 EUR[959], 500.000 EUR bzw. 2.000.000 EUR und die Zahlungsausgänge i.H.v. 1.500.000 EUR, 1.000.000 EUR und 300.000 EUR zu erwarten. Manuell wurde für den Monat März eine Planposition i.H.v. 100.000 EUR (sonstige Auszahlungen) angelegt, da die Bonuszahlungen an die Mitarbeiter im März 2011 erfolgen sollen. Mithilfe dieser Zahlungsströme wird – ausgehend vom Endsaldo

---

[955]　Der Liquiditätsvorschaulauf kann z.B. monatlich, wöchentlich oder täglich eingeplant werden.

[956]　Alternativ finden Sie diese Funktion auch unter der Sicht *Allgemeine Aufgaben*.

[957]　Im vorliegenden Fall existiert nur ein Konto (Sparkasse), sodass der Saldo dieses Kontos stets den Endsaldo des Gesamtergebnisses darstellt.

[958]　Diese Differenzierung kann auch nach Geschäftsvorfall erfolgen. In diesem Fall würden in den Zahlungsausgängen bspw. Lieferantenzahlungen oder Steuerzahlungen aufgeführt werden.

[959]　Bei diesem Zahlungseingang handelt es sich um die in Rechnung gestellte Leistung des Kundenprojekts Designberatung; vgl. auch Kapitel F.4.2.1.

zum 31.12.2010 (4.749.755 EUR) – der Endsaldo zum Ende des jeweiligen Monats angegeben.

Hausbank	Transaktionsursprung | Monat der Wertstellung	Betrag in Vorschauwährung Jan. 11	Betrag in Vorschauwährung Feb. 11	Betrag in Vorschauwährung Mrz. 11
Ergebnis	Anfangssaldo	4.749.754,50 EUR	3.252.729,50 EUR	2.752.729,50 EUR
Ergebnis	Zahlungseingänge	2.975,00 EUR	500.000,00 EUR	2.000.000,00 EUR
Ergebnis	Zahlungsausgänge	1.500.000,00 EUR	1.000.000,00 EUR	300.000,00 EUR
Ergebnis	Netto-Cashflows	-1.497.025,00 EUR	-500.000,00 EUR	1.700.000,00 EUR
Ergebnis	Endsaldo	3.252.729,50 EUR	2.752.729,50 EUR	4.452.729,50 EUR
Sparkasse Saarbrücken	Anfangssaldo	4.749.754,50 EUR	3.252.729,50 EUR	2.752.729,50 EUR
	Zahlungseingänge	2.975,00 EUR	500.000,00 EUR	2.000.000,00 EUR
	Eingangsschecks			
	Eingehende Überweisungen	2.975,00 EUR	500.000,00 EUR	2.000.000,00 EUR
	Eingehende Eilüberweisungen			
	Sonstige Einzahlungen			
	Zahlungsausgänge	1.500.000,00 EUR	1.000.000,00 EUR	300.000,00 EUR
	Ausgangsschecks			
	Ausgehende Überweisungen	1.500.000,00 EUR	1.000.000,00 EUR	200.000,00 EUR
	Ausgehende Eilüberweisungen			
	Sonstige Auszahlungen			100.000,00 EUR
	Netto-Cashflows	-1.497.025,00 EUR	-500.000,00 EUR	1.700.000,00 EUR
	Endsaldo	3.252.729,50 EUR	2.752.729,50 EUR	4.452.729,50 EUR

Abbildung 241: Liquiditätsvorschau nach Zahlungswegen

Sollten Sie entgegen der Darstellung in Abbildung 241 eine Unterdeckung bei der Liquiditätsvorschau (oder Tagesfinanzstatus) ermitteln, können Sie z.B. im Work Center *Liquiditätsmanagement* (Sicht *Zahlungsmonitor*) eine vorgesehene Ausgangszahlung sperren, um kurzfristig einen Liquiditätsabfluss zu verhindern.

6.3 Berichte des externen Rechnungswesens
6.3.1 Betriebswirtschaftliche Grundlagen

Jeder Kaufmann ist gem. § 242 HGB verpflichtet, für den Schluss eines jeden Geschäftsjahres einen aus GuV und Bilanz bestehenden Jahresabschluss aufzustellen.[960] Eine Frist zur Aufstellung ist zwar nicht gesetzlich kodifiziert, allerdings kann von einer fristgemäßen Aufstellung innerhalb von sechs bis zwölf Monaten nach dem Bilanzstichtag ausgegangen werden.

Aufstellungspflicht

Für Kapitalgesellschaften und ihnen gleich gestellte Personengesellschaften ohne persönlich haftenden Gesellschafter gelten darüber hinaus bzgl. des Umfangs des Jahresabschlusses, der Aufstellungsfrist, der Prüfungs- sowie einer Veröffentlichungspflicht erweiternde Vorschriften.

Ergänzende Regelungen für Kapitalgesellschaften

So müssen die Kapitalgesellschaften und ihnen gleichgestellte Personengesellschaften den Jahresabschluss um einen Anhang[961] erweitern und außerdem einen

Zusätzliche Bestandteile

---

[960] Die Kaufmannseigenschaft wird in den §§ 1 ff. HGB definiert.
[961] Im Anhang werden darüber hinaus quantitative Berichte wie Anlagen- und Verbindlichkeitenspiegel notwendig.

Lagebericht erstellen.[962] Darüber hinaus müssen kapitalmarktorientierte Kapitalgesellschaften,[963] die nicht zur Aufstellung eines Konzernabschlusses verpflichtet sind, den Jahresabschluss um eine Kapitalflussrechnung und einen Eigenkapitalspiegel erweitern.[964]

Aufstellungsfristen

Große und mittelgroße Kapitalgesellschaften und ihnen gleichgestellte Personengesellschaften i.S.d. § 267 HGB sind verpflichtet, ihren Jahresabschluss und den Lagebericht innerhalb von drei Monaten nach Bilanzstichtag aufzustellen, während für kleine Gesellschaften eine Aufstellungspflicht von sechs Monaten gilt.

Größenabhängige Erleichterungen

Neben der längeren Aufstellungsfrist und der Befreiung zur Aufstellung eines Lageberichts existieren für kleine Kapitalgesellschaften gem. § 274a HGB eine ganze Reihe weiterer Erleichterungen. Sie brauchen bspw. keinen Anlagenspiegel zu erstellen und sind außerdem von der Ermittlung latenter Steuern gem. § 274 HGB befreit.[965]

Einteilungskriterien · Unternehmenskategorie	Kleine Kapitalgesellschaften	Mittelgroße Kapitalgesellschaften	Große Kapitalgesellschaften
Bilanzsumme	≤ 4.840 Mio. EUR	≤ 19,25 Mio. EUR	> 19,25 Mio. EUR
Umsatzerlöse	≤ 9.680 Mio. EUR	≤ 38,50 Mio. EUR	> 38,50 Mio. EUR
Arbeitnehmer	≤ 50	≤ 250	> 250

Abbildung 242: Größenkriterien des § 267 HGB[966]

Prüfungspflicht

Große und mittelgroße Kapitalgesellschaften und ihnen gleichgestellte Personengesellschaften müssen ihren Jahresabschluss und Lagebericht gem. § 316 HGB von einem Abschlussprüfer prüfen lassen. Für kleine Gesellschaften gilt diese Pflicht hingegen nicht.

Veröffentlichungspflichten

Die gesetzlichen Vertreter von Kapitalgesellschaften oder ihnen gleichgestellte Personengesellschaften müssen den Jahresabschluss und Lagebericht beim elektronischen Bundesanzeiger bis spätestens zwölf Monate nach Abschlussstichtag einreichen und bekannt machen lassen. Kleine Gesellschaften i.S.d. § 267 HGB sind hingegen nur verpflichtet, eine Bilanz und einen Anhang einzureichen, während für mittelgroße Gesellschaften nur Erleichterungen bzgl. der erforderlichen Bilanzgliederung und der anzugebenden Details im Anhang existieren.

---

[962] Nur große und mittelgroße Kapitalgesellschaften und ihnen gleichgestellte Personengesellschaften i.S.d. § 267 HGB müssen einen Lagebericht aufstellen, kleine sind indes von dieser Pflicht befreit; vgl. zu den Größenkriterien Abbildung 242.

[963] Gem. § 264d HGB ist eine Kapitalgesellschaft kapitalmarktorientiert, wenn sie einen organisierten Markt i.S.d. § 2 Abs. 5 WpHG durch von ihr ausgegebene Wertpapiere i.S.d. § 2 Abs. 1 Satz 1 WpHG in Anspruch nimmt.

[964] Gem. § 264 HGB kann der Jahresabschluss zusätzlich um eine Segmentberichterstattung ergänzt werden.

[965] Aus der Regierungsbegründung zum BilMoG kann jedoch auch für kleine Kapitalgesellschaften eine Pflicht zur Passivierung latenter Steuern abgeleitet werden. Vgl. hierzu BT-Drucksache (16/10067), S. 68.

[966] Kapitalmarktorientierte Kapitalgesellschaften i.S.d. § 264d HGB gelten stets als groß.

6.3.2 Berichte des externen Rechnungswesens in SAP Business ByDesign

6.3.2.1 Arbeiten mit den Berichten

Die in SAP Business ByDesign vorhandenen Berichte sind in allen Work Centern immer unter der gleichnamigen Sicht zu finden. In jedem Work Center werden die zweckdienlichsten Berichte angeboten.[967] Die in einem Work Center zur Verfügung gestellten Berichte können personalisiert werden: Es sind dann nur diejenigen Berichte aufrufbar, für die eine Berechtigung bzw. Zuständigkeit des Mitarbeiters besteht. **Überblick**

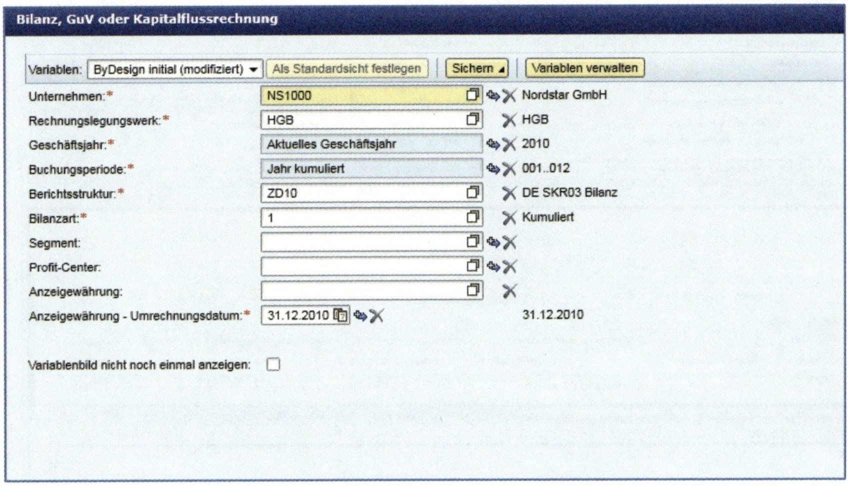

Abbildung 243: Variableneingabe bei dem Aufrufen eines Berichts

Wenn Sie einen Bericht auswählen, öffnet sich eine Eingabemaske (vgl. Abbildung 243). Die Selektion von Variablen[968] in dieser Eingabemaske erfolgt immer nach dem gleichen Prinzip. Bestimmte Grunddaten (Vorschlagswerte) werden in der Auswahlmaske automatisch vergeben. Diese Angaben beziehen sich auf grundlegende Kriterien wie etwa die Unternehmensbezeichnung, die zu betrachtende Periode, das Rechnungslegungswerk usw. Zusätzlich bestehen Auswahlfelder, die eine tiefer gehende Betrachtung erlauben; so ist es z.B. möglich, nur bestimmte Produkte für einen Bericht oder nur eine Kostenstelle zu wählen. **Variableneingabe**

Die Daten werden in einem Bericht in der Art und Weise aufbereitet,[969] dass Sie sich schnell einen Überblick über die Datenherkunft und -ursache verschaffen können. Die Berichte erlauben im Allgemeinen eine schnelle und flexible Verdichtung der Daten nach zahlreichen Kriterien wie Sachkonto, Produkt- oder **Datentransparenz**

---

[967] Einige Berichte wurden in den vorangehenden Kapiteln bereits exemplarisch aufgezeigt bzw. deren Funktion beschrieben; vgl. z.B. Kapitel F.1.3.1.4, F.2.3.3.

[968] Bei den mit einem * gekennzeichneten Variablen handelt es sich – analog zu den Eingabemasken z.B. von Bestellungen oder Rechnungen – um Pflichtfelder.

[969] In einem Bericht können Sie zwischen zwei Ansichten wählen: der Darstellung in Form einer Tabelle (vgl. Abbildung 244) oder die grafische Aufbereitung der Daten. Dazu müssen Sie in der Menüleiste die Funktion *Grafik* verwenden.

Kundengruppe. Über den Drilldown ist das Abspringen von einer komprimierten Datensicht in verfeinerte Unterebenen bis hin zum Ursprungsbeleg des Geschäftsvorfalls (sog. Audit Trail)[970] möglich (vgl. beispielhaft Abbildung 244). Auch für Berichte, die für strategische Entscheidungen unterstützend herangezogen werden, ist eine auf diese Art und Weise angelegte Analyse hilfreich. Für die Auswertung der Daten wird die aktuellste Datenbasis zugrunde gelegt.

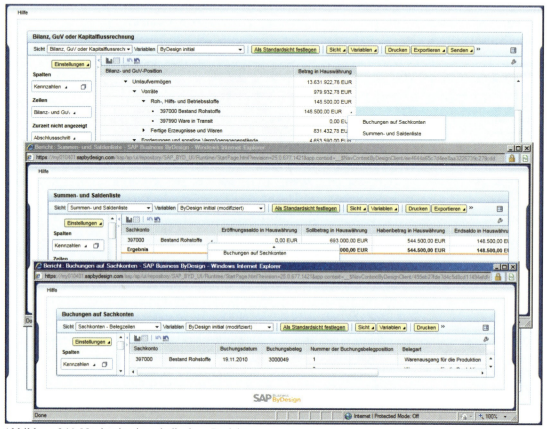

Abbildung 244: Navigation innerhalb eines Berichts

Navigation und Flexibilität

Innerhalb eines Berichts springen Sie auf eine Detailebene ab, indem Sie auf der gewünschten Position (durch Anklicken der Position) ein Kontextmenü öffnen. Anschließend wählen Sie in diesem Menü die beabsichtigte Aktion aus. Im vorliegenden Fall (vgl. Abbildung 244) wird ausgehend von dem Hauptbuchkonto *Bestand Rohstoffe* bis auf den Buchungsbeleg einzelner Geschäftsvorfälle abgesprungen; vom Buchungsbeleg aus können Sie auf den Ursprungsbeleg zugreifen. Neben dem Abspringen auf eine Detailebene besteht in einem Bericht weiterhin die Möglichkeit, zusätzliche Auswertungskriterien hinzuzufügen. Diese Flexibilität äußert sich durch die auf der Seitenleiste vorzufindenden Filteroptionen (*Zurzeit nicht angezeigt*), die Sie manuell mit in die Betrachtung einbeziehen können.

---

[970]   Vgl. zur Bedeutung im Rahmen der Abschlussprüfung auch Kapitel F.6.5.

Ausgehend von den Daten des „Standardberichts" sind mithilfe der Verwendung dieser freien Merkmale spezifische Analysen möglich.[971]

6.3.2.2 Abschlussbezogene Berichterstattung

Die Buchhaltungsabteilung ist für die mit einem Abschluss verbundene Berichterstattung verantwortlich. Mit dem Work Center *Hauptbuch* wird den zuständigen Mitarbeitern über die Sicht *Berichte* eine Arbeitsumgebung zur Verfügung gestellt, die ein Aufrufen der mit der Abschlusserstellung verbundenen Bestandteile erlaubt (vgl. Abbildung 245). Darunter fallen u.a. die Bilanz und die GuV; auf diese und weitere Berichte wird im Folgenden näher eingegangen.

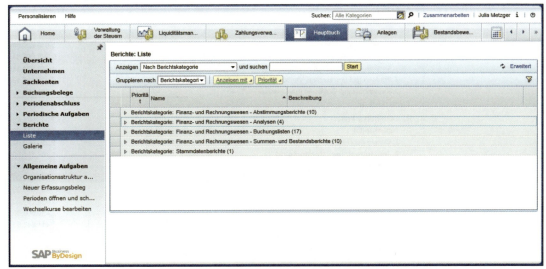

Abbildung 245: Übersicht zu den Berichtskategorien im Work Center *Hauptbuch*

6.3.2.2.1 Bilanz und Gewinn- und Verlustrechnung

Die Bilanz und die GuV sind als Bestandteile des Jahresabschlusses zu erstellen. Die Gliederung dieser beiden Rechenwerke ist gesetzlich im HGB fixiert; in Abhängigkeit von der Größe des Unternehmens existieren hinsichtlich der Gliederung allerdings Erleichterungsvorschriften. In SAP Business ByDesign können Sie die *Finanzberichte*[972] im Work Center *Hauptbuch* unter der Sicht *Berichte* aufrufen. Eine Form der Darstellung einer Bilanz und einer GuV, die für das Tagesgeschäft herangezogen werden kann, wurde bereits in den vorangegangenen Kapi-

---

971   Grds. besitzen die aufgerufenen Berichte alle das Aussehen, welches in Abbildung 244 gezeigt wird. An dieser Stelle soll beispielhaft einmal auf die Navigation und die Möglichkeit der zusätzlichen Auswahl von freien Merkmalen aufmerksam gemacht werden. Für die anderen aufgeführten Berichte wird aber nur noch auf den Inhalt abgestellt; diese Berichte gehen aus diesem Grund in reiner Tabellenform ein.

972   In SAP Business ByDesign sind unter den Finanzberichten die Bilanz, die Gewinn- und Verlustrechnung und die Kapitalflussrechnung zu verstehen.

teln gezeigt.[973] SAP Business ByDesign bietet aber auch ein ansprechendes Druckformat als weitere Darstellungsvariante für diese Berichte an (vgl. Abbildung 246).

Bilanz, GuV und Kapitalfluss für ein Jahr - Drucklayout

Last Data Update : 31.12.2010

NS1000 Nordstar GmbH
HGB
Bilanz gem. HGB § 266 - SKR03

EUR	JAN.2010 - DEZ.2010
A. Aktiva	11,504,840.46
I. Anlagevermögen	5,644,759.42
1. Immaterielle Vermögensgegenstände	7,859.42
2. Sachanlagevermögen	5,636,900.00
II. Umlaufvermögen	5,860,081.54
1. Vorräte	248,224.35
2. Forderungen und sonstige Vermögensgegenstände	862,102.19
3. Kassenbestand, Guthaben Kreditinstitute	4,749,754.50
Total Aktiva	11,504,840.46
B. Verbindlichkeiten	-11,504,840.46
I. Eigenkapital	-7,332,514.65
1. Gezeichnetes Kapital	-5,550,000.00
2. Jahresüberschuss/Jahresfehlbetrag	-1,782,514.65
II. Rückstellungen	-489,333.00
1. Rückstellungen für Pensionen und ähnliche Verpflichtungen	-88,833.00
2. Steuerrückstellungen	-400,000.00
III. Verbindlichkeiten	-3,682,767.53
1. Verbindlichkeiten gegenüber Kreditinstituten	-2,450,000.00
2. Verbindl. aus Lieferungen und Leistungen	-414,647.53
3. Verbindl. gegenüber verb. Unternehmen	-
4. Sonstige Verbindlichkeiten	-818,120.00
IV. Passive latente Steuern	-225.28
1. Passive latente Steuern	-225.28
Total Passiva	-11,504,840.46

Abbildung 246: Bilanz der *Nordstar GmbH*

Durch die Verwendung eines gesonderten Rechnungslegungswerks kann zudem eine Steuerbilanz erstellt werden, die als Grundlage für die elektronische Übermittlung von Bilanz- und GuV-Daten an die Finanzbehörden dient.

6.3.2.2.2 Eigenkapitalspiegel und Kapitalflussrechnung

Während Bilanz und GuV für alle Unternehmen obligatorisch sind, müssen ein Eigenkapitalspiegel und eine Kapitalflussrechnung nur von kapitalmarktorientierten Unternehmen erstellt werden. Der Eigenkapitalspiegel zeigt die Bewegungen innerhalb des Eigenkapitals in einer Periode auf. Beispielhaft seien hierfür

---

[973] Vgl. z.B. Kapitel F.3.4 und F.4.4.

z.B. die Zuführung von Kapital – etwa durch eine Kapitalerhöhung – oder auch die Berücksichtigung des Jahresüberschusses erwähnt.[974]

Die Kapitalflussrechnung analysiert die Zahlungsströme einer Berichtsperiode und ordnet diese einem der drei Bereiche – Cashflow aus operativer Geschäftstätigkeit, Investitions- oder Finanzierungstätigkeit – zu. Die Aufstellung einer Kapitalflussrechnung ist aber nicht nur unter dem Gesichtspunkt eines Abschlussbestandteils zu sehen, sondern ist als Analyseinstrument auch bei nicht gegebener gesetzlicher Erstellungspflicht zu verwenden. Für die Erstellung der Kapitalflussrechnung greift SAP Business ByDesign auf Kontenbewegungen der betrachteten Periode zurück. Um sicherzustellen, dass nur diese Bewegungen selektiert werden – und nicht die auf dem Konto in der Vergangenheit insgesamt stattgefundenen Bewegungen –, ist bei der Variableneingabe für die *Bilanzart* die Einstellung *Bewegungsbilanz* zu wählen (vgl. Abbildung 243).

Kapitalflussrechnung als Bewegungsbilanz

Bilanz- und GuV-Position	Betrag in Hauswährung
DE SKR03 Kapitalflussrechnung (indirekte Methode)	4.749.754,50 EUR
Cash Flow aus laufender Geschäftstätigkeit	2.761.132,84 EUR
Periodenergebnis vor außerordentlichen Posten	1.782.514,65 EUR
Abschreibungen/Zuschreibung Anlagevermögen	366.618,92 EUR
Zunahme/Abnahme der Vorräte	-248.224,35 EUR
Zunahme/Abnahme der Forderungen aus LuL	-152.975,00 EUR
Zunahme/Abnahme der sonst. Vermögensgegenstände	-709.127,19 EUR
Zunahme/Abnahme der Rückstellungen	489.333,00 EUR
Zunahme/Abnahme der Verbindlichkeiten aus LuL	414.647,53 EUR
Zunahme/Abnahme der sonstigen Verbindlichkeiten	818.120,00 EUR
Zunahme/Abnahme latente Steuern	225,28 EUR
Cash Flow aus der Investitionstätigkeit	-6.011.378,34 EUR
Investitionen / Abgänge Sachanlagen	-2.238.000,00 EUR
Investitonen / Abgänge immaterielles Anlagevermögen	-8.378,34 EUR
Investitionen / Abgänge sonstiges Vermögen	-15.000,00 EUR
Investitionen / Abgänge sonstiges Anlagevermögen	-3.750.000,00 EUR
Cash Flow aus der Finanzierungstätigkeit	8.000.000,00 EUR
Zunahme/Abnahme Eigenkapital	5.550.000,00 EUR
Zunahme/Abnahme von Anleihen u. langfr. Krediten	2.450.000,00 EUR

Abbildung 247: Kapitalflussrechnung der *Nordstar GmbH* (indirekte Ermittlung)

Zur Ermittlung des Cashflows aus operativer Geschäftstätigkeit wird das Periodenergebnis um zahlungsunwirksame Aufwendungen und Erträge (z.B. Abschreibungen, Rückstellungen) korrigiert.[975] Dieser Zahlungszu- bzw. -abfluss dient z.B. zur Beurteilung der Fähigkeit, inwiefern Darlehen zurückgezahlt oder Investitionen getätigt werden können. Neben der Überleitung zum operativen Cashflow

Struktur der Kapitalflussrechnung

---

[974] Zur Erstellung des Eigenkapitalspiegels rufen Sie den Saldenbericht *Änderungsspiegel* im Work Center *Hauptbuch* (Sicht *Berichte*) auf. In der Selektionsmaske ist dann die Sachkontoart Eigenkapital von Ihnen auszuwählen.

[975] Bei dieser Vorgehensweise spricht man von der indirekten Ermittlung des Cashflows.

zeigt die Kapitalflussrechnung des Weiteren die Zahlungsströme, die in Investitionen geflossen sind. So trägt bspw. die Beschaffung von Anlagen bei der *Nordstar GmbH* i.H.v. 6.011.378 EUR zu einer Minderung des Cashflows aus Investitionstätigkeit bei. Schließlich führt die Aufnahme von Eigen- bzw. Fremdkapital zu einer Zunahme des Cashflows aus Finanzierungstätigkeit.

6.3.2.2.3 Anhangspezifische Berichterstattung

Der Anhang stellt neben der Bilanz und der GuV einen weiteren Bestandteil des Jahresabschlusses dar und ist neben quantitativen Angaben durch qualitative Angaben, z.B. die Berichterstattung zu Bilanzierungs- und Bewertungsmethoden, geprägt. Diese qualitativen Informationen sind systemtechnisch nicht unterstützbar. Im Bereich der quantitativen Angaben liefert SAP Business ByDesign z.B. Daten zum Anlagen- und Verbindlichkeitenspiegel.

Entwicklung des Anlagevermögens

Das Handelsgesetz fordert in der Bilanz oder im Anhang bestimmte Angaben zu der Entwicklung des Anlagevermögens. Mit SAP Business ByDesign können Sie einen Anlagenspiegel aus den vorhandenen Daten im Work Center *Anlagen* (Sicht *Berichte*) direkt erzeugen.[976] Die für diesen Bericht notwendigen Informationen, wie z.B. Anschaffungskosten oder Abschreibungshöhe, sind im Anlagenstammdatensatz enthalten. Ausgehend von den historischen Anschaffungs- oder Herstellungskosten wird Ihnen die Entwicklung pro Anlagenklasse angezeigt (vgl. Abbildung 248); eine detailliertere Betrachtung auf Ebene der einzelnen Anlage ist ebenso möglich. Über die Verwendung einer zusätzlichen Informationsspalte können Sie sich zudem die geringwertigen Wirtschaftsgüter gesondert markieren lassen.[977]

Anlagenklasse	selbst geschaffene immaterielle VG	Grundstücke	Gebäude	Konzessionen, Lizenzen und ähnliche Rechte	Verarbeitungs-maschinen	Betriebs-/Geschäfts-ausstattung	Ergebnis
Historische AK zu Beginn von 001.2010	0,00 EUR	0,00 EUR	0,00 EUR	0,00 EUR	0,00 EUR	0,00 EUR	0,00 EUR
Anschaffungskosten	6.378,34 EUR	1.000.000,00 EUR	2.750.000,00 EUR	2.000,00 EUR	2.238.000,00 EUR	15.000,00 EUR	6.011.378,34 EUR
Abgänge							
Umbuchungen							
Zuschreibungen							
Kumulierte Abschreibungen	0,00 EUR	0,00 EUR	0,00 EUR	0,00 EUR	0,00 EUR	0,00 EUR	0,00 EUR
Abschreibungssumme	-318,92 EUR	0,00 EUR	-137.500,00 EUR	-200,00 EUR	-224.100,00 EUR	-4.500,00 EUR	-366.618,92 EUR
Wertberichtigungen							
Restbuchwert am Ende von 012.2010	6.059,42 EUR	1.000.000,00 EUR	2.612.500,00 EUR	1.800,00 EUR	2.013.900,00 EUR	10.500,00 EUR	5.644.759,42 EUR
Restbuchwert zu Beginn von 001.2010	0,00 EUR	0,00 EUR	0,00 EUR	0,00 EUR	0,00 EUR	0,00 EUR	0,00 EUR

Abbildung 248: Anlagenspiegel der *Nordstar GmbH*

Kumulierte Abschreibungen

Der im System erstellte Anlagenspiegel enthält in der Zeile *kumulierte Abschreibungen* die bis zu der vorangegangenen Periode aufgelaufenen Abschreibungen; die Abschreibungen des aktuellen Geschäftsjahrs sind in diesem Posten nicht enthalten. Im vorliegenden Fall liegen keine kumulierten Abschreibungen vor, da es sich um den ersten Anlagenspiegel nach Gründung des Unternehmens handelt. Insgesamt betragen die Jahresabschreibungen 366.619 EUR, sodass das Anlage-

---

[976]   Aus Darstellungsgründen wurden die Anlagen ausnahmsweise auf der Horizontalen und die historischen Anschaffungs- bzw. Herstellungskosten sowie die Entwicklung der Abschreibungen auf der Vertikalen des Anlagenspiegels angeordnet.

[977]   Vgl. zur Behandlung von geringwertigen Wirtschaftsgütern Kapitel F.1.1.6.4.

vermögen am Geschäftsjahresende einen Restbuchwert i.H.v. 5.644.759 EUR besitzt.

Das Gesetz fordert im Anhang die Angabe des Betrags von Verbindlichkeiten mit einer Restlaufzeit von mehr als fünf Jahren.[978] In SAP Business ByDesign können Sie für diese Zwecke die Verbindlichkeiten im Work Center *Verbindlichkeiten* (Sicht *Periodische Aufgaben*) entsprechend den Anforderungen umgliedern, sodass Sie die erforderlichen Angaben zur Verfügung gestellt bekommen.

Verbindlichkeiten-spiegel

6.3.2.3 Unterstützende Berichte für das Rechnungswesen

Das harmonisierte Rechnungswesen eines Unternehmens hat zwei maßgebliche Aufgaben. Zum einen laufen hier alle rechnungslegungsrelevanten Daten eines Unternehmens zusammen, um für externe Zwecke zu den berichtspflichtigen Berichten wie Bilanz und GuV verdichtet zu werden. Zum anderen dienen die Daten in einem vollständig harmonisierten Rechnungswesen zur Steuerung eines Unternehmens. Das Rechnungswesen kommt somit seiner Unterstützungsfunktion für die Unternehmenssteuerung nach. Für beide Aufgaben müssen Rechnungswesen-daten durchgehend auf Konsistenz geprüft werden.

Überblick

Beispielhaft seien hier folgende typische Buchhaltungsberichte genannt:

- Offene Posten Liste (Kreditoren/Debitoren),
- Summen- und Saldenliste,
- Journal,
- Abstimmbericht.

Sachkonto		Buchungsperiode/-jahr	Eröffnungssaldo in Hauswährung	Sollbetrag in Hauswährung	Habenbetrag in Hauswährung	Endsaldo in Hauswährung
008010	WB Bauten	001.2010	0,00 EUR	0,00 EUR	11.459,00 EUR	-11.459,00 EUR
		002.2010	-11.459,00 EUR	0,00 EUR	11.459,00 EUR	-22.918,00 EUR
		003.2010	-22.918,00 EUR	0,00 EUR	11.457,00 EUR	-34.375,00 EUR
		004.2010	-34.375,00 EUR	0,00 EUR	11.459,00 EUR	-45.834,00 EUR
		005.2010	-45.834,00 EUR	0,00 EUR	11.459,00 EUR	-57.293,00 EUR
		006.2010	-57.293,00 EUR	0,00 EUR	11.457,00 EUR	-68.750,00 EUR
		007.2010	-68.750,00 EUR	0,00 EUR	11.459,00 EUR	-80.209,00 EUR
		008.2010	-80.209,00 EUR	0,00 EUR	11.459,00 EUR	-91.668,00 EUR
		009.2010	-91.668,00 EUR	0,00 EUR	11.457,00 EUR	-103.125,00 EUR
		010.2010	-103.125,00 EUR	0,00 EUR	11.459,00 EUR	-114.584,00 EUR
		011.2010	-114.584,00 EUR	0,00 EUR	11.459,00 EUR	-126.043,00 EUR
		012.2010	-126.043,00 EUR	0,00 EUR	11.457,00 EUR	-137.500,00 EUR
Ergebnis			**0,00 EUR**	**0,00 EUR**	**137.500,00 EUR**	**-137.500,00 EUR**

Abbildung 249: Summen- und Saldenliste pro Buchungsperiode

Ein Bericht, der insbesondere von einem Mitarbeiter der Buchhaltung verwendet wird, ist die Summen- und Saldenliste. Die Summen- und Saldenliste enthält den Eröffnungs-, Soll-, Haben- und Endsaldo aller Konten. Eine Summen- und Saldenliste können Sie sich auch einzeln für jedes Sachkonto anschauen. Die Zu-

Summen- und Saldenliste

---

[978] In der Bilanz ist für den Verbindlichkeitenausweis zwischen einer Restlaufzeit von weniger bzw. höher als ein Jahr zu differenzieren. Dies wird durch den Umgliederungslauf gewährleistet. Vgl. dazu die äquivalenten Ausführungen zur Umgliederung von Forderungen in Kapitel F.5.3.3.3.

sammensetzung der aufgeführten Positionen auf aggregierter Ebene (z.B. Wertberichtigung Bauten) können für weitere Analysezwecke bis zu den einzelnen Geschäftsvorfällen – z.B. Abschreibung für ein bestimmtes Gebäude für den Monat April – aufgesplittet werden. In Abbildung 249 wird die Summen- und Saldenliste des Kontos *Wertberichtigungen Bauten* dargestellt. Damit ist die Entwicklung des Sachkontos pro Buchungsperiode für Sie nachvollziehbar. Am Jahresende entfallen auf dieses Konto Abschreibungen i.H.v. 137.500 EUR.

6.4   Berichte zur Unternehmenssteuerung
6.4.1   Betriebswirtschaftliche Grundlagen

Die Steuerung obliegt den jeweiligen leitenden Mitarbeitern der Aufbauorganisation und der Projektorganisation sowie Controllern der unterschiedlichen Unternehmensbereiche. Die strategische Steuerung eines Unternehmens obliegt der Geschäftsführung. Die Steuerung basiert auf hochwertigen und aktuellen Informationen aus allen Geschäftsprozessen (Plan- und Istdaten) des Unternehmens und hilft, die langfristige Existenz eines Unternehmens sicherzustellen.[979] Erst auf Basis dieser Transparenz können fundierte Unternehmensentscheidungen getroffen werden.

Kennzahlen als Vergleichsmaßstäbe

Für Zwecke der Steuerung kommen Kennzahlen zum Einsatz. Ihre Eignung zur Steuerung von Unternehmen erlangen Kennzahlen erst, wenn sie an Zielvorgaben bzw. Vergleichsmaßstäben gemessen werden.[980] Erst hierdurch erreichen sie den „Vorgabecharakter, an dem Entscheidungen und Handlungen auszurichten sind".[981] Vergleichsmaßstäbe können Betriebsvergleiche, Soll-Ist-Vergleiche oder innerbetriebliche Zeitvergleiche darstellen. Die Vorgaben werden in der Regel von der Geschäftsführung und Controllern entwickelt. Bei Anwendung innerbetrieblicher Zeitvergleiche werden die Kennzahlen der aktuellen Periode mit denen früherer Perioden verglichen. Soll-Ist-Vergleiche basieren auf der Gegenüberstellung individuell bestimmbarer Sollvorgaben mit Istwerten ausgewählter Kennzahlen. Eine wichtige Rolle spielen in der Unternehmenspraxis daneben Vergleiche mit Kennzahlen anderer Unternehmen aus der gleichen Branche. Am sinnvollsten stellt sich hierbei ein Vergleich mit dem Branchenführer dar (Benchmarking). Die Steuerungsmaßnahmen können auf Basis unterschiedlichster Kennzahlen stattfinden. Die Auswahl ist an den Informationsbedürfnissen der Geschäftsführung auszurichten. Fragen der Substanz und der Liquidität sind für eine Unternehmenssteuerung in mittelständischen Unternehmen in jedem Fall unverzichtbar. „Mit steigenden Ansprüchen ist das Controlling weitergehend auf Ertrag und Wachstum auszurichten, wie etwa auf die Zielgröße Rentabilität einzelner Projekte oder Kunden."[982]

---

[979]   Fehlendes Controlling ist bei 79 % aller Fälle die interne Ursache für eine Insolvenz. Vgl. m.w.N. KREY, A./LORSON, P. (2007), S. 1718.

[980]   Vgl. KÜPPER, H.-U. (2008), S. 395.

[981]   KÜPPER, H.-U. (2008), S. 395.

[982]   KREY, A./LORSON, P. (2007), S. 1718.

Kennzahlen sind hochverdichtete Maßgrößen, die als Verhältniszahlen oder absolute Zahlen in einer konzentrierten Form über einen zahlenmäßig erfassbaren Sachverhalt berichten. Sie sollen die Struktur eines Unternehmens oder Teile davon sowie die sich in diesem Unternehmen vollziehenden wirtschaftlichen Prozesse und Entwicklungen ex post beschreiben oder ex ante bestimmen.[983] Die spezifische Form der Kennzahl soll es ermöglichen, komplizierte betriebliche Sachverhalte und Strukturen sowie Prozesse auf relativ einfache Weise abzubilden, um damit einen möglichst schnellen und umfassenden Überblick zu gewährleisten. Dies gilt insbesondere für Führungsinstanzen, die mit Unterstützung von Kennzahlen der internen Betriebsanalyse ihre Kontroll- und Steuerungsaufgaben wahrzunehmen haben. Dabei ist es unerheblich, ob sie für strategische oder operative Steuerungszwecke eingesetzt werden. Die Konstruktion dieser betriebswirtschaftlichen Kennzahlen hängt entscheidend vom jeweiligen Informationsbedarf des Entscheidungsträgers ab. Kennzahlen können als absolute und relative Zahlen klassifiziert werden.

Definition Kennzahl

Absolute Zahlen geben an, aus wie vielen Elementen eine näher bezeichnete Menge besteht. Sie können in Einzelzahlen, Summen, Differenzen und Mittelwerte unterteilt werden. Typische Beispiele für diese Art Kennzahlen stellen die Größen Umsatzerlöse, Cashflow und Bilanzsumme dar. Es können aber auch Kosten in die Betrachtung mit einbezogen werden. So können bspw. Budgetvorgaben für eine Kostenstelle überwacht werden.

Absolute Kennzahlen

Relative Zahlen entstehen dadurch, dass der Quotient zweier absoluter Zahlen gebildet wird. Der wesentliche Vorteil von Verhältniszahlen besteht darin, die Bedeutung einzelner Größen in Relation zu anderen Sachverhalten aufzuzeigen. Durch die Bildung von Verhältniszahlen[984] wird der Gehalt einer absoluten Zahl aussagekräftiger.[985] Der Einsatz relativer Kennzahlen eignet sich z.B. konkret bei der Bestimmung der Vorratsintensität. Hierbei wird der durchschnittliche Bestand an Vorräten ins Verhältnis zur Bilanzsumme gesetzt. Die Entwicklung der Bestände des Vorratsvermögens ist für Unternehmen mit Lagerhaltung stets zu überwachen, um die Lagerkosten zu optimieren. Ein verhältnismäßig hoher Bestand kann auch ein Zeichen der Überproduktion bzw. der fehlenden Nachfrage eines Produkts sein.

Relative Kennzahlen

Im Zuge der Deckungsbeitragsrechnung sollte neben der Erfolgsanalyse in absoluten Zahlen eine relative Kennzahl gewählt werden, um Erfolgsbeiträge verschiedener Produkte bzw. Dienstleistungen miteinander vergleichbar zu machen. Es bietet sich z.B. die Bruttogewinnspanne an:

- Bruttogewinnspanne: $\frac{Umsatzerlöse - Umsatzkosten}{Umsatzerlöse} * 100$

[983] Vgl. MERKLE, E. (1982), S. 325.

[984] Verhältniszahlen können ihrerseits in Gliederungs-, Beziehungs- und Indexzahlen unterteilt werden; vgl. hierzu ausführlich KÜTING, K./WEBER, C.-P. (2009), S. 54 ff.

[985] Vgl. LITTKEMANN, J./KREHL, H. (2000), S. 20.

Kennzahlensystem als Instrument der Unternehmenssteuerung

Kennzahlensysteme haben in der Unternehmenspraxis eine große Bedeutung erlangt. Insbesondere in Großunternehmen sind sie weit verbreitet und haben dort ihren festen Stellenwert. Sie werden als Instrument der Unternehmensführung gleichermaßen für Zwecke der Planung, Steuerung und Kontrolle eingesetzt. Kennzahlensysteme versuchen, die bislang beziehungslos nebeneinander stehenden Einzelkennzahlen in einem System von gegenseitig abhängigen und einander ergänzenden Kennzahlen als eine geordnete Gesamtheit zusammenzufassen.[986] Werden von einer Ausgangskennzahl zwei oder mehr Unterkennzahlen rechentechnisch aufgefächert und so in ein Kennzahlensystem integriert, spricht man von einem Rechensystem. Hingegen entsteht ein Ordnungssystem, wenn Kennzahlen in einem Kennzahlensystem in einem bloßen Systematisierungszusammenhang zueinanderstehen.

Management Cockpit

Um die strategische Unternehmenssteuerung mithilfe von Kennzahlen in einem mittelständischen Unternehmen handhabbar durchzusetzen, sollte eine unnötige Komplexität vermieden werden. Ein Ordnungssystem von drei bis acht Schlüsselkennzahlen, die mit Soll- und Istwerten sowie mittels einer Grafik dargestellt werden, sollte die Basis einer strategischen Unternehmenssteuerung bilden.[987] Die Ausprägung der jeweiligen Kennzahlen wird oftmals durch eine Ampel dargestellt, um die Interpretation zu erleichtern. Bei unerwarteten Abweichungen sollte jederzeit eine aktuelle Analyse der Ursachen möglich sein, z.B. durch Summen und Salden von Konten bis hin zu Dokumenten einzelner Geschäftsvorfälle.

Kennzahlenauswahl

Welche Kennzahlen für das Ordnungssystem gewählt werden, ist unternehmensspezifisch zu bestimmen und von Unternehmen zu Unternehmen unterschiedlich. Neben finanziellen Standardkennzahlen wie die Umsatz- und Kapitalrentabilität kommen vorlaufende Indikatoren wie Auftragslage, aber auch Aussagen über die Kundenzufriedenheit oder Parameter aus dem Personalbereich, wie bspw. die Personalfluktuation oder der Lernfortschritt, in Betracht.[988]

6.4.2   Berichte in SAP Business ByDesign

Vorbemerkungen

Für die in leitenden Positionen tätigen Mitarbeiter (z.B. ein Vertriebs- oder Produktionsmanager) ist mit dem Work Center *Mein Verantwortungsbereich* ein zentraler Arbeitsbereich zur Steuerung in SAP Business ByDesign gegeben. In diesem Work Center findet der leitende Mitarbeiter mehrere Sichten, die ihn bei

---

[986]   Vgl. STAEHLE, W. (1975), S. 317.
[987]   Vgl. KREY, A./LORSON, P. (2007), S. 1721.
[988]   Man kann sich bei der Auswahl an typischen Bereichen des Systems der Balanced-Scorecard orientieren, das typischerweise neben dem Finanzbereich auch die Kunden- sowie die Mitarbeiterperspektive umfasst. Konzeptionell ist hierbei ein (mittelfristiger) Ursache-Wirkungs-Zusammenhang herzustellen: Ein Rentabilitätsanstieg wird nur durch mehr zufriedene Kunden erreicht; mehr zufriedene Kunden verlangen gut ausgebildete Mitarbeiter, die möglichst im Unternehmen gehalten werden. SAP Business ByDesign hält eine Vielzahl von Kennzahlen aus den beschriebenen Bereichen zur Steuerung im Kennzahlenmonitor bereit.

seinen Aufgaben unterstützen. Dieser findet dort z.B. angefallene Kosten seiner verantworteten Kostenstelle(n) (Sicht *Meine Abteilung*) oder zu genehmigende Geschäftsvorfälle (Sicht *Genehmigungen*). Dem Mitarbeiter werden zudem Berichte zur Verfügung gestellt (Sicht *Berichte*), die für seine tägliche Arbeit in seinem Verantwortungsbereich (z.B. Verkauf) relevant sind. Controller finden alle Berichte, die sie zur Planung und Überwachung benötigen, im Work Center *Kosten und Erlöse*. Für die Geschäftsleitung wird das Work Center *Geschäftsführung* zur Verfügung gestellt.

In Kapitel F wurden bereits Berichte zur Analyse der einzelnen Geschäftsprozesse vorgestellt. Die nachfolgenden Gliederungspunkte enthalten Ausführungen zu zentralen Berichten in SAP Business ByDesign, die für die Steuerung bzw. Leistungsmessung eines Unternehmens von Bedeutung sind. Darunter fallen:

- die kurzfristige Ergebnisrechnung,
- Schlüsselkenzahlen des Unternehmens,
- das Dashboard,
- Plan-Ist-Abweichungsanalysen von Bilanz, GuV und Kostenstelle.

6.4.2.1 Kurzfristige Ergebnisrechnung: Profit-Center-Bericht und Deckungsbeitragsrechnung

Eine kurzfristige Ergebnisrechnung hat zum Ziel, unterjährige Erfolgsentwicklungen aufzudecken. Generell stellt die Ergebnisrechnung den Erlösen der Periode die Kosten gegenüber. Die GuV nach dem Umsatzkostenverfahren stellt den Erlösen der Periode die zugehörigen Kosten des Umsatzes und die Kosten der anderen Funktionsbereiche eines Unternehmens gegenüber. Die GuV kann als kurzfristige Erfolgsrechnung eingesetzt werden (z.B. monatsbezogene Auswertung). Weitergehende Aufschlüsse über den Unternehmenserfolg ergeben die Ermittlung und Überwachung des Erfolgs für Teilbereiche des Unternehmens, die entweder Verantwortungsbereiche (Profit-Center) oder Marktsegmente (z.B. Produkt- oder Kundengruppen) darstellen. Bedeutsam für eine Unternehmenssteuerung ist hier neben Istwerten vor allem der Vergleich mit Planwerten.

Ziel der kurzfristigen Erfolgsrechnung

Als Geschäftsbereichsverantwortlicher haben Sie mit der Profit-Center-Rechnung die Möglichkeit, einen periodenbasierten Gewinn für Ihren Geschäftsbereich zu ermitteln. Maßgeblich für die Ableitung des Erfolgsbeitrags eines Profit-Centers sind Zuordnungsregeln von den Erlösen und Kosten zu dem zugehörigen Profit-Center.

Profit-Center-Rechnung

Die Deckungsbeitragsrechnung[989] wird dagegen in der Regel verwendet, um den Erfolgsbeitrag z.B. für eine Produktgruppe oder eine Kundengruppe in Form einer Ergebnisrechnung zu analysieren. Um hier für ein Vertriebscontrolling zu einer sauberen Deckungsbeitragsrechnung zu kommen, sind in den Geschäftsvorfällen Kundenauftrag oder Kundenrechnung Auftragsnummer, Kunde, Produkt und Verkaufsorganisation in dem Ursprungsbeleg abzuspeichern. Aus den Stammdaten

Deckungsbeitrag

---

[989] Vgl. zum Themenbereich Deckungsbeitrag auch Kapitel F.3.3.3.

werden die Produktgruppen als weitere Merkmale abgeleitet. Dadurch ist der Ausweis des Ergebnisses nach Kunden, Produkt und Produktgruppe, Verkaufsorganisation, aber auch detaillierter nach Kundenauftrag oder Projekt möglich. Herauszustellen ist hier, dass die Buchungsbelege in einem Einkreissystem Ergebnisrechnungsmerkmale beinhalten, daraus weitere Ableitungen erfolgen und somit eine integrierte Deckungsbeitragsrechnung ermöglicht wird. Unterjährige Erfolgsentwicklungen können aufgedeckt werden und um über monatsbezogene Vorjahresvergleiche hinauszukommen, ist es möglich, kumulative Monatserfolgsrechnungen auszubauen, die die bis zum Ende der einzelnen Monate aufgelaufenen Ergebnisse transparent machen.

Funktionsbereiche der Deckungsbeitragsrechnung

Die Deckungsbeitragsrechnung gliedert sich in einzelne Funktionsbereiche (z.B. Vertrieb oder Verwaltung), die zuvor für Zwecke der Berichterstattung von Ihnen definiert wurden. Einer Kostenstelle wird beim Einrichten der Organisationsstruktur Ihres Unternehmens[990] ein Kostenstellentyp (z.B. Fertigung) zugewiesen. Die für eine Kostenstelle abgesetzten Kostenbuchungen werden anhand des Kostenstellentyps in der Deckungsbeitragsrechnung in dem betreffenden Funktionsbereich ausgewiesen. Die Zuordnung des Kostenstellentyps zu einer Kostenstelle erlaubt Ihnen somit eine differenzierte Analyse der Kostenstruktur entsprechend der funktionalen Verursachung (z.B. Umsatzkosten durch eine Produktionskostenstelle, Vertriebskosten durch eine Vertriebskostenstelle) in einem Unternehmen.

Geschäftsbereich	Handelsware (NS1200)				Produktionsware (NS1300)			Ergebnis
Produkt	EASY_WALK	PROFESSIONAL	Nicht zugeordnet	Ergebnis	HIKING	Nicht zugeordnet	Ergebnis	
Betriebsergebnis	-273.671,56 EUR	-641.931,44 EUR	251.962,50 EUR	-663.640,50 EUR	-2.006.935,00 EUR	0,00 EUR	-2.006.935,00 EUR	-2.670.575,50 EUR
Bruttoergebnis vom Umsatz	-411.671,56 EUR	-779.931,44 EUR	0,00 EUR	-1.191.603,00 EUR	-2.133.435,00 EUR	0,00 EUR	-2.133.435,00 EUR	-3.325.038,00 EUR
Nettoumsatzerlös	-930.500,00 EUR	-1.820.000,00 EUR	0,00 EUR	-2.750.500,00 EUR	-3.195.000,00 EUR	0,00 EUR	-3.195.000,00 EUR	-5.945.500,00 EUR
Kosten des Umsatzes	518.828,44 EUR	1.040.068,56 EUR	0,00 EUR	1.558.897,00 EUR	1.061.565,00 EUR	0,00 EUR	1.061.565,00 EUR	2.620.462,00 EUR
Vertriebskosten	78.000,00 EUR	78.000,00 EUR	270.000,00 EUR	426.000,00 EUR	78.500,00 EUR	0,00 EUR	78.500,00 EUR	504.500,00 EUR
allgemeine Verwaltungskosten	60.000,00 EUR	60.000,00 EUR	0,00 EUR	120.000,00 EUR	48.000,00 EUR	0,00 EUR	48.000,00 EUR	168.000,00 EUR
Sonstige betriebliche Erträge	0,00 EUR	0,00 EUR	-18.037,50 EUR	-18.037,50 EUR	0,00 EUR	0,00 EUR	0,00 EUR	-18.037,50 EUR
Sonstige betriebliche Aufwendungen	0,00 EUR	0,00 EUR	0,00 EUR	0,00 EUR	0,00 EUR	0,00 EUR	0,00 EUR	0,00 EUR

Abbildung 250: Deckungsbeitragsrechnung auf Geschäftsbereichsebene

Beispielsachverhalt

In der vorliegenden Abbildung 250[991] wird ausgehend vom Bruttoergebnis vom Umsatz das Betriebsergebnis (Deckungsbeitrag) durch Berücksichtigung von Vertriebskosten, Verwaltungskosten und sonstigen betrieblichen Erträgen bzw. Aufwendungen ermittelt.[992] Die in dieser Abbildung aufgeführten Zahlen beziehen sich auf die Produktgruppen Handelsware und Produktionsware. Ein Vergleich mit den geplanten Deckungsbeiträgen der Geschäftsbereiche[993] zeigt, dass die Deckungsbeiträge der Handelswaren über den geplanten Deckungsbeiträgen liegen. Für die Produktionsware fällt der Deckungsbeitrag etwas geringer aus.

---

[990] Vgl. ausführlich Kapitel D.3.
[991] Vgl. auch die Ausführungen in Kapitel F.3.3.3.2.
[992] Vgl. zur Zusammensetzung der einzelnen Positionen der aufgeführten Deckungsbeitragsrechnung sowie Abweichungen zu den Plandaten ausführlich Kapitel F.3.3.3.2.
[993] Vgl. Abbildung 47 in Kapitel E.2.4.

6.4.2.2   Schlüsselkennzahlen des Unternehmens

In dem Work Center *Geschäftsführung* (Sicht *Kennzahlen*) können Sie sich einen **Kennzahlenmonitor**
Überblick über unternehmensrelevante Kennzahlen verschaffen (vgl. Abbildung
251). Sie wählen dafür aus einer bestehenden Grundgesamtheit an Kennzahlen
(Funktion *Auswertungskatalog öffnen*) diejenigen aus, die über den Kennzahlenmonitor angezeigt werden sollen. Ebenso wie das Dashboard ist der Kennzahlenmonitor primär als Informationsinstrument für die Geschäftsführungsebene gedacht.

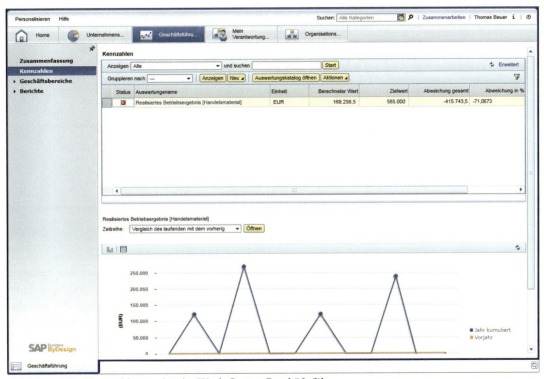

Abbildung 251: Kennzahlenmonitor im Work Center *Geschäftsführung*

Für die einzelne zu betrachtende Kennzahl legen Sie bestimmte Zielwerte fest.
Dieser Zielwert kann entweder als absoluter Wert (z.B. Vorjahreswert) eingege-
ben werden oder sich an Referenzwerten orientieren. Für den Fall, dass diese Zielsetzung nicht erreicht wird, werden Sie über eine rote Ampel auf die kritische
Entwicklung hingewiesen. Zusätzlich bekommen Sie die Abweichung zum vorgegebenen Zielwert angegeben. Der Zeitpunkt der Aktualisierung der Kennzahlen-
auswertung wird von Ihnen bestimmt (Funktion *Aktionen*). Des Weiteren erhalten
Sie über eine Grafik weitere Informationen zur zeitlichen Entwicklung der zugrunde liegenden Kennzahl. Diese Daten können Sie sich auch in Tabellenform
anzeigen lassen.

Neben den im Kennzahlenmonitor explizit aufgeführten ertragsorientierten Kenn-   **Weitere**
zahlen (für den Bereich Finanzwesen), können Sie für Zwecke der Unternehmens-   **Kennzahlenbildung**

steuerung im Work Center *Geschäftsführung* auch Kennzahlen zur Vermögens- oder der Finanzlage ableiten.[994] Bspw. nehmen Sie zur Bildung der Kennzahlen „Eigenkapitalquote" oder „Verschuldungsgrad" die Bilanz und zur Ermittlung cashflowbasierter Kennzahlen die Kapitalflussrechnung als Grundlage.

6.4.2.3   Dashboard: Monitoring der Profitabilität

Funktion

In SAP Business ByDesign wird im Work Center *Geschäftsführung* (Sicht *Geschäftsbereiche*) mit dem sog. Dashboard eine Übersicht zu ausgewählten Kennzahlen von Geschäftsbereichen[995] des Unternehmens zur Verfügung gestellt. Dies dient der Kontroll- und Steuerungsfunktion der Geschäftsführung. Das Dashboard deckt wesentliche Geschäftsbereiche wie das Finanz- und Rechnungswesen, die Serviceleistungen, den Personalbereich und die Beschaffung ab. Die Leistungen eines Geschäftsbereichs können von dem Geschäftsführer zentral verfolgt werden. Innerhalb der Geschäftsbereiche werden u.a. folgende Kennzahlen zur Steuerung angeboten:

- Finanz- und Rechnungswesen: Bruttoergebnis und Bruttoergebnisspanne.
- Personalmanagement: Personalbestand und Fluktuationsrate,
- Einkauf: Einkaufsvolumen und Hauptlieferanten,
- Service: Arbeitsrückstand.

Auf Basis dieser Informationen zu den (Kennzahlen-)Entwicklungen wird ein Eingreifen vonseiten der Geschäftsführung bzw. die Einleitung von geeigneten Maßnahmen frühzeitig ermöglicht.

Datenaufbereitung

Für den Geschäftsbereich Finanz- und Rechnungswesen werden die einzelnen Kennzahlen in zwei Spalten grafisch aufbereitet. In der linken Spalte befinden sich die einzelnen Kennzahlen für ein Unternehmen.[996] In Abbildung 252 sind dies für den Bereich Finanz- und Rechnungswesen u.a. die Nettoauftragseingänge, der Nettoerlös, die Kosten des Umsatzes und das Betriebsergebnis. Mit der Auswahl einer Kennzahl (Auswahl des jeweiligen Balkens) werden in der rechten Spalte diesbezüglich zusätzliche Informationen zur Analyse angeboten. So können Sie sich für die Kennzahl *Nettoerlös* die Daten z.B. getrennt nach Ländern, Produktkategorien oder Verkaufsabteilungen anschauen. Neben den Informationen zum aktuellen Jahr finden Sie hier auch die Vorjahreswerte sowie vorliegende Abweichungen.[997]

---

[994] Die Grundlage dieser Kennzahlenbildungen stellen die in der Sicht *Berichte* vorzufindenden Finanzberichte dar.

[995] Die Verwendung des Begriffs „Geschäftsbereich" erfolgt in diesem Kontext nicht synonym mit dem bereits eingeführten Begriff, der als oberster Knotenpunkt einer Profit-Center-Hierarchie verstanden wird. Vgl. auch Fn. 225.

[996] Falls mehrere Unternehmen in SAP Business ByDesign angelegt sind und von Ihnen gesteuert werden, so müssen Sie das jeweilige Unternehmen für die Betrachtung auswählen.

[997] In der vorliegenden Abbildung liegen keine Vorjahreswerte vor – die *Nordstar GmbH* wurde zum 01.01.2010 neu gegründet.

Abbildung 252: Dashboard im Work Center *Geschäftsführung*

6.4.2.4 Plan-/Ist-Analyse von Bilanz, GuV und Kostenstelle

Es wurde dargelegt, dass sich Kennzahlen zur Steuerung dann eignen, wenn diese **Überblick** als Zielvorgaben bzw. Vergleichsmaßstäbe herangezogen werden. Planvergleiche – der Vergleich von am Anfang der Periode ermittelten (Plan-)Werten mit den tatsächlich angefallenen Istwerten – besitzen den Vorteil, dass Abweichungen hinsichtlich ihrer Ursache schnell erkennbar sind, sofern eine sorgfältige Erstellung der Planwerte stattgefunden hat. Im Folgenden wird eine Auswahl zentraler Berichte in SAP Business ByDesign vorgestellt, die einen Plan-Ist-Vergleich[998] erlauben: Es handelt sich konkret um die Plan-Ist-Vergleiche der Rechenwerke Bilanz und GuV und der Kostenstelle. Die Vorgehensweise zur Eingabe von Planwerten wurde in Kapitel E.3 erläutert.

Die Bilanz- und Ergebnisplanung können Sie für das Unternehmen oder, differenzierter, auf Geschäftsbereichsebene vornehmen. Entsprechend ist auch für die **Bilanz und GuV** Steuerung aus Geschäftsleitungs- oder Geschäftsbereichsleitungssicht eine Abweichungsanalyse von Plan- und Istwerten möglich. Wurden die geplanten Umsatzerlöse oder das geplante Betriebsergebnis für das Unternehmen bzw. Profit-Center erzielt? In welchen Bereichen sind mehr Kosten entstanden als geplant? Hat sich

---

[998] Neben einem Plan-Ist-Vergleich der aktuellen Periode werden in SAP Business ByDesign für die Rechenwerke Bilanz, GuV und Kapitalflussrechnung auch Berichte zur Verfügung gestellt, die einen Zeitvergleich (der Istwerte) über zwei Jahre – z.B. die Umsatzentwicklung – ermöglichen.

die Struktur der Verbindlichkeiten so entwickelt wie ursprünglich vorgesehen? Mithilfe der Berichte zum Plan-Ist-Vergleich von Bilanz und GuV sind Sie in der Lage, solche Fragestellungen zu beantworten. Die Berichte dienen als Ausgangspunkt der weiteren (Abweichungs-)Ursachenanalyse. Die genannten Berichte rufen Sie im Work Center *Kosten und Erlöse* oder alternativ im Work Center *Hauptbuch* auf.

Bilanzposition	Plan	Ist	Differenz (absolut)	Differenz (%)
Aktiva	10.446.125,00 EUR	11.504.840,46 EUR	1.058.715,46 EUR	9,20%
Anlagevermögen	5.634.400,00 EUR	5.644.759,42 EUR	10.359,42 EUR	0,18%
Immaterielle Vermögensgegenstände	0,00 EUR	7.859,42 EUR	7.859,42 EUR	100,00%
Sachanlagevermögen	5.634.400,00 EUR	5.636.900,00 EUR	2.500,00 EUR	0,04%
Grundstücke	1.000.000,00 EUR	1.000.000,00 EUR	0,00 EUR	0,00%
Gebäude	2.612.500,00 EUR	2.612.500,00 EUR	0,00 EUR	0,00%
Technische Anlagen und Maschinen	2.013.900,00 EUR	2.016.400,00 EUR	2.500,00 EUR	0,12%
Betriebs- und Geschäftsausstattung	8.000,00 EUR	8.000,00 EUR	0,00 EUR	0,00%
Umlaufvermögen	4.811.725,00 EUR	5.860.081,04 EUR	1.048.356,04 EUR	17,89%
Vorräte	201.675,00 EUR	248.224,35 EUR	46.549,35 EUR	18,75%
Rohstoffe, Hilfs- und Betriebsstoffe	0,00 EUR	0,00 EUR	0,00 EUR	0,00%
Fertige Erzeugnisse und Waren	201.675,00 EUR	248.224,35 EUR	46.549,35 EUR	18,75%
Forderungen und sonstige Vermögensgeg.	240.350,00 EUR	862.102,19 EUR	621.752,19 EUR	72,12%
Forderung aus Lieferung und Leistung	240.350,00 EUR	152.975,00 EUR	-87.375,00 EUR	-57,12%
Aus Steuern	0,00 EUR	709.127,19 EUR	709.127,19 EUR	100,00%
Kassenbest., Guthaben Kl. und Schecks	4.369.700,00 EUR	4.749.754,50 EUR	380.054,50 EUR	8,00%
Passiva	-10.446.125,00 EUR	-11.504.840,46 EUR	-1.058.715,46 EUR	9,20%
Eigenkapital	-7.996.125,00 EUR	-7.332.514,65 EUR	663.610,35 EUR	-9,05%
Gezeichnetes Kapital	-5.550.000,00 EUR	-5.550.000,00 EUR	0,00 EUR	0,00%
Jahresüberschuss/Jahresfehlbetrag	-2.446.125,00 EUR	-1.782.514,65 EUR	663.610,35 EUR	-37,23%
Rückstellungen	0,00 EUR	-489.333,00 EUR	-489.333,00 EUR	100,00%
Verbindlichkeiten	-2.450.000,00 EUR	-3.682.767,53 EUR	-1.232.767,53 EUR	33,47%
Verbindlichkeiten gegenüber Kreditinstituten	-2.450.000,00 EUR	-2.450.000,00 EUR	0,00 EUR	0,00%
Verbindl. aus Lieferungen und Leistungen	0,00 EUR	-414.647,53 EUR	-414.647,53 EUR	100,00%
Verbindl. gegenüber verb. Unternehmen	0,00 EUR	0,00 EUR	0,00 EUR	0,00%
Sonstige Verbindlichkeiten	0,00 EUR	-818.120,00 EUR	-818.120,00 EUR	100,00%
Aus Steuern	0,00 EUR	0,00 EUR	0,00 EUR	0,00%
Verbindlichkeiten gegenüber Personal	0,00 EUR	-818.120,00 EUR	-818.120,00 EUR	100,00%
Passive latente Steuern	0,00 EUR	-225,28 EUR	-225,28 EUR	100,00%

Abbildung 253: Plan-Ist-Vergleich der Bilanz der *Nordstar GmbH*

Beispielsachverhalt

In Abbildung 253 ist das Ergebnis des Berichts für den Plan-Ist-Vergleich der Bilanz zu sehen. Der Abbildung ist zu entnehmen, dass insbesondere Abweichungen im Bereich der Steuern und der Rückstellungen vorliegen. Diese Abweichungen liegen vor, da diese Komponenten nicht in der Planung berücksichtigt worden sind,[999] in Zukunft jedoch Eingang in die Planung erhalten sollen. Die Annahmen über die Entwicklung des Lagerbestands der Vorräte und des Jahresergebnisses sind dagegen ohne größere Abweichungen eingetreten. Der etwas erhöhte Lagerbestand ist auf die erhöhten Beschaffungsmengen der Handelsware (*Easy Walk* und *Professional Walk*) zurückzuführen.[1000] Hinsichtlich der Entwicklung der Forderungspositionen aus Lieferung und Leistung wurde grundsätzlich eine zutreffende Einschätzung vorgenommen. Die Abweichung ist insbesondere auf die Wertberichtung (64.200 EUR) der Kundenforderung zurückzuführen. Die liqui-

---

[999]   Diese hat auch Auswirkungen z.B. auf die Entwicklung der liquiden Mittel.
[1000] Vgl. hierzu auch Kapitel F.1.3.1.4.

den Mittel am Ende des Geschäftsjahres (Istwerte) übersteigen die Planwerte. Eine liquididätserhöhende Ursache liegt in den noch nicht bezahlten Verbindlichkeiten gegenüber dem Personal.

Bezüglich des Jahresergebnisses kann festgestellt werden, dass der Planwert um 37 % unterschritten worden ist (vgl. Abbildung 254). Zum einen sind die Umsatzerlöse etwas geringer ausgefallen als ursprünglich in der Planung vorgesehen. Diese Abweichung liegt im Wesentlichen darin begründet, dass die Umsätze aus dem Geschäftsbereich Designberatung nahezu ausgeblieben sind. [1001] Zudem ist erkennbar, dass die Beträge zur Bildung der Steuerrückstellungen i.H.v. ca. 400.000 EUR keine Planungsposition dargestellt haben. Des Weiteren ist die Belastung des Jahresergebnisses durch die GuV-Position „sonstige betrieblichen Aufwendungen" im Vergleich zur Planung deutlich höher ausgefallen; zu nennen ist in diesem Zusammenhang z.B. die Wertberichtigung auf eine ausstehende Forderung i.H.v. 64.200 EUR. Diesbezüglich sollten zukünftig auch pauschale Wertberichtungen Eingang in die Planung finden.

Bilanzposition	Plan	Ist	Differenz (absolut)	Abweichung (%)
Ergebnis der gewöhnlichen Geschäftstätigkeit	-2.446.125,00 EUR	-1.782.514,65 EUR	663.610,35 EUR	-37,23%
Umsatz	-6.137.500,00 EUR	-5.948.000,00 EUR	189.500,00 EUR	-3,19%
Erhöhung des Bestands	-104.075,00 EUR	-103.985,00 EUR	90,00 EUR	-0,09%
andere aktivierte Eigenleistungen	0,00 EUR	-6.378,34 EUR	-6.378,34 EUR	100,00%
sonstige betriebliche Erträge	0,00 EUR	-18.037,50 EUR	-18.037,50 EUR	100,00%
Materialaufwand	2.554.850,00 EUR	2.483.768,15 EUR	-71.081,85 EUR	-2,86%
Personalaufwand	818.000,00 EUR	818.000,00 EUR	0,00 EUR	0,00%
Abschreibung	365.600,00 EUR	366.618,92 EUR	1.018,92 EUR	0,28%
für Sachanlagen	365.600,00 EUR	366.100,00 EUR	500,00 EUR	0,14%
für immaterielle Vermögensgegenstände	0,00 EUR	518,92 EUR	518,92 EUR	100,00%
sonstige betriebliche Aufwendungen	57.000,00 EUR	225.273,84 EUR	168.273,84 EUR	74,70%
Steuern vom Einkommen und vom Ertrag	0,00 EUR	400.225,28 EUR	400.225,28 EUR	100,00%
GuV Ergebnis	-2.446.125,00 EUR	-1.782.514,65 EUR	663.610,35 EUR	-37,23%

Abbildung 254: Plan-Ist-Vergleich der GuV der *Nordstar GmbH*

Als Kostenstellenverantwortlicher interessieren Sie sich für die auf der Kostenstelle angefallenen und verursachten Kosten. Für die Erreichung der Unternehmensziele wird den Verantwortungsbereichen einer Organisation grds. ein Budget vorgegeben. Der Kostenstellenverantwortliche muss die Leistungsvorgabe effizient mit dem vorhandenen Budget erfüllen. Zur detaillierten Auflistung der in dem Verantwortungsbereich angefallenen Kosten rufen Sie im Work Center *Mein Verantwortungsbereich* den Kostenstellenbericht auf.[1002] Zusätzlich zu der Kostentransparenz können Sie die angefallenen Kosten mit einem vorhandenen Budget abstimmen bzw. die weiteren Ausgaben danach steuern. Dadurch ist im Zeitablauf für die Kostenstelle ein Plan-/Ist-Vergleich möglich (vgl. Abbildung 255). Die Ursache eventuell vorliegender Abweichungen ist über einen Drilldown bis auf die

Kostenstelle

[1001]   Vgl. zur Planung der Umsatzerlöse des Geschäftsbereichs Designberatung ausführlich Kapitel E.2.1.

[1002]   Sie können die Kosten im Bericht auch nach der Herkunft (Sachkonten) gliedern.

Belegpositionen weiter analysierbar. Im vorliegenden Beispielsachverhalt stimmen die Plan- mit den Istkosten der Kostenstelle *Spritzguss* überein.[1003]

Kostenstelle	Sachkonto (Herkunft)	Istbelastung EUR	Planbelastung EUR	Differenz (absolut) EUR	Differenz (%)
Spritzguss	Lohn	21.000,00 EUR	21.000,00 EUR	0,00 EUR	0,00%
	Abschreibungen auf Sachanlagen	10.000,00 EUR	10.000,00 EUR	0,00 EUR	0,00%
	Strom	2.000,00 EUR	2.000,00 EUR	0,00 EUR	0,00%
	Wartung	1.000,00 EUR	1.000,00 EUR	0,00 EUR	0,00%

Abbildung 255: Plan-Ist-Vergleich von Kosten auf einer Kostenstelle

6.5   Abschlussprüfung: Prüfung bis zum Beleg

Transparenz

Wie in den vorangegangenen Kapiteln beschrieben, existieren in SAP Business ByDesign diverse Berichte für Zwecke der internen und externen Berichterstattung. Die lückenlose Transparenz der Unternehmensdaten wird durch den sog. Audit Trail erreicht: Eine Summe im Hauptbuch wird einerseits durch seine Einzelposten erklärt, anderseits ist auch ein Abspringen von jedem Einzelposten zum Ursprungsbeleg des Geschäftsvorfalls, der die Buchung ausgelöst hat, möglich. Die Überprüfung des Buchungsstoffs, detailliert bis auf Belegebene, ist nicht nur für die alltägliche Arbeit des zuständigen Mitarbeiters des Rechnungswesens (z.B. Prüfung der Übereinstimmung von Hauptbuch- und Nebenbuchkonten oder Analyse von Abweichungen), sondern auch im Rahmen der Abschlussprüfung für die Prüfer von Bedeutung.

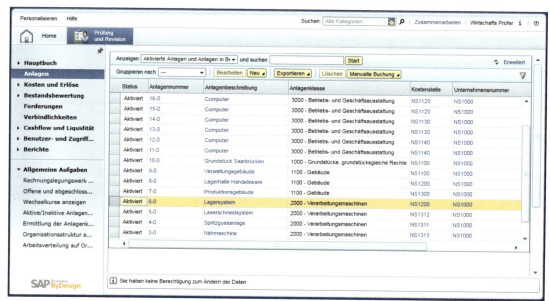

Abbildung 256: Work Center *Prüfung und Revision*

[1003] Es wird an dieser Stelle darauf hingewiesen, dass im Produktionsprozess annahmegemäß keine Abweichungen zwischen Plan-, Soll- und Istkosten vorliegen.

Dem Prüfer können Sie in SAP Business ByDesign Zugang zu dem Work Center **Work Center für**
Prüfung und Revision ermöglichen.[1004] Innerhalb dieses Work Centers werden **den Abschlussprüfer**
dem Prüfer Zugriffsrechte gewährt, die einen schreibgeschützten Zugriff auf das
Produktivsystem des Unternehmens – einschließlich Zugriff auf die Rechnungs-
weseninformationen und Stammdaten, die die Belegzeilen in Finanzberichten erklären – erlauben. So ist in Abbildung 256 zu erkennen, dass der Abschlussprüfer
in der Sicht *Anlagen* Zugriff auf die Stammdaten der vorhandenen Anlagengüter
besitzt. Das Work Center *Prüfung und Revision* dient folglich dazu, dem Prüfer
eine Arbeitsplattform zur Verfügung zu stellen, mit deren Hilfe er seine Prüfungs-
handlungen durchführen kann und die Prüfung gleichzeitig erleichtert wird. Pla-
nungsvorgänge, Folgeaktionen, die Meldung der Prüfergebnisse und die Auswertung der Ergebnisse erfolgen außerhalb des Systems.

Unter dem Audit Trail ist auch die Möglichkeit zu verstehen, Benutzeraktivitäten **Dokumentation von**
(z.B. das Vornehmen von Änderungen an Dokumenten) nachvollziehbar zu proto- **Benutzeraktivitäten**
kollieren. Dafür wird die Aktivität eines Benutzers mit dessen Namen und der
Uhrzeit im Ursprungsbeleg protokolliert. In SAP Business ByDesign werden die
verantwortlichen Personen in den Ursprungsbelegen, wie bspw. einer Lieferantenrechnung, einer Produktionsrückmeldung oder einem Kontoauszug, festgehalten.

[1004] Dieses Work Center unterstützt neben externen Jahresabschlussprüfungen auch interne Systemprüfungen und Steuerprüfungen, indem es direkten Zugriff auf die relevanten Informationen und Berichte gewährt.

G. Konsolidierung

1.   Rechnungslegung und Unternehmenssteuerung in einem Konzernumfeld

Relevanz und Zielsetzungen einer Konzernierung

Der Konzern stellt eine Ausprägung der unternehmerischen Zusammenarbeit dar und kann als wichtigste Form eines Unternehmenszusammenschlusses betrachtet werden. Nicht nur für Großunternehmen, sondern auch für die Mehrzahl der mittelständischen Unternehmen verkörpert der Konzern eine typische Strukturierungsform. Im betriebswirtschaftlichen Schrifttum wird ausgeführt, dass „rund 90 % der deutschen Aktiengesellschaften und wohl weit mehr als die Hälfte der deutschen Personenhandelsgesellschaften"[1005] in Konzern- oder konzernähnlichen Verbindungen mit anderen Gesellschaften stehen, ferner „heute fast jedes große oder mittelständische Unternehmen in einem Konzern eingebunden ist"[1006].

Als mögliche Zielsetzungen einer Konzernierung verfolgen Unternehmen oftmals eine Steigerung der Wettbewerbsfähigkeit oder die Risikominimierung im Rahmen unternehmerischer Tätigkeiten durch Aufteilung der Risiken auf mehrere Konzernunternehmen. Ebenso können beabsichtigte Rationalisierungseffekte in diesem Zusammenhang eine tragende Rolle spielen.[1007] Ungeachtet jeglicher Betriebsgrößenmerkmale wird sich jede gewinnorientierte Unternehmensführung im Zuge einer kontinuierlichen Unternehmensentwicklung zwangsläufig mit Aspekten des Unternehmenswachstums auseinandersetzen müssen. Grundlegend ist zwischen internem und externem Wachstum zu differenzieren. Internes Wachstum wird durch den Erwerb von Verfügungsmacht über neu erstellte Kapazitäten definiert, wobei die Unternehmensleitung die hierzu notwendigen Wachstumsprozesse selbst initiiert. Externes Wachstum charakterisiert sich wiederum durch den Erwerb der Verfügungsmacht über bereits bestehende Kapazitäten. So können unternehmensstrategische Entscheidungen über die Erschließung neuer Märkte durch nationale oder internationale Standortverlagerungen einzelner Unternehmensfunktionen wie Administration, Entwicklung, Fertigung/Dienstleistung und/oder Absatz bereits zu komplexen Konzernverflechtungen führen, wenn Unternehmensteile im Rahmen der Gründung von Tochtergesellschaften ausgegliedert (internes Wachstum) oder gezielte Akquisitionen anderer Unternehmen getätigt werden (externes Wachstum).

Rechnungslegung im Konzern

Der Konzern hat keine eigene Buchführung und kein eigenes Buchwerk. Ausgangspunkt der Konzernrechnungslegung sind daher die Einzelabschlüsse der einzelnen Konzernunternehmen, aus denen der Konzernabschluss im Rahmen der sog. derivativen Konzernabschlusserstellung abgeleitet wird.[1008] Aufbauend auf den Einzelabschlüssen, die in einem gesonderten Zwischenschritt zum sog. Sum-

---

[1005]   THEISEN, M. R. (2000), S. 21.
[1006]   SCHEFFLER, E. (2005), S. V.
[1007]   Zu den Zielsetzungen von Unternehmenszusammenschlüssen vgl. ausführlich SCHUBERT, W./KÜTING, K. (1981), S. 16 ff.
[1008]   Vgl. ausführlich zum Konzept der derivativen Erstellung des Konzernabschlusses KÜTING, K./WEBER, C.-P. (2010), S. 82 ff.

menabschluss zusammengefasst – sozusagen quer addiert – werden, erfolgt sodann der Aufbau eines Konzernrechnungswesens.[1009]

Obwohl unter ökonomischen Gesichtspunkten als Unternehmen bezeichnet, ist der Konzern in Deutschland gleichwohl keine rechtliche Einheit, sondern eine wirtschaftliche Fiktion. Dieser sog. Einheitsgrundsatz, nach dem „die Vermögens-, Finanz- und Ertragslage der einbezogenen Unternehmen so darzustellen [ist, d. Verf.], als ob diese Unternehmen ein einziges Unternehmen wären"[1010], liegt grds. jedem Konzernrechnungslegungssystem zugrunde. Demnach verlieren die einzelnen Konzernunternehmen rein fiktiv ihren Rechtsmantel und nehmen den Charakter von rechtlich unselbstständigen Betrieben oder Betriebsabteilungen an. Entstandene Kapital-, Liefer- und Leistungsbeziehungen zwischen den einzelnen Konzernunternehmen verdienen daher eine besondere Behandlung durch das Konzernrechnungswesen dahingehend, dass ihnen wirtschaftlich eine andere Qualität beizulegen ist als solchen Geschäftsvorfällen, die mit konzernfremden Dritten, also zwischen rechtlich und wirtschaftlich selbstständigen Unternehmen, getätigt werden. Gerade konzerninterne Geschäftsprozesse werden oftmals von einer Konzernleitung gesteuert, wie etwa durch die Vorgabe gesondert anzuwendender Konzernverrechnungspreise beim Lieferungs- und Leistungsaustausch. In der einzelgesellschaftlichen Rechnungslegung werden diese innerkonzernlichen Sachverhalte jedoch so gebucht, wie sie auch bei Transkationen mit Konzernfremden zu erfassen wären. Über geeignete Konsolidierungsmaßnahmen werden daher solche über die Einzelabschlüsse in den Summenabschluss eingehenden konzerninternen Geschäftsvorfälle eliminiert, um im Konzernabschluss nur Geschäftsvorfälle auszuweisen, die ein fiktiv einheitliches Unternehmen in der bilanziellen Berichterstattung ausgewiesen hätte.

Unternehmenssteuerung im Konzern

Die Vorschriften zur Pflicht und Ausgestaltung der Konzernrechnungslegung sind in Deutschland im HGB geregelt. Neben der pflichtgemäßen Konzernrechnungslegung aufgrund der gesetzlichen Vorschriften des HGB (sog. Legal-Konsolidierung) wird – auch im Mittelstand – das Instrumentarium der Konzernrechnungslegung für Zwecke der internen Steuerung eingesetzt; man spricht in diesem Zusammenhang auch von der sog. Management-Konsolidierung. Sie bedient in erster Linie die Informationsanforderungen des Konzernmanagements und ist damit in den Prozess der konzerninternen Berichterstattung eingebunden. So berichtet hier der Konzern nicht aus Sicht seiner rechtlichen Struktur, sondern aus dem Blickwinkel seiner Wertschöpfungsprozesse: Der Konzern wird differenziert nach den Geschäftsbereichen und Profit-Centern betrachtet, welche der konzerninternen Steuerung als Organisationseinheiten zugrunde liegen. Hierfür ist es innerhalb der Unternehmensgruppe erforderlich, die Aufteilung von Vermögensgegenständen und Schulden sowie die Zuordnung von Aufwendungen und Erträgen zu den steuerungsrelevanten Geschäftsbereichen bzw. Profit-Centern nebst den erforderlichen Konsolidierungsmaßnahmen bewerkstelligen zu können. Die Konzernfüh-

---

[1009]   Vgl. PAWELZIK, K. U. (2003), S. 37.

[1010]   § 297 Abs. 3 Satz 1 HGB.

rung muss in der Lage sein, Ergebnisbeiträge und weitere Kennzahlen auf Ebene von Geschäfts- bzw. Produktbereichen oder Regionen zu ermitteln, wobei je nach Informationszweck diese Kennzahlen sowohl auf konsolidierter als auch nicht konsolidierter Basis berechnet werden können. Gefragt ist daher eine mehrdimensionale Berichtsstruktur, die neben der konsolidierten Gesamtschau des Konzerns auch eine Detaillierung der Berichtsinformationen nach den genannten sachbezogenen Kriterien zulässt.[1011] Berichtszyklen verkürzen sich deutlich, denn im Vergleich zur jährlichen Aufstellungspflicht eines (legalen) Konzernabschlusses per Gesetz[1012] wird die Management-Konsolidierung in der Regel quartalsweise oder monatlich durchgeführt. Darüber hinaus kann neben die steuerungsorientierte Konsolidierung von Istzahlen auch die Konsolidierung von Planzahlen im Rahmen einer Plankonsolidierung treten, bei der ein Konzernabschluss aufgrund erwarteter oder angenommener Zahlen für die Zukunft simuliert wird.

Für die Unternehmenssteuerung in einem Konzernumfeld ist der Aufbau eines umfassenden Konzernberichtswesens erforderlich, mit dem der Konzern als Ganzes sowie die wirtschaftlichen Zusammenhänge innerhalb der Unternehmensgruppe überblickt werden kann. Geschäftsprozesse des Konzerns laufen häufig auf unternehmensübergreifender Ebene ab, d.h., an ihrer Durchführung sind Organisationseinheiten verschiedener Unternehmen beteiligt.[1013] Für Zwecke einer Konzernsteuerung muss daher das einzelgesellschaftliche Controlling der Tochterunternehmen um die Bausteine eines unternehmensübergreifenden Konzern-Controllings[1014] erweitert und mit diesen verzahnt werden. Ergebnis-, Finanz- und Leistungsziele und -pläne von Tochterunternehmen werden somit mit jenen des Gesamtkonzerns koordiniert.

Bedeutung von SAP Business ByDesign in einem Konzernumfeld

SAP Business ByDesign unterstützt Sie umfassend im Rahmen der Konsolidierungsvorbereitung. Dies betrifft sowohl die externe als auch interne konsolidierte Berichterstattung. Die Durchführung der Konsolidierungsmaßnahmen ist nicht an ein einzelnes Konsolidierungsprodukt gebunden. Grds. können die Konsolidierungslösungen verschiedener Softwarehäuser flexibel angedockt werden. Die Erstellung eines konsolidierten Abschlusses in einem externen Konsolidierungssystem erfordert jedoch eine umfassende Datenbereitstellung durch SAP Business ByDesign, in dem das Zahlenwerk der einzelnen Konzernunternehmen den Anforderungen durchzuführender Konsolidierungsmaßnahmen entsprechend vorzubereiten ist.

SAP Business ByDesign bildet die Geschäftsprozesse aller Unternehmen Ihres Konzerns in einem System ab. In diesem Zusammenhang spricht man auch von

---

[1011] Vgl. KÜTING, K./LORSON, P. (1998d), Rn. 641.

[1012] Für kapitalmarktorientierte Unternehmen in Deutschland existiert darüber hinaus auch die gesetzliche Verpflichtung zur unterjährigen Zwischenberichterstattung, die im WpHG geregelt ist.

[1013] Vgl. SCHEER, A.-W. (2000), S. 322.

[1014] Zum Unterschied zwischen Konzern-Controlling und Controlling im Konzern vgl. KÜTING, K./LORSON, P. (1997), S. 5* f.

einer sog. Multicompany-Struktur. Denn besteht die Unternehmensorganisation aus einem Verbund von Unternehmen, ist die Möglichkeit gegeben, alle Unternehmen eigenständig in SAP Business ByDesign anzulegen.[1015] So lassen sich u.a. die Verbundbeziehungen der Unternehmen kennzeichnen. Konsolidierungsrelevante Detailinformationen – insbesondere die sog. Partnerinformationen bei innerkonzernlichen Geschäftsvorfällen – werden somit bei der Erfassung ihrer Geschäftsprozesse dem Buchungsstoff automatisch mitgegeben. Darüber hinaus liefert das vollständig integrierte Rechnungswesen in SAP Business ByDesign eine einheitliche Datenbasis, mit der sich lokale Berichtsdaten in Bilanzierung und Controlling sowohl im Ist als auch im Plan erstellen lassen. Diese werden über die sog. Datenübernahme der jeweilig verwendeten Konsolidierungslösung für die Konsolidierung nach legalen und/oder Management-Kriterien zur Verfügung gestellt.

Folgende Funktionalitäten bzw. Charakteristiken von SAP Business ByDesign sind in einem Konzernumfeld besonders hervorzuheben und werden in den nachfolgenden Ausführungen behandelt:

HIGHLIGHT

- Alle in einer SAP Business ByDesign-Umgebung angelegten Unternehmen werden auf einer einheitlichen Datenbasis geführt und können zu internen und externen Berichterstattungszwecken ausgewertet werden.[1016]
- Durch die Multicompany-Struktur können schnell weitere Unternehmen hinzugefügt werden.[1017]
- Durch das Konzept der parallelen Rechnungslegung können ausländische Tochterunternehmen mit anderen Rechnungslegungsvorschriften flexibel in die konsolidierte Berichterstattung einbezogen werden.[1018]
- Die Buchung der Geschäftsprozesse erfolgt automatisiert unter Hinzuziehung der Partnerinformation. Im Bereich der Management-Konsolidierung wird zusätzlich der Buchungsstoff um die Geschäftsbereichsinformation angereichert.[1019]
- Im Bereich der Konsolidierungsvorbereitung ist eine leistungsfähige Intercompany-Abstimmung möglich.[1020]

[1015]   Vgl. zum Anlegen eines Unternehmens in SAP Business ByDesign Kapitel D.3.
[1016]   Zur Konsolidierungsvorbereitung aus dem Blickwinkel der externen Berichterstattung vgl. Kapitel G.4; zur Sicht der internen Steuerung vgl. Kapitel G.6.
[1017]   Vgl. zur Modellierung einer Multicompany-Struktur Kapitel G.4.1.
[1018]   Vgl. zur parallelen Rechnungslegung im Konzern Kapitel G.4.3.1.
[1019]   Vgl. zur Pflege von Partnerinformationen Kapitel G.4.2 .
[1020]   Vgl. dazu Kapitel G.4.5.1.2.

2.   Betriebswirtschaftliche Grundlagen der Konzernrechnungslegung nach HGB

2.1   Konsolidierungsanforderungen im Überblick

Harmonisiertes Rechnungswesen

Mit dem Kapitel G zur Konsolidierung erläutern wir Ihnen u.a., wie SAP Business ByDesign Sie im Rahmen der Konsolidierungsvorbereitung Ihrer Unternehmensgruppe unterstützt und in den Prozess der derivativen Konzernabschlusserstellung eingebunden werden kann. Ziel ist es, die theoretische Konzeption der Konzernrechnungslegung und die Umsetzung in der Softwarelösung zusammenzuführen. SAP Business ByDesign baut auf einem vollständig harmonisierten Rechnungswesen auf (Einkreissystem), das eine konsolidierte Berichterstattung nach externen sowie internen Kriterien gleichermaßen bedienen kann. In der Unternehmenspraxis fallen häufig legale und Management-Konsolidierung zusammen. Gerade in kleinen Konzernen kann es aber auch zu der Konstellation kommen, dass aufgrund von Befreiungsmöglichkeiten keine gesetzliche Konzernrechnungslegungspflicht besteht, die Konzernleitung jedoch für ihre interne Steuerung auf das Instrumentarium der Konzernrechnungslegung zurückgreift. Beide Berichtssysteme sollten daher sinnvollerweise auf Grundlage des gleichen Normensystems berichten.[1021] Demzufolge sind zunächst die betriebswirtschaftlichen Grundlagen der Konzernrechnungslegung zu legen, die auf die einschlägig geltenden Vorschriften des HGB abstellen.

Kapitelüberblick

Die grds. Erörterung der gesetzlichen Aufstellungspflicht, die Abgrenzung des Konsolidierungskreises sowie die Durchführung von der Konsolidierung vorgelagerten Maßnahmen sind notwendige Frage- bzw. Aufgabenstellungen, die im Vorfeld der Konzernabschlusserstellung zu klären sind. Die Konsolidierungsmaßnahmen im Einzelnen – namentlich die Schuldenkonsolidierung, Zwischenergebniseliminierung, Aufwands- und Ertragskonsolidierung sowie Kapitalkonsolidierung – werden ebenso Gegenstand der Ausführungen des vorliegenden Kapitels sein. Als betriebswirtschaftliche Grundlagen soll dieser Theorieteil dazu dienen, ein in SAP Business ByDesign umgesetztes Fallbeispiel nachvollziehen zu können, in dem das Beispielunternehmen *Nordstar GmbH* durch einen Unternehmenserwerb fortan einen Konzernverbund begründet.

Abbildung 257 verdeutlicht einerseits den Prozess der (derivativen) Konzernabschlusserstellung und zeigt andererseits auf, dass die Intensität der durchzuführenden Konsolidierungsmaßnahmen je nach Branchenzugehörigkeit und Struktur des Konzerns variieren kann. Konzerninterne Lieferungs-/Leistungs- und Kapitalverflechtungen finden sich demnach in unterschiedlich starker Ausprägung wieder.

[1021]   Vgl. KAGERMANN, H./KÜTING, K./WIRTH, J. (2008), S. 29.

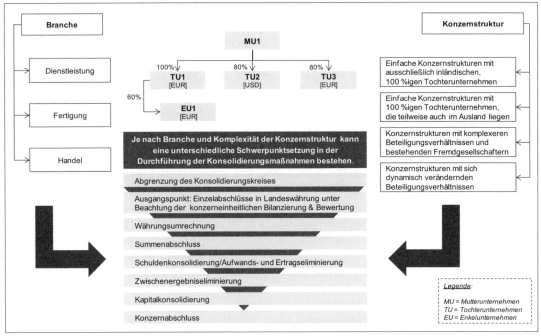

Abbildung 257: Intensität der Konsolidierungsmaßnahmen in Abhängigkeit von der Branche und Konzernstruktur

Branchenzugehörigkeit des Konzerns

Bspw. wird bei aus dem Dienstleistungssektor stammenden Konzernen zu erwarten sein, dass aufgrund der servicelastigen Geschäftstätigkeit innerkonzernliche Sachverhalte in erster Linie in Leistungsaustauschen begründet sind. Die Konsolidierungsanforderungen sind daher eher im Bereich der Aufwands- und Ertragseliminierung und/oder Schuldenkonsolidierung zu vermuten. Konzerne aus dem Bereich der Fertigungsindustrie oder des Handels werden aufgrund ihrer Lagerbzw. Vorratsintensität tendenziell der Zwischenergebniseliminierung ein größeres Augenmerk schenken, da konzerninterne Lieferungen von Vermögensgegenständen (als Produktionsfaktoren oder Handelswaren) oftmals zu den mehrstufigen Wertschöpfungsprozessen der Unternehmen bzw. im Konzern beitragen.

Konzernstruktur

Je nach Komplexität der Konzernstruktur, die u.a. durch die Zusammensetzung und Entwicklung der Beteiligungsverhältnisse bestimmt wird, ergeben sich insbesondere im Bereich der Kapitalkonsolidierung mehr oder minder komplexe Anforderungen. In erster Linie möchten wir uns auf die Darstellung einfacher Konzernstrukturen beschränken, bei denen (100 %ige) Tochterunternehmen aus dem In- und Ausland stammen. Das Grundkonzept der Kapitalkonsolidierung, die als eine der schwierigsten Thematiken der Konzernrechnungslegung gilt, soll Ihnen somit auf einer niedrigen Komplexitätsstufe vorgestellt werden. Durch die Einbeziehung von ausländischen Tochterunternehmen in die Konsolidierung entstehen ferner Anforderungen aus der Währungsumrechnung im Rahmen der Konzernabschlusserstellung.

2.2   Pflicht zur Konzernrechnungslegung

Konzernbegriff nach nationalem Recht

Das deutsche Handels- und Gesellschaftsrecht enthält Vorschriften über den Konzern u.a. im AktG und im HGB. Während das HGB auf eine eigenständige Definition des Konzernbegriffs verzichtet, wird dieser nach § 18 AktG als Zusammenschlussform charakterisiert, bei der mindestens zwei Unternehmen unter einheitlicher Leitung zusammengefasst sind.[1022]

Konzernrechnungslegungspflicht in Deutschland

Die Konzernrechnungslegungspflicht in Deutschland resultiert hingegen nicht aus der aktienrechtlichen Konzerndefinition, sondern ergibt sich aus einem Mutter-Tochter-Verhältnis gem. § 290 HGB, das die wirtschaftliche Beziehung zwischen zwei Unternehmen beschreibt. Demnach liegt ein Mutter-Tochter-Verhältnis nach § 290 Abs. 1 HGB nur dann vor, wenn ein Unternehmen auf ein anderes Unternehmen einen beherrschenden Einfluss ausüben kann. Mit dem Wort „kann" wird zum Ausdruck gebracht, dass die bloße Möglichkeit zur Ausübung eines beherrschenden Einflusses bereits genügt, ohne dass ein solcher Einfluss auch tatsächlich ausgeübt werden muss, um ein Mutter-Tochter-Verhältnis zu begründen.

Begründung eines Mutter-Tochter-Verhältnisses

Zur Konkretisierung dieser abstrakten Definition werden zunächst in einem System möglicher Mutter-Tochter-Unternehmensbeziehungen (vgl. Abbildung 258) nach § 290 Abs. 2 Nr. 1-4 HGB vier Tatbestände aufgeführt, die nach dem eindeutigen Gesetzeswortlaut stets, d.h. unwiderlegbar, zu der Annahme eines beherrschenden Einflusses führen.[1023] Zum einen kann eine Beherrschungsmöglichkeit durch die Inhaberschaft einer bestimmten Rechtsposition i.S.d. § 290 Abs. 2 Nr. 1-3 HGB begründet sein (Control-Konzept). Zum anderen besteht gem. § 290 Abs. 2 Nr. 4 HGB eine Beherrschungsmöglichkeit auch dann, wenn ein (Mutter-)Unternehmen die Mehrheit der Chancen und Risiken an einer sog. Zweckgesellschaft (Special Purpose Entity) trägt. Die Beherrschungsmöglichkeit einer Zweckgesellschaft ist demnach auf der Grundlage einer wirtschaftlichen Betrachtungsweise zu prüfen.

Neben den in § 290 Abs. 2 HGB konkret aufgeführten Tatbeständen ist – nach der Gesetzesbegründung – auf faktische Beherrschungsmöglichkeiten hinzuweisen, die jedoch einer Überprüfung des konkreten Einzelfalls bedürfen.[1024] Diese können sich einerseits aus bestehenden Präsenzmehrheiten auf den Hauptversammlungen begründen.[1025] Andererseits muss kritisch hinterfragt werden, inwiefern auch wirtschaftliche Abhängigkeiten, bspw. aus schuldrechtlichen Verträgen zwischen Lieferanten und Kunden resultierend, eine Beherrschungsmöglichkeit i.S.d.

[1022]   Vgl. statt vieler EMMERICH, V./HABERSACK, M. (2010), § 18 AktG, Rn. 1 ff.

[1023]   Zur Konzeption des Mutter-Tochter-Verhältnisses nach HGB vgl. ausführlich KÜTING, K./SEEL, C. (2010), S. 1459 ff.

[1024]   Vgl. BT-Drucksache (16/12407), S. 89.

[1025]   Aufgrund der in der Regel geringen Teilnahme der Anteilseigner an den Hauptversammlungen von großen Publikumsgesellschaften wird ein Unternehmen nicht selten die Mehrheit der auf der Hauptversammlung vertretenen Stimmrechte innehaben, obwohl es nicht über die absolute (abgesicherte) Mehrheit der Stimmrechte von nominell mehr als 50 % verfügt.

§ 290 Abs. 1 HGB darstellen können.[1026] Diese Problematik ist vom Gesetzgeber nicht hinreichend genug herausgearbeitet worden.

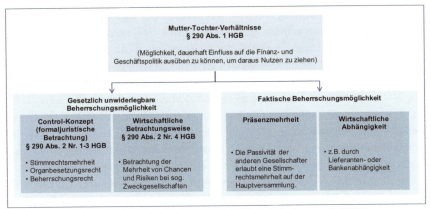

Abbildung 258: System möglicher Mutter-Tochter-Verhältnisse nach HGB

Die vorstehend genannten bilanzrechtlichen Tatbestandskriterien eines Mutter-Tochter-Verhältnisses werden durch rechtsformspezifische Einschränkungen flankiert.[1027] Nach deutschem Handelsrecht führt ein Mutter-Tochterverhältnis auf einer ersten Stufe nur dann zu der allgemeinen Verpflichtung zur Erstellung eines Konzernabschlusses und -lageberichts, wenn

Rechtsformspezifische Regelungen

- das Mutterunternehmen in der Rechtsform einer Kapitalgesellschaft (GmbH, AG, KGaA, SE) oder einer gleichgestellten Rechtsform (z.B. GmbH & Co. KG) geführt wird und
- der Sitz des Mutterunternehmens im Inland liegt.

Sind diese zwei Bedingungen kumulativ auf erster Stufe erfüllt, müsste dem Grunde nach ein Konzernabschluss erstellt werden. Auf zweiter Stufe ist dann allerdings noch zu prüfen, ob nicht einer der handelsrechtlichen Befreiungstatbestände in Anspruch genommen und damit die tatsächliche Aufstellung eines Konzernabschlusses unterbleiben kann. Eine Befreiung kann begründet sein[1028]

Befreiungen von der Konzernrechnungslegungspflicht

- aufgrund größenspezifischer Merkmale gem. § 293 HGB,
- durch die Aufstellung eines Konzernabschlusses auf höherer Konzernebene gem. den §§ 291, 292 HGB oder

---

[1026] Eine Objektivierung der Beherrschungsmöglichkeit ist hier nur noch eingeschränkt möglich und eine schuldrechtliche Vereinbarung reicht für sich genommen meist nicht aus, um nachhaltig die Möglichkeit zur Bestimmung der Geschäfts- und Finanzpolitik eines Unternehmens hinreichend konkret zu begründen; vgl. KÜTING, K./KOCH, C. (2009), S. 392.

[1027] Die Konzernrechnungslegungspflicht für Unternehmen anderer Rechtsformen ist in den §§ 11 ff. PublG geregelt.

[1028] Es gilt zu beachten, dass bestimmte Unternehmen, insbesondere kapitalmarktorientierte Unternehmen von den Befreiungsvorschriften der §§ 291, 292 und 293 ausgeschlossen sind. Vgl. ausführlich zu den Befreiungsvorschriften im Einzelnen KÜTING, K./KOCH, C. (2009), S. 401 ff.

- mangels konsolidierungspflichtiger Tochterunternehmen nach § 290 Abs. 5 HGB.

Aufstellungspflicht nach PublG

Eine Pflicht zur Aufstellung eines Konzernabschlusses und -lageberichts kann allerdings auch für Unternehmen bestehen, die nicht als Kapitalgesellschaft organisiert sind und somit nicht durch § 290 HGB erfasst werden. Die Konzernrechnungslegungspflicht für diese übrigen Unternehmen wird in den Vorschriften des PublG geregelt. Hiervon können z.B. Personenhandelsgesellschaften, wirtschaftliche Vereine oder bestimmte Stiftungen und Körperschaften betroffen sein, wobei die Konzernabschlusspflicht nach dem PublG einerseits vom Erfüllen der Unternehmenseigenschaft abhängt.[1029] Andererseits besteht laut § 11 Abs. 1 PublG eine Aufstellungspflicht nur dann, wenn – unter Vorbehalt der entsprechenden Größenkriterien – „ein Unternehmen mit Sitz (Hauptniederlassung) im Inland unmittelbar oder mittelbar einen beherrschenden Einfluss auf ein anderes Unternehmen ausüben [kann, d. Verf.]". Analog zu § 290 HGB stellt damit auch das PublG auf das Konzept der Beherrschungsmöglichkeit ab.[1030]

Maßgeblichkeit des nationalen Rechts

Die Grundsatzfrage, ob überhaupt ein Konzernabschluss zu erstellen ist, wird ausschließlich auf der Basis des deutschen Rechts beantwortet. Allerdings müssen gem. § 315a HGB die kapitalmarktorientierten Konzerne ihre Abschlüsse nach den internationalen IFRS-Normen erstellen. Aber auch für diese Konzerne gilt: Die Pflicht zur Konzernrechnungslegung ergibt sich nach wie vor allein aus dem deutschen Bilanzrecht; lediglich die Form der Aufstellung hat sich nach den IFRS zu richten.

2.3   Abgrenzung des Konsolidierungskreises

Die Abgrenzung des Konsolidierungskreises kann nach der Frage differenziert werden, ob ein Tochterunternehmen vorliegt (Konsolidierungskreis i.e.S.) bzw., ob der Tatbestand eines gemeinschaftlich beherrschten Unternehmens[1031] oder eines assoziierten Unternehmens[1032] (Konsolidierungskreis i.w.S.) gegeben ist. Wenn in der Literatur ganz allgemein von einer Abgrenzung des Konsolidierungskreises bzw. von in den Konzernabschluss einzubeziehenden Tochterunternehmen die Rede ist, wird eine Abgrenzung des Konsolidierungskreises i.e.S. unterstellt.

[1029] Zur Unternehmenseigenschaft nach PublG vgl. KÜTING, K./WEBER, C.-P. (2010), S. 141 f.

[1030] Durch den Verweis in §11 Abs. 6 Nr. 1 PublG sind die vier Tatbestände des § 290 Abs. 2 HGB für das PublG analog anzuwenden.

[1031] Vgl. § 310 HGB.

[1032] Vgl. § 311 HGB.

2.3.1 Abgrenzung des Konsolidierungskreises i.e.S.

Man unterscheidet bei der Abgrenzung des Konsolidierungskreises zwischen der grds. Konsolidierungspflicht und deren Einschränkung durch Konsolidierungswahlrechte. Ein Tochterunternehmen liegt vor, wenn das Mutterunternehmen entweder direkt oder indirekt einen beherrschenden Einfluss ausüben kann. Welche Tochterunternehmen auf der Grundlage der Vollkonsolidierung in einen Konzernabschluss einzubeziehen sind, ergibt sich aus den §§ 294 und 296 HGB.

In den Konzernabschluss sind alle Tochterunternehmen des Mutterunternehmens unabhängig von ihrem Sitzstaat einzubeziehen (Weltabschlussprinzip). Alleinige Voraussetzung für die Einbeziehung in den Konzernabschluss ist das Bestehen eines Mutter-Tochter-Verhältnisses, dessen Vorliegen bereits in einem vorgelagerten Schritt überprüft wird. In einem zweiten Schritt wird bestimmt, welche Unternehmen – unter Ausübung von Konsolidierungswahlrechten – letztlich zu konsolidieren sind.

Allgemeines Konsolidierungsgebot; „Weltabschlussprinzip"

Das Handelsrecht gewährt in § 296 HGB die Möglichkeit, unter bestimmten Voraussetzungen auf die Einbeziehung von Tochterunternehmen in den Konsolidierungskreis zu verzichten, wobei die Anwendung dieser Konsolidierungswahlrechte im Konzernanhang zu begründen ist. Im Einzelnen braucht ein Tochterunternehmen bei Vorliegen eines der in Abbildung 259 gefassten Sachverhalte nicht in den Konzernabschluss einbezogen werden:

Konsolidierungswahlrechte

Wahlrecht	Vorschrift	Mögliche Anwendungsfälle
Fehlende (tatsächliche) Beherrschungsmöglichkeit (§ 296 Abs. 1 Nr. 1 HGB)	Die Ausübung der Rechte des MU in Bezug auf das Vermögen oder die Geschäftsführung des TU steht unter erheblichen und andauernden Einschränkungen.	Satzungsbestimmung sieht qualifizierte Mehrheit vor; bedeutende Mitwirkungsrechte und Zustimmungserfordernisse Dritter; Sanierungs- oder Insolvenzverfahren; Vermögensbeschränkung
Unverhältnismäßig hohe Kosten oder Verzögerungen (§ 296 Abs. 1 Nr. 2 HGB)	Die Einbeziehung des TU ist aufgrund von Wirtschaftlichkeitsaspekten nicht vertretbar.	Streik; Zusammenbruch der EDV; Erwerb eines Unternehmens oder Teilkonzerns kurz vor Stichtag; Umstellung des Rechnungswesens; Katastrophen
Absicht der Weiterveräußerung (§ 296 Abs. 1 Nr. 3 HGB)	Das MU hält Anteile an einem TU ausschließlich zum Zweck der Weiterveräußerung.	kurzfristige Anlage- bzw. Halteabsicht; öffentlich-rechtliche oder privatrechtliche Vorgabe
Unwesentlichkeit (§ 296 Abs. 2 HGB)	Die Einbeziehung des TU hat keine wesentliche Bedeutung für die Darstellung eines den tatsächlichen Verhältnissen entsprechenden Bilds der Vermögens-, Finanz- und Ertragslage.	untergeordnete Bedeutung der Einbeziehung eines TU in wirtschaftliche Tätigkeit des gesamten Konzerns; mögliche Beurteilung anhand von Umsatzerlösen, Bilanzsumme, Jahresergebnis, zu eliminierende konzerninterne Beziehungen

Abbildung 259: Konsolidierungswahlrechte und mögliche Anwendungsfälle

2.3.2 Abgrenzung des Konsolidierungskreises i.w.S.
2.3.2.1 Gemeinschaftsunternehmen

Gemeinschaftsunternehmen sind eine Form der wirtschaftlichen Zusammenarbeit zwischen zwei oder mehreren voneinander unabhängigen Unternehmen – den sog. Partnerunternehmen (auch Gesellschafterunternehmen genannt) –, die sich darin niederschlägt, dass ein Unternehmen gemeinsam gegründet oder erworben wird mit dem Ziel, Aufgaben im gemeinsamen Interesse der Partnerunternehmen aus-

Charakteristik des Gemeinschaftsunternehmens

zuführen.[1033] Bei der Abgrenzung des Konsolidierungskreises ist darauf abzustellen, dass das Mutterunternehmen direkt, oder indirekt über ein einbezogenes Tochterunternehmen, ein anderes Unternehmen gemeinsam mit einem oder mehreren nicht in den Konzernabschluss einbezogenen Unternehmen führt. Die bloße Möglichkeit zur gemeinsamen Führung reicht nicht aus, denn diese muss tatsächlich ausgeübt werden.

Behandlung im Konzernabschluss

Nach § 310 HGB besteht ein Wahlrecht, Gemeinschaftsunternehmen anteilsmäßig in den Konzernabschluss einzubeziehen (Quotenkonsolidierung). Wird dieses Wahlrecht nicht genutzt, sind die Anteile nach der Equity-Methode zu bilanzieren. Demzufolge wird die Beteiligung an dem Gemeinschaftsunternehmen aufgrund der Tatsache, dass das Gemeinschaftsunternehmen in der Regel die Voraussetzungen des § 311 Abs. 1 HGB erfüllt,[1034] im Konzernabschluss grds. im Posten „Beteiligungen an assoziierten Unternehmen" auszuweisen sein.

2.3.2.2   Assoziierte Unternehmen

Charakteristik des assoziierten Unternehmens

Das Handelsrecht definiert ein assoziiertes Unternehmen über den maßgeblichen Einfluss durch den Anteilseigner. Hinsichtlich der Intensität der Einflussmöglichkeit sind die assoziierten Unternehmen zwischen den vorgenannten Unternehmensverbindungen und den unabhängig am Markt operierenden Unternehmen, an denen lediglich eine (Finanz-)Beteiligung besteht, einzuordnen. Nach § 311 Abs. 1 Satz 1 HGB liegt ein assoziiertes Unternehmen nur dann vor, wenn ein Konzernunternehmen (Mutter- oder Tochterunternehmen) eine Beteiligung i.S.d. § 271 Abs. 1 HGB an diesem Unternehmen hält. Dies setzt insbesondere voraus, dass der Anteilsbesitz dazu bestimmt ist, dem Geschäftsbetrieb durch Herstellung einer dauerhaften Verbindung zu dienen.[1035] Der maßgebliche Einfluss muss tatsächlich ausgeübt werden, wobei von einem solchen – dem Gesetzeswortlaut folgend[1036] – erst dann auszugehen ist, wenn ein Unternehmen bei einem anderen Unternehmen mindestens 20 % der Stimmrechte innehat.[1037]

Behandlung im Konzernabschluss

Assoziierte Unternehmen sind im handelsrechtlichen Konzernabschluss nach der in § 312 HGB geregelten Equity-Methode zu bilanzieren, sofern nicht auf eine Einbeziehung aus Wesentlichkeitsgründen verzichtet wird.

[1033]   Das Partnerunternehmen im Kontext von Gemeinschaftsunternehmen ist an dieser Stelle deutlich vom Begriff „Partnerunternehmen" zu differenzieren, wie er in Kapitel G.4 verstanden wird.

[1034]   Vgl. KÜTING, K./KÖTHNER, R./ZÜNDORF, H. (1998), § 311, Rn. 97 ff.

[1035]   Sofern die Voraussetzungen des § 311 Abs. 1 HGB erfüllt sind, stellen zudem nach § 296 HGB nicht vollkonsolidierte Tochterunternehmen sowie nicht quotal einbezogene Gemeinschaftsunternehmen assoziierte Unternehmen i.w.S. dar.

[1036]   Vgl. § 311 Abs. 1 Satz 2 HGB.

[1037]   Sowohl oberhalb als auch unterhalb der 20 %-Grenze bestehen widerlegbare Vermutungen über bestehende oder nicht bestehende Assoziierungsverhältnisse, deren Beweislast dem Anteilseigner obliegt. DRS 8.3 führt zwar einzelne Indizien auf, die für das Bestehen eines maßgeblichen Einflusses sprechen, gleichzeitig jedoch weiterhin Interpretationsspielräume hierüber zulassen.

2.3.3   Zusammenfassender Überblick

Aus den vorangegangenen Ausführungen wird deutlich, dass sich die Abgrenzung **Stufenkonzeption** des Konsolidierungskreises durch einen stufenweisen Übergang vom eigentlichen Kern des Konzerns zu seiner Umwelt auszeichnet, der durch verschiedene Grade der Einflussnahme des Mutterunternehmens auf andere Unternehmen gekennzeichnet ist (vgl. Abbildung 260). Daran schließen sich auch die Konsolidierungsmaßnahmen an, die in Abhängigkeit von der festgelegten Konsolidierungsmethode unterschiedlich intensiv sind. Nachfolgend möchten wir uns auf die Einbeziehung von Tochterunternehmen im Rahmen der Vollkonsolidierung konzentrieren.

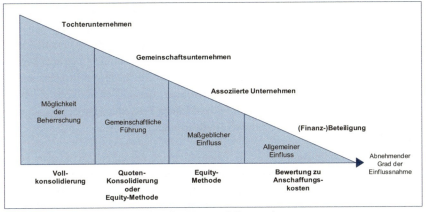

Abbildung 260: Stufenkonzeption des Konzernbilanzrechts

2.4   Der Konsolidierung vorgelagerte Maßnahmen
2.4.1   Überblick

Der Konzernabschluss setzt sich aus den Einzelabschlüssen der einbezogenen **Einheitsgrundsatz** Konzernunternehmen zusammen. Aufgrund der rechtlichen Selbstständigkeit dieser Unternehmen sowie ggf. unterschiedlicher rechtlicher Rahmenbedingungen, denen diese Unternehmen unterliegen, erfordert der Einheitsgrundsatz, dass die von den Konzernunternehmen an das Mutterunternehmen gemeldeten Einzelabschlüsse vor deren Einbeziehung in den sog. Summenabschluss aufbereitet werden. Diese Maßnahmen umfassen insbesondere:

- die Vereinheitlichung der Konzernabschlussstichtage,
- die Anpassung der Einzelabschlusszahlen an den Rechtsrahmen des Mutterunternehmens sowie die Neuausübung von Bilanzierungs-, Bewertungs- und Ausweiswahlrechten,
- die Umrechnung von in fremder Währung aufgestellten Einzelabschlüssen in die Berichtswährung des Konzerns.

2.4.2   Vereinheitlichung der Konzernabschlussstichtage

Stichtag des Mutterunternehmens

§ 299 Abs. 1 HGB legt fest, dass der Konzernabschluss zwingend auf den Abschlussstichtag des Mutterunternehmens aufzustellen ist. Konsequenterweise sollen die Abschlüsse aller einbezogenen Unternehmen daher grds. auf den Stichtag des Konzernabschlusses aufgestellt werden.

Zwischenabschlüsse bei Tochterunternehmen

Vereinfachend dürfen auf einen abweichenden Stichtag datierende Einzelabschlüsse auch dann in den handelsrechtlichen Konzernabschluss einbezogen werden, wenn der Stichtag um nicht mehr als drei Monate vor dem Konzernabschlussstichtag liegt.[1038] In einem solchen Fall treten zusätzliche Informationspflichten auf: Konkret sind in der Konzernbilanz und Konzern-GuV solche Vorgänge zu berücksichtigen, die von besonderer Bedeutung für die Vermögens-, Finanz- und Ertragslage des Tochterunternehmens sind sowie sich zwischen dem Einzelabschluss- und Konzernabschlussstichtag ereignet haben. Alternativ kann stattdessen auch mittels erläuternder Angaben im Konzernanhang hierüber berichtet werden.[1039] Bei Unterschreiten der Drei-Monats-Frist kann wahlweise auch die Aufstellung eines Zwischenabschlusses erfolgen, der in den Konzernabschluss eingeht.[1040] Erst für den Fall, dass die Drei-Monats-Frist überschritten wird, muss ein Zwischenabschluss zwingend aufgestellt werden.

Problematik unterschiedlicher Abschlussstichtage

Eine fehlende Übereinstimmung der Bilanzstichtage der einzubeziehenden Tochterunternehmen kann erhebliche Schwierigkeiten beim eigentlichen Konsolidierungsprozess nach sich ziehen. Vornehmlich sind Abstimmungsprobleme im Rahmen der Ausschaltung innerkonzernlicher Beziehungen zu befürchten, wenn Geschäftsvorgänge zwischen Konzernunternehmen durch das zeitliche Auseinanderfallen der Stichtage nur einseitig erfasst werden. Um diesen zeitlichen Verwerfungen entgegenzuwirken, sind erhebliche Konsolidierungsmehraufwendungen notwendig.

2.4.3   Maßgeblichkeit des Bilanzierungs- und Bewertungsrahmens des Mutterunternehmens

Anpassung an den Rechtsrahmen des Mutterunternehmens

Dem Einheitsgrundsatz der Konzernrechnungslegung folgend, haben im Konzernabschluss Bilanzierung, Bewertung und Ausweis aus Sicht des Konzerns zu erfolgen. Hierbei ist der Rechtsrahmen des Mutterunternehmens maßgeblich, d.h., alle Einzelabschlüsse, die in den Konzernabschluss eingehen, müssen nach den gleichen Normen aufgestellt sein wie der Konzernabschluss des Mutterunternehmens.

Handelsbilanz I und Handelsbilanz II

Dies setzt ggf. eine parallele Bilanzierung bei den Konzernunternehmen voraus. Diese Notwendigkeit besteht insbesondere bei ausländischen Unternehmen, da sie neben der Bilanzierung nach den (lokalen) nationalen Rechnungslegungsvor-

---

1038   Vgl. § 299 Abs. 2 Satz 1 und 2 HGB.
1039   Vgl. § 299 Abs. 3 HGB.
1040   Vgl. HOFFMANN, W.-D./LÜDENBACH, N. (2011), S. 1472.

schriften zusätzlich für Zwecke des Konzernabschlusses einen Einzelabschluss melden müssen, der an den Rechtsrahmen und die Sicht des Konzerns angepasst ist. Die Anpassung an die Bilanzierungs-, Bewertungs- und Ausweismethoden findet nicht erst im Konzernabschluss statt, sondern erfolgt durch Modifikation des lokalen Einzelabschlusses, d.h. der einzelgesellschaftlichen Handelsbilanz I (HB-I). Dabei findet eine Vereinheitlichung dieser Abschlüsse im Rahmen der Erstellung der sog. Handelsbilanz II (HB-II) statt (vgl. Abbildung 261). Diese stellt dann die Basis für die Konsolidierung bzw. die Erstellung des Konzernabschlusses dar.

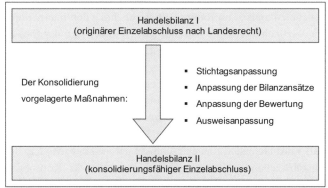

Abbildung 261: Aufbereitung von der Handelsbilanz I zur Handelsbilanz II[1041]

Auch wenn der Einzelabschluss dem Rechtsrahmen des Mutterunternehmens entspricht, können Anpassungen notwendig werden, wenn die Konzernsicht von der Einzelabschlusssicht abweicht. Dem Einheitsgrundsatz folgend, haben Bilanzierung, Bewertung und Ausweis aus Sicht des Konzerns zu erfolgen. Es kann daher notwendig sein, gleiche Sachverhalte in Einzel- und Konzernabschluss unterschiedlich zu behandeln. So können aus Konzernsicht andere Bilanz- und Wertansätze von Aktiva und Passiva maßgeblich sein, als dies in den lokalen Einzelabschlüssen der einbezogenen Unternehmen der Fall ist. Auch der Ausweis ist zu überprüfen, sodass ggf. Umgliederungen von Abschlussposten vorzunehmen sind.

Bilanzierung, Bewertung und Ausweis aus Konzernsicht

Eine Maßgeblichkeit des Einzelabschlusses für den Konzernabschluss bzgl. der Ausübung von Bilanzierungs-, Bewertungs- und Ausweiswahlrechten existiert nicht. Diese können daher unabhängig von ihrer Ausübung im Einzelabschluss im Konzernabschluss neu ausgeübt werden. Dabei verlangt das Handelsrecht bei identischen zugrunde liegenden Sachverhalten eine einheitliche sowie im Zeitablauf stetige[1042] Ausübung dieser Bilanzierungs-[1043], Bewertungs-[1044] Ausweiswahlrechte[1045] auf Ebene des Konzernabschlusses.

Neuausübung von Bilanzierungs-, Bewertungs- und Ausweiswahlrechten

---

[1041] Modifiziert entnommen aus MÜLLER, S./KREIPL, M. (2010), § 300, Rn. 20.

[1042] Vgl. zum Stetigkeitsgrundsatz im Konzern KÜTING, K./TESCHE, T. (2009), S. 1496 f.

[1043] Beispiele für gesetzliche Bilanzierungswahlrechte sind der fakultative Ansatz von selbst geschaffenen immateriellen Vermögensgegenständen des Anlagevermögens (vgl. § 248 Abs. 2 HGB), die Wahlrechte zur Bilanzierung eines Disagios (vgl. § 250

**Abgrenzung
latenter Steuern**

Im Zuge der Anpassung des Einzelabschlusses an den Bilanzierungs- und Bewertungsrahmen des Konzerns können durch erfolgswirksame oder erfolgsneutrale Anpassungsbuchungen temporäre Differenzen entstehen, auf die nach dem Temporary-Konzept latente Steuern abzugrenzen sind.[1046] Als ein einheitlicher, der eigentlichen Konsolidierung vorgelagerter Prozess sind den Anpassungsmaßnahmen bei der HB-II-Erstellung hierzu die einzelgesellschaftlichen Regelungen des § 274 HGB zugrunde zu legen.

2.4.4 Währungsumrechnung

Notwendigkeit

Viele deutsche Unternehmen weisen im Rahmen ihrer zunehmenden internationalen Geschäftstätigkeit Verflechtungen ins Ausland auf. Befindet sich der Sitz eines Tochterunternehmens des Konsolidierungskreises außerhalb der Euro-Zone, besteht die Problematik, dass dessen Jahresabschluss bzw. die dahinter stehenden Transaktionen in einer ausländischen Währung vorliegen und für Zwecke der Einbeziehung in die Konzernberichtswährung Euro umgerechnet werden müssen. Nach § 298 Abs. 1 i.V.m. § 244 HGB ist der Konzernabschluss eines deutschen Mutterunternehmens zwingend in Euro aufzustellen.[1047] Daher müssen die auf eine andere Währung als Euro lautenden Einzelabschlüsse der ausländischen, in den Konzernabschluss einzubeziehenden Tochtereinheiten in einem der Konsolidierung vorgelagerten Arbeitsschritt einer Währungsumrechnung unterzogen werden.

**Modifizierte
Stichtagskursmethode**

Im Zuge des BilMoG wurde § 308a HGB für den Konzernabschluss eingeführt, um entsprechende handelsrechtliche Regelungen zur Währungsumrechnung erstmals gesetzlich zu kodifizieren.[1048] Demnach sind Fremdwährungsabschlüsse für Geschäftsjahre, die ab dem 01.01.2010 beginnen, ausschließlich mithilfe der modifizierten Stichtagskursmethode in die Berichtswährung des Konzerns umzurechnen. Eine Einschränkung des Anwendungsbereichs dieser Vorschrift besteht

---

Abs. 3 HGB) sowie zur Bildung eines Abgrenzungspostens für aktive latente Steuern (vgl. § 274 Abs. 2 HGB).

[1044] Beispiele für gesetzliche Bewertungswahlrechte sind zum einen die Methodenwahlrechte zur Anwendung von Einzel-, Fest- oder Gruppenbewertung sowie Verbrauchsfolgeverfahren (vgl. § 256 i.V.m. § 240 Abs. 3 HGB), die Bemessung des Herstellungskostenumfangs (§ 255 Abs. 2 und 3 HGB) oder die Bestimmung der Abschreibungsmethoden (§ 253 Abs. 3 HGB). Zum anderen kann auf das Wertansatzwahlrecht im Bereich des Finanzanlagevermögens verwiesen werden, das eine außerplanmäßige Abschreibung auch bei nicht dauernder Wertminderung zulässt (§ 253 Abs. 3 Satz 4 HGB).

[1045] Insbesondere wird eine einheitliche Gliederung der GuV entweder nach dem GKV oder UKV vorausgesetzt (vgl. § 275 HGB).

[1046] Vgl. hierzu ausführlich Kapitel C.4.

[1047] Auch inländische Unternehmen, die gem. § 315a HGB verpflichtend oder freiwillig ihren Konzernabschluss nach IFRS aufstellen, müssen den Euro als Berichtswährung verwenden.

[1048] Zuvor bestand zur Währungsumrechnung im handelsrechtlichen Kontext mit DRS 14 lediglich eine Regelungshilfe des DSRC, die – in Anlehnung an IAS 21 – das Konzept der funktionalen Währungsumrechnung beinhaltete. DRS 14 wurde mit DRÄS 4 vom 18.02.2010 aufgehoben.

nur insoweit, als die Gesetzesbegründung Fremdwährungsabschlüsse, die in der Währung eines Hochinflationslandes aufgestellt sind, explizit ausschließt.[1049]

Die Bilanzposten eines Fremdwährungsabschlusses werden grds. zu Stichtagskursen umgerechnet. Bei der Wahl der Kursarten, welche bei der Umrechnung der einzelnen Abschlussposten anzuwenden sind, stellt der Gesetzgeber aus Praktikabilitätsgründen auf den Devisenkassamittelkurs ab.[1050] Eine Ausnahme stellt das Eigenkapital der ausländischen Konzerneinheit dar, welches zum historischen Kurs umzurechnen ist. Allerdings wird der historische Kurs nicht über alle einzelnen Komponenten des Eigenkapitals identisch sein. Das gezeichnete Kapital und die Kapitalrücklage sind grds. mit dem Kurs zu transformieren, der im Zeitpunkt der Einzahlung (Gründung, Kapitalerhöhung) bzw. im Zeitpunkt der Control-Erlangung (Erwerbsvorgang) oder der erstmaligen Einbeziehung in den Konzernabschluss galt. Die Gewinnrücklagen als Ergebnis der in den Vorperioden thesaurierten Jahresüberschüsse sind mit dem „jeweils korrespondierenden (historischen) Devisenkassamittelkurs umzurechnen"[1051] Dieses Abweichen der Zeitbezüge von einzelnen Bilanzposten führt bei sich verändernden Wechselkursen unweigerlich zum Entstehen von Umrechnungsdifferenzen.

Umrechnung in der Bilanz

Die Umrechnung der GuV erfolgt mit dem durchschnittlichen Devisenkassamittelkurs (Durchschnittskurs) der betrachteten Periode, worin sich ihr Charakter als Zeitraumrechnung widerspiegelt. Der sich als Residualgröße darstellende Jahresüberschuss bzw. -fehlbetrag unterliegt somit implizit der Transformation mittels des durchschnittlichen Devisenkassamittelkurses.[1052]

Umrechnung in der GuV

In den umgerechneten Fremdwährungsabschlüssen treten regelmäßig Umrechnungsdifferenzen auf. Diese entstehen

Umrechnungsdifferenzen

- aufgrund der Umrechnung der Abschlussposten zu unterschiedlichen Kursen im Rahmen der modifizierten Stichtagskursmethode – Vermögensgegenstände und Schulden werden zum Stichtagskurs, Posten des Eigenkapitals zum historischen Kurs und GuV-Posten zum Durchschnittskurs umgerechnet – und
- durch die Veränderung der Wechselkursrelationen im Zeitablauf.

Solche Umrechnungsdifferenzen sind aufgrund ihres (rein) bilanziellen Charakters erfolgsneutral zu erfassen, sodass der Jahreserfolg hierdurch nicht beeinflusst wird. Der Ausweis hat gem. § 308a HGB in dem gesonderten Posten „Eigenkapitaldifferenz aus Währungsumrechnung" innerhalb des Konzerneigenkapitals nach den Rücklagen zu erfolgen. Erst bei einem teilweisen oder vollständigen Ausscheiden des Tochterunternehmens aus dem Konzernverbund werden die bis dato

---

[1049]   Zur Umrechnung von Fremdwährungsabschlüssen aus Hochinflationsländern vgl. ausführlich KÜTING, K./WEBER, C.-P. (2010), S. 259 ff.

[1050]   Eine Differenzierung zwischen Brief- bzw. Geldkursen ist somit nicht mehr notwendig; vgl. KÜTING, K./MOJADADR, M. (2009), S. 485.

[1051]   KÜTING, K./SEEL, C. (2009b), S. 46*.

[1052]   Vgl. BT-Drucksache (16/10067), S. 84.

erfolgsneutral berücksichtigten Währungsumrechnungsdifferenzen entsprechend der abgehenden Beteiligungsquote erfolgswirksam aufgelöst.

Abgrenzung latenter Steuern

Handelsrechtlich ist die Abgrenzung latenter Steuern nach dem bilanzorientierten Temporary-Konzept vorzunehmen.[1053] Bei einem ausländischen Tochterunternehmen, dessen Fremdwährungsabschluss zuvor in die Konzernberichtswährung umgerechnet wurde, steht dem handelsbilanziellen Wertansatz in Berichtswährung (Euro) ein steuerlicher Wert in lokaler Währung (z.B. US-Dollar) gegenüber. Die entstehenden Differenzen sind jedoch allein das Resultat der Währungsumrechnung und führen nicht zu einem Bewertungsunterschied zwischen der lokalen Handelsbilanz und der Steuerbilanz.

Bei den aus der Währungsumrechnung resultierenden Differenzen, die durch die Verwendung unterschiedlicher Umrechnungskurse für Vermögen und Schulden sowie Erträge und Aufwendungen zustande kommen, handelt es sich nicht um Wertänderungen einzelner Bilanzposten, sondern sie betreffen das konzernanteilig gehaltene Nettovermögen des ausländischen Tochterunternehmens.[1054] Die Differenz zwischen dem im Konzernabschluss erfassten Nettovermögen des ausländischen Tochterunternehmens und dem steuerlichen Beteiligungsbuchwert seitens des Mutterunternehmens wird als sog. Outside Basis-Differenz bezeichnet. Nach § 306 Satz 4 HGB sind in der HGB-Konzernrechnungslegung jedoch keine latente Steuern auf Outside Basis-Differenzen abzugrenzen. Die Umrechnung von Fremdwährungsabschlüssen nach § 308a HGB als solche ist für die latente Steuerabgrenzung daher unbeachtlich.

2.5 Vollkonsolidierung – die Einbeziehung von Tochterunternehmen

2.5.1 Schuldenkonsolidierung

2.5.1.1 Gegenstand und Umfang der Schuldenkonsolidierung

Fiktion der wirtschaftlichen Einheit

Ausgehend vom Einheitsgrundsatz kann der Konzern keine Forderungen und Verbindlichkeiten gegenüber sich selbst haben. Werden in den Einzelabschlüssen der Konzernunternehmen Forderungen und Verbindlichkeiten gegenüber verbundenen Unternehmen ausgewiesen, ist dieser Ausweis der rechtlichen Selbstständigkeit der einzelnen Konzernunternehmen geschuldet. Nach der Fiktion der wirtschaftlichen Einheit des Konzerns repräsentieren sie hingegen innerkonzernliche Schuld- bzw. Kreditbeziehungen, die durch die Schuldenkonsolidierung, gesetzlich geregelt in § 303 HGB, zu eliminieren sind. Auf eine Schuldenkonsolidierung kann dann verzichtet werden, „wenn die wegzulassenden Beträge für die Vermittlung eines den tatsächlichen Verhältnissen entsprechenden Bildes der Vermögens-, Finanz- und Ertragslage des Konzerns nur von untergeordneter Bedeutung sind"[1055]

[1053] Vgl. hierzu ausführlich KÜTING, K./SEEL, C. (2009a), S. 499 ff.
[1054] Vgl. HOFFMANN, W.-D./LÜDENBACH, N. (2011), S. 1615.
[1055] § 303 Abs. 2 HGB.

Die Begriffe „Forderungen" und „Verbindlichkeiten" sind nicht im engen bilanz-technischen Sinn auszulegen, sondern umfassen grds. alle innerkonzernlichen Rechtsbeziehungen zwischen den einbezogenen Tochterunternehmen, soweit sie zwischengesellschaftlichen Forderungs- und Verbindlichkeitscharakter besitzen. Im Rahmen der Vollkonsolidierung sind die entsprechenden Beträge stets in voller Höhe miteinander aufzurechnen. In Anlehnung an das Gliederungsschema des § 266 Abs. 2 HGB illustriert Abbildung 262 folgende Posten als Gegenstand der Schuldenkonsolidierung:

Anwendungsbereich

Aktivseite	Passivseite
• ausstehende (eingeforderte) Einlagen auf das gezeichnete Kapital • geleistete Anzahlungen • Ausleihungen an verbundene Unternehmen • Forderungen gegen verbundene Unternehmen • sonstige Vermögensgegenstände • sonstige Wertpapiere • Schecks und Guthaben bei Kreditinstituten • Rechnungsabgrenzungsposten • weitere Umgliederungen mit Forderungscharakter	• sonstige Rückstellungen • Anleihen • Verbindlichkeiten gegenüber Kreditinstituten • erhaltene Anzahlungen auf Bestellungen • Verbindlichkeiten aus der Annahme gezogener Wechsel und der Ausstellung eigener Wechsel • Verbindlichkeiten gegenüber verbundenen Unternehmen • Rechnungsabgrenzungsposten • weitere Umgliederungen mit Verbindlichkeitscharakter

Abbildung 262: Von der Schuldenkonsolidierung betroffene Bilanzposten

Neben den Bilanzposten selbst sind auch Bilanzvermerke – also sog. „Bilanzpos-ten unter dem Strich" – auf eine Eliminierung konzerninterner Beziehungen zu überprüfen. Bei der Aufstellung des Konzernabschlusses sind somit alle in den Einzelabschlüssen ausgewiesenen Bilanzvermerke zu entfernen, die auf schuld-rechtlichen Beziehungen zwischen Konzernunternehmen beruhen. Konkret sind die Angaben unter der Bilanz oder im Anhang zu Haftungsverhältnissen und Eventualverbindlichkeiten nach § 251 HGB sowie § 285 Nr. 3 HGB in die Schul-denkonsolidierung mit einzubeziehen.

2.5.1.2 Aufrechnungsdifferenzen
2.5.1.2.1 Entstehung von Aufrechnungsdifferenzen

Ansprüche und Verpflichtungen, die zwischen dem Mutterunternehmen und sei-nen Tochterunternehmen oder zwischen den Tochterunternehmen untereinander bestehen und betragsmäßig einander entsprechen, werden erfolgsneutral miteinan-der aufgerechnet. Die GuV wird nicht tangiert.

Anspruch und Verpflichtung in gleicher Höhe

Stehen sich Anspruch und Verpflichtung nicht in gleicher Höhe gegenüber oder existiert kein korrespondierender Posten, kommt es zu einer Aufrechnungsdiffe-renz. Mögliche Ursachen können unterschiedliche zugrunde liegende Vorschriften zur Folgebewertung der Ansprüche und Verpflichtungen sein, oder aber auch Feh-ler im Meldeprozess an die Konzernrechnungslegung sowie währungsumrech-

Anspruch und Verpflichtung in unterschiedlicher Höhe

nungsbedingte Differenzen, sodass grds. eine Ursachenanalyse durchzuführen ist.[1056]

2.5.1.2.2 Behandlung von Aufrechnungsdifferenzen

Unechte Aufrechnungsdifferenz

Bei den Entstehungsursachen ist zwischen unechten und echten Aufrechnungsdifferenzen zu unterscheiden.[1057] Als unechte Aufrechnungsdifferenzen werden Unterschiedsbeträge bezeichnet, die „auf fehlerhaften Buchungen oder zeitlichen Buchungsunterschieden [um den Bilanzstichtag der beteiligten Unternehmen, d. Verf.] beruhen"[1058]. Es handelt sich um solche Aufrechnungsdifferenzen, die bei einer ordnungsmäßigen Vorbereitung und Durchführung des Konsolidierungsprozesses an sich nicht entstehen dürften. Sie sind nicht Gegenstand der eigentlichen Schuldenkonsolidierung und sollten vielmehr über eine der Konsolidierung vorgelagerte Saldenabstimmung identifiziert und über entsprechende Korrekturbuchungen berichtigt werden. Ferner lässt sich ein Großteil unechter Aufrechnungsdifferenzen mittels entsprechender Konzernrichtlinien, der Vorgabe von einheitlichen Bilanzstichtagen und Buchungsstopps kurz vor Stichtag vermeiden, sodass im Ergebnis bei der Schuldenkonsolidierung nur echte Aufrechnungsdifferenzen eliminiert werden.[1059]

Echte Aufrechnungsdifferenz

Echte Aufrechnungsdifferenzen können durch Ansatz- und Bewertungsunterschiede bei der Bilanzierung der Ansprüche und Verpflichtungen entstehen, insbesondere bei Beachtung des Imparitätsprinzips, durch die Währungsumrechnung sowie durch die Bildung von aus Konzernsicht unzutreffenden und dem Einheitsgrundsatz widersprechenden konzerninternen Rückstellungen.[1060] Für die Behandlung echter Aufrechnungsdifferenzen lässt sich vom Grundsatz her festhalten, dass erfolgswirksam entstandene Aufrechnungsdifferenzen der Fiktion der wirtschaftlichen Einheit entsprechend so umzukehren sind, dass keine Erfolgswirkung im Konzernabschluss verbleibt.[1061]

Zeitpunkt der Entstehung bzw. Umkehr

Während unechte Aufrechnungsdifferenzen regelmäßig bei Entdeckung korrigiert werden und somit im Abschluss der nächsten Periode nicht mehr vorhanden sein sollten, kann eine echte Aufrechnungsdifferenz über mehrere Jahre unverändert bestehen bleiben, bevor sie sich – durch den Ausgleich der Schuld – umkehrt. Erfolgswirksam entstandene Aufrechnungsdifferenzen dürfen nur im Jahr der Entstehung und im Jahr ihrer Umkehr die Konzern-GuV im Rahmen der Schuldenkonsolidierung berühren. Ist eine bereits im Vorjahr erfasste Aufrechnungsdiffe-

---

[1056]   Zur Thematik eines effizienten und effektiven Intercompany-Managements vgl. ausführlich ERDMANN, M.-K./MEYER, U./ISERTE, V. (2006), S. 535 ff.

[1057]   Vgl. HARMS, J. E. (1998), § 303, Rn. 28 ff.

[1058]   ADLER, H./DÜRING, W./SCHMALTZ, K. (1995), § 303, Rn. 33.

[1059]   Vgl. auch KESSLER, H./KIHM, A./LEINEN, M. (2010), § 303, Rn. 16 ff.

[1060]   Vgl. WINKELJOHANN, N./BEYERSDORFF, M. (2010a), § 303, Rn. 53.

[1061]   Vgl. WINKELJOHANN, N./BEYERSDORFF, M. (2010a), § 303, Rn. 54.

renz im laufenden Jahr unverändert geblieben, ist sie immer erfolgsneutral[1062] zu eliminieren, unabhängig davon, wie sie entstanden ist.

2.5.1.3   Forderungen und Verbindlichkeiten in fremder Währung

Für die Durchführung der Schuldenkonsolidierung ist der Fall gesondert zu betrachten, wenn konzerninterne Schuldverhältnisse vorliegen, die im Buchwerk der in den Konzernabschluss eingehenden Unternehmen nicht in der Konzernwährung geführt werden. In einem solchen Fall ist eine Währungsumrechnung notwendig, die bereits im Einzelabschluss des jeweiligen Konzernunternehmens und/oder bei der Währungsumrechnung im Konzern durchzuführen ist.

Bestehen gegenüber einem anderen Konzernunternehmen Fremdwährungsforderungen oder Fremdwährungsverbindlichkeiten,[1063] sind diese am Bilanzstichtag der Fremdwährungsbewertung im Einzelabschluss gem. § 256a HGB zu unterziehen und mit dem Devisenkassamittelkurs umzurechnen.[1064] Bei einer Restlaufzeit von einem Jahr oder weniger werden auftretende Wechselkursgewinne oder -verluste erfolgswirksam im Einzelabschluss erfasst.[1065] In diesem Fall werden sich bei der späteren Schuldenkonsolidierung in der Regel keine Aufrechnungsdifferenzen ergeben, da die Umrechnung des Fremdwährungsbetrags aus dem Einzelabschluss des Tochterunternehmens bei dessen Einbeziehung in den Konzernabschluss mit dem identischen Devisenkassamittelkurs des Abschlussstichtags erfolgt.[1066]

Restlaufzeit < 1 Jahr

Eine andere Situation ergibt sich, wenn es sich um auf Fremdwährung valutierte Forderungen oder Verbindlichkeiten mit einer Restlaufzeit von mehr als einem Jahr handelt. Aufgrund des gem. § 256a HGB zu beachtenden Anschaffungskostenprinzips und des Imparitätsprinzips dürfen im Einzelabschluss auftretende Kursgewinne bilanziell nicht erfasst werden, während Kursverluste zu berücksichtigen sind. Hieraus können aus Konzernsicht währungsumrechnungsbedingte Aufrechnungsdifferenzen im Rahmen der Schuldenkonsolidierung entstehen, die im Konzernabschluss grds. ergebnisneutral im Posten „Eigenkapitaldifferenz aus Währungsumrechnung" zu erfassen sind.[1067]

Restlaufzeit > 1 Jahr

- Beispiel: Die M-AG hat eine Verbindlichkeit mit einer Restlaufzeit von mehr als einem Jahr gegenüber der T-Ltd., einem vollkonsolidierungspflichtigen Tochterunternehmen mit Sitz in England, i.H.v. 100 GBP. Die Verbindlich-

---

[1062]   In der Konsolidierungspraxis erfolgt die erfolgsneutrale Verrechnung der Aufrechnungsdifferenz aus Vorjahren u.a. mit dem Ergebnisvortrag oder den Gewinnrücklagen.

[1063]   Von Fremdwährungsforderungen bzw. -verbindlichkeiten ist die Rede, wenn die Währung, in der die finanzielle Forderung bzw. Verbindlichkeit aufgenommen wird, nicht der lokalen Währung des Unternehmens entspricht.

[1064]   Vgl. Kapitel C.5.2.5.

[1065]   Vgl. § 256a HGB. Beträgt die Restlaufzeit ein Jahr oder weniger, sind weder § 253 Abs. 1 Satz 1 HGB noch § 252 Abs. 1 Nr. 4 Halbsatz 2 HGB (Anschaffungskosten- und Realisationsprinzip) anzuwenden.

[1066]   Vgl. KOZIKOWSKI, M./LEISTNER M. (2010), § 308a, Rn. 81.

[1067]   Vgl. KOZIKOWSKI, M./LEISTNER M. (2010), § 308a, Rn. 84.

keit ist zu einem Kurs von 1,2 EUR/GBP entstanden. Zum Bilanzstichtag beträgt der Kurs 1,1 EUR/GBP. Aufgrund des Imparitätsprinzips darf die M-AG die Verbindlichkeit im Einzelabschluss nicht abwerten. Die T-Ltd. rechnet hingegen ihre Forderung gem. der modifizierten Stichtagskursmethode mit dem aktuellen Stichtagskurs in die Konzernwährung EUR um. Es kommt zu einer währungsbedingten Aufrechnungsdifferenz, da sich Forderung (110 EUR) und Verbindlichkeit (120 EUR) nicht in gleicher Höhe gegenüberstehen.

2.5.1.4   Berücksichtigung latenter Steuern

Temporary-Konzept

Nach dem den §§ 274, 306 HGB zugrunde liegenden Temporary-Konzept sind latente Steuern auf temporäre Differenzen zwischen dem steuerlichen Wertansatz und dem korrespondierenden Wertansatz im Einzel-[1068] bzw. Konzernabschluss[1069] abzugrenzen. Stehen sich nun konzerninterne Forderungen und korrespondierende Verbindlichkeiten nicht in gleicher Höhe gegenüber, liegen echte, bewertungsbedingte Aufrechnungsunterschiede vor. Im Konzernabschluss werden diese Aufrechnungsdifferenzen im Jahr ihrer Entstehung durch die Schuldenkonsolidierung erfolgswirksam eliminiert, sodass temporäre Differenzen zu den steuerlichen Wertansätzen entstehen.[1070] Nach § 306 HGB sind hierauf latente Steuern abzugrenzen. Als Steuersatz ist konzeptionell der Steuersatz des Unternehmens relevant, welches den Bewertungsunterschied ausgelöst hat. Vereinfachend kann auch der Konzernmischsteuersatz verwendet werden. Die Steuerabgrenzung ist in den Folgejahren bis zur Auflösung der Aufrechnungsdifferenz erfolgsneutral fortzuführen.

2.5.2   Zwischenergebniseliminierung
2.5.2.1   Grundlagen

Ausschaltung von konzerninternen Gewinnen

Die Zwischenergebniseliminierung umfasst sowohl die Eliminierung von konzerninternen Zwischengewinnen als auch Zwischenverlusten.[1071] Die Eliminierung von Zwischengewinnen ist notwendig, wenn konzernintern gelieferte Vermögensgegenstände mit einem höheren Wertansatz als ihren Konzernanschaffungs- oder -herstellungskosten in den Summenabschluss eingehen und dementsprechend eine Gewinnrealisierung beim liefernden Konzernunternehmen stattgefunden hat. Dies gilt unabhängig von der Frage, ob die Vermögensgegenstände aus dem Umlauf- oder dem Anlagevermögen stammen. Dem Einheitsgrundsatz folgend, darf allerdings eine Gewinnrealisierung aus Konzernsicht erst dann erfolgen, wenn eine Transaktion mit konzernfremden Dritten zugrunde liegt, d.h., der Abnehmer nicht wieder ein Konzernunternehmen ist, sondern die Lieferung den Konzernbereich

---

[1068]   Vgl. zur Abgrenzung latenter Steuern im handelsrechtlichen Einzelabschluss nach § 274 HGB Kapitel C.4.

[1069]   Vgl. ausführlich zur (latenten) Steuerabgrenzung im Konzern KÜTING, K./ WEBER, C.-P. (2010), S. 197 ff.

[1070]   Vgl. weiterführend u.a. BUDDE, T./VAN HALL, G. (2010), § 306, Rn. 10.

[1071]   Die Zwischenergebniseliminierung wird in § 304 HGB gesetzlich geregelt.

verlässt. Befinden sich also zum Abschlussstichtag bei einem Konzernunternehmen Vermögensgegenstände auf Lager, die ganz oder teilweise auf konzerninternen Lieferungen und Leistungen beruhen, sind die Wertansätze auf etwaig enthaltene Zwischenerfolge zu untersuchen und diese zu eliminieren.

Ebenso wie sich die Realisation der Zwischengewinne aus einzelgesellschaftlicher Sicht und Konzernsicht unterschiedlich darstellt, lässt sich diese Betrachtungsweise auf die Realisation von Zwischenverlusten übertragen. Diese liegen dann vor, wenn durch die Wahl entsprechender Konzernverrechnungspreise in den Einzelabschlüssen Verluste gebucht werden, die aus Konzernsicht nicht entstanden sind. Eine entsprechende Rücknahme dieser Verluste ist Gegenstand der Zwischenverlusteliminierung.

Eliminierung konzerninterner Verluste

Eine Zwischenergebniseliminierung ist sowohl für das Umlaufvermögen als auch das Anlagevermögen durchzuführen und kann nur unter Bezugnahme auf Wesentlichkeitsaspekte nach § 304 Abs. 2 HGB unterbleiben.

2.5.2.2 Zwischenergebniseliminierung im Vorratsvermögen

Eine Zwischenergebniseliminierung im Vorratsvermögen i.S.d. § 266 Abs. 2 Buchst. B. I. HGB ist erforderlich, wenn die entsprechenden Vermögensgegenstände im Rahmen des Wertschöpfungsprozesses von anderen einbezogenen Konzernunternehmen geliefert werden und sich am Abschlussstichtag im Lagerbestand eines einzubeziehenden Konzernunternehmens befinden. Konkret ist sicherzustellen, dass die Vermögensgegenstände mit ihren konzernbilanziellen Anschaffungs- oder Herstellungskosten angesetzt werden. Grds. sind hierfür nachfolgende Arbeitsschritte zu beachten:

Zum Konzernabschlussstichtag sind von den Konzernunternehmen die noch auf Lager befindlichen, konzernintern gelieferten Vermögensgegenstände zu ermitteln. Dies gilt unabhängig davon, ob die Vermögensgegenstände bereits in die Produktion des bestandsführenden Unternehmens eingegangen sind oder anderweitig veredelt wurden. Probleme bei der durchzuführenden Inventur ergeben sich regelmäßig, wenn die Vermögensgegenstände von unterschiedlichen Konzernunternehmen sowie ggf. auch von konzernfremden Lieferanten bezogen werden und in der Folge keine entsprechend getrennte Lagerung der Bestände erfolgt. Hilfsweise kann daher auf eine pauschale Ermittlung zurückgegriffen werden, d.h., die Konzernbestände sind mithilfe von Vereinfachungsverfahren zu bestimmen.[1072] Diese Vereinfachungsverfahren erklären die Zusammensetzung des Vorratsbestands anhand von Annahmen oder Fiktionen und stellen etwa auf die Durchschnittsmethode, die Fifo- („first in, first out") oder die Lifo-Methode („last in, first out") ab. Daneben werden insbesondere in der Literatur speziell für Zwecke der Zwischenergebniseliminierung die folgenden beiden Verfahren vorgeschlagen: Während das Kifo-Verfahren („Konzern in, first out") einen vorrangigen Ab-

Ermittlung der Konzernbestände

[1072]   Vgl. hierzu ausführlich BUSSE VON COLBE, W. ET AL. (2010), S. 392 ff.

gang der konzernintern gelieferten Vermögensgegenstände unterstellt, fingiert das Kilo-Verfahren („Konzern in, last out") einen vorrangigen Abgang der von konzernfremden Dritten bezogenen Vermögensgegenstände. Mit Änderung des § 256 HGB durch das BilMoG dürfen beide Verfahren zukünftig nicht mehr angewendet werden.

Ermittlung der Einzelabschlusswerte

Ob eine Zwischenergebniseliminierung zu erfolgen hat, wird überprüft, indem der Einzelabschlusswert des relevanten Vorratsvermögens mit den aus Konzernsicht hierfür zutreffenden Anschaffungs- oder Herstellungskosten gegenübergestellt wird. Der Einzelabschlusswert entspricht grds. dem Wertansatz in dem für die Konsolidierung maßgeblichen Jahresabschluss.[1073] Sofern eine Angleichung an den konzerneinheitlichen Bilanzierungs- und Bewertungsrahmen stattgefunden hat, wird der relevante Einzelabschlusswert somit in der Regel aus der HB-II zu entnehmen sein.

Ermittlung der Konzernanschaffungskosten

Von Konzerndritten bezogene und konzernintern weitertransferierte Vermögensgegenstände sind mit den Konzernanschaffungskosten zu bewerten, deren Ermittlung auf der allgemein gültigen Anschaffungskostendefinition des § 255 Abs. 1 HGB basiert. Die Wertermittlung ist aus der Gesamtsicht des Konzerns vorzunehmen, sodass sich regelmäßig Abweichungen zu den zugehörigen Einzelabschlusswerten ergeben.

Ermittlung der Konzernherstellungskosten

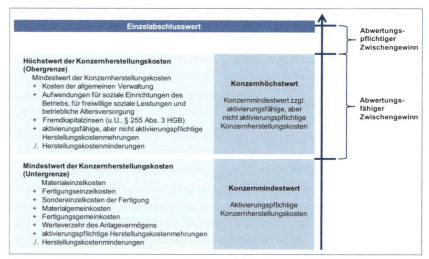

Abbildung 263: Konzernherstellungskosten und Zwischenergebniseliminierung

Die Konzernherstellungskosten stellen den Bewertungsmaßstab für im Konzernverbund hergestellte, bearbeitete oder verarbeitete Vermögensgegenstände dar, deren Ermittlung an den einzelgesellschaftlichen Regelungen zur Herstellungskostenbewertung anknüpft. Gem. § 255 Abs. 2, 2a und 3 HGB i.V.m. § 298 Abs. 1 HGB existieren aktivierungsfähige, aber nicht aktivierungspflichtige Konzernher-

---

[1073]   Vgl. auch KESSLER, H./KIHM, A. (2010), § 304, Rn. 14.

stellungskosten, sodass zwischen einer Obergrenze (Konzernhöchstwert) und einer Untergrenze (Konzernmindestwert) zu differenzieren ist (vgl. Abbildung 263).

Abbildung 263 stellt ein Szenario dar, in dem die ermittelten Konzernherstellungskosten unter dem Einzelabschlusswert liegen, die Abweichung – zum Konzernhöchstwert – insofern als eliminierungspflichtiger Zwischengewinn heraus zu rechnen ist. Ferner ermöglicht das Bewertungswahlrecht nach § 255 Abs. 2 HGB, die Konzernherstellungskosten für die konzernintern gelieferten Vorräte auch i.H.d. Konzernmindestwerts anzusetzen, die Differenz zum Konzernhöchstwert folglich als abwertungsfähiger Zwischengewinn fakultativ eliminiert werden kann.

Eliminierung von Zwischengewinnen

Liegen die Konzernherstellungskosten über dem einzelgesellschaftlichen Wertansatz, so besteht i.H.d. Abweichung – zum Konzernmindestwert (bzw. einem evtl. niedrigeren beizulegenden Stichtagswert[1074]) – ein aufwertungspflichtiger Zwischenverlust. Wird eine Bewertung zum Konzernhöchstwert favorisiert, ergibt sich i.H.d. Differenz zwischen Unter- und Obergrenze zusätzlich ein aufwertungsfähiger Zwischenverlust.

Eliminierung von Zwischenverlusten

In der Unternehmenspraxis ist „eine individuelle Zwischenergebniseliminierung oftmals nicht durchführbar, da sie zu einem unverhältnismäßig hohen Aufwand führen würde."[1075] Vereinfachend werden daher die zu eliminierenden Zwischenergebnisse vielfach unter der Anwendung folgender drei Vereinfachungsverfahren (im Sinne einer prozentualen Berechnung[1076]) ermittelt:

Unternehmenspraxis

- Verwendung von Jahresdurchschnittssätzen: Noch lagerhaltige gleichartige Vermögensgegenstände des Vorratsvermögens, die vom gleichen Unternehmen bezogen wurden, werden mit der durchschnittlichen Zwischenerfolgsquote multipliziert, die sich aus dem Quotienten der Differenz aus den gesamten Innenumsätzen und entsprechenden Konzernanschaffungs- bzw. -herstellungskosten und den empfangenen Mengeneinheiten ergibt.

- Verwendung von Konzerndurchschnittssätzen: Das Verfahren stellt eine weitere Vereinfachung gegenüber der Verwendung von Jahresdurchschnittssätzen dar. Das zu ermittelnde durchschnittliche Zwischenergebnis wird nicht pro einbezogenem Unternehmen ermittelt, sondern global für jeweils gleichartige Vermögensgegenstände, unabhängig davon, von welchem Unternehmen diese bezogen wurden.

- Bruttogewinnverfahren: Das zu eliminierende Zwischenergebnis wird retrograd über die Handelsspannen der jeweiligen Lieferanten bestimmt.[1077]

Werden Unternehmen auf Grundlage der Vollkonsolidierung einbezogen, gelten folgende Konsolidierungsregeln:

Konsolidierungstechnik

[1074] In diesem Fall stellt der beizulegende Wert zum Stichtag, welcher den Mindestwert der Konzernherstellungskosten unterschreitet, aber über dem Einzelabschlusswert liegt, die absolute Wertobergrenze für den konzernbilanziellen Wertansatz dar.
[1075] DUSEMOND, M./KESSLER, H. (2001), S. 238.
[1076] Man spricht hier auch von sog. prozentualen Verfahren; vgl. dazu Kapitel G.4.5.2.
[1077] Vgl. hierzu ausführlich DUSEMOND, M./KESSLER, H. (2001), S. 238.

- Die Bestände sind stets in voller Höhe um die Zwischenergebnisse zu korrigieren.

- Gewinne aus konzerninternen Geschäften erhöhen die Jahreserfolge der konsolidierten Unternehmen, obwohl aus Konzernsicht die Gewinne nicht realisiert sind. Treten Zwischenergebnisse zum ersten Mal auf, sind diese im Rahmen ihrer Eliminierung in voller Höhe in der Konzern-GuV zu verrechnen.[1078] Eliminierte Zwischengewinne reduzieren das Konzernergebnis, eliminierte Zwischenverluste erhöhen dieses. Beim GKV erfolgt die Gegenbuchung in den Posten „Bestandsveränderungen" oder „Materialaufwand", während beim UKV die „Herstellungskosten der zur Erzielung der Umsatzerlöse erbrachten Leistungen" angesprochen werden.

- Werden Vermögensgegenstände, die aus Vorjahren stammen und Zwischenergebnisse enthielten, im aktuellen Geschäftsjahr an Konzernfremde veräußert, führt ihre Realisierung zu einer erfolgswirksamen Korrektur des Konzernergebnisses gegenüber der Summe der Einzelergebnisse.

- In den Folgekonsolidierungen dürfen zu eliminierende Zwischenergebnisse nicht in voller Höhe Einfluss auf das Konzernergebnis nehmen. Eine Korrektur des Konzernerfolgs darf nur insoweit vorgenommen werden, als im abgelaufenen Geschäftsjahr Zwischenerfolge (Zwischengewinne abzgl. Zwischenverluste) neu entstanden sind oder durch Realisation abgebaut wurden. Mit anderen Worten: Die Buchungen der Zwischenergebniseliminierung beeinflussen das Konzernergebnis nur in Höhe der in der abgelaufenen Berichtsperiode aufgetretenen Veränderungen der Zwischenergebnisse gegenüber der Vorperiode.

- Die Zwischenergebnisse nach dem Stand zum Ende der vorherigen Berichtsperiode sind stets erfolgsneutral gegen den Ergebnisvortrag oder die Gewinnrücklagen zu buchen.

2.5.2.3   Zwischenergebniseliminierung im Anlagevermögen

Eine Zwischenergebniseliminierung ist im Anlagevermögen vorzunehmen, wenn infolge eines Rechtsgeschäfts ein bilanziell erfasster Vermögensgegenstand von einem Konzernunternehmen an ein anderes veräußert wird und hierdurch der konzernintern verkaufte Vermögensgegenstand mit einem höheren bzw. niedrigeren Wert in die Konzernabschlusserstellung eingeht, als aus Konzernsicht zutreffend ist. Die Besonderheit im Vergleich zur Zwischenergebniseliminierung im Umlaufvermögen besteht darin, dass es sich bei dem konzernintern gelieferten Vermögensgegenstand um einen solchen handelt, der dem abnutzbaren Anlagevermögen zugeordnet wird. Daher nimmt die Korrektur der Zwischenergebnisse auch Einfluss auf die Höhe der planmäßigen Abschreibungen. Dies bezieht sich generell auf alle konzernintern veräußerten Vermögensgegenstände, unabhängig da-

---

[1078]   Die Zwischenergebniseliminierung im Umlauf- und Anlagevermögen ist eng verzahnt mit dem Konzept der Innenumsatzeliminierung, die erst im nachfolgenden Kapitel G.2.5.3.2 zur Aufwands- und Ertragskonsolidierung ausführlicher erläutert wird.

von, ob diese selbst erstellt oder im Vorfeld von konzernfremden Dritten erworben wurden.[1079]

Veräußert ein Konzernunternehmen einen selbst produzierten materiellen oder immateriellen Vermögensgegenstand des Anlagevermögens an ein anderes Konzernunternehmen, wird die gelieferte Anlage zum Betrag der angefallenen Anschaffungskosten im Einzelabschluss des Bestellers aktiviert (vgl. Szenario 1 der Abbildung 264). Aus Konzernsicht liegt jedoch kein erfolgsrealisierender Verkaufsvorgang vor und der Vermögensgegenstand ist weiterhin mit seinen konzernbilanziellen Herstellungskosten gem. § 298 Abs. 1 HGB i.V.m. § 255 Abs. 2, 2a und 3 HGB zu bewerten. Bei einer derartigen innerkonzernlichen Lieferbeziehung müssen durch entsprechende Konsolidierungsmaßnahmen die Umsatzrealisierung sowie der Zwischenerfolg auf Seiten des Lieferanten neutralisiert werden.

Verkauf von hergestelltem Anlagevermögen

Der konzerninterne Transfer von bereits beim Veräußerer aktiviertem, in Gebrauch befindlichem Anlagevermögen ist hingegen nicht als Umsatzakt zu behandeln (vgl. Szenario 2 der Abbildung 264). Stattdessen schlägt sich das Veräußerungsergebnis im Ausweis unter den sonstigen betrieblichen Erträgen bzw. Aufwendungen nieder, das durch geeignete Konsolidierungsmaßnahmen[1080] eliminiert werden muss.[1081]

Verkauf von bestehendem Anlagevermögen

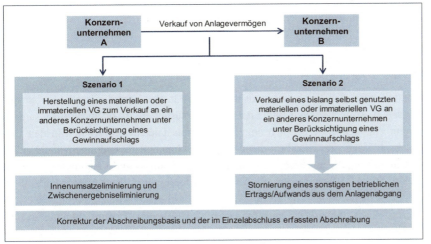

Abbildung 264: Zwischenergebniseliminierung im Anlagevermögen

Beim abnutzbaren Anlagevermögen nimmt die Korrektur der Zwischenergebnisse auch Einfluss auf die Höhe der planmäßigen Abschreibungen. Der beim beliefer-

Korrektur der Abschreibung

[1079] Bei der innerkonzernlichen Lieferung immaterieller Vermögensgegenstände des Anlagevermögens ist § 298 Abs. 1 HGB i.V.m. § 248 Abs. 2 HGB zu beachten. Vielmehr muss die Aktivierbarkeit auf Konzernebene in Abstimmung mit den in § 248 Abs. 2 Satz 2 HGB genannten Aktivierungsverboten überprüft werden; vgl. hierzu auch WINKELJOHANN, N./BEYERSDORFF, M. (2010b), § 304, Rn. 30 f.

[1080] Vgl. hierzu Kapitel G.2.5.3.3 zur Konsolidierung anderer Erträge und Aufwendungen.

[1081] Vgl. WINKELJOHANN, N./BEYERSDORFF, M. (2010b), § 304, Rn. 33.

ten Konzernunternehmen zu aktivierende Vermögensgegenstand wird im Einzel-abschluss mit einem Wertansatz einschließlich eines Zwischenerfolgs (Zwischen-verlusts) bilanziert. Hierdurch stellen sich die aus den Einzelabschlüssen über-nommenen Abschreibungen aus Konzernsicht als zu hoch (niedrig) dar und müs-sen für den Konzernabschluss zusätzlich korrigiert werden.[1082] Diese Korrekturen sind jährlich so lange durchzuführen, bis der Vermögensgegenstand voll abge-schrieben ist. Während der Nutzungsdauer des Vermögensgegenstands löst sich das Zwischenergebnis sukzessive auf, sodass sich das Zwischenergebnis im Zeit-ablauf realisiert.[1083]

2.5.2.4   Berücksichtigung latenter Steuern

Für die Berücksichtigung latenter Steuern ist zu beachten, dass die Gewinnrealisa-tion in den zu summierenden Ergebnissen der konsolidierten Unternehmen der Gewinnrealisation im Konzernabschluss vorgelagert ist. Der Gewinnausweis im Konzernabschluss wird zeitlich nachgeholt, wenn die betreffenden Lieferungen und/oder Leistungen den Konzern verlassen, d.h., ein Verkauf an Konzernfremde stattfindet. Werden Zwischenergebnisse eliminiert, müssen nach § 306 HGB hie-rauf latente Steuern abgegrenzt werden.

Zur Bewertung der abzugrenzenden latenten Steuern ist grds. auf den unterneh-mensindividuellen Steuersatz des die Lieferung und Leistung empfangenden – d.h. des bestandsführenden – Unternehmens abzustellen.[1084]

2.5.3   Aufwands- und Ertragskonsolidierung
2.5.3.1   Grundlagen

Einheitsgrundsatz

Entsprechend dem Einheitsgrundsatz sind die in der konsolidierten GuV ausge-wiesenen Aufwendungen und Erträge so darzustellen, als ob diese insgesamt in einem einzigen Unternehmen angefallen wären. Gleichwohl können in den Ein-zelabschlüssen der einzubeziehenden Unternehmen Aufwendungen und Erträge enthalten sein, die auf dem konzerninternen Lieferungs- und Leistungsverkehr be-ruhen. Diese Aufwendungen und Erträge dürfen nicht in der Konzern-GuV abge-bildet werden und sind durch die Aufwands- und Ertragskonsolidierung zu elimi-nieren. Auch hier gilt es nach § 305 Abs. 2 HGB, den Wesentlichkeitsgrundsatz zu beachten.

Erfolgsneutrale Konsolidierungen

Die Aufwands- und Ertragseliminierung behandelt zum einen erfolgsneutrale Ver-rechnungen bzw. Umgliederungen von Aufwendungen und Erträgen in der Kon-zern-GuV, d.h., der Konzernjahresüberschuss selbst wird durch die Konsolidie-rung nicht verändert, wohl aber die Höhe einzelner Aufwands- und Ertragsposten.

Erfolgswirksame Konsolidierungen

Zum anderen bewirken konzerninterne Gewinnausschüttungen eine erfolgswirk-same Korrektur dieser innerkonzernlichen Ergebnisübernahmen in der Konsoli-

---

[1082]   Vgl. ADLER, H./DÜRING, W./SCHMALTZ, K. (1995), § 304, Rn. 80.
[1083]   Vgl. ausführlich ADLER, H./DÜRING, W./SCHMALTZ, K. (1995), § 304, Rn. 81 ff.
[1084]   So auch HOFFMANN, W.-D./LÜDENBACH, N. (2011), S. 1618.

dierung, um den Einheitsgrundsatz bei der Aufwands- und Ertragskonsolidierung zu wahren.

2.5.3.2 Innenumsatzeliminierung

Innenumsatzerlöse definieren sich als Umsatzerlöse aus Lieferungen und Leistungen zwischen den einbezogenen Konzernunternehmen. Außenumsatzerlöse sind hingegen alle Umsatzerlöse, die im Lieferungs- und Leistungsverkehr mit nicht in den Konzernabschluss einbezogenen Unternehmen erzielt wurden. Im Konzernabschluss auszuweisende Umsatzerlöse beziehen sich rein auf die Außenumsatzerlöse. Wie die Korrekturbuchungen der Innenumsatzeliminierung vorzunehmen sind, richtet sich vor allem danach, ob das GKV oder UKV angewendet wird.[1085]

Kriterien für die Eliminierung

Im Rahmen des GKV kommen für die Gegenbuchung zur Stornierung der Innenumsatzerlöse folgende Posten in Frage: der Materialaufwand, die Bestandsveränderungen oder die anderen aktivierten Eigenleistungen.[1086] Konzeptionell ist die Gegenbuchung davon abhängig, ob die gelieferten Vermögensgegenstände beim empfangenden Unternehmen unverbaut, verbaut in Endprodukten oder verbaut in selbst zu verwendenden Vermögensgegenständen noch auf Lager liegen. Weil diese differenzierte Vorgehensweise in der praktischen Umsetzung kaum zu bewerkstelligen ist, wird in der Unternehmenspraxis vereinfachend auf das Gegenkonto „Materialaufwand" zurückgegriffen.

GKV

Beim UKV werden die beim liefernden Unternehmen bilanzierten Innenumsatzerlöse stets mit den dort ausgewiesenen Herstellungskosten der zur Erzielung der Umsatzerlöse erbrachten Leistungen aufgerechnet – ganz gleich, ob die Vermögensgegenstände konzernintern hergestellt oder fremdbezogen wurden.

UKV

In den Umsatzerlösen werden meistens entweder Zwischengewinne oder Zwischenverluste enthalten sein. Die Wertansätze der lagerhaltigen, konzernintern gelieferten Vermögensgegenstände müssen insofern auf dem Wege der Zwischenergebniseliminierung erfolgswirksam korrigiert werden.[1087] Grundlegend gilt jedoch, dass ein Zwischenergebnis zwar nur durch einen innerkonzernlichen Leistungstransfer entstehen kann. Aber nicht jeder Innenumsatz muss zwangsläufig auch einen Zwischengewinn bzw. -verlust enthalten, wie dies bei konzerninternen Lieferungen ohne abgerechneten Gewinnaufschlag der Fall ist.[1088] Trotz systematischer Trennung der Innenumsatz- und Zwischenergebniseliminierung zeigt sich somit, dass beide Bereiche in der Konsolidierungspraxis zwingend miteinander abzustimmen sind.[1089]

Verknüpfung mit Zwischenergebniseliminierung

[1085]   Vgl. WINKELJOHANN, N./BEYERSDORFF, M (2010c), § 305, Rn. 15 ff.
[1086]   Vgl. hierzu ausführlich KÜTING, K./WEBER, C.-P. (2010), S. 503 ff.
[1087]   Vgl. WINKELJOHANN, N./BEYERSDORFF, M (2010c), § 305, Rn. 20.
[1088]   Vgl. ADLER, H./DÜRING, W./SCHMALTZ, K. (1995), § 305, Rn. 2.
[1089]   Vgl. KAGERMANN, H./KÜTING, K./WIRTH, J. (2008), S. 271.

2.5.3.3   Konsolidierung anderer Erträge und Aufwendungen

Abgrenzung der „anderen Erträge"

Aus Sicht des Konzerns sind auch andere Erträge aus innerkonzernlichen Lieferungen und Leistungen mit den auf sie entfallenden Aufwendungen zu verrechnen. Hierbei handelt es sich um Erträge des liefernden/leistenden Unternehmens aus Geschäften mit anderen Konzernunternehmen, die nicht als Umsatzerlöse in die Einzel-GuV eingehen. In Frage kommen z.B. Erträge aus konzerninternen Mietverhältnissen, Lizenzverträgen oder Kreditbeziehungen. Es sind somit Erträge, die nicht aus der gewöhnlichen Geschäftstätigkeit eines Unternehmens resultieren. Ebenso wie die Erträge sind auch die korrespondierenden Aufwendungen aus dem innerkonzernlichen Leistungsaustausch zu eliminieren. Da sich diese im Regelfall betragsmäßig in gleicher Höhe gegenüberstehen, werden hierbei keine Aufrechnungsdifferenzen entstehen.[1090]

Erträge und Aufwendungen aus dem Zugang/Abgang von Anlagevermögen

Andere Erträge entstehen z.B. auch aus solchen Lieferungen und Leistungen, die beim empfangenden Unternehmen zu einer Aktivierung im Anlagevermögen führen. Bei Anwendung des GKV ist der Ertrag des liefernden/leistenden Unternehmens aus Konzernsicht in den Posten „andere aktivierte Eigenleistungen" umzugliedern. Im UKV wird der Ertrag mit den Aufwendungen des Lieferers verrechnet. Handelt es sich bei einer konzerninternen Lieferung um den Abgang eines bislang beim Lieferer im Anlagevermögen bilanzierten Vermögensgegenstands, der über oder unter dem Buchwert erfolgt, liegt aus Konzernsicht ein Zwischenergebnis vor, welches im Rahmen der Zwischenergebniseliminierung zu korrigieren ist. Im Zusammenhang mit dieser Korrektur des bilanziellen Wertansatzes ist der im Einzelabschluss aus dem Verkaufsvorgang (nach dem GKV und UKV) erfasste sonstige betriebliche Ertrag oder Aufwand zu eliminieren.

2.5.3.4   Konsolidierung von Ergebnisübernahmen

Ergebnisse aus Beteiligungen ohne Ergebnisübernahmeverträge

Bei der Konsolidierung konzerninterner Ergebnisübernahmen, bei denen kein Ergebnisübernahmevertrag vorliegt, ist zwischen der zeitkongruenten und zeitverschobenen Vereinnahmung von Beteiligungserträgen zu unterscheiden. Erfolgt die Vereinnahmung von Beteiligungserträgen zeitkongruent, wird der Beteiligungsertrag beim Mutterunternehmen in der gleichen Periode ausgewiesen, in der auch beim Tochterunternehmen der Erfolg erwirtschaftet wurde. In diesem Fall müssen die Beteiligungserträge und der Jahresüberschuss um die vereinnahmten Beteiligungserträge gekürzt werden, da ansonsten der gleiche Betrag in doppelter Höhe den Konzernjahresüberschuss beeinflussen würde. Werden die Beteiligungserträge zeitverschoben vereinnahmt, so wird der gleiche Ertrag im Jahr der Entstehung und im Jahr der Vereinnahmung in der Summen-GuV ausgewiesen, obwohl aus Konzernsicht nur der erste Fall zulässig ist. Um eine erneute Erfassung dieses Erfolgs im Konzernabschluss in der Folgeperiode zu verhindern, ist der beim Mutterunternehmen vereinnahmte Beteiligungsertrag gegen die thesaurierten Gewinne des Konzerns zu verrechnen.[1091]

[1090]   Aufrechnungsdifferenzen können jedoch währungsumrechnungsbedingt entstehen.

[1091]   Vgl. hierzu ausführlich KÜTING, K./WEBER, C.-P. (2010), S. 513 ff.

Besteht zwischen Mutter- und Tochterunternehmen ein Ergebnisabführungsvertrag, stehen sich die aus den Einzelabschlüssen in die Summen-GuV einfließenden Erträge aus der Ergebnisübernahme und die entsprechenden Aufwendungen der Gewinnabführung in gleicher Höhe gegenüber. Es handelt sich hierbei allein um konzerninterne Transaktionen, die vom Standpunkt des Konzerns als innerkonzernliche Liquiditätsverlagerungen zu beurteilen sind. Diese Transaktionen dürfen in der Konzern-GuV nicht berücksichtigt werden, sodass im Zuge der Konsolidierung Erträge aus der Ergebnisübernahme mit den entsprechenden Aufwendungen aufzurechnen sind.

Ergebnisse aus Ergebnisübernahmeverträgen

2.5.3.5 Berücksichtigung latenter Steuern

In der Regel stehen sich die zu konsolidierenden Aufwendungen und Erträge in gleicher Höhe gegenüber, sodass auch die mit den Aufwendungen und Erträgen korrespondierenden Vermögensgegenstände (z.B. Forderungen aus Lieferungen und Leistungen oder Anlagevermögen) und Schulden sich gleichwertig gegenüberstehen.[1092] Folglich entstehen bei der Aufwands- und Ertragskonsolidierung grds. keine temporäre Differenzen, die eine Abgrenzung latenter Steuern nach § 306 HGB erfordern.[1093]

2.5.4 Kapitalkonsolidierung
2.5.4.1 Zweck der Kapitalkonsolidierung

Die HB-II (bzw. HB-III[1094]) der einzubeziehenden Tochterunternehmen und der Abschluss des Mutterunternehmens müssen zu einem Summenabschluss zusammengefasst werden. Konkret werden hierin die Vermögensgegenstände und Schulden, Aufwendungen und Erträge sowie das Eigenkapital des Mutterunternehmens und aller vollzukonsolidierenden Tochterunternehmen übernommen, indem über sämtliche (gleichartige) Positionen der einbezogenen Abschlüsse eine Queraddition durchgeführt wird. Die Bilanz- und GuV-Positionen der Konzernunternehmen sind stets in voller Höhe in den Summenabschluss zu transferieren, sodass dort neben den einzelnen Vermögens- und Schuldposten der jeweiligen Tochterunternehmen auch die im Einzelabschluss des Mutterunternehmens ausgewiesenen Beteiligungsbuchwerte an den selbigen aufgeführt werden. Aus der Sicht des Einheitsunternehmens des Konzerns würde aber „der gleichzeitige bilanzielle Ausweis der Beteiligung und der sie repräsentierenden Vermögenswerte eine unzulässige Doppelerfassung bedeuten"[1095]. Dem Einheitsgrundsatz Rechnung tragend, ist es daher die Aufgabe der Kapitalkonsolidierung, Doppelrechnungen infolge innerkonzernlicher Kapitalverflechtungen zu beseitigen, indem der auf das Mutterunternehmen entfallende Wertansatz der Beteiligung an einem ein-

Eliminierung von Doppelerfassungen

[1092] Vgl. BUDDE, T./VAN HALL, G. (2010), § 306, Rn. 16.
[1093] Ausgenommen hiervon ist die Beteiligungsertragseliminierung, die zu einer Abgrenzung von latenten Steuern führen kann. Vgl. weiterführend BUDDE, T./VAN HALL, G. (2010), § 306, Rn. 16.
[1094] Vgl. zur Bedeutung der Handelsbilanz III (HB-III) nachfolgend Kapitel G.2.5.4.2.2.
[1095] WYSOCKI, K. V./WOHLGEMUTH, M. (1996), S. 79.

bezogenen Tochterunternehmen mit dem auf diese Anteile entfallenden Betrag des Eigenkapitals des Tochterunternehmens verrechnet wird. Mit anderen Worten: Der Abschluss der wirtschaftlichen Einheit Konzern negiert die gesellschaftsrechtlichen Grenzen der einzubeziehenden Unternehmen dahin gehend, dass die im Einzelabschluss des Mutterunternehmens bilanzierten Anteile durch das hierdurch beherrschte Nettovermögen, also durch die dahinter liegenden Vermögensgegenstände und Schulden des Tochterunternehmens substituiert werden.

Aktivische bzw. passivische Unterschiedsbeträge

Bei der Aufrechnung der Beteiligung mit dem Eigenkapital können beide Komponenten gleich hohe Werte aufweisen, wie es typischerweise bei der Erstkonsolidierung selbst gegründeter Tochterunternehmen der Fall ist. Häufig treten jedoch Differenzen auf. Übersteigt der Beteiligungsbuchwert das Nettovermögen des Tochterunternehmens, entsteht ein Unterschiedsbetrag auf der Aktivseite (kurz: aktivischer Unterschiedsbetrag). Im umgekehrten Fall wird der Unterschiedsbetrag auf der Passivseite ausgewiesen (kurz: passivischer oder negativer Unterschiedsbetrag).[1096]

2.5.4.2   Kapitalkonsolidierung nach der Erwerbsmethode

Verbot der Interessenzusammenführungsmethode

Die Kapitalkonsolidierung erfolgt grds. nach der Erwerbsmethode.[1097] Vormalig bestand im deutschen Handelsrecht ein an die Erfüllung bestimmter Kriterien gebundenes Wahlrecht zur alternativen Anwendung der Interessenzusammenführungsmethode, die jedoch durch das BilMoG als zulässige Methode der Kapitalkonsolidierung mit Streichung des § 302 HGB abgeschafft wurde.

2.5.4.2.1   Grundkonzeption

Einzelerwerbsfiktion

Die Erwerbsmethode basiert auf der sog. Einzelerwerbsfiktion, die davon ausgeht, dass der Konzern im Erwerbszeitpunkt oder im Zeitpunkt der erstmaligen Einbeziehung des Tochterunternehmens deren einzelne Vermögensgegenstände erworben und Schulden übernommen hat. Die Erwerbsfiktion verlangt demnach eine Neubestimmung von Bilanzinhalt und Bilanzwerten auf Basis der Zeitwerte zum Zeitpunkt der Erlangung der Beherrschungsmöglichkeit (Control-Erlangung). Dies führt dazu, dass die einzelnen Vermögensgegenstände und Schulden „weder bezüglich des Ansatzes noch der Bewertung unverändert aus dem Einzelabschluss des Tochterunternehmens übernommen werden können"[1098]. Infolgedessen werden der Kapitalkonsolidierung nicht die Buchwerte der Einzelposten des erworbenen Tochterunternehmens zugrunde gelegt, sondern deren Anschaffungswerte, die aus Konzernsicht bzw. aus Sicht des erwerbenden Mutterunternehmens zu ermitteln sind. Insofern handelt es sich um einen fingierten Anschaffungsvorgang, bei dem sich die aus Konzernsicht ergebenden Anschaffungskosten von den (fort-

---

[1096]   Vgl. ausführlich zur bilanziellen Behandlung eines negativen Unterschiedsbetrags KÜTING, K. (2010), S. 1857 f.

[1097]   Die Erwerbsmethode wird in den §§ 301, 307 und 309 HGB geregelt.

[1098]   SCHILDBACH, T. (2001), S. 160.

geführten) Anschaffungskosten der Vermögensgegenstände und Schulden bei dem Tochterunternehmen unterscheiden können.

Die (Neu-)Bewertung der übernommenen Vermögensgegenstände und Schulden hat mit dem beizulegenden Zeitwert (Fair Value) zu erfolgen.[1099] Somit werden die entsprechenden Buchwerte der einzelnen Positionen durch die aus Konzernsicht zutreffenden Anschaffungskosten bzw. beizulegenden Zeitwerte ersetzt. Die Überführung (Transformation) der Buchwerte der übernommenen Vermögensgegenstände und Schulden in höhere/niedrigere Tagesbeschaffungswerte ist ein wesentlicher Inhalt der Kapitalkonsolidierung im Rahmen der Erwerbsmethode und lässt sich letztlich als Offenlegung und Fortführung stiller Reserven (aber auch stiller Lasten) interpretieren, die mit dem Kauf der Anteile vergütet wurden.[1100]

Wertermittlung

Für die Bestimmung der für die Verrechnung der Anschaffungskosten mit dem neu bewerteten Nettovermögen maßgeblichen Wertansätze ist grds. auf den Zeitpunkt abzustellen, zu dem die Beherrschungsmöglichkeit erlangt wurde, d.h., erstmalig ein Mutter-Tochter-Verhältnis vorliegt.[1101] Zudem bestehen zwei Vereinfachungsregelungen: Wurde ein Tochterunternehmen bisher aufgrund der Inanspruchnahme eines der Einbeziehungswahlrechte in § 296 HGB nicht einbezogen oder wird erstmalig ein Konzernabschluss erstellt, so sind die Wertansätze zum Zeitpunkt der erstmaligen Einbeziehung heranzuziehen.

Zeitpunkt der Wertermittlung

Handelsrechtlich standen vor dem BilMoG mit den formal als gleichrangig betrachteten Verfahren der Buchwert- und der Neubewertungsmethode zwei Varianten der Erwerbsmethode zur Wahl. Um die Vergleichbarkeit der Konzernabschlüsse zu verbessern und eine Angleichung an die IFRS-Rechnungslegung zu erreichen, wurde dieses Wahlrecht abgeschafft. Nach dem BilMoG ist nur noch die Neubewertungsmethode zulässig.[1102] Die folgenden Ausführungen zur Erwerbsmethode werden sich daher auf die Neubewertungsmethode beschränken.

Varianten der Erwerbsmethode

2.5.4.2.2 Neubewertungsmethode

Bei der Neubewertungsmethode erfolgt nach Anpassung an die konzerneinheitlichen Bilanzierungs- und Bewertungsmethoden in der HB-II eine weitere Modifikation der Einzelabschlusswerte des Tochterunternehmens, indem die stillen Reserven und Lasten bereits in einer der eigentlichen Konsolidierung vorgelagerten Neubewertungsbilanz, auch Handelsbilanz III (HB-III) genannt, in voller Höhe aufgedeckt werden. I.H.d. aufgedeckten Betrags ist eine Neubewertungsrücklage

Neubewertungsbilanz/ Handelsbilanz III

[1099] Wie die Wertfindung im Einzelnen vorzunehmen ist, regelt der deutsche Gesetzgeber allerdings nicht.

[1100] Der Ort, an dem die Werttransformation innerhalb der Konzernorganisation erfolgt, wird nachfolgend in Kapitel G.2.5.4.2.2 beschrieben.

[1101] Vgl. § 301 Abs. 2 Satz 1 HGB. Zur Konkretisierung eines Mutter-Tochter-Verhältnisses vgl. Kapitel G.2.2.

[1102] Nach § 66 Abs. 3 Satz 4 EGHGB ist die Wahlrechtsaufhebung prospektiv auf Erwerbsvorgänge anzuwenden, die nach dem 31.12.2009 stattgefunden haben. Die zuvor nach der Buchwertmethode abgebildeten Erwerbsvorgänge sind nicht anzupassen.

zu bilden, die als Eigenkapitalposten in der HB-III ausgewiesen wird. Die neubewerteten Vermögensgegenstände und Schulden des vollkonsolidierten Tochterunternehmens werden nun zusammen mit den Vermögensgegenständen und Schulden des Mutterunternehmens vollständig in den Summenabschluss übernommen.

Erstkonsolidierung und Kaufpreisallokation

Im Rahmen der Erstkonsolidierung sind bei der sog. Kaufpreisallokation die Anschaffungskosten der Anteile auf die in Höhe ihrer Konzernanschaffungskosten
neu bewerteten Vermögensgegenstände und Schulden des Tochterunternehmens
aufzuteilen. Um einen doppelten Vermögensausweis zu vermeiden – die Anteile
des Mutterunternehmens sowie das Eigenkapital des Tochterunternehmens repräsentieren beide das konkrete Reinvermögen des Tochterunternehmens – erfolgt
daher eine Eliminierung des neubewerteten Eigenkapitals des erworbenen Tochterunternehmens durch Verrechnung mit dem Beteiligungsbuchwert. Ein aus der
Kaufpreisallokation ggf. verbleibender aktivischer Unterschiedsbetrag ist als Ge-
schäfts- oder Firmenwert (sog. Goodwill), ein negativer Unterschiedsbetrag als
„Unterschiedsbetrag aus der Kapitalkonsolidierung" (sog. Badwill) gesondert auszuweisen. Abbildung 265 verdeutlicht diesen Zusammenhang unter der Annahme,
dass eine 100 %ige Beteiligung erworben wird und die Anschaffungskosten der
Anteile das neubewertete Eigenkapital des Tochterunternehmens übersteigen.

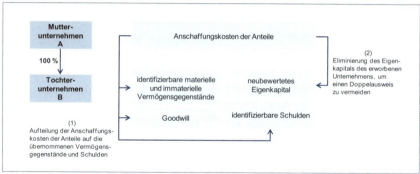

Abbildung 265: Kaufpreisallokation[1103]

Vollkonsolidierung mit Minderheitenausweis

Stehen dem Mutterunternehmen die Anteile am Tochterunternehmen weder direkt
noch indirekt zu 100 % zu, sind Fremdgesellschafter (Minderheitsgesellschafter)
am Nettovermögen des Tochterunternehmens beteiligt. Da auch bei Existenz von
Anteilen konzernfremder Gesellschafter am Tochterunternehmen alle Vermögensgegenstände und Schulden des Tochterunternehmens – inkl. der in der HB-III
aufgedeckten stillen Reserven und Lasten – in den Konzernabschluss übernommen werden, ist i.H.d. auf die konzernfremden Gesellschafter entfallenden Anteils
am Reinvermögen des Tochterunternehmens ein gesonderter Ausgleichsposten
innerhalb des Eigenkapitals zu bilden (Vollkonsolidierung mit Minderheitenausweis).[1104] Somit partizipieren die Minderheitsgesellschafter auch an den aufgedeckten stillen Reserven und Lasten sowie den hierauf entfallenden Aufwendun-

---

[1103] Modifiziert entnommen aus OSER, P./REICHART, S./WIRTH, J. (2009), S. 419.
[1104] Vgl. § 307 Abs. 1 HGB.

gen und Erträgen ihrer Fortschreibung. Dagegen partizipieren die Fremdgesellschafter nicht an einem aus der Kapitalkonsolidierung resultierenden Geschäfts- oder Firmenwert. Außerdem sind die Aufwendungen und Erträge des Tochterunternehmens ab dem Erwerbszeitpunkt vollständig in den Konzernabschluss einzubeziehen. Der auf die Minderheitsgesellschafter entfallende Anteil am Jahresergebnis ist Teil des auszuweisenden Konzernjahresergebnisses und ist in der Konzern-GuV gesondert als Davon-Vermerk auszuweisen.[1105]

Ab dem Zeitpunkt der Erstkonsolidierung wird die im Erwerbszeitpunkt ermittelte Neubewertungsbilanz auf den aktuellen Abschlussstichtag fortgeschrieben. Ausgangspunkt hierfür ist die HB-II des Tochterunternehmens zum aktuellen Stichtag, die auf die HB-III überzuleiten ist, indem die Aufdeckung der stillen Reserven nach den historischen Wertverhältnissen im Erstkonsolidierungszeitpunkt wiederholt wird. Diese sind dann entsprechend der jeweilig zugrunde gelegten Nutzungsdauer ergebniswirksam abzuschreiben. Bei der Folgekonsolidierung ist ebenso die Kapitalaufrechnung auf Grundlage der historischen Wertverhältnisse zum Zeitpunkt der Erstkonsolidierung zu wiederholen, um der Konzernbilanzidentität (Kongruenzprinzip) Rechnung zu tragen. Bei der Dotierung des Ausgleichspostens für Anteile anderer Gesellschafter ist darauf zu achten, dass hier die aktuellen Verhältnisse am jeweiligen Bilanzstichtag entscheidend sind. Dies bedeutet, dass die Minderheitsgesellschafter zwar einerseits an dem von dem Tochterunternehmen im Zeitablauf erwirtschafteten Kapital, sprich dem Jahresergebnis, anteilig partizipieren, andererseits ihnen aber auch die erfolgswirksamen Abschreibungen auf die aufgedeckten stillen Reserven anteilig zuzuordnen sind.

Folgekonsolidierung

Der sich aus der Kaufpreisallokation ergebende Geschäfts- oder Firmenwert ist als zeitlich begrenzt nutzbarer Vermögensgegenstand über dessen wirtschaftliche Nutzungsdauer[1106] planmäßig abzuschreiben.[1107] Da hier grds. keine Hochrechnung des Geschäfts- oder Firmenwerts auf die Anteile anderer Gesellschafter erfolgt, betreffen dessen Abschreibungen nur den dem Mutterunternehmen zuzurechnenden Anteil am Erfolg.

2.5.4.2.3 Berücksichtigung latenter Steuern

Das HGB sieht für die Abgrenzung der latenten Steuern das Temporary-Konzept vor. Nach diesem bilanzorientierten Konzept ist es unerheblich, ob die temporäre Differenz zwischen dem handelsrechtlichen Wertansatz eines Vermögensgegenstands oder einer Schuld und dem korrespondierenden steuerlichen Wertansatz erfolgsneutral oder erfolgswirksam entsteht. Die Aufdeckung der stillen Reserven (Lasten) führt typischerweise bei den Vermögensgegenständen (Schulden) in der Neubewertungsbilanz des Tochterunternehmens zu einem höheren (niedrigeren) Wertansatz als in der Steuerbilanz. Das steuerliche Abzugspotenzial ist folglich

Temporary-Konzept

[1105] Vgl. § 307 Abs. 2 HGB.
[1106] Die Zugrundelegung einer geschätzten Nutzungsdauer von mehr als fünf Jahren bedarf einer gesonderten Begründung im Konzernanhang; vgl. § 314 Nr. 20 HGB.
[1107] Vgl. § 309 Abs. 1 HGB i.V.m. § 253 Abs. 3 HGB.

niedriger (höher) als das handelsbilanzielle, sodass zukünftig eine Steuerbelastung (-entlastung) entsteht, die durch den Ansatz von passiven (aktiven) latenten Steuern antizipiert wird. Die Fortschreibung der stillen Reserven und Lasten in den Folgeperioden führt zu einer Umkehr der temporären Differenz und damit auch zu einer Auflösung der ursprünglich gebildeten passiven (aktiven) latenten Steuern.

Geschäfts- oder Firmenwert

Für den im Rahmen der Erstkonsolidierung entstehenden Geschäfts- oder Firmenwert bzw. negativen Unterschiedsbetrag sind, explizit in § 306 Satz 3 HGB geregelt, keine latenten Steuern abzugrenzen. Dieses Ansatzverbot im Zugangszeitpunkt hat auch für die Folgeperioden Bestand.

2.5.4.2.4 Zusammenfassender Überblick

Zusammenfassend lässt sich der Ablauf der Kapitalkonsolidierung nach der vollständigen Neubewertungsmethode entsprechend Abbildung 266 beschreiben.

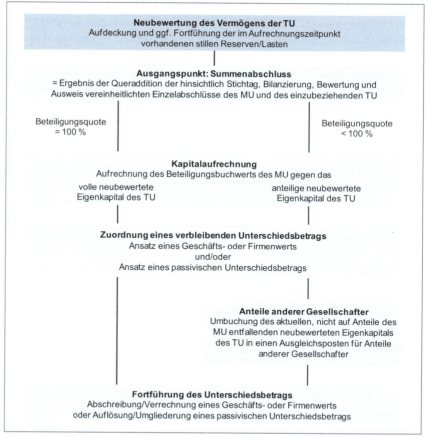

Abbildung 266: Ablauf der Kapitalkonsolidierung nach der Neubewertungsmethode[1108]

[1108] Modifiziert entnommen aus DUSEMOND, M./KESSLER, H. (2001), S. 203.

3. Erweiterung des Beispielsachverhalts um eine Konsolidierung

3.1 Einführung in das Fallbeispiel

Das nachfolgende Fallbeispiel soll eine Erweiterung zum bestehenden Beispielsachverhalt der *Nordstar GmbH* (nachfolgend *Nordstar*) darstellen, die sich weitestgehend von den vergangenen Beschreibungen der Geschäftsprozesssszenarien aus Sicht des Einzelunternehmens entfernt, um ausgewählte Aspekte einer Konzernierung und damit verbundene Auswirkungen auf das Rechnungswesen aufzugreifen.

Erwerb eines ausländischen Tochterunternehmens

Es wird ein alternatives Unternehmensszenario gezeichnet, in dem die *Nordstar* vom ersten Tag ihrer Geschäftstätigkeit an als wachstumsorientiertes Mittelstandsunternehmen aufgebaut werden soll. Bereits vor dem offiziellen Gründungsdatum, dem 01.01.2010, hat der designierte Vorstand der *Nordstar* Kaufpreisverhandlungen über einen sog. share deal[1109] mit einer ausländischen Holding-Gesellschaft geführt. Dem branchenübergreifenden Globalisierungstrend folgend, wird zur nachhaltigen Verstärkung des Geschäftsbereichs Produktionsware beschlossen, unmittelbar eine Beteiligung an dem ausländischen Unternehmen *Novellia Ltd.* (nachfolgend *Novellia*) zu erwerben. Das Mutter-Tochter-Verhältnis entsteht mit dem Erwerb einer 100 %igen Beteiligung an der *Novellia* durch das Mutterunternehmen *Nordstar* am 01.01.2010. Die Anschaffungskosten der Beteiligung betragen 3.000.000 EUR, die über ein langfristiges Darlehen bei der Hausbank finanziert werden.[1110]

Aufbauorganisation

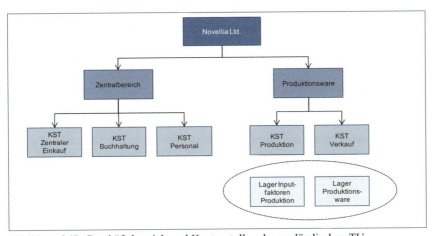

Abbildung 267: Geschäftsbereich und Kostenstellen des ausländischen TU

[1109] Ein share deal liegt vor, wenn ein Unternehmenszusammenschluss zwischen zwei bis dahin rechtlich selbstständigen Unternehmen durch die Übertragung der Anteile am Eigenkapital eines Unternehmens begründet wird.

[1110] In der Bilanz der *Nordstar* werden dementsprechend Anteile an verbundenen Unternehmen i.H.v. 3.000.000 EUR ausgewiesen; gleichzeitig erhöhen sich die Verbindlichkeiten gegenüber Kreditinstituten um 3.000.000 EUR. Vgl. Abbildung 291.

Die *Novellia* ist ein Produktionsunternehmen mit Sitz in Mumbai, Indien, dessen Geschäftstätigkeit sich auf den Geschäftsbereich Produktionsware konzentriert. Innerhalb dieses Geschäftsbereichs stellt das indische Unternehmen Schuhe her, die es auch gleichzeitig an seine gewerblichen und privaten Kunden im asiatischen Raum verkauft. Die betrieblichen Funktionen zentraler Einkauf, Buchhaltung und Personal werden entsprechenden Kostenstellen zugeordnet, die unter den Zentralbereich fallen (vgl. Abbildung 267).

Pflicht zur Konzern-rechnungslegung

Als inländisches Mutterunternehmen in der Rechtsform einer Kapitalgesellschaft unterliegt die *Nordstar* – zumal sie die handelsrechtlichen Befreiungsvorschriften[1111] per Annahme nicht in Anspruch nehmen kann – der Konzernrechnungslegungspflicht und muss das beherrschte indische Tochterunternehmen *Novellia* auf dem Wege der Vollkonsolidierung[1112] in ihren Konzernabschluss einbeziehen. Der Konzernabschluss der *Nordstar* wird unter Einbeziehung des Tochterunternehmens *Novellia* erstmalig zum 31.12.2010, dem Abschlussstichtag des Mutterunternehmens, nach den Vorschriften des HGB aufgestellt.[1113]

Struktur des Fallbeispiels

Anhand des Fallbeispiels verdeutlichen wir Ihnen die Durchführung der zur Konzernabschlusserstellung notwendigen Prozessschritte. Ein Hauptaugenmerk wird insbesondere auf die Konsolidierungsvorbereitung mit SAP Business ByDesign gelegt. Das System unterstützt Sie in diesen der eigentlichen Konsolidierung vorgelagerten Maßnahmen, um darauf aufbauend in einem externen Konsolidierungssystem die Konsolidierung durchführen zu können. Zur Demonstration soll hierfür die Datenbasis der in den Konsolidierungskreis einzubeziehenden Modellunternehmen um innerkonzernliche Geschäftsvorfälle, sog. Intercompany-Sachverhalte, angereichert werden. In SAP Business ByDesign ist es möglich, alle für die Konsolidierung notwendigen Zusatzinformationen bereitzustellen. Dies beginnt mit dem originären Einrichten der Unternehmensorganisation und dem Anlegen der Stammdatensätze des neu erworbenen Tochterunternehmens, über die Pflege von Partnerinformationen und mehreren Rechnungslegungswerken, bis hin zur finalen Datenmeldung an das externe Konsolidierungssystem. Bedeutsam ist in diesem Zusammenhang auch die Multicompany-Struktur in SAP Business ByDesign, die eine einheitliche Datenbasis für den Konzern zur Verfügung stellt. Hierauf aufbauend kann eine Anreicherung mit Konsolidierungsinformationen erfolgen. So werden z.B. die Partnerbeziehungen bei allen Geschäftsbeziehungen zwischen im System angelegten Konzernunternehmen automatisch kontiert.

Anschließend erläutern wir Ihnen den eigentlichen Konsolidierungsprozess anhand des Konzepts der sog. derivativen Konzernabschlusserstellung, deren Darstellung sich in erster Linie an der betriebswirtschaftlichen Vorgehensweise orientiert. SAP Business ByDesign verfügt derzeit noch nicht über eine eigenständige

---

[1111] Vgl. hierzu Kapitel G.2.2.

[1112] Auch hinsichtlich der Abgrenzung des Konsolidierungskreises gilt im Fallbeispiel, dass die Einbeziehungswahlrechte des § 296 HGB nicht anwendbar sind.

[1113] Wäre die *Nordstar* ein kapitalmarktorientiertes Unternehmen, hätte sie ihren Konzernabschluss verpflichtend nach IFRS zu erstellen.

Konsolidierungskomponente – mit Ausnahme eines speziellen Berichts (*Bilanz und GuV – vereinfachte Konsolidierung*), der eine vereinfachte Konsolidierungs-funktionalität für Zwecke der internen Steuerung beinhaltet.[1114] Eine Konsolidie-rung kann insofern über SAP-Produkte oder Lösungen aus einem anderen Haus erfolgen. Der Schwerpunkt der nachfolgenden Ausführungen besteht darin, Ihnen alle notwendigen Einstellungen in SAP Business ByDesign vorzustellen, um eine Konsolidierungssoftware optimal mit den relevanten Daten versorgen zu können.

Eine detaillierte Abbildung der relevanten Geschäftsvorfälle in SAP Business ByDesign nebst der Zusammenstellung der Meldedaten[1115] soll nur für das Ge-schäftsjahr 2010 stattfinden, während die Datenmeldungen der in den Konzernab-schluss einzubeziehenden Unternehmen für die sich anschließenden Geschäftsjah-re als gegeben vorauszusetzen sind. Dennoch sollen auch inter- bzw. mehrperiodi-sche Zusammenhänge thematisiert werden, um Ihnen das Konzept des Geschäfts-jahreswechsels im Kontext der (Folge-)Konsolidierungsmaßnahmen vorzustellen. Dies ist notwendig, da aufgrund der fehlenden Konzernbuchführung der konsoli-dierte Abschluss jedes Jahr aus den zugrunde liegenden Einzelabschlüssen abge-leitet wird. Die Herstellung der Konzernbilanzidentität ist demnach ein wichtiger Bestandteil der Folgekonsolidierung.

Folgekonsolidierung bzw. Geschäftsjahres-wechsel

Das Fallbeispiel stützt sich ferner auf folgende Prämissen:

Prämissen

- Das indische Tochterunternehmen *Novellia* stellt seinen lokalen Einzelab-schluss in indischen Rupien (INR) auf. Daher muss der von der *Novellia* ge-meldete Einzelabschluss im verwendeten Konsolidierungssystem durch eine Währungsumrechnung in die Konzernberichtswährung EUR überführt wer-den. Es gelten die folgenden Kursrelationen[1116] (vgl. Abbildung 268):

Kursart	gültig ab	von	nach	Kurs
Stichtagskurs	01.01.2010	EUR	INR	50,0
Durchschnittskurs	01.01.2010	EUR	INR	45,0

Abbildung 268: Wechselkursrelationen

- Die Konzern-GuV wird nach dem Gesamtkostenverfahren gegliedert.
- Das ausländische Tochterunternehmen bilanziert im Einzelabschluss nach den lokalen Rechnungslegungsvorschriften des Indian GAAP. Die nach dem HGB-Rechtsrahmen des Mutterunternehmens erstellte Handelsbilanz II (HB-II) des Tochterunternehmens bildet den Ausgangspunkt nachfolgender Aus-führungen. Die Abschlussdaten hierzu werden vom Tochterunternehmen *Novellia* originär in SAP Business ByDesign durch das gesondert zugewiese-ne Rechnungslegungswerk *HGB* erzeugt.[1117]

[1114] Vgl. dazu Kapitel G.6.2.2.2.
[1115] Zum Begriff der Meldedaten vgl. Kapitel G.5.3.1.
[1116] Aus Vereinfachungsgründen werden im Zeitablauf konstante Wechselkursrelationen angenommen, es sei denn, es wird ausdrücklich auf eine Kursveränderung verwiesen.
[1117] Vgl. hierzu nachfolgend Kapitel G.4.3.

- Die Abgrenzung latenter Steuern wird im *HGB*-Rechnungslegungswerk der *Novellia* als gegeben vorausgesetzt und ist nicht Gegenstand der weiteren Betrachtung. Eine Abgrenzung latenter Steuern erfolgt nur auf die Konsolidierungsmaßnahmen. Der anzuwendende unternehmensindividuelle Steuersatz beträgt für die *Nordstar* sowie für die *Novellia* 20 %.

- Eine Umsatzsteuerbetrachtung im Rahmen des innerkonzernlichen bzw. des mit konzernfremden Dritten getätigten Lieferungs- und Leistungsverkehrs soll aus Vereinfachungsgründen nicht im Fallbeispiel thematisiert werden.

- Das erwirtschaftete Jahresergebnis des Tochterunternehmens *Novellia* wird in den ersten Jahren der Konzernzugehörigkeit vollständig thesauriert. Eine Vereinnahmung von Beteiligungserträgen seitens des Mutterunternehmens *Nordstar* findet in unserem Betrachtungszeitraum nicht statt.

- Im Rahmen der Kaufpreisallokation nach § 301 HGB wird auf jene maßgeblichen Wertansätze des erworbenen Nettovermögens abgestellt, wie sie sich zum Zeitpunkt der Erlangung der Beherrschungsmöglichkeit (01.01.2010) dargestellt haben.

- Betrachtet werden ausschließlich konzerninterne Geschäftsvorfälle, d.h. Intercompany-Sachverhalte. Sämtliche (übrigen) Geschäftsvorfälle, die mit konzernfremden Dritten stattgefunden haben, werden mit all ihren bilanz- und erfolgswirksamen Auswirkungen (so auch die in den vorangegangenen Kapiteln beschriebenen einzelgesellschaftsbezogenen Geschäftsprozesse der *Nordstar*) als gegeben vorausgesetzt.

- Zur Kennzeichnung der Unternehmen verwenden wir im Folgenden die Kurznotationen *NS1000* für die *Nordstar* bzw. *CU2000* für die *Novellia*.

3.2   Innerkonzernliche Geschäftsvorfälle
3.2.1   Lieferung von Halbfabrikaten

Eckdaten der Lieferbeziehung

Das Mutterunternehmen *Nordstar* (*NS1000*) beauftragt die *Novellia* (*CU2000*), in ihrem Geschäftsbereich Produktionsware einen neu entwickelten Schuhrohling herzustellen und nach Deutschland an die *Nordstar* zu liefern.[1118] Das Halbfabrikat geht dort in die nächsthöhere Wertschöpfungsstufe ein und wird anschließend zum Endprodukt eines fertigen Schuhs weiterverbaut. Grundlage der Geschäftsbeziehung ist ein bestehender Rahmenvertrag, der zum 01.01.2010 zwischen beiden Parteien abgeschlossen wurde. Die Eckdaten des Vertrags wie Liefermenge, Lieferzeitpunkt und Preis pro Schuhrohlingen-Paar (in INR) können Abbildung 269 entnommen werden. Des Weiteren sind die zum jeweiligen Lieferzeitpunkt gültigen Fremdwährungskurse[1119] sowie die Herstellungskosten des liefernden Unternehmens *Novellia* angegeben. Die Produkte werden zu verschiedenen Zeitpunkten bestellt und geliefert. Für die gelieferten Tranchen wird vereinfachungsgemäß von der Erhebung einer Einfuhrumsatzsteuer sowie etwaigen Frachtkosten abgesehen.

[1118] Die Herstellung dieses Halbfabrikats erfordert bei der *Novellia* keine Steuerung über ein zusätzliches Profit-Center.
[1119] Vgl. hierzu auch Abbildung 268.

Die vereinbarten Zahlungsziele und die entsprechenden Fremdwährungskurse sind den letzten drei Spalten der Abbildung 269 zu entnehmen.

Produkt	Bestellung am	Menge (Paare)	VP (INR)	HK (INR)	FW-Kurs (INR/EUR)	Lieferung am	Bezahlung am
Schuhrohling	01.03.2010	5.000	1.500	1.200	50,0	01.06.2010	01.07.2010
	01.09.2010	5.000	1.500	1.200	50,0	01.12.2010	01.01.2011

Abbildung 269: Grunddaten für die konzerninterne Warenlieferung

Bei der *Nordstar* wird die Lieferbeziehung (aus Sicht des Einzelabschlusses) dem Geschäftsbereich Produktionsware zugeordnet, um die bezogenen Rohlinge in Deutschland zu Endprodukten weiterzuverarbeiten. Der Weiterverkauf an konzernfremde Dritte ist zwar beabsichtigt, doch angesichts ausstehender Marketing- und Vertriebsaktivitäten im Geschäftsjahr 2010 noch nicht erfolgt.

Nächsthöhere Wertschöpfungsstufe

3.2.2 Vermietung eines Markenrechts

Die *Nordstar* räumt ihrem indischen Tochterunternehmen *Novellia* ein Nutzungsrecht an der Marke „Nordstar" ein. Durch das angemietete Markenrecht erhofft sich die *Novellia*, von dem positiven Image des deutschen Schuhherstellers zu profitieren, um die Verkaufs- und Öffentlichkeitswirksamkeit der eigenen Produkte auf dem asiatischen Absatzmarkt zu erhöhen. Der konkrete Vertragsinhalt sieht vor, dass die *Novellia* ihre Produktionswaren offiziell mit dem Markenlogo der *Nordstar* versehen und vertreiben darf. Im Gegenzug zahlt sie einen jährlichen Mietzins i.H.v. 80.000 EUR an den Markeninhaber *Nordstar*.

Eckdaten der Leistungsbeziehung

Bei der *Novellia* werden die mit dem Markenrecht in Verbindung stehenden Aufwendungen für den Mietzins dem Geschäftsbereich Produktionsware zugeordnet. Aufgrund des handelsrechtlichen Aktivierungsverbots nach § 248 Abs. 2 HGB wird das selbst geschaffene Markenrecht nicht bei der *Nordstar* bilanziert. Die Erträge aus der Markenvermietung werden dem Zentralbereich zugewiesen.

4. Konsolidierungsvorbereitung mit SAP Business ByDesign

4.1 Modellierung der Multicompany-Struktur

Im Gegensatz zum einzelgesellschaftsorientierten Beispielsachverhalt der *Nordstar* handelt es sich bei der *Novellia* nicht um die Neugründung eines Unternehmens. Vielmehr besteht das erworbene ausländische Tochterunternehmen bereits seit mehreren Jahren am indischen Markt, weshalb eine umfassende Übernahme der Altdaten aus dem Vorsystem notwendig ist. So erstreckt sich die Datenmigration über sämtliche Finanzbuchhaltungsdaten, Stammdaten und Bewegungsdaten, die über entsprechende Upload-Funktionen in SAP Business ByDesign eingespielt werden.

Datenmigration

Darstellung der
Organisationsstruktur

Der Erwerb des ausländischen Tochterunternehmens *Novellia* durch die *Nordstar* hat zur Folge, dass sich die Unternehmensorganisation in SAP Business ByDesign nunmehr auf mehrere Unternehmen erstreckt. Geschäftsprozesse spielen sich unternehmensübergreifend in einem Konzernumfeld ab und sind innerhalb dieser Multicompany-Struktur abzubilden. Ausgehend von den Daten des zugrunde gelegten Beispielsachverhalts[1120] soll die Organisationsstruktur des Tochterunternehmens *Novellia* im Work Center *Organisationsmanagement* modelliert werden. Grds. stellt SAP Business ByDesign für Organisationsstrukturen, die mehr als ein Unternehmen umfassen, mehrere Darstellungsmöglichkeiten bereit (vgl. Abbildung 270):

- nebeneinander mit separaten Strukturen (1),
- nebeneinander mit einem gemeinsamen übergeordneten Knoten (2) oder
- gestapelt, um bspw. rechtliche unternehmensübergreifende Konstellationen auszudrücken (3).

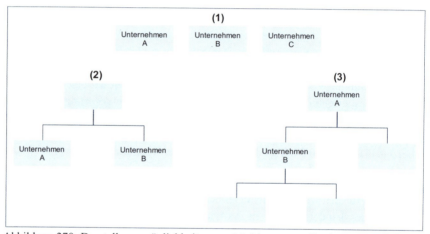

Abbildung 270: Darstellungsmöglichkeiten von Multicompany-Strukturen

Die Modellierung ist auf Grundlage der bevorzugten Anzeige der Organisationsstruktur auszuwählen. Die Funktionseigenschaften von SAP Business ByDesign sind unabhängig davon, welche Darstellungsform gewählt wird. Insbesondere ermöglicht ein Stapeln der Unternehmen keine etwaigen Konsolidierungsfunktionalitäten in Bezug auf die Finanzdaten der angelegten Unternehmen. In unserem Beispielsachverhalt haben wir uns für eine nebeneinander angeordnete Darstellung mit separaten Strukturen entschieden (vgl. Abbildung 271[1121]).

[1120]   Vgl. dazu Kapitel G.3.

[1121]   Aus Darstellungsgründen wird die Organisationsstruktur der *Nordstar* nur bis auf Geschäftsbereichsebene differenziert abgebildet.

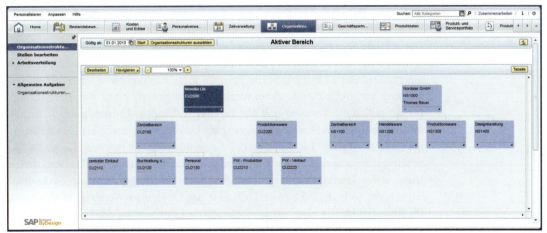

Abbildung 271: Organisationsstruktur in einer Multicompany-Umgebung

Genau wie beim erstmaligen Modellieren der Organisationsstruktur der *Nordstar*[1122] sind auch für die *Novellia* rechtliche Eigenschaften festzulegen. Neben der Bestimmung des geografischen Standorts des Unternehmens mittels der Betriebsstätte ist originär die oberste Organisationseinheit der Unternehmensstruktur als legale Einheit, also als rechtlich unabhängiges Unternehmen, zu definieren (hier: *Novellia – CU2000*). Hiermit einhergehend wird für die legale Einheit ein entsprechender Geschäftspartner vom System angelegt, der bei Aktivierung der Organisationsstruktur automatisch mit dem Unternehmen verknüpft wird. Der Geschäftspartnerinformation kommt insofern eine wesentliche Bedeutung zu, als sie in unternehmensübergreifenden – insbesondere innerkonzernlichen – Geschäftsprozessen dazu verwendet wird, das jeweilige Unternehmen zu kennzeichnen.[1123]

Rechtliche Eigenschaften

In einem nächsten Schritt werden die finanzrechtlichen Eigenschaften, d.h. die Markierung als *Profit-Center* und/oder *Kostenstelle*, für die jeweilig angelegten Organisationseinheiten nach dem Vorbild der Aufbauorganisation der *Novellia* bestimmt. Des Weiteren sind die einzelnen Funktionen pro Organisationseinheit anzugeben, um entsprechende Work Center für die Mitarbeiter, die der jeweiligen Organisationseinheit zugeordnet sind, vorzuschlagen.

Finanzrechtliche und funktionale Eigenschaften

Im Beispielsachverhalt der *Novellia* wird für den Geschäftsbereich Produktionsware eine Verkaufsorganisation eingerichtet, deren Vertriebswege ebenso festzulegen sind. Im Rahmen der gewöhnlichen Geschäftstätigkeit werden folglich die aus dem unternehmensübergreifenden Lieferungsverkehr erzielten Erfolgsbeiträge – ob konzernintern oder -extern – ausschließlich dieser Verkaufsorganisation zugerechnet.

Verkaufsorganisation und Vertriebswege

[1122]   Vgl. dazu Kapitel D.3.
[1123]   Vgl. dazu Kapitel G.4.2.

4.2   Pflege der Partnerinformationen

Erfassung nach Partnerunternehmen

Die zentrale Stammdatenhaltung für Geschäftspartner in SAP Business ByDesign erweist sich insbesondere in einem Multicompany-Umfeld, in dem wechselseitige innerkonzernliche Leistungsverflechtungen in großzahliger wie heterogener Ausprägung anzutreffen sind, als unverzichtbar. Angewendet auf den Beispielsachverhalt stellen die *Nordstar* und die *Novellia* verbundene Unternehmen[1124] dar, die in SAP Business ByDesign gleichzeitig als Unternehmen sowie als Geschäftspartner geführt werden. Für Zwecke der Konsolidierung ist in erster Linie der Geschäftspartnerausprägung als Kunde bzw. Lieferant wesentliche Relevanz beizulegen, deren Interaktionen regelmäßig zu konsolidierungspflichtigen Sachverhalten führen: So ist z.B. die *Novellia* Kunde des Lieferanten *Nordstar* et vice versa. Im Regelfall basiert eine softwareunterstützte Eliminierung dieser Intercompany-Beziehung in einer externen Konsolidierungslösung jedoch nicht auf dem individuell zugrunde liegenden Geschäftsvorfall, sondern es erfolgt eine Aggregation auf Kontenebene. Damit eine maschinelle Konsolidierung durchführbar ist, müssen diese Konten, auf denen konzerninterne Ansprüche und Verpflichtungen bzw. korrespondierende Erträge und Aufwendungen gemeldet werden, eine nach Partnerunternehmen bezogene Erfassung gewährleisten.

Konzernunternehmen als Kunde und/oder Lieferant

Das Anlegen eines Kunden/Lieferanten für das im Konzern zugegangene Tochterunternehmen *Novellia* erfolgt, wie bereits beschrieben, automatisch bei Aktivierung der Organisationsstruktur.[1125] In der jeweiligen Geschäftspartnerrolle als Kunde und/oder Lieferant müssen sowohl dem Tochterunternehmen *Novellia* als auch dem bestehenden Mutterunternehmen *Nordstar* darüber hinaus spezielle Kontenfindungsgruppen[1126] zugeordnet sein, da Forderungen (Verbindlichkeiten) aus dem Lieferungs- oder Leistungsverkehr gegen verbundene Unternehmen im Einzelabschluss grds. unter den „Forderungen gegen verbundene Unternehmen" gem. § 266 Abs. 2 Buchst. B.II.2. („Verbindlichkeiten gegenüber verbundenen Unternehmen" gem. § 266 Abs. 3 Buchst. C.6.) gesondert auszuweisen sind. Hierfür können die Stammdaten des Geschäftspartners direkt in den Work Centern *Verbindlichkeiten* und *Forderungen* bearbeitet werden. Für die *Novellia* – sowie spiegelbildlich für die *Nordstar* – in der Rolle des Lieferanten/Kunden ist konkret auf der Registerkarte *Finanzdaten* die zutreffende Kontenfindungsgruppe (hier: *Ausland, verbundenes Unternehmen*) auszuwählen (vgl. Abbildung 272).

[1124]   Vereinfacht soll der Begriff der verbundenen Unternehmen synonym mit dem bisher verwendeten Begriff der in einem Mutter-Tochter-Verhältnis stehenden Konzernunternehmen gebraucht werden. Vgl. ausführlich zu verbundenen Unternehmen nach nationalem Recht KÜTING, K./WEBER, C.-P. (2010), S. 19 ff.

[1125]   Vgl. dazu bereits Kapitel G.4.1.

[1126]   Vgl. ausführlich zu Kontenfindung Kapitel D.2.2.

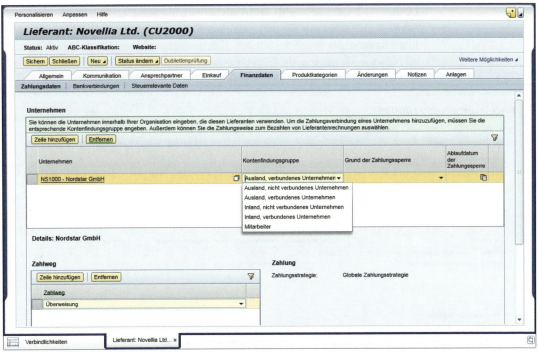

Abbildung 272: Lieferant als verbundenes Unternehmen

Die konsequent geführte Umsetzung des Geschäftspartnerkonzepts in SAP Business ByDesign ermöglicht es, dass das System im Rahmen aller Geschäftsprozesse, welche mit einem dem Konzernverbund zugehörigen Kunden oder Lieferanten zusammenhängen (z.B. Rechnungen, Warenein- und -ausgänge, Zahlungen), die jeweilige Geschäftspartnernummer der Gegenpartei bei Buchungen automatisch in das Feld *Partnerunternehmen* innerhalb der relevanten Belegzeilen übernimmt (vgl. Abbildung 273). Bei manuellen Buchungen im Hauptbuch, bei denen sich die Partnerinformation nicht aus dem verbundenen Kreditor oder Debitor unmittelbar ableitet, können Sie diese Information beim Anlegen des entsprechenden Erfassungsbelegs auch selbst in die Belegzeilen einfügen.[1127]

Ableitung der Partnerinformation beim Buchen

Die Partnerinformation wird in SAP Business ByDesign durch die jeweilige Geschäftspartnernummer repräsentiert, die jedem Unternehmen eindeutig zugeordnet ist. Wenn Sie ein Unternehmen zum ersten Mal im Work Center *Organisationsmanagement* aktivieren, erstellt das System automatisch einen Geschäftspartner mit derselben (Unternehmens-)Nummer und ordnet diese dem Unternehmen für die Verwendung in Geschäftsprozessen zu. Da die Organisationseinheiten in der Regel nicht nur in der Rolle des Kontierenden, sondern auch in der Rolle des konzerninternen Geschäftspartners als Partnerunternehmen auftreten, muss es sich konzernweit um ein konsistentes Nummernsystem handeln. In SAP Business By-

Unternehmensnummer und Geschäftspartnernummer

[1127]   Beim Anlegen eines manuellen Erfassungsbelegs müssen Sie hierfür sicherstellen, dass das Feld *Partnerunternehmen* als Eingabefeld in den einzelnen Belegzeilen eingeblendet ist.

Design sind Unternehmens- und Geschäftspartnernummer einheitlich pro Unternehmen und eindeutig für den gesamten Konzern definiert, um eine zutreffende Identifikation der anzusprechenden Konzernunternehmen zu ermöglichen (hier: *NS1000* für *Nordstar* und *CU2000* für *Novellia*).[1128]

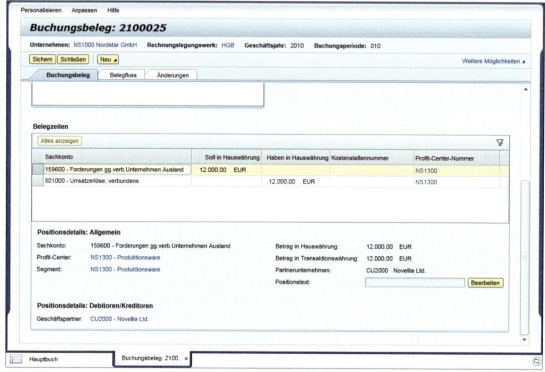

Abbildung 273: Ableitung der Partnerinformation beim Buchen

4.3   Vereinheitlichung von Bilanzierung, Bewertung und Ausweis

4.3.1   Parallele Rechnungslegung in einem Konzernumfeld

Rechnungsle-gungswerk

In Kapitel C.6 wurde bereits die Verwendung mehrerer Rechnungslegungswerke thematisiert. Ein Rechnungslegungswerk umfasst einen vollständigen und konsistenten Satz an Büchern (Hauptbuch und Nebenbücher), der für eine ordnungsmäßige Buchführung und für die Erstellung einer Bilanz und GuV notwendig ist. Die Verwendung mehrerer Rechnungslegungswerke erlaubt Ihnen, Ihre Buchhaltung parallel nach unterschiedlichen Rechnungslegungsvorschriften zu führen und damit einhergehend Ihren Abschluss nach verschiedenen Standards zu erstellen. Auch haben Sie die Möglichkeit nach unterschiedlichen Kontenplänen, Geschäfts-

---

[1128]   In der Konsolidierungspraxis wird häufig auch von den sog. Gesellschaftsschlüsseln gesprochen.

jahresvarianten oder Berichtsverfahren zu berichten. Im Hinblick auf die Konzernabschlusserstellung wird diese Systemfunktionalität besonders wichtig sein.

Gem. des Einheitsgrundsatzes müssen alle Einzelabschlüsse, die in den Konzernabschluss eingehen, nach den gleichen Normen aufgestellt sein wie der Konzernabschluss des Mutterunternehmens. Die Entwicklung in der deutschen Unternehmenspraxis zeigt, dass Konzerne, die einen IFRS-Konzernabschluss aufstellen, bei ihren einzubeziehenden Tochterunternehmen parallele Buchungskreise einführen.[1129] Eine solche parallele Rechnungslegung nach verschiedenen Rechnungslegungsstandards (Multi-GAAP Reporting) ist in SAP Business ByDesign durch die Verwendung von mehreren Rechnungslegungswerken problemlos umsetzbar. So ist es möglich, dass die Tochterunternehmen einerseits ihre Handels- und Steuerbilanz jeweils nach den landesspezifischen Vorschriften aufstellen, andererseits aber auch für die Zwecke der IFRS-Konzernabschlusserstellung eine IFRS-Bilanzierung vornehmen.

Multi-GAAP Reporting im Konzern

Beispielsachverhalt

Abbildung 274: Parallele Rechnungslegung in einem Konzernumfeld

In unserem Beispielsachverhalt besteht das Erfordernis für eine parallele Rechnungslegung wie folgt: Das Mutterunternehmen *Nordstar* stellt neben dem handelsrechtlichen Jahresabschluss auch eine gesonderte Steuerbilanz auf. Das indische Tochterunternehmen *Novellia* bilanziert nach den indischen Rechnungslegungsvorschriften. Die parallele Aufstellung ihrer Handels- und Steuerbilanz erfolgt über gesonderte Rechnungslegungswerke, denen die anzuwendenden indischen Rechnungslegungsvorschriften jeweils zuzuweisen sind.[1130] Für ihre Einbeziehung in den Konzernabschluss ist für die *Novellia* gleichwohl der Rechtsrahmen des Mutterunternehmens *Nordstar* maßgeblich. Durch die Umsetzung der parallelen Rechnungslegung in SAP Business ByDesign ist die *Novellia* gleichzeitig auch in der Lage, den in den Konzernabschluss eingehenden HGB-Abschluss (Handelsbilanz II) zu erstellen. Hierfür ordnen wir der *Novellia* das Rechnungsle-

---

[1129] Alternativ wird eine Überleitungsrechnung praktiziert, indem durch Deltabuchungen von Local GAAP (HGB) auf die IFRS-Bilanzierung übergeleitet wird.

[1130] Per Annahme wurde auf eine getrennte Bilanzierung nach indischem Bilanz- (Indian GAAP) und Steuerrecht (Indian TAX) geschlossen.

gungswerk *HGB* zu. Konzeptionell finden Sie die Umsetzung einer parallelen Rechnungslegung durch SAP Business ByDesign in Abbildung 274 dargestellt, in der zusätzlich eine mögliche Integration weiterer Tochterunternehmen angedeutet wird.

Konzernweites „Ausrollen" des Rechnungslegungswerks HGB

Dem Grundsatz folgend, dass der Bilanzierungs- und Bewertungsrahmen des Mutterunternehmens maßgeblich für die in den Konzernabschluss einzubeziehenden Einzelabschlüsse ist, erfolgt somit ein konzernweites „Ausrollen" des Rechnungslegungswerks *HGB* über alle Unternehmen des Konzerns.

4.3.2   Umsetzung einer Konzernbilanzierungsrichtlinie in SAP Business ByDesign

Konzernbilanzierungsrichtlinie

Die in den konsolidierten Abschluss eingehenden Einzelabschlüsse der *Nordstar* und *Novellia* müssen einerseits konform mit den Rechnungslegungsvorschriften des HGB aufgestellt werden. Andererseits ist es erforderlich, dass – entsprechend der Fiktion der rechtlichen Einheit Konzern – gleichartige Sachverhalte einheitlich, gem. einer Konzernbilanzierungsrichtlinie[1131] abgebildet werden.[1132] Gleiche Sachverhalte liegen vor, wenn art- oder funktionsgleiche Vermögensgegenstände oder Schulden identifiziert werden, bei denen zudem vergleichbare wertbestimmende Bedingungen i.S.v. wertbeeinflussenden standort-, branchen- und betriebsspezifischen Faktoren gegeben sind. Konkret muss „das Mutterunternehmen […] zur Erstellung der HB-II-Abschlüsse genaue schriftliche Anweisungen erteilen und neben den Ansatz- und Bewertungsfragen, Formvorschriften, Terminplänen, Verantwortlichkeiten auch Fragen einer einheitlichen Konzernsprache und der Währungsumrechnung regeln."[1133] Begünstigt durch die einheitliche Datenumgebung in SAP Business ByDesign, können Sie die Vorgaben einer Bilanzierungsrichtlinie im Rechnungswesen der Konzernunternehmen umsetzen, um eine weitestgehende Vereinheitlichung der Bilanzierung und insbesondere der Bewertung sicherzustellen. Die Plattform hierfür bildet das Rechnungslegungswerk *HGB*, das zum einen dem Tochterunternehmen *Novellia* zugeordnet wird, und zum anderen beim Mutterunternehmen *Nordstar* bereits Bestand für die Erstellung der Handelsbilanz hat.

Bearbeiten des Rechnungslegungswerks für Konsolidierungsvorbereitung

Im Vorfeld ist das Rechnungslegungswerk *HGB* gem. den Ansprüchen der anstehenden Konsolidierungsvorbereitung zu konfigurieren, um die Vorgaben der Bilanzierungsrichtlinie des Konzerns umzusetzen. Dies geschieht innerhalb des Work Centers *Betriebswirtschaftliche Konfiguration* unter der Sicht *Aufgabenliste*. In der Phase *Datenübernahme und Erweiterung* haben Sie die Gelegenheit, Ih-

---

[1131]   Die Bilanzierungsrichtlinie bildet eine Teilkomponente der sog. Konzernabschlussrichtlinie. Die Konzernabschlussrichtlinie enthält darüber hinaus auch Richtlinien zur Datenerfassung und -verarbeitung sowie zu Konsolidierungssachverhalten, die im Rahmen der Konzernabschlusserstellung zu beachten sind. Vgl. weiterführend KÜTING, K./SCHEREN, M. (2010a), S. 1899 f.

[1132]   Vgl. BAETGE, J./HAYN, S./STRÖHER, T. (2009), IAS 27, Rn. 171 ff.

[1133]   WEBER-BRAUN, E. (1991), S. 286.

re Rechnungslegungswerke zu verwalten. Grds. ist bei der Bearbeitung eines Rechnungslegungswerks zwischen allgemeinen Einstellungen, Unternehmenseinstellungen und Anlageeinstellungen zu unterscheiden.

Die allgemeinen Einstellungen betreffen zunächst die grundlegende Wahl der (für den Konzernabschluss gültigen) Rechnungslegungsvorschrift, des Kontenplans[1134], des Bewegungsartenprofils sowie der Geschäftsjahresvariante.[1135] So können Sie bei lokal abweichenden Geschäftsjahresverläufen eine Vereinheitlichung der Abschlussstichtage auf Konzernebene herstellen, wobei im vorliegenden Beispielsachverhalt sowohl die *Nordstar* als auch *Novellia* bereits der identischen Geschäftsjahresvariante folgen.

Allgemeine Einstellungen

Bei den Unternehmenseinstellungen können Sie dem Rechnungslegungswerk *HGB* neben dem bestehenden Tochterunternehmen *Novellia* ggf. auch weitere Unternehmen zuordnen (vgl. Abbildung 275). Bedenken Sie z.B. zukünftige Unternehmenszugänge im Konsolidierungskreis, wenn die neu in das System zu integrierenden Tochterunternehmen die Konzernbilanzierungsrichtlinie fortan ebenso parallel zu ihrer einzelgesellschaftlichen Bilanzierung berücksichtigen müssen.

Unternehmenseinstellungen

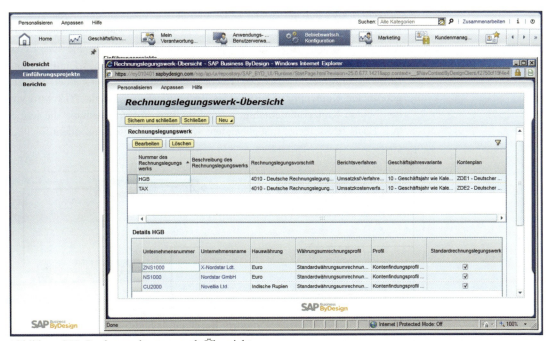

Abbildung 275: Rechnungslegungswerk-Übersicht

Hier erlauben es Ihnen die Unternehmenseinstellungen, bestimmte Eigenschaften des *HGB*-Rechnungslegungswerks, wie z.B. die Hauswährung oder das Konten-

---

[1134] Zur Bedeutung eines konzerneinheitlichen Kontenplans vgl. Kapitel G.4.3.3.
[1135] Weitere Haupteinstellungen betreffen die grds. Wahl der Nummer und Beschreibung des Rechnungslegungswerks sowie die Bestimmung des Berichtsverfahrens.

findungsprofil, unternehmensindividuell, d.h. pro zugewiesenem Tochterunternehmen, anzupassen:

- Hauswährung: Das Festlegen der Hauswährung des Tochterunternehmens betrifft eine wesentliche Konfiguration, da hierdurch die Währung determiniert wird, in der der Einzelabschluss erstellt wird (bei der *Novellia*: INR). Sie entspricht der lokalen Währung des primären Wirtschaftsumfelds, in dem das Unternehmen tätig ist. Bei der späteren Währungsumrechnung durch das externe Konsolidierungssystem wird die Hauswährung in die Konzernberichtswährung transformiert.[1136]

- Kontenfindungsprofil: Über das Einrichten des Kontenfindungsprofils können im Rahmen der Konzernbilanzierungsrichtlinie eindeutige Kontierungsanweisungen vorgegeben werden. Der Prämisse folgend, „dass nicht jeder Sachverhalt von der Konsolidierungsstelle vorgedacht werden kann, aber für wesentliche Geschäftsvorfälle [...] ein einheitlicher Ausweis innerhalb des Konzernverbunds vorgenommen werden"[1137] sollte, legen Sie mit dem Kontenfindungsprofil konzerneinheitlich fest, welche Sachkonten bei welchen Geschäftsvorfällen von den automatisch abgesetzten Buchungen zu adressieren sind. Automatische Buchungen werden entweder integrativ aus vorausgegangenen Geschäftsprozessen (z.B. mittels Lieferantenrechnungen aus der Beschaffung) oder von automatischen Prozessen im Rechnungswesen (z.B. dem Zahlungslauf) erzeugt. In der Abbildung 276 finden Sie das Rechnungslegungswerk *HGB*, in dem die Konzernbilanzierungsrichtlinie konzernweit umgesetzt wird. Das Rechnungslegungswerk verwendet den zugeordneten Kontenplan SKR03. Das Rechnungslegungswerk *HGB* wird von den beiden Konzernunternehmen *Nordstar* und *Novellia* genutzt, die immer auf Basis desselben, maßgebenden Kontenfindungsprofils identisch buchen.[1138]

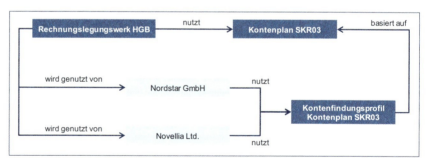

Abbildung 276: Beziehungen zwischen Rechnungslegungswerk, Konzernunternehmen, Kontenplan und Kontenfindungsprofil

---

[1136] Alternativ ist es möglich, die Konzernberichtswährung als Hauswährung festzulegen, sodass der zu meldende Einzelabschluss (Handelsbilanz II) unmittelbar in der Konzernwährung erstellt wird.

[1137] KÜTING, K./SCHEREN, M. (2010a), S. 1900.

[1138] Vgl. die Buchungsmethodik bei Vorhandensein mehrerer Rechnungslegungswerke in Kapitel C.6.

Jedes Rechnungslegungswerk muss für die Abbildung des bilanziellen Wert- und **Anlageeinstellungen** Mengengerüsts einen Bewertungsbereich besitzen; in SAP Business ByDesign sprechen wir von einer sog. Bewertungssicht (auch Anlagenbewertungssicht genannt). Auf der Ebene dieser Bewertungssicht werden die Parameter für die Abschreibungsrechnung einer Anlage sowie ihre zugehörigen Werte geführt. Das System stellt bereits voreingestellte Bewertungssichten zur Verfügung, die länder- bzw. rechnungslegungsstandardspezifisch ausgeprägt sind. Indem Sie in den allgemeinen Einstellungen Ihrem Rechnungslegungswerk eine Rechnungslegungsvorschrift zuordnen, wird automatisch die zugehörige Anlagenbewertungssicht mit dem Rechnungslegungswerk verknüpft. Im vorliegenden Beispielsachverhalt greift die dem Rechnungslegungswerk *HGB* zugeordnete Rechnungslegungsvorschrift *4010 - Deutsche Rechnungslegung (HGB)* auf die Bewertungssicht *DE0001 – Nationale Rechnungsleg.vorschriften HGB* zurück. Somit wird innerhalb des Rechnungslegungswerks *HGB* für alle zugeordneten Konzernunternehmen sichergestellt, dass die Anlagenbewertung konzernweit nach einheitlichen, mit den geltenden gesetzlichen Vorschriften konformen (in unserem Fall HGB für den Konzernabschluss) Bewertungsgrundsätzen erfolgt. So sind implizite Bewertungswahlrechte im Bereich der Abschreibung – namentlich die Festlegung der individuellen Nutzungsdauern sowie der Berechnungsmethodik (lineare oder degressive Abschreibung) – in der gewählten Bewertungssicht für den Konzern neu bzw. konsistent ausübbar.

Es ist in diesem Zusammenhang auf die Divergenz zwischen den historischen Anschaffungs- und Herstellungskosten der Vermögensgegenstände und Schulden bei den jeweiligen Tochterunternehmen und den aus Konzernsicht zutreffenden Wertansätzen hinzuweisen. Auf die Bedeutung der Bewertungssichten für eine mögliche Verwaltung stiller Reserven und Lasten bei erworbenen Tochterunternehmen wird aber erst nachfolgend in Kapitel G.4.4 eingegangen.

4.3.3 Verwendung eines einheitlichen Kontenplans

Um Konsolidierungsmaßnahmen durchführen zu können, ist ein einheitlicher **Konzernkontenplan** Kontenplan zu verwenden, auf dessen Grundlage die einzubeziehenden Konzernunternehmen ihre Meldedaten erfassen und die Konsolidierungsbuchungen durchgeführt werden.[1139] Ein einheitlicher Kontenplan ist insbesondere dadurch gekennzeichnet, dass ein konsistentes Nummernsystem verwendet wird und abbildungspflichtige Sachverhalte eindeutig einer Position zugeordnet werden können. Entsprechend dem in Abbildung 276 skizzierten Schema wird in unserem Beispielsachverhalt dem Rechnungslegungswerk *HGB* ein für den Konzern einheitlich geltender Kontenplan zugeordnet, auf dessen Grundlage die *Nordstar* und *Novellia* mittels des gemeinsamen Kontenfindungsprofils geschlossen buchen.

[1139]   Vgl. grundlegend KAGERMANN, H./KÜTING, K./WIRTH, J. (2008), S. 93 ff.

**Ebene der
Tochterunternehmen**

In der praktischen Umsetzung ist eine Implementierung eines einheitlichen Kontenplans auf Ebene der Tochterunternehmen, d.h. auf Ebene des Einzelabschlusses, oftmals aufgrund landes- bzw. rechtspezifischer Erfordernisse nicht möglich. Vielfach erfolgt eine Vereinheitlichung der Kontenpläne erst im Zusammenhang mit den vorbereitenden Arbeiten zur Konzernrechnungslegung. Soweit möglich, ist jedoch in diesen Fällen eine Vereinheitlichung der Kontenpläne bereits auf Ebene der Tochterunternehmen zu präferieren. In einer SAP Business ByDesign-Umgebung wird durch die konzernweite Verwendung eines einheitlichen Rechnungslegungswerks gleichzeitig der zugehörige (Konzern-)Kontenplan über alle Unternehmen der Unternehmensorganisation „ausgerollt".

**Ebene der
Konsolidierung**

Auf die Konsolidierungsebene bezogen, gilt festzuhalten, dass der in SAP Business ByDesign konzernweit einheitlich definierte Kontenplan ggf. eine weitere kontenbezogene Verdichtung im Rahmen der Datenübernahme in das Konsolidierungssystem erfahren kann.[1140] So können sich die Kontenpläne partiell im Umfang der Konsolidierungspositionen sowie ihrer positionsbezogenen Detaillierung unterscheiden. Dies ist dann regelmäßig der Fall, wenn einzelne Tochterunternehmen abweichende Geschäftsbereiche abdecken, sodass der Konzernkontenplan in SAP Business ByDesign um Spezialpositionen erweitert bzw. detailliert werden muss.

**Kontenplan
im Fallbeispiel**

In unserem Fallbeispiel verwenden wir den dem Rechnungslegungswerk *HGB* zugeordneten Kontenplan SKR03, der bei Bedarf, d.h. je nach den individuellen Anforderungen eines abzubildenden Geschäftsprozesses, um zusätzliche Sachkonten erweiterbar ist.[1141]

4.4   Verwaltung von stillen Reserven und Lasten
4.4.1   Vorbemerkungen

**Ort der Verwaltung
stiller Reserven/Lasten**

Nach der der Erwerbsmethode zugrunde liegenden Einzelerwerbsfiktion sind im Konzernabschluss anstelle der beim Mutterunternehmen bilanzierten Anteile die diese repräsentierenden einzelnen Vermögensgegenstände und Schulden des erworbenen Tochterunternehmens abzubilden und mit ihren Konzernanschaffungskosten in Höhe des Zeitwerts zum Erwerbszeitpunkt zu bewerten.[1142] Weichen die bisher von dem erworbenen Unternehmen bilanzierten Wertansätze von den Zeitwerten ab, sind die identifizierten Differenzbeträge als aufzudeckende stille Reserven und Lasten in die Konzernbilanzierung einzubeziehen. Da stille Reserven/Lasten im Zeitablauf bilanziell fortzuschreiben sind, empfiehlt es sich, die

---

[1140]   Vgl. zum Konzernkontenmapping im Rahmen der Datenübernahme Kapitel G.5.3.

[1141]   Wenn Sie ein neues Sachkonto einfügen, müssen Sie auch entsprechende Änderungen an den Einstellungen vornehmen, die auf diesem Kontenplan basieren. Im Speziellen betreffen diese Einstellungen die Einbettung des Sachkontos in die bestehende Berichtsstruktur sowie die Bestimmung der Kontenfindung. Sie definieren die vom Kontenplan abhängigen Einstellungen im Work Center *Betriebswirtschaftliche Konfiguration* in der Aufgabe *Kontenplan, Berichtsstrukturen und Kontenfindung*.

[1142]   Vgl. dazu Kapitel G.2.5.4.2.

stillen Reserven/Lasten an dem Ort zu verwalten, wo die besten Informationen vorliegen. Dies ist regelmäßig die Buchhaltung des erworbenen Tochterunternehmens. Wird gleichwohl die Verwaltung stiller Reserven im Bereich der Konzernrechnungslegung vorgenommen, sind über ein entsprechendes Meldewesen die notwendigen Details an die Konsolidierungsstelle zu melden.

4.4.2 Verwendung von Bewertungssichten

Die Verwendung von mehreren Bewertungssichten stellt eine Funktionalität in SAP Business ByDesign dar, mit der Anlagen parallel nach unterschiedlichen Wertparametern bewertet werden können. Bewertungssichten sind Rechnungslegungsvorschriften direkt zugeordnet, d.h., durch das Zuweisen einer Rechnungslegungsvorschrift zu einem Rechnungslegungswerk wird das Rechnungslegungswerk automatisch auch mit der Bewertungssicht verknüpft. Wenn Sie mehr als eine Bewertungssicht pro Rechnungslegungswerk verwenden, ist für Buchungen auf das Hauptbuch nur eine Bewertungssicht relevant. Die übrigen Bewertungssichten sind statistischer Natur und enthalten alle Daten aus dem Nebenbuch *Anlagen*, sie haben aber für das Absetzen von Buchungen keine Bedeutung.

Bewertungssichten

Stille Reserven (und Lasten) im Bereich des immateriellen Anlagevermögens, des Sachanlagevermögens, aber auch des Finanzanlagevermögens können in SAP Business ByDesign über eine gesonderte Bewertungssicht auf der Ebene des einzelnen Vermögensgegenstands geführt werden (vgl. Abbildung 277). Mit anderen Worten: Die Datenübernahme erfolgt zunächst auf Basis der HB-II-Wertansätze[1143] des jeweiligen Tochterunternehmens, die im für die Konsolidierung maßgeblichen Rechnungslegungswerk auf der hauptbuchrelevanten Bewertungssicht verwaltet werden. Über eine gesonderte Datenübernahme, die aus der zweiten, nicht hauptbuchrelevanten Bewertungssicht gespeist wird, werden die stillen Reserven und deren Fortschreibung pro betreffender Anlage an die Konsolidierung gemeldet, um dort verarbeitet zu werden. Die Form der Verarbeitung ist hierbei abhängig vom verwendeten Konsolidierungssystem.

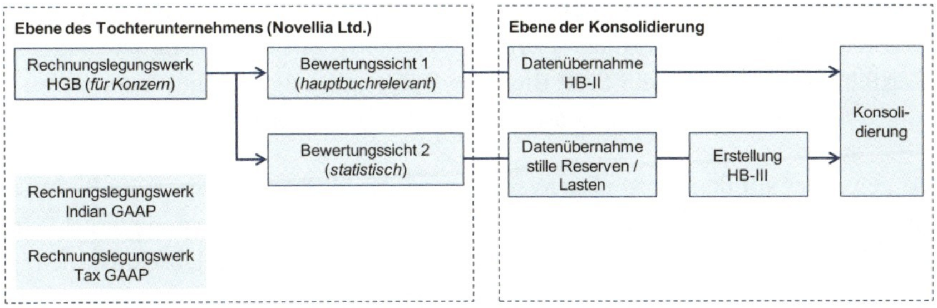

Stille Reserven im Bereich des Anlagevermögens

Abbildung 277: Ort der Verwaltung stiller Reserven und Lasten

---

[1143] Bei dem an die Konsolidierung gemeldeten HB-II-Abschluss des in den Konzernabschluss einzubeziehenden Tochterunternehmens handelt es sich um den Abschluss, der an den konzerneinheitlichen Bilanzierungs- und Bewertungsrahmen angepasst wurde.

Die Datenübernahme für die stillen Reserven wird durch das Work Center *Anlagen* bedient, wo Sie sich unter der Sicht *Berichte* die Anlagenbewertungen nach verschiedenen Kriterien anzeigen und über die Exportfunktion extrahieren lassen können. So besteht u.a. die Möglichkeit, historische Anschaffungskosten, Abschreibungsbeträge, Restbuchwerte oder individuelle Abschreibungsdauern pro Anlage über die vorhandenen Berichte abzufragen. Wählen Sie beim Aufrufen des Berichts die zutreffende Bewertungssicht, auf der die stillen Reserven geführt werden, in der Auswahlmaske aus (vgl. Abbildung 278).

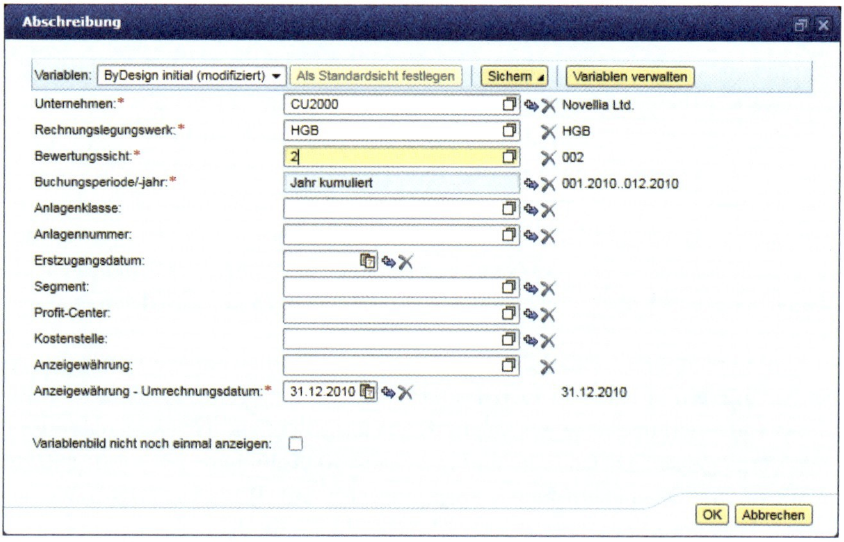

Abbildung 278: Auswählen der Bewertungssicht

Stille Reserven außerhalb des Anlagevermögens

Werden stille Reserven, aber auch stille Lasten außerhalb des Anlagevermögens identifiziert, gibt es in SAP Business ByDesign keine Funktionalitäten der Wertfortschreibung. Um trotzdem eine Aufdeckung und Fortschreibung zu realisieren, sind die beiden nachfolgenden Wege möglich: Einerseits könnte die Funktionalität der zweiten Bewertungssicht aus der Anlagenverwaltung über eine analoge Vorgehensweise verwendet werden. Beachten Sie, dass es sich hierbei um einen „Workaround" handelt. Andererseits ist alternativ auch eine Aufdeckung und Fortführung außerhalb von SAP Business ByDesign möglich, dies kann bspw. in einer Nebenbuchhaltung der Konsolidierungssoftware geschehen.

Beispiel

Angewendet auf den Beispielsachverhalt wird das Vorhandensein stiller Reserven u.a. im Bereich des Sachanlagevermögens des erworbenen Tochterunternehmens *Novellia* unterstellt.[1144] Der Anlagenbuchwert aus dem Einzelabschluss beträgt 30 Mio. INR und der aktuelle Zeitwert 32,5 Mio. INR. Auf den ersten Blick könnte man die Auffassung vertreten, dass in dem ausschließlich für Konsolidierungszwecke bestimmten *HGB*-Rechnungslegungswerk unmittelbar der Wert von

---

[1144] Vgl. zur Übersicht über die identifizierten stillen Reserven bei der *Novellia* Abbildung 288.

32,5 Mio. INR geführt wird, weil dies der zutreffende Konzernwertansatz ist. Anzumerken ist jedoch, dass in einem solchen Fall das Detail des Betrags der stillen Reserve verloren geht (Zeitwert des Vermögensgegenstands 32,5 Mio. INR ./. Buchwert 30 Mio. INR = stille Reserve 2,5 Mio. INR). Diese Information ist jedoch notwendig, um die zutreffende Abgrenzung und Fortschreibung der latenten Steuern zu realisieren.[1145] U.E. sollte aus diesem Grund eine Konzeption gewählt werden, bei der in der ersten, hauptbuchrelevanten Bewertungssicht der bisherige Anlagenbuchwert (30 Mio. INR) und in der zweiten, statistischen Bewertungssicht der Betrag der stillen Reserve (2,5 Mio. INR) auf der betreffenden Anlage erfasst wird.

Für die Abgrenzung und Fortführung der passiven (aktiven) latenten Steuern aus der Kaufpreisallokation gibt es keine Standardfunktionalitäten in SAP Business ByDesign. An dieser Stelle ist anzudenken, pro stille Reserve einen Anlagenstammsatz für die korrespondierende latente Steuer anzulegen, um diese über die statistische Bewertungssicht – entsprechend der Fortschreibung der aufgedeckten stillen Reserven (Lasten) – fortzuschreiben. Hierzu ist in der zweiten Bewertungssicht ein negativer Wert (bei aktiven latenten Steuern ein positiver Wert) i.H.d. Steuerabgrenzung zu hinterlegen. Zu präferieren ist jedoch, im Falle einer sog. regelbasierten Konsolidierungslösung, die Abgrenzung und Fortschreibung der latenten Steuern über das Konsolidierungssystem abzubilden. Dies kann über entsprechende Regeln erfolgen, die auf Basis des individuellen Steuersatzes des jeweiligen Tochterunternehmens arbeiten.

Berücksichtigung latenter Steuern

Bedenken Sie, dass es im handelsrechtlichen Konzernabschluss (insbesondere) zum Ansatz von immateriellen Vermögensgegenständen des Anlagevermögens kommen kann, die beim erworbenen Unternehmen aufgrund ihres originären Charakters aus Einzelabschlusssicht (d.h. im Rechnungslegungswerk nach Local-GAAP) nicht ansatzfähig oder ansatzpflichtig waren. Dennoch ist hierfür pro identifizierter immaterieller Anlage (= stille Reserve) ein Anlagenstammsatz[1146] zu definieren, obwohl der betreffende Vermögensgegenstand nicht im Rechnungslegungswerk des Tochterunternehmens bilanziert wird (d.h., in der hauptbuchrelevanten Bewertungssicht 1 ist kein Wertansatz vorhanden). Die stille Reserve ist mit einem Eintrag i.H.v. Null in der ersten Bewertungssicht anzulegen. In der gesonderten Bewertungssicht 2 hingegen ist die stille Reserve, sprich die Anlage, in Höhe ihres aufgedeckten Werts statistisch für die Meldung an die Konsolidierungsstelle zu erfassen.

Stille Reserven im immateriellen Anlagevermögen

[1145]   Vgl. hierzu die betriebswirtschaftlichen Grundlagen zur Berücksichtigung latenter Steuern im Rahmen der Kapitalkonsolidierung in Kapitel G.2.5.4.2.3.

[1146]   Vgl. dazu die Ausführungen zur Anlagenbeschaffung in Kapitel F.1.3.2.

4.5   Konsolidierungsvorbereitung in Abhängigkeit von den Konsolidierungsmaßnahmen

4.5.1   Datenbereitstellung: Schuldenkonsolidierung

4.5.1.1   Partnerbezogene Erfassung

Partnerkontierung

Der regelmäßig stattfindende Lieferungs- und Leistungsverkehr zwischen den Unternehmen eines Konzernverbunds führt zum Entstehen von innerkonzernlichen Geschäftsvorfällen, die aus Konzernsicht eliminierungspflichtige Sachverhalte darstellen. Mit anderen Worten: Es entstehen konzerninterne Rechtsbeziehungen zwischen Konzernunternehmen, die – soweit sie zwischengesellschaftlichen Forderungs- und Verbindlichkeitscharakter besitzen – durch die Schuldenkonsolidierung zu eliminieren sind. Für die Datenbereitstellung an die Konsolidierungsstelle ist es wichtig, dass nicht nur der bilanzielle Gesamtbetrag einer in die Schuldenkonsolidierung eingehenden Forderungs- bzw. Verbindlichkeitsposition erfasst wird. Stattdessen ist die Datenmeldung pro Konto differenziert nach den jeweiligen Partnerunternehmen vorzunehmen, da in Anbetracht des regelmäßig hohen Datenvolumens eine Konzernaufrechnung nicht auf Basis des einzelnen Geschäftsvorfalls durchgeführt werden kann. Vielmehr werden in der jeweils verwendeten Konsolidierungslösung die pro Verbundbeziehung – bestehend aus Unternehmen und Partnerunternehmen – erfassten Meldedaten aufgerechnet und ggf. entstehende Unterschiedsbeträge ermittelt. In SAP Business ByDesign werden alle innerkonzernlichen Geschäftsprozesse unter der automatischen Kontierung des zugehörigen Partnerunternehmens erfasst, sodass die konsolidierungsrelevanten Partnerinformationen durchgängig im Buchungsstoff der Konzernunternehmen enthalten sind.

4.5.1.2   Berichtswesen zur Intercompany-Abstimmung

Korrektur unechter Aufrechnungs-differenzen

Der Bereich der Schuldenkonsolidierung erfordert ein Höchstmaß an Qualität der in den Konsolidierungsprozess angelieferten Meldedaten. Ansonsten entstehen bei der maschinellen Verarbeitung Aufrechnungsunterschiede, die nicht als echte, bewertungsbedingte Differenzen aus der Schuldenkonsolidierung (erfolgswirksam) korrigiert werden dürfen.[1147] Inkonsistenzen, die zum Entstehen unechter Aufrechnungsdifferenzen führen, können durch fehlerhafte Buchungen oder zeitliche Buchungsunterschiede um den Bilanzstichtag der beteiligten Konzernunternehmen begründet sein. Währungsdifferenzen sind durch die zentrale Vorgabe konzernweit anzuwendender Umrechnungsmodalitäten vorzubeugen. Aufgrund des zu beachtenden Höchst- und Niederstwertprinzips bei Forderungen und Verbindlichkeiten größer einem Jahr sind diese aber nicht zu vermeiden.[1148] Um den Konsolidierungsprozess möglichst effizient gestalten zu können, ist es daher sinnvoll, auftretende unechte Aufrechnungsunterschiede frühzeitig bereits in SAP Business ByDesign – wo die bestmöglichen Informationen über konzerninterne Sachverhalte verfügbar sind – zu identifizieren und zu korrigieren.

[1147]   Vgl. dazu Kapitel G.2.5.1.2.

[1148]   Vgl. zur Währungsumrechnung im Einzelabschluss Kapitel C.5.2.5.

SAP Business ByDesign bietet in diesem Zusammenhang eine homogene und zentralisierte Plattform, auf der die buchhalterische Erfassung der innerkonzernlichen Geschäftsvorfälle zwischen den Konzernunternehmen auf ihre Übereinstimmung geprüft werden kann. Aufgrund der Multicompany-Struktur ist der Buchungsstoff aller Konzernunternehmen zentral gespeichert, sodass konzernweite Abstimmprozesse ermöglicht werden. Forderungen eines Unternehmens sind mit den korrespondierenden Verbindlichkeiten des zugehörigen Partnerunternehmens abzustimmen. Diese Vorgehensweise ist analog auf die Abstimmung von Erträgen und Aufwendungen aus dem innerkonzernlichen Leistungsverkehr anzuwenden. Der Abstimmprozess findet auf Haupt- und Nebenbuchebene statt, sodass sowohl Kontensalden als auch Buchungs- oder Ursprungsbelege (Drilldown) miteinander abgeglichen werden können.

Abstimmung des Buchungsstoffs

Das Berichtswesen in SAP Business ByDesign stellt Ihnen im Work Center *Hauptbuch* unter der Sicht *Berichte* verschiedene Berichte zur Verfügung. Anhand dieser Berichte können Sie sich für alle Konzernunternehmen die korrespondierenden Forderungen und Verbindlichkeiten pro Verbundbeziehung anzeigen lassen, um hierauf aufbauend (manuell) einen Vergleich der innerkonzernlichen Forderungen und Verbindlichkeiten durchzuführen.

Berichte in SAP Business ByDesign

- *Bilanz, GuV oder Kapitalflussrechnung*: Über den Bericht erhalten Sie, indem Sie die Daten nach den Kriterien *Unternehmen*, *Partnerunternehmen* und *Bilanz- und GuV-Position* verdichten bzw. filtern, eine Übersicht der Bilanzpositionen, auf denen Partnerinformationen kontiert wurden. Für die Verbundbeziehung zwischen der *Nordstar* und *Novellia* selektieren Sie beide Unternehmen beim Aufrufen des Bilanz-Berichts (vgl. Abbildung 279). Die konzerninterne Schuldbeziehung wird in diesem Bericht allerdings nur in Hauswährung angezeigt, weshalb in diesem Fall der Abgleich aufgrund der abweichenden Hauswährungen nicht direkt vorgenommen werden kann.[1149]

Unternehmen		Partnerunternehmen		Bilanz- und GuV-Position	Betrag in Hauswährung
NS1000	Nordstar GmbH	CU2000	Novellia Ltd.	DE SKR03 Bilanz	0,00 EUR
				Verbindl. gegenüber verbundenen Unternehmen	-150.000,00 EUR
		Ergebnis			0,00 EUR
CU2000	Novellia Ltd.	NS1000	Nordstar GmbH	DE SKR03 Bilanz	0,00 INR
				Forderungen gegenüber verbund. Unternehmen	7.500.000,00 INR
		Ergebnis			0,00 INR

Abbildung 279: Bilanzposition nach Partnerunternehmen[1150]

- *Summen- und Saldenliste*: Ausgehend von der hochverdichteten Ebene der Bilanzposition kann die innerkonzernliche Schuldbeziehung auch auf der tieferen Ebene der Sachkonten abgestimmt werden. Selektieren Sie beim Bericht *Summen- und Saldenliste* die Merkmale *Unternehmen*, *Partnerunter-*

[1149] Entspricht die ursprüngliche Transaktionswährung der Hauswährung und entsprechen sich die Hauswährungen der konzerninternen Partner einander, so ist eine Abstimmung der Intercompany-Salden auf Basis dieses Berichts möglich.

[1150] Aus didaktischen Gründen wurden nicht relevante Berichtszeilen ausgeblendet.

nehmen, *Sachkonto* und *Belegzeilenwährung*, um sich pro Verbundbeziehung die zugehörigen Intercompany-Salden differenziert nach den genannten Kriterien anzeigen zu lassen (vgl. Abbildung 280). Verwenden Sie die Filterfunktion, um gezielt nach den abzustimmenden Konten zu filtern. Extrahieren Sie die relevanten Daten in Hauswährung und zusätzlich in Transaktionswährung (im System als *Belegzeilenwährung* bezeichnet). Hintergrund ist, dass jeder Geschäftsvorfall in SAP Business ByDesign in der Transaktionswährung, der Währung des Ursprungsbelegs, gebucht wird. Für die Erfassung in der Buchhaltung gilt hingegen: Wenn die Transaktionswährung von der Hauswährung abweicht, dann rechnet das System diesen Betrag auf Grundlage positionsabhängiger Währungsumrechnungsprofile in die Hauswährung um. Für die Abstimmung der konzerninternen Salden ist es daher wichtig, den Abgleich der Daten auf Basis der Transaktionswährung der originären Geschäftsvorfälle durchzuführen, um Effekte aus der Währungsumrechnung zu isolieren.

Unternehmen		Partnerunternehmen		Sachkonto		Belegzeilen währung	Endsaldo in Hauswährung	Endsaldo in Belegzeilenwährung
NS1000	Nordstar GmbH	CU2000	Novellia Ltd.	163500	Verbindl. aus L. u. L. gg. verb. Unternehmen (Ausland)	INR	-150.000,00 EUR	-7.500.000,00 INR
				Ergebnis			**-150.000,00 EUR**	**-7.500.000,00 INR**
CU2000	Novellia Ltd.	NS1000	Nordstar GmbH	159600	Forderungen aus L. u. L. gg. verb. Unternehmen (Ausland)	INR	7.500.000,00 INR	7.500.000,00 INR
				Ergebnis			**7.500.000,00 INR**	**7.500.000,00 INR**

Abbildung 280: Summen- und Saldenliste nach Partnerunternehmen

Klärung und Korrektur von Abstimmungsdifferenzen

Treten bei der Saldenabstimmung zwischen einzelnen Konzernunternehmen Differenzen auf, gilt es, diese Inkonsistenzen im direkten Dialog (z.B. telefonisch oder per E-Mail) mit dem konzerninternen Partnerunternehmen zu klären, bevor die Einzelabschlussdaten zur Meldung an die Konzernrechnungslegung freigegeben werden. Ein effektives Analyseinstrument bei auftretenden Abstimmunterschieden ist die Drilldown-Funktion innerhalb der von SAP Business ByDesign produzierten Berichte. Sie erlaubt ein Abspringen von dem betreffenden Sachkontensaldo bis auf die einzelnen Belegpositionen (Buchungsbelege und Ursprungsbelege) der zugrunde liegenden Geschäftsvorfälle (sog. Audit Trail).

Inkonsistenzen im Buchungsstoff der betrachteten Konzernunternehmen – z.B. begründet durch fehlende bzw. falsche Kontierung der Partnerinformationen oder sonstige Buchungsfehler –, die zu Differenzen bei der konzerninternen Saldenabstimmung führen, können nach ihrer Klärung über Storno- und Korrekturbuchungen in SAP Business ByDesign behoben werden.

4.5.1.3   Übermittlung der Transaktionswährungen

Währungsbedingte Differenzen in der Konsolidierung

Werden in den Einzelabschlüssen der Konzernunternehmen Fremdwährungsforderungen und -verbindlichkeiten mit einer Restlaufzeit von mehr als einem Jahr ausgewiesen, sind diese gem. § 256a HGB unter Beachtung des Anschaffungskosten- und Imparitätsprinzips zu bewerten. In diesen Fällen sind also nur Wertminderungen (Kursverluste) zu berücksichtigen, während unrealisierte Kursgewinne nicht bilanziert werden dürfen. Daher können im Konsolidierungssystem bei der späteren Schuldenkonsolidierung Aufrechnungsdifferenzen entstehen.[1151] Treten Differenzen bei der Schuldenaufrechnung auf, muss spätestens auf Konsolidierungsebene (wie vorstehend dargestellt, ist bereits in SAP Business ByDesign bei der vorgelagerten Intercompany-Abstimmung eine Differenzklärung möglich) die Ursache dieser Differenzen geklärt werden. In aller Regel ist es durch den Einsatz von Konsolidierungssoftware möglich, einen entstehenden Unterschiedsbetrag in eine währungsumrechnungsbedingte sowie eine echte, bewertungsbedingte Aufrechnungsdifferenz aufzuteilen, sofern die konzerninternen Geschäftsvorfälle auch in der Transaktionswährung gemeldet werden.

Soll in einem Konsolidierungssystem eine differenzierte Behandlung von Aufrechnungsdifferenzen vorgenommen werden,[1152] ist in der Datenmeldung der Aufriss der Intercompany-Salden nicht nur nach Partnern, sondern auch nach Transaktionswährung vorzunehmen. In SAP Business ByDesign ist dieses Detail im Buchungsstoff vorhanden und kann im Rahmen der Datenübergabe an die Konsolidierung übermittelt werden. Stellen Sie daher im Rahmen der Datenübernahme sicher, dass Sie bei der Extraktion Ihrer Meldedaten aus SAP Business ByDesign diese zusätzlich auch in Transaktionswährung extrahieren. Hierfür selektieren Sie das Merkmal *Belegzeilenwährung* bei den Berichtseinstellungen zur Erstellung der Berichtsdatei hinzu.[1153]

Selektion der Belegzeilenwährung

4.5.2 Datenbereitstellung: Zwischenergebniseliminierung im Vorratsvermögen

4.5.2.1 Überblick

Eine systemtechnische Durchführung der Zwischenergebniseliminierung ist auf der Ebene des einzelnen Geschäftsvorfalls in Anbetracht der Vielzahl der Vorgänge nicht sinnvoll. Eine Eliminierung auf der Ebene der Bilanzposition „Vorräte" (bzw. „Roh-, Hilfs- und Betriebsstoffe", „unfertige Erzeugnisse/Leistungen" oder „fertige Erzeugnisse und Waren") wäre hingegen eine zu umfangreiche Aggregation, da sich in der Unternehmenspraxis im jeweiligen Vorratsposten vielfach völlig unterschiedliche Vermögensgegenstände niederschlagen.[1154] Eine undifferenzierte Ermittlung der Zwischenergebnisse auf dieser Basis scheidet daher aus. Im Konsolidierungssystem werden also Detailinformationen zu Bestands- und Lieferdaten von dem bestandsführenden bzw. liefernden Konzernunternehmen benötigt, die nicht unmittelbar aus den Bilanzen oder der GuV der meldenden Kon-

Aggregierte Eliminierung

[1151] Vgl. dazu die betriebswirtschaftlichen Grundlagen in Kapitel G.2.5.1.3.
[1152] Je nach Entstehungsursache sind aus der Konsolidierung entstandene Aufrechnungsdifferenzen im Konzernabschluss entweder erfolgsneutral (bei währungsbedingten Differenzen) oder erfolgswirksam (bei echten, bewertungsbedingten Differenzen) zu behandeln.
[1153] Vgl. zur Datenextraktion aus SAP Business ByDesign auch Kapitel G.5.2.
[1154] Je nach Einzelfall kann z.B. die Bandbreite von Fertigerzeugnissen über mehrere Produkte und/oder sogar über komplette Produktkategorien hinweg reichen.

zernunternehmen lesbar sind, sondern nur durch die Zusammenstellung gesonderter Berichtspakete mithilfe von SAP Business ByDesign erbracht werden können.

Mengenmäßiges und prozentuales Verfahren

Bevor eine Zwischenergebniseliminierung durchgeführt werden kann, ist zu ermitteln, welche konzernintern gelieferten Vermögensgegenstände noch bei einem Konzernunternehmen ganz oder teilweise auf Lager liegen. Anschließend ist der diesen Konzernbeständen zugewiesene Einzelabschlusswert festzustellen, d.h., jener Wertansatz der identifizierten Vermögensgegenstände, welcher in dem für die Konsolidierung maßgeblichen Einzelabschluss (HB-II) ausgewiesen wird. Die Berechnung des zu eliminierenden Zwischenergebnisses kann sodann über zwei verschiedene Berechnungsmethoden erfolgen. Welche Daten im Einzelnen von dem bestandsführenden und von dem liefernden Unternehmen hierfür gemeldet werden müssen, ist abhängig davon, ob in der Konsolidierung das mengenmäßige oder das prozentuale Verfahren zur Anwendung kommt (vgl. Abbildung 281).

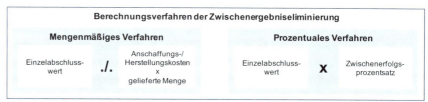

Abbildung 281: Berechnungsverfahren bei der Zwischenergebniseliminierung[1155]

Bei Verwendung des mengenmäßigen Verfahrens sind zum einen die Anschaffungs- bzw. Herstellungskosten pro (konzernintern gelieferter) Mengeneinheit seitens des liefernden Konzernunternehmens zu erfassen, während von dem bestandsführenden Unternehmen zusätzlich die Information zu der entsprechenden Bestandsmenge benötigt wird. In der Unternehmenspraxis dominiert hingegen das zweite Verfahren – das prozentuale Verfahren – bei dem die Zwischenerfolge mithilfe durchschnittlicher Zwischenerfolgsprozentsätze[1156] berechnet werden. Die stückbezogenen Kosten und die zugehörige Menge der Konzernbestände müssen in diesem Fall nicht zwingend vorliegen. SAP Business ByDesign stellt, wie nachfolgend erläutert, die notwendigen Bestands- und Lieferdaten zur Verfügung, mit denen eine Zwischenergebnisberechnung sowohl auf Basis des mengenmäßigen als auch des prozentualen Verfahrens möglich ist.

4.5.2.2   Bestandsdaten

Ermittlung der Konzernbestände

Die bestandsführende Einheit, welche die innerkonzernliche Lieferung empfangen hat, muss zu jedem Abschlussstichtag ihre Vorratsbestände auf konzernintern gelieferte Vermögensgegenstände überprüfen und entsprechende Bestandsdaten ermitteln. Als Bewertungsobjekt sind ein einzelner Vermögensgegenstand, bspw. das einzelne Produkt, oder eine gruppenbewertungsorientierte Vorgehensweise, d.h. auf Ebene der Produktgruppe (Summe von gleichartigen und gleichwertigen

---

[1155]   Modifiziert entnommen aus KAGERMANN, H./KÜTING, K./WIRTH, J. (2008), S. 305.
[1156]   Vgl. dazu die in Kapitel G.2.5.2.2 aufgezählten Vereinfachungsverfahren.

Vermögensgegenständen), zulässig.[1157] In SAP Business ByDesign erfolgt die Bestandsführung des Vorratsvermögens in den einzelnen Lagerbereichen nach Mengen. Für jedes Rechnungslegungswerk gibt es eine wertmäßige Bestandsführung, welche die zutreffende Bewertung an die mengenmäßige Erfassung des Lagerbestands anhängt. Folglich können vom bestandsführenden Unternehmen Bestandsdaten an die Konsolidierungsstelle gemeldet werden, die eine Zwischenergebnisberechnung nach der mengenmäßigen oder prozentualen Methode ermöglicht.

Wenn die betreffenden Vermögensgegenstände ausschließlich von einem einzigen Unternehmen des Konsolidierungskreises bezogen werden, ist die individuelle Ermittlung der aus Konzernlieferungen stammenden Konzernbestände unproblematisch, da diese sich dann einheitlich im Rahmen der Inventur feststellen lassen.[1158] Hierbei kann es sich im Einzelnen um die Ermittlung des mengenmäßigen Bestands oder aber auch um den bewerteten Konzernbestand handeln.

Individuelle Ermittlung

SAP Business ByDesign unterstützt Sie bei der Bestandsermittlung durch produktbezogene bzw. lagerortspezifische Abfragen im Work Center *Wareneingang*, wo der Bestand von im Lager eingegangener und/oder bereits lagerhaltiger Waren mit der Bestandsübersicht analysiert werden kann.[1159] Auch über das Work Center *Bestandsbewertung* ist es möglich, die Bestandsdaten zu den sich am Abschlussstichtag noch auf Lager befindlichen Vermögensgegenständen mengen- und wertmäßig für die bestandsführende Einheit zu bestimmen. So weist der Bericht *Materialbestände – Bestandsliste* Mengen und Werte der einzelnen Warenbestände zum angegebenen Stichtag aus. Auch können Sie die vorrätigen Produkte wert- und mengenmäßig auf die zugeordneten Geschäftsbereiche, Profit-Center und/oder Betriebsstätten weiter aufteilen (vgl. Abbildung 282[1160]), was für die Management-Konsolidierung für Zwecke der internen Steuerung von Bedeutung sein kann.[1161]

Bestandsübersichten mit SAP Business ByDesign

Profit-Center		Produktkategorie		Material		Bestandsmenge	Bestandswert
NS1300	Produktionsware	MAT_FIN	Gefertigtes Material	HIKING	Produktionsware_Hiking	2.500,00 Stk	104.075,00 EUR
		MAT_RAW	Roh Material	PROD_GRANULAT	Inputfaktor Schuhproduktion	2.250,00 kg	11.250,00 EUR
				PROD_LEDER	Inputfaktor Schuhproduktion	4.500,00 m	135.000,00 EUR
				PROD_SENKEL	Inputfaktor Schuhproduktion	9.000,00 Stk	2.250,00 EUR
				PROD_ROHLING	Schuhrohling	10.000,00 Stk	300.000,00 EUR
		Ergebnis					**552.575,00 EUR**

Abbildung 282: Bestandsübersicht über lagerhaltige Produkte

Zusätzlich kann der Bericht bei Bedarf die zugehörigen Sachkonten anzeigen, sodass die Zusammensetzung der Einzelabschlusswerte bis auf die Teilmenge des

---

[1157] Vgl. auch § 240 Abs. 4 HGB.
[1158] Vgl. ADLER, H./DÜRING, W./SCHMALTZ, K. (1995), § 304, Rn. 59.
[1159] Vgl. hierzu auch die Ausführungen in Kapitel F.1.3.1.1.2.
[1160] Der entsprechende Bericht, der für den Geschäftsbereich Produktionsware die zugeordneten Lagerbestände anzeigt, wurde zu einem unterjährigen Stichtag aufgerufen und spiegelt daher nicht das Bild zum Abschlussstichtag wider.
[1161] Vgl. zur Konzernsteuerung Kapitel G.6.

jeweiligen Produkts (im System auch *Material* genannt) zurückverfolgt werden kann.[1162] Beachten Sie als bestandsführende Unternehmenseinheit, dass Sie den Anteil des Lagerbestands, der von einem Partnerunternehmen geliefert wurde, nur dann unmittelbar aus den Bestandsübersichten nachvollziehen können, wenn das Material ausschließlich von einem Partnerunternehmen bezogen wurde.

Vereinfachungs-verfahren bei gemischtem Lager

Doch gerade im Bereich des Vorratsvermögens liegen häufig sog. gemischte Läger vor, d.h., Vermögensgegenstände einer Art wurden

- von mindestens einem konzerninternen und mindestens einem konzernexternen Lieferanten oder
- von mehreren konzerninternen Lieferanten oder
- von einem konzerninternen Lieferanten zu unterschiedlichen Verrechnungspreisen

bezogen und eine produktbezogene Unterscheidbarkeit der Lagerbestände nach Konzernanteil und Fremdanteil ist nicht mehr gewährleistet.[1163] In solchen Fällen ist eine individuelle Ermittlung der Konzernbestände generell nur eingeschränkt praktikabel.[1164] Regelmäßig bedient man sich an dieser Stelle an Vereinfachungsverfahren, die die Zusammensetzung des Vorratsbestands anhand von Annahmen oder Fiktionen erklären.[1165] Gegenstand dieser Vereinfachungsverfahren ist es, die von den einzelnen Konzernunternehmen gemeldeten Endbestände eines jeden Produkts in konzerninterne und konzernexterne Bestände aufzuspalten.[1166]

Wesentliche Voraussetzung für die Durchführbarkeit einer solchen pauschalen Ermittlung, z.B. mithilfe des Durchschnittsverfahrens oder der Verbrauchsfolge- bzw. Konzernfolgeverfahren[1167], ist eine gesonderte Erfassung aller Zugänge eines Produkts getrennt nach Bezügen von Konzernunternehmen und konzernfremden

---

[1162]   Grds. muss der Einzelabschlusswert in diesem Zusammenhang auch Anschaffungsnebenkosten sowie zugehörige Wertberichtigungen auf das betreffende Vorratsvermögen enthalten, was durch die flexible Bestandsbewertung im gleichnamigen Work Center regelmäßig erfüllt sein sollte.

[1163]   Problematisch erscheint auch die Bestandsermittlung bei Lieferketten, wenn Vermögensgegenstände innerhalb eines Wertschöpfungsprozesses mehrere konzerninterne Veredelungsstufen durchlaufen, bevor Sie an Konzerndritte verkauft werden. In diesem Fall erfolgt die Eliminierung von Zwischenergebnissen nicht mehr paarweise, sondern über mehrere Paarbeziehungen hinweg. Zu den Besonderheiten bei mehrstufigen innerkonzernlichen Lieferungen und/oder Leistungen vgl. DUSEMOND, M. (1994), S. 371 ff.

[1164]   Demnach ist eine individuelle Ermittlung der jeweiligen Konzernbestände nur noch dann möglich, wenn sich die einzelnen Lieferungen eindeutig voneinander unterscheiden lassen. Theoretisch ließe sich dies durch eine angepasste Inventarisierung der lagernden Vorräte erreichen, wie z.B. durch eine isolierte Lagerung oder besondere Kennzeichnung, was sich jedoch in der Praxis im Regelfall als unwirtschaftliche und nicht praktikable Vorgehensweise erweist.

[1165]   Vgl. hierzu ausführlich DUSEMOND, M. (1994), S. 330 ff.

[1166]   Vgl. ADLER, H./DÜRING, W./SCHMALTZ, K. (1995), § 304, Rn. 60.

[1167]   Nach BilMoG sind nur noch die Lifo- und Fifo-Methode als Verbrauchsfolgeverfahren zulässig, während u.a. die Konzernfolgeverfahren Kifo und Kilo handelsrechtlich nicht mehr zulässig sind, wohl aber bspw. in der IFRS-Konzernrechnungslegung weiterhin Bestand haben.

Dritten.[1168] Um Verbrauchsfolgen zu bestimmen, müssen die bestandsführenden Einheiten darüber hinaus die einzelnen Bezugszeitpunkte sowie – bei den konzerninternen Bezügen – Informationen über die jeweiligen Konzernverrechnungspreise[1169] bereitstellen. Die benötigten Detailinformationen aus den erfolgten Wareneingängen werden in SAP Business ByDesign durch geeignete Berichtsinstrumente abgedeckt, welche die Inputdaten für eine (außerhalb des Systems erfolgende) Pauschalberechnung der Konzernbestände liefern.

Die Berechnungsgrundlagen zur Anwendung der Vereinfachungsverfahren werden Ihnen in SAP Business ByDesign über den Bericht *WE/RE-Bestände – Bestandsliste* im Work Center *Bestandsbewertung* zur Verfügung gestellt. Der Bericht zeigt die Mengen und Werte der Waren- (und Rechnungs-)eingänge. Er erlaubt durch die Selektion von relevanten Merkmalen wie *Produkt*, *Geschäftsvorfall*, *Lieferant* und *Buchungsdatum* eine schnelle und flexible Verdichtung der Daten nach den o.g. Voraussetzungen, die für die Anwendung des Durchschnittsverfahrens bzw. der Verbrauchsfolgeverfahren notwendig sind. Abbildung 283 zeigt einen entsprechend zusammengestellten Bericht: Die bestandsführende Einheit lässt sich für das Produkt *Schuhrohling* sämtliche Wareneingänge des Geschäftsjahres mengen- und wertmäßig anzeigen und differenziert hierbei nach Lieferanten und Bezugszeitpunkten.[1170]

Wareneingänge in SAP Business ByDesign

Produkt	Geschäftsvorfall	Lieferant		Buchungsdatum	Erhaltene Gesamtmenge	Erhaltener Gesamtbetrag
PROD_ROHLING	Schuhrohling	Wareneingang vom Lieferanten	CU2000 Novellia Ltd.	01.06.2010	5.000,00 Stk	150.000,00 EUR
				01.12.2010	5.000,00 Stk	150.000,00 EUR
		Ergebnis			10.000,00 Stk	300.000,00 EUR
			9000 Otto Müller GmbH	12.03.2010	900,00 Stk	45.000,00 EUR
				10.04.2010	500,00 Stk	25.000,00 EUR
				02.08.2010	1.500,00 Stk	60.000,00 EUR
				05.10.2010	1.000,00 Stk	45.000,00 EUR
		Ergebnis			3.900,00 Stk	175.000,00 EUR
		Ergebnis			13.900,00 Stk	475.000,00 EUR

Abbildung 283: Wareneingänge nach konzerninternen und konzernexternen Lieferanten

Eine weitere Aufgabe bei der Konzernbestandsermittlung kann im Rahmen des Produktionsprozesses entstehen: Sind die konzernintern gelieferten Vermögensgegenstände in die nächsthöhere Wertschöpfungsstufe eingegangen, muss die bestandsführende Einheit zusätzlich die noch lagerhaltigen, in Zwischen- bzw. Endfabrikaten verbauten Konzernbestände ermitteln.

Weiterverarbeitung von (konzernintern) gelieferten Waren

[1168] Vgl. DUSEMOND, M. (1994), S. 334; ADLER, H./DÜRING, W./SCHMALTZ, K. (1995), § 304, Rn. 62.

[1169] Die Information zu den Konzernverrechnungspreisen wird für die Konzernbestandsermittlung u.a. benötigt, wenn von demselben Konzernunternehmen mehrere Lieferungen zu unterschiedlichen Verrechnungspreisen empfangen wurden. Auch sind sie stets für die Berechnung der entsprechenden Einzelabschlusswerte anzugeben.

[1170] Beachten Sie, dass in unserem Beispielsachverhalt das Produkt *Schuhroling* ausschließlich von einem Lieferanten, der *Novellia*, bezogen wird. Aus didaktischen Gründen wurde dieser Bericht nicht an das konkrete Beispiel angelehnt, sondern die zusätzliche Beschaffung des Produkts über einen weiteren Lieferanten dargestellt.

In einem ersten Schritt ist daher zu bestimmen, welche Materialien in welchen Mengen für die Produktion der entsprechenden Erzeugnisse benötigt bzw. verbraucht werden. Der (planmäßige) Materialanteil je Stückeinheit des Erzeugnisses kann in SAP Business ByDesign anhand von *Produktionsstücklisten*[1171] nachvollzogen werden. Alternativ ist auch das Abstellen auf Schlüsselgrößen (z.B. prozentualer Anteil am Volumen oder Gewicht des Erzeugnisses)[1172] oder auf Erfahrungssätze[1173] sachgerecht, deren Herleitung bzw. Berechnung anhand der Datengrundlage der systemseitig dokumentierten Produktionslose erfolgen kann.

Werden die in die Produktion eingehenden Materialien grds. nur von einem Konzernunternehmen bezogen, ist die Ermittlung der noch lagerhaltigen, in Endprodukten verbauten Konzernbestände unproblematisch: Ausgehend vom Lagerbestand an Endprodukten sind die darin verarbeiteten Konzernbestände an Materialien direkt aus den relevanten Stücklisten ableitbar. Ist hingegen neben dem Konzernmaterial auch Fremdmaterial der gleichen Art in dem betreffenden Fabrikat weiterverarbeitet worden, so sind hier die o.g. Vereinfachungsverfahren analog vorzunehmen, um den im Fabrikat verbauten Materialanteil in einen konzerninternen und konzernexternen Anteil aufzuspalten.

4.5.2.3   Lieferdaten

Konzern-AK/HK oder Zwischenerfolgsprozentsatz

Zu jeder Lieferbeziehung, also der Kombination aus Verbundbeziehung und Produkt(-gruppe), ist eine Meldung der Lieferdaten notwendig. Hierdurch fixieren Sie, zu welchen Konditionen das liefernde Unternehmen die Vermögensgegenstände der jeweiligen Produktgruppe an das bestandsführende Unternehmen liefert. In Abhängigkeit davon, ob das mengenmäßige oder das prozentuale Berechnungsverfahren bei der Zwischenergebniseliminierung im Konsolidierungssystem zum Einsatz kommt, sind entweder die Anschaffungs- bzw. Herstellungskosten pro gelieferter Mengeneinheit oder der Zwischenerfolgsprozentsatz (Gewinnzuschlagssatz) zu melden (vgl. Abbildung 281). Die erforderliche Datenbereitstellung mit SAP Business ByDesign seitens des liefernden Unternehmens erfüllt die Anwendungsvoraussetzungen beider Berechnungsmethoden.

Ermittlung der Konzern-AK/HK

Findet das mengenmäßige Berechnungsverfahren bei der Zwischenergebniseliminierung Anwendung, sind die Konzernanschaffungs- bzw. Herstellungskosten zu ermitteln. Informationen zu den stückbezogenen Anschaffungs- bzw. Herstellungskosten eines Produkts sind in den zugehörigen Materialstammdatensätzen hinterlegt und können im Work Center *Bestandsbewertung* unter der Sicht *Stammdaten* abgefragt werden. Über die Untersicht *Materialpreisübersicht* können Sie die einer Materialeinheit zugeordneten Bestandspreise, die zur Bewertung von Warenbewegungen und Lagerbeständen eingesetzt werden, bestimmen. Dies

---

[1171]   Zur Handhabung von Produktionsstücklisten in SAP Business ByDesign vgl. Kapitel F.2.3.2.2.

[1172]   Vgl. BUSSE VON COLBE, W. ET AL. (2010), S. 394.

[1173]   Vgl. ADLER, H./DÜRING, W./SCHMALTZ, K. (1995), § 304, Rn. 66.

setzt voraus, dass die Finanzdaten des Produkts für das jeweilige Unternehmen (in Kombination mit einer Betriebsstätte) entsprechend gepflegt sind.[1174]

Bei Anwendung des prozentualen Berechnungsverfahrens wird hingegen auf eine detaillierte Ermittlung der Konzernanschaffungs- bzw. Herstellungskosten verzichtet und vereinfachend auf Gewinnzuschlagssätze i.S.v. erzielten Bruttogewinnspannen abgestellt. Die zu eliminierenden Zwischenergebnisse werden retrograd über die Bruttogewinnspanne des konzerninternen Lieferunternehmens bestimmt, die sich wie folgt berechnet: **Ermittlung der Gewinnzuschlagssätze**

- Bruttogewinnspanne: $\frac{(Innen)Umsatzerlöse - entsprechende\ Umsatzkosten}{(Innen)Umsatzerlöse} * 100$

Im Work Center *Kosten und Erlöse* haben Sie hierzu die Möglichkeit, sich über den Bericht *Ergebnis nach Kennzahlen* u.a. die realisierte Bruttogewinnspanne eines Unternehmens nach verschiedenen Gliederungskriterien wie z.B. Periode, Kunde und/oder Produkt anzeigen zu lassen.[1175]

4.5.3 Datenbereitstellung: Aufwands- und Ertragskonsolidierung

4.5.3.1 Innenumsatzeliminierung

Wie in den betriebswirtschaftlichen Grundzügen der Innenumsatzeliminierung bereits dargelegt wurde, sind die Buchungen dieser Konsolidierungsmaßnahme davon abhängig, ob Sie in der GuV das UKV oder GKV anwenden.[1176] Wir verwenden im Fallbeispiel das GKV, wo die primären Aufwendungen (Materialaufwand, Personalaufwand, Abschreibungsaufwand etc.) des liefernden Unternehmens in die konsolidierte GuV eingehen und die Eliminierung der Innenumsatzerlöse gegen die Positionen „Materialaufwand" oder „Bestandsveränderung" bei dem empfangenden Unternehmen vorgenommen wird. **GKV**

Methodisch wird die Innenumsatzeliminierung nach GKV regelmäßig über eine sog. einseitige Eliminierung durchgeführt.[1177] Demnach orientiert sich der Aufrechnungsvorgang vollständig an den seitens des Lieferanten erfassten Umsatzerlösen pro Partnerkontierung, während die Gegenpositionen der von den Konzernunternehmen zu meldenden Primäraufwendungen nicht nach Partnerunternehmen differenziert benötigt werden. Damit das Konsolidierungssystem also die bei der Aufrechnung anzusprechenden konzernintern erzielten Umsatzerlöse pro Partnerunternehmen erkennt, werden die von dem Lieferunternehmen gemeldeten Kon- **Einseitige Eliminierung**

[1174] Vgl. zur Materialstammdatenpflege Kapitel D.4.1.

[1175] Die Bruttogewinnspannen sind normalerweise jedes Jahr oder auch unterjährig bei entsprechenden Anlässen wie z.B. Preiserhöhungen zu überprüfen, um sicherzustellen, dass sie einer ggf. veränderten Kosten- und/oder Ertragslage Rechnung tragen; vgl. DUSEMOND, M. (1994), S. 389.

[1176] Vgl. dazu Kapitel G.2.5.3.2.

[1177] Vgl. ausführlich zur Abgrenzung einseitige versus zweiseitige Eliminierung KAGERMANN, H./KÜTING, K./WIRTH, J. (2008), S. 274 ff.

tensalden differenziert nach Partnerunternehmen benötigt. In SAP Business By-Design ist dies stets erfüllt: Im Rahmen des Geschäftsprozesses Auftragsabwicklung löst die Freigabe der Kundenrechnung automatisch eine Buchung auf dem Konto „Umsatzerlöse" aus, die über die hinterlegten Stammdaten des Geschäftspartners demselben kontierungsmäßig zugeordnet werden.

Kontenfindung bei konzerninternen/-externen Geschäftsvorfällen

Die Kontierung der Umsatzerlöse kann in SAP Business ByDesign über die Kontenfindung flexibel nach individuellen Berichtserfordernissen gestaltet werden. Die Kontenfindung basiert auf Kontenfindungsgruppen, die je nach Geschäftsvorfall von unterschiedlichen Arten von Stammdaten abgeleitet werden. So können zu internen/externen Informationszwecken separate Erlöskonten für In- und Auslandsumsätze bzw. für Innen- und Außenumsätze geführt werden, die bei Buchungen von Geschäftsvorfällen im Verkauf angesprochen werden (vgl. Abbildung 284). Die Erlöskontierung nach konzerninternen/-externen Umsätzen ist jedoch im Rahmen der Konsolidierungsvorbereitung nicht zwingend erforderlich, da eine externe Konsolidierungslösung die Unterteilung in Innen- und Außenumsätze anhand der jeweilig gemeldeten Partnerinformation automatisch vornehmen kann.

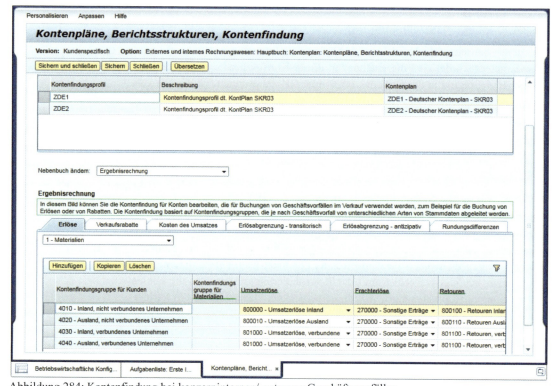

Abbildung 284: Kontenfindung bei konzerninternen/-externen Geschäftsvorfällen

4.5.3.2 Konsolidierung anderer Erträge und Aufwendungen

Die Konsolidierung von anderen Aufwendungen und Erträgen ähnelt aus buchungstechnischer Sicht weitestgehend der Vorgehensweise bei der Schuldenkonsolidierung, weshalb vergleichbare Anforderungen an die Beschaffenheit der Meldedaten zu stellen sind.[1178] Kennzeichnend für die zu eliminierenden Aufwendungen und Erträge ist, dass – nach einer erfolgreichen Abstimmung der Intercompany-Salden – dem zu eliminierenden Aufwand bei einem Konzernunternehmen konzeptionell ein korrespondierender Ertrag bei dem Partnerunternehmen gegenübersteht (dies gilt für Aufwands- und Ertragseliminierungen ohne Währungsumrechnung).[1179] Aus diesem Grund wird die Aufrechnung in der Konsolidierungslösung regelmäßig über eine sog. zweiseitige Eliminierung erfolgen, d.h., bei der Erfassung der Geschäftsvorfälle in SAP Business ByDesign müssen die relevanten Sachkonten der GuV sowohl auf Seiten des Leistungserstellers als auch des Leistungsempfängers mit den Partnerinformationen kontiert werden. Aufrechnungsdifferenzen dürfen grds. nicht entstehen, es sei denn, sie sind bedingt durch Maßnahmen der Währungsumrechnung im Einzel- bzw. Konzernabschluss.[1180]

Zweiseitige Eliminierung

Analog zur Schuldenkonsolidierung müssen die Intercompany-Salden nicht nur mit einem Aufriss nach Partner, sondern auch nach Transaktionswährung an die Konsolidierungsstelle gemeldet werden. In SAP Business ByDesign ist diese Information über die *Belegzeilenwährung* erfasst und kann bei der Meldedatenerstellung über die Einstellungen in der Berichtssicht hinzu gewählt werden.[1181] Angewendet auf unser Fallbeispiel zeigt Abbildung 285 die aus einem innerkonzernlichen Leistungsverhältnis (Vermietung eines Markenrechts) entstandenen Aufwendungen und Erträge für die Verbundbeziehung *Nordstar/Novellia*, die über den Bericht *Summen- und Saldenliste* abgefragt werden können.

Übermittlung der Transaktionswährungen

Unternehmen		Partnerunternehmen		Sachkonto		Belegzeilenwährung	Endsaldo in Hauswährung	Endsaldo in Belegzeilenwährung
NS1000	Nordstar GmbH	CU2000	Novellia Ltd.	270100	Mieterträge	EUR	-80.000,00 EUR	-80.000,00 EUR
				Ergebnis			-80.000,00 EUR	-80.000,00 EUR
CU2000	Novellia Ltd.	NS1000	Nordstar GmbH	421000	Mietaufwendungen	EUR	4.000.000,00 INR	80.000,00 EUR
				Ergebnis			4.000.000,00 INR	80.000,00 EUR

Abbildung 285: Summen- und Saldenliste nach Partnerunternehmen

4.5.4 Datenbereitstellung: Kapitalkonsolidierung

Die Kapitalkonsolidierung gehört zu den schwierigsten Bereichen der Konzernrechnungslegung und im Allgemeinen können nicht alle konsolidierungsrelevanten Details aus den Meldedaten abgeleitet werden. Demnach werden für die Kapi-

Vorbemerkungen

[1178] Vgl. dazu bereits Kapitel G.4.5.1 sowie aus Sicht der betriebswirtschaftlichen Grundlagen Kapitel G.2.5.3.3.

[1179] In Analogie zur Intercompany-Abstimmung im Vorfeld der Schuldenkonsolidierung kann die Abstimmung über die Berichtsinstrumente in SAP Business ByDesign, namentlich die Summen- und Saldenliste, erfolgen; vgl. dazu Kapitel G.4.5.1.2.

[1180] Vgl. dazu Kapitel G.2.5.3.

[1181] Vgl. dazu nachfolgend Kapitel G.5.2.

talkonsolidierung zusätzliche Informationen über innerkonzernlich bestehende Beteiligungs- und Kapitalverflechtungen benötigt.

4.5.4.1   Beteiligungsverhältnisse

Erfassung der Beteiligung

Unternehmensbeteiligungen werden bilanziell als Anteile an verbundenen Unternehmen (bzw. als Anteile an assoziierten Unternehmen[1182]) unter dem Finanzanlagevermögen ausgewiesen. Sie unterliegen jedoch nicht der Anlagenbuchhaltung von SAP Business ByDesign, sondern werden über Erfassungsbelege direkt im Hauptbuch – bei einem vollzukonsolidierenden Tochterunternehmen unter dem Konto „Anteile an verbundenen Unternehmen" – angelegt (vgl. Abbildung 286), d.h., es gibt keinen Bezug zu einer Nebenbuchkontierung.

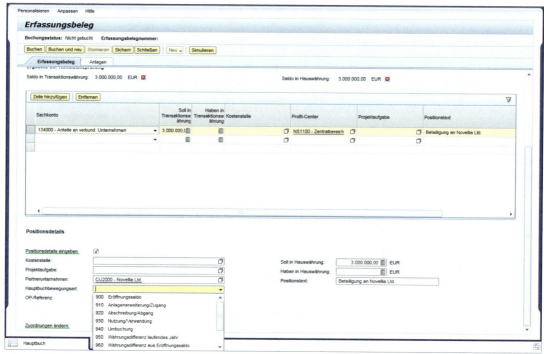

Abbildung 286: Erfassungsbeleg zur Einbuchung der Beteiligung

Beteiligungsentwicklung

Informationen zur Beteiligungsentwicklung und deren Zuordnung zu betriebswirtschaftlichen Vorgängen der Kapitalkonsolidierung, d.h. bspw. dem Zukauf weiterer Anteile oder dem Verkauf von Anteilen, sind immer dann notwendig, wenn sich in den Summenabschluss eingehende Anteile an Unternehmen des Konsolidierungskreises betragsmäßig oder hinsichtlich des Beteiligungsanteils gegenüber der Vormeldung ändern. So können Beteiligungszugänge u.a. dem Vorgang einer

---

[1182]   Nach HGB fallen hierunter neben assoziierten Unternehmen i.e.S. ggf. auch Tochterunternehmen, die nicht vollkonsolidiert werden, sowie Gemeinschaftsunternehmen, die nicht quotal in den Konzernabschluss einbezogen werden (assoziierte Unternehmen i.w.S.).

Erstkonsolidierung oder etwa eines sukzessiven Erwerbs[1183] zuordenbar sein, sodass eine differenzierte Betrachtung nach sog. Bewegungsarten notwendig wird. Mithilfe der Bewegungsarten können Sie in SAP Business ByDesign die Buchungen in der Hauptbuchhaltung und in der Anlagenbuchhaltung abhängig von den jeweiligen Kontobewegungen klassifizieren, z.B. in Zugänge, Abgänge, Umbuchungen oder Abschreibungen.[1184] So ist es auch möglich, die Beteiligungsfortschreibung adäquat abzubilden. Die zutreffenden Bewegungsarten sind beim Anlegen des Erfassungsbelegs zur Einbuchung der Beteiligung stets innerhalb der Belegzeilenfelder anzugeben (vgl. Abbildung 286). Demnach ist eine erworbene Beteiligung in Höhe ihrer Anschaffungskosten mit der Bewegungsart *900 – Eröffnungssaldo* zu kennzeichnen, während bspw. der Zukauf weiterer Anteile auf die Bewegungsart *910 – Zugang* zu kontieren wäre.[1185]

Hierdurch wird es einem externen Konsolidierungssystem ermöglicht, die Beteiligungsentwicklung seitens des anteilhaltenden Mutterunternehmens vollständig aus den Bewegungsdaten der Meldedaten abzuleiten. Der anzuwendende Beteiligungsbuchwert wird von der Konsolidierungssoftware folglich aus einer Kombination aus Konto und Bewegungsart gelesen. Zusätzlich muss aber auch eine Unterkontierung nach Partnern gegeben sein, damit einzelne Beteiligungspositionen den beherrschten Tochtereinheiten eindeutig zuordenbar sind: Beim Anlegen des Erfassungsbelegs zur Beteiligungseinbuchung können Sie das Partnerunternehmen, an dem die Beteiligung gehalten wird, über die entsprechende Partnerkontierung im Konto „Anteile an verbundenen Unternehmen" als solches ausweisen (vgl. Abbildung 286).

SAP Business ByDesign stellt keine Informationen über die im Konzern gehaltenen Beteiligungsquoten bereit, woraus sich aus den Unternehmensdaten ableiten ließe, ob es sich etwa um ein vollzukonsolidierendes Tochterunternehmen handelt oder alternativ um quotal bzw. „at equity" einzubeziehende Gemeinschafts- oder assoziierte Unternehmen. Insbesondere ist die Information zu Beteiligungsquoten für die Abgrenzung der Anteile von Fremdgesellschaftern in der Konsolidierung von Bedeutung, da diese in Höhe ihres Anteils am Nettovermögen des jeweiligen Tochterunternehmens partizipieren. Die Übermittlung der Beteiligungsquoten ist somit „händisch" im Konsolidierungssystem unmittelbar einzutragen und dementsprechend dort zu verwalten.

Beteiligungsquote

[1183] In der Unternehmenspraxis erlangt das Mutterunternehmen häufig die Beherrschung über ein Tochterunternehmen nicht in einem einzigen Erwerbsvorgang, sondern tranchenweise in mehreren Teilerwerben; vgl. ausführlich KÜTING, K./WEBER, C.-P. (2010), S. 319 ff.

[1184] Die Kontobewegungen stellen die Differenz zwischen Anfangs- und Endsaldo dar. Sie können die Kontobewegungen nach Bewegungsarten (z.B. Zugang, Abgang, Umbuchung) aufteilen. Dazu müssen Sie beim manuellen Buchen immer eine Bewegungsart angegeben haben. Die Bewegungsarten sind vom System fest vorgegeben.

[1185] Es gilt zu beachten, dass die Differenzierung nach Bewegungsarten ein Spezifikum der sog. regelbasierten Konsolidierungslösungen darstellt, während andere Tools die explizite Erfassung der betriebswirtschaftlichen Sachverhalte benötigen. Vgl. dazu auch Kapitel G.5.1.

4.5.4.2   Eigenkapitalverhältnisse

**Eigenkapital-
veränderungen**

Bei der Kapitalkonsolidierung nach der Neubewertungsmethode wird der Beteiligungsbuchwert des Mutterunternehmens mit dem anteiligen neubewerteten Eigenkapital des Tochterunternehmens aufgerechnet. Die Datenübernahme des Eigenkapitals des Tochterunternehmens erfolgt zunächst auf Basis der HB-II-Wertansätze. Diese werden in SAP Business ByDesign unmittelbar auf den Eigenkapitalkonten des für die Konsolidierung maßgebenden Rechnungslegungswerks (z.B. *HGB*) ausgewiesen und im Hauptbuch fortgeschrieben. Während der Konzernzugehörigkeit auftretende Eigenkapitalveränderungen beim Tochterunternehmen[1186] haben grds. Auswirkungen auf den Vorgang der Kapitalkonsolidierung und müssen daher aus den Meldedaten von SAP Business ByDesign ableitbar sein.[1187] Buchungen innerhalb des Eigenkapitals werden in SAP Business ByDesign immer direkt im Hauptbuch vorgenommen, sodass beim Anlegen des jeweiligen Erfassungsbelegs stets auch die entsprechende Bewegungsart einzutragen ist. Somit können Bewegungen auf Eigenkapitalkonten differenziert nach Bewegungsarten aufgeteilt werden.

**Datenübernahme
der stillen Reserven
und Lasten**

Die identifizierten stillen Reserven/Lasten im Vermögen des Tochterunternehmens sowie deren Fortschreibung werden über eine gesonderte Datenübernahme, die aus einer zweiten Bewertungssicht gespeist wird, der Konsolidierung zur Verfügung gestellt.[1188] Die Form der weiteren Verarbeitung ist von den Funktionalitäten der verwendeten Konsolidierungslösung abhängig.

4.6   Zusammenfassende Darstellung des Beispielsachverhalts in Bilanz und Gewinn- und Verlustrechnung

Vorbemerkungen

Nachfolgend werden die konsolidierungsrelevanten Sachverhalte aus dem skizzierten Beispielsachverhalt und ihre Auswirkungen auf die Bilanz und GuV des jeweiligen Konzernunternehmens in zusammenfassenden Darstellungen abgebildet. Insbesondere sollen die konzerninternen Geschäftsvorfälle in einer Deltabetrachtung zusammengefasst werden, um die Zusammensetzung der Meldedaten schrittweise herzuleiten. Es ist zu beachten, dass die dargestellten Bilanz- und GuV-Berichte nicht den Berichtsdateien entsprechen, die für den Datenexport an das Konsolidierungssystem bestimmt sind. In diesem Zusammenhang sei auf das nachfolgende Kapitel G.5.2 zur Datenextraktion verwiesen, wo wir Ihnen die Möglichkeiten der Datenextraktion mit SAP Business ByDesign erläutern werden.

[1186]   Beispiele für Eigenkapitalveränderungen sind Kapitalerhöhungen/-herabsetzungen, Gewinnausschüttungen oder die Erwirtschaftung eines Jahreserfolgs.

[1187]   In der Konsolidierung kommt den zu meldenden Informationen über Eigenkapitalveränderungen bei einem Tochterunternehmen dann Relevanz zu, wenn Minderheitenanteile auf Ebene des Konzerns fortgeschrieben werden müssen. So partizipieren Fremdgesellschafter anteilig an erfolgswirksamen und erfolgsneutralen Eigenkapitalveränderungen während der Konzernzugehörigkeit des Tochterunternehmens.

[1188]   Vgl. hierzu auch Kapitel G.4.4.2.

Die Abschlussdaten der Konzernunternehmen werden außerhalb von SAP Business ByDesign konsolidiert. Die Darstellung der jeweiligen Konsolidierungsbuchungen erfolgt in Kapitel G.5.4.

4.6.1 Vorbereitung der Erstkonsolidierung im Erwerbszeitpunkt 01.01.2010

Für das Tochterunternehmen ergibt sich im Erwerbszeitpunkt 01.01.2010 das Bilanzbild der HB-II, wie es sich, aggregiert nach Bilanzpositionen, in Abbildung 287 dargestellt findet. Der konzerneinheitlich definierte Bilanzierungs- und Bewertungsrahmen in der HB-II wird unmittelbar im zugeordneten Rechnungslegungswerk *HGB* angewendet, wo die entsprechenden Meldedaten für die Konsolidierung erzeugt werden. Die im Einzelabschluss erfassten Bewegungsarten werden im Detail mitgemeldet. Die Umschlüsselung auf die Bewegungsart „Zugänge zum Konsolidierungskreis" erfolgt in der Konsolidierungssoftware.

Überblick

Insbesondere ist die Position „Gewinnrücklagen" in der Bilanz der *Novellia* hervorzuheben, auf die der Jahresüberschuss der GuV im Rahmen der Gewinnverwendung gebucht wird. Dem Kongruenzprinzip folgend, werden die in den Vorjahren vor Konzernzugehörigkeit erwirtschafteten Ergebnisse über einen Saldovortrag auf dieses Sachkonto vorgetragen, in dem in der Folge – d.h. während Konzernzugehörigkeit – die erfolgswirksamen Eigenkapitalveränderungen zu erfassen sind.

Bilanzposition	Handelsbilanz II INR
Aktiva	155.000.000,00 INR
Anlagevermögen	100.000.000,00 INR
Sachanlagevermögen	100.000.000,00 INR
Grundstücke	30.000.000,00 INR
Gebäude	20.000.000,00 INR
Technische Anlagen und Maschinen	50.000.000,00 INR
Umlaufvermögen	55.000.000,00 INR
Vorräte	40.000.000,00 INR
Fertige Erzeugnisse und Waren	40.000.000,00 INR
Forderungen und sonstige Anlagen	5.000.000,00 INR
Forderung aus Lieferung und Leistung	5.000.000,00 INR
Kassenbest., Guthaben Kl. und Schecks	10.000.000,00 INR
Passiva	-155.000.000,00 INR
Eigenkapital	-130.000.000,00 INR
Gezeichnetes Kapital	-75.000.000,00 INR
Kapitalrücklage	-30.000.000,00 INR
Gew innrücklagen	-25.000.000,00 INR
Rückstellungen	-5.000.000,00 INR
Verbindlichkeiten	-20.000.000,00 INR
Verbindl. aus Lieferungen und Leistungen	-20.000.000,00 INR

Abbildung 287: HB-II der *Novellia* im Erwerbszeitpunkt (01.01.2010)

Stille Reserven

Stille Reserven können in folgenden Aktiva der *Novellia* identifiziert werden (vgl. Abbildung 288):[1189]

	Immaterielle VG	Grundstücke
Buchwert (INR)	0	30.000.000
Zeitwert (INR)	20.000.000	32.500.000
Stille Reserven (INR)	20.000.000	2.500.000
Abschreibungsmethode	linear über Rest-ND	nicht abschreiben
Abschreibungsdauer	5 Jahre	-

Abbildung 288: Stille Reserven der *Novellia*

Die stillen Reserven im materiellen und immateriellen Anlagevermögen werden entsprechend der in Kapitel G.4.4.2 beschriebenen Vorgehensweise über eine gesonderte Bewertungssicht in SAP Business ByDesign geführt, die dem Rechnungslegungswerk *HGB* der *Novellia* als zweite, nicht hauptbuchrelevante Bewertungssicht zugeordnet ist. Sowohl die Wertansätze der stillen Reserven als auch die Parameter der Abschreibungsrechnung sind pro Anlage auf dieser statistischen Bewertungssicht gespeichert. Somit ist es für das Tochterunternehmen möglich, die Wertfortschreibung der stillen Reserven für die jeweilige Anlage gesondert in der Bewertungssicht vorzunehmen.[1190]

4.6.2 Abbildung der innerkonzernlichen Geschäftsvorfälle im Geschäftsjahr 2010

Auf Grundlage eines bestehenden Rahmenvertrags zu einer Lieferbeziehung zwischen der *Novellia* als Lieferant und der *Nordstar* als Empfänger, werden im Geschäftsjahr 2010 Halbfabrikate (Schuhrohlinge) konzernintern unter Berücksichtigung eines konzerninternen Gewinnaufschlags verkauft.[1191] Weiterhin wird von der *Nordstar* ein Markenrecht an das indische Tochterunternehmen *Novellia* gegen die jährliche Zahlung einer Nutzungsgebühr vermietet.

4.6.2.1 Lieferung von Halbfabrikaten

Schulden-konsolidierung

Für das Geschäftsjahr 2010 werden zwei Tranchen von Indien nach Deutschland abgesetzt: Für die zweite Lieferung am 01.12.2010 erfolgt die Bezahlung, die in der zugrunde liegenden Transaktionswährung INR zu leisten ist, durch den Empfänger *Nordstar* erst im darauffolgenden Geschäftsjahr. Die resultierende Fremdwährungsverbindlichkeit der *Nordstar* i.H.v. 7.500.000 INR (= 5.000 ME * 1.500 INR/ME) wird mit dem zum Transaktionsdatum gültigen Fremdwährungskurs (50 INR/EUR) eingebucht.[1192] Am Abschlussstichtag ist diese anhand des

---

[1189]   Bei der stillen Reserve im Bereich des immateriellen Anlagevermögens der *Novellia* handelt es sich um ein Patent zu einem selbst entwickelten Produktionsverfahren, das im Einzelabschluss des Tochterunternehmens nicht aktiviert wurde.

[1190]   Vgl. zur Durchführung der Kapitalkonsolidierung Kapitel G.5.4.5.

[1191]   Vgl. zu den Eckdaten der Lieferbeziehung Kapitel G.3.2.1.

[1192]   Es wird unterstellt, dass der WE/RE-Lauf keine festzustellende Abweichung zwischen Waren- und Rechnungseingang gebucht hat.

dann gültigen Devisenkassamittelkurses im Rahmen der Fremdwährungsbewertung erfolgswirksam an die aktuellen Stichtagsverhältnisse anzupassen. Da sich der Wechselkurs per Annahme bis zum Bilanzstichtag nicht verändert hat, erfolgt keine Bewertungsanpassung und das Unternehmen *Nordstar* meldet über ihren Einzelabschluss eine Verbindlichkeit i.H.v. 150.000 EUR (= 7.500.000 INR / 50 INR/EUR) (vgl. für *Nordstar* die Spalte „Delta Intercompany GV 1" der Abbildung 291).

Auf der anderen Seite weist die *Novellia* eine korrespondierende Forderung i.H.v. 7.500.000 INR in ihrem lokalen Einzelabschluss aus (vgl. für *Novellia* die Spalte „Delta Intercompany GV 1" der Abbildung 289), die erst bei der späteren Währungsumrechnung im Konsolidierungssystem in die Konzernberichtswährung umgerechnet wird.[1193]

Insgesamt werden von der *Novellia* im betrachteten Geschäftsjahr 10.000 Paar der Schuhrohlinge zu einem Verkaufspreis von je 1.500 INR konzernintern geliefert. Je Paar ist in den Materialstammdaten ein Standardkostensatz[1194] i.H.v. 1.200 INR hinterlegt.[1195] Warenausgang und Kundenrechnung erfolgen im Rahmen der Auftragsabwicklung[1196] unmittelbar hintereinander, sodass im Zeitpunkt der Gewinnrealisierung die Herstellungskosten des Umsatzes und die Umsatzerlöse bereits gebucht sind; eine Abgrenzung wurde nicht vorgenommen. Insgesamt erzielten Umsatzerlösen i.H.v. 15.000.000 INR stehen hierfür angefallene Herstellungskosten von 12.000.000 INR gegenüber, die sich wie folgt zusammensetzen: Materialaufwand i.H.v. 6.000.000 INR, Personalaufwand i.H.v. 4.000.000 INR und sonstige betriebliche Aufwendungen i.H.v. 2.000.000 INR. Die angefallenen Kosten wurden im Geschäftsjahr noch nicht bezahlt, weshalb diese unter den Verbindlichkeiten ausgewiesen werden. Aus Einzelabschlusssicht wird für das Geschäftsjahr 2010 ein Bruttogewinn i.H.v. 3.000.000 INR aus dem innerkonzernlichen Lieferungsverhältnis seitens der *Novellia* realisiert (vgl. zu den Bilanz- und Erfolgsauswirkungen bei der *Novellia* die Spalte „Delta Intercompany GV 1" der Abbildung 289 bzw. der Abbildung 290). In SAP Business ByDesign kann das Ergebnis gleichermaßen auch als Bruttogewinnspanne (= 20 %) angezeigt werden, die als anzuwendender Zwischenerfolgsprozentsatz an die Konsolidierung gemeldet wird.[1197]

Innenumsatz- und Zwischenergebniseliminierung

[1193] Vgl. zur Durchführung der Schuldenkonsolidierung Kapitel G.5.4.2.

[1194] Vgl. zur Verwendung des Standardkostensatzes Kapitel F.2.3.2.4.

[1195] SAP Business ByDesign liefert die erforderliche Datengrundlage für eine Zwischenergebniseliminierung, um sowohl das mengenmäßige als auch prozentuale Verfahren unterstützen zu können. Vgl. dazu Kapitel G.4.5.2.

[1196] Die Ausführungen zur Auftragsabwicklung, die sich auf den vorangehenden Beispielsachverhalt zum Einzelabschluss der *Nordstar* beziehen, gelten hier analog. Vgl. hierzu Kapitel F.3.3.1.1.3 und F.3.3.1.1.4. Zur Abgrenzung von Umsatzerlösen und Umsatzkosten vgl. F.3.3.2.

[1197] Vgl. zur Ermittlung des Zwischenerfolgsprozentsatzes Kapitel G.4.5.2.3. Sollte das prozentuale Berechnungsverfahren zur Anwendung kommen, ermittelt sich die Bruttogewinnspanne wie folgt: 3.000.000 INR / 15.000.000 INR * 100 = 20 %.

Aus der Perspektive des empfangenden Konzernunternehmens *Nordstar* handelt es sich beim Beschaffungsprozess um eine Bestellung von Materialien für die Produktion, d.h., die bekannten Geschäftsvorfälle Materiallieferung und Lieferantenrechnung lösen automatische Buchungen im System aus. Die angeschafften Materialien im Gesamtwert von 300.000 EUR (= 10.000 ME * 1.500 INR/ME / 50 INR/EUR) werden in dem Lager für die Inputfaktoren der Lagerfertigung erfasst und mit einem Bestandspreis von je 30 EUR bewertet. Wir wählen den gleitenden Durchschnittspreis als Bewertungsmethode, um zukünftige Entwicklungen des Fremdwährungskurses im Zeitablauf zu berücksichtigen.[1198] Die Bestände an Schuhrohlingen gehen unterjährig vollständig in die nächste Wertschöpfungsstufe ein und werden als Materialaufwand (300.000 EUR) zu Endprodukten verbaut, die am Abschlussstichtag noch vollständig auf Lager liegen. Im betrachteten Geschäftsjahr entstehen bei der *Nordstar* durch die Weiterverarbeitung zusätzliche Herstellungskosten, die sich aufsummiert über alle Produktionslose wie folgt verteilen: (weiterer) Materialaufwand i.H.v. 50.000 EUR, Personalaufwand i.H.v. 150.000 EUR und sonstige betriebliche Aufwendungen i.H.v. 5.000 EUR. Eine Bezahlung der entstandenen Kosten ist im Geschäftsjahr noch nicht erfolgt, weshalb entsprechende Verbindlichkeiten ausgewiesen werden. Insgesamt erhöht sich der Bestand an Fertigerzeugnissen bei der *Nordstar* um 505.000 EUR. Die Bilanz- und Erfolgsauswirkungen aus dem Sachverhalt finden sich für die *Nordstar* in der Spalte „Delta Intercompany GV 1" der Abbildung 291 bzw. der Abbildung 292 dargestellt.[1199]

4.6.2.2   Vermietung eines Markenrechts

Konsolidierung anderer Erträge und Aufwendungen

Das Unternehmen *Nordstar* erhält für das vermietete Markenrecht einen jährlichen Mietzins i.H.v. 80.000 EUR von dem ausländischen Tochterunternehmen *Novellia*. Die Leistungsbeziehung wird in EUR abgerechnet und während des Geschäftsjahres vollständig bezahlt. Die Miete wird im Einzelabschluss der *Novellia* mit dem Stichtagskurs (50 INR/EUR) zum Zeitpunkt des Rechnungseingangs in die Hauswährung INR umgerechnet, woraus sich ein zu erfassender Aufwand von 4.000.000 INR ergibt (vgl. zu den Bilanz- und Erfolgsauswirkungen für *Novellia* die Spalte „Delta Intercompany GV 2" der Abbildung 289 bzw. der Abbildung 290).[1200]

Korrespondierend realisiert die *Nordstar* einen Ertrag i.H.v. 80.000 EUR aus der konzerninternen Leistungsbeziehung (vgl. zu den Bilanz- und Erfolgsauswirkungen für *Nordstar* die Spalte „Delta Intercompany GV 2" der Abbildung 291 bzw. der Abbildung 292).

[1198]   Da im Modell konstante Beschaffungspreise und Wechselkursrelationen vorausgesetzt werden, verändert sich dieser im Zeitablauf nicht. Vgl. weitergehend zur Bewertung mit dem gleitenden Durchschnittspreis Kapitel F.1.3.1.1.2.

[1199]   Vgl. zur Durchführung der Innenumsatzeliminierung und der Zwischenergebniseliminierung im Vorratsvermögen Kapitel G.5.4.3.

[1200]   Vgl. zur Durchführung der Konsolidierung anderer Erträge und Aufwendungen Kapitel G.5.4.4.

4.6.2.3 Zusammenfassende Darstellung

Nachfolgend werden die Bilanz und GuV der *Novellia* und *Nordstar* mit den Auswirkungen konzerninterner Sachverhalte zusammenfassend dargestellt.

Bilanzposition	HB II ohne Intercompany INR	Delta Intercompany GV 1 INR	Delta Intercompany GV 2 INR	HB II mit Intercompany INR
Aktiva	203.300.000,00 INR	15.000.000,00 INR	-4.000.000,00 INR	214.300.000,00 INR
Anlagevermögen	88.000.000,00 INR	0,00 INR	0,00 INR	88.000.000,00 INR
Sachanlagevermögen	88.000.000,00 INR	0,00 INR	0,00 INR	88.000.000,00 INR
Grundstücke	30.000.000,00 INR	0,00 INR	0,00 INR	30.000.000,00 INR
Gebäude	18.000.000,00 INR	0,00 INR	0,00 INR	18.000.000,00 INR
Technische Anlagen und Maschinen	40.000.000,00 INR	0,00 INR	0,00 INR	40.000.000,00 INR
Umlaufvermögen	115.300.000,00 INR	15.000.000,00 INR	-4.000.000,00 INR	126.300.000,00 INR
Vorräte	32.800.000,00 INR	0,00 INR	0,00 INR	32.800.000,00 INR
Fertige Erzeugnisse und Waren	32.800.000,00 INR	0,00 INR	0,00 INR	32.800.000,00 INR
Forderungen und sonstige Anlagen	72.500.000,00 INR	7.500.000,00 INR	0,00 INR	80.000.000,00 INR
Forderung aus Lieferung und Leistung	72.500.000,00 INR	0,00 INR	0,00 INR	72.500.000,00 INR
Forderung gg. verbundene Unt.	0,00 INR	7.500.000,00 INR	0,00 INR	7.500.000,00 INR
Kassenbest., Guthaben Kl. und Schecks	10.000.000,00 INR	7.500.000,00 INR	-4.000.000,00 INR	13.500.000,00 INR
Passiva	-203.300.000,00 INR	-15.000.000,00 INR	4.000.000,00 INR	-214.300.000,00 INR
Eigenkapital	-149.210.000,00 INR	-3.000.000,00 INR	4.000.000,00 INR	-148.210.000,00 INR
Gezeichnetes Kapital	-75.000.000,00 INR	0,00 INR	0,00 INR	-75.000.000,00 INR
Kapitalrücklage	-30.000.000,00 INR	0,00 INR	0,00 INR	-30.000.000,00 INR
Gew innrücklagen	-25.000.000,00 INR	0,00 INR	0,00 INR	-25.000.000,00 INR
Jahresüberschuss/Jahresfehlbetrag	-19.210.000,00 INR	-3.000.000,00 INR	4.000.000,00 INR	-18.210.000,00 INR
Rückstellungen	-5.000.000,00 INR	0,00 INR	0,00 INR	-5.000.000,00 INR
Verbindlichkeiten	-49.090.000,00 INR	-12.000.000,00 INR	0,00 INR	-61.090.000,00 INR
Verbindl. aus Lieferungen und Leistungen	-45.690.000,00 INR	-8.000.000,00 INR	0,00 INR	-53.690.000,00 INR
Sonstige Verbindlichkeiten	-3.400.000,00 INR	-4.000.000,00 INR	0,00 INR	-7.400.000,00 INR
Verbindlichkeiten gegenüber Personal	-3.400.000,00 INR	-4.000.000,00 INR	0,00 INR	-7.400.000,00 INR

Abbildung 289: HB-II der *Novellia* nach Intercompany-Geschäftsvorfällen (31.12.2010)

Bilanzposition	GuV ohne Intercompany INR	Delta Intercompany GV 1 INR	Delta Intercompany GV 2 INR	GuV mit Intercompany INR
Ergebnis der gew öhnlichen Geschäftstätigkeit	-19.210.000,00 INR	-3.000.000,00 INR	4.000.000,00 INR	-18.210.000,00 INR
Umsatz	-67.500.000,00 INR	-15.000.000,00 INR	0,00 INR	-82.500.000,00 INR
Erhöhung oder Verminderung des Bestands	7.200.000,00 INR	0,00 INR	0,00 INR	7.200.000,00 INR
andere aktivierte Eigenleistung	0,00 INR	0,00 INR	0,00 INR	0,00 INR
sonstige betriebliche Erträge	0,00 INR	0,00 INR	0,00 INR	0,00 INR
Materialaufw and	24.600.000,00 INR	6.000.000,00 INR	0,00 INR	30.600.000,00 INR
Personalaufw and	3.400.000,00 INR	4.000.000,00 INR	0,00 INR	7.400.000,00 INR
Abschreibung	12.000.000,00 INR	0,00 INR	0,00 INR	12.000.000,00 INR
für Sachanlagen	12.000.000,00 INR	0,00 INR	0,00 INR	12.000.000,00 INR
für immaterielle Vermögensgegenstände	0,00 INR	0,00 INR	0,00 INR	0,00 INR
sonstige betriebliche Aufw endungen	1.090.000,00 INR	2.000.000,00 INR	4.000.000,00 INR	7.090.000,00 INR
Steuern vom Einkommen und vom Ertrag	0,00 INR	0,00 INR	0,00 INR	0,00 INR
GuV Ergebnis	-19.210.000,00 INR	-3.000.000,00 INR	4.000.000,00 INR	-18.210.000,00 INR

Abbildung 290: GuV der *Novellia* nach Intercompany-Geschäftsvorfällen (31.12.2010)

Bilanzposition	HB II ohne Intercompany	Delta Intercompany GV 1	Delta Intercompany GV 2	HB II mit Intercompany
	EUR	EUR	EUR	EUR
Aktiva	14.504.840,46 EUR	355.000,00 EUR	80.000,00 EUR	14.939.840,46 EUR
Anlagevermögen	8.644.759,42 EUR	0,00 EUR	0,00 EUR	8.644.759,42 EUR
Immaterielle Vermögensgegenstände	7.859,42 EUR	0,00 EUR	0,00 EUR	7.859,42 EUR
Sachanlagevermögen	5.636.900,00 EUR	0,00 EUR	0,00 EUR	5.636.900,00 EUR
Grundstücke	1.000.000,00 EUR	0,00 EUR	0,00 EUR	1.000.000,00 EUR
Gebäude	2.612.500,00 EUR	0,00 EUR	0,00 EUR	2.612.500,00 EUR
Technische Anlagen und Maschinen	2.016.400,00 EUR	0,00 EUR	0,00 EUR	2.016.400,00 EUR
Betriebs- und Geschäftsausstattung	8.000,00 EUR	0,00 EUR	0,00 EUR	8.000,00 EUR
Finanzanlagevermögen	3.000.000,00 EUR	0,00 EUR	0,00 EUR	3.000.000,00 EUR
Anteile an verb. Unternehmen	3.000.000,00 EUR	0,00 EUR	0,00 EUR	3.000.000,00 EUR
Umlaufvermögen	5.860.081,04 EUR	355.000,00 EUR	80.000,00 EUR	6.295.081,04 EUR
Vorräte	248.224,35 EUR	505.000,00 EUR	0,00 EUR	753.224,35 EUR
Rohstoffe, Hilfs- und Betriebsstoffe	0,00 EUR	0,00 EUR	0,00 EUR	0,00 EUR
Fertige Erzeugnisse und Waren	248.224,35 EUR	505.000,00 EUR	0,00 EUR	753.224,35 EUR
Forderungen und sonstige Anlagen	862.102,19 EUR	0,00 EUR	0,00 EUR	862.102,19 EUR
Forderung aus Lieferung und Leistung	152.975,00 EUR	0,00 EUR	0,00 EUR	152.975,00 EUR
Aus Steuern	709.127,19 EUR	0,00 EUR	0,00 EUR	709.127,19 EUR
Kassenbest., Guthaben Kl. und Schecks	4.749.754,50 EUR	-150.000,00 EUR	80.000,00 EUR	4.679.754,50 EUR
Passiva	-14.504.840,46 EUR	-355.000,00 EUR	-80.000,00 EUR	-14.939.840,46 EUR
Eigenkapital	-7.332.514,65 EUR	0,00 EUR	-80.000,00 EUR	-7.412.514,65 EUR
Gezeichnetes Kapital	-5.550.000,00 EUR	0,00 EUR	0,00 EUR	-5.550.000,00 EUR
Jahresüberschuss/Jahresfehlbetrag	-1.782.514,65 EUR	0,00 EUR	-80.000,00 EUR	-1.862.514,65 EUR
Rückstellungen	-489.333,00 EUR	0,00 EUR	0,00 EUR	-489.333,00 EUR
Verbindlichkeiten	-6.682.767,53 EUR	-355.000,00 EUR	0,00 EUR	-7.037.767,53 EUR
Verbindlichkeiten gegenüber Kreditinstituten	-5.450.000,00 EUR	0,00 EUR	0,00 EUR	-5.450.000,00 EUR
Verbindl. aus Lieferungen und Leistungen	-414.647,53 EUR	-55.000,00 EUR	0,00 EUR	-469.647,53 EUR
Verbindl. gegenüber verb. Unternehmen	0,00 EUR	-150.000,00 EUR	0,00 EUR	-150.000,00 EUR
Sonstige Verbindlichkeiten	-818.120,00 EUR	-150.000,00 EUR	0,00 EUR	-968.120,00 EUR
Aus Steuern	0,00 EUR	0,00 EUR	0,00 EUR	0,00 EUR
Verbindlichkeiten gegenüber Personal	-818.120,00 EUR	-150.000,00 EUR	0,00 EUR	-968.120,00 EUR
Passive latente Steuern	-225,28 EUR	0,00 EUR	0,00 EUR	-225,28 EUR

Abbildung 291: HB-II der *Nordstar* nach Intercompany-Geschäftsvorfällen (31.12.2010)

Bilanzposition	GuV ohne Intercompany	Delta Intercompany GV 1	Delta Intercompany GV 2	GuV mit Intercompany
	EUR	EUR	EUR	EUR
Ergebnis der gewöhnlichen Geschäftstätigkeit	-1.782.514,65 EUR	0,00 EUR	-80.000,00 EUR	-1.862.514,65 EUR
Umsatz	-5.948.000,00 EUR	0,00 EUR	0,00 EUR	-5.948.000,00 EUR
Erhöhung oder Verminderung des Bestands	-103.985,00 EUR	-505.000,00 EUR	0,00 EUR	-608.985,00 EUR
andere aktivierte Eigenleistung	-6.378,34 EUR	0,00 EUR	0,00 EUR	-6.378,34 EUR
sonstige betriebliche Erträge	-18.037,50 EUR	0,00 EUR	-80.000,00 EUR	-98.037,50 EUR
Materialaufwand	2.483.768,15 EUR	350.000,00 EUR	0,00 EUR	2.833.768,15 EUR
Personalaufwand	818.000,00 EUR	150.000,00 EUR	0,00 EUR	968.000,00 EUR
Abschreibung	366.618,92 EUR	0,00 EUR	0,00 EUR	366.618,92 EUR
für Sachanlagen	366.100,00 EUR	0,00 EUR	0,00 EUR	366.100,00 EUR
für immaterielle Vermögensgegenstände	518,92 EUR	0,00 EUR	0,00 EUR	518,92 EUR
sonstige betriebliche Aufwendungen	225.273,84 EUR	5.000,00 EUR	0,00 EUR	230.273,84 EUR
Steuern vom Einkommen und vom Ertrag	400.225,28 EUR	0,00 EUR	0,00 EUR	400.225,28 EUR
GuV Ergebnis	-1.782.514,65 EUR	0,00 EUR	-80.000,00 EUR	-1.862.514,65 EUR

Abbildung 292: GuV der *Nordstar* nach Intercompany-Geschäftsvorfällen (31.12.2010)

5. Konzernabschlusserstellung

5.1 Vorbemerkungen und Überblick

SAP bietet seinen Anwendern drei Konsolidierungslösungen an: Neben der klassischen Lösung SAP® Strategic Enterprise Management – Business Consolidation System (SEM-BCS), die auf dem Datawarehouse (BW/BI) der SAP basiert und mit einer vorgegebenen Konsolidierungslogik arbeitet, stehen in der SAP-Welt mit SAP® BusinessObjects™ Financial Consolidation (BOFC) sowie SAP® BusinessObjects™ Planning and Consolidation (BPC) zwei regelbasierte Werkzeuge[1201] für die Finanzkonsolidierung zur Verfügung. SAP Business ByDesign kann als Datenlieferant der Konsolidierung grds. auch mit den Lösungen anderer Hersteller zusammenarbeiten. Nachfolgend wird der Konsolidierungsprozess insofern unabhängig von einer konkreten Konsolidierungssoftware beschrieben.

Konsolidieren mit SAP

Beim Abschluss des fiktiven Gebildes Konzern handelt es sich um ein „derivatives Rechenwerk, das aus den Einzelabschlüssen der Tochterunternehmen [und des Mutterunternehmens, d. Verf.] abgeleitet wird."[1202] Es erfolgt eine Übernahme der Einzelabschlusswerte der Konzernunternehmen zum Bilanzstichtag, auf denen die spezifischen Konsolidierungsmaßnahmen anschließend aufsetzen. Der Prozess der (derivativen) Konzernabschlusserstellung kann demnach in die drei Teilprozesse „Konsolidierungsvorbereitung", „Datenübernahme" und „Konsolidierung" unterteilt werden (vgl. Abbildung 293).

Derivative Konzern-abschlusserstellung

Abbildung 293: Prozess der Konzernabschlusserstellung im Überblick

5.2 Konsolidierungsvorbereitung, insbesondere Datenextraktion aus SAP Business ByDesign

Wie in dem vorangehenden Kapitel G.4 bereits ausführlich dargestellt wurde, sind der eigentlichen Konsolidierung eine Reihe von konsolidierungsvorbereitenden Maßnahmen bei den in den Konzernabschluss einzubeziehenden Tochterunternehmen vorgeschaltet (vgl. Abbildung 294). Diese Arbeiten finden vollständig in SAP Business ByDesign statt. Ziel ist es, eine Datengrundlage zu schaffen, die ei-

Konsolidierungsvorbereitung mit SAP Business ByDesign

[1201] In regelbasierten Konsolidierungslösungen erfolgt die Automatisierung von Buchungen über definierte Regeln, die durch betriebswirtschaftliche Events gesteuert werden. Bei Ausführung der Konsolidierungsfunktion werden die Regeln sukzessive abgearbeitet und lösen – basierend auf den auftretenden Events – automatisierte Buchungen aus.

[1202] PELKA, J. (1994), S: 1 f.

nem externen Konsolidierungssystem erlaubt, hierauf aufbauend eine Konsolidierung durchzuführen.[1203]

Abbildung 294: Teilprozess „Konsolidierungsvorbereitung"

Datenextraktion aus SAP Business ByDesign

Die Extraktion der Meldedaten aus SAP Business ByDesign erfolgt im Work Center *Hauptbuch*, wo die erforderliche Datei für den Import in das Konsolidierungssystem erstellt werden kann. Exportieren Sie hierfür die relevanten Berichtspakete in Microsoft Excel über die Export-Funktion, wenn Sie sich in dem jeweiligen Bericht befinden.

Summen- und Saldenliste

Über den Bericht *Summen- und Saldenliste* rufen Sie eine Summen- und Saldenliste für das jeweilige Unternehmen auf. Beachten Sie, dass es sich hierbei um die Daten des Rechnungslegungswerks *HGB* handelt, das von den Konzernunternehmen einheitlich für die Konsolidierungsvorbereitung verwendet wird. Durch Hinzuselektieren der im Bericht verfügbaren Merkmale haben Sie die Möglichkeit, die einzelnen Kontensalden flexibel nach konsolidierungsrelevanten Kriterien wie Partnerunternehmen und Bewegungsarten zu verdichten (vgl. Abbildung 295).

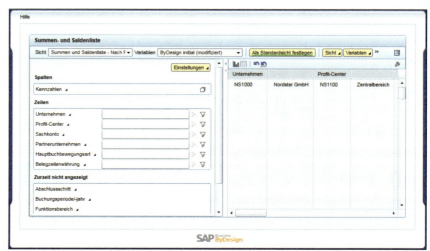

Abbildung 295: Auswahl der konsolidierungsrelevanten Merkmale in der Summen- und Saldenliste

---

[1203]   Vgl. zu den Arbeitsschritten der Konsolidierungsvorbereitung im Einzelnen – d.h. Bestimmung der Aufstellungspflicht, Abgrenzung des Konsolidierungskreises, konzernweite Vereinheitlichung der Bilanzierung und Bewertung sowie Erstellung der Meldedaten – Kapitel G.4.

Der Aufriss nach Partnerunternehmen ist notwendig, um in der Konsolidierungs-software die Eliminierungsmaßnahmen konzerninterner Beziehungen automatisiert durchzuführen. Der Aufriss nach Bewegungsarten wird für Spiegelinformationen benötigt, um bspw. die Erstellung eines Konzernanlagen- bzw. Konzerneigenkapitalspiegels zu ermöglichen. Für die Zwecke der Management-Konsolidierung können Sie sich die Summen- und Saldenliste auch differenziert nach Geschäftsbereichen bzw. Profit-Centern anzeigen lassen, um die Vermögensgegenstände und Schulden bzw. Aufwendungen und Erträge auf die betrieblichen Wertschöpfungsprozesse gem. der internen Steuerung zu verteilen.

Bedenken Sie zudem, dass Sie die Meldedaten des jeweiligen Unternehmens nicht nur in der Hauswährung aus SAP Business ByDesign extrahieren, sondern zusätzlich auch in Transaktionswährung (im System auch Belegzeilenwährung genannt), d.h. mit dem entsprechenden Währungsbetrag und dem jeweiligen Währungsschlüssel.[1204] Dies ist notwendig, um währungsbedingte Effekte bei der späteren Schuldenkonsolidierung bzw. Aufwands- und Ertragseliminierung im Konsolidierungssystem abzuspalten. Um die zugrunde liegende Transaktionswährung in der Summen- und Saldenliste (als Währungsschlüssel/Währungskennzeichen) anzuzeigen, selektieren Sie das Merkmal *Belegzeilenwährung* hinzu (vgl. Abbildung 295). Die Kontensalden werden in den Standardeinstellungen in der jeweiligen Hauswährung des Unternehmens dargestellt. Für die Anzeige der relevanten Kontensalden in Transaktionswährung können Sie als zusätzliche *Kennzahlen* die Beträge in der Belegzeilenwährung gesondert auswählen.

Extraktion der Transaktionswährung

5.3 Datenübernahme

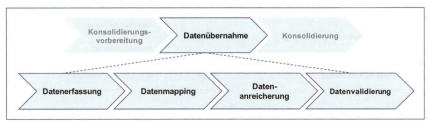

Überblick

Abbildung 296: Teilprozess „Datenübernahme"

Ausgangsbasis der Konzernabschlusserstellung ist die Übernahme der Abschlussdaten der in den konsolidierten Abschluss eingehenden Konzerneinheiten, wie sie sich aus dem Blick der wirtschaftlichen und/oder rechtlichen Selbstständigkeit ergeben. Da die Konsolidierung im Allgemeinen in einer externen Konsolidierungslösung durchgeführt wird, müssen die zur Konsolidierung vorbereiteten Daten aller Konzernunternehmen aus SAP Business ByDesign extrahiert werden. Der Prozessschritt der Datenextraktion wurde in dem vorangegangenen Kapitel G.5.2 bereits behandelt. In der Folge entstehen Schnittstellenerfordernisse, die sich im

---

[1204]   Der Währungsschlüssel stellt das Kennzeichen bzw. den Code dar, mit dem die Art der Währung identifiziert werden kann. Z.B. steht „USD" für den US-Dollar.

Teilprozess der Datenübernahme konkretisieren. Die Datenübernahme unterteilt sich im Einzelnen wiederum in die Arbeitsschritte „Datenerfassung", „Datenmapping", „Datenanreicherung" und „Datenvalidierung" (vgl. Abbildung 296).

5.3.1   Datenerfassung

Meldedaten und Zusatzinformationen

Die aus SAP Business ByDesign extrahierten Daten der einzelnen Konzernunternehmen müssen an die zentrale Konsolidierungsstelle übergeben und dort erfasst werden. In Konsolidierungssystemen werden in der Regel zwei Formen der zu erfassenden Daten unterschieden:

- Meldedaten, d.h. Einzelabschlussdaten, die in den Summenabschluss eingehen und über die Konsolidierungsmaßnahmen zum Konzernabschluss überführt werden, und

- konsolidierungsrelevante Zusatzinformationen; diese werden zur Durchführung der Zwischenergebniseliminierung und/oder der Kapitalkonsolidierung benötigt und werden durch Formularabfragen wie z.B. elektronische Formblätter beschafft.

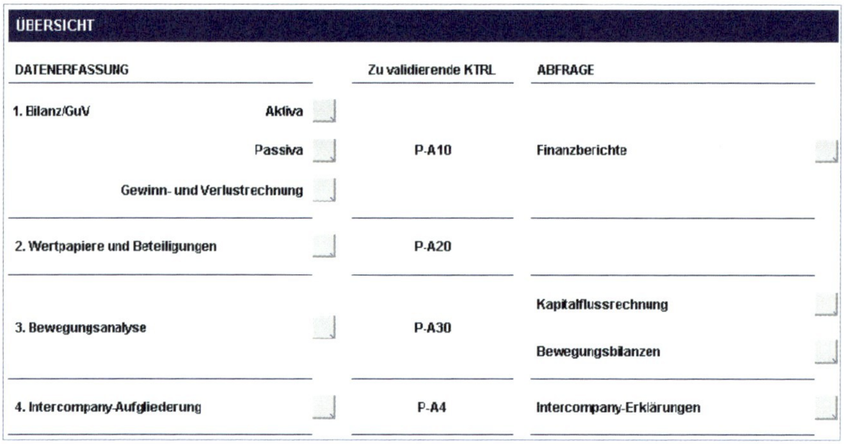

Abbildung 297: Aufbau von Berichtspaketen

Der Prozess der Datenerfassung erfolgt für gewöhnlich dezentral, um den Abschlussprozess im Konzern zu beschleunigen. Hierzu werden die einzelnen Tochterunternehmen bspw. mit lokalen Zugängen zum zentralen Konsolidierungssystem ausgestattet. Von dort aus können Sie ihre Berichtspakete online zusammenstellen und an die Konsolidierungsstelle melden. Abbildung 297 ist z.B. aus der Konsolidierungslösung SAP BusinessObjects Financial Consolidation entnommen, die den Aufbau solcher Berichtspakete exemplarisch darstellt. Die Untergliederung verläuft in einzelne Dokumentenmappen, die nach Art der in ihnen zu erfassenden Informationen gruppiert sind, namentlich Saldenbilanzen, Veränderungen von Bilanzposten, Wertpapiere und Beteiligungen, Intercompany-Transaktionen.

SAP Business ByDesign unterstützt die Datenerfassung, indem Berichte (z.B. *Summen- und Saldenliste*) und andere Daten unmittelbar nach Microsoft Excel exportiert werden können.[1205] Die Meldedaten des Einzelabschlusses sowie andere konsolidierungsrelevante Daten können somit durch das Hochladen der erstellten Berichtsdateien in das Konsolidierungssystem übernommen werden (vgl. Abbildung 298).

Hochladen der Berichtsdateien

Abbildung 298: Datenerfassung im Konsolidierungssystem

5.3.2   Datenmapping

Bereits in Kapitel G.4.3.3 wurde die Verwendung eines konzerneinheitlichen Kontenplans für die Zwecke der Konsolidierungsvorbereitung besprochen. So empfiehlt es sich, die Kontenplanstruktur in dem für die Konsolidierung maßgeblichen Rechnungslegungswerk derart zu gestalten, dass alle Unternehmen der angelegten Unternehmensorganisation einheitlich auf Basis des identischen Kontenplans buchen. Dennoch kann der „operative" Kontenplan in SAP Business ByDesign im Detail von dem (Konzern-)Kontenplan der Konsolidierung abweichen, da operativ benötigte Informationen des Einzelabschlusses im Konzernabschluss regelmäßig in aggregierter Form abgebildet werden. Bei der Übernahme der Abschlussdaten in das Konsolidierungssystem kann es daher zu einer Verdichtung einzelner Positionen des lokal verwendeten Kontenplans kommen.

Konzernkontenplan

Die Detaillierungstiefe des Kontenplans auf der Konzernabschlussebene richtet sich hier nach den jeweiligen Anforderungen, die an die konsolidierte Berichterstattung gestellt werden.[1206] Insbesondere ist im Vorfeld zu prüfen, welche Detailinformationen später im Berichtswesen bzw. welche Details für die Durchführung der einzelnen Konsolidierungsmaßnahmen benötigt werden, um die Anforderungen mit dem in der Konsolidierung verwendeten Konzernkontenplan abzustimmen. Dies gilt insbesondere dahingehend, welche Detailinformationen – in Form von sog. Unterkontierungen – zwingend oder fakultativ für eine Position erfasst

Konzernkontenmapping

[1205]   Vgl. dazu bereits Kapitel G.5.2.
[1206]   So ist ein Konzernkontenmapping in solchen Fällen erforderlich, wenn der konzernweit anzuwendende Kontenplan in SAP Business ByDesign aufgrund diversifizierender Geschäftstätigkeiten der einzelnen Tochterunternehmen stark erweitert wurde. Der „operative" Kontenplan auf Einzelabschlussebene fällt somit entsprechend detaillierter aus, als es der Konzernkontenplan erfordert.

werden müssen.[1207] Es handelt sich beim Konzernkontenmapping um einen Vorgang, der außerhalb von SAP Business ByDesign stattfindet (vgl. Abbildung 299). Sie können das Datenmapping durch entsprechende Aktivitäten durchführen wie z.B. das Definieren von automatischen Überleitungsregeln in der Konsolidierungssoftware.

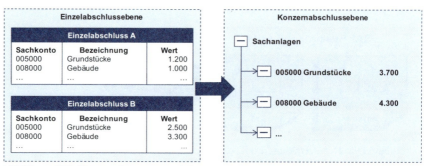

Abbildung 299: Konzernkontenmapping

5.3.3   Datenanreicherung und Datenvalidierung

Datenanreicherung

Die Datenanreicherung ist ein technischer Arbeitsschritt in der Konsolidierungssoftware, der sicherstellt, dass die gemeldeten Einzelabschlussdaten der einzubeziehenden Tochterunternehmen um fehlende Zusatzinformationen ergänzt werden. Diese Zusatzinformationen sind zur maschinellen Durchführung von Eliminierungsmaßnahmen oder aus betriebswirtschaftlichen Anforderungen heraus erforderlich. Eine solche Anreicherung kann für gewöhnlich nur sehr pauschal oder nach speziellen Regeln durchgeführt werden. Sinnvollerweise sollten diese Details über das Quellsystem – hier SAP Business ByDesign – automatisch im Buchungsstoff kontiert werden.[1208]

Datenvalidierung

Das Konsolidierungssystem führt in der Regel Datenprüfungen durch, um sicherzustellen, dass die in den einzelnen Berichtspaketen übermittelten Daten sowohl technisch als auch betriebswirtschaftlich valide sind. Technische Validität bedeutet, dass die Abschlussdaten bspw. die notwendigen Informationen zu Bewegungsarten enthalten oder alle notwendigen (technischen) Muss-Eingaben getätigt wurden. Unter der betriebswirtschaftlichen Validität wird die Konsistenz bzw. inhaltliche Richtigkeit des Buchungsstoffs innerhalb festgelegter Wesentlichkeitsschwellen verstanden. Solange die jeweiligen Berichtspakete diese Kontrollen nicht erfolgreich durchlaufen haben, wird die finale Veröffentlichung der Meldedaten für das meldende Tochterunternehmen blockiert. Diese Kontrollmechanis-

---

[1207]   Wichtige Unterkontierungen stellen z.B. die Kontierung des Partnerunternehmens, der Bewegungsart, des zugeordneten Geschäftsbereichs und/oder der Transaktionswährung dar.

[1208]   Werden einzelne Konzernunternehmen in Fremdsystemen außerhalb von SAP Business ByDesign geführt, können z.B. fehlende Partner- oder Geschäftsbereichsinformationen, die nicht automatisch im Buchungsstoff kontiert wurden, nachträglich in der Konsolidierungslösung angereichert werden.

men orientieren sich an einzuhaltenden Prüfregeln, die exemplarisch im Mindest-maß wie folgt definiert sein könnten:[1209]

- Summe Aktiva gleich Summe Passiva,

- Abschreibungen der Periode auf Bilanzseite gleich GuV-Seite,

- Jahresüberschuss in der GuV gleich Jahresüberschuss im Eigenkapital,

- Summe der Umsätze pro Geschäftsbereich gleich Gesamtumsatz,

- vollständige und richtige Erfassung der Partnerinformationen,

- logische Verprobungen (z.B. die Prüfung auf Erfüllung der Anhangangaben, falls auf der Position x ein Wert erfasst wird).

5.4   Konsolidierung

Der Konsolidierungsprozess umfasst die in Abbildung 300 dargestellten Konsoli-dierungsmaßnahmen. Die Umrechnung von auf Fremdwährung lautenden Ab-schlüssen im Rahmen der Einbeziehung ausländischer Tochterunternehmen stellt allerdings keine Konsolidierungsmaßnahme an sich dar, sondern ist diesen vorge-lagert. Die Konsolidierungstechnik der einzelnen Maßnahmen wird Ihnen nach-folgend auf Grundlage des von SAP Business ByDesign gelieferten Datenmateri-als betriebswirtschaftlich – mit Verweis auf zu beachtende systemseitige Beson-derheiten – erläutert.

Überblick

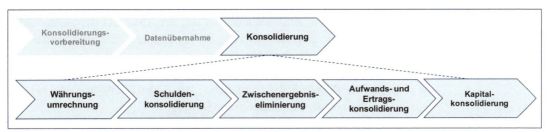

Abbildung 300: Teilprozess „Konsolidierung"

5.4.1   Währungsumrechnung

In einem den eigentlichen Konsolidierungsmaßnahmen vorgelagerten Schritt sind die Meldedaten des in einen Konsolidierungskreis einzubeziehenden Unterneh-mens daraufhin zu prüfen, ob diese bereits in der Konzernabschlusswährung vor-liegen, andernfalls ist eine Währungsumrechnung notwendig. In der Regel werden die Berichtspakete in der jeweiligen Hauswährung an das Konsolidierungssystem übermittelt, sodass im Fall der Einbeziehung ausländischer Tochterunternehmen eine Umrechnung von der lokalen Einzelabschlusswährung in die einheitliche Konzernwährung erfolgen muss.

Hauswährung vs. Konzernwährung

In SAP Business ByDesign wird ein gesondertes Rechnungslegungswerk für die Erstellung des „konsolidierungsfähigen" Einzelabschlusses, die Handelsbilanz II,

---

[1209]   Vgl. auch KÜTING, K./SCHEREN, M. (2010b), S. 1955 ff.

verwendet. Da die Einstellungen des Rechnungslegungswerks u.a. erlauben, die Hauswährung unternehmensindividuell, d.h. pro zugewiesenem Tochterunternehmen, zu definieren, wäre es möglich, die Konzernwährung unmittelbar als die anzuwendende Hauswährung festzulegen.[1210] Demnach würde die an die Konzernrechnungslegung zu meldende Handelsbilanz II des ausländischen Tochterunternehmens bereits auf die Berichtswährung des Konzerns (EUR) lauten. Aus didaktischen Gründen wird im Fallbeispiel die Hauswährung der *Novellia* – im Rechnungslegungswerk der Konsolidierungsvorbereitung – dennoch in der landesspezifischen Währung INR geführt, um im Speziellen die Effekte aus der Währungsumrechnung im Rahmen der Konzernabschlusserstellung aufzuzeigen. Für den nach den Vorschriften des HGB aufzustellenden Konzernabschluss ist gem. § 308a HGB ausschließlich die modifizierte Stichtagskursmethode maßgebend, mit der der Fremdwährungsabschluss umgerechnet wird.[1211] Die Ergebnisse aus der Umrechnung des von der *Novellia* gemeldeten Einzelabschlusses in die Konzernwährung werden in Kapitel G.5.4.5 gezeigt.

Erfassung der Währungskurse

Konzernorganisatorisch ist es für die Währungsumrechnung erforderlich, die für die jeweilige Berichtsperiode relevanten Währungskursrelationen zentral bereitzustellen und in einer Datenbank zu pflegen.[1212] Bei der Umrechnung der gemeldeten Einzelabschlüsse sind verschiedene Kursarten zu unterscheiden, wobei ein allgemeines Abstellen auf Devisenkassamittelkurse durch § 308a HGB gesetzlich vorgeschrieben ist:

- Stichtagskurse für den Zeitpunkt, auf den der Abschluss der ausländischen Konzerneinheit aufgestellt ist bzw. der konsolidierte Abschluss aufzustellen ist (anzuwenden auf die Abschlusssalden der Bilanz mit Ausnahme des Eigenkapitals),
- historische Kurse für die Umrechnung des Eigenkapitals (d.h. Kursrelation zum Zeitpunkt der Erstkonsolidierung) und
- periodenbezogene Durchschnittskurse (anzuwenden auf die Positionen der GuV).

5.4.2   Schuldenkonsolidierung

Dem Einheitsgrundsatz folgend kann die wirtschaftliche Einheit des Konzerns kein Schuldverhältnis gegenüber sich selbst haben. Gehen gleichwohl solche Sachverhalte in die Summenbilanz ein, sind diese im Zuge der Konsolidierungsmaßnahmen der Schuldenkonsolidierung zu bereinigen.[1213] Die Eliminierung von

---

[1210]   Die Hauswährung entspricht der Bilanzwährung des Unternehmens, d.h., in dem Rechnungslegungswerk werden die Bücher in Hauswährung geführt und der Einzelabschluss in dieser Währung erstellt; vgl. auch Kapitel G.4.3.2.

[1211]   Vgl. zu den betriebswirtschaftlichen Grundlagen der Währungsumrechnung mit der modifizierten Stichtagskursmethode Kapitel G.2.4.4.

[1212]   So können sämtliche im Konzern verwendeten Wechselkurse zentral in SAP Business ByDesign gepflegt werden.

[1213]   Vgl. hierzu auch die betriebswirtschaftlichen Grundlagen in Kapitel G.2.5.1.

konzerninternen Schuldbeziehungen erfolgt bei vollzukonsolidierenden Unternehmen unabhängig von der Beteiligungsquote stets vollständig.

5.4.2.1 Schuldenkonsolidierung im Beispielsachverhalt

Nach dem Erwerb der *Novellia* wird diese in die Wertschöpfungsprozesse des Mutterunternehmens *Nordstar* eingebunden, woraus folgende schuldenkonsolidierungsrelevante Sachverhalte resultieren: Aus Lieferungen von der *Novellia* an die *Nordstar* während des abgelaufenen Geschäftsjahrs 2010 verbleibt am Abschlussstichtag seitens der *Novellia* eine Forderung i.H.v. 7.500.000 INR, die nach der Währungsumrechnung im Rahmen der Konzernabschlusserstellung 150.000 EUR beträgt. Korrespondierend steht eine gleich hohe Fremdwährungsverbindlichkeit bei der *Nordstar* gegenüber, die bereits im Einzelabschluss mit der am Abschlussstichtag geltenden Kursrelation in die Hauswährung EUR umgerechnet wird (150.000 EUR = 7.500.000 INR / 50 INR/EUR).[1214] Abbildung 301 veranschaulicht die Buchung der Schuldenkonsolidierung.

Buchung der Schuldenkonsolidierung

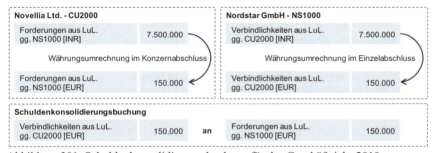

Abbildung 301: Schuldenkonsolidierungsbuchung für das Geschäftsjahr 2010

Eine softwaregestützte Verarbeitung der vorstehenden Eliminierungsbuchung orientiert sich an den Partnerkontierungen (*NS1000* und *CU2000*) von den Konzernunternehmen gemeldeten Kontensalden. Sie ermöglichen es, die auf den Forderungs- bzw. Verbindlichkeitskonten gemeldeten Salden nach Partnerunternehmen aufzuschlüsseln, um konzerninterne Forderungen bzw. Verbindlichkeiten von solchen abzugrenzen, die gegenüber Konzerndritten bestehen.[1215]

Partnerbezogene Eliminierung

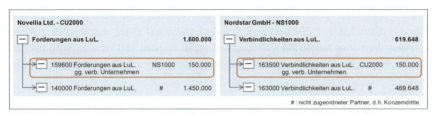

Abbildung 302: Positionsverwendung bei konzerninternen Geschäftsvorfällen

---

[1214] In diesem Zusammenhang ist i.S.v. § 256a HGB zu berücksichtigen, dass bei Vermögensgegenständen und Schulden mit einer Restlaufzeit von mehr als einem Jahr bei der Währungsumrechnung im Einzelabschluss die allgemeinen Bewertungsvorschriften, insbesondere das Höchst- und das Niederstwertprinzip, zu beachten sind.

[1215] Vgl. zur Pflege der Partnerinformationen in SAP Business ByDesign Kapitel G.4.2.

Abbildung 302 zeigt die von den Konzernunternehmen *Novellia* und *Nordstar* jeweils gemeldeten Forderungen bzw. Verbindlichkeiten aus Lieferungen und Leistungen. Die Meldung der konzerninternen Schuldbeziehung kann einerseits über gesonderte Konten oder andererseits über Konten erfolgen, auf denen auch die Geschäftsvorfälle mit Konzerndritten erfasst werden. Über die Einstellungen in der Kontenfindung ist es in SAP Business ByDesign möglich, beide Varianten umzusetzen. Die vorliegende Partnerinformation ermöglicht es in beiden Fällen, die Eliminierung der konzerninternen Sachverhalte zutreffend vorzunehmen.[1216] Abbildung 302 geht von einer gesonderten Kontenführung für innerkonzernliche Sachverhalte aus, während die Beträge gegenüber konzernfremden Dritten ohne einen Aufriss nach Partnerunternehmen gemeldet werden.

Aufrechnungsvorgang aus Systemsicht

Der Aufrechnungsvorgang kann über zwei konzeptionelle Wege erfolgen. Einerseits werden über eine Buchung die korrespondierende Forderung und Verbindlichkeit einer Paarbeziehung unmittelbar gegeneinander aufgerechnet und ggf. resultierende Unterschiedsbeträge auf ein festzulegendes Konto gebucht. Andererseits werden – bei regelbasierten Konsolidierungslösungen – die konzerninternen Schuldbeziehungen pro Konzernunternehmen mittels eines Verrechnungskontos, auch Transitkonto genannt, ausgebucht.

5.4.2.2 Exkurs: Schuldenkonsolidierung in einem Mehrperiodensachverhalt

Kongruenzprinzip

Der Konzernabschluss wird aufgrund der fehlenden Konzernbilanzidentität[1217] stets erneut aus den Einzelabschlüssen der einzubeziehenden Unternehmen erstellt. Bedeutsam ist dieser Sachverhalt, wenn in einer vorherigen Berichtsperiode erfolgswirksam zu eliminierende Aufrechnungsdifferenzen vorlagen. Im Rahmen der Konzernabschlusserstellung muss sichergestellt werden, dass Aufrechnungsdifferenzen nur in Höhe der Veränderung im Vergleich zur Vorperiode erfasst werden. Eine bereits im Vorjahr korrigierte Aufrechnungsdifferenz ist hingegen erfolgsneutral mit den Gewinnrücklagen bzw. dem Gewinnvortrag zu verrechnen. Im folgenden Beispiel erläutern wir Ihnen die Vorgehensweise beim Geschäftsjahreswechsel anhand der Schuldenkonsolidierung:

Alternativszenario im Geschäftsjahr 2010

Im abgelaufenen Geschäftsjahr 2010 hat die *Novellia* eine Forderung gegenüber der *Nordstar* i.H.v. 7.500.000 INR begründet, die auf einen niedrigeren beizulegenden Wert von 5.500.000 INR abgeschrieben werden soll. Hierzu wird im Einzelabschluss der *Novellia* eine Einzelwertberichtigung von 2.000.000 INR vorge-

---

[1216] Die dargestellte Vorgehensweise bei der partnerbezogenen Eliminierung ist – wie aufgeführt – in allen Bereichen relevant, bei denen konzerninterne Sachverhalte ausgewiesen werden, also auch bei konzerninternen Aufwendungen und Erträgen.

[1217] Das Kongruenzprinzip schreibt in diesem Zusammenhang die formelle und materielle Übereinstimmung der Schlussbilanz des vergangenen Geschäftsjahres mit der Anfangsbilanz des laufenden Geschäftsjahres vor.

nommen.[1218] Die in INR gemeldeten Einzelabschlusswerte der *Novellia* werden mit dem Stichtagskurs in die Konzernwährung EUR umgerechnet: In der Bilanz steht eine wertberichtigte Forderung gegenüber dem Partner *Nordstar* i.H.v. 110.000 EUR (= 5.500.000 INR / 50 INR/EUR) zu Buche, während sich der Wertberichtigungsaufwand in der GuV – umgerechnet zum Durchschnittskurs – auf 44.444 EUR (= 2.000.000 INR / 45 INR/EUR) beläuft. Bei der *Nordstar* wird die korrespondierende Verbindlichkeit in unveränderter Höhe von 150.000 EUR ausgewiesen. Durch die Schuldenkonsolidierung werden nun die Forderung und die Verbindlichkeit gegeneinander aufgerechnet. Die entstehende Aufrechnungsdifferenz ist hinsichtlich ihrer Ursache im Rahmen der Intercompany-Abstimmung zu untersuchen. Im Beispiel wird festgestellt, dass die Aufrechnungsdifferenz auf die im Einzelabschluss vorgenommene Abschreibung zurückzuführen ist, sodass die Aufrechnungsdifferenz (40.000 EUR) durch eine Habenbuchung des erfassten Wertberichtigungsaufwands eliminiert wird. Da dieser jedoch mit dem Durchschnittskurs in der GuV umgerechnet wurde, verbleibt in Höhe der Differenz zwischen Durchschnittskurs und Stichtagskurs ein Restbetrag von 4.444 EUR. Eine automatisierte Eliminierung der auf dem GuV-Konto verbleibenden (währungsbedingten) Differenz ist nur schwer möglich und wird in der praktischen Umsetzung vielfach aus Wesentlichkeitsgründen unterlassen (vgl. Abbildung 303).[1219]

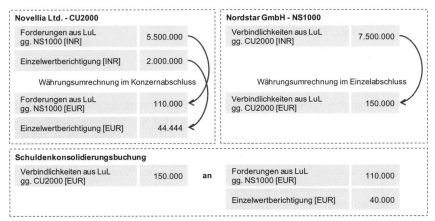

Abbildung 303: Schuldenkonsolidierungsbuchung für das Geschäftsjahr 2010 – Einzelwertberichtigung

Im darauffolgenden Geschäftsjahr 2011 wird das bestehende Schuldverhältnis zwischen den verbundenen Unternehmen *Novellia* und *Nordstar* unverändert fortgeführt. Es erfolgt keine weitere Bewertungsmaßnahme bei der Forderung, sodass

Geschäftsjahreswechsel nach 2011

[1218] Vgl. zu der Vornahme von Einzel- und Pauschalwertberichtigungen auf Forderungen im Rahmen der bewertenden Abschlussarbeiten mit SAP Business ByDesign Kapitel F.5.3.3.2.

[1219] In 2010 sind auf die sich bei der Schuldenkonsolidierung ergebende Aufrechnungsdifferenz passive latente Steuern i.H.v. 8.000 EUR (= 20 % von 40.000 EUR) erfolgswirksam abzugrenzen. Der hierauf entfallende latente Steueraufwand kürzt das Jahresergebnis entsprechend.

die Aufrechnungsdifferenz aus dem Geschäftsjahr 2010 nicht erneut erfolgswirksam werden darf. Die Forderungsabschreibung hat bei der *Novellia* in der Vorperiode zu einem geringeren Jahresüberschuss geführt, der im Zuge des Geschäftsjahreswechsels in die Gewinnrücklagen eingestellt wird. Die bestehende Forderung bzw. Verbindlichkeit geht – im Vergleich zu 2010 – in unveränderter Form in die Summenbilanz ein. Aus Konzernsicht ist die identifizierte Aufrechnungsdifferenz nicht der aktuellen Periode zuzurechnen und somit nicht erfolgswirksam zu behandeln. Die Aufrechnungsdifferenz aus dem Vorjahr ist gegen die Gewinnrücklagen zu buchen (vgl. Abbildung 304[1220]).

Novellia Ltd. - CU2000		**Nordstar GmbH - NS1000**	
Forderungen aus LuL. gg. NS1000	110.000	Verbindlichkeiten aus LuL. gg. CU2000	150.000

Schuldenkonsolidierungsbuchung			
Verbindlichkeiten aus LuL. gg. CU2000	150.000	**an** Forderungen aus LuL. gg. NS1000	110.000
		Gewinnrücklagen	40.000

Abbildung 304: Schuldenkonsolidierungsbuchung für das Geschäftsjahr 2011 – Geschäftsjahreswechsel

5.4.3 Innenumsatz- und Zwischenergebniseliminierung im Vorratsvermögen

5.4.3.1 Innenumsatzeliminierung

Abstimmung mit Zwischenergebniseliminierung

Aus dem Verkauf der Schuhrohlinge an die *Nordstar* erzielt die *Novellia* Umsatzerlöse, die aus Konzernsicht zu eliminieren sind, da die Voraussetzungen für eine Gewinnrealisierung noch nicht vorliegen. Bei der Buchung der Innenumsatzeliminierung ist zu beachten, dass diese mit der zweiten Konsolidierungsmaßnahme, der Zwischenergebniseliminierung, abgestimmt ist. Wie nachfolgend ausführlich darzustellen ist, ist eine Zwischenergebniseliminierung notwendig, wenn die konzernintern gelieferten Vermögensgegenstände mit einem Gewinnaufschlag an ein anderes Konzernunternehmen geliefert wurden und dort vollständig oder teilweise am Konzernbilanzstichtag noch auf Lager liegen.

Buchungstechnik nach GKV und UKV

Im Rahmen der Innenumsatzeliminierung werden die auf konzerninterne Sachverhalte entfallenden Umsatzerlöse eliminiert. Die Gegenbuchung ist in erster Linie von der verwendeten GuV-Gliederung (GKV oder UKV) abhängig. Wird das UKV verwendet, so ist das Gegenkonto stets die Position „Herstellungskosten des Umsatzes". Bei Anwendung des GKV stehen grds. drei Positionen zur Wahl: „Materialaufwand", „Bestandsveränderung" oder „andere aktivierte Eigenleistungen". Konzeptionell ist die Gegenbuchung davon abhängig, ob die gelieferten Vermögensgegenstände unverbaut, verbaut in Absatzprodukten oder verbaut in selbst zu verwendenden Vermögensgegenständen noch auf Lager liegen. Weil diese differenzierte Vorgehensweise in der praktischen Umsetzung kaum zu be-

---

[1220]   Die Zwischenschritte der Währungsumrechnung werden hier nicht mehr dargestellt.

werkstelligen ist, wird in der Unternehmenspraxis vereinfachend auf das Gegenkonto „Materialaufwand" zurückgegriffen.[1221] In dem vorliegenden Beispielsachverhalt wird das GKV angewendet, sodass die konsolidierungstechnischen Schritte ausschließlich aus diesem Blickwinkel erläutert werden.

5.4.3.2 Zwischenergebniseliminierung

Die von der *Novellia* gelieferten Halbfabrikate (Schuhrohlinge) gehen bei der *Nordstar* in die nächsthöhere Wertschöpfungsstufe ein und befinden sich auch am Abschlussstichtag noch im Lagerbestand des deutschen Schuhproduzenten. Ferner wurden die Halbfabrikate seitens der *Novellia* unter Berücksichtigung eines Gewinnaufschlags geliefert. Die Pflicht zur Eliminierung von Zwischenerfolgen endet in diesem Zusammenhang nicht mit dem Einsatz der konzernintern gelieferten Vermögensgegenstände in der Produktion des belieferten Konzernunternehmens. Aus Konzernsicht erfolgt erst dann eine Realisierung, wenn das Endprodukt bzw. das Halbfabrikat an konzernfremde Dritte verkauft wird.

(rechte Randnotiz:) **Zwischenergebnisse in Vorräten**

Aufgabe der Zwischenergebniseliminierung ist die Korrektur des Bilanzansatzes der gelieferten Vermögensgegenstände beim bestandsführenden Unternehmen auf die aus Konzernsicht zutreffenden Anschaffungs- bzw. Herstellungskosten. Für die Eliminierung der Zwischenerfolge, die stets vollständig – unabhängig von der Beteiligungsquote – zu korrigieren sind, werden Detailinformationen über die Konzernbestände benötigt. Diese Bestandsdaten über die noch lagerhaltigen Schuhrohlinge wurden vom bestandsführenden Unternehmen *Nordstar* über gesonderte Berichtspakete gemeldet. Im Hinblick auf die Beschaffung der Bestandsinformationen durch SAP Business ByDesign sei an dieser Stelle auf die vorangegangenen Ausführungen zur Konsolidierungsvorbereitung verwiesen.[1222]

(rechte Randnotiz:) **Bestandsdaten der Nordstar**

Bestandsführendes Unternehmen Nordstar GmbH - NS1000	2010	2011	2012	2013
Schuhrohlinge (verbaut) Bilanzwert	10.000 Stk. 300.000			

Lieferndes Unternehmen Novellia Ltd. - CU2000	Zwischenerfolgsprozentsatz: 20 %			
Zwischengewinne (lfd. Jahr) Zwischengewinne (Vorjahr)	60.000 0			
Veränderung	+60.000			

Abbildung 305: Bestandsdaten und Lieferdaten

Die konzernintern gelieferten Bestände an Schuhrohlingen können beim bestandsführenden Unternehmen *Nordstar* sowohl unverbaut als auch verbaut in Absatzprodukten noch auf Lager liegen. In unserer Fallstudie wurden alle Rohlinge in

---

[1221] Zur Technik der Innenumsatzeliminierung vgl. ausführlich KÜTING, K./WEBER, C.-P. (2010), S. 502 ff.

[1222] Zur Datenbereitstellung für die Zwischenergebniseliminierung vgl. Kapitel G.4.5.2.

der Fertigung verbraucht. Da die hieraus produzierten Schuhe noch nicht (an Konzerndritte) verkauft wurden, liegen die Rohlinge am Bilanzstichtag – verbaut in den Absatzprodukten – noch vollständig auf Lager. Insgesamt wurden in der Berichtsperiode 10.000 Stück eingekauft und mit einem Bestandspreis von 30 EUR pro Stück bewertet. Da die Rohlinge als Materialaufwand i.H.v. 300.000 EUR in die Schuhproduktion eingegangen sind, wird dieser Betrag – neben weiteren aktivierten Herstellungskosten[1223] – in der Bilanz der *Nordstar* unter den Fertigerzeugnissen erfasst (vgl. Abbildung 306).

Lieferdaten der Novellia

Bei der Erfassung der Lieferdaten des Lieferunternehmens *Novellia* ist zu beachten, dass wir bei der Berechnung des Zwischenergebnisses das prozentuale Verfahren verwenden, sodass wir die durchschnittliche Bruttogewinnspanne des liefernden Unternehmens als Zwischenerfolgsprozentsatz erfassen, und nicht die Herstellungskosten pro Mengeneinheit. In SAP Business ByDesign wird die Bruttogewinnspanne über den Bericht *Ergebnis nach Kennzahlen* angezeigt.[1224] Demnach hat die *Novellia* eine Bruttogewinnspanne von 20 % erzielt, die als anzuwendender Zwischenerfolgsprozentsatz in das Konsolidierungssystem eingetragen wird (vgl. Abbildung 305).[1225] Angewendet auf den bewerteten Konzernbestand i.H.v. 300.000 EUR, ergibt sich ein darin enthaltener Zwischengewinn i.H.v. 60.000 EUR.

Innenumsatzeliminierung

Wie auf der linken Hälfte der Abbildung 306 aufgezeigt, werden von dem liefernden Unternehmen *Novellia* Umsatzerlöse und Herstellungskosten aus den konzernintern gelieferten Halbfabrikaten in INR gemeldet, die mit dem Durchschnittskurs in die Konzernwährung umgerechnet werden. Zunächst ist die Innenumsatzeliminierung vorzunehmen, indem die auf die innerkonzernlichen Lieferungen entfallenden Umsatzerlöse durch Verrechnung mit dem Gegenkonto Materialaufwand eliminiert werden (vgl. Buchung 1 der Abbildung 306).

Zwischenergebniseliminierung

Bzgl. der Untersuchung auf im Vorratsvermögen enthaltene Zwischenergebnisse ergibt sich, dass alle konzernintern gelieferten Vermögensgegenstände sich am Abschlussstichtag beim Empfänger *Nordstar* (verbaut in Endprodukten) noch auf Lager befinden. In der Bilanz ist ein Zwischengewinn i.H.v. 60.000 EUR im Vermögensausweis zu eliminieren. Aufgrund der Einbeziehung des ausländischen Tochterunternehmens wird jedoch der Zwischengewinn in der GuV durch die Währungsumrechnung im Konzern mit dem Durchschnittskurs umgerechnet, sodass hier ein Betrag i.H.v. 66.667 EUR zu eliminieren ist. Bei der Verbuchung der Zwischenergebniseliminierung ist die entstehende Aufrechnungsdifferenz i.H.v.

[1223] Neben dem Materialaufwand aus dem Einsatz der Rohlinge in der Fertigung fallen weitere Materialaufwendungen (50.000 INR), Personalaufwendungen (150.000 INR) und sonstige Aufwendungen (5.000) produktionsbedingt an.

[1224] Vgl. dazu Kapitel G.4.5.2.3.

[1225] Bei der *Novellia* stehen Innenumsatzerlösen i.H.v. 15.000.000 INR entsprechende Umsatzkosten i.H.v. 12.000.000 INR (vgl. auch linke Hälfte der Abbildung 306) gegenüber. Es ergibt sich eine Bruttogewinnspanne von 20 % (= (15.000.000 INR ./. 12.000.000 INR) / 15.000.000 INR * 100).

6.667 EUR als eine erfolgsneutral zu behandelnde Währungsumrechnungsdifferenz auszuweisen (vgl. Buchung 2 der Abbildung 306).

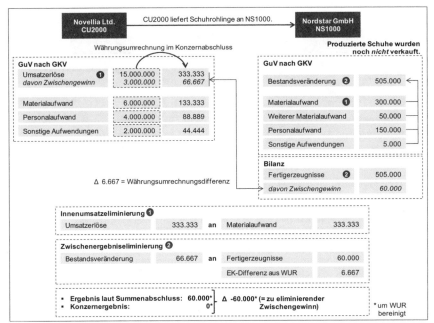

Abbildung 306: Innenumsatz- und Zwischenergebniseliminierung nach dem GKV

Aufgrund der erfolgswirksamen Konsolidierungsmaßnahme ergibt sich im Vergleich zu den summierten Jahresabschlüssen ein um 60.000 EUR niedrigerer Konzernjahresüberschuss vor Ertragsteuern. In der Konzernbilanz führt die Zwischenergebniseliminierung zu einem um 60.000 EUR niedrigeren Ansatz der Vermögensgegenstände als zu den korrespondierenden Wertansätzen in der Steuerbilanz. Es liegt insofern eine bilanzielle Wertansatzdifferenz vor, auf die nach § 306 HGB latente Steuern abzugrenzen sind. Es ist der Steuersatz des die Lieferung erhaltenden Unternehmens, d.h. das bestandsführende Unternehmen, heranzuziehen, da bei diesem Unternehmen auch die Steuerbe- bzw. -entlastung entstehen wird. Die betragsmäßige Dotierung der latenten Steuern erfolgt hier auf der Grundlage des Steuersatzes des bestandsführenden Unternehmens *Nordstar*. Der zu aktivierende Betrag i.H.v. 12.000 EUR (= 20 % von 60.000) ist buchungstechnisch wie folgt zu erfassen:

Berücksichtigung latenter Steuern

Aktive latente Steuern   12.000   an   Ertrag latente Steuern   12.000

Ein alternatives Szenario wird in Abbildung 307 gezeichnet, in dem die produzierten Schuhe noch im selben Geschäftsjahr vollständig an konzernfremde Dritte verkauft werden. Der im Einzelabschluss des Lieferunternehmens *Novellia* realisierte Zwischengewinn aus der konzerninternen Lieferung der Schuhrohlinge an die *Nordstar* wird durch den konzernexternen Verkauf der Endprodukte, in denen

Alternativszenario

die Rohlinge verbaut wurden, nunmehr auch aus Konzernsicht realisiert.[1226] Eine Zwischenergebniseliminierung scheidet in diesem Fall aus. Es ist lediglich eine Innenumsatzeliminierung erforderlich (vgl. Buchung 1 der Abbildung 307).

Abbildung 307: Innenumsatz- und Zwischenergebniseliminierung nach dem GKV – Alternativszenario

5.4.3.3 Exkurs: Zwischenergebniseliminierung in einem Mehrperiodensachverhalt

Kongruenzprinzip

Der Fortführung konsolidierungspflichtiger Sachverhalte über mehrere Perioden ist insbesondere im Bereich der Zwischenergebniseliminierung ein Hauptaugenmerk zu widmen. Um dem Kongruenzprinzip zu entsprechen, wird der Konzernjahresüberschuss durch die Buchungen der Zwischenergebniseliminierung nur in Höhe der in der aktuellen Berichtsperiode aufgetretenen Veränderungen der Zwischenerfolge gegenüber der Vorperiode beeinflusst (vgl. Abbildung 308). Bei der Zwischenergebniseliminierung dürfen und müssen folglich sowohl die im aktuellen Geschäftsjahr erstmalig entstandenen als auch die aus Vorjahren stammenden und im aktuellen Geschäftsjahr realisierten Zwischenergebnisse erfolgswirksam korrigiert werden.

Die Zwischenergebnisse nach dem Stand zum Ende der vorherigen Berichtsperiode sind dagegen stets erfolgsneutral gegen die Gewinnrücklagen zu verrechnen (vgl. Abbildung 308). Die Konzernbilanzidentität ist somit wiederherzustellen, da die aus Einzelabschlusssicht realisierten positiven (bzw. negativen) Erfolgsbeiträge des Vorjahres – die jedoch durch die Zwischenergebniseliminierung erfolgswirksam eliminiert wurden – bei dem jeweiligen Konzernunternehmen zu höheren (bzw. niedrigeren) Gewinnrücklagen geführt haben.[1227]

[1226] Aus didaktischen Gründen wird die Annahme getroffen, dass der Verkauf des Endprodukts an Konzerndritte ohne Gewinnaufschlag erfolgt, um den Zusammenhang zwischen Zwischenergebnis- und Konzernergebnisentwicklung isoliert aufzuzeigen.

[1227] Vgl. KÜTING, K./WEBER, C.-P. (2010), S. 475 f.

Jahresüberschuss/-fehlbetrag aus der Summen-GuV
./. im Geschäftsjahr (neu) entstandene Zwischengewinne + im Geschäftsjahr (neu) entstandene Zwischenverluste + im Geschäftsjahr abgebaute, in Vorperioden entstandene Zwischengewinne ./. im Geschäftsjahr abgebaute, in Vorperioden entstandene Zwischenverluste
= Konzernjahresüberschuss/-fehlbetrag
./. Zwischengewinne nach dem Stand am Ende des vorangegangenen Geschäftsjahrs + Zwischenverluste nach dem Stand am Ende des vorangegangenen Geschäftsjahrs
= Änderung der Gewinnrücklagen

Abbildung 308: Zwischenergebniseliminierung beim Geschäftsjahreswechsel[1228]

Eine über mehrere Geschäftsjahre fortgeführte Zwischenergebniseliminierung soll buchungstechnisch anhand des nachfolgenden Exkurses dargestellt werden. Wir erweitern den bestehenden Beispielsachverhalt, indem wir die innerkonzernliche Lieferbeziehung zwischen der *Novellia* und *Nordstar* einer mehrperiodigen Betrachtung unterziehen. Abbildung 309 zeigt die Bestandsentwicklung der konzernintern gelieferten Schuhrohlinge sowie die Entwicklung der abwertungspflichtigen Zwischengewinne im Zeitverlauf.

Mehrperiodiges Beispiel

Bestandsführendes Unternehmen Nordstar GmbH - NS1000	2010	2011	2012	2013
Schuhrohlinge (verbaut) Bilanzwert	10.000 Stk. 300.000	15.000 Stk. 450.000	5.000 Stk. 150.000	0 Stk. 0

Lieferndes Unternehmen Novellia Ltd. - CU2000	Zwischenerfolgsprozentsatz: 20 %			
Zwischengewinne (lfd. Jahr) Zwischengewinne (Vorjahr)	60.000 0	90.000 60.000	30.000 90.000	0 30.000
Veränderung	+60.000	+30.000	-60.000	-30.000

Abbildung 309: Entwicklung der Zwischenerfolge

Der Bestand an Schuhrohlingen, die in den Absatzprodukten verbaut werden, wächst in 2011 zunächst weiter an. Erst in den Perioden 2012 und 2013 erfolgt der Verkauf der Produkte an Konzernfremde. Die Wechselkursrelationen bleiben annahmegemäß konstant. Ferner werden die zu eliminierenden Zwischenergebnisse bereits im Vorfeld um darin enthaltene Währungsumrechnungsdifferenzen bereinigt. Basierend auf den vorstehenden Angaben sind in den Perioden 2010 bis 2013 folgende Korrekturbuchungen aus Konzernsicht notwendig:[1229]

[1228] Modifiziert entnommen aus KAGERMANN, H./KÜTING, K./WIRTH, J. (2008), S. 293.
[1229] Auf eine Darstellung der Berücksichtigung latenter Steuern wird verzichtet.

2010:
| Bestandsveränderung | 60.000 | an | Fertigerzeugnisse | 60.000 |

2011:
| Bestandsveränderung | 30.000 | an | Fertigerzeugnisse | 90.000 |
| Gewinnrücklagen | 60.000 | | | |

2012:
| Gewinnrücklagen | 90.000 | an | Fertigerzeugnisse | 30.000 |
| | | | Bestandsveränderung | 60.000 |

2013:
| Gewinnrücklagen | 30.000 | an | Bestandsveränderung | 30.000 |

Periodisierungs-problem

Durch die Zwischenergebniseliminierung wird das Jahresergebnis in den einzelnen Perioden wie folgt tangiert:

2010:	./. 60.000
2011:	./. 30.000
2012:	+ 60.000
2013:	+ 30.000
Summe über alle Perioden:	0

Anhand des obigen Beispiels lässt sich verdeutlichen, dass die Zwischenergebniseliminierung ein reines Periodisierungsproblem darstellt. Über alle Perioden betrachtet, gleichen sich die Korrekturen des Jahresergebnisses wieder aus, denn jede Zwischenergebniseliminierung zieht in zeitlich nachgelagerten Perioden zwingend eine Zwischenergebnisrealisation nach sich, sobald der Verkauf der Vermögensgegenstände an Konzernfremde erfolgt.

5.4.4   Konsolidierung anderer Erträge und Aufwendungen

Analyse der Lieferungs- und Leistungsströme

Neben den Innenumsatzerlösen sind des Weiteren alle übrigen Auswirkungen von konzerninternen Lieferungs- und Leistungsbeziehungen aus der Konzern-GuV zu eliminieren, um dem Einheitsgrundsatz zu entsprechen. Gerade in Konzernen mit intensiven konzerninternen Leistungsverflechtungen führt die sonstige Aufwands- und Ertragseliminierung zu einer Vielzahl von eliminierungspflichtigen Sachverhalten. In der praktischen Umsetzung wird es kaum möglich sein, alle konzerninternen Sachverhalte zu identifizieren und zu eliminieren, sodass regelmäßig nach dem Wesentlichkeitskriterium verfahren wird. Bezogen auf den Beispielsachverhalt, wird nach einer Analyse der Lieferungs- und Leistungsströme der Geschäftsvorfall der Vermietung eines Markenrechts – mit der *Nordstar* als Vermieter und der *Novellia* als Mieter – als ein wesentlicher Geschäftsvorfall identifiziert und in die Eliminierung einbezogen: Die Miete ist in Euro zu leisten, wobei das Konzernunternehmen *Nordstar* hieraus entstandene Mieterträge i.H.v. 80.000 EUR meldet. Korrespondierend meldet die *Novellia* Mietaufwendungen i.H.v. 4.000.000 INR. Aus der Währungsumrechnung im Konzernabschluss ergibt sich durch Verwendung des Durchschnittskurses (45 INR/EUR) ein Betrag von 88.889 EUR, der in die Summen-GuV eingeht.

Grds. umfasst die Aufwands- und Ertragseliminierung erfolgsneutrale Verrechnungen korrespondierender Erträge und Aufwendungen, sodass aus der Aufrechnung keine Unterschiedsbeträge resultieren sollten. Unterschiedsbeträge entstehen lediglich im Kontext der Währungsumrechnung, da typischerweise die Positionen der GuV nicht mit den Kursen zum jeweiligen Transaktionszeitpunkt, sondern vereinfachend mit dem Durchschnittskurs der Periode umgerechnet werden. Angewendet auf den Beispielsachverhalt ist festzuhalten, dass das Mutterunternehmen *Nordstar* die Mieterträge unmittelbar in Euro, der Haus- und Konzernwährung, mit dem Betrag i.H.v. 80.000 EUR erfasst. Der im Einzelabschluss der *Novellia* mit 4.000.000 INR erfasste Betrag wird bei der Währungsumrechnung mit dem Durchschnittskurs in die Konzernwährung umgerechnet. Aus der Aufrechnung ergibt sich eine Umrechnungsdifferenz i.H.v. 8.889 EUR, die als Korrektur der Währungsumrechnungsdifferenz zu erfassen ist:

Buchungssatz

Mieterträge	80.000	an	Mietaufwendungen	88.889
EK-Differenz aus WUR	8.889			

Um solche währungsbedingten Differenzen zutreffend ermitteln und eliminieren zu können, ist es sinnvoll, die Datenmeldung nicht nur um die Partnerinformationen, sondern auch um die Informationen der Transaktionswährung anzureichern.[1230] Im oben genannten Geschäftsvorfall würde dies bedeuten, dass die Datenmeldung folgende zusätzliche Information enthält: Der Geschäftsvorfall wurde originär in Euro, der Belegzeilenwährung, erfasst und weist ein Transaktionsvolumen i.H.v. 80.000 EUR auf.[1231]

Erfassung der Transaktionswährung

5.4.5 Kapitalkonsolidierung
5.4.5.1 Erstkonsolidierung zum Erwerbszeitpunkt 01.01.2010

Im Rahmen der Erstkonsolidierung nach der Erwerbsmethode erfolgt eine Verrechnung der Anschaffungskosten der Beteiligung seitens des anteilhaltenden Mutterunternehmens mit dem anteiligen neubewerteten Eigenkapital des erworbenen Tochterunternehmens auf Basis der Wertverhältnisse zu dem Zeitpunkt, in dem die Beherrschungsmöglichkeit erlangt wurde (Control-Erlangung).[1232] In unserem Beispielsachverhalt wird der Konzernabschluss erstmalig zum 31.12.2010 erstellt. Das Mutterunternehmen *Nordstar* hat hingegen die Beherrschungsmöglichkeit über das Tochterunternehmen *Novellia* bereits zum Erwerbszeitpunkt (01.01.2010) erlangt. Anhand der gemeldeten Einzelabschlüssen führen wir am

Zeitpunkt der Erstkonsolidierung

[1230] Zur Extraktion der Meldedaten in Transaktionswährung aus SAP Business ByDesign vgl. G.5.2.

[1231] Vgl. dazu auch Kapitel G.4.5.3.2.

[1232] Vgl. ausführlich die betriebswirtschaftlichen Grundlagen in Kapitel G.2.5.4.

Abschlussstichtag des Geschäftsjahres 2010 (31.12.2010) die Erstkonsolidierung auf Grundlage der Wertverhältnisse zum Erwerbszeitpunkt durch. Da es sich um einen Erwerb zu Beginn des Geschäftsjahres handelt, muss in einem weiteren Schritt die Kapitalkonsolidierung fortgeschrieben werden, was Gegenstand des anschließenden Gliederungspunkts sein wird.

Verwaltung der stillen Reserven

Mithilfe des für die Konsolidierung maßgeblichen Rechnungslegungswerks *HGB* wird die Handelsbilanz II des erworbenen Tochterunternehmens erstellt und an die Konsolidierungsstelle gemeldet.[1233] Die bei der *Novellia* identifizierten stillen Reserven werden hingegen in einer gesonderten Bewertungssicht in SAP Business ByDesign verwaltet und für Konsolidierungszwecke im Rahmen der Datenübernahme weitergegeben. Die Form der Verarbeitung stiller Reserven hängt von den Funktionalitäten der verwendeten Konsolidierungslösung ab.

Währungsumrechnung

Für ausländische Tochterunternehmen, deren Berichtswährung im Einzelabschluss von der Berichtswährung des Konzerns abweicht, stellt sich die Frage, ob auch die identifizierten stillen Reserven und Lasten Gegenstand der Währungsumrechnung gem. § 308a HGB sind.[1234] Eine Zuordnung der stillen Reserven und Lasten zum Tochterunternehmen erscheint in diesem Fall sachgerecht, um diese im Rahmen der Währungsumrechnung konsistent zu den übrigen Vermögensgegenständen und Schulden des Tochterunternehmens zu behandeln. Stille Reserven/Lasten gehen damit in die Währungsumrechnung ein.[1235]

Erstellung der Handelsbilanz III

In unserem Fallbeispiel werden bei dem Tochterunternehmen *Novellia* stille Reserven im immateriellen Vermögen (Patent) i.H.v. 20.000.000 INR und im Sachanlagevermögen (Grundstück) i.H.v. 2.500.000 INR identifiziert, die über die gesonderte Bewertungssicht aus SAP Business ByDesign heraus an das Konsolidierungssystem gemeldet werden. Im Rahmen der Erstellung der Handelsbilanz III werden die stillen Reserven aufgedeckt. In Höhe des Steueranteils der aufgedeckten stillen Reserven (20 % * 22.500.000 = 4.500.000 INR) werden passive latente Steuern gebildet. Aus der Neubewertung resultiert die Bildung einer Neubewertungsrücklage i.H.v. 18.000.000 INR, die im Eigenkapital gesondert ausgewiesen wird. Zum Erwerbszeitpunkt werden alle Bilanzpositionen der Handelsbilanz III, inkl. des Eigenkapitals und der stillen Reserven, mit dem Stichtagskurs in die Konzernwährung EUR umgerechnet (vgl. Abbildung 310).

[1233]   Vgl. dazu und insbesondere zur Verwaltung der stillen Reserven Kapitel G.4.4.

[1234]   Ebenso ist im HGB nicht eindeutig festgelegt, ob ein aus der Kapitalaufrechnung entstehender aktivischer oder passivischer Unterschiedsbetrag in die Währungsumrechnung eingeht. Schließlich können diese Beträge – genauso wie die aufgedeckten stillen Reserven und Lasten – grds. dem Mutter- oder dem Tochterunternehmen zugeordnet werden. Vgl. weiterführend u.a. OSER, P./MOJADADR, M./WIRTH, J. (2009), S. 453 f.; KOZIKOWSKI, M./LEISTNER M. (2010), § 308a, Rn. 70 ff.

[1235]   Vgl. OSER, P./MOJADADR, M./WIRTH, J. (2009), S. 453.

Bezeichnung	HB-II	Korrekturen		HB-III	Kurs	HB-III
	in INR	Soll	Haben	in INR		in EUR
Immaterielle Vermögensgegenstände	0	(1) 20.000.000		20.000.000	50,0	400.000
Grundstücke	30.000.000	(1) 2.500.000		32.500.000	50,0	650.000
Gebäude	20.000.000			20.000.000	50,0	400.000
Technische Anlagen und Maschinen	50.000.000			50.000.000	50,0	1.000.000
Fertigerzeugnisse	40.000.000			40.000.000	50,0	800.000
Forderungen aus Lieferungen und Leistungen	5.000.000			5.000.000	50,0	100.000
Zahlungsmittel- und Zahlungsmitteläquivalente	10.000.000			10.000.000	50,0	200.000
Aktiva gesamt	**155.000.000**			**177.500.000**		**3.550.000**
Gezeichnetes Kapital	75.000.000			75.000.000	50,0	1.500.000
Kapitalrücklage	30.000.000			30.000.000	50,0	600.000
Gewinnrücklagen	25.000.000			25.000.000	50,0	500.000
Neubewertungsrücklage	0		(1) 18.000.000	18.000.000	50,0	360.000
Rückstellungen	5.000.000			5.000.000	50,0	100.000
Verbindlichkeiten aus Lieferungen und Leistungen	20.000.000			20.000.000	50,0	400.000
Passive latente Steuern	0		(1) 4.500.000	4.500.000	50,0	90.000
Passiva gesamt	**155.000.000**			**177.500.000**		**3.550.000**

Abbildung 310: Erstellung der HB-III zum Erwerbszeitpunkt 01.01.2010

Auf der Grundlage der Handelsbilanz III, die vollständig in den Summenabschluss des Konzerns übernommen wird, wird die Kapitalkonsolidierungsbuchung zum Zeitpunkt der Erstkonsolidierung durchgeführt. Hierbei werden die seitens des Mutterunternehmens (*Nordstar*) geleisteten Anschaffungskosten der Anteile (3.000.000 EUR) mit dem anteiligen (hier 100 %) neubewerteten Eigenkapital des Tochterunternehmens (*Novellia*) aufgerechnet:

(Randnotiz: Kapitalaufrechnung und Geschäfts- oder Firmenwert)

Gezeichnetes Kapital	1.500.000	an	Anteile an verb. UN	3.000.000
Kapitalrücklage	600.000		(CU2000)	
Gewinnrücklagen	500.000			
Neubewertungsrücklage	360.000			
Geschäfts- oder Firmenwert	40.000			

Es resultiert ein aktivischer Unterschiedsbetrag i.H.v. 40.000 EUR, der als Geschäfts- oder Firmenwert in der Konzernberichtswährung auszuweisen ist. Für Zwecke der Folgekonsolidierung ist zu unterscheiden, ob der Geschäfts- oder Firmenwert dem Mutter- oder dem Tochterunternehmen zuzuordnen ist.[1236] Wird der Geschäfts- oder Firmenwert dem ausländischen Tochterunternehmen zugeordnet, ist eine statistische Umrechnung in die ausländische Hauswährung mit dem Stichtagskurs zum Erwerbszeitpunkt (50 INR/EUR) vorzunehmen. Der Geschäfts- oder Firmenwert in Landeswährung beträgt 2.000.000 INR. Den Anforderungen aus § 309 Abs. 1 HGB i.V.m. § 253 Abs. 3 HGB folgend, wird die Nutzungsdauer des Geschäfts- oder Firmenwerts geschätzt; annahmegemäß beträgt diese fünf Jahre.

Kennzeichen der Vollkonsolidierung auf der Grundlage der Erwerbsmethode ist die vollständige Übernahme aller Vermögensgegenstände und Schulden des erworbenen Tochterunternehmens in den Konzernabschluss. Sind an dem Tochter-

(Randnotiz: Ausweis der Anteile konzernfremder Gesellschafter)

[1236] Sowohl die Zuordnung zum Mutter- als auch zum Tochterunternehmen ist grds. möglich, da die Zuordnungsentscheidung gesetzlich nicht geregelt ist; vgl. KÜTING, K./ WEBER., C.-P. (2010), S. 363; KOZIKOWSKI, M./LEISTNER M. (2010), § 308a, Rn. 70 ff.

unternehmen konzernfremde Gesellschafter beteiligt, so entfällt auch auf diese ein Teil des neubewerteten Nettovermögens, der ab Erstkonsolidierungszeitpunkt gesondert auszuweisen ist.[1237] Die Minderheitenanteile sind in der Folgezeit um alle Eigenkapitaländerungen während der Konzernzugehörigkeit fortzuschreiben. Dies umfasst insbesondere auch die im Eigenkapital erfasste Währungsumrechnungsdifferenz. Eine Minderheitenabgrenzung findet für unseren Beispielsachverhalt nicht statt, da wir explizit eine Beteiligungsquote von 100 % unterstellt haben.

5.4.5.2   Folgekonsolidierung zum Abschlussstichtag 31.12.2010

Abschreibung der aufgedeckten stillen Reserven

Der Erstkonsolidierungszeitpunkt bezieht sich auf den Beginn des Geschäftsjahres, weshalb in einem weiteren Schritt die Kapitalkonsolidierung auf den Abschlussstichtag (31.12.2010) fortgeschrieben werden muss. Insofern sind die dem abnutzbaren Vermögen zugeordneten stillen Reserven bereits ab dem Erstkonsolidierungszeitpunkt planmäßig über ihre Nutzungsdauer abzuschreiben. Während die Abschreibung der bereits im Einzelabschluss bilanzierten Vermögensgegenstände in der Summen-GuV enthalten ist, wird die Abschreibung der stillen Reserven erst bei der Konzernabschlusserstellung bilanziell erfasst.

Die Ermittlung der Abschreibung orientiert sich an den Abschreibungsmodalitäten des jeweiligen Vermögensgegenstands, dem die stille Reserve zugeordnet wird. Im Rahmen der gesonderten Datenübernahme aus den verwendeten Bewertungssichten von SAP Business ByDesign wurde hierfür sichergestellt, dass sämtliche Parameter der Abschreibungsrechnung, d.h. Abschreibungsbetrag, Nutzungsdauer und Abschreibungsmethode, pro Anlage und pro stiller Reserve vollständig und richtig an die Konsolidierung übergeben werden.

Fortschreibung der Handelsbilanz III

In unserem Fallbeispiel[1238] haben wir einerseits stille Reserven im Bereich des nicht abnutzbaren Anlagevermögens identifiziert (Grundstück), die somit keiner planmäßigen Abschreibung unterliegen. Anderseits werden stille Reserven einem bislang nicht bilanzierten, immateriellen Vermögensgegenstand zugeordnet (Patent), für das eine Nutzungsdauer von fünf Jahren veranschlagt wird. Hieraus resultiert eine Abschreibung der stillen Reserven auf das immaterielle Anlagevermögen i.H.v. 4.000.000 INR p.a. In Höhe des Steueranteils des Abschreibungsbetrags (20 % * 4.000.000 = 800.000 INR) erfolgt eine Auflösung der passiven latenten Steuern.

In Abbildung 311 wird die Fortschreibung der HB-III dargestellt, wo zunächst der in der lokalen Währung der *Novellia* gemeldete HB-II-Abschluss zum 31.12.2010 über die Buchungen 1 und 2 zur fortgeschriebenen HB-III überführt wird. Mit der Buchung 1 werden die stillen Reserven sowie die darauf gebildeten passiven latenten Steuern mit den Wertansätzen zum Erwerbszeitpunkt aufgedeckt. Mit der Buchung 2 erfolgt die Fortschreibung der stillen Reserven mittels planmäßiger Abschreibung sowie eine entsprechende Auflösung der passiven latenten Steuern;

[1237]   Vgl. ausführlich hierzu KÜTING, K./WEBER, C.-P. (2010), S. 287 ff.
[1238]   Vgl. zu den hierfür getroffenen Modellannahmen Kapitel G.4.6.1.

außerplanmäßige Abschreibungen liegen nicht vor. Die Fortschreibung erfolgt zunächst in lokaler Währung, bevor in einer zweiten Stufe die HB-III nach der modifizierten Stichtagskursmethode in die Konzernwährung transformiert wird.

Position	HB-II	Korrekturen		HB-III	Kurs	HB-III
	in INR	Soll	Haben	in INR		in EUR
BILANZ						
Immaterielle Vermögensgegenstände	0	(1) 20.000.000	(2) 4.000.000	16.000.000	50,0	320.000
Grundstücke	30.000.000	(1) 2.500.000		32.500.000	50,0	650.000
Gebäude	18.000.000			18.000.000	50,0	360.000
Technische Anlagen und Maschinen	40.000.000			40.000.000	50,0	800.000
Fertigerzeugnisse	32.800.000			32.800.000	50,0	656.000
Forderungen aus Lieferungen und Leistungen	80.000.000			80.000.000	50,0	1.600.000
Zahlungsmittel- und Zahlungsmitteläquivalente	13.500.000			13.500.000	50,0	270.000
Aktiva gesamt	**214.300.000**			**232.800.000**		**4.656.000**
Gezeichnetes Kapital	75.000.000			75.000.000	50,0	1.500.000
Kapitalrücklage	30.000.000			30.000.000	50,0	600.000
Gewinnrücklagen	25.000.000			25.000.000	50,0	500.000
Jahresüberschuss lfd. Jahr	18.210.000			15.010.000	45,0	333.556
Neubewertungsrücklage	0		(1) 18.000.000	18.000.000	50,0	360.000
Eigenkapitaldifferenz aus Währungsumrechnung	0			0		-33.356
Rückstellungen	5.000.000			5.000.000	50,0	100.000
Verbindlichkeiten aus Lieferungen und Leistungen	53.690.000			53.690.000	50,0	1.073.800
Sonstige Verbindlichkeiten	7.400.000			7.400.000	50,0	148.000
Passive latente Steuern	0	(2) 800.000	(1) 4.500.000	3.700.000	50,0	74.000
Passiva gesamt	**214.300.000**			**232.800.000**		**4.656.000**
GEWINN- UND VERLUSTRECHNUNG						
Umsatzerlöse	82.500.000			82.500.000	45,0	1.833.333
Bestandsveränderungen	-7.200.000			-7.200.000	45,0	-160.000
Materialaufwand	-30.600.000			-30.600.000	45,0	-680.000
Personalaufwand	-7.400.000			-7.400.000	45,0	-164.444
Abschreibungen auf Sachanlagen	-12.000.000			-12.000.000	45,0	-266.667
Abschreibungen auf immaterielle VG	0	(2) 4.000.000		-4.000.000	45,0	-88.889
Sonstige betriebliche Aufwendungen	-7.090.000			-7.090.000	45,0	-157.556
Ertrag/Aufwand latente Steuern	0		(2) 800.000	800.000	45,0	17.778
Jahresüberschuss lfd. Jahr	**18.210.000**			**15.010.000**		**333.556**

Nebenrechnung:

Stichtagskurs	300.200
./. Durchschnittskurs	333.556
= Δ	-33.356

Abbildung 311: Fortschreibung der HB-III zum Abschlussstichtag 31.12.2010

Unter Beachtung der formulierten Wechselkursannahmen (konstanter Stichtagskurs 50 INR/EUR; Durchschnittskurs der Periode 45 INR/EUR) werden die Vermögensgegenstände und Schulden zum aktuellen Stichtagskurs, das in die Erstkonsolidierung eingegangene Eigenkapital mit dem historischen Kurs zum Erwerbszeitpunkt und der im Geschäftsjahr 2010 erwirtschaftete Erfolg nebst Aufwendungen und Erträgen mit dem Durchschnittskurs umgerechnet. Im Bereich des bilanziellen Jahresüberschusses kommt es zu einer Umrechnungsdifferenz, da nach der modifizierten Stichtagskursmethode der Jahresüberschuss in der Bilanz mit dem Durchschnittskurs analog zur GuV ausgewiesen wird (333.556 EUR). In Höhe der Differenz zu dem mit dem Stichtagskurs umgerechneten Wertansatz (300.200 EUR) entsteht eine Währungsumrechnungsdifferenz (-33.356 EUR), die gem. § 308a HGB erfolgsneutral im Eigenkapital als „Eigenkapitaldifferenz aus Währungsumrechnung" gesondert auszuweisen ist.

Konsolidierungsbuchungen

Die Wertansätze der *Novellia* in Konzernwährung werden in einem nachgelagerten Schritt in die Summenbilanz übernommen. Nach der Queraddition der Abschlüsse zur Summenbilanz erfolgen die Buchungen der einzelnen Konsolidierungsmaßnahmen: Schuldenkonsolidierung, Innenumsatzeliminierung, Zwischenergebniseliminierung, Konsolidierung anderer Erträge und Aufwendungen sowie

Kapitalkonsolidierung. Im Hinblick auf die Darstellung der nachfolgend zu erläuternden Buchungen der Kapitalkonsolidierung sei an dieser Stelle auf die zusammenfassende Darstellung in der konsolidierten Bilanz und GuV des nächsten Kapitels G.5.5 verwiesen, wo alle vorgenommenen Konsolidierungsbuchungen in einem Gesamttableau veranschaulicht werden (vgl. Abbildung 312).

Mit Buchung 1 erfolgt die Erstkonsolidierungsbuchung auf der Grundlage der Wertverhältnisse zum Erwerbszeitpunkt (01.01.2010). Aus der Erstkonsolidierung entsteht ein Geschäfts- oder Firmenwert i.H.v. 40.000 EUR. Es ist darauf hinzuweisen, dass es sich hierbei um den (historischen) Geschäfts- oder Firmenwert handelt, der auf Basis der Wechselkursrelationen zum Erwerbszeitpunkt entsteht. Dieser ist auch in Folgekonsolidierungen stets auf Grundlage der historischen Wertansätze zu ermitteln und an die geänderten Kursrelationen zum aktuellen Stichtag anzupassen.[1239] Per Annahme bleiben die Stichtagskurse für den gesamten Betrachtungszeitraum konstant, sodass keine Wertanpassung erforderlich ist. Die Kapitalkonsolidierung ist auch bei ausländischen Tochterunternehmen, die in Fremdwährung geführt werden, in den Folgejahren bzw. Folgekonsolidierungen stets unverändert beizubehalten. Im Konzernberichtswesen ist demzufolge sicherzustellen, dass die konsolidierungsrelevanten Wertansätze der Erstkonsolidierungsbuchung sowohl in lokaler Währung als auch in Berichtswährung auf der Grundlage der historischen Wertverhältnisse dokumentiert sind.

Des Weiteren ist der Geschäfts- oder Firmenwert für das Geschäftsjahr 2010 planmäßig über dessen Nutzungsdauer (fünf Jahre) abzuschreiben. Die Abschreibung hat auf Basis des bei der Erstkonsolidierung statistisch in Landeswährung ermittelten Wertansatzes (2.000.000 INR) zu erfolgen. Der ermittelte Abschreibungsbetrag i.H.v. 400.000 INR wird dann mit dem Durchschnittskurs der Periode in die Konzernwährung umgerechnet (400.000 INR / 45 INR/EUR = 8.889 EUR). In der Bilanz erfolgt indes eine stichtagskursbezogene Währungsumrechnung (400.000 INR /50 INR/EUR = 8.000 EUR), sodass in Höhe der Differenz zwischen dem Durchschnittskurs und dem Stichtagskurs eine Währungsumrechnungsdifferenz (889 EUR) entsteht, wie sie auch in Buchung 2 dargestellt wird.

5.5   Zusammenfassende Darstellung in der konsolidierten Bilanz und Gewinn- und Verlustrechnung

Im Zuge der Konzernabschlusserstellung wurden für den *Nordstar Konzern* zum Abschlussstichtag 31.12.2010 folgende Buchungen vorgenommen. Diese sind in das Buchungstableau der Abbildung 312 übernommen:

[1239]   Nach der zuvor beschriebenen Vorgehensweise wird der Geschäfts- oder Firmenwert zwar in der Konzernwährung (EUR) aufgedeckt und ausgewiesen, doch erfolgt seine Zuordnung zum ausländischen Tochterunternehmen in Landeswährung (INR). Der Geschäfts- oder Firmenwert wird insofern statistisch in Landeswährung geführt und geht als Vermögensgegenstand des Tochterunternehmens in die Währungsumrechnung ein.

Position	Nordstar	Novellia	Summe	Korrekturen Soll	Korrekturen Haben	Konzern
BILANZ						
Immaterielle Vermögensgegenstände	7.859	320.000	327.859			327.859
Geschäfts- oder Firmenwert	0	0	0	(1) 40.000	(2) 8.000	32.000
Grundstücke	1.000.000	650.000	1.650.000			1.650.000
Gebäude	2.612.500	360.000	2.972.500			2.972.500
Technische Anlagen und Maschinen	2.016.400	800.000	2.816.400			2.816.400
Betriebs- und Geschäftsausstattung	8.000	0	8.000			8.000
Anteile an verbundenen Unternehmen	3.000.000	0	3.000.000		(1) 3.000.000	0
Fertigerzeugnisse	753.224	656.000	1.409.224		(5) 60.000	1.349.224
Forderungen aus Lieferungen und Leistungen	152.975	1.600.000	1.752.975		(3) 150.000	1.602.975
Sonstige Vermögensgegenstände	709.127	0	709.127			709.127
Zahlungsmittel- und Zahlungsmitteläquivalente	4.679.755	270.000	4.949.755			4.949.755
Aktive latente Steuern	0	0	0	(5) 12.000		12.000
Aktiva gesamt	**14.939.840**	**4.656.000**	**19.595.840**			**16.429.841**
Gezeichnetes Kapital	5.550.000	1.500.000	7.050.000	(1) 1.500.000		5.550.000
Kapitalrücklage	0	600.000	600.000	(1) 600.000		0
Gewinnrücklagen	0	500.000	500.000	(1) 500.000		0
Jahresüberschuss lfd. Jahr	1.862.515	333.556	2.196.070			2.141.404
Neubewertungsrücklage	0	360.000	360.000	(1) 360.000		0
Eigenkapitaldifferenz aus Währungsumrechnung	0	-33.356	-33.356	(6) 8.889	(5) 6.667 (2) 889	-34.689
Rückstellungen	489.333	100.000	589.333			589.333
Verbindlichkeiten gegenüber Kreditinstituten	5.450.000	0	5.450.000			5.450.000
Verbindlichkeiten aus Lieferungen und Leistungen	619.648	1.073.800	1.693.448	(3) 150.000		1.543.448
Sonstige Verbindlichkeiten	968.120	148.000	1.116.120			1.116.120
Passive latente Steuern	225	74.000	74.225			74.225
Passiva gesamt	**14.939.840**	**4.656.000**	**19.595.840**			**16.429.841**
GEWINN- UND VERLUSTRECHNUNG						
Umsatzerlöse	5.948.000	1.833.333	7.781.333	(4) 333.333		7.448.000
Bestandsveränderungen	608.985	-160.000	448.985	(5) 66.667		382.318
Andere aktivierte Eigenleistungen	6.378	0	6.378			6.378
Sonstige betriebliche Erträge	98.038	0	98.038	(6) 80.000		18.038
Materialaufwand	-2.833.768	-680.000	-3.513.768		(4) 333.333	-3.180.435
Personalaufwand	-968.000	-164.444	-1.132.444			-1.132.444
Abschreibungen auf Sachanlagen	-366.100	-266.667	-632.767			-632.767
Abschreibungen auf immaterielle VG	-519	-88.889	-89.408			-89.408
Abschreibungen auf Geschäfts- oder Firmenwert	0	0	0	(2) 8.889		-8.889
Sonstige betriebliche Aufwendungen	-230.274	-157.556	-387.829		(6) 88.889	-298.940
Ertrag/Aufwand latente Steuern	-400.225	17.778	-382.448		(5) 12.000	-370.448
Jahresüberschuss lfd. Jahr	**1.862.515**	**333.556**	**2.196.071**			**2.141.404**

Abbildung 312: Konsolidierte Bilanz und GuV (31.12.2010)

Im Einzelnen handelt es sich um folgende Sachverhalte:

(1) Erstkonsolidierungsbuchung,[1240]

(2) Fortschreibung des Geschäfts- oder Firmenwerts,

(3) Schuldenkonsolidierung: Eliminierung der konzerninternen Forderungen und Verbindlichkeiten aus Lieferung und Leistung,[1241]

(4) Durchführung der Innenumsatzeliminierung,[1242]

(5) Zwischenergebniseliminierung für die Produktgruppe Schuhrohling und Berücksichtigung latenter Steuern,[1243]

(6) Eliminierung des Mietaufwands bzw. des Mietertrags aus der innerkonzernlichen Vermietung des Markenrechts.[1244]

[1240] Vgl. Kapitel G.5.4.5.1.
[1241] Vgl. Kapitel G.5.4.2.
[1242] Vgl. Kapitel G.5.4.3.1.
[1243] Vgl. Kapitel G.5.4.3.2.
[1244] Vgl. Kapitel G.5.4.4.

6.   Konzernsteuerung

6.1   Betriebswirtschaftliche Grundlagen

6.1.1   Gegenstand und Umfang der Konzernsteuerung

**Konzernsteuerungs-
begriff**

In erster Linie stellt der Konzernabschluss nach HGB ein Informations-, Doku-
mentations- und Entscheidungsinstrument zur Bereitstellung entscheidungsrele-
vanter Daten auf Ebene der gesamten Unternehmensgruppe dar. Mit anderen Worten: Die Abschlussadressaten erhalten ein den tatsächlichen Verhältnissen entsprechendes Bild der Vermögens-, Finanz- und Ertragslage für den gesamten
Konzern. Das Instrument der Konzernsteuerung hingegen disaggregiert den Konzern und nimmt insbesondere die Wertschöpfungsströme in den Fokus. Die Konzernsteuerung kann definiert werden als „die Gesamtheit aller Handlungen, welche die Gestaltung und Koordination der Konzern-Umwelt-Interaktionen im
Rahmen des Wertschöpfungsprozesses zum Gegenstand haben und diesen beeinflussen."[1245] Ihr Ziel ist die einheitlich ausgerichtete Gestaltung, Lenkung und
Steuerung des Konzernverbunds sowie die Koordination seiner dezentralen Einheiten, um die Ziele, Strukturen und Prozesse der Unternehmen mit den Strategien
des Gesamtkonzerns abzustimmen.[1246]

**Zusammenhang
mit dem Konzern-
controlling**

Die Konzernsteuerung ist insofern eher unter dem Controllingbegriff zusammenzufassen, dessen Aufgabe in der Unterstützung der Unternehmensführung bei der
Planung, Steuerung und Kontrolle durch eine koordinierende Informationsversorgung besteht.[1247] Das Controlling dient zur Sicherung der Effizienz und Wirtschaftlichkeit einzelner Leistungsbereiche und bildet die Basis für die Festlegung
von Unternehmenszielen. Erstrecken sich Leistungsbereiche über mehrere Konzernunternehmen, muss nun über ein sog. Konzerncontrolling das Zielsystem über
alle Konzernunternehmen harmonisiert werden. Denn wurde in der Vergangenheit
die Planung, Steuerung und Kontrolle von Geschäftsprozessen noch primär innerhalb der eigenen Unternehmensgrenzen vorgenommen und somit aus einer einge-
schränkten unternehmensinternen Sicht betrachtet, ergibt sich gerade in einem
Konzernumfeld die wesentliche Fragestellung, wie das Controlling in Konzernstrukturen organisatorisch zu gestalten ist.[1248] Der Konzern sollte in diesem Zusammenhang auf einem einheitlichen Planungs-, Informations- und Abrechnungs-
system aufbauen, das einerseits den einzelnen Konzernunternehmen, aber andererseits auch der Konzernleitung ausreichend steuerungsrelevante Daten zur Verfügung stellt.

**Wertorientierte
Unternehmensführung**

In der Konzernsteuerung werden grds. zwei Konzepte unterschieden: Zum einen
können die Maßnahmen der Konzernsteuerung auf Grundlage von Kennzahlen

---

[1245] WEISS, H.-J. (2004), S. 9.
[1246] Vgl. WEISS, H.-J. (2004), S. 9 f.
[1247] Vgl. PEEMÖLLER, V. H./KELLER, B. (2008), S. 515.
[1248] Vgl. zur strukturellen Unterscheidung von Konzern-Controlling und Controlling im
Konzern KÜTING, K./LORSON, P. (1997), S. 5* f. SCHEER spricht in einem ähnlichem
Kontext vom Controlling unternehmensübergreifender Geschäftsprozesse; vgl.
SCHEER, A.-W. (2000), S. 321.

und Kennzahlensystemen betrieben werden. Zum anderen wird insbesondere von kapitalmarktorientierten Konzernen die sog. wertorientierte Unternehmensführung propagiert, auch bekannt als das sog. Shareholder Value-Konzept.[1249] In der letzt-genannten Ausprägung steht die Maximierung des Shareholder Value – d.h. die Unternehmenswertsteigerung – im Mittelpunkt. Ihr Kernanliegen ist es demnach, dass die Aktionäre im langfristigen Mittel eine angemessene Verzinsung ihres Kapitaleinsatzes erzielen, die ihre langfristigen (Opportunitäts-)Kosten des Eigen-kapitals deckt (sog. Management-Konzeption nach LORSON[1250]).

Entscheidet man sich nicht für wertorientierte Steuerungsstrategien, finden die Steuerungsmaßnahmen auf Basis von Kennzahlen und Kennzahlensystemen statt, die in der Mittelstandspraxis das dominierende Instrument der Unternehmensfüh-rung, u.a. aufgrund ihrer relativ einfachen Handhabung, darstellen dürfte.[1251] So kann die Steuerung des Konzerns sowie seiner dezentralen Einheiten anhand des operativen Ergebnisses erfolgen, welches sich regelmäßig nach den Kennzahlen EBIT oder EBITDA bemisst. Hierbei handelt es sich um Ergebnisgrößen, bei de-nen alle nicht der eigentlichen betrieblichen Tätigkeit zuzuordnenden Aufwen-dungen herausgefiltert werden: EBIT stellt die Ergebnisgröße vor Steuern und Zinsen dar. Beim EBITDA werden weiterhin die (außer)planmäßigen Abschrei-bungen heraus gerechnet.[1252] Auch lassen sich weitere finanzielle und nicht finan-zielle Kennzahlen innerhalb eines Kennzahlensystems entsprechend der spezifi-schen Informationsbedürfnisse der Konzernführung flexibel miteinander kombi-nieren, um eine möglichst objektive Beurteilung einzelner Konzerneinheiten hin-sichtlich

- ihrer Erfolgs- bzw. Umsatzbeiträge zum Gesamtergebnis bzw. -umsatz des Konzerns,
- ihrer Leistungsfähigkeit im Vergleich zu direkten Wettbewerbern und ande-ren Konzerneinheiten zu erreichen.

Steuerung durch Kennzahlen und Kennzahlensysteme

An dieser Stelle muss die wichtige Grundvoraussetzung erfüllt sein, diese Steue-rungsgrößen gleichermaßen auf Ebene des Gesamtkonzerns analysieren zu kön-nen, als auch auf Basis der Teilbereiche des Konzerns (z.B. Geschäftsbereiche, Profit-Center oder einzelne Investitionen). Indem mittels einer transparenten In-formationsversorgung steuerungsrelevante Kennzahlen über einen „Drilldown" von einer aggregierten Darstellung heraus auf kleinere Einheiten herunter gebro-chen werden können, wird hierdurch das Bewusstsein der Konzernmitglieder ver-stärkt, dass sich – unabhängig davon, auf welcher Steuerungsebene man sich be-findet – das eigene Handeln auch auf die gesamte Unternehmensgruppe des Kon-zerns niederschlägt.

[1249] Vgl. zu einem Überblick bspw. WEISS, H.-J./HEIDEN, M. (2000); LORSON, P. (2004).
[1250] Vgl. LORSON, P. (2004), S. 97 ff. u. 128 ff.
[1251] Vgl. auch die entsprechenden Ausführungen in Kapitel F.6.4.
[1252] Anzumerken ist, dass kein einheitliches Berechnungsschema für die EBIT-Kennzahlen existiert; vgl. beispielhaft HEIDEN, M. (2006), S. 361 ff. u. 370 ff.

6.1.2   Steuerung nach Geschäftsbereichen

Anforderungen an die Konzernstruktur

Rechtlich selbstständige Tochterunternehmen, Unternehmensbereiche, Divisionen, Sparten, strategische Geschäftsbereiche oder strategische Geschäftseinheiten stehen in Schrifttum und Praxis für unterschiedliche Ausprägungsformen der dezentralen Einheiten des Konzerns, die inhaltlich nicht immer exakt definiert und voneinander abgegrenzt sind.[1253] Generell gilt jedoch auch für die Konzernsteuerung, sich „kundenorientiert" aufzustellen, was zwangsläufig eine Ausrichtung des Konzerns auf jene Steuerungsebene bedingt, auf der „ein Unternehmen seine Wettbewerbsvorteile [erlangt, d. Verf.], weil auf dieser Ebene die Wertkette definiert wird."[1254] „Diesem Umstand wird in der [...] Konzernsteuerung dadurch Rechnung getragen, dass der Geschäftsbereichsebene die Aufgabe zugewiesen wird, den strategischen Rahmen auszufüllen, zu überwachen und zu unterstützen sowie neue Investitionsobjekte zu identifizieren."[1255]

Konzernstruktur aus interner und externer Sicht

Bei einer geschäftsbereichsorientierten Steuerung orientiert sich die Aufteilung der Geschäftsbereiche an den konzerninternen Wertschöpfungsprozessen, die wiederum anhand von Produkten, Regionen oder Kundengruppen strukturiert werden. Da der deutsche Mittelstand insbesondere durch eine hohe Produktionsintensität geprägt ist, werden nachfolgende Ausführungen eine Strukturierung der konzerninternen Steuerung nach Produkt- (bzw. Dienstleistungs-)kategorien exemplarisch aufgreifen. An dieser Stelle ist jedoch zu berücksichtigen, dass die Konzernstrukturierung aus Sicht der internen Steuerung vielfach von der legalen, für die externe Konzernrechnungslegung relevanten Struktur abweicht (vgl. Abbildung 313 und Abbildung 314).

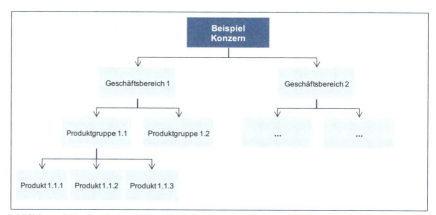

Abbildung 313: Struktur eines Beispielkonzerns aus Sicht der internen Steuerung

---

[1253] Vgl. MICHEL, U. (1996), S. 132.
[1254] MICHEL, U. (1996), S. 133.
[1255] WEISS, H.-J. (2004), S. 250.

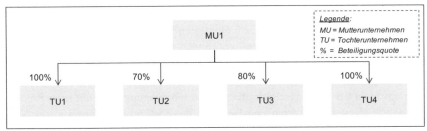

Abbildung 314: Struktur eines Beispielkonzerns aus legaler Sicht

Eine konzernweite Anwendung der kennzahlenbezogenen Steuerungsrechnungen erfordert an dieser Stelle, dass das Rechnungswesen der Einzelunternehmen die Informationen in einer mit den Geschäftsbereichen kongruenten Struktur liefert und das vorhandene lokale Planungs- und Berichtswesen mit den Anforderungen aus Gesamtkonzernsicht abgestimmt ist. Konkret müssen für die Berechnung von Steuerungskennzahlen Informationen über den Einsatz der Vermögensgegenstände und Schulden bzw. über die Zuordnung von Aufwendungen und Erträgen zu den betrieblichen Wertschöpfungsprozessen vorliegen. Aus Konzernsicht ist zu identifizieren, auf welcher relevanten Ebene der internen Steuerungsrechnung diese Allokation vorgenommen wird. Dies wird nicht das kleinste Profit-Center sein, sondern die Aufteilung erfolgt in der Regel nach Geschäftsbereichen und hierin untergliederten Produktgruppen/Produkten. Ob und inwieweit die Aufteilung der vorstehenden Größen mit Problemen behaftet ist, hängt maßgeblich von der Konzernstruktur und der Detaillierung der Konzernsteuerung in Bezug auf die zu monitorenden Wertschöpfungsprozesse ab. Folgende Grundkonstellationen sind anzudenken:

Aufteilung von Vermögen/Schulden und Aufwendungen/ Erträge

Wird von einem Konzernunternehmen nur ein – als relevanter Werttreiber der internen Steuerung identifiziertes – Produkt (z.B. das Produkt 1.1.1; vgl. Abbildung 313) hergestellt und auch vertrieben, so sind alle Aufwendungen und Erträge sowie die in den betrieblichen Wertschöpfungsprozess eingebundenen Vermögensgegenstände und Schulden eindeutig und unmittelbar diesem Produkt zuordenbar.

Ein-Produkt-Unternehmen

Wird von einem Konzernunternehmen mehr als ein Produkt aus der gleichen Produktgruppe (z.B. Produktgruppe 1.1; vgl. Abbildung 313) verantwortet, das über die Maßnahmen der Konzernsteuerung zu monitoren ist, ist das Rechnungswesen dergestalt aufzusetzen, dass die Aufwendungen und Erträge über die betriebliche Kosten- und Erlösrechnung differenziert nach den steuerungsrelevanten Produkten erfasst werden. Schwieriger gestaltet sich die Verteilung der im Wertschöpfungsprozess eingesetzten Vermögensgegenstände und Schulden; hier wird man sich regelmäßig proportionalisierenden Schlüsseln bedienen müssen. Sinngemäß gelten die Ausführungen, wenn ein Konzernunternehmen Produkte aus unterschiedlichen Produktgruppen verantwortet.

Mehr-Produkt-Unternehmen

Konsolidierungserfordernis aus mehrstufiger Wertschöpfung

Sind mehrere Unternehmen an der Herstellung und dem Vertrieb desselben (im Rahmen der Konzernsteuerung zu monitorenden) Produkts im Rahmen einer mehrstufigen Wertschöpfung beteiligt, können neben das Allokationserfordernis zusätzlich noch Fragestellungen der Konsolidierung treten. Denn konzerninterne Lieferungen und Leistungen, die über mehrere Produktionsstufen erfolgen, bewirken aus Sicht der einzelgesellschaftlichen Kostenrechnung, dass mit jeder Produktionsstufe Herstellungskosten und Gewinne des Lieferunternehmens in der Kostenartenrechnung des Empfängerunternehmens in Primärkosten umgewandelt werden. Im Unterschied dazu, wie sich die wahre Wertschöpfungs- bzw. Kostenstruktur aus globaler Konzernsicht darstellt, werden die tatsächlichen Gegebenheiten in der einzelgesellschaftlichen Kostenrechnung mit zunehmender Produktionsstufe und Intensität des innerkonzernlichen Lieferungs- und Leistungsverkehrs „verwischt".[1256] Über die Konsolidierung muss sichergestellt werden, dass die Konzernherstellungskosten nicht durch konzerninterne Sachverhalte verfälscht und ferner aus Sicht der rechtlichen Teileinheiten die vorgenommenen Gewinnrealisierungen neutralisiert werden.

6.1.3   Zwischenfazit

Harmonisierung des Rechnungswesens in einem Konzernumfeld

Unabhängig davon, ob durch das Überschreiten der gesetzlichen Größenkriterien und der Nicht-Nutzung von Wahlrechten nun eine gesetzliche Konzernrechnungslegungspflicht eintritt,[1257] bewirkt eine Konzernierung im Regelfall eine veränderte Sicht auf Aspekte der internen Unternehmenssteuerung. Planungs-, Steuerungs- und Kontrollprozesse spielen sich nunmehr auch auf unternehmensübergreifender Ebene ab und verlangen nach einem umfassenden Berichtswesen im Konzern, das nicht nur externe Berichterstattungspflichten im Falle einer Konzernrechnungslegungspflicht abdeckt, sondern vor allem auf die internen Berichtsbedarfe des Managements eingeht. Für mittelständische Unternehmen, die sukzessive in ein Konzernumfeld hineinwachsen, dürfte der Aufbau eines derartigen Informationssystems keinen unwesentlichen Aufwand bedeuten, sodass an dieser Stelle ein harmonisiertes Rechnungswesen eine effiziente Lösung darstellt. Steuerungsrechnungen des Konzerns mit ihren vielfältigen Entscheidungs- und Zielgrößen könnten somit auf derselben Datenbasis der Unternehmen aufsetzen, derer sich auch das externe Konzernrechnungswesen im Rahmen der derivativen Konzernabschlusserstellung bedient. Voraussetzungen für eine derartige erfolgreiche Konvergenz sind u.a. eine einheitliche „Sprache" im Konzern im Sinne einer übereinstimmenden Rechnungslegung, z.B. auf HGB- oder IFRS-Basis, sowie eine gemeinsame und einheitliche Datengrundlage für alle Konzernmitglieder zur Erstellung von Berichtsdaten in Bilanzierung und Controlling im Ist und Plan.

[1256]   Vgl. KÜTING, K./LORSON, P. (1997), S. 826.
[1257]   Vgl. zur handelsrechtlichen Konzernrechnungslegungspflicht Kapitel G.2.2.

6.2   Bedeutung von SAP Business ByDesign für die Konzernsteuerung

6.2.1   Datenbereitstellung für die Management-Konsolidierung

Die Konzeption des Rechnungswesens in SAP Business ByDesign als Einkreissystem sowie die Möglichkeit der Verwendung einer parallelen Rechnungslegung für eine effiziente Konsolidierungsvorbereitung führen dazu, dass die Konsolidierungsvorgänge nicht nur aus Sicht der legalen Konsolidierung, sondern insbesondere auch aus Sicht der Management-Konsolidierung mit optimalen Daten beliefert werden.[1258] So stellt SAP Business ByDesign eine einheitliche Informationsplattform für Bilanzierung und Controlling auf Unternehmens- und insbesondere auf Konzernebene dar. Durch die Deckungsgleichheit von Bilanzierungs-, Bewertungs- und Steuerungseinheiten im internen und externen Rechnungswesen eines Einkreissystems ist die flexible Verdichtung von Unternehmensrechnungen nach verschiedenen Bezugsgrößen wie u.a. Produkt und Produktgruppe, aber auch aggregiert nach Geschäftsbereich bzw. Profit-Center, ohne Weiteres möglich. So ermöglicht SAP Business ByDesign die Aufspaltung von Aufwendungen und Erträgen in unterschiedlichen Detaillierungsstufen, die sich an den aus Konzernsicht steuerungsrelevanten Bezugsobjekten orientieren. Ein-Produkt- und Mehr-Produkt-Unternehmen können somit flexibel aus dem Blickwinkel ihrer betrieblichen Wertschöpfungsprozesse an den Konzern berichten, der wiederum die eingesammelten Unternehmensdaten aggregiert bzw. konsolidiert und zentral auswertet. Die Allokation des betrieblichen Vermögens gestaltet sich komplexer, je mehr Aktiva und Passiva im Rahmen der Wertschöpfung gemeinschaftlich genutzt werden. In SAP Business ByDesign sollte daher die unmittelbare Zuordnung in Abstimmung mit den Controlling-Anforderungen der rechtlichen Einheiten, aber insbesondere auch in Abstimmung mit den Anforderungen der konsolidierten Steuerung erfolgen.

Einkreissystem in SAP Business ByDesign

Bei der Datenextraktion im Rahmen der Konsolidierungsvorbereitung werden die Meldedaten der Unternehmen um diese Geschäftsbereichs- bzw. Profit-Center-Informationen vervollständigt, indem das Merkmal *Profit-Center* bei der Erstellung der Summen- und Saldenliste als Unterkontierung hinzu selektiert wird.[1259] Dieser integrierte Datenbestand, der durch SAP Business ByDesign originär erzeugt und um konsolidierungsrelevante Informationen angereichert wird, ermöglicht es, in der Konsolidierungssoftware sowohl externe als auch interne Berichtsstrukturen von Bilanz und GuV durch geeignete Datenverdichtungen in konsolidierter Form zu erstellen.

Extraktion eines integrierten Datenbestands

[1258]   Die Bedeutung und Umsetzung des Einkreissystems in SAP Business ByDesign aus dem Blickwinkel des einzelgesellschaftlichen Rechnungswesens wurde bereits in Kapitel B thematisiert.

[1259]   Vgl. zur Datenextraktion aus SAP Business ByDesign Kapitel G.5.2.

6.2.2   Konzernsteuerung in SAP Business ByDesign

SAP Business ByDesign erlangt seine Bedeutung für die Konzernsteuerung allerdings nicht nur als Datenlieferant einer Konsolidierung nach Managementgesichtspunkten (Management-Konsolidierung), die in einer externen Konsolidierungslösung im Ist und im Plan durchgeführt werden kann. Auch in der Softwarelösung selbst finden sich Anknüpfungspunkte bzw. Funktionalitäten, die es ermöglichen, Tätigkeiten der Konzernsteuerung originär – ohne Unterstützung durch eine externe Konsolidierungslösung – auszuführen. Dies ist Gegenstand nachfolgender Ausführungen.

6.2.2.1   Konzernweite Umsetzung der operativen Planung

Eine wichtige Aufgabe der Konzernsteuerung ist die Zusammenführung der Gesamtkonzernplanung mit der Planung der einzelnen Tochterunternehmen,[1260] indem aus den einzelgesellschaftlichen Detailplänen die globale Bilanz- und GuV-Planung aus Konzernsicht für den Planungszeitraum erstellt wird. Die Bilanz- und GuV-Planung stellt in diesem Zusammenhang einen wesentlichen Dreh- und Angelpunkt für die durchzuführenden Plan-/Ist-Vergleiche dar.

Unternehmensplanung mit SAP Business ByDesign

Ausgehend von den strategischen Planvorgaben und Zielsetzungen der Konzernführung wird im Detail auf der einzelgesellschaftlichen Ebene die Bilanz-, GuV- und Liquiditätsplanung vorgenommen, die sich auf die Absatz-, Einkaufs-, Produktions- und Personalplanung weiter herunterbrechen lässt. SAP Business ByDesign unterstützt diese unternehmensindividuell durchzuführenden Planungsschritte, wie sie bereits in Kapitel E ausführlich besprochen wurden. So stellen die Absatz-, Kostenstellen-, Ergebnis- und Bilanzplanung sowie die Liquiditätsvorschau zentrale Planungsinstrumente in SAP Business ByDesign dar. Wesentlich ist an dieser Stelle, dass die Ergebnis-, Bilanz- und Kostenstellenplanung einheitlich in dem Rechnungslegungswerk erfasst werden, das für die konzerneinheitliche Bilanzierung und Bewertung maßgeblich ist, um die Vergleichbarkeit von Plan und Ist konzernweit zu gewährleisten.

6.2.2.2   Abbildung einer Multicompany-Struktur zur Steuerung im Konzern

Einheitliche Datenhaltung im Konzern

Im Hinblick auf die Grundmotivation der Konzernsteuerung, die Erfolgsbeiträge von Geschäftsbereichen bzw. die Erfolgsbeiträge von Tochterunternehmen am Gesamterfolg des Konzerns zu bestimmen und mittels Kennzahlenrechnungen zu analysieren, ist es mit SAP Business ByDesign möglich, eine Multicompany-Struktur abzubilden. Sämtliche Geschäftsprozesse des Konzerns, d.h. solche, die mit konzerninternen und -externen Geschäftspartnern stattfinden, werden mit allen relevanten Stammdaten auf einer einheitlichen Informationsplattform abgebildet. Werden nun Ergebnis- und Bilanzberichte im Work Center *Hauptbuch* aus dieser gemeinsamen Datenhaltung erzeugt, ist es möglich, diese unternehmensübergrei-

---

[1260]   Vgl. weiterführend NEUGEBAUER, A. (2009), S. 12 f.

fend zu definieren, um konzerninterne Vergleichsrechnungen zwischen Tochterunternehmen und/oder Geschäftsbereichen anzustellen. Durch die konzernweite
Verwendung eines gemeinsamen Rechnungslegungswerks, in dem Bilanzierungs-
richtlinien zu Ansatz, Bewertung und Ausweis im Konzern einheitlich definiert
und umgesetzt werden, ist zudem die Vergleichbarkeit des Zahlenwerks der einzelnen Konzernunternehmen sichergestellt.

Das Berichtswesen des Finanz- und Rechnungswesens stellt u.a. den Bericht *Bilanz, GuV oder Kapitalflussrechnung* zur Verfügung, mit dem die Bilanz oder
GuV nach variablen Kriterien erstellt werden kann. Neben externen Berichtszwe-
cken können die Finanzberichte insbesondere unterjährig für Zwecke der internen
Steuerung eingesetzt werden, da sich das intern/extern harmonisierte Datenmaterial flexibel nach steuerungsrelevanten Bezugsgrößen wie z.B. Betriebsergebnis,
Umsatz oder Deckungsbeitrag auswerten lässt. Eine wichtige Datengrundlage
wird somit für diverse Kennzahlenbildungen zur Verfügung gestellt, mit denen
Erfolgsbeiträge im Konzern gemessen und analysiert werden können. Die Berichtseinstellungen erlauben nicht nur eine Aggregation der Finanzdaten über
mehrere Unternehmen hinweg, sondern ermöglichen auch eine gezielte Verdichtung der Daten nach Geschäftsbereichen oder Profit-Centern, um ein Monitoring
der konzernsteuerungsrelevanten Werttreiber zu ermöglichen. Mit anderen Worten: Die Gliederung von Aufwendungen und Erträgen sowie die Vermögensallo-
kation können entsprechend der Kriterien der internen Steuerungsrechnung zutreffend vorgenommen werden. Zwar handelt es sich um das unkonsolidierte Zahlenwerk der Unternehmen und ihrer Geschäftsbereiche/Profit-Center, doch kann je
nach Intensität der innerkonzernlichen Leistungsverflechtungen eine Auswertung
der Daten ad-hoc hierauf aufsetzen.

Finanzberichte nach Geschäftsbereichen/ Profit-Centern

Werden Erlös- und Kostenstrukturen im Konzern durch innerkonzernliche Liefe-
rungs- und Leistungsbeziehungen „verwischt", können Ergebnis- und Bilanzberichte im Rahmen einer „vereinfachten Konsolidierung" um konzerninterne Sachverhalte bereinigt werden. Da alle Unternehmen des Konzernverbunds eigenständig im System angelegt sind, werden Verbundbeziehungen gekennzeichnet, d.h.,
bei konzerninternen Geschäftsvorfällen werden die Partnerinformationen bei der
Geschäftsprozesserfassung dem Buchungsstoff automatisiert mitgegeben. Dies
bildet die Grundlage für den Bericht *Bilanz und GuV – vereinfachte Konsolidierung*, der im Work Center *Hauptbuch* zur Verfügung gestellt wird (vgl. Abbildung
315) und die vorhergehend genannten Allokations- bzw. Aggregationsfunktionali-
täten der „normalen" Bilanz- und GuV-Berichte gleichermaßen unterstützt.[1261]

Vereinfachte Konsolidierung

Der wesentliche Unterschied im Vergleich zu den anderen Finanzberichten besteht darin, dass dieser Bericht eine vereinfachte Konsolidierung umfasst, die sich
an den Konsolidierungsmaßnahmen der Aufwands- und Ertragskonsolidierung

---

[1261] Stellen Sie für die Verfügbarkeit des Berichts sicher, dass Sie die Verwendung von
Funktionsbereichen im Rahmen des Scoping aktiviert haben; dies gilt unabhängig davon, ob Sie Ihre GuV nach UKV oder nach GKV erstellen.

sowie der Schuldenkonsolidierung orientiert: Auf Basis der erfassten Partnerinformation werden über eine einseitige Eliminierung konzerninterne Aufwendungen und Erträge sowie konzerninterne Schuldverhältnisse storniert. Eine Eliminierung von im Vorratsvermögen enthaltenen Zwischenerfolgen ist nicht möglich. Vor dem Ausführen des Berichts ist festzulegen, für welche Unternehmen die Daten angezeigt werden sollen. Selektieren Sie insbesondere das Merkmal *Profit-Center* bei der Anzeige des Berichts hinzu, um die zu konsolidierende Bilanz bzw. GuV nach den steuerungsrelevanten Geschäftsbereichen, Produktgruppen bzw. Produkten zu untergliedern.[1262] Über die Nutzung der Filterfunktion können die Daten auf den einzelnen Steuerungsebenen entsprechend der zu monitorenden Bezugsgrößen weiter detailliert werden, um z.B. den konzernweiten Erfolgsbeitrag einer bestimmten Produktgruppe zu ermitteln.

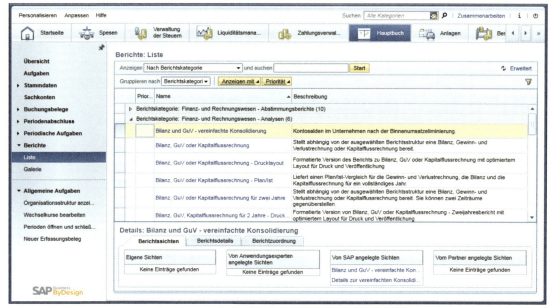

Abbildung 315: Bericht *Bilanz und GuV – vereinfachte Konsolidierung*

Der Bericht stellt eine reine Approximation einer konsolidierten Steuerungsrechnung dar und ist ausschließlich für Zwecke der internen Unternehmens- bzw. Konzernsteuerung bestimmt. In erster Linie sollen die Erlös- und Kostenstrukturen der zu steuernden Konzerneinheiten (weitestgehend) von innerkonzernlichen Lieferungs- und Leistungsbeziehungen isoliert werden, um ad-hoc hierauf aufsetzenden Kennzahlenberechnungen eine höhere Aussagekraft zu verleihen.

[1262] Beachten Sie für die Ausführbarkeit des Berichts, dass alle ausgewählten Unternehmen ein gemeinsames Rechnungslegungswerk besitzen. Mindestens zwei Unternehmen sind auszuwählen; alle nicht ausgewählten Unternehmen werden als konzernfremde Dritte behandelt.

6.3   Fazit

Die Unternehmenssteuerung in einem Konzernumfeld stellt nicht nur ein Thema in großen Konzernen dar, sondern betrifft immer mehr auch den Mittelstand. Unabhängig davon, ob eine gesetzliche Pflicht zur Konzernrechnungslegung besteht, müssen sich mittelständische Unternehmen mit zunehmendem Konzernierungsgrad zwangsläufig mit Fragestellungen einer konsolidierten Berichterstattung auseinandersetzen. Maßnahmen der Konzernsteuerung, die das wertschöpfungsorientierte Monitoring von Tochterunternehmen, Geschäftsbereichen, Produktgruppen etc. umfassen, werden hierbei durch das Rechnungswesen von SAP Business By-Design unterstützt. Die Konzeption als Einkreissystem und die Abbildung der Multicompany-Struktur sorgen für das Entstehen einer gemeinsamen Datenbasis für alle Konzernunternehmen, die zum einen umfangreiche Konsolidierungsvorgänge (Legal- und Management-Konsolidierung) in einer externen Konsolidierungslösung mit optimalen Daten beliefert. Zum anderen können Aktivitäten der Konzernsteuerung – wie die operative Planung und die kennzahlenorientierte Analyse einzelner bzw. mehrerer Konzerneinheiten im Vergleich – bereits originär in SAP Business ByDesign durchgeführt werden.

Literaturverzeichnis

ADLER, H./DÜRING, W./SCHMALTZ, K. (1995): Rechnungslegung und Prüfung der Unternehmen, Kommentar zum HGB, AktG, GmbHG, PublG nach den Vorschriften des Bilanzrichtlinien-Gesetzes, Bearbeiter: Forster, K.-H. et al., 6. Aufl., Stuttgart 1995 ff.

AGTHE, K. (1959): Stufenweise Fixkostendeckung im System des Direct Costing, in: ZfB 1959, S. 404-418.

AMMELUNG, U./KAESER, C. (2003): Cash-Management-Systeme in Konzernen, in: DStR 2003, S. 655-660.

ARBEITSKREIS BILANZRECHT DER HOCHSCHULLEHRER RECHTSWISSENSCHAFT (2008): Nochmals: Plädoyer für eine Abschaffung der „umgekehrten Maßgeblichkeit"!, in: DStR 2008, S. 1057-1060.

AWV (1960): Die Pauschalierung der Anschaffungsnebenkosten in der Kostenrechnung, Handels- und Steuerbilanz, in: DB 1960, S. 213-214.

BAETGE, J./HAYN, S./STRÖHER, T. (2009): Kommentierung des IAS 27, in: Baetge, J. et al. (Hrsg.), Rechnungslegung nach IFRS, 2. Aufl., Stuttgart 2002 ff.

BAETGE, J./KIRSCH, H.-J. (2002): Kap. 4, Grundsätze ordnungsmäßiger Buchführung, in: Küting, K./Pfitzer, N./Weber, C.-P. (Hrsg.), Handbuch der Rechnungslegung, Einzelabschluss, Kommentar zur Bilanzierung und Prüfung, Bd. 1, 5. Aufl., Stuttgart 2002 ff.

BAETGE, J./KIRSCH, H.-J./THIELE, S. (2009): Bilanzen, 10. Aufl., Düsseldorf 2009.

BAETGE, J./UHLIG, A. (1985): Zur Ermittlung der handelsrechtlichen „Herstellungskosten" unter Verwendung der Daten der Kostenrechnung, in: WiSt 1985, S. 274-280.

BANGE, C./DAHNKEN, O. (2001): Software für Planung und Controlling, in: BC 2001, S. 224-228.

BECKER, B./JANKER, B./MÜLLER, S. (2004): Die Optimierung des Risikomanagements als Chance für den Mittelstand, in: DStR 2004, Heft 37, S. 1578-1584.

BECKER, R. (1998): Cash-Management in der Unternehmenskrise, in: DStR 1998, S. 1528-1532.

BECKER, W./DANIEL, K./HOFMANN, M. (2007): Performance-orientiertes Projektcontrolling. Realisierung mithilfe der Earned Value Methode, in: Controlling 2007, S. 165-174.

BEIERSDORF, K./EIERLE, B./HALLER, A. (2009): International Financial Reporting Standard for Small and Medium-sized Entities (IFRS for SMEs): Überblick über den finalen Standard des IASB, in: DB 2009, S. 1549-1557.

BERGNER, H. (1970): Sonderkosten, in: Kosiol, E. (Hrsg.), Handwörterbuch des Rechnungswesens, Stuttgart 1970, Rn. 1596-1603.

BEYHS, O. (2002): Impairment of Assets nach International Accounting Standards. Anwendungshinweise und Zweckmäßigkeitsanalyse, Frankfurt a. M. 2002.

BFH-Beschluss vom 07.08.2008, GrS 2/99: StuB 2008, S. 1265.

BFH-Gutachten vom 26.01.1960, I D 1/58 S: BStBl. III 1960, S. 191-197.

BFH-Urteil vom 28.04.1977, IV R 163/75: BStBl. II 1977, S. 553-556.

BFH-Urteil vom 22.04.1980, III R 149/75: BStBl. II 1980, S. 441-447.

BGH-Urteil vom 12.01.1998, II ZR 82/93, in: ZIP 1998, S. 467-471.

BIEG, H./KUßMAUL, H. (2009): Finanzierung, 2. Aufl., München 2009.

BIEWER, J./JANSEN, D./SAHIN, A./ROSENBAUM, Y./HÄFNER, M. (2006): M&A-Management. Planungsprozess- und Berichtsharmonisierung als zentrale Herausforderung für die Koordination in der Post-M&A-Phase, in: Keuper, F./ Häfner, M./von Glan, C. (Hrsg.), Der M&A-Prozess, Wiesbaden 2006.

BLAUM, U./KESSLER, H. (2000): Das Ende der phasengleichen Vereinnahmung von Beteiligungserträgen in der Steuerbilanz – Zum Beschluss des Großen Senats vom 7.8.2000 und seinen Konsequenzen für die Bilanzierungspraxis –, in: StuB 2000, S. 1233-1246.

BMF-Schreiben vom 07.11.1995, IV A 8 – S 0316 – 52/95: Grundsätze ordnungsmäßiger DV-gestützter Buchführungssysteme (GoBS), in: BStBl. I 1995, S. 738-747.

BMF-Schreiben vom 19.01.2010, IV C 6 – S 2133-b/0: § 5b EStG –Elektronische Übermittlung von Bilanzen sowie Gewinn- und Verlustrechnungen, in: BStBl. I 2010, S. 47-48.

BMF-Schreiben vom 12.03.2010, IV C 6 – S 2133/09/10001: Maßgeblichkeit der handelsrechtlichen Grundsätze ordnungsmäßiger Buchführung für die steuerliche Gewinnermittlung; Änderung des § 5 Absatz 1 EStG durch das Gesetz zur Modernisierung des Bilanzrechts (Bilanzrechtsmodernisierungsgesetz - BilMoG), in: BStBl. I 2010, S. 239-242.

BMF-Schreiben vom 16.12.2010, IV C 6 - S 2133-b/10/10001: E-Bilanz; Bekanntgabe der Taxonomie; Pilotierung, in: BStBl. I 2010, S. 1500.

BODE, C./GRABNER, E. (2000): Rückstellungen für Verpflichtungen aus betrieblichen Altersteilzeitregelungen – Anmerkungen zum BMF-Schreiben vom 11.11.1999, in: DStR 2000, S. 141-143.

BR-Drucksache (270/09): Gesetzesbeschluss des Deutschen Bundesrates, Gesetz zur Modernisierung des Bilanzrechts (Bilanzrechtsmodernisierungsgesetz – BilMoG) vom 27.03.2009, URL: http://www.bmj.bund.de/files/-/3551/ gesetzesbeschluss_bilmog.pdf, Stand: 31.01.2011.

BRÖSEL, G./OLBRICH, M. (2010): Kommentierung des § 253 HGB, in: Küting, K./Pfitzer, N./Weber, C.-P. (Hrsg.), Handbuch der Rechnungslegung, Einzelabschluss, Kommentar zur Bilanzierung und Prüfung, Bd. 2, 5. Aufl., Stuttgart 2002 ff., Rn. 1-720.

BRUNS, H.-G. (1999): Harmonisierung des externen und internen Rechnungswesens auf Basis internationaler Bilanzierungsvorschriften, in: Küting, K./Langenbucher, G. (Hrsg.), Internationale Rechnungslegung, Festschrift für Prof. Dr. Claus-Peter Weber zum 60.Geburtstag, Stuttgart 1999, S. 585-603.

BT-Drucksache (16/10067): Gesetzentwurf der Bundesregierung. Entwurf eines Gesetzes zur Modernisierung des Bilanzrechts (Bilanzrechtsmodernisierungs-gesetz – BilMoG) vom 30.07.2008, URL: http://www.bmj.bund.de/files/-/3152/RegE_bilmog.pdf, Stand: 31.01.2011.

BT-Drucksache (16/12407): Beschlussempfehlung und Bericht des Rechtsaus-schusses (6. Ausschuss) zu dem Gesetzentwurf der Bundesregierung – Druck-sache 16/10067 – Entwurf eines Gesetzes zur Modernisierung des Bilanz-rechts (Bilanzrechtsmodernisierungsgesetz – BilMoG) vom 24.03.2009.

BÜHNER, R. (2004): Betriebswirtschaftliche Organisationslehre, 10. Aufl., Mün-chen 2004.

BUCHHOLZ, R. (2008): Internationale Rechnungslegung, 7. Aufl., Berlin 2008.

BUDDE, T./VAN HALL, G. (2010): Kommentierung des § 306 HGB, in: Bertram, K. et al. (Hrsg.), Haufe HGB Bilanz-Kommentar, 2. Aufl., Freiburg 2010.

BURGER, A./BUCHHART, A. (2001): Integration des Rechnungswesens im Share-holder Value-Ansatz, DB 2001, S. 549-554.

BUSSE VON COLBE, W. ET AL. (2010): Konzernabschlüsse. Rechnungslegung nach betriebswirtschaftlichen Grundsätzen sowie nach Vorschriften des HGB und der IAS/IFRS, 9. Aufl., Wiesbaden 2010.

CHMIELEWICZ, K. (1993): Integrierte Finanz-, Bilanz- und Erfolgsplanungen, in: Gebhardt, G./Gerke, W./Steiner, M. (Hrsg.), Handbuch des Finanzmanage-ments, Instrumente und Märkte der Unternehmensfinanzierung, Mün-chen 1993.

CLAUSSEN, H. (2002): Bonitätsrating. Praxisbeispiele zur optimalen Unterstützung durch die EDV, in: BC 2002, S. 134-138.

COENENBERG, A. G. (1995): Einheitlichkeit oder Differenzierung von internem und externem Rechnungswesen: Die Anforderungen der internen Steuerung, in: DB 1995, S. 2077-2083.

COENENBERG, A. G./FISCHER, T. M./GÜNTHER, T. (2009): Kostenrechnung und Kostenanalyse, 7. Aufl., Stuttgart 2009.

COENENBERG, A. G./HALLER, A./SCHULTZE, W. (2009): Jahresabschluss und Jah-resabschlussanalyse. Betriebswirtschaftliche, handelsrechtliche, steuerrechtli-che und internationale Grundsätze, HGB, IFRS, US-GAAP, DRS, 21. Aufl., Stuttgart 2009.

DÄUMLER, K.-D./GRABE, J. (2000): Kostenrechnung I, Grundlagen, 8. Aufl., Her-ne/Berlin 2000.

DARAZS, G. H. (2001): Bonitätsrating für den Mittelstand – bankinternes versus externes Rating, in: BC 2001, S. 103-107.

DEL MESTRE, G. (2001): Rating. Anwendung der Cash-Flow-Analyse, in: BC 2001, S. 107-112.

DELLMANN, K. (1993): Kapital- und Finanzflußrechnung, in: Wittmann, W./Kern, W./Köhler, R./Küpper, H. U./v. Wysocki, K. (Hrsg.), Handwörterbuch der Be-triebswirtschaft, 5. Aufl., Stuttgart 1993.

DIN 69901 (2009): Projektmanagement-Norm.

DUSEMOND, M. (1994): Die Konzernanschaffungs- und Herstellungskosten nach § 304 HGB. Ermittlung, Bewertung sowie Informationsbeschaffung auf der Grundlage einer eigenständigen Konzernkostenrechnung, Stuttgart 1994.

DUSEMOND, M./KESSLER, H. (2001): Rechnungslegung kompakt. Einzel- und Konzernabschlüsse nach HGB mit Erläuterung abweichender Rechnungslegungspraktiken nach IAS und US-GAAP, 2. Aufl., München/Wien 2001.

DWORSKI, E./FREY, P./SCHENTLER, P. (2009): Planung und Budgetierung: Status quo und Gestaltungsempfehlungen, in: Gleich, R./Klein, A. (Hrsg.): Moderne Budgetierung, Freiburg 2009.

EDLUND, P./SCHLÜTER, R. (2006): Verfahren zur tagesgenauen Liquiditätsplanung – Software-Unterstützung, in: BC 2006, S. 196-200.

EGGER, A. (1994): Die Herstellungskosten im Spannungsfeld von Kostenrechnung und Jahresabschluss, in: Ballwieser, W. (Hrsg.), Bilanzrecht und Kapitalmarkt, Festschrift zum 65. Geburtstag von Adolf Moxter, Düsseldorf 1994, S. 195-211.

EHMCKE, T. (2002): Kommentierung des § 6 EStG, in: Blümich, W. et al. (Hrsg.), Einkommensteuergesetz, Körperschaftsteuergesetz, Gewerbesteuergesetz, Kommentar, München 1989 ff.

EIDENMÜLLER, B. (1989): Die Produktion als Wettbewerbsfaktor: Herausforderungen an das Produktionsmanagement, Zürich 1989.

EISELE, W. (2002): Technik des betrieblichen Rechnungswesens, 7. Aufl., München 2002.

ELLROTT, H./BRENDT, P. (2010): Kommentierung des § 255 HGB, in: Ellrott, H. et al. (Hrsg.), Beck'scher Bilanzkommentar, Handels- und Steuerbilanz. §§ 238 bis 339, 342 bis 342e HGB mit IFRS-Abweichungen, 7. Aufl., München 2010, Rn. 1-527.

ELLROTT, H./LORENZ, C. (2006): Kommentierung des § 254 HGB, in: Ellrott, H. et. al. (Hrsg.), Beck'scher Bilanzkommentar, Handels- und Steuerbilanz. §§ 238 bis 339, 342 bis 342e HGB mit IFRS-Abweichungen 6. Aufl., München 2006.

ELLROTT, H./ROSCHER, K. (2010): Kommentierung des § 253 HGB, in: Ellrott, H. et al. (Hrsg.), Beck'scher Bilanzkommentar, Handels- und Steuerbilanz. §§ 238 bis 339, 342 bis 342e HGB mit IFRS-Abweichungen, 7. Aufl., München 2010, Rn. 460-622.

EMMERICH, V./HABERSACK, M. (2010): Aktien- und GmbH-Konzernrecht, 6. Aufl., München 2010.

ERDMANN, M.-K. (2008): Integration von externer und interner Rechnungslegung im Bertelsmann Konzern, in: Küting, K./Pfitzer, N./Weber, C.-P. (Hrsg.), Bilanz als Informations- und Kontrollinstrument, Stuttgart 2008, S. 237-254.

ERDMANN, M.-K./MEYER, U./ISERTE, V. (2006): Effizientes und effektives Intercompany Management für externes und internes Reporting, in: Controlling 2006, S. 535-543.

ERICHSEN, J. (2006): Projekte erfolgreich planen, kontrollieren und umsetzen. Controlling-Aufgaben und Checklisten für jede Phase, in: BBK 2006, Fach 26, S.1283-1294.

ERICHSEN, J. (2007): Liquiditätsplanung und -sicherung: Grenzen der Aussagekraft von Liquiditätskennzahlen, in: BC 2007, S. 137-141.

ERICHSEN, J. (2008): Liquidität dauerhaft verbessern. Maßnahmen eines mittelständischen Unternehmens, in: BBK 2008, Fach 29, S. 1233-1248.

ERTL, M. (2003): Liquiditätsplanung – Grundlage eines Finanzierungs- und Liquiditäts-Risikomanagements, in: BC 2003, S. 17-21.

ERTL, M. (2008): Zur aktuellen Finanzmarktkrise: Quick-Check für das Liquiditätsmanagement von Unternehmen, in: BC 2008, S. 290-293.

ERTL, M. (2009): Steuerung von Finanzmarktrisiken im Unternehmen durch die Verwendung von Limit-Systemen, in: BRZ 2009, S. 37-41.

EULER, R. (1989): Grundsätze ordnungsmäßiger Gewinnrealisierung, Düsseldorf 1989.

EVERLING, O. (2002): Rating für mittelständische Unternehmen, in: Krimphove, D./Tytko, D. (Hrsg.), Praktiker-Handbuch Unternehmensfinanzierung, Kapitalbeschaffung und Rating für mittelständische Unternehmen, Stuttgart 2002, S. 961-982.

EWERT, R./WAGENHOFER, A. (2008): Interne Unternehmensrechnung, 7. Aufl., Berlin/Heidelberg 2008.

FIEDLER, R. (2008): Controlling von Projekten, 4. Aufl., Wiesbaden 2008.

FINANCIAL TIMES DEUTSCHLAND (2010): „Erfolge nicht zu teuer erkaufen" vom 01.09.2010, abrufbar unter: http://www.ftd.de/unternehmen/handeldienstleister/:absatz-und-finanzplanung-erfolge-nicht-zu-teuer-erkaufen/50161166.html.

FISCHL, B. (2006): Alternative Unternehmensfinanzierung für den Mittelstand, Wiesbaden 2006.

FÖRSTER, G./SCHMIDTMANN, D. (2009): Steuerliche Gewinnermittlung nach dem BilMoG, in: BB 2009, S. 1342-1346.

FREIDANK, C.-C. (2008): Kostenrechnung. Grundlagen des innerbetrieblichen Rechnungswesens und Konzepte des Kostenmanagements, 8. Aufl., München 2008.

FREYGANG, W./GELTINGER, A. (2009): Harmonisierung des internen und externen Rechnungswesens in der BayernLB, in: Jelinek, B./Hannich, M. (Hrsg.), Wege zur effizienten Finanzfunktion in Kreditinstituten, Wiesbaden 2009, S. 179-198.

FÜLBIER, R. U./KUSCHEL, P./SELCHERT, F. W. (2010): Kommentierung des § 252 HGB, in: Küting, K./Pfitzer, N./Weber, C.-P. (Hrsg.), Handbuch der Rechnungslegung, Einzelabschluss, Kommentar zur Bilanzierung und Prüfung, Bd. 2, 5. Aufl., Stuttgart 2002 ff.

FÜLLING, F. (1976): Grundsätze ordnungsmäßiger Bilanzierung für Vorräte, in: Schriften der Schmalenbach-Gesellschaft, Beiträge zu den Grundsätzen ordnungsmäßiger Bilanzierung, Bd. 6, Düsseldorf 1976.

GÄTJENS-REUTER, M. (2003): Praxishandbuch Projektmanagement, Wiesbaden 2003.

GEHRKE, N./NITSCHE, M./SPECHT, O. (1997): Informationssysteme im Rechnungswesen und der Finanzwirtschaft. Informationsprozesse des Finanzmanagements, Ludwigshafen 1997.

GLADE, A. (1995): Praxishandbuch der Rechnungslegung und Prüfung. Systematische Darstellung und Kommentar zum Bilanzrecht, 2. Aufl., Herne/Berlin 1995.

GLEICH, R. (2009): Moderne Budgetierng – einfach, flexibel, integriert, in: Gleich, R./Klein, A. (Hrsg.), Moderne Budgetierung, Freiburg i. Br. 2009.

GLEIßNER, W. (2004): Rating als Herausforderung für das Controlling – praktische Konsequenzen für das Steuerungsinstrumentarium, in: BC 2004, S. 53-56.

GÖBEL, S. (2001): Kommentierung des § 255, in: Hofbauer, M. A./Kupsch, P. (Hrsg.), Bonner Handbuch Rechnungslegung, Aufstellung, Prüfung und Offenlegung des Jahresabschlusses, Bonn 1987 ff.

GÖPFERT (1993): Budgetierung, in: Wittmann, W./Kern, W./Köhler, R./Küpper, H.-U./v. Wysocki, K. (Hrsg.): Handwörterbuch der Betriebswirtschaft, 5. Auflage, Stuttgart, 1993, Sp. 589-602.

GOLLAND, F./HANS, T. (2003): Herausforderungen und Lösungsansätze bei der Finanzierung mittelständischer Unternehmen, in: Wiedmann, K.-P./Heckenmüller, C. (Hrsg.), Ganzheitliches Corporate Finance Management, Konzept, Anwendungsfelder, Praxisbeispiele, Wiesbaden 2003, S. 563-574.

GRAMLICH, D./WALZ, H. (2005): Finanzmanagement in Unternehmenskrisen, in: BB 2005, S. 1210-1217.

GROH, M. (1998): Der Fall Tomberger – Nachlese und Ausblick, in: DStR 1998, S. 813-819.

GROH, M. (2000): Kein Abschied von der phasengleichen Bilanzierung – Anmerkungen zum Beschluss des Großen Senats vom 7.8.2000 GrS 2/99, in: DB 2000, S. 2444-2446.

GÜNTHER, T./ZURWEHME, A. (2008): Harmonisierung des Rechnungswesens, Stellschrauben – Informationswirkung und Nutzenbewertung, in: BFuP 2008, S. 101-121.

HABERSTOCK, L. (1982): Grundzüge der Kosten- und Erfolgsrechnung, 3. Aufl., München 1982.

HABERSTOCK, L. (2008): Kostenrechnung I, Einführung, 13. Aufl., München 2008.

HAGER, P. (2004): Value at Risk und Cash Flow at Risk in Unternehmen, o.O. 2004.

HALLER, A. (1997): Zur Eignung der US-GAAP für Zwecke des internen Rechnungswesens, in: Controlling 1997, S. 270-276.

HAMMER, R. (1998): Unternehmensplanung, 7. Aufl., 1998 München.

HARING, N./PRANTNER, R. (2005): State-of-the-Art in Deutschland und Österreich, in: Controlling 2005, S. 147-154.

HARMS, J. E. (1998): Kommentierung des § 303 HGB, in: Küting, K./Weber, C.-P. (Hrsg.), Handbuch der Konzernrechnungslegung. Kommentar zur Bilanzierung und Prüfung, 2. Aufl., Stuttgart 1998.

HAUPT, M. (2003): Auswirkungen der Insolvenzordnung auf optimale Finanzierungsverträge, o.O. 2003.

HAUSCHILDT, J. (2002): Krisendiagnose durch Bilanzanalyse, in: Krimphove, D./ Tytko, D. (Hrsg.), Praktiker-Handbuch Unternehmensfinanzierung, Kapitalbeschaffung und Rating für mittelständische Unternehmen, Stuttgart 2002, S. 1003-1018.

HEBELER, C. (2003): Harmonisierung des internen und externen Rechnungswesens. US-amerikanische Accounting-Systeme als konzeptionelle Grundlage für deutsche Unternehmen?, in: Wurl, H.-J. (Hrsg.), Rechnungswesen und Controlling, Wiesbaden 2003.

HEIDEN, M. (2006): Pro-forma-Berichterstattung. Reporting zwischen Information und Täuschung, Berlin 2006.

HEINEN, E. (1976): Grundfragen der entscheidungsorientierten Betriebswirtschaftslehre, München 1976.

HERZIG, N. (2008): Steuerliche Konsequenzen des Regierungsentwurfs zum BilMoG, in: DB 2008, S. 1339-1345.

HERZIG, N. (2009): Bilanzrechtsmodernisierungsgesetz – Neue Ära im Zusammenwirken von Handels- und Steuerbilanz, in: BB 2009, S. M 1.

HERZIG, N. (2010): Steuer-Taxonomie als Instrument zum Bürokratieabbau?, in: BB 2010, M III.

HERZIG, N./BRIESEMEISTER, S. (2009a): Steuerliche Konsequenzen des BilMoG, Deregulierung und Maßgeblichkeit, in: DB 2009, S. 926-931.

HERZIG, N./BRIESEMEISTER, S. (2009b): Steuerliche Konsequenzen der Bilanzrechtsmodernisierung für Ansatz und Bewertung, in: DB 2009, S. 976-983.

HERZIG, N./BRIESEMEISTER, S. (2009c): Das Ende der Einheitsbilanz – Abweichungen zwischen Handels- und Steuerbilanz nach BilMoG-RegE, in: DB 2009, S. 1-11.

HERZIG, N./BRIESEMEISTER, S. (2010): Unterschiede zwischen Handels- und Steuerbilanz nach BilMoG – Unvermeidbare Abweichungen und Gestaltungsspielräume, in: WPg 2010, S. 63-77.

HERZIG, N./BRIESEMEISTER, S./SCHÄPERCLAUS, J. (2010): E-Bilanz und Steuer-Taxonomie – Entwurf des BMF-Schreibens vom 31.8.2010 –, in: DB 2010, Beilage Nr. 5 zu Heft 41, S. 1-24.

HERZIG, N./BRIESEMEISTER, S./SCHÄPERCLAUS, J. (2011): Von der Einheitsbilanz zur E-Bilanz, in: DB 2011, S. 1-9.

HETTICH, G. O. (1997): Betrachtungen zur Effizienz betrieblicher Kosten- und Erlösrechnungssysteme, in: Küpper, H.-U./Troßmann, E. (Hrsg.), Das Rechnungswesen im Spannungsfeld zwischen strategischem und operativem Management: Festschrift für Marcell Schweitzer zum 65.Geburtstag, Berlin 1997, S. 447-468.

HFA (1984): Zur Währungsumrechnung im Jahres- und Konzernabschluss – Entwurf einer Stellungnahme des HFA, in: WPg 1984, S. 585-588.

HOFFMANN, W.-D. (1999): Tomberger rediviva – Die phasengleiche Aktivierung im Spannungsfeld von BGH, EuGH und BFH – Anmerkung zum BFH-Beschluß vom 16.12.1998, I R 50-95, DStRE 1999, 249 ff., in: DStR 1999, S. 788-792.

HOFFMANN, W.-D./LÜDENBACH, N. (2011): NWB Kommentar Bilanzierung. Handels- und Steuerrecht, 2. Aufl., Herne 2011.

HOITSCH, H.-J./LINGNAU, V. (2007): Kosten- und Erlösrechnung, 6. Aufl., Berlin/Heidelberg/New York 2007.

HOKE, M. (2001): Konzernsteuerung auf Basis eines intern und extern vereinheitlichten Rechnungswesens, Bamberg 2001.

HORVÁTH & PARTNERS (2006): Das Controllingkonzept. Der Weg zu einem wirkungsvollen Controllingsystem, 6. Aufl., München 2006.

HORVÁTH, P. (2009): Controlling, 11. Aufl., München 2009.

HUMMEL, S./MÄNNEL, W. (2000): Kostenrechnung, Bd. 2: Moderne Verfahren und Systeme, 3. Aufl., Wiesbaden 2000.

HUSEMANN, K.-H. (1976): Grundsätze ordnungsmäßiger Bilanzierung für Anlagegegenstände, in: Schriften der Schmalenbach-Gesellschaft, Beiträge zu den Grundsätzen ordnungsmäßiger Bilanzierung, Bd. 1, 2. Aufl., Düsseldorf 1976.

JACOBS, J. ET AL. (2009): Typologiebezogene Controllinganforderungen und -instrumente von kleinen und mittleren Unternehmen des produzierenden Gewerbes, in: Müller, D. (Hrsg.), Controlling für kleinere und mittlere Unternehmen, München 2009, S. 30-54.

JONEN, A./LINGNAU, V. (2006): Konvergenz von internem und externem Rechnungswesen. Betriebswirtschaftliche Überlegungen und Umsetzung in der Praxis, in: Lingnau, V. (Hrsg.), Beiträge zur Controlling-Forschung, 2. Aufl., Nr. 5, Kaiserslautern 2006, S. 1-44.

KAGERMANN, H./KÜTING, K./WIRTH, J. (2008): IFRS-Konzernabschlüsse mit SAP, 2. Aufl., Stuttgart 2008.

KAINZ, R. (1984): Ausschuss-Controlling, in: Kostenrechnungspraxis 1984, S. 27-33.

KERKHOFF, G./THUN, S. (2007): Integration von internem und externem Rechnungswesen, in: Controlling 2007, S. 455-561.

KESSLER, H. (2010a): Kapitel 2: Einzelgesellschaftliche Rechnungslegung, Abschnitt 2: Bilanzierung des Anlagevermögens – Bewertung, in: Kessler, H./ Leinen, M./Strickmann, M. (Hrsg.), Handbuch BilMoG, Die Reform der Handelsbilanz, 2. Aufl., Freiburg 2010, S. 198-285.

KESSLER, H. (2010b): Kapitel 2: Einzelgesellschaftliche Rechnungslegung, Abschnitt 3: Bilanzierung des Umlaufvermögens, in: Kessler, H./ Leinen, M./Strickmann, M. (Hrsg.), Handbuch BilMoG, Die Reform der Handelsbilanz, 2. Aufl., Freiburg 2010, S. 286-303.

KESSLER, H./KIHM, A. (2010): Kommentierung des § 304 HGB, in: Bertram, K. et al. (Hrsg.), Haufe HGB Bilanz-Kommentar, 2. Aufl., Freiburg 2010.

KESSLER, H./KIHM, A./LEINEN, M. (2010): Kommentierung des § 303 HGB, in: Bertram, K. et al. (Hrsg.), Haufe HGB Bilanz-Kommentar, 2. Aufl., Freiburg 2010.

KESSLER, H./LEINEN, M./PAULUS, B. (2009): Stolpersteine beim Übergang auf die Vorschriften des BilMoG – macht IDW ERS HFA 28 den Weg frei?, in: BB 2009, S. 1910-1914.

KESTEN, R. (2005): Projektcontrolling mit Earned Value-Kennzahlen, in: Controlling 2005, S. 573-581.

KILGER, W. (1992): Einführung in die Kostenrechnung, 3. Aufl., Wiesbaden 1992.

KIMMS, A. (1999): Ausgewählte Instrumente des Produktions-Controlling, in: WiSt 1999, S. 161-164.

KIRSCH, H. (2008): HGB- und IFRS-Konzernabschluss im Lichte des BilMoGs, in: PiR 2008, S. 16-21.

KNOP, W. (2003): Kommentierung des § 240 HGB, in: Küting, K./Pfitzer, N./ Weber, C.-P. (Hrsg.), Handbuch der Rechnungslegung, Einzelabschluss, Kommentar zur Bilanzierung und Prüfung, Bd. 1, 5. Aufl., Stuttgart 2002 ff.

KNOP, W./KÜTING, K. (2009): Kommentierung des § 255 HGB, in: Küting, K./ Pfitzer, N./Weber, C.-P. (Hrsg.), Handbuch der Rechnungslegung, Einzelabschluss, Kommentar zur Bilanzierung und Prüfung, Bd. 2, 5. Aufl., Stuttgart 2002 ff., Rn. 1-124.

KNOP, W./KÜTING, K. (2010): Kommentierung des § 255 HGB, in: Küting, K./ Pfitzer, N./Weber, C.-P. (Hrsg.), Handbuch der Rechnungslegung, Einzelabschluss, Kommentar zur Bilanzierung und Prüfung, Bd. 2, 5. Aufl., Stuttgart 2002 ff., Rn. 125 - 411.

KORTH, M./KSCHAMMER, M. (2010): Untersuchung der EU-Kommission zur Anwendung des IFRS for SMEs, DStR 2010, S. 1687-1693.

KOZIKOWSKI, M./FISCHER, N. (2010): Kommentierung des § 274 HGB, in: Ellrott, H. et al. (Hrsg.), Beck'scher Bilanzkommentar, Handels- und Steuerbilanz, §§ 238 bis 339, 342 bis 342e HGB mit IFRS-Abweichungen, 7. Aufl., München 2010.

KOZIKOWSKI, M./LEISTNER M. (2010): Kommentierung des § 308a HGB, in: Ellrott, H. et al. (Hrsg.), Beck'scher Bilanzkommentar, Handels- und Steuerbilanz, §§ 238 bis 339, 342 bis 342e HGB mit IFRS-Abweichungen, 7. Aufl., München 2010.

KOZIKOWSKI, M./SCHUBERT W. J. (2010): Kommentierung des § 249 HGB, in: Ellrott, H. et al. (Hrsg.), Beck'scher Bilanzkommentar, Handels- und Steuerbilanz, §§ 238 bis 339, 342 bis 342e HGB mit IFRS-Abweichungen, 7. Aufl., München 2010.

KREY, A./LORSON, P. (2007): Controlling in KMU – Gestaltungsempfehlungen für eine Kombination aus internem und externem Controlling, in: BB 2007, S. 1717-1723.

KROPFF, B. (1965): Aktiengesetz. Textausgabe des Aktiengesetzes vom 6.9.1965 und des Einführungsgesetzes zum Aktiengesetz vom 6.9.1965 mit Begründung des Regierungsentwurfs und dem Bericht des Rechtsausschusses des Deutschen Bundestags, 1965.

KÜMPEL, T. (2002): Vereinheitlichung von internem und externem Rechnungswesen, in: WiSt 2002, S. 343-345.

KÜMPEL, T. (2009): (Geplante) Divergenzen zwischen Handels- und Steuerbilanz, in: bibu 2009, S. 22-24.

KÜMPEL, T./PIEL, K. (2009): Die Konsolidierung von Zweckgesellschaften vor dem Hintergrund der Subprimekrise – Was ändert sich im Rahmen des BilMoG?, in: DStR 2009, S. 1222-1228.

KÜNG, D./HÜSKENS, J. (2009): Liquiditätssicherung in Krisenzeiten: Praxisfall, in: BRZ 2009, S. 348-353.

KÜNKELE, K. P./ZWIRNER, C. (2009): BilMoG: Handelsrechtliche Reform mit steuerlichen Konsequenzen? – Übersicht über die Änderungen durch das BilMoG und die steuerlichen Folgen, in: DStR 2009, S. 1277-1283.

KÜPPER, H.-U. (1998): Angleichung des externen und internen Rechnungswesens, in: Börsig, C./Coenenberg, A. G. (Hrsg.), Controlling und Rechnungswesen im internationalen Wettbewerb, Kongress-Dokumentation, 51. Deutscher Betriebswirtschafter-Tag 1997, Stuttgart 1998.

KÜPPER, H.-U. (2008): Controlling: Konzeption, Aufgaben, Instrumente, 5. Aufl., Stuttgart 2008.

KÜTING, K. (1992): Zur Problematik von Löhnen und Lohnnebenkosten im Rahmen der handelsrechtlichen Herstellungskostenermittlung, in: Förster, W. (Hrsg.), Betriebswirtschaftliche Altersversorgung in der Diskussion zwischen Praxis und Wissenschaft, Festschrift zum 60. Geburtstag von Peter Ahrend, Köln 1992, S. 377-387.

KÜTING, K. (1996): Die phasengleiche Dividendenvereinnahmung nach der EuGH-Entscheidung „Tomberger", in: DStR 1996, S. 1947-1952.

KÜTING, K. (2009a): Kapitel IV: Bilanzansatzwahlrechte, in: Küting, K./Pfitzer, N./Weber, C.-P. (Hrsg.), Das neue deutsche Bilanzrecht, Handbuch zur Anwendung des Bilanzrechtsmodernisierungsgesetzes (BilMoG), 2. Aufl., Stuttgart 2009, S. 83-99.

KÜTING, K. (2009b): Kapitel VIII: Herstellungskosten, in: Küting, K./Pfitzer, N./ Weber, C.-P. (Hrsg.), Das neue deutsche Bilanzrecht, Handbuch zur Anwendung des Bilanzrechtsmodernisierungsgesetzes (BilMoG), 2. Aufl., Stuttgart 2009, S. 159-181.

KÜTING, K. (2009c): Das deutsche Bilanzrecht im Spiegel der Zeit, in: DStR 2009, S. 288-294.

KÜTING, K. (2010): Der Geschäfts- oder Firmenwert in der deutschen Konsolidierungspraxis 2009 – Ein Beitrag zur empirischen Rechnungslegungsforschung, in: DStR 2010, S. 1855-1862.

KÜTING, K./CASSEL, J./METZ, C. (2009): Kapitel XIII: Ansatz und Bewertung von Rückstellungen, in Küting, K./Pfitzer, N./Weber, C.-P. (Hrsg.), Das neue deutsche Bilanzrecht, Handbuch zur Anwendung des Bilanzrechtsmodernisierungsgesetzes (BilMoG), 2. Aufl., Stuttgart 2009, S. 321-337.

KÜTING, K./ELLMANN, D. (2009): Kapitel XI: Immaterielles Vermögen, in Küting, K./Pfitzer, N./Weber, C.-P. (Hrsg.), Das neue deutsche Bilanzrecht, Handbuch zur Anwendung des Bilanzrechtsmodernisierungsgesetzes (BilMoG), 2. Aufl., Stuttgart 2009, S. 263-292.

KÜTING, K./HEIDEN, M. (2002): Controlling in internationalen Unternehmen, in: Küpper, H.-U./Wagenhofer, A. (Hrsg.), Handwörterbuch Unternehmensrechnung und Controlling, Stuttgart 2002, Sp. 288-298.

KÜTING, K./KESSLER, H./KEßLER, M. (2009): Kapitel XIV: Bilanzierung von Pensionsverpflichtungen, in Küting, K./Pfitzer, N./Weber, C.-P. (Hrsg.), Das neue deutsche Bilanzrecht, Handbuch zur Anwendung des Bilanzrechtsmodernisierungsgesetzes (BilMoG), 2. Aufl., Stuttgart 2009, S. 339-374.

KÜTING, K./KÖTHNER, R./ ZÜNDORF, H. (1998): Kommentierung des § 311 HGB, in: Küting, K./Weber, C.-P. (Hrsg.), Handbuch der Konzernrechnungslegung. Kommentar zur Bilanzierung und Prüfung, 2. Aufl., Stuttgart 1998.

KÜTING, K./KOCH, C. (2009): Kapitel XV: Aufstellungspflicht, in: Küting, K./Pfitzer, N./Weber, C.-P. (Hrsg.), Das neue deutsche Bilanzrecht, Handbuch zur Anwendung des Bilanzrechtsmodernisierungsgesetzes (BilMoG), 2. Aufl., Stuttgart 2009, S. 377-413.

KÜTING, K./LORSON, P. (1997): Notwendigkeit und Vorzüge einer eigenständigen Konzernkostenrechnung für interne und externe Zwecke, in: BBK 1997, Fach 21, S. 825-841.

KÜTING, K./LORSON, P. (1998a): Konvergenz von internem und externem Rechnungswesen: Anmerkungen zu Strategien und Konfliktfeldern, in: WPg 1998, S. 483-493.

KÜTING, K./LORSON, P. (1998b): Anmerkungen zum Spannungsfeld zwischen externen Zielgrößen und internen Steuerungsinstrumenten, in: BB 1998, S. 469-475.

KÜTING, K./LORSON, P. (1998c): Grundsätze eines Konzernsteuerungskonzepts auf „externer" Basis (Teil I), in: BB 1998, S. 2251-2258.

KÜTING, K./LORSON, P. (1998d): Strukturen eines Konzernberichtswesens, in: Küting, K./Weber, C.-P. (Hrsg.), Handbuch der Konzernrechnungslegung, Kommentar zur Prüfung und Bilanzierung, 2. Aufl., Stuttgart 1998, Rn. 623-722.

KÜTING, K./LORSON, P. (1999): Konzernrechnungslegung: Ein neues Aufgabengebiet des Controllers? Zukunft der deutschen Rechnungslegung und Auswirkungen auf das Controlling, in: Controlling 1999, S. 59-66.

KÜTING, K./MOJADADR, M. (2009): Kapitel XX: Währungsumrechnung, in: Küting, K./Pfitzer, N./Weber, C.-P. (Hrsg.), Das neue deutsche Bilanzrecht, Handbuch zur Anwendung des Bilanzrechtsmodernisierungsgesetzes (BilMoG), 2. Aufl., Stuttgart 2009, S. 473-497.

KÜTING, K./MOJADADR, M. (2010): Kommentierung des § 256a HGB, in: Küting, K./Pfitzer, N./Weber, C.-P. (Hrsg.), Handbuch der Rechnungslegung, Einzelabschluss, Kommentar zur Bilanzierung und Prüfung, Bd. 1, 5. Aufl., Stuttgart 2002 ff.

KÜTING, K./PFIRMANN, A./ELLMANN, D. (2008): Die Bilanzierung von selbst erstellten immateriellen Vermögensgegenständen nach dem RegE des BilMoG, in: KoR 2008, S. 689-697.

KÜTING, K./SCHEREN, M. (2010a): Die Organisation der externen Konzernrechnungslegung (Teil I), in: DB 2010, S. 1893-1900.

KÜTING, K./SCHEREN, M. (2010b): Die Organisation der externen Konzernrechnungslegung (Teil II), in: DB 2010, S. 1951-1958.

KÜTING, K./SEEL, C. (2009a): Kapitel XXI: Latente Steuern, in: Küting, K./Pfitzer, N./Weber, C.-P. (Hrsg.), Das neue deutsche Bilanzrecht, Handbuch zur Anwendung des Bilanzrechtsmodernisierungsgesetzes (BilMoG), 2. Aufl., Stuttgart 2009, S. 499-535.

KÜTING, K./SEEL, C. (2009b): Das neue deutsche Konzernbilanzrecht – Änderungen der Konzernrechnungslegung durch das Bilanzrechtsmodernisierungsgesetz (BilMoG), in: DStR Beihefter 2009, zu Heft 26, S. 37*-60*.

KÜTING, K./SEEL, C. (2010): Neukonzeption des Mutter-Tochter-Verhältnisses nach HGB – Auswirkungen des BilMoG auf die handelsrechtliche Bilanzierung, in: BB 2010, S. 1459-1464.

KÜTING, K./TESCHE, T. (2009): Der Stetigkeitsgrundsatz im verabschiedeten neuen deutschen Bilanzrecht, in: DStR 2009, S. 1491-1498.

KÜTING, K./WEBER, C.-P. (2009): Die Bilanzanalyse, 9. Aufl., Stuttgart 2009.

KÜTING, K./WEBER, C.-P. (2010): Der Konzernabschluss, Praxis der Konzernrechnungslegung nach HGB und IFRS, 12. Aufl., Stuttgart 2010.

KUHN, W./STRECKER, K. A. (2008): Liquiditätsmanagement im Mittelstand, Banken als Partner, in: Goeke, M. (Hrsg.), Praxishandbuch Mittelstandsfinanzierung, Mit Leasing, Factoring & Co. unternehmerische Potenziale ausschöpfen, Wiesbaden 2008, S. 83-98.

KUßMAUL, H. (2002): Business Plan. Aufbau, Inhalt, Zweck, Beispiele, Bd. 2, 2. Aufl., Saarbrücken 2002.

KUßMAUL, H. (2010): Betriebswirtschaftliche Steuerlehre, 6. Aufl., München 2010.

KUßMAUL, H./GRÄBE, S. (2010): Der Maßgeblichkeitsgrundsatz vor dem Hintergrund des BMF-Schreibens vom 12.03.2010, in: StB 2010, S. 264-268.

LANGENBECK, J. (1996): Kennzahlengestützte Unternehmensführung – Teil A: Lagerwirtschaft und Beschaffung, in: BBK 1996, Fach 26, S. 701-715.

LEFFSON, U. (1987): Die Grundsätze ordnungsmäßiger Buchführung, 7. Aufl., Düsseldorf 1987.

LEY, D. (2009): Moderne finanzwirtschaftliche Instrumente der Liquiditätssicherung, in: WPg 2009, S. 283-290.

LITTKEMANN, J. (1998): Projektmanagement und Projektcontrolling – Gestaltungsansätze in der Praxis, in: Zeitschrift Führung + Organisation 1998, S. 68-73.

LITTKEMANN, J./HOLTRUP, M./SCHULTE, K. (2007): Buchführung, 2. Aufl., Wiesbaden 2007.

LITTKEMANN J./KREHL, H. (2000): Kennzahlen der klassischen Bilanzanalyse – nicht auf Krisendiagnosen zugeschnitten, in: Hauschildt, J./Leker, J. (Hrsg.), Krisendiagnose durch Bilanzanalyse, 2. Aufl., Köln 2000, S. 19-32.

LORSON, P. (2004): Auswirkungen von Shareholder-Value-Konzeptionen auf die Bewertung und Steuerung ganzer Unternehmen, Herne/Berlin 2004.

LORSON, P./SCHWEITZER, M. (2008): Kernbereich der Unternehmensführung, Teil D: Kostenrechnung, in Küting, K. (Hrsg.), Saarbrücker Handbuch der Betriebswirtschaftlichen Beratung, 4. Aufl., Herne 2008, S. 343-510.

LORSON, P./TOEBE, M. (2009): Konsequenz des BilMoG für die Einheitsbilanz – Abschaffung der umgekehrten Maßgeblichkeit, in: BBK 2009, S. 453-462.

LORSON, P./ZÜNDORF, H. (2009): Kapitel XXIX: Controlling, in Küting, K./ Pfitzer, N./Weber, C.-P. (Hrsg.), Das neue deutsche Bilanzrecht, Handbuch zur Anwendung des Bilanzrechtsmodernisierungsgesetzes (BilMoG), 2. Aufl., Stuttgart 2009, S. 717-735.

LUBOS, G. (2002): Finanzierung in der Unternehmenskrise, in: Krimphove, D./ Tytko, D. (Hrsg.), Praktiker-Handbuch Unternehmensfinanzierung, Kapitalbeschaffung und Rating für mittelständische Unternehmen, Stuttgart 2002, S. 1019-1035.

MADAUSS, B. (2000): Handbuch Projektmanagement, 6. Aufl., Stuttgart 2000.

MARCHAZINA, K./WOLF, J. (2005): Unternehmensführung. Das internationale Managementwissen: Konzepte – Methoden – Praxis, 5. Aufl., Wiesbaden 2005.

MAYER-WEGELIN, E./KESSLER, H./HÖFER, R. (2008): Kommentierung des § 249 HGB, in: Küting, K./Pfitzer, N./Weber, C.-P. (Hrsg.), Handbuch der Rechnungslegung, Einzelabschluss, Kommentar zur Bilanzierung und Prüfung, Bd. 1, 5. Aufl., Stand: EL 2008, Stuttgart 2002 ff.

MENRAD, S. (1978): Rechnungswesen, Göttingen 1978.

MERKLE, E. (1982): Betriebswirtschaftliche Formeln und deren betriebswirtschaftliche Relevanz, in: WiSt 1982, S. 325-330.

MEYER, A. (2003): Die Beurteilung der Sanierungsfähigkeit von ertragsschwachen oder insolventen Unternehmen, Bern 2003.

MEYER, M. A. (2007): Cashflow-Reporting und Cashflow-Analyse. Konzeption, Normierung, Gestaltungspotenzial und Auswertung von Kapitalflussrechnungen im internationalen Bereich, Düsseldorf 2007.

MICHEL, U. (1996): Wertorientiertes Management strategischer Allianzen, München 1996.

MILLION, C./ZUCKNICK, M./JURASCHKA, M. (2009): Von der eindimensionalen zur mehrdimensionalen, risikoorientierten Liquiditätsplanung – Serie zum Liquiditätsmanagement, Teil I, in: FB 2009, S. 378-381.

MOEWS, D. (1992): Kosten- und Leistungsrechnung, 5. Aufl., Oldenburg 1992.

MÜLLER, A. (2009): Grundzüge eines ganzheitlichen Controlling, 2. Aufl., München 2009.

MÜLLER, C. (2009): Auswirkungen von „Basel II" auf die Finanzierung des deutschen Mittelstands, in: DStR 2009, S. 64-70.

MÜLLER, M. (2006): Harmonisierung des externen und internen Rechnungswesens. Eine empirische Untersuchung, Wiesbaden 2006.

MÜLLER, S. (2003): Management-Rechnungswesen, Wiesbaden 2003.

MÜLLER, S./KREIPL, M. (2010): Kommentierung des § 300 HGB, in: Bertram, K. et al. (Hrsg.), Haufe HGB Bilanz-Kommentar, 2. Aufl., Freiburg 2010.

NEUGEBAUER, A. (2009): Steuerung in Konzernstrukturen: dezentrales „Unternehmertum" und zentrale „Steuerung" effektiv koordinieren, in: Horváth, P. (Hrsg.), Erfolgreiche Steuerungs- und Reportingsysteme in verbundenen Unternehmen, Controlling als Chance in der Rezession, Stuttgart 2009, S. 3-20.

NIEHUS, R. J. (1982): Rechnungslegung und Prüfung der GmbH nach neuem Recht. Kommentar zu den die GmbH betreffenden Vorschriften des Regierungsentwurfs eines Bilanzrichtlinien-Gesetzes vom 12.02.1982, Berlin/New York 1982.

OELDORF, G./OLFERT, K. (2008): Materialwirtschaft, 12. Aufl., Ludwigshafen 2008.

OLFERT, K. (2006): Organisation, 4. Aufl., Ludwigshafen 2006.

ORDEMANN, T./MÜLLER, S./BRACKSCHULZE, K. (2005): Handlungsempfehlungen für mittelständische Unternehmen bei der Kreditfinanzierung, in: BB Beilage 2005, zu Heft 15, S. 19-24.

ORTMANN-BABEL, M./BOLIK, A./GAGEUR, P. (2009): Ausgewählte steuerliche Chancen und Risiken des BilMoG, in: DStR 2009, S. 934-938.

OSER, P./MOJADADR, M./WIRTH, J. (2009): Kapitel XVIII: Fallstudie zur Kapitalkonsolidierung von Fremdwährungsabschlüssen, in: Küting, K./Pfitzer, N./Weber, C.-P. (Hrsg.), Das neue deutsche Bilanzrecht, Handbuch zur Anwendung des Bilanzrechtsmodernisierungsgesetzes (BilMoG), 2. Aufl., Stuttgart 2009, S. 449-462.

OSER, P./REICHART, S./WIRTH, J. (2009): Kapitel XVI: Kapitalkonsolidierung, in: Küting, K./Pfitzer, N./Weber, C.-P. (Hrsg.), Das neue deutsche Bilanzrecht, Handbuch zur Anwendung des Bilanzrechtsmodernisierungsgesetzes (BilMoG), 2. Aufl., Stuttgart 2009, S. 415-439.

OSSADNIK, W. (2009): Controlling, 4. Aufl., München 2009.

PANGRATZ, O. (1979): Vertriebssteuerung in der Industrie unter besonderer Berücksichtigung der Konzentration des Nachfragepotentials im Handel, Berlin 1979.

PAWELZIK, K. U. (2003): Die Prüfung des Konzerneigenkapitals, Düsseldorf 2003.

PEEMÖLLER, V. H./KELLER, B. (2008): Kernbereiche der Unternehmensführung, Teil E: Controlling/Planung, in Küting, K. (Hrsg.), Saarbrücker Handbuch der Betriebswirtschaftlichen Beratung, 4. Aufl., Herne 2008, S. 512-571.

PELLENS, B. ET AL. (2008): Internationale Rechnungslegung, 7. Aufl., Stuttgart 2008.

PELKA, J. (1994): Konzernbuchführung. Von der Notwendigkeit eines eigenen Konzernbuchwerks zum integrierten Rechnungswesen des Konzerns, Stuttgart 1994.

PERRIDON, L./STEINER, M./RATHGEBER, A. (2009): Finanzwirtschaft der Unternehmung, 15. Aufl., München 2009.

PFAFF, D. (1994): Zur Notwendigkeit einer eigenständigen Kostenrechnung – Anmerkungen zur Neuorientierung des internen Rechnungswesens im Hause Siemens, in: ZfbF 1994, S. 1065-1084.

PFIRMANN, A./SCHÄFER, R. (2009): Kapitel VII: Steuerliche Implikationen, in: Küting, K./Pfitzer, N./Weber, C.-P. (Hrsg.), Das neue deutsche Bilanzrecht, Handbuch zur Anwendung des Bilanzrechtsmodernisierungsgesetzes (BilMoG), 2. Aufl., Stuttgart 2009, S. 119-157.

PFITZER, N./OSER, P. (2003): Kap. 2, Zwecke des handelsrechtlichen Jahresabschlusses, in: Küting, K./Pfitzer, N./Weber, C.-P. (Hrsg.), Handbuch der Rechnungslegung, Einzelabschluss, 2. Aufl., Stuttgart 2002 ff.

PIONTEK, J. (2004): Beschaffungscontrolling, 3. Aufl., München/Wien 2004.

PITZKE, J. (2009): Rückstellung für Jubiläumszuwendungen, in: NWB 2009, S. 360-364.

PLATTNER, D./SKAMBRACKS, D. (2005): Mittelstandsfinanzierung im Umbruch, in: Engel, D. (Hrsg.), Mittelstandsfinanzierung, Basel II und die Wirkung öffentlicher sowie privater Kapitalhilfen, Berlin 2005, S. 13-38.

PUFAHL, M. (2007): Vertriebscontrolling. So steuern Sie Absatz, Umsatz und Gewinn, Wiesbaden 2006.

RANKER, D. (2006): Immobilienbewertung nach HGB und IFRS: Auslegung, Konzeption und Einzelfragen der Bilanzierung des Anlagevermögens, Berlin 2006.

RAUTENSTRAUCH, T./MÜLLER, C. (2006): Unternehmens- und Finanzcontrolling in kleinen und mittleren Unternehmen, in: DStR 2006, S. 1616-1623.

REICHMANN, T. (2001): Controlling mit Kennzahlen und Managementberichten. Grundlagen einer systemgestützten Controlling-Konzeption, 7. Aufl., München 2006.

REINKE, R./MARTENS, S. (2009): Rückstellungen nach BilMoG, in: StC 2009, S.18-19.

REISERT, P. (1990): Konzeption eines integrativen Produktions-Controlling, Bamberg 1990.

RHIEL, R./VEIT, A. (2009): Auswirkungen des BilMoG bei der Bilanzierung von Pensionsrückstellungen – Annäherung an die internationalen Rechnungslegungsstandards, in: PiR 2009, S. 167-171.

RICHTER, L./KRUCZYNSKI, M./KURZ, C. (2010): E-Bilanz: Mindestanforderungen der steuerlichen Deklaration nach der geplanten Taxonomie, in: BB 2010, S. 2489-2494.

RIEBELL, C. (2006): Die Praxis der Bilanzauswertung, 8. Aufl., Stuttgart 2006.

RIEG, R. (2008): Planung und Budgetierung. Was wirklich funktioniert, Wiesbaden 2008.

RUHNKE, K. (1995): Konzernbuchführung, Düsseldorf 1995.

ROLFES, B./SCHIERENBECK, H. (1995): Ertragsorientierte Vertriebssteuerung in Banken, in: Rolfes, B./Schierenbeck, H. (Hrsg.), Vertriebssteuerung in Kreditinstituten, Beiträge zum Münsteraner Top-Management-Seminar, Schriftenreihe des Zentrums für Ertragsorientiertes Bankmanagement, Band 3, Münster 1995, S. 1-47.

SCHEER, A.-W. (2000): Controlling unternehmensübergreifender Geschäftsprozesse, in: Küting, K./Weber, C.-P. (Hrsg.),Wertorientierte Konzernführung, Kapitalmarktorientierte Rechnungslegung und integrierte Unternehmenssteuerung, Stuttgart 2000, S. 319-336.

SCHEFFLER, E. (2005): Konzernmanagement. Betriebswirtschaftliche und rechtliche Grundlagen der Konzernführungspraxis, 2. Aufl., München 2005.

SCHEREN, M. (2009): Kapitel XXVIII: Bilanzpolitik und deren Erkennbarkeit, in: Küting, K./Pfitzer, N./Weber, C.-P. (Hrsg.), Das neue deutsche Bilanzrecht, Handbuch zur Anwendung des Bilanzrechtsmodernisierungsgesetzes (BilMoG), 2. Aufl., Stuttgart 2009, S. 671-715.

SCHILDBACH, T. (1995): Entwicklungslinien in der Kosten- und internen Unternehmensrechnung, in: ZfbF 1995, Sonderheft 34, S. 1-18.

SCHILDBACH, T. (2001): Der handelsrechtliche Konzernabschluss nach HGB, IAS und US-GAAP, 6. Aufl., München 2001.

SCHILDBACH, T. (2008): Der handelsrechtliche Jahresabschluss, 8. Aufl., Herne 2008.

SCHMEISSER, W./SCHMEISSER, K. (2005): Auswirkungen von Basel II für den Mittelstand: Kreditvergabe und Bepreisung von Krediten, in: DStR 2005, S. 344-348.

SCHMIDT, A. (1988): Buchführung und Bilanzierung, in: Beck'sches Steuerberater-Handbuch 1988, München 1988.

SCHMITT, C. (2011): Finanzierungsstrategien mittelständischer Unternehmen vor dem Hintergrund von Basel III, in: BB 2011, S. 105-109.

SCHRÖDER, H. J. (1970): Projekt-Management. Eine Führungskonzeption für außergewöhnliche Vorhaben, Wiesbaden 1970.

SCHUBERT, W./KÜTING, K. (1981): Unternehmungszusammenschlüsse, München 1981.

SCHWARZE, J. (2006): Netzplantechnik: Eine Einführung in das Projektmanagement, 9. Aufl., Berlin 2006.

SCHWEITZER, M./KÜPPER, H.-U. (2008): Systeme der Kosten- und Erlösrechnung, 9. Aufl., München 2008.

SCHWEITZER, M./WAGENER, K. (1998): Die Geschichte des Rechnungswesens, in: WiSt 1998, S. 439-442.

SELCHERT, F. W. (1986): Probleme der Unter- und Obergrenze von Herstellungskosten, in: BB 1986, S. 2298-2306.

SPAHNI-KLASS, A. (1988): Cash Management im multinationalen Industriekonzern, Stuttgart 1988.

SPRAUL, A./OESER, J. (2007): Controlling, in: Handelsblatt Mittelstands-Bibliothek, Bd. 2, Stuttgart 2007.

STAEHLE, W. (1975): Das Du Pont-System und verwandte Konzepte der Unternehmenskontrolle, in: Böcker, F./Dichtl, E. (Hrsg.), Erfolgskontrolle im Marketing, Berlin 1975, S. 317-336.

STOBBE, T. (2008): Überlegungen zum Verhältnis von Handels- und Steuerbilanz nach dem (geplanten) Bilanzrechtsmodernisierungsgesetz, in: DStR 2008, S. 2432-2435.

STRICKMANN, M. (2010): Kapitel 1: Einzelgesellschaftliche Rechnungslegung, Abschnitt 10: Anhangsberichterstattung, in: Kessler, H./Leinen, M./Strickmann, M. (Hrsg.), Handbuch BilMoG, Die Reform der Handelsbilanz, 2. Aufl., Freiburg 2010, S. 614-648.

TERBERGER, E. (2002): Basel II: Keine direkte Benachteiligung des Mittelstands, in: BB 2002, S. 12-19.

THEILE, C./HARTMANN, A. (2008): BilMoG: Zur Unmaßgeblichkeit der Handels-für die Steuerbilanz, in: DStR 2008, S. 2031-2035.

THEISEN, M. R. (2000): Der Konzern. Betriebswirtschaftliche und rechtliche Grundlagen der Konzernunternehmung, 2. Aufl., Stuttgart 2000.

TRÜTZSCHLER, K. (2010): Kommentierung des § 250 HGB, in: Küting, K./Pfitzer, N./Weber, C.-P. (Hrsg.), Handbuch der Rechnungslegung, Einzelabschluss, Kommentar zur Bilanzierung und Prüfung, Bd. 1, 5. Aufl., Stuttgart 2002 ff.

TSCHANDL, M. ET AL. (2009): Traditionelle Budgetierung und ihre Grenzen, in: Gleich, R./Klein, A. (Hrsg.), Der Controlling-Berater, Freiburg 2009, S. 57-74.

UHLIG, A. (1989): Grundsätze ordnungsmäßiger Bilanzierung für Zuschüsse, Düsseldorf 1989.

VAN HALL, G./KESSLER, H. (2010a): Kapitel 2: Einzelgesellschaftliche Rechnungslegung, Abschnitt 8: Sonderfragen – Latente Steuern, in: Kessler, H./Leinen, M./ Strickmann, M. (Hrsg.), Handbuch BilMoG, Die Reform der Handelsbilanz, 2. Aufl., Freiburg 2010, S. 464-499.

VAN HALL, G./KESSLER, H. (2010b): Kapitel 2: Einzelgesellschaftliche Rechnungslegung, Abschnitt 2: Bilanzierung des Anlagevermögens – Ansatz, in: Kessler, H./Leinen, M./ Strickmann, M. (Hrsg.), Handbuch BilMoG, Die Reform der Handelsbilanz, 2. Aufl., Freiburg 2010, S. 176-198.

VATER, H. (2009): „Cash is King" – die Liquiditätskennzahl Forderungsreichweite (DSO) auch?, in: BBK 2009, Fach 29, S. 1103-1118.

WÄSCHLE, O. (1962): Liquidität und Liquiditätspolitik der industriellen Unternehmung, o.O. 1962.

WAGENHOFER, A. (1995): Verursachungsgerechte Kostenschlüsselung und die Steuerung dezentraler Preisentscheidungen, in: ZfbF 1995, Sonderheft 34, S. 81-118.

WAMBACH, M./RÖDL, B. (2001): Rating. Finanzierung für den Mittelstand, Stollberg 2001.

WEBER, I. (2009): Working Capital Management in der praktischen Umsetzung – Herausforderungen und Vorgehensweise im Unternehmensalltag, in: CFO aktuell, S. 110-113.

WEBER-BRAUN, E. (1991): Das magische Viereck der Konzernrechnungslegung, in: Küting, K./Weber, C.-P. (Hrsg.), Das Konzernrechnungswesen des Jahres 2000, Stuttgart 1991, S. 283-296.

WEHRHEIM, M. (1997): Krisenprognose mit Hilfe einer Kapitalflussrechnung?, in: DStR 1997, S. 1699-1704.

WEIGL, R./WEBER, H.-G./COSTA, M. (2009): Bilanzierung von Rückstellungen nach dem BilMoG, in: BB 2009, S. 1062-1066.

WEISS, H.-J. (2004): Integrierte Konzernsteuerung. Ganzheitliches Führungsinstrumentarium zur Umsetzung wertorientierter Strategien, Wiesbaden 2004.

WEISS, H.-J./HEIDEN, M. (2000): Shareholder und Bondholder – Zwei Welten oder Partner?, in: BB 2000, S. 35–39.

WEISS, H.-J./HEIDEN, M. (2003): Kommentierung des § 241 HGB, in: Küting, K./ Pfitzer, N./ Weber, C.-P. (Hrsg.), Handbuch der Rechnungslegung, Einzelabschluss, Kommentar zur Bilanzierung und Prüfung, Bd. 1, 5. Aufl., Stuttgart 2002 ff.

WEIßENBERGER, B. E. (2006): Controller und IFRS: Konsequenzen der IFRS-Finanzberichterstattung für die Controlleraufgaben, in: KoR 2006, S. 613-622.

WERNDL, J. (1994): Kommentierung des § 6 EStG, in: Kirchhof, P./Söhn, H. (Hrsg.), Einkommensteuergesetz, Kommentar, Heidelberg 1988 ff.

WESTKÄMPER, E. (2006): Einführung in die Organisation der Produktion. Berlin/Heidelberg 2006.

WILD, J. (1974): Grundlagen der Unternehmensplanung, Reinbek bei Hamburg 1974.

WILDEMANN, H. (1997): Produktionscontrolling. Systemorientiertes Controlling schlanker Produktionsstrukturen, 3. Aufl., München 1997.

WINKELJOHANN, N./BEYERSDORFF, M. (2010a): Kommentierung des § 303 HGB, in: Ellrott, H. et al. (Hrsg.), Beck'scher Bilanzkommentar, Handels- und Steuerbilanz, §§ 238 bis 339, 342 bis 342e HGB mit IFRS-Abweichungen, 7. Aufl., München 2010.

WINKELJOHANN, N./BEYERSDORFF, M. (2010b): Kommentierung des § 304 HGB, in: Ellrott, H. et al. (Hrsg.), Beck'scher Bilanzkommentar, Handels- und Steuerbilanz, §§ 238 bis 339, 342 bis 342e HGB mit IFRS-Abweichungen, 7. Aufl., München 2010.

WINKELJOHANN, N./BEYERSDORFF, M. (2010c): Kommentierung des § 305 HGB, in: Ellrott, H. et al. (Hrsg.), Beck'scher Bilanzkommentar, Handels- und Steuerbilanz, §§ 238 bis 339, 342 bis 342e HGB mit IFRS-Abweichungen, 7. Aufl., München 2010.

WINKELJOHANN, N./BÜSSOW, T. (2010): Kommentierung des § 252 HGB, in: Ellrott, H. et al. (Hrsg.), Beck'scher Bilanzkommentar, Handels- und Steuerbilanz, §§ 238 bis 339, 342 bis 342e HGB mit IFRS-Abweichungen, 7. Aufl., München 2010.

WINKELJOHANN, N./SOLFRIAN, G. (2003): Basel II – Neue Herausforderungen für den Mittelstand und seine Berater, in: DStR 2003, S. 88-92.

WINKELMANN, P. (2004): Marketing und Vertrieb. Fundamente für die Marktorientierte Unternehmensführung, 4. Aufl., München 2004.

WÖHE, G. (1997): Bilanzierung und Bilanzpolitik. Betriebswirtschaftlich, handelsrechtlich, steuerrechtlich, 9. Aufl., München 1997.

WÖHE, G. (2002): Einführung in die Allgemeine Betriebswirtschaftslehre, 21. Aufl., München 2002.

WÖHE, G./DÖRING, U. (2010): Einführung in die Allgemeine Betriebswirtschaftslehre, 24. Aufl., München 2010.

WOHLGEMUTH, M. (1969): Die Planherstellkosten als Bewertungsmaßstab der Halb- und Fertigfabrikate. Ein Beitrag zur handels- und steuerrechtlichen Bewertung in der Bilanz der Aktiengesellschaft, Berlin 1969.

WOHLGEMUTH, M. (2001): Die Herstellungskosten in der Handels- und Steuerbilanz, 3. Aufl., in: Wysocki, K. v./Schulze-Osterloh, J. (Hrsg.), Handbuch des Jahresabschlusses (HdJ), Rechnungslegung nach HGB und internationalen Standards, Abt. I/10, Bd. I,Köln 1984/91 ff.

WOLZ, M./OLDEWURTEL, C. (2009): Pensionsrückstellungen nach BilMoG – Informationsnutzen durch Internationalisierung, in: StuB 2009, S. 424-429.

WP-HANDBUCH (2006): IDW (Hrsg.), Handbuch für Rechnungslegung, Prüfung und Beratung, Bd. 1, 13. Aufl., Düsseldorf 2006.

WYSOCKI, K. V./WOHLGEMUTH, M. (1996): Konzernrechnungslegung, 4. Aufl., Düsseldorf 1996.

ZERRES, M. (2000): Handbuch Marketing-Controlling, 2. Aufl., Berlin 2000.

ZIEGLER, F. (1955): Rabatt, Bonus und Skonto in Buchführung und Bilanz, in: ZfB 1955, S. 302-307.

ZÜLCH, H./HOFFMANN, S. (2009): Die Bilanzierung sonstiger Rückstellungen nach BilMoG, in: StuB 2009, S. 369-373.

ZÜNDORF, H. (2009): Kapitel V: Bewertungswahlrechte, in: Küting, K./Pfitzer, N./ Weber, C.-P. (Hrsg.), Das neue deutsche Bilanzrecht, Handbuch zur Anwendung des Bilanzrechtsmodernisierungsgesetzes (BilMoG), 2. Aufl., Stuttgart 2009, S. 101-114.

Stichwortverzeichnis

A

ABC-Analyse 147
Abschlussarbeiten
    automatisch............................ 338
    Forderungen.................. 321, 339
    manuell 339
    Rückstellungen 323
    Umlagen 341
    Vorratsvermögen 321, 341
Abschlussbestandteile
    Gewinn- und
    Verlustrechnung 371
Abschlussprozess
    bewertende
    Abschlussarbeiten.......... 316, 337
    Flexibilität 331
    Grundstruktur 312
    latente Steuern 343
    Prozesssteuerung 332
    relevante Work Center.......... 330
    Saldenbestätigung................. 315
    Saldovortrag 349
    Überblick.............................. 312
    Überleitung auf das
    Gesamtkostenverfahren 345
    vorbereitende
    Abschlussarbeiten.......... 312, 333
Abschlussprüfung
    Audit Trail 386
Abschreibungsmethode
    außerplanmäßige.................... 317
    Beispiele 145
    planmäßige 317
Abstimmung
    Hauptbuch 342
    Nebenbuchabstimmung 337
Anhang
    Anlagenspiegel 374
    Verbindlichkeitenspiegel 374
Anlagengüter
    Abschreibungsmethode 145

    Kostenstellenzuordnung 144
    Nutzungsdauer...................... 145
Anlagevermögen
    außerplanmäßige
    Abschreibungen.................... 317
    planmäßige
    Abschreibungen.................... 317
Anschaffungskosten
    abweichender
    Rechnungsbetrag 143
    Anschaffungskosten-
    minderung............................. 141
    Anschaffungspreis 139
    Anschaffungszeitpunkt.......... 135
    Anschaffungszeitraum........... 137
    Bestandteile 139
    Bewertungsmaßstab............... 137
    Einzelbewertungskosten 138
    Erfolgsneutralität 138
    Fremdwährung.............. 142, 144
    nachträgliche
    Anschaffungskosten 141
    Vereinfachungsverfahren....... 138
Anschaffungskostenminderung
    Bonus.................................... 141
    Rabatt 141
    Skonto 141, 144
Anschaffungsnebenkosten
    Beispiele 140
Anschaffungspreis
    Gesamtpreisaufteilung........... 139
Anschaffungszeitpunkt
    wirtschaftliche
    Verfügungsmacht 135
Arbeitsplan 188
assoziierte Unternehmen
    Equity-Methode..................... 400
Audit Trail 15
    Abschlussprüfer..................... 386
    Datentransparenz.................. 370

Dokumentation von
Benutzeraktivitäten............... 387
Drilldown 370
Transparenz.......................... 386
Aufgabensteuerung..................... 25
Auftragsabwicklung
Analyse............................... 267
Auftragsvolumen........... 253, 267
Belegfluss............................. 263
Bilanz 273
Forderungsverwaltung........... 258
Geschäftsanbahnung.............. 251
Gewinn- und
Verlustrechnung 274
gleitender Durchschnittspreis 256
Kontoauszug.......................... 259
Kundenauftrag............... 238, 252
Kundenrechnung 239, 256
Liquiditätsaspekte......... 247, 271
Opportunity 251
Preisliste............................... 252
relevante Work Center 251
Teilprozesse.......................... 237
Verfügbarkeitsprüfung 254
Vertriebskosten 249
Warenausgang...................... 254
Warenlieferung..................... 238
Zahlungseingang 240, 258, 259
Aufwands- und
Ertragskonsolidierung 416
andere Erträge und
Aufwendungen 418
Beteiligungsertrags-
eliminierung 418
erfolgsneutrale
Konsolidierung.................... 416
erfolgswirksame
Konsolidierung..................... 416
Fallbeispiel 482
Innenumsatzeliminierung...... 417
Ausschüttungsbemessung
Handelsbilanz....................... 50
Automatisierung
Buchung 15
operativer Prozess 15

B
beherrschender Einfluss
Beherrschungsmöglichkeit.... 396
Control-Konzept.................... 396
Belegprinzip 19
Berechtigungsvergabe 28
Berichte
Abstimmbericht..................... 375
Arbeitsweise......................... 369
Datentransparenz.................. 369
Drilldown 369
Flexibilität 370
Materialbestand.................... 175
offene Posten Liste 375
Summen- und
Saldenliste 375, 445
Variableneingabe................. 369
Beschaffungscontrolling
Abweichungsanalyse............. 150
Aufgaben............................. 147
Beschaffungskosten.............. 173
Lagerbestand 175
Lieferantenanalyse 149
Materialanalyse 147
Beschaffungsprozess
Analyse 173
Anlagengüter....................... 144
Bilanz................................. 185
Gewinn- und
Verlustrechnung 186
Lagerbestandsentwicklung.... 175
Liquiditätsaspekte 150, 177
relevante Work Center 154
Teilprozesse 134
Überblick............................. 154
Zusammenfassung................ 185
Bestellung
schwebendes Geschäft........... 134
betriebswirtschaftliche
Konfiguration
Lösungsumfang..................... 86
projektorientierter Ansatz......... 5
standardisierte Prozesse........... 6
Steuerungsdaten 6

bewertende Abschlussarbeiten
Abhängigkeiten 337
Bewertungsverfahren
Fifo 138, 342
gleitender
Durchschnittspreis 160
Lifo 138, 342
Verbrauchsfolgeverfahren 342
BilMoG
Entkoppelung Handels-
und Steuerbilanz 50, 51
latente Steuern 55
parallele Bilanzierung 52
Stärkung der
Informationsfunktion 36
Temporary-Konzept 56
Ziele 32
Buchungsbeleg 18
Budgetierung
Begriff 108
Ziel 108
Budgetierungssystem 110
Ergebnisplanung 112
Finanzplan 111
Master Budget 110
Budgetierungssytem
Bilanzplanung 112
Teilbudgets 111

C

Cash Flow Management
Geschäftsvorfälle 17
Struktur 16
Zahlungsmanagement 17
Cash- und Liquiditätsmanagement
Aufgaben 357
Beispielsachverhalt 366
Frühwarnsystem 360
Krisenprävention 360
Liquiditätsdisposition 359
Liquiditätskontrolle 359
Liquiditätsplan 358
Liquiditätsplanung 358
Liquiditätsstatus 357
Liquiditätsvorschau 364
Notwendigkeit 355

Rating 363
Tagesfinanzstatus 364
Ziel 356
Closing Cockpit
Funktion 331
Controlling 353
Beschaffung 147
Produktion 204
Projekt 280
Vertrieb 240

D

Dashboard
Funktion 382
grafische
Datenaufbereitung 382
Datenextraktion
Bewegungsarten 457
Summen- und Saldenliste 466
Transaktionswährung 447, 467
Datenübernahme
Datenanreicherung 470
Datenerfassung 468
Datenmapping 469
Datenvalidierung 470
Deckungsbeitrag 244, 269

E

E-Bilanz 52
Einheitsgrundsatz 391, 402, 406,
416
Einkaufspreisabweichungen
Analyse 175
Work Center
Bestandsbewertungen 175
Einkreissystem 189
Erlösabgrenzung 263
Erlösabgrenzungslauf
Buchungslogik 265
Erlösrealisierung
Abschlussprozess 316
Kundenrechnung 264
Warenausgang 264
externes Rechnungswesen
Aufstellungsfristen 368
Aufstellungspflicht 367

Prüfungspflicht 368
Veröffentlichungspflichten 368

F

Fallbeispiel
Absatzplanung 113
Abschlussprozess 327
Abschreibung 235
Abschreibungsmethode 183
Abschreibungsschlüssel 180
Abschreibungsvorausschau ... 184
Anlagenbeschaffung 151
Anlagenklasse 179
Anlagenstammsatz 179
Anlagevermögen 182
Anschaffungs-
nebenkosten 152, 162, 181
Auftragsabwicklung 248
Ausweis in der Gewinn-
und Verlustrechnung 236
automatische Zahlung 165
Belegfluss 263
Belegfluss
Beschaffungsprozess 170
Bericht Projektkalkulation..... 292
Beschaffung Anlage 178
Beschaffung Handelsware 154
Beschaffungsprozess 154
Bestellung
Handelsware 155, 156
Bezahlung Handelsware 163
Bilanz Absatzabwicklung...... 273
Bilanzplanung 125
Buchung
Lieferantenrechnung............. 163
Buchung Zahlungsausgang.... 168
Einfuhrumsatzsteuer 153
Einführung 84
Einkaufspreisabweichungen .. 175
Entwicklungskosten 288
Equipmentressource 222
Erfassung Kontoauszug. 169, 260
Ergebnisplanung 119
Erlösrealisierung 263
Eröffnungsbilanz 84
Erwerb Handelsware 152

externer Mitarbeiter 296
Finanzplanung 123
Forderungsausgleich 261
Forschungs- und
Entwicklungsprojekt 287, 303
Fremdwährungs-
umrechnung 166
Gemeinkostenzuschlag.......... 228
geringwertiges
Wirtschaftsgut 184
Gesamtkosten-
verfahren 235, 236
Gewinn- und Verlustrechnung
Auftragsabwicklung 274
gleitender
Durchschnittspreis.........160, 173
Herstellungskosten 234
Investitionsplanung 116
Konsolidierung 425
Konto Ware in Arbeit.....219, 224
Kostenstellenplanung 120
Kundenprojekt...............287, 289
Lagerfertigung...............212, 234
Lieferantenrechnung 161, 162
manuelle Zahlung................. 165
Organisationsstruktur 85
parallele Bilanzierung 181
Personalaufwand 235
Personalplanung 115
Personalressource 221
Planung 113
Planung
der Deckungsbeiträge........... 121
Produktion 213, 215
Produktionslos...................... 219
Produktionsplanung.............. 118
Produktkategorie 179
Projektaufgabe...................... 290
Projektdurchführung 292
Projektfakturierung 300
Projektkostenplanung........... 290
Projektmanagement 286
Ressource 292
Service................................. 292
Skonto 161

sonstiger betrieblicher
Aufwand 235
Stammdaten 183
Stammdaten Anlage 182
Umlagenregel 229
Umsatzkostenverfahren 236
Verkaufspreis 248
Verrechnungskonto 168
Vertriebsweg 249
Währungsumrechnung... 166, 168
Wareneingang Handelsware .. 157
WE/RE-Lauf 163
Zahlungsabweichung 261
Zahlungseingang 259, 302
Forderungsverwaltung
Mahnwesen 258
Saldenbestätigungslauf 259
Überblick 258
Forschungs- und
Entwicklungsprojekt
Aktivierung 306
Aktivierungsfähigkeit 284
Aktivierungsumfang 285
Aktivierungszeitpunkt 285
Bewertungsmaßstab 285
Dokumentation 307
Entwicklungskosten-
controlling 286
handelsrechtliches
Aktivierungswahlrecht 283
Projektdurchführung 304
Fremdwährung 74
Fremdwährungsumrechnung 80,
142, 144, 153, 158, 160
Frühwarnsystem
Kennzahlen 361

G
Gemeinschaftsunternehmen
Equity-Methode 400
Quotenkonsolidierung 400
geringwertiges Wirtschaftsgut
handelsrechtliche
Behandlung 146
steuerliche Behandlung 146
Geschäfts- oder Firmenwert 422

Geschäftsprozess 2, 13
Abschluss 312
Auftragsabwicklung 237
Beschaffung 134
Lagerfertigung 188
Projektmanagement 276
Gewerbesteuer 325
gleitender Durchschnitt 138

H
Handelsbilanz
Handelsbilanz I 401, 403
Handelsbilanz II 403
Handelsbilanz III 421
Harmonisierung des
Rechnungswesens
Ausgangspunkt
Internationalisierung 35
BilMoG 32, 36, 40
Einkreissystem 45
gemeinsame Datenbasis 46
Geschichte 32
Harmonisierung
im Mittelstand 43
Harmonisierungsrichtung 37
Kosteneffizienz 42
Kritik 38
partielle Harmonisierung 45
SAP Business ByDesign 46
traditionelle Trennung 33
unterschiedliche Ziele 33
vollständige Harmonisierung... 45
Vorteile 41
Zweikreissystem 45
Herstellungskosten 194, 195, 196
allgemeine
Verwaltungskosten 202
angemessener Werteverzehr .. 199
Betriebsstoffe 198
BilMoG 199
Einbeziehungsverbot 203
Einbeziehungswahlrecht 201
Einzelkosten 196, 197
Erweiterung des
Vermögensgegenstands 195
Fertigungseinzelkosten 198

Fertigungsgemeinkosten........ 200
freiwillige soziale Leistung ... 201
Gemeinkosten...................... 197
Hilfsstoffe............................ 198
Materialeinzelkosten 197
Materialgemeinkosten 200
produktionsnahe
Verwaltungskosten 203
Sondereinzelkosten
der Fertigung 198
Umfang................................ 195
unechte Gemeinkosten 198
vertriebsbezogene
Verwaltungskosten 203
Werteverzehr........................ 195
Werteverzehr des
Anlagevermögens................. 201
Wertobergrenze......201, 202, 203
Wertuntergrenze 196, 203
Highlight
Ableitung von Steuern........... 257
Anlagenstamm...................... 182
Anpassung von
Anschaffungskosten 181
Beschaffung
aus dem Projekt 297
Bestandsführung................... 160
Closing Cockpit.................... 331
Fakturierung
aus dem Projekt 301
Flexibilität
der Projektabbildung 296
inhärente Abstimmung 343
integrierte Profitabilität 269
Konsolidierung..................... 393
Lagerfertigung...................... 217
Lieferantenrechnung............. 179
Periodensperre...................... 332
Ressourcenmanagement 291
Verbindlichkeitenstruktur...... 164
Währungsumrechnung 159
WE/RE-Lauf 170

I

Incoterms
Beispiele.............................. 136

Informationsbedarf
extern................................... 20
intern 20
Innenumsatzeliminierung 417
Fallbeispiel.......................... 478
Intercompany
Abstimmung......................... 445
Geschäftsvorfälle....426, 428, 460
Inventur
Begriff................................. 314
Zweck.................................. 315

J

Jahresabschluss
Bestandteile......................... 367

K

Kapitalkonsolidierung 419
Erstkonsolidierung 422
Erwerbsmethode................... 420
Fallbeispiel 483
Folgekonsolidierung............. 423
Kaufpreisallokation 422
Minderheitenausweis............ 422
Kennzahlen
absolute 377
Bruttogewinnspanne............. 378
Definition 377
Eigenkapitalquote................. 361
goldene Bilanzregel.............. 362
Kennzahlensystem................ 378
Kundenziel 361
relative................................. 377
Umschlagsdauer des
Vorratsvermögens 361
Vergleichsmaßstab 376
Kennzahlensystem
Ordnungssystem................... 378
Rechensystem....................... 378
Konsolidierung
Konsolidierungsmaßnahmen
im Überblick 394
Konsolidierungssoftware....... 465
Konsolidierungswahlrechte ... 399
Legal-Konsolidierung........... 391

Management-
Konsolidierung 391
vereinfachte 497
Konsolidierungskreis
Abgrenzung 398
im engeren Sinne 399
im weiteren Sinne 399
Konsolidierungsvorbereitung
Aufwands- und
Ertragskonsolidierung............ 453
Kapitalkonsolidierung 456
Schuldenkonsolidierung 444
Zwischenergebnis-
eliminierung........................... 448
Kontenfindung
Sachkonten 88
Kontenplan 86
Konzernkontenmapping......... 469
Konzernkontenplan................ 439
Konto
Kontenfindung......................... 87
Kontenfindungsgruppe 87
Ware in Arbeit 216, 217, 220,
221, 224, 227, 230, 231, 236
Konzern
Bedeutung.............................. 390
Konzernbilanzierungs-
richtlinie 436
Konzernierung 390
Konzernabschlusserstellung
Befreiung............................... 397
derivative 390, 465
Übersicht 465
Konzernrechnungslegungs-
pflicht.................................... 396
HGB 397
PublG..................................... 398
Konzernsteuerung
Begriff 490
Geschäftsbereich................... 492
harmonisiertes
Rechnungswesen 494
Kennzahlen........................... 491
Konzerncontrolling............... 490

Management-
Konsolidierung 496
operative Planung 496
Körperschaftsteuer.................... 325
Kostenartenrechnung............... 190
Kostenrechnung........................ 188
Einkreissystem....................... 189
Kostenrechnungssystem 193
Kostenstelle
Bedeutung für den
Funktionsbereich 92
Kostenstellentyp 92
Kostenstellenrechnung 190
Endkostenstellen................... 191
innerbetriebliche
Leistungsverrechnung.... 191, 192
Kalkulationssätze.................. 192
Kostenstellen 191
Kostenstelleneinzelkosten 191
Kostenstellengemeinkosten ... 191
Primärkostenverrechnung...... 191
Sekundärkosten-
verrechnung 191
Vorkostenstellen.................... 191
Kostenträgerrechnung............... 192
Einzelkostenprojekt 193
Ergebnisrechnung................. 194
Ermittlungsverfahren 193
Fertigungsgemeinkosten........ 193
Funktion 192
Gemeinkostenprojekt............ 193
Kostenträger 193
Kostenträgerstückrechnung ... 194
Kostenträgerzeitrechnung...... 194
Kundenaufträge 193
Maschinenstunde.................. 193
Maschinenstundensatz-
kalkulation............................ 193
materieller Kostenträger 192
Produktionslos 193
Ressource 193
Zuschlagskalkulation............. 193

Kostenträgerzeitrechnung
    Marktsegment........................ 242
    unterschiedliche Verfahren.... 243
    Zweck................................... 242
Kundenauftrag
    Durchlaufzeit........................ 268
    schwebendes Geschäft........... 238
Kundenrechnung
    Abschlussprozess 313
    Forderungsentstehung 256
    Umsatzrealisierung............... 239
    Umsatzsteuer........................ 257
kurzfristige Ergebnisrechnung
    Deckungsbeitrag................... 269
    integrierte Profitabilität 268
    Produkt................................ 269
    Produktgruppe 270

L

Lagerfertigung........................... 188
    Ablauf................................. 211
    Analyse des Prozesses........... 232
    Arbeitsplan.......................... 188
    Belegfluss............................ 225
    bewertende Betrachtung........ 188
    Durchlaufzeiten.................... 232
    erfolgsneutraler
    Herstellungsvorgang...... 196, 223
    Gemeinkostenzuschlag.......... 226
    Gesamtkostenverfahren......... 234
    Herstellungskosten 194, 195
    Kostensatz von Ressourcen ... 220
    Kostenstellenstruktur............ 212
    Lagerhalle............................ 211
    mengenmäßige Betrachtung .. 188
    Produktionsabweichung 233
    Produktionsbericht 230
    Produktionserfüllungsrate 232
    Produktionslos.......216, 217, 218,
    224, 230, 231
    Ressource
    als Produktionsfaktor............ 220
    Rückmeldung 223
    Standardkostensatz............... 225
    Stückliste 188, 218
    Umlagenregel 228

Umsatzkostenverfahren......... 234
    Wareneingang 224
    Zuschlagslauf 226
latente Steuern.......................... 343
    aktive.................................. 56
    Anpassung
    der Einzelabschlüsse 404
    Ansatz 58
    Aufwands- und
    Ertragskonsolidierung 419
    Bewertung 56
    Einzeldifferenzen-
    betrachtung.................... 59, 344
    Folgeperiode........................ 56
    Kapitalkonsolidierung 423
    passive................................ 57
    Pflicht................................. 55
    Saldierung 59
    Schuldenkonsolidierung........ 410
    Temporary-Konzept 55
    Timing-Konzept 55
    Überblick der
    Verursachungsgründe............. 74
    unterschiedliche Ansatz-
    vorschriften 60, 65, 66, 67
    unterschiedliche Bewertungs-
    vorschriften 69, 71, 72, 73, 74
    Verursachungsgründe........ 57, 58
    Währungsumrechnung 406
    Zwischenergebnis-
    eliminierung 416
Leistungsverrechnung
    Ressource 278
    Service................................ 278
Lieferantenkontomonitor....163, 166
Lieferantenrechnungen
    Abschlussprozess 313
Liquidität
    Definition 356
Liquiditätsvorschau
    Bestandteile......................... 365
    Planposition...................364, 366

M

Marktsegment .. 7, 84, 107, 268, 379

Maßgeblichkeitsgrundsatz

  BilMoG 50

  materielle Maßgeblichkeit 50

  umgekehrte Maßgeblichkeit 50

Maßgeblichkeitsprinzip

  unabhängige

  Wahlrechtsausübung 51

Multicompany-Struktur 430

Mutter-Tochter-Verhältnis 396

N

Nebenbuch 18

Neubewertungsmethode 421

Nutzungsdauer

  AfA-Tabelle 145

O

Organisationseinheit

  Eigenschaften 89

  Funktion 90

Organisationsstruktur

  Anforderung 7

  Bedeutung für das

  Rechnungswesen 9

  Kostenstelle 8

  Profit-Center 8

P

parallele Bilanzierung

  Business ByDesign 80

  Fallbeispiel 181

  Konzern 434

  latente Steuern 54

  Notwendigkeit 53

  Umfang 54

Partnerinformation

  Kontenfindung 432, 454

  Partnerkontierung 444

  Partnerunternehmen 432

Periodensperre

  bewertende

  Abschlussarbeiten 337

  Funktion 332

  Saldovortrag 349

  Umsatzsteuer 335

Plangrößen 106

Plankostenrechnung 204

  Abweichungsgrad 204

  Zulässigkeit von Plankosten .. 204

Planung 102

  Bestandteile 102

  Bottom-Up-Ansatz 106

  Gegenstromverfahren 106

  sachliche Dimension 105

  Top-Down-Ansatz 106

  zeitliche Dimension 104

  Zweck 102

Produktion

  Standardkostensatz 224

Produktionscontrolling 204

  Durchlaufzeit 232

  Erfüllungsrate 232

  kostenorientiert 205

  qualitätsorientiert 210

  zeitorientiert 207

Profit-Center 8

  Beispielsachverhalt 85

Projekt

  Definition 276

  Einzelkostenprojekt 276

  Forschungs- und

  Entwicklungsprojekt 283

  Gemeinkostenprojekt 276

  Projektdurchführung 280

  Projektfakturierung 283

  Projektlebenszyklus 277

  Standardprojektarten 276

  Unterscheidungsmerkmale 276

  Zahlungseingang 283

Projektcontrolling 280

  Berichte 307

  FuE 286

  Meilensteine 279

Projektdurchführung

  interne Leistungs-

  verrechnung 280

  Make-or-Buy-Entscheidung .. 280

Projektmanagement

  Abweichungsanalyse 281

  Änderungsmanagement 296

Bilanz 310
externer Mitarbeiter.............. 296
Genehmigung 294
Gewinn- und
Verlustrechnung 310
Kundenauftrag.............. 278, 289
Kundenprojekt...................... 277
Meilensteine 278
Projektaufgabe...................... 290
Projektbelastung.................... 293
Projektfakturierung............... 300
Projektplanung 277, 289
relevante Work Center 289
Ressource 278
Service.................................. 278
Spesen 295
Tätigkeitenerfassung 293
Zahlungseingang 302
Zusammenfassung................. 309

R
Rating
    Basel II 363
    Verbesserung der
    Finanzierungskonditionen 362
Rechnungsabgrenzungsposten... 318
Rechnungslegungswerk
    Definition 6
    Konsolidierungs-
    vorbereitung 435, 436
    parallele Buchung................... 80
Rechnungswesen
    Aufgaben.............................. 353
    konsistente Daten 375
Rückstellungen
    Diskontierung....................... 324
    Pensionen 323
    steuerliche Vorschriften 325
    Steuern 325

S
Saldenbestätigung............. 315, 335
Saldovortrag 349
SAP Business ByDesign
    Audit Trail............................ 15

betriebswirtschaftliche
    Konfiguration 5
    Bewertungswissen................... 19
    Closing Cockpit.............. 29, 330
    Dashboard 382
    Datenschutz............................. 3
    Help Center 23
    Organisationsstruktur 7
    Profit-Center........................... 8
    Scope....................................... 6
    Stammdaten............................. 7
    Vorteile 3
Schuldenkonsolidierung........... 406
    Anwendungsbereich............. 407
    Aufrechnungsdifferenz...407, 444
    Fallbeispiel 473
schwebendes Geschäft
    Dauer................................... 135
    Nichtbilanzierung................. 135
Stammdaten................................ 7
    Bank 96
    Dienstleister 96
    Finanzbehörde....................... 96
    Geschäftspartner.................... 94
    Kontrakte............................... 98
    Kunden 95
    Lieferant 95
    Material 93
    Mitarbeiter............................. 97
    Preisliste 98
    Ressourcen 97
    Services 93
Stichtag
    Konzernabschluss................. 402
    Mutterunternehmen 402
    Zwischenabschluss............... 402
stille Reserven und Lasten
    Aufdeckung.......................... 421
    Begriff................................. 421
    Bewertungssicht 441
    Ort der Verwaltung 441
Stückliste 188
Summenabschluss 391, 419

T

Tagesfinanzstatus
  Zahlungsmittel...................... 364
Transparenz 15

U

Überleitung auf das
  Gesamtkostenverfahren 345
Umlaufvermögen
  Folgebewertung.................... 320
Umsatzsteuer
  Steuermeldungslauf............... 336
Unternehmensorganisation
  Bedeutung................................. 9
  Modellierung 88
Unternehmensplanung.............. 102
  SAP Business ByDesign........ 126
Unternehmenssteuerung
  Berichte 379
  Cash- und
  Liquiditätsmanagement 355
  Dashboard............................ 382
  Geschäftsführung.................. 376
  harmonisiertes
  Rechnungswesen 353
  Kennzahlen........................... 376
  Kennzahlenauswahl............... 378
  Kennzahlenmonitor 381
  Kennzahlensystem................ 378
  Management Cockpit............. 378
  Materialbestand 175
Ursprungsdokument 15

V

Verkaufsorganisation.................. 91
Verrechnungs-
  konto.............. 168, 261, 298, 474
Vertriebscontrolling................... 240
Vertriebserfolgsrechnungen....... 242
Vertriebskennzahlen 246
Vertriebswege............................ 91
Vollkonsolidierung 401

W

Währungsumrechnung.. 74, 80, 142,
  144, 153, 158, 160
  modifizierte
  Stichtagskursmethode............ 404
  Umrechnungsdifferenzen 405
Währungsumrechnungsprofil 158
Warenlieferung
  schwebendes Geschäft........... 238
WE/RE-Lauf
  Buchungslogik...................... 171
  gleitender
  Durchschnittspreis 172
  Skonto 172
  Zweck.................................. 170
wirtschaftliche Verfügungsmacht
  Incoterms.............................. 136
Work Center
  Änderungsmanagement 296
  Anlagen 182, 306, 374
  Auslieferungssteuerung 254
  Ausschreibungen
  und Kontrakte........................ 98
  Beschaffungssteuerung.......... 216
  Bestandsbewertung 171, 175,
  226, 230, 233
  Bestellanforderungen und
  Bestellungen 155
  Cash- und
  Liquiditätsmanagement . 168, 364
  Forderungen 258, 259, 262
  Geschäftsführung.......... 381, 382
  Geschäftspartnerdaten 96
  Hauptbuch ... 158, 166, 305, 331,
  371
  Interne Logistik 304
  Inventur 333
  Kosten und
  Erlöse............. 226, 265, 268, 379
  Kundenaufträge 252, 253, 290
  Kundenmanagement............... 95
  Kundenrechnung 256
  Lieferantenbasis.............. 95, 156
  Mein Verantwortungs-
  bereich 378, 385

Organisationsmanagement 89
Produkt- und
Serviceaufträge..................... 252
Produktionssteuerung.... 216, 223
Produktportfolio 93, 156
Projektmanagement...... 290, 295,
297, 300, 308
Projektteam 293, 295, 298
Prüfung und Revision............ 387
Rechnungs-
prüfung..................161, 163, 179
Rechnungswesen 24
Stammdaten
Planung und Produktion 218
Stammdaten
Supply Chain Design............. 220
Struktur.................................... 23
Verbindlichkeiten...163, 165, 167
Verwaltung der Steuern......... 336
Warenausgang....................... 254
Wareneingang 157, 159
Zahlungsverwaltung............. 167

Z
Zahlungsdatei 166

Zahlungseingang
bilanzielle Konsequenzen...... 240
Fremdwährung 240
Zahlungsmonitor 167
Zwischenergebnis-
eliminierung 410
Anlagevermögen 414
Durchschnittsverfahren 450
Ermittlung der
Einzelabschlusswerte 412
Ermittlung
der Konzernbestände......411, 448
Fallbeispiel........................... 478
Konzernanschaffungs-
kosten 412
Konzernherstellungskosten ... 412
mengenmäßiges Verfahren.... 448
prozentuales
Verfahren 413, 448
Verbrauchsfolge-
verfahren 411, 450
Vorratsvermögen................. 411
Zwischengewinn 410, 413
Zwischenverlust 411, 413